国家社科基金后期资助项目

清至民国婺源县村落契约文书辑录

Contracts and Other Documents in Wuyuan County:
Qing Dynasty and Beyond

叁

秋口镇(二)

长径村(2)·里源·毕家坑·港头村方家

黄志繁 邵 鸿 彭志军 编

商务印书馆
创于1897 The Commercial Press
2014年·北京

秋口镇长径村 B 1—111

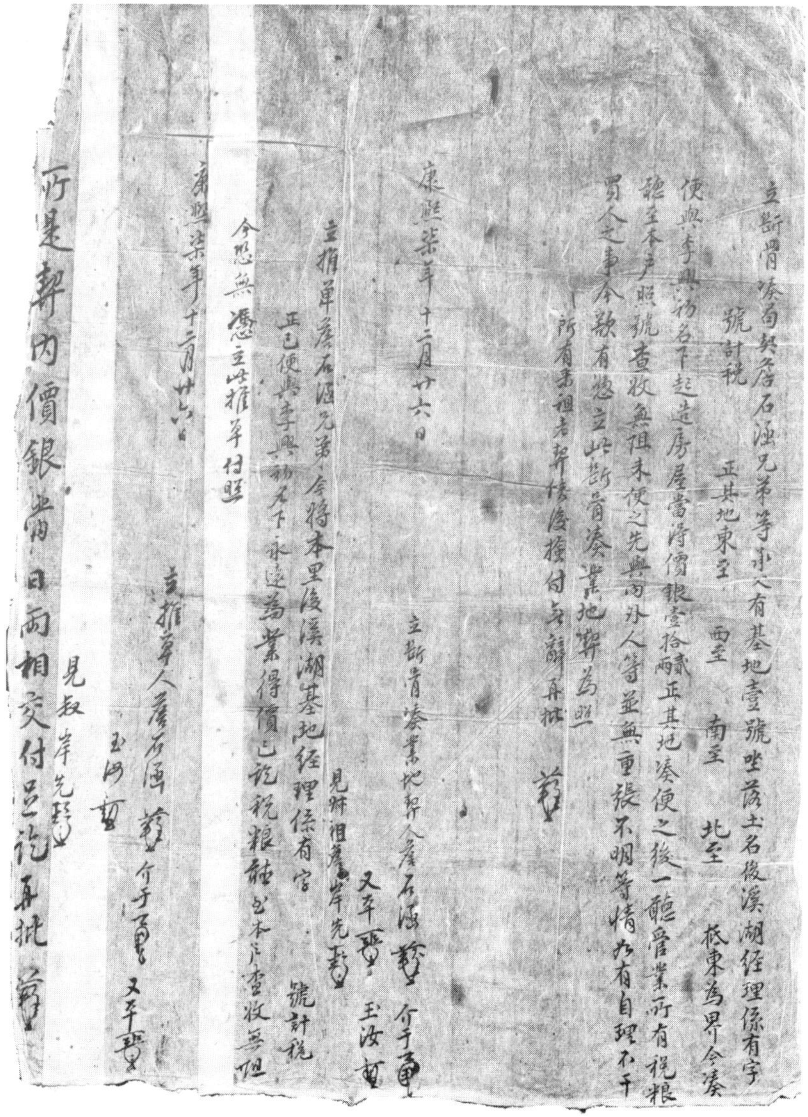

立斷骨湊局契人詹石涵兄弟等，今有基地壹號，坐落土名後溪湖，经理係有字
號，計稅 正，其地東至 西至 南至 北至 ，俱東為界。今湊
便與李興初名下起造房屋，當得價銀壹拾貳兩正。其地湊便之後，一聽管業。所有稅粮
聽至本戶照號查收，無阻。未便之先，與內外人等並無重張不明等情，如有，自理，不干
買人之事。今欲有憑，立此斷骨湊業地契為照。
所有來祖老契，陸續付與，再批。
康熙柒年十二月廿六日
立斷骨湊業地契人詹石涵 介子
又辛 玉汝
見弟 詹岸先
立推單詹石涵兄弟，今將本里後溪湖基地，经理係有字 號，計稅
正，已便與李興初名下，永遠為業，得價已訖，稅粮聽自本戶查收無阻。
今恐無憑，立此推單付照。
康熙柒年十二月廿六日
立推單人詹石涵 介子
又辛 玉汝
見叔 岸先
所是契內價銀，當日兩相交付足訖，再批。

秋口镇长径村 B 45 · 康熙七年 · 断骨凑局契 · 詹石涵兄弟等凑便与李兴初

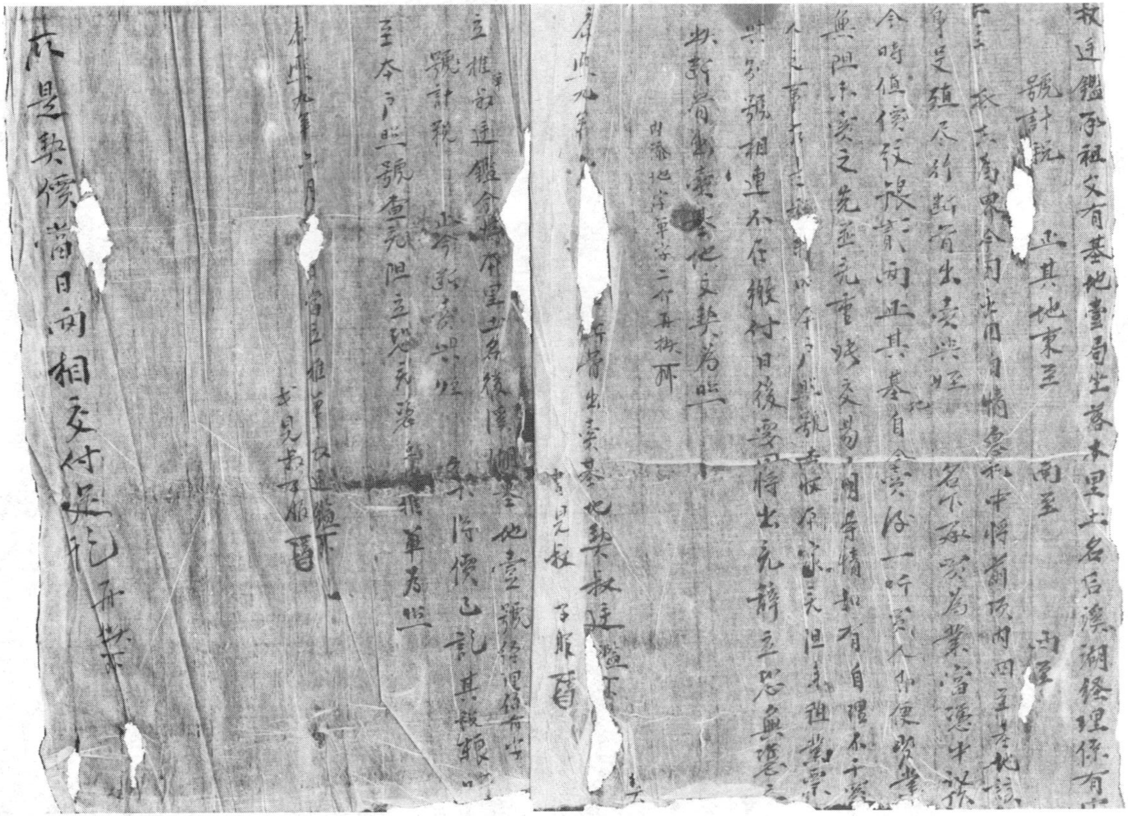

秋口镇长径村 B 94 · 康熙九年 · 断骨出卖基地契 · 廷鉴卖与侄☐

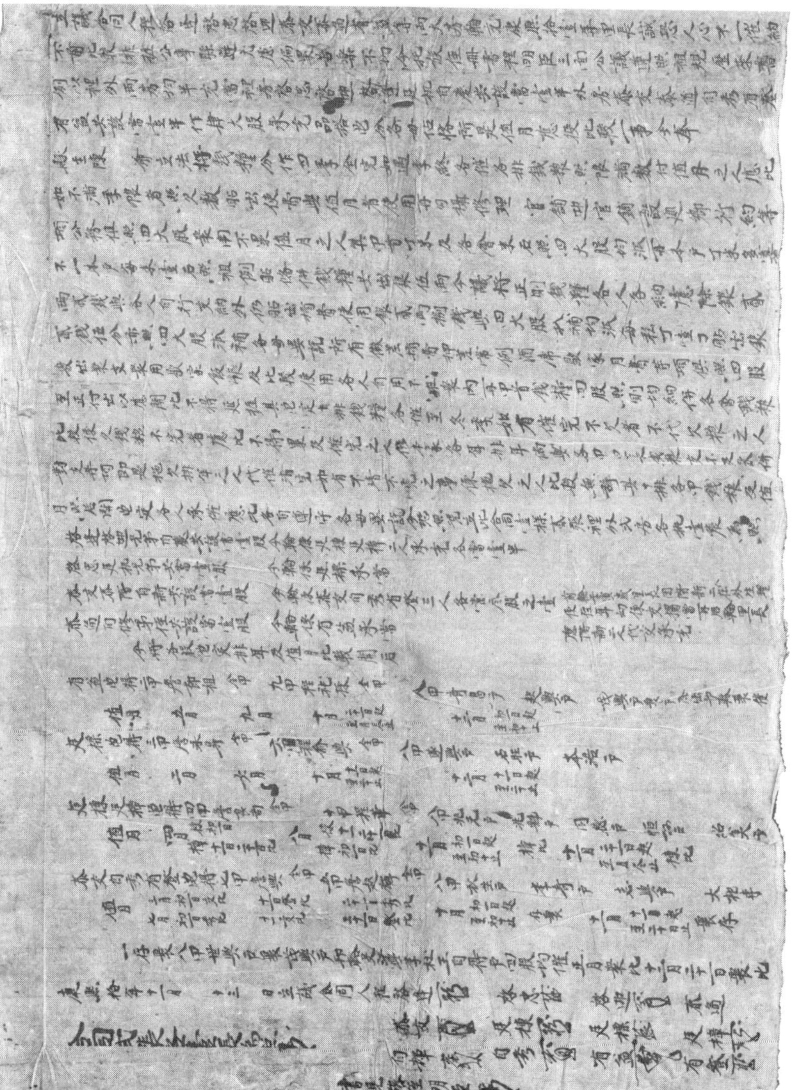

秋口镇长径村 B 57 · 康熙十年 · 合同 · 程启逢等

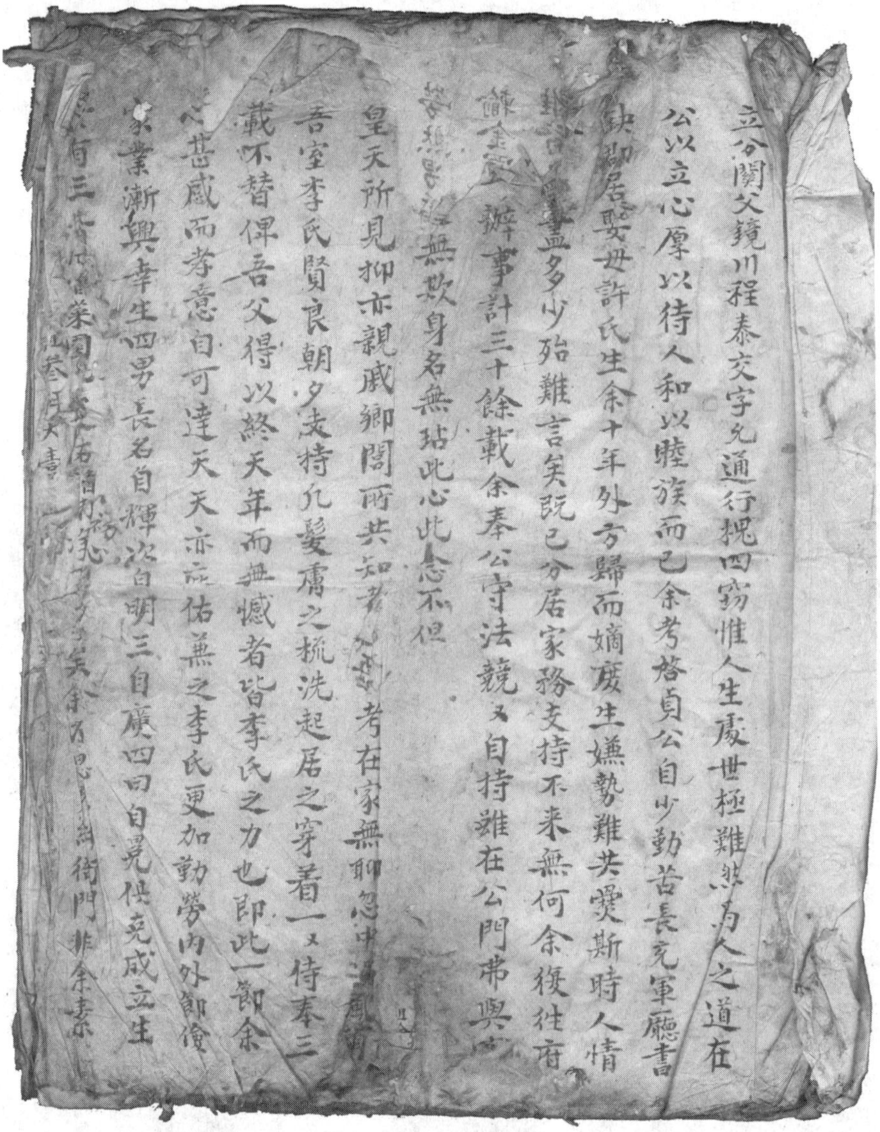
立分關父鏡川程泰交字允通行挽四窮惟人生處世極難然為人之道在
公以立心厚以待人和以睦族而已余考榕貞公自少勤苦長充軍廳書
[illegible]缺鄉居娶母許氏生余十年外方歸而嫡庶生嫌勢難共爨斯時人情
[illegible]盡多少殆難言矣既已分居家務支持不來無何余復往府
饒金[illegible]辦事計三十餘載余奉公守法兢兢自持雖在公門常與[illegible]
[illegible]無欺身名無玷此心此念不但
皇天所見抑亦親戚鄉閭所共知者[illegible]考在家無聊忽中[illegible]
吾室李氏賢良朝夕支持凡髮膚之梳洗起居之穿着一一侍奉三
載不替俾吾父得以終天年而無憾者皆李氏之力也即此一節余
[illegible]甚感而孝意自可達天天亦默佑焉之李氏更加勤勞内外節儉
家業漸興幸生四男長名自輝次自明三自廣四曰自晃俱克成立生
[illegible]有三[illegible]菜園[illegible]居[illegible]矣余[illegible]思[illegible]衙門非余素
[illegible]

秋口镇长径村 B 1-1 · 康熙二十年 · 分关文书 · 程泰交

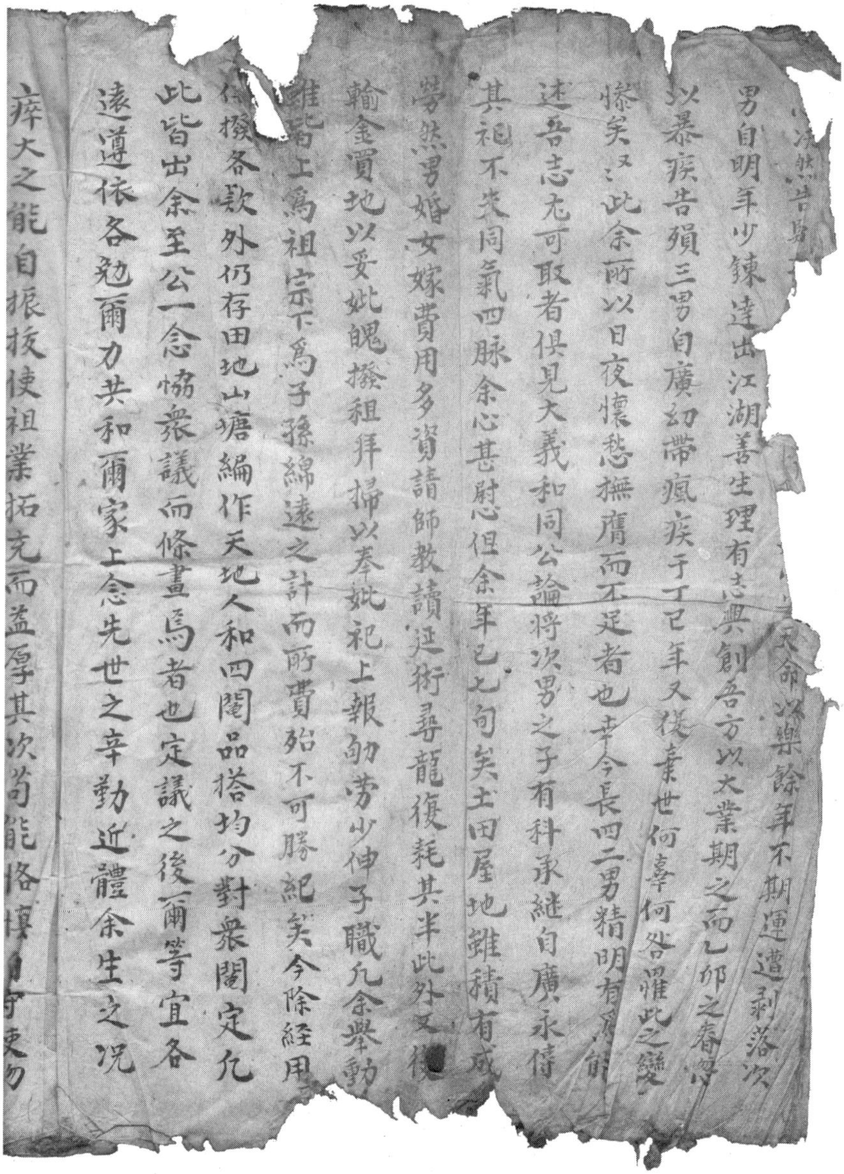

然告男　　天命以樂餘年不期運遭剥落次
男自明年少鍊達出江湖善生理有志興創吾方以大業期之而乙卯之春忽
以暴疾告殞三男自廣幼帶瘋疾于丁巳年又復棄世何辜何咎罹此之變
慘矣〻〻此余所以日夜懷愁撫膺而不足者也幸今長四二男精明有爲能
述吾志无可取者但見大義和同公論將次男之子有科承繼自廣永侍
其祀不失同氣四脉余心甚慰但余年已七旬矣土田屋地雖積有成
勞然男婚女嫁費用多資請師教讀延術尋龍復耗其半此外又復
輸金買地以妥妣魄撥祖拜掃以奉妣祀上報劬勞少伸子職凡余舉動
雖皆上爲祖宗下爲子孫綿遠之計而所費殆不可勝紀矣今除經用
併撥各款外仍存田地山塘編作天地人和四閹品搭均分對衆閹定凡
此皆出余至公一念協衆議而條畫焉者也定議之後爾等宜各
遠遵依各勉爾力共和爾家上念先世之辛勤近體余生之況
瘁大之能自振抜使祖業拓充而益厚其次苟能恪□自守更勿

秋口镇长径村 B 1-2 · 康熙二十年 · 分关文书 · 程泰交

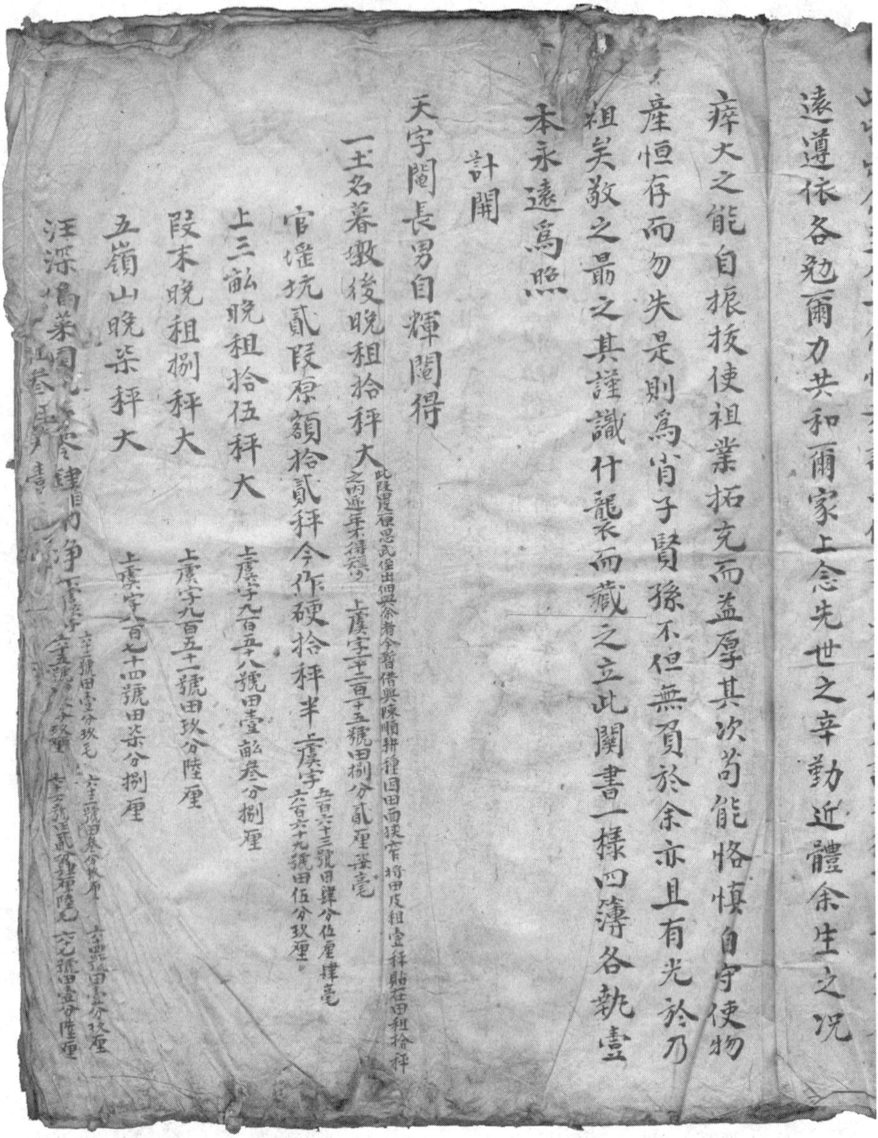

遠遵依各勉爾力共和爾家上念先世之辛勤近體余生之況
瘁大之能自振拔使祖業拓充而益厚其次苟能恪慎自守使物
産恒存而勿失是則爲肖子賢孫不但無負於余亦且有光於乃
祖矣敬之哉之其謹識什襲而藏之立此鬮書一樣四簿各執壹
本永遠爲照

計開

天字鬮長男自輝鬮得

一土名暮墩後晚租拾秤大此段佃皮係思武佃出佃與余者今眷借與陳順耕種因田面狹窄將田皮租壹秤貼在田租拾秤之內遞年不得短少　上虞字千二百十五號田捌分貳厘叁毫

官堘坑貳段原額拾貳秤今作硬拾秤半　虞字五百六十三號田肆分伍厘肆毫　六百六十九號田伍分玖厘

上三畝晚租拾伍秤大　上虞字九百五十八號田壹畝叁分捌厘

段末晚租捌秤大　上虞字九百五十一號田玖分陸厘

五嶺山晚柒秤大　上虞字九百七十四號田柒分捌厘

汪深塢菜園[illegible]

秋口镇长径村 B 1-3 · 康熙二十年 · 分关文书 · 程泰交

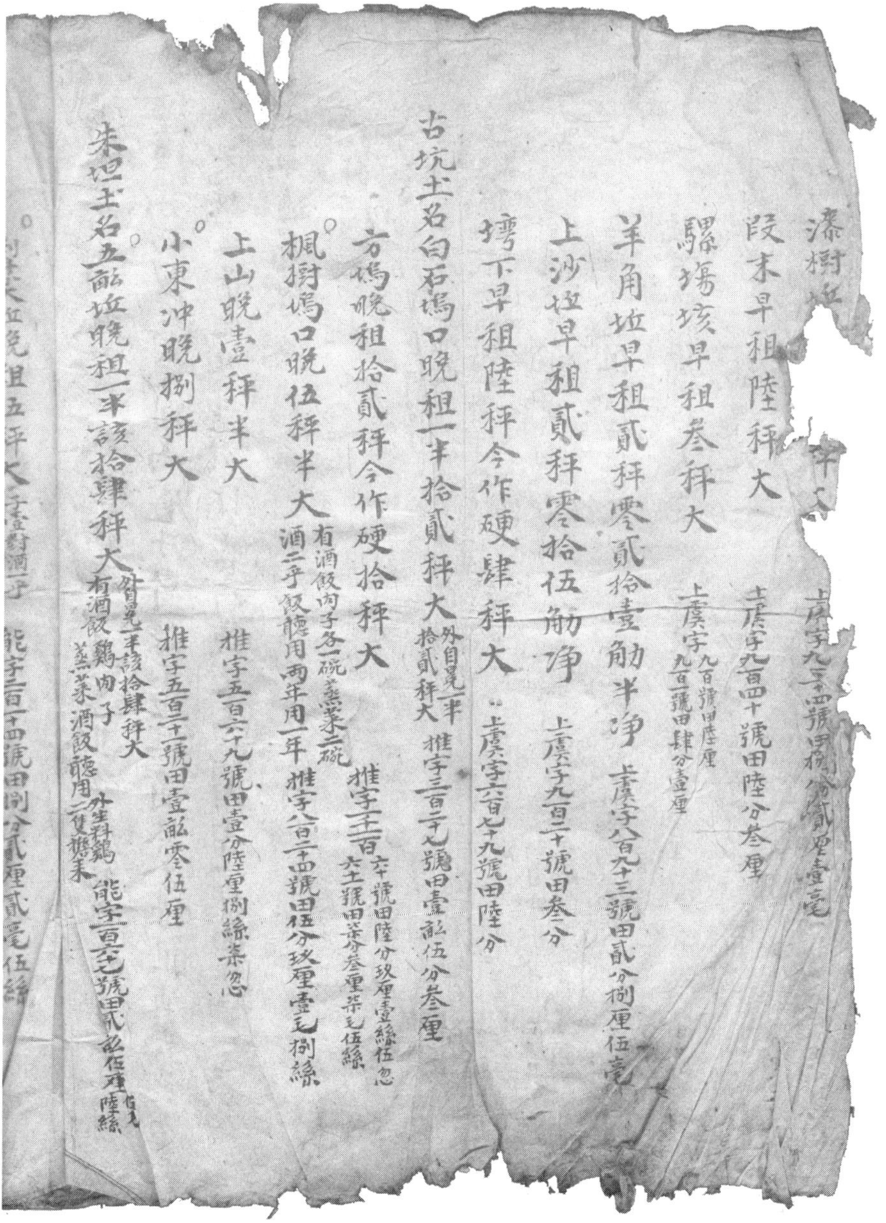

漆樹坵……秤大　十虞字九百二十四號田捌分貳厘壹毫
段末早租陸秤大　十虞字九百四十號田陸分叁厘
騾塲垓早租叁秤大　上虞字九百號田陸厘　九百一號田肆分壹厘
羊角坵早租貳秤零貳拾壹觔半净　十虞字八百九十三號田貳分捌厘伍毫
上沙坵早租貳秤零拾伍觔净　上虞字九百二十號田叁分
塝下早租陸秤今作硬肆秤大　十虞字六百七十九號田陸分
古坑土名白石塢口晚租一半拾貳秤大　外自見一半拾貳秤大　推字三百二十九號田壹畝伍分叁厘
方塢晚租拾貳秤今作硬拾秤大　推字三百六十號田陸分玖厘壹絲伍忽　六十二號田柒分叁厘柒毛伍絲
楓樹塢口晚伍秤半大　有酒飯肉子各一碗羞菜二碗　酒二乎飯聽用兩年用一年　推字八百二十四號田伍分玖厘壹毛捌絲
上山晚壹秤半大　推字五百六十九號田壹分陸厘捌絲柒忽
小東沖晚捌秤大　推字五百二十二號田壹畝零伍厘
朱坦土名五畝坵晚租一半該拾肆秤大　外自見一半該拾肆秤大　有酒飯雞肉子　羞菜酒飯聽用二隻鵝來　外生料雞　能字一百六十七號田貳畝伍厘……陸絲
……坵晚租五秤大　……字壹對酒一乎　能字三百一十四號田捌分貳厘貳毫伍絲

秋口镇长径村 B 1-4 · 康熙二十年 · 分关文书 · 程泰交

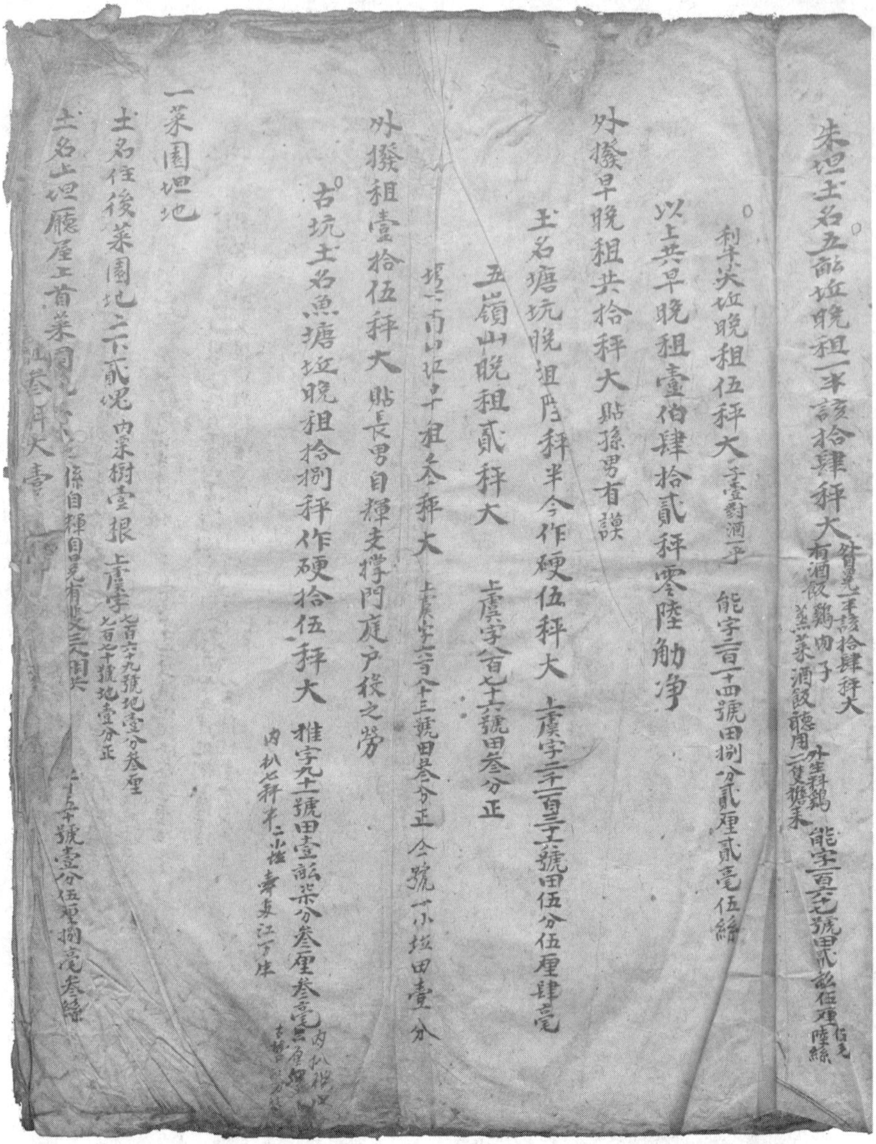

朱坦土名五畝坵晚租一半該拾肆秤大 貼男自光一半該拾肆秤大 有酒飯雞肉子 蒸菜酒飯聽用 外生秤雞二隻鵝禾 能字一百六十七號田貳畝伍厘陸絲

利竿尖坵晚租伍秤大 子壹對酒一子 能字一百十四號田捌分貳厘貳毫伍絲

以上共早晚租壹伯肆拾貳秤零陸觔淨

外撥早晚租共拾秤大 貼孫男有謨

土名塘坑晚租[illegible]秤半今作硬伍秤大 上虞字二千一百三十六號田伍分伍厘肆毫

五嶺山晚租貳秤大 上虞字六百七十六號田叁分正

[illegible]南山坵早租叁秤大 上虞字六百八十三號田叁分正 仝號一小坵田壹分

外撥租壹拾伍秤大 貼長男自輝支撐門庭戶役之勞

古坑土名魚塘坵晚租拾捌秤作硬拾伍秤大 推字九十一號田壹畝柒分叁厘叁毫 [illegible]

一菜園坦地

土名住後菜園地二下貳吧 内菜樹壹根 上虞字七百六十九號地壹分叁厘 七百七十號地壹分正

土名上坦廳屋上首菜園[illegible]叁斤大壹 係自輝自光有分[illegible] [illegible]五十號壹分伍厘捌毫叁絲

秋口镇长径村 B 1-5 · 康熙二十年 · 分关文书 · 程泰交

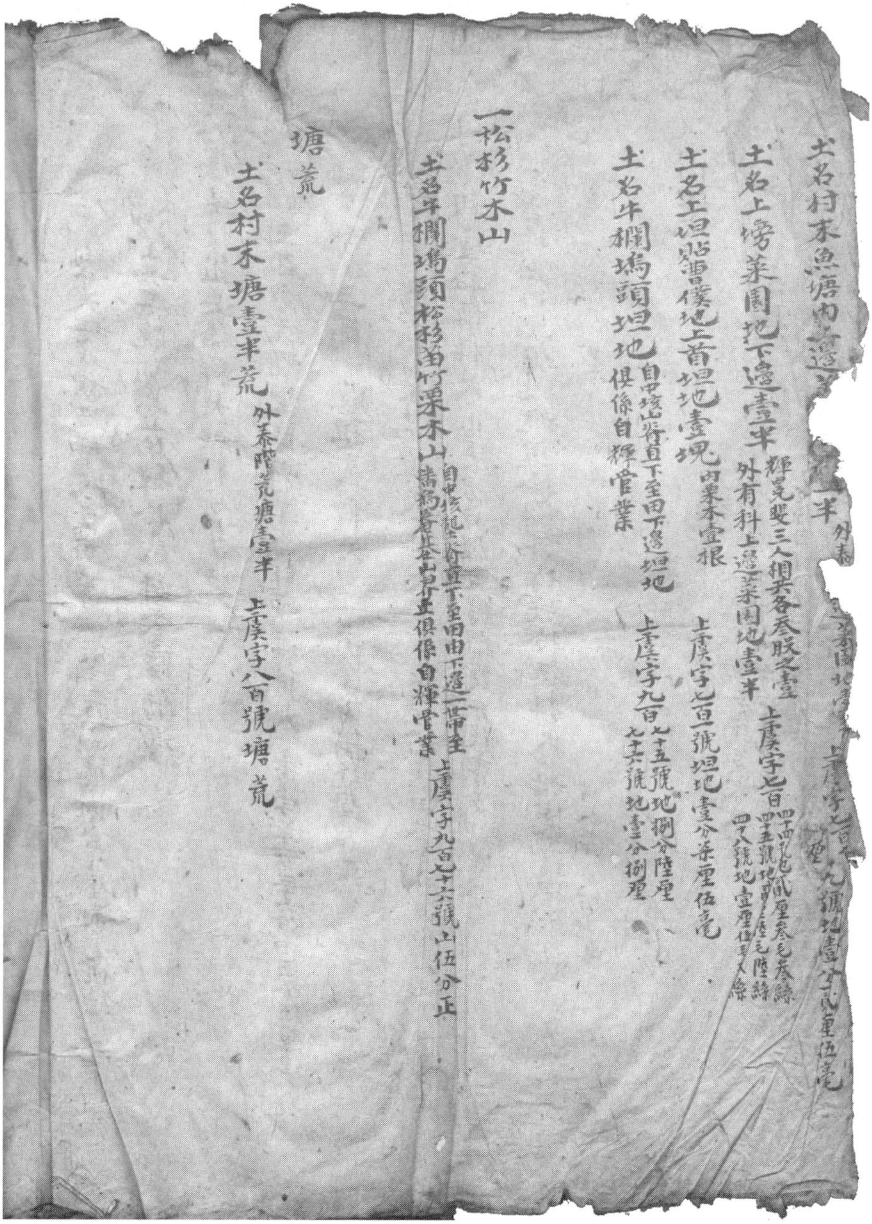

土名村末魚塘內邊[illegible]半　外[illegible]
[illegible]地[illegible]
上虞字七百[illegible]九號地壹[illegible]貳厘伍毫

土名上傍菜園地下邊壹半　輝晃變三人相共各叁股之壹
外有斜上邊菜園地壹半
上虞字七百四十四號地貳厘叁毛叁絲
四十五號地[illegible]厘七陸絲
四十八號地壹厘伍[illegible]絲

土名上坦貼僧僕地上首坦地壹塊　內果木壹根
上虞字七百[illegible]號坦地壹分柒厘伍毫

土名牛欄塢頭坦地　自中塝山脊直下至田下邊坦地
俱係自輝管業
上虞字九百七十五號地捌分陸厘
七十六號地壹分捌厘

一松杉竹木山

土名牛欄塢頭松杉苗竹果木山　自中塝[illegible]脊直下至田由下邊一帶至[illegible]塢[illegible]其山[illegible]俱係自輝管業
上虞字九百七十六號山伍分正

塘荒

土名村末塘壹半荒　外泰[illegible]荒塘壹半
上虞字八百號塘荒

秋口镇长径村 B 1-6 · 康熙二十年 · 分关文书 · 程泰交

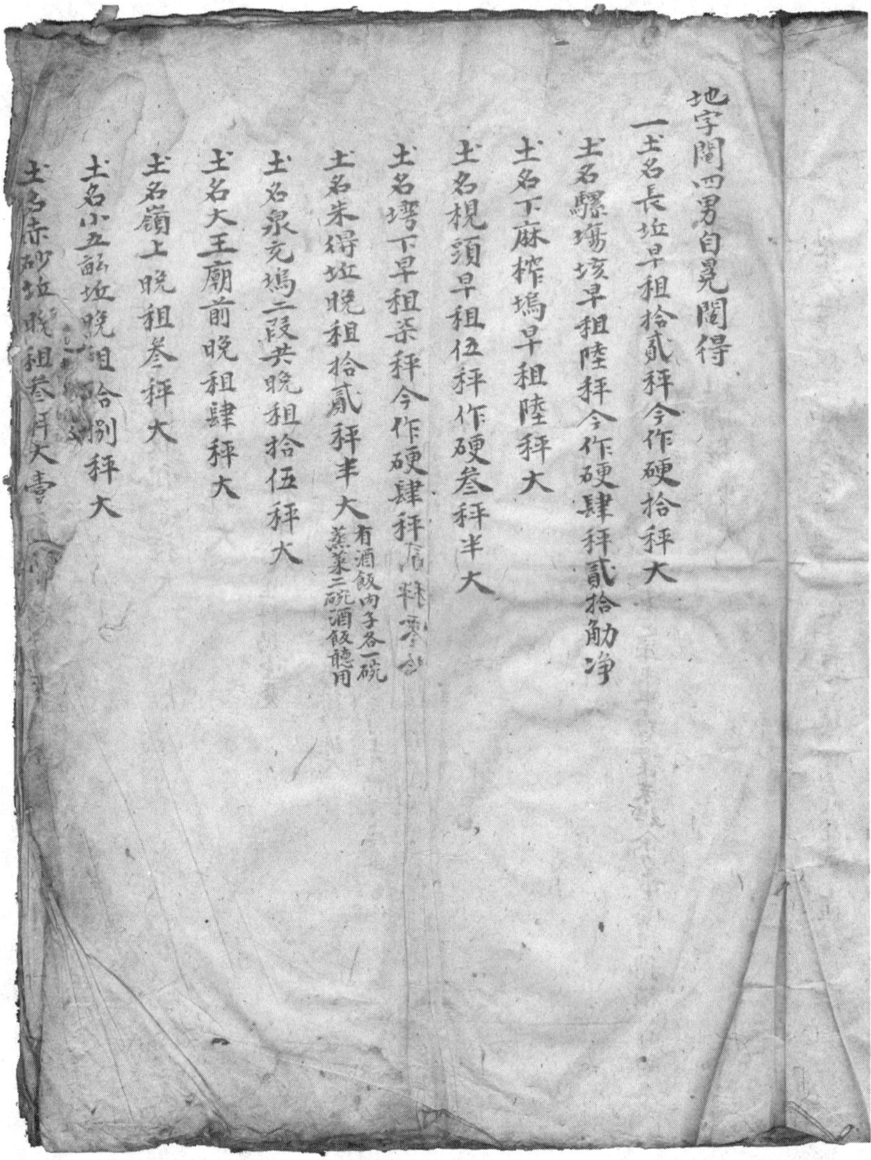
地字閹四男自晃閹得
一土名長坵早租拾貳秤今作硬拾秤大
土名騾塝垓早租陸秤今作硬肆秤貳拾觔净
土名下麻榨塢早租陸秤大
土名梘頭早租伍秤作硬叁秤半大
土名塝下早租柒秤今作硬肆秤[illegible]
土名朱得坵晚租拾貳秤半大 有酒飯肉子各一碗 蒸菜二碗酒飯聽用
土名泉充塢二段共晚租拾伍秤大
土名大王廟前晚租肆秤大
土名嶺上晚租叁秤大
土名小五畝坵晚租拾捌秤大
土名赤砂坵晚租叁秤[illegible]大壹

秋口镇长径村 B 1-7 · 康熙二十年 · 分关文书 · 程泰交

古坑土名白石塢口晚租壹半外奉[illegible]貳秤大[illegible]壹半該拾貳秤大

土名塘塢晚秈拾肆秤大

土名吳閙塢中段晚租柒秤大

土名苦竹塢晚租貳秤大

土名曲尺塢早租捌秤半大 生料鷄壹隻

朱坦土名五畝坵壹半該拾肆秤大 分得壹半該拾肆秤大 有酒飯鷄肉于蒸菓 酒飯聽用生料鷄二隻擔來

以上共早晚租壹伯肆拾貳秤零拾伍觔

外撥晚租拾秤大 貼孫男有訓

土名王公前晚柒秤大

古坑土名楓木坑晚叁秤半今作硬叁秤大

外撥租貳拾伍秤大 貼四男自晃生在余老之年未學習業未得余力量撥租稍補以作資本之需

土名下樟塢晚租捌秤大

秋口镇长径村 B 1-8 · 康熙二十年 · 分关文书 · 程泰交

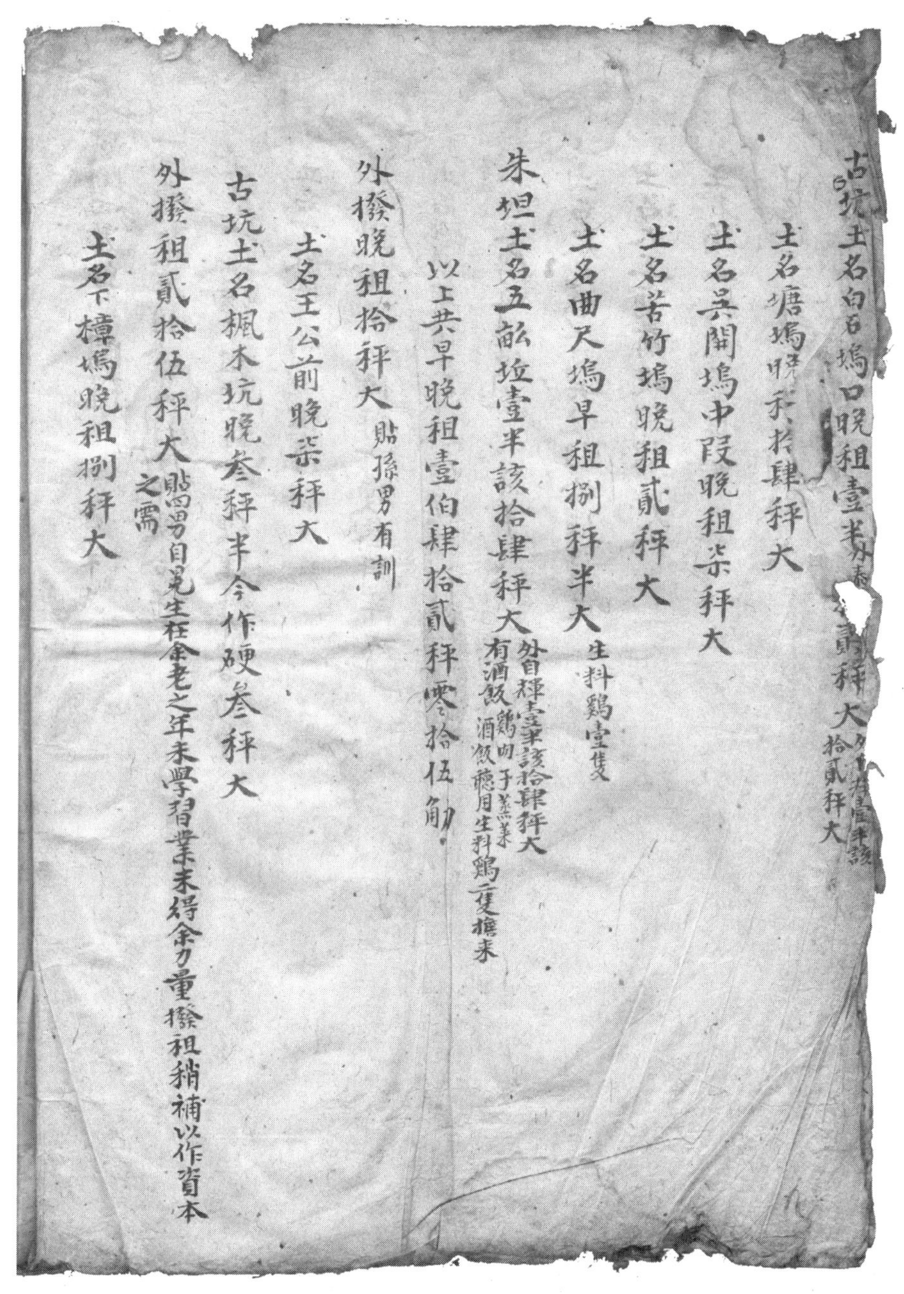

土名麻針塢晚租貳秤大

古坑土名吳閘塢上段晚租硬拾伍秤大

外撥租陸秤大 抵還原借四媳本銀叁兩貳錢正

土名泉充塢晚租柒秤今作硬陸秤大

一菜園坦地

土名菜園地上塝壹塊 內果木貳根 茶叢紫竹俱在其內

土名祠堂穴角地壹號 茶叢柿木在內

土名上塝菜園地下邊壹半 輝晃斐三人相共各叁股之壹 外有斜閘得上邊菜園地壹半

土名上坦廳屋上首菜園地壹號 係自輝自晃有斐三間相共 各該叁股之壹

土名千戶坦坦地[illegible]

秋口镇长径村 B 1-9 · 康熙二十年 · 分关文书 · 程泰交

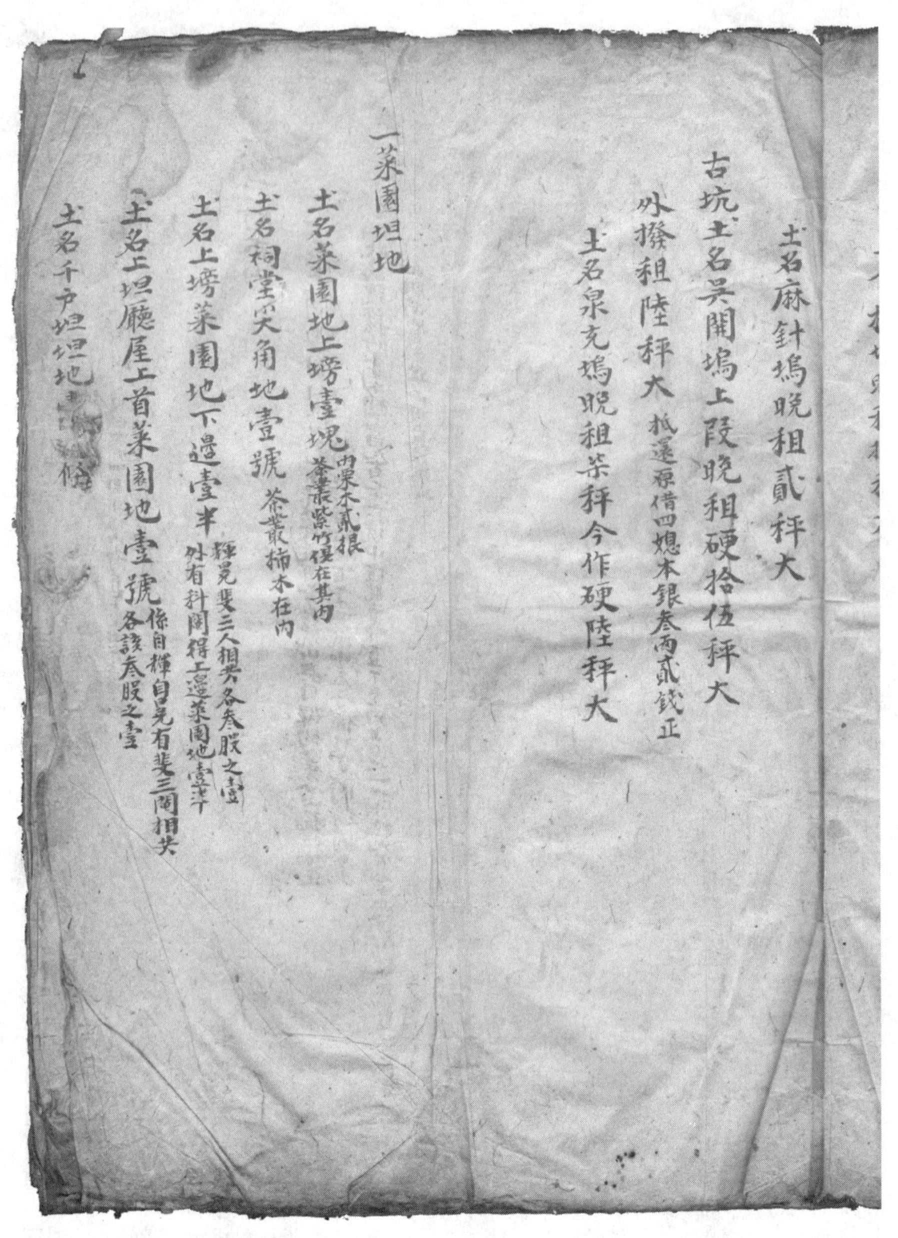

土名上坦坦地壹小塊
土名牛攔塢頭坦地　自中垓山脊直下至田上邊坦地
係自晃管業
一松杉竹木山
土名牛攔塢頭山貳號內　上虞字九百七十六號山與自輝均業各山税伍分正
上虞字九百七十四號山叁分係自晃鬮得獨業
此貳號松杉竹木栗樹山自九百七十六號中垓龍脊直下至田上邊一帶　抵九百七十四號山龍脊直下至五嶺山
山脚南山角田止　山田上邊角止

秋口镇长径村 B 1-10 · 康熙二十年 · 分关文书 · 程泰交

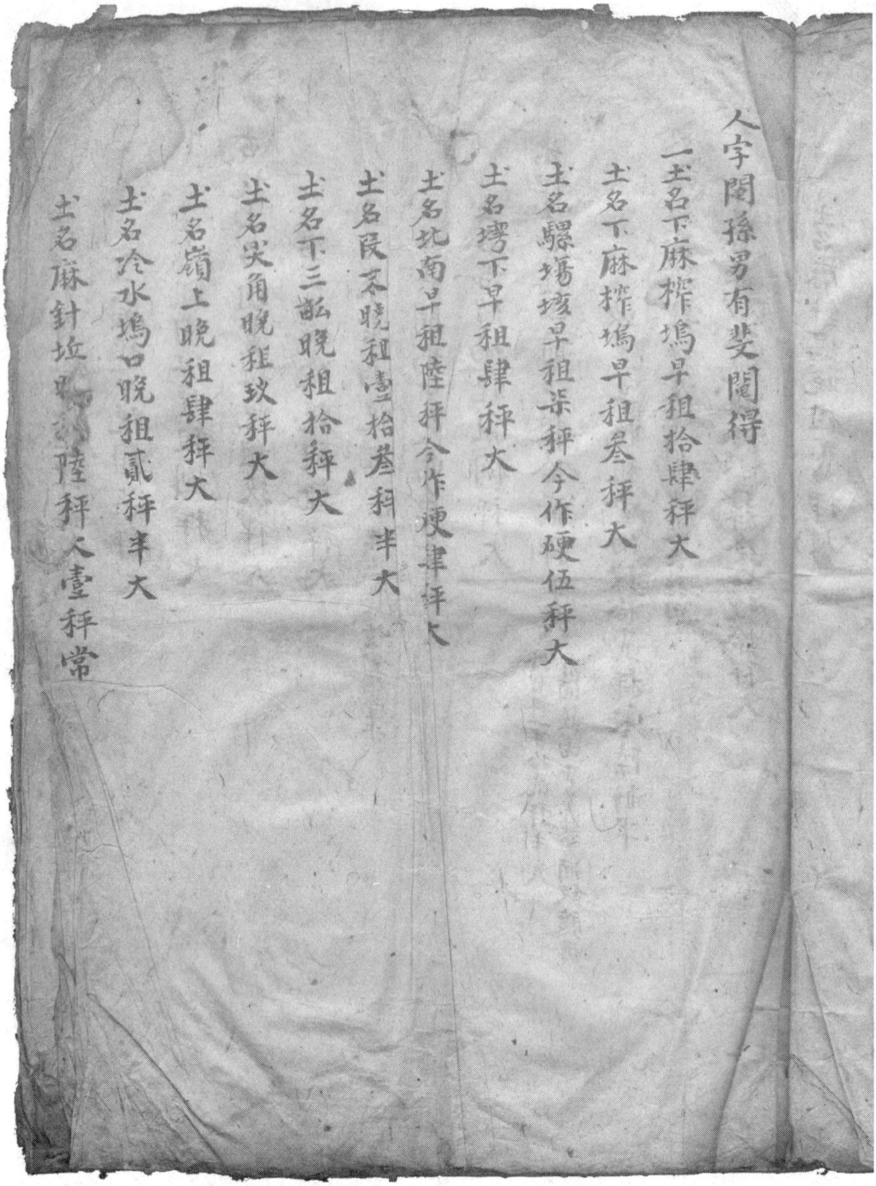

人字阄孫男有斐阄得

一土名下麻榨塢旱租拾肆秤大

土名下麻榨塢旱租叁秤大

土名騾塘垓旱租柒秤今作硬伍秤大

土名塆下旱租肆秤大

土名北南旱租陸秤今作硬肆秤大

土名艮茶晚租壹拾叁秤半大

土名下三甑晚租拾秤大

土名尖角晚租玖秤大

土名嶺上晚租肆秤大

土名冷水塢口晚租貳秤半大

土名麻針坵[illegible]陸秤人壹秤常

秋口镇长径村 B 1-11 · 康熙二十年 · 分关文书 · 程泰交

土名麻針坵晚租肆秤大

土名吴大塢口晚租柒秤大

土名臘肉坵晚租捌秤大

古坑土名葫蘆坵晚租玖秤大

土名芰塘坑晚租肆秤大

土名朱家塢晚租柒秤大 子壹對酒壹孚

土名吴開塢中段晚租柒秤大

土名浮竹塢晚租捌秤大

朱坦土名梅山前晚租拾貳秤半大 外有科一斗拾貳秤半大 有酒飯 肉子蒸菜 酒飯聽用

以上共早晚租壹伯肆拾貳秤零陸觔半

外撥租貳拾肆秤大 貼孫男有斐長孫田

土名赤砂坵晚租拾壹秤今作硬拾秤大

秋口镇长径村 B 1-12 · 康熙二十年 · 分关文书 · 程泰交

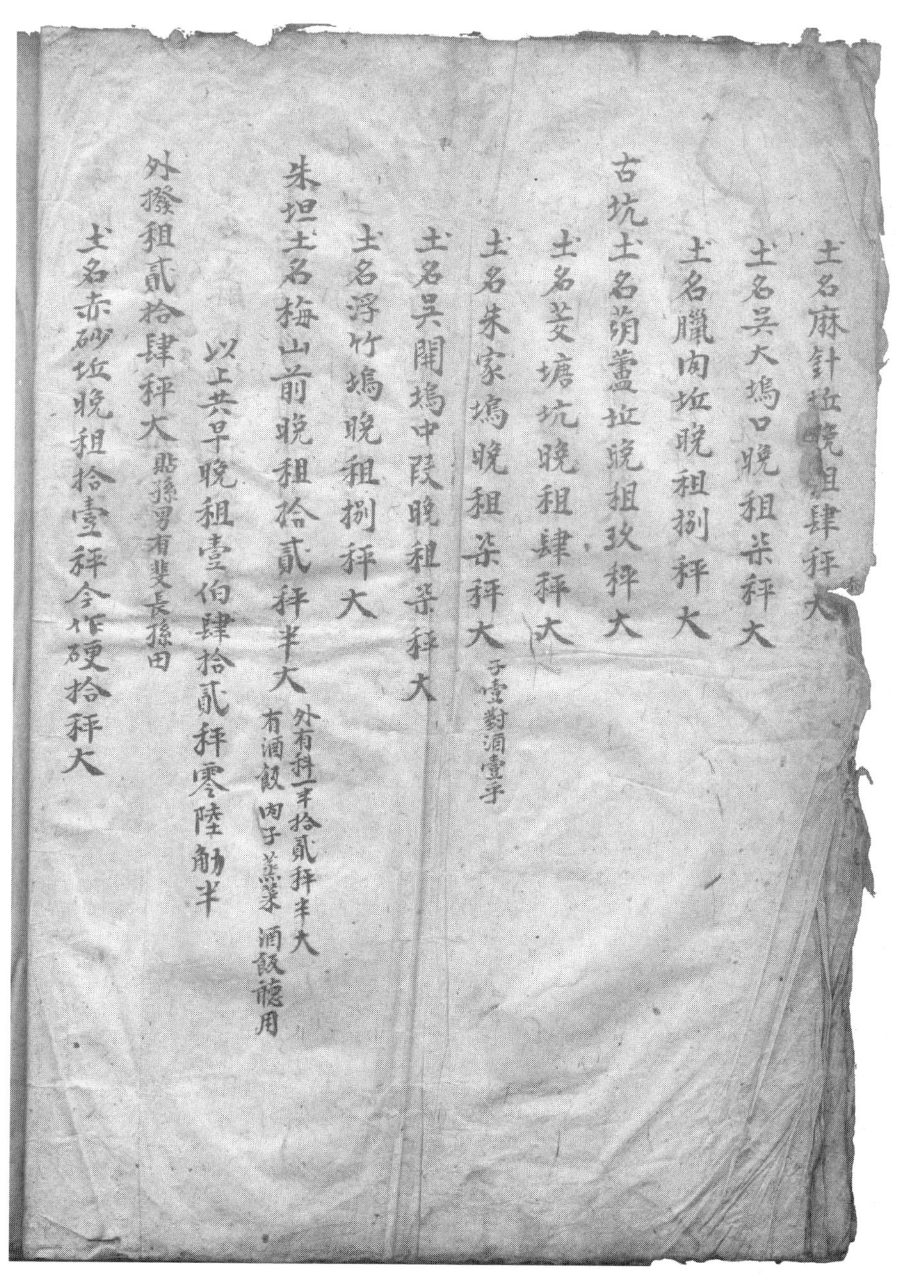

土名赤砂坵晚租拾壹秤今作硬拾秤大

土名泉充塢頭晚租肆秤今作硬叁秤半大

朱坦土名洪林段晚租貳拾貳秤今作硬拾秤半大 有酒飯 男打塘供魚包租

外撈租陸秤半大 抵進祿借銀息換首飾本銀叁兩壹錢正

古坑土名楓木坑口晚租陸秤半大

一菜園坦地

土名上塝菜園地下邊壹半 相買男又三人共出大錢式兩之會 外有科閹得上邊菜園地壹半

土名上坦廳屋上首菜園地壹號 各該叁股之壹 自轉自充有男又三閹相共

土名上坦坦地原三塊今作貳塊 內栗樹貳根拷木壹根 拒木壹根杏木前俱在內

土名門前坦地壹截 與本門清明會相共各一截 原田今坦 係田稅

土名文門前坦地壹塊作菜園地閹分 與洸相共 過年交業租壹秤大 大

秋口镇长径村 B 1-13 · 康熙二十年 · 分关文书 · 程泰交

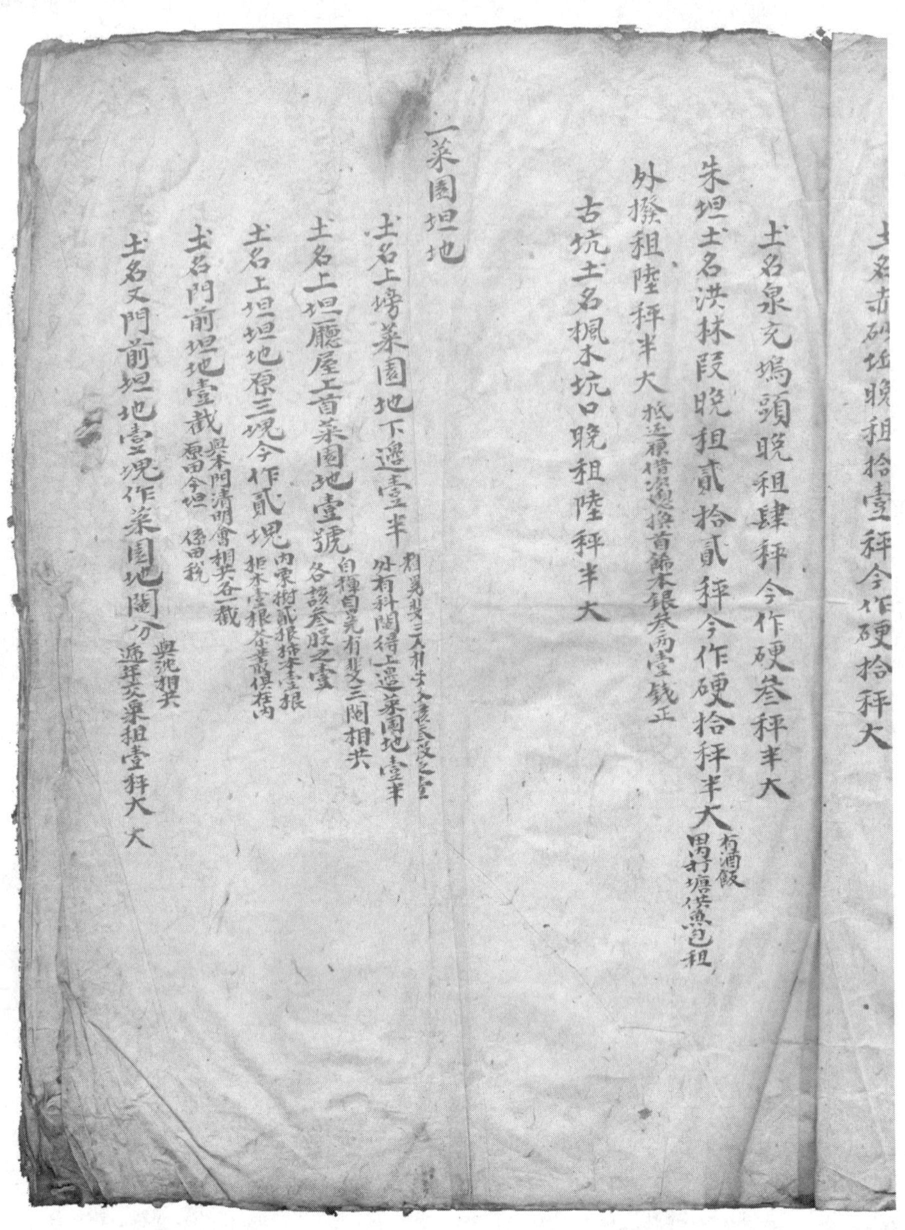

土名井坵晚租拾秤大

土名樟茗塢晚租陸秤大（外衆存仍貳秤大）

土名义口段早租貳秤大

古坑土名葫蘆坵晚租玖秤大（佃仝名重陽耕種占）

共開塢口晚租拾陸秤大（有酒飯肉子蒸菜酒飯總用）

曹嶺脚早晚租柒秤大

朱坦土名梅山前晚租拾貳秤半大（外有夏季合八秤半大，有酒飯肉子蒸菜酒飯總用）

以上共早晚租壹伯肆拾貳秤半

外撥租伍秤大（貼孫男有升）

朱坦土名湖坵晚租叁秤半今作硬叁秤大

土名早禾田塢晚租貳秤大

秋口镇长径村 B 1–14 · 康熙二十年 · 分关文书 · 程泰交

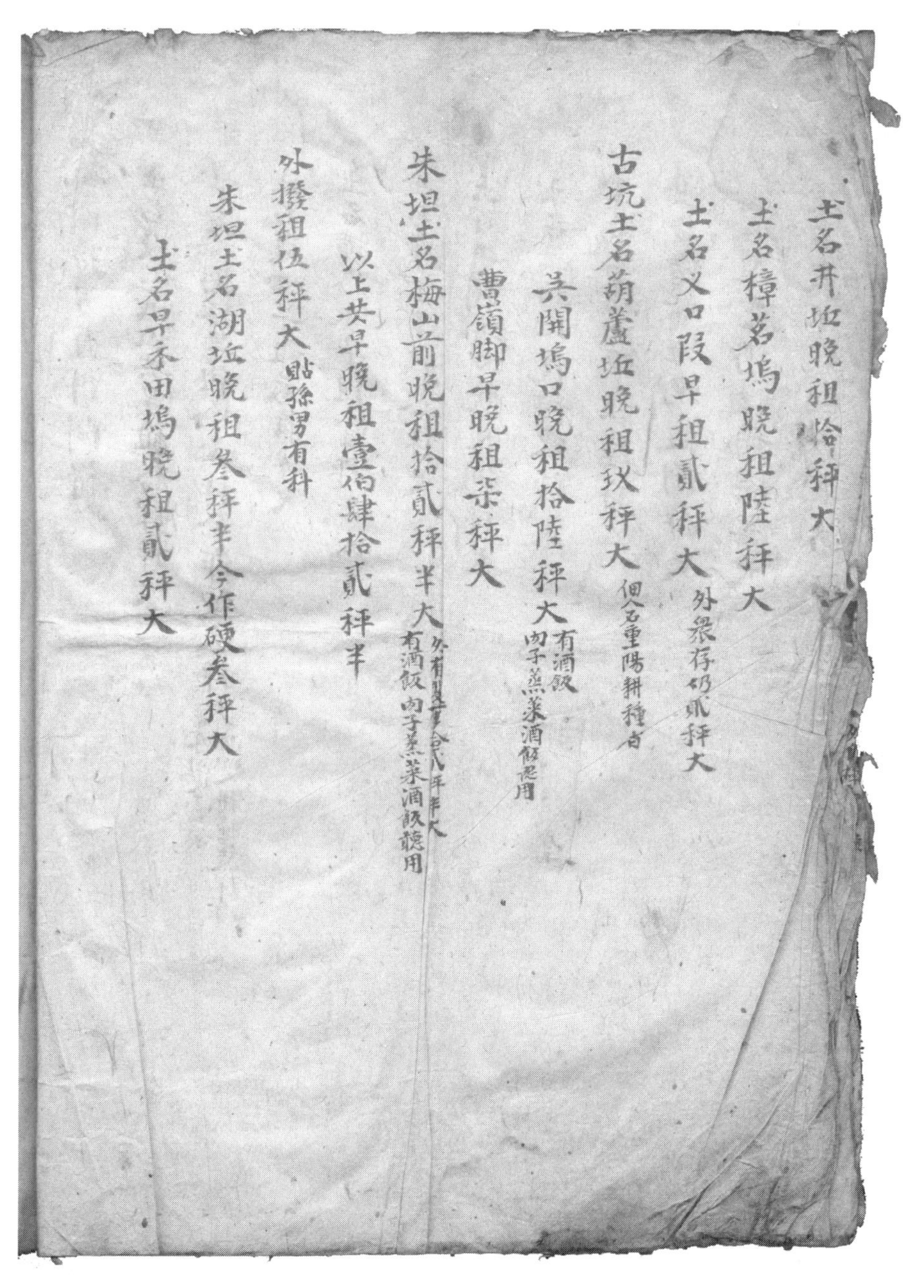

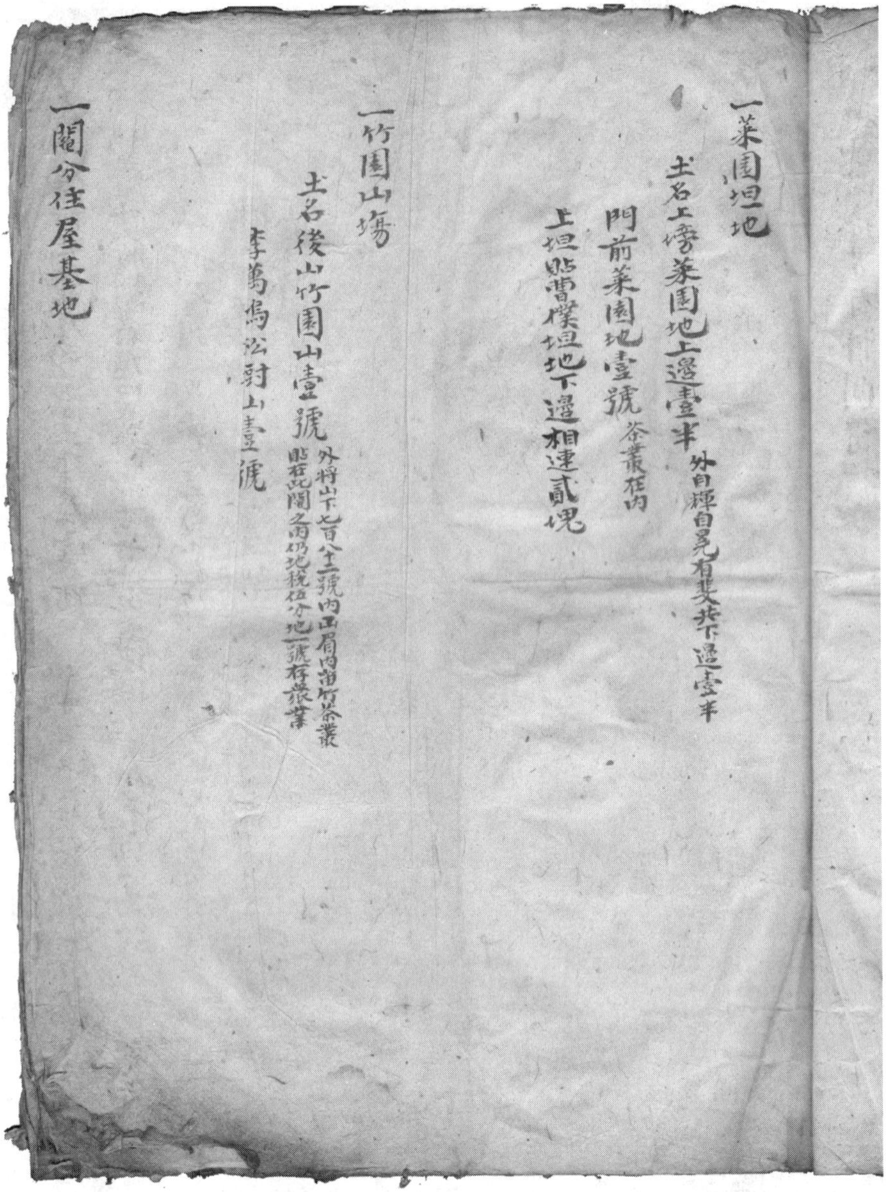

一菜园坦地

土名上塝菜园地上边壹半 外自輝自晃有斐共下边壹半

門前菜園地壹號 茶叢在内

上坦貼曹璞坦地下边相連貳塊

一竹园山塲

土名後山竹园山壹號 外将山下七百八十二號内四眉内留竹茶叢

貼在此閹之角仍地税伍分地一號存衆業

李萬鳥松對山壹號

一閹分住屋基地

秋口镇长径村 B 1-15 · 康熙二十年 · 分关文书 · 程泰交

閫得新造土庫屋面前小土庫屋壹所　上虞字七百五十九號地捌厘叁毫貳絲

外又將新買自慶侄貼料小土庫上首墻外基地撥與有料管業便日後做造厨屋及猪

欄等用　上虞字七百五十九號地壹分肆厘肆毫捌絲　買自慶者

秋口镇长径村 B 1-16 · 康熙二十年 · 分关文书 · 程泰交

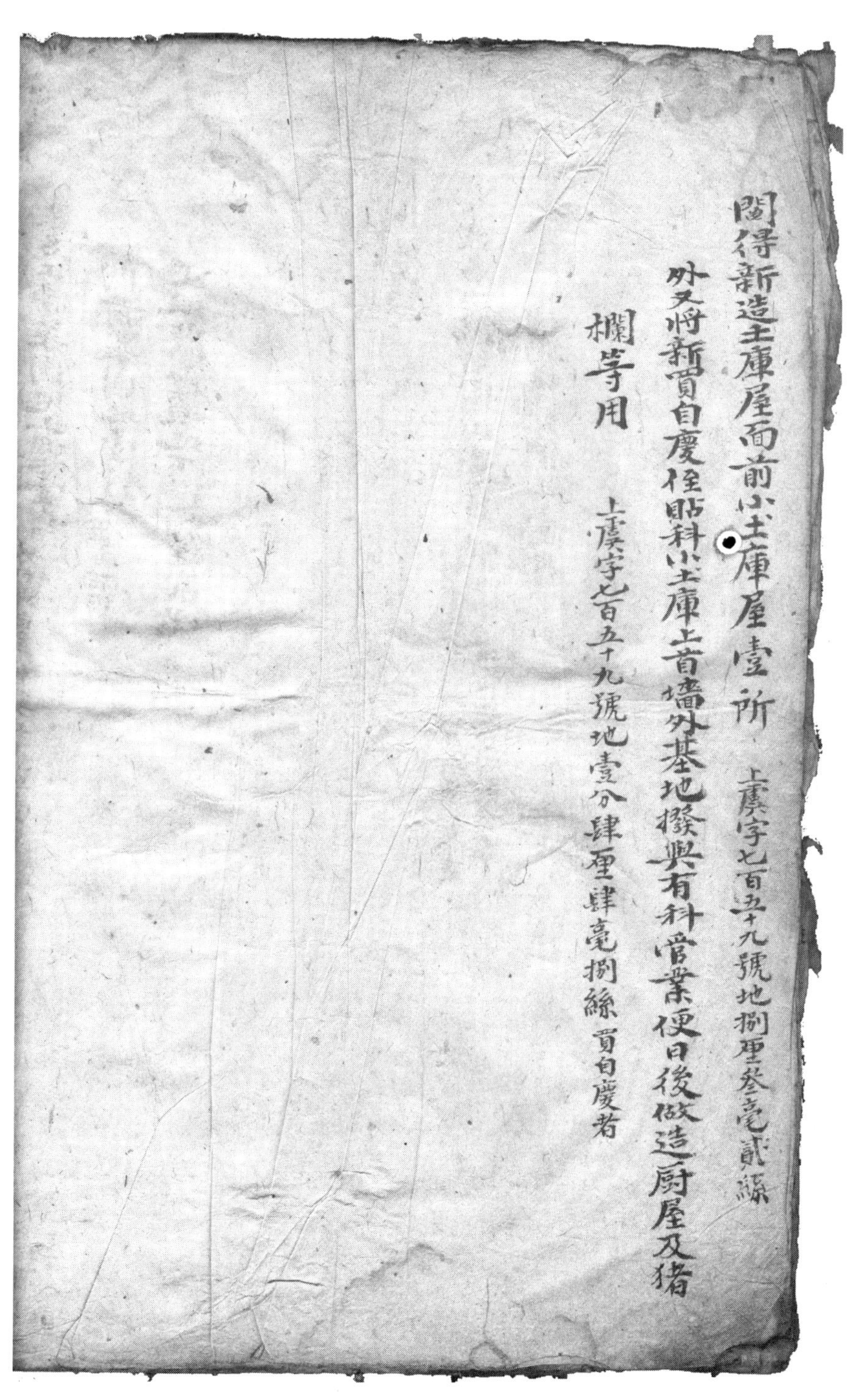

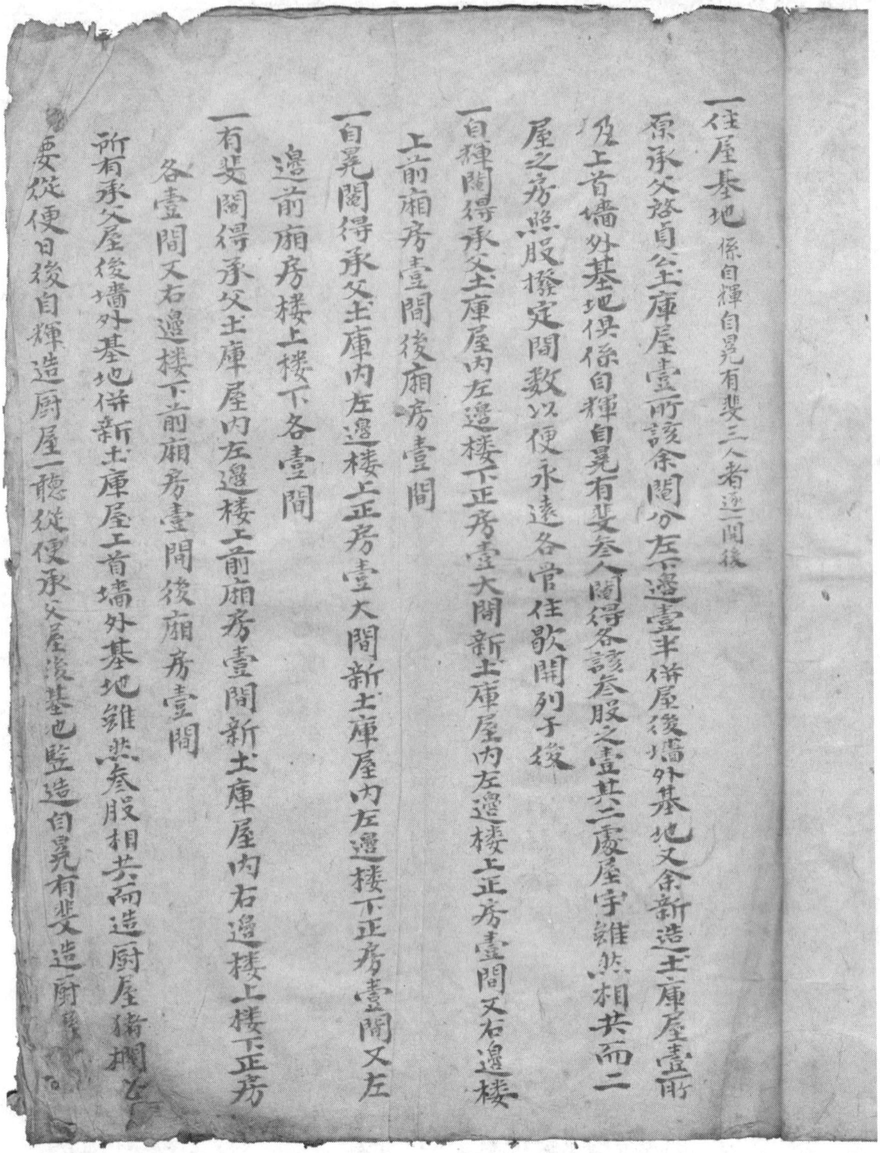

一住屋基地　係自輝自晃有斐三人者逐一開後
原承父啓貞公土庫屋壹所該余鬮分左下邊壹半併屋後墻外基地又余新造土庫屋壹所
及上首墻外基地俱係自輝自晃有斐叁人鬮得各該叁股之壹其二處屋宇雖然相共而二
屋之房照股撥定間數以便永遠各管住歇開列于後
一自輝鬮得承父土庫屋內左邊樓下正房壹大間新土庫屋內左邊樓上正房壹間又右邊樓
上前廂房壹間後廂房壹間
一自晃鬮得承父土庫內左邊樓上正房壹大間新土庫屋內左邊樓下正房壹間又左
邊前廂房樓上樓下各壹間
一有斐鬮得承父土庫屋內左邊樓上前廂房壹間新土庫屋內右邊樓上樓下正房
各壹間又右邊樓下前廂房壹間後廂房壹間
所有承父屋後墻外基地併新土庫屋上首墻外基地雖然叁股相共而造廚屋豬欄右
要從便日後自輝造廚屋一聽從便承父屋後基地監造自晃有斐又造廚

秋口镇长径村 B 1-17 · 康熙二十年 · 分关文书 · 程泰交

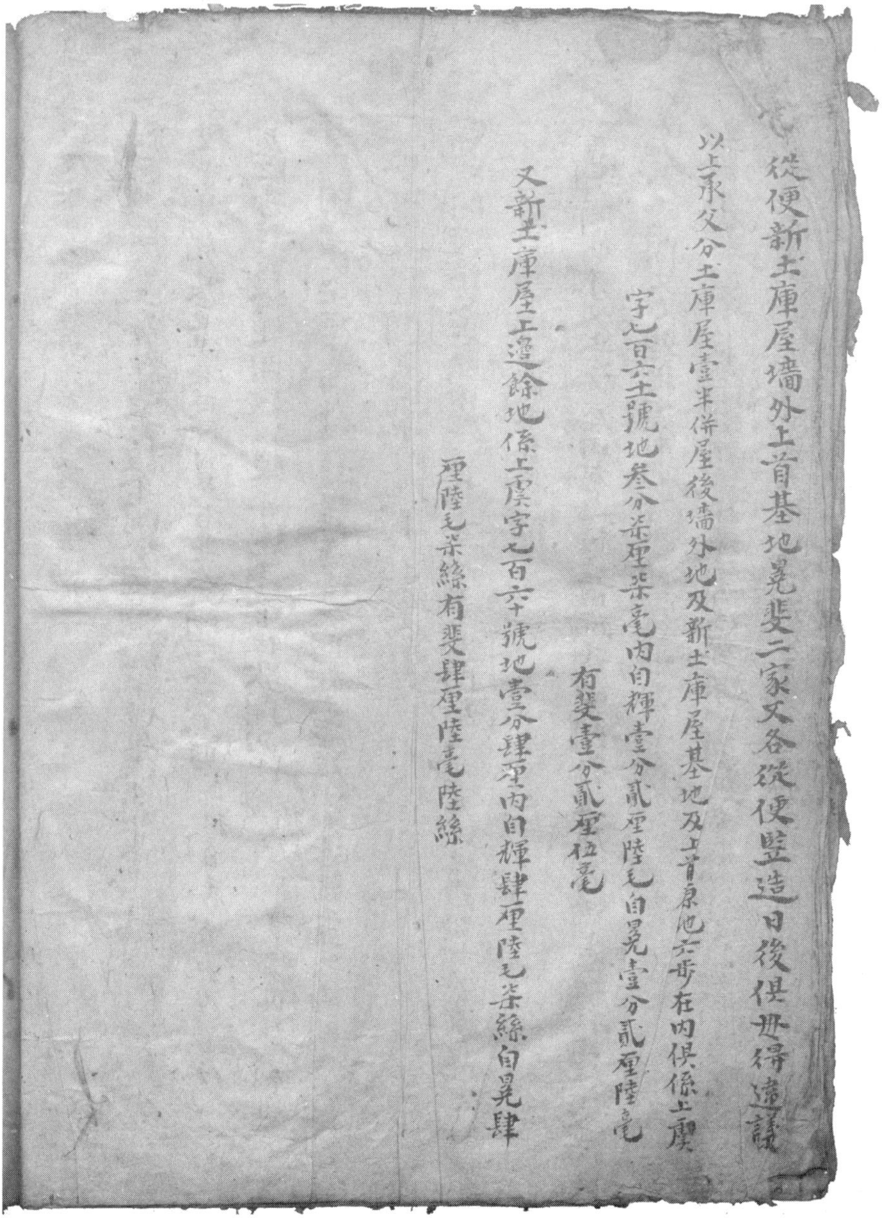

從便新土庫屋墻外上首基地晃斐二家又各從便豎造日後俱毋得違議

以上承父分土庫屋壹半併屋後墻外地及新土庫屋基地及上首原地六步在內俱係上虞

字乙百六十號地叁分柒厘柒毫內自輝壹分貳厘陸毛自晃壹分貳厘陸毫

有斐壹分貳厘伍毫

又新土庫屋上邊餘地係上虞字乙百六十號地壹分肆厘內自輝肆厘陸毛柒絲自晃肆

厘陸毛柒絲有斐肆厘陸毫陸絲

秋口镇长径村 B 1-18 · 康熙二十年 · 分关文书 · 程泰交

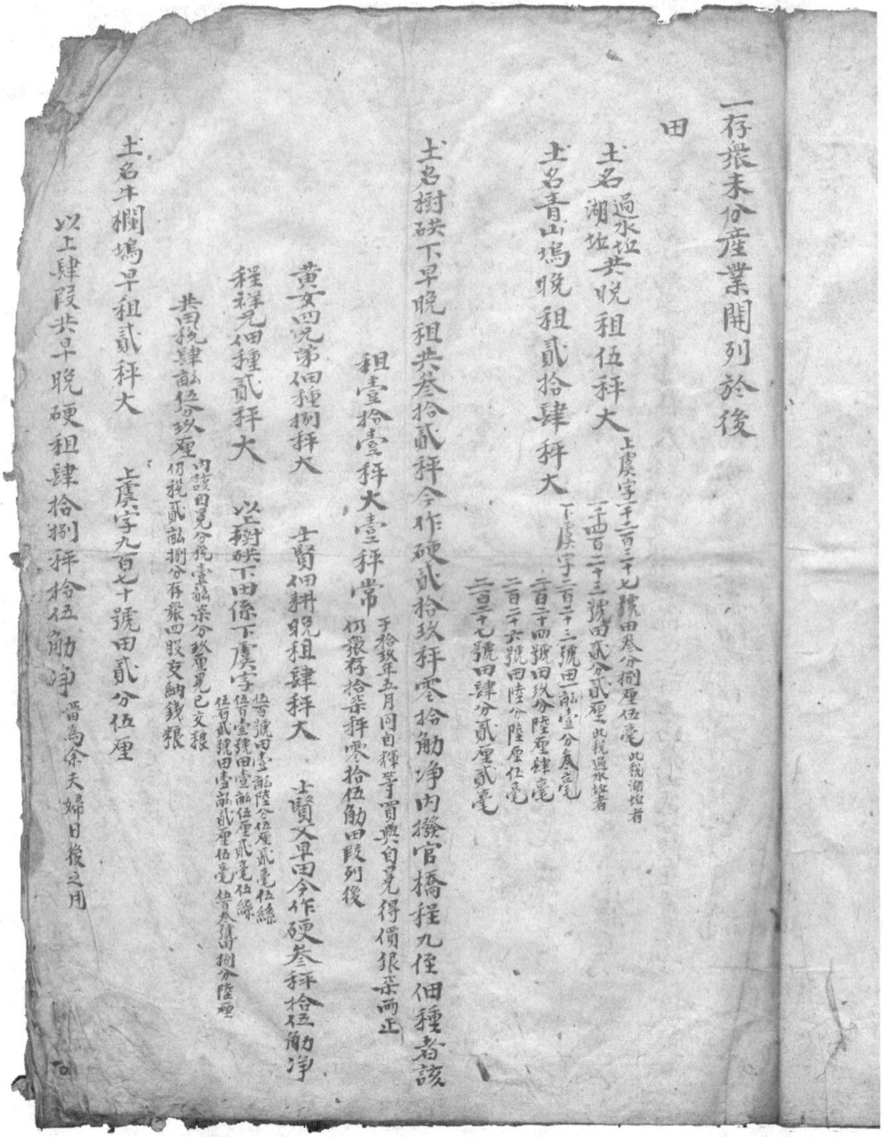

一存衆未分產業開列於後

田

土名過水坵、湖坵共晚租伍秤大 上虞字一千二百三十七號田叁分捌厘伍毫 此號湖坵者 一千四百二十三號田貳分貳厘 此號過水坵者

土名青山塢晚租貳拾肆秤大 下虞字二百二十三號田一畝壹分叁厘 二百二十四號田玖分陸厘肆毫 二百二十六號田陸分陸厘伍毫 二百二十七號田肆分貳厘貳毫

土名樹硤下旱晚租共叁拾貳秤今作硬貳拾玖秤零拾觔淨內撥官橋程九住佃種者該租壹拾壹秤大壹秤常 于拾玖年五月同伯輝等賣與自晃得價銀柒兩正 仍衆存拾柒秤零拾伍觔田段列後

黃女四兄弟佃種捌秤大 土賢佃耕晚租肆秤大 土賢文旱田今作硬叁秤拾伍觔淨

程祥九佃種貳秤大 以上樹硤下田係下虞字 伍百[illegible]號田壹畝陸分伍厘貳毫伍絲 伍百壹號田壹畝伍厘貳毫伍絲 伍百貳號田壹畝貳厘伍毫 伍百叁號田捌分陸厘

共田稅肆畝伍分玖厘 內該自晃分稅壹畝柒分玖厘晃已支銀 仍稅貳畝捌分存衆四股支納錢粮

土名牛欄塢旱租貳秤大 上虞字九百七十號田貳分伍厘

以上肆段共旱晚硬租肆拾捌秤拾伍觔淨 留為余夫婦日後之用

秋口镇长径村 B 1-19 · 康熙二十年 · 分关文书 · 程泰交

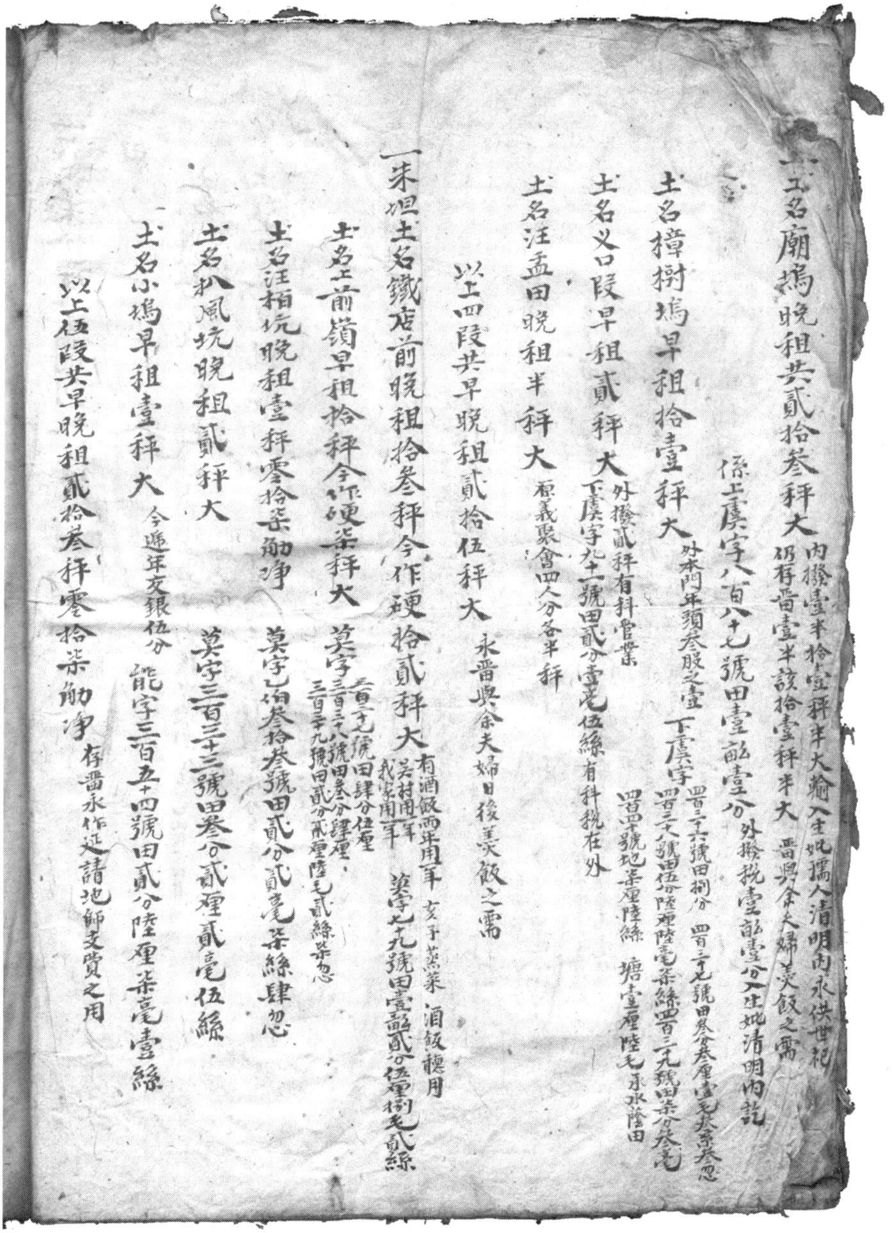

土名廟塢晚租共貳拾叁秤大 內撥壹半拾壹秤半大輸入生坟[illegible]人清明內永供世祀 仍存晋壹半該拾壹秤半大 晋興夫婦羹飯之需

係上虞字八百八十七號田壹畝壹分 外撥稅壹畝壹分入生坟清明內訖

土名樟樹塢早租拾壹秤大 外本門年須叁股之壹 下虞字四百三十六號田捌分 四百三十七號田叁分叁厘壹毛叁系叁忽 四百三十八號田伍分陸厘陸毛柒絲 四百三十九號田柒分叁毛 四百四十號地柒厘陸絲 塘壹厘陸毛 永蔭田

土名义口段早租貳秤大 外撥貳秤有科官業 下虞字九十一號田貳分壹毛伍絲 有科稅在外

土名汪孟田晚租半秤大 憑義聚會四人分各半秤

以上四段共早晚租貳拾伍秤大 永晋興夫婦日後羹飯之需

一朱坦土名鐵店前晚租拾叁秤今作硬拾貳秤大 有酒飯兩年用年 吴村用年 我家用年 交予蒸菜 酒飯穗用 莫字七十九號田壹畝貳分伍厘捌毛貳絲

土名上前嶺早租拾秤今作硬柒秤大 莫字三百三十七號田肆分伍厘 三百三十八號田叁分肆厘 三百三十九號田貳分貳厘陸毛貳絲柒忽

土名汪栢坑晚租壹秤零拾柒觔净 莫字山伯叁拾叁號田貳分貳毫柒絲肆忽

土名扒風坑晚租貳秤大 莫字三百三十三號田叁分貳厘貳毫伍絲

土名小塢早租壹秤大 今遞年交銀伍分 能字三百五十四號田貳分陸厘柒毫壹絲

以上伍段共早晚租貳拾叁秤零拾柒觔净 存晋永作延請地師支費之用

秋口镇长径村 B 1-20 · 康熙二十年 · 分关文书 · 程泰交

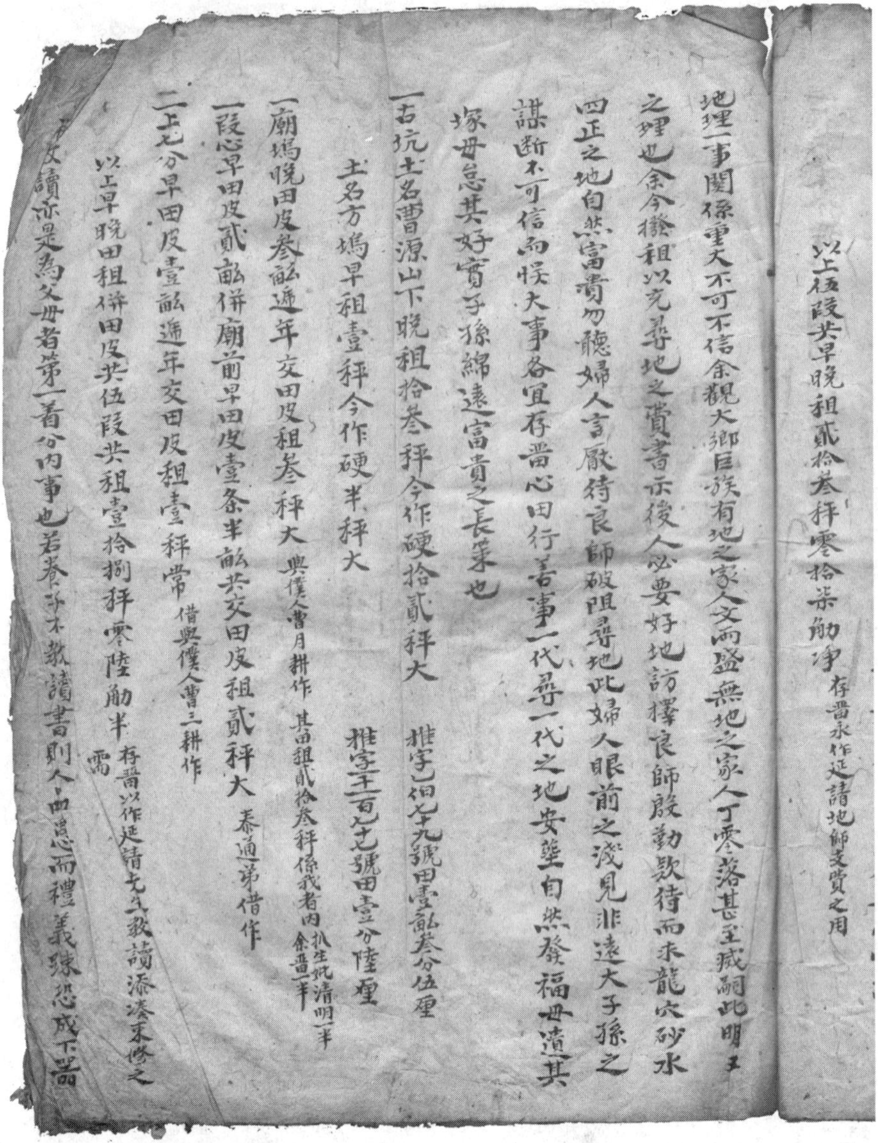

以上伍段共早晚租贰拾叁秤零拾柒觔净　存晋永作延請地師支费之用

地理一事関係重大不可不信余觀大鄉巨族有地之家人文而盛無地之家人丁零落甚至絕嗣此明王
之理也余今撥祖以充尋地之費書示後人必要好地訪擇良師殷勤款待而求龍穴砂水
四正之地自然富貴勿聽婦人言厭待良師破阻尋地此婦人眼前之淺見非遠大子孫之
謀斷不可信而悮大事各宜存晋心田行善事一代尋一代之地安塟自然發福毋遺其
塚毋怠其好實子孫綿遠富貴之長策也

一古坑土名曹源山下晚租拾叁秤今作硬拾貳秤大　推字七佰七十九號田壹畝叁分伍厘
土名方塢早租壹秤今作硬半秤大　推字壹百七十七號田壹分陸厘
一廟塢晚田皮叁畝逓年交田皮租叁秤大　與僕人曹月耕作　其田租貳拾叁秤係我者內扒生坟清明一半　余晋一半
一段心早田皮貳畝併廟前早田皮壹畚半畝共交田皮租貳秤大　泰通弟借作
二上七分早田皮壹畝逓年交田皮租壹秤常　借與僕人曹三耕作
以上早晚田租併田皮共伍段共租壹拾捌秤零陸觔半　存晋以作延請先生教讀添湊束脩之需

□文讀亦是為父毋者第一着分内事也若吝惜不教讀書則人由愚而禮義殊恐成下品

秋口镇长径村 B 1-21 · 康熙二十年 · 分关文书 · 程泰交

余思本村人烟稀少家事淡薄尤恐獨力難成余今撥租番為逓年請師以湊束修之需書勸後人勉力勤學使人人知書識禮知禮識義成得衣冠禮義之家吾門幸甚吾家幸甚

一存衆未分田皮租典租開後

一段心方坵旱田皮壹畝 原價紋銀柒錢正

一廟塢晚田皮壹畝 原價紋銀捌錢正 共交田皮租壹秤半大 貳段俱借曹三耕作

一鎖上晚田皮壹畝 原價紋銀陸錢正 借曹三耕作 逓年交田皮租壹秤大

一長坵旱田皮壹畝半 原價紋銀壹兩正 借曹三耕作 逓年交田皮租一秤半今交叁拾觔淨

以上四段田皮原故房兄泰吉存日因欠胡老會銀無措將前田皮共作價紋銀叁兩壹錢佃與泰名下得價轉還胡老會上首付下首銀訖日後如有孟兄弟取贖照前原價贖回可也

一自修原將十三會七分半併司正當去紋銀壹兩伍錢逓年交租貳秤其福胙仍係自修領用今有孟兄弟將騾塲坵旱田皮壹畝交田皮租壹秤大又將規頭旱田皮半畝交田皮租半秤大又將段末旱田皮半畝交田皮租半秤大共交田皮

秋口镇长径村 B 1-22 · 康熙二十年 · 分关文书 · 程泰交

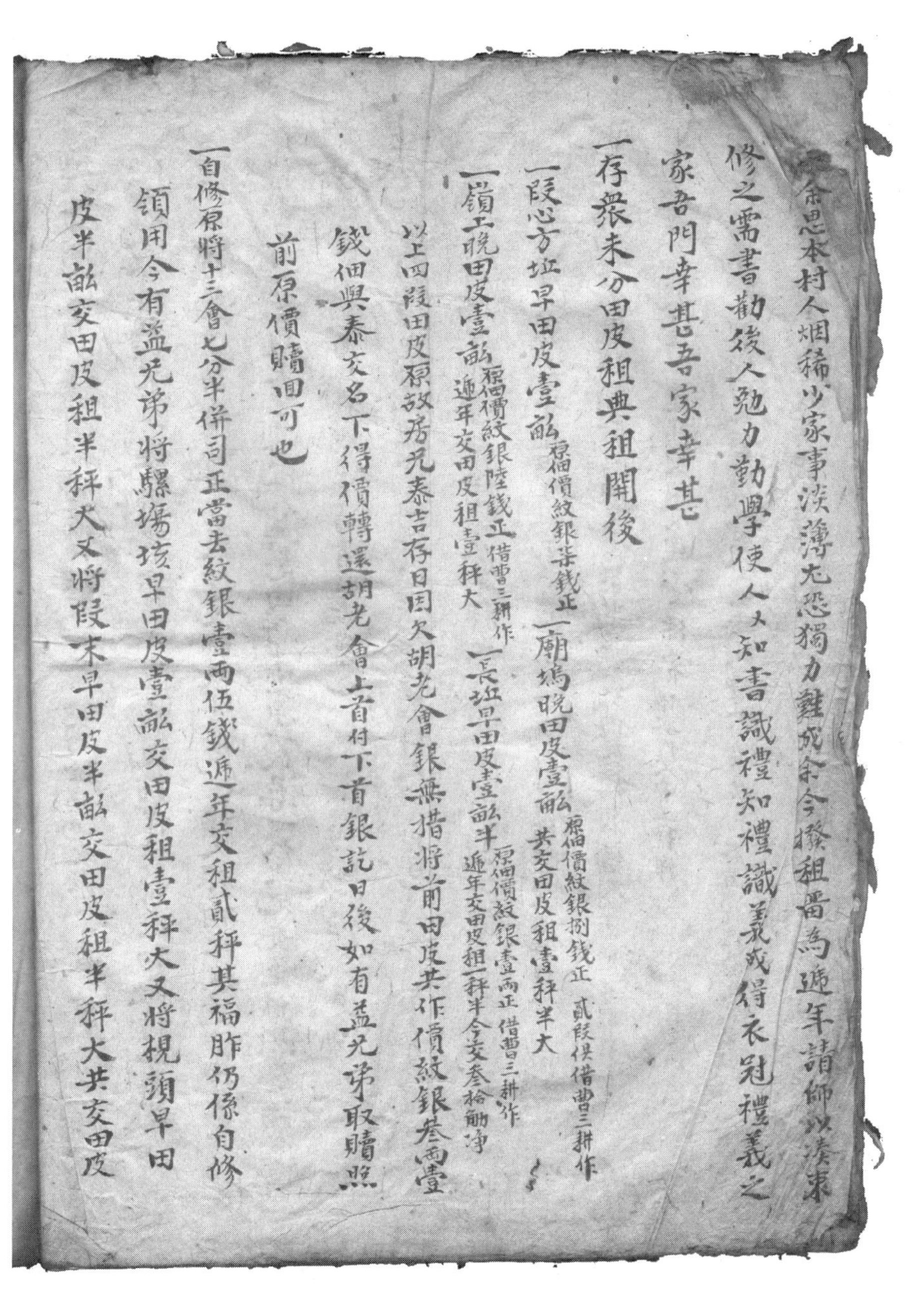

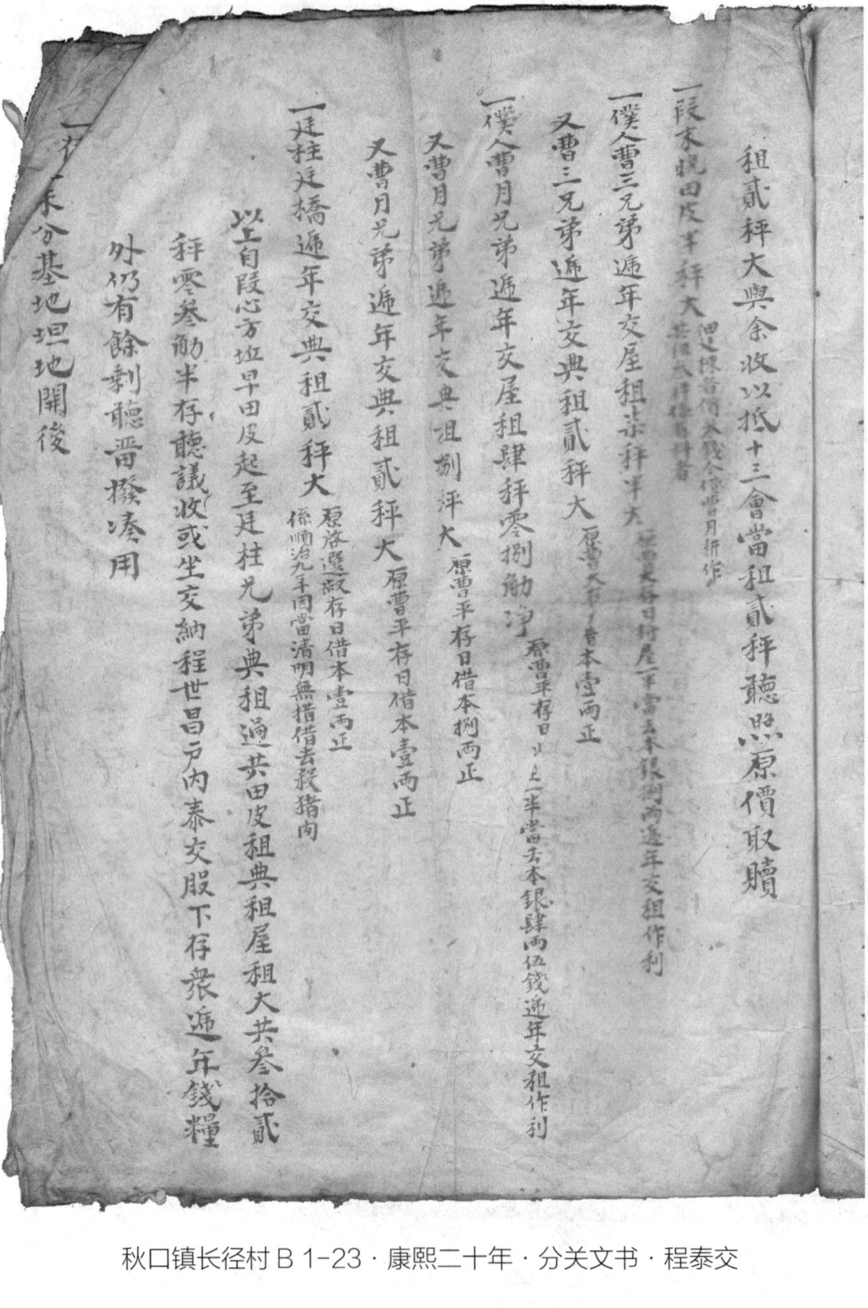

租貳秤大典余收以抵十三會當租貳秤聽照原價取贖
一段木梘田皮半秤大 旦是標晉倩大錢合信曹月拼作 共租八秤
一僕人曹三兄弟遞年交屋租柒秤半大 原曹大存日付屋一半當去本銀捌两遞年交租作利
又曹三兄弟遞年交典租貳秤大 原曹大存日借本壹两正
一僕人曹月兄弟遞年交屋租肆秤零捌觔净 原曹平存日以上一半當去本銀肆两伍錢遞年交租作利
又曹月兄弟遞年交典租捌秤大 原曹平存日借本捌两正
又曹月兄弟遞年交典租貳秤大 原曹平存日借本壹两正
一廷柱廷橋遞年交典租貳秤大 原落遷叔存日借本壹两正 係順治九年因當清明無措借去殺猪肉
以上自段心方坵早田皮起至廷柱兄弟典租過共田皮租典租屋租大共叁拾貳
秤零叁觔半存聽議收或坐交納程世昌戶內泰交服下存衆遞年錢糧
外仍有餘剩聽晋撥湊用
一[illegible]分基地坦地開後

秋口镇长径村 B 1-23 · 康熙二十年 · 分关文书 · 程泰交

土名[illegible] 存實公、林叔公住屋併基地 其貼地山背併内竹木茶叢撥與有科閣内科管理　　上虞字七百八十二號地伍分正　[illegible]凑來

土名井前 基地作玖股派内該泰交柒股内該泰階貳股　　上虞字七百五十七號地貳分壹釐陸毛　外泰階税伍釐

土名村心 買族遂廷樟自废三大倉屋基地 又買族遂般正屋基地及厨屋基地叁股之壹　　上虞字七百五十八號地壹分肆釐叁毫叁毛　内倉基地陸釐 遂正屋基地捌釐

土名住後 原買族成淑住屋基地　　上虞字七百七十五號地貳分壹釐伍毫柒毛　與遂遠會共號 遂遠地壹分叁釐

土名方村坦地貳號　　下虞字七百八十號地貳分伍釐
　　七百八十一號地陸分壹釐貳毫

土名鵝窠坦地　　下虞字七百八十七號地壹畝玖分壹釐

以上三號逓年交小麦租肆秤大粟租肆秤大　秤半大 [illegible] 内因鵝窠一號内[illegible]小麦□秤令□八文小麦叁秤 [illegible]者如不種要佃子取贖

土名下樟塢坦地 逓年交小麦租貳秤大 亦係程[illegible]　　上虞字一千[illegible]十八號地肆分捌釐叁毫　此小麦租五秤半 粟租四秤俱照四股均分

土名猪頭花塢 新造庵基地　　下虞字七十七號地捌釐

一古坑土名碧山堂 庵基地　　推字六百六十五號地陸釐陸毫

一土大杞土名尾墀木高源田地 係新開生塋墳地與洪六宜[illegible] 相共其税在我户原契注收有據[illegible]　　密字三十九號墳地叁分叁釐陸毫

秋口镇长径村 B 1-24 · 康熙二十年 · 分关文书 · 程泰交

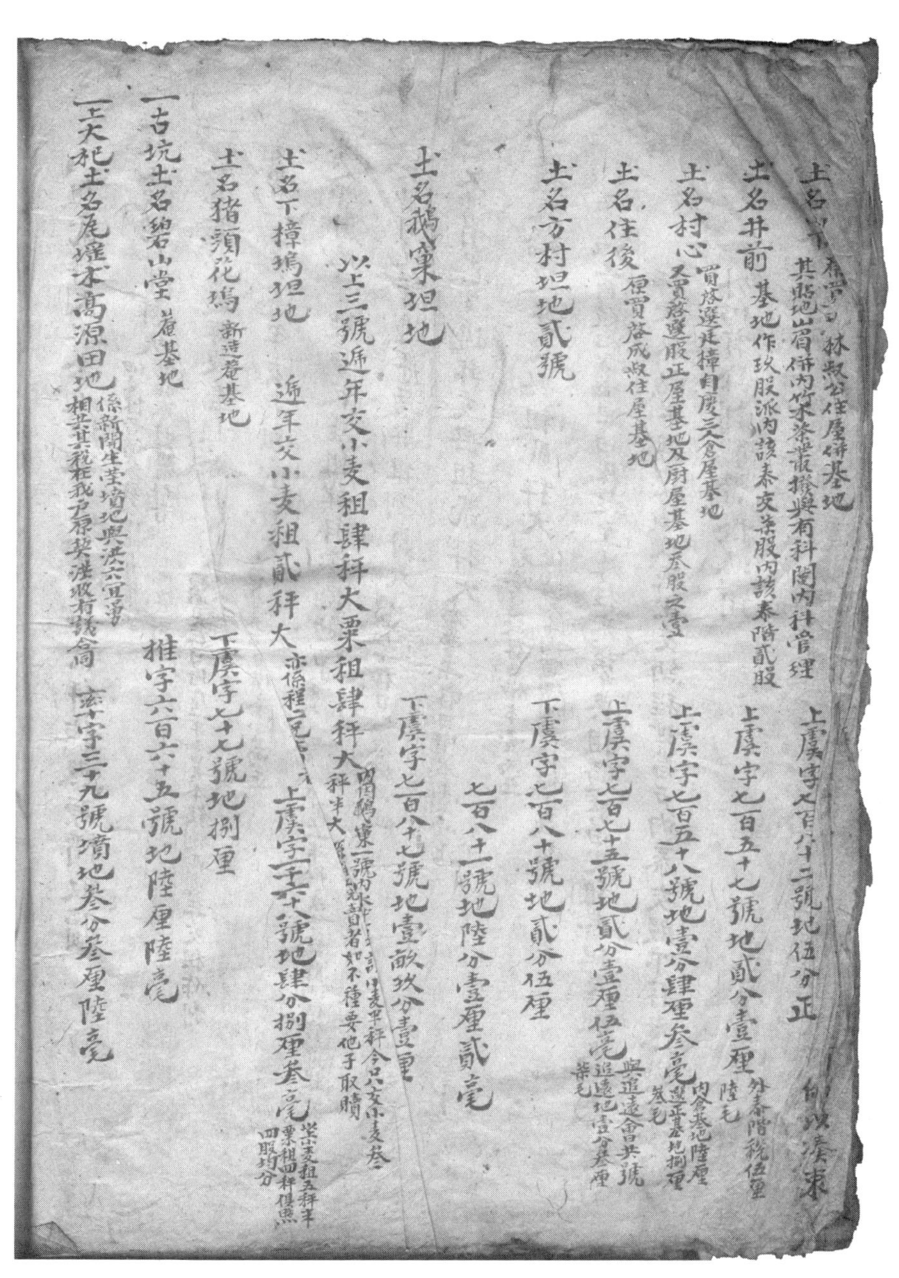

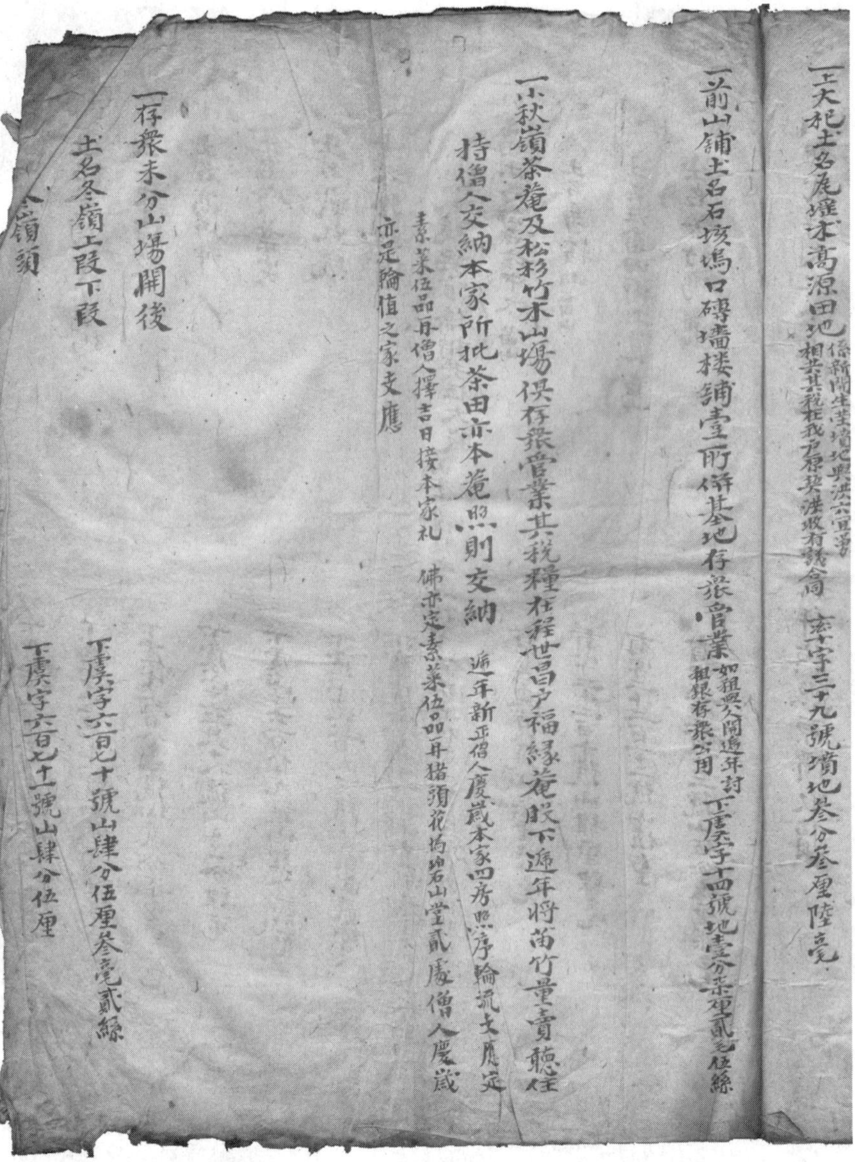

一上天杞土名庞塍术高源田地係新開坐莹墳地與洪六四弟相共其稅在我户原契洪收有號會 来字三十九號墳地叁分叁厘陸毫

一前山鋪土名石坑塢口磚墻樓鋪壹所併基地存衆會業 如租與人開過年討租銀存衆公用 下虞字十四號地壹分柒厘貳毫伍絲

一小秋嶺茶菴及松杉竹木山場俱存衆會業其稅糧在程世昌户福緣菴股下遞年將苗竹量貢聽住持僧人交納本家所批茶田亦本菴照則交納 遞年新正僧人慶歲本家四房照序輪流支應定素菜伍品每僧人擇吉日接本家礼 佛亦定素菜伍品每猪頭花捣石山堂貳處僧人慶歲亦是輪值之家支應

一存衆未分山場開後

土名冬嶺上段下段 下虞字六百七十號山肆分伍厘叁毫貳絲

小嶺頭 下虞字六百七十一號山肆分伍厘

秋口镇长径村 B 1-25 · 康熙二十年 · 分关文书 · 程泰交

土名大嶺 下虞字六百七十二號山肆分伍厘陸毫肆絲

土名冬嶺下宋家塢 下虞字六百七十三號山叁分肆厘叁絲貳忽

土名宋家塝 下虞字六百八十七號山貳分柒厘貳毫

土名高山冲 下虞字六百八十八號山壹分肆厘

土名黄葉尖 下虞字六百八十九號山肆分貳厘

土名戴礼坑 下虞字六百九十號山貳畝貳分叁毫陸絲

土名幹樹塢 下虞字六百九十一號山壹畝叁厘伍毫貳絲

以上九號與官橋相共伍大股 内本家伍股之貳程今姪兄弟共伍股之貳程興住孩伍股之壹

一汪畬田土名白石塝中坎 苗山 有字二千二百八號山柒厘陸毫

土名馬鞍山 苗山 有字二千二百十號山肆厘肆毫

土名汪畬田頭上邊 苗山 有字二千二百十二號山伍厘

土名苦竹塢 苗山 有字二千二百十三號山伍分玖厘柒毫

秋口镇长径村 B 1-26 · 康熙二十年 · 分关文书 · 程泰交

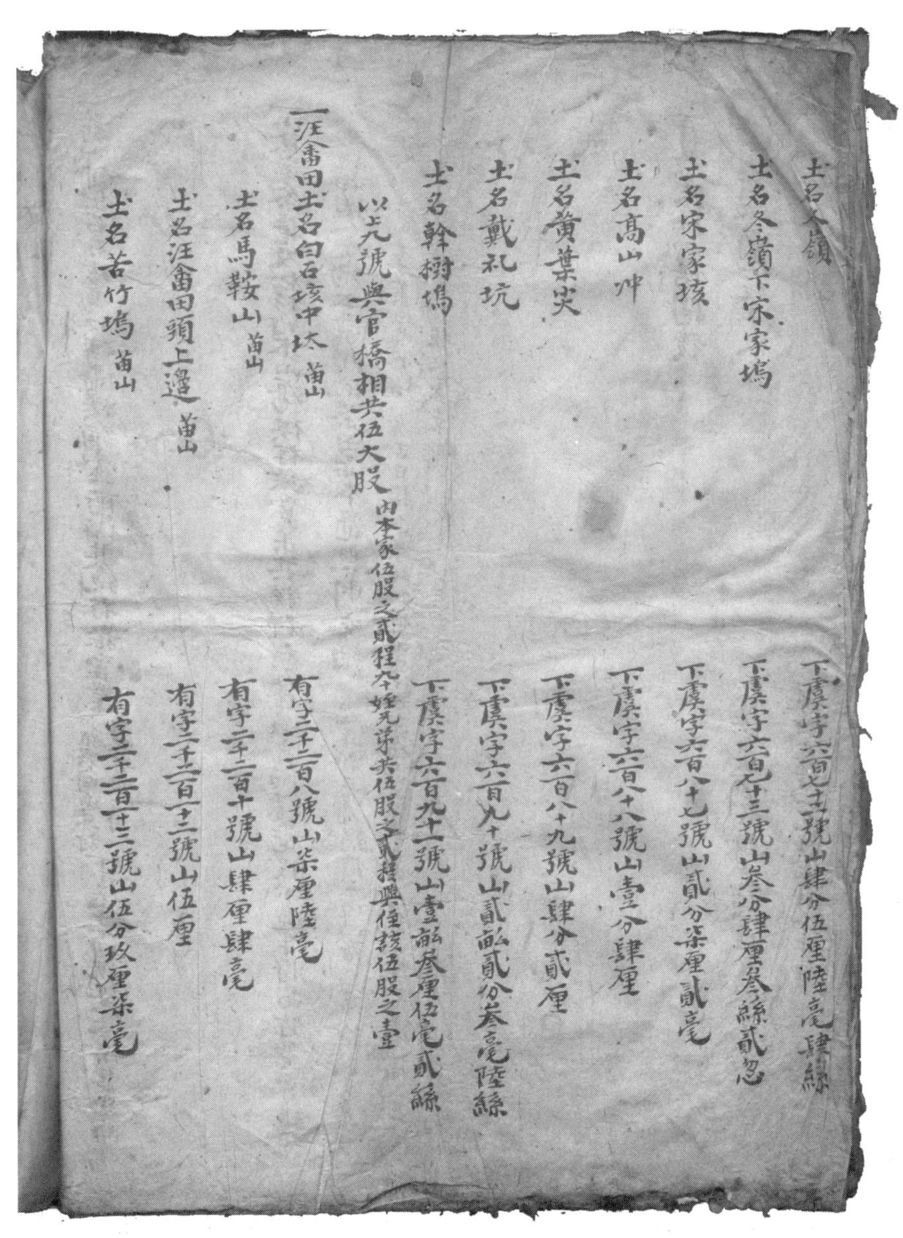

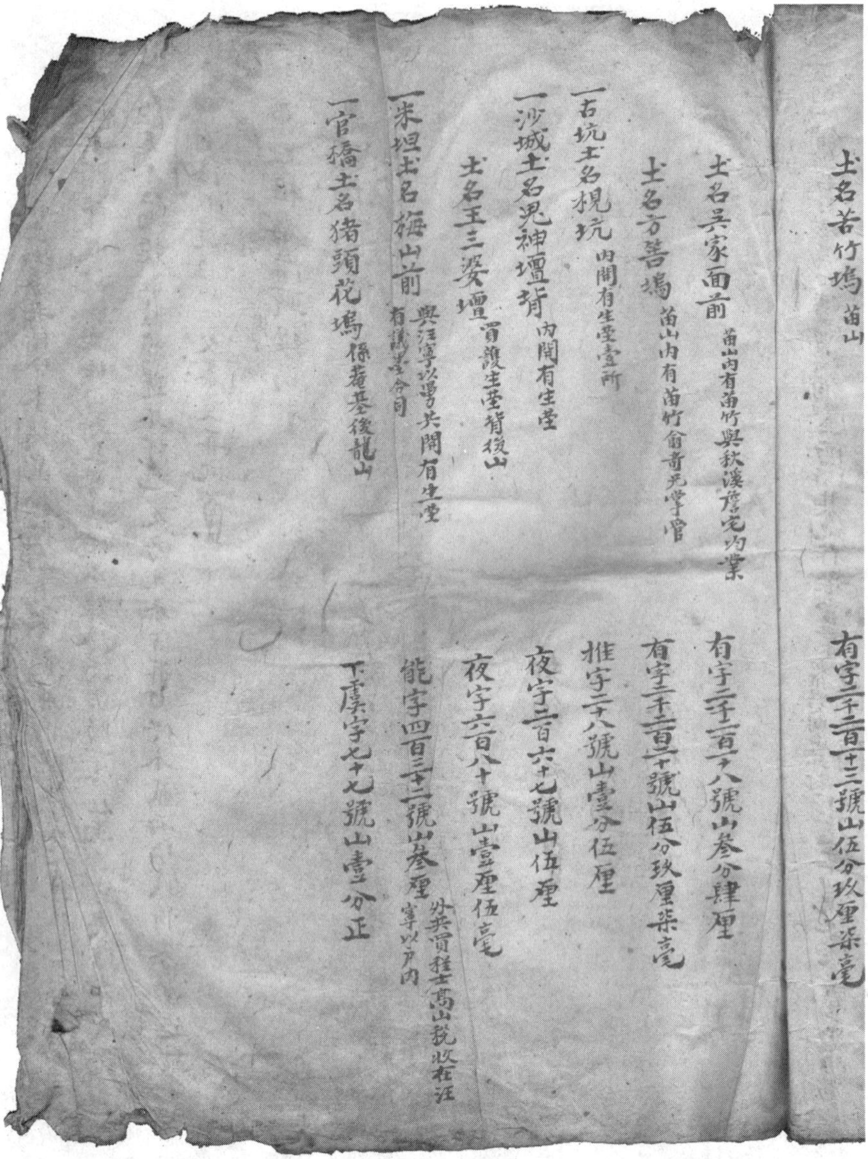

土名苦竹塢　苗山
有字二千二百十三號山伍分玖厘柒毫

土名吳家面前　苗山内有苗竹與秋溪詹宅均業
有字二千二百二十八號山叁分肆厘

土名方善塢　苗山内有苗竹俞壽光掌管
有字二千二百三十號山伍分玖厘柒毫

一古坑土名梘坑　内間有生塋壹所
推字二十八號山壹分伍厘

一沙城土名兕神壇背　内間有生塋
夜字二百六十七號山伍厘

土名王三婆壇　買護生塋背後山
夜字六百八十號山壹厘伍毫

一米坦土名梅山前　與汪寧以暹共間有生塋　有議墨合同
能字四百三十二號山叁厘　寧以戶内　外與買程士高山税收在汪

一官橋土名猪頭花塢　係庵基後龍山
下虞字七十七號山壹分正

秋口镇长径村 B 1–27 · 康熙二十年 · 分关文书 · 程泰交

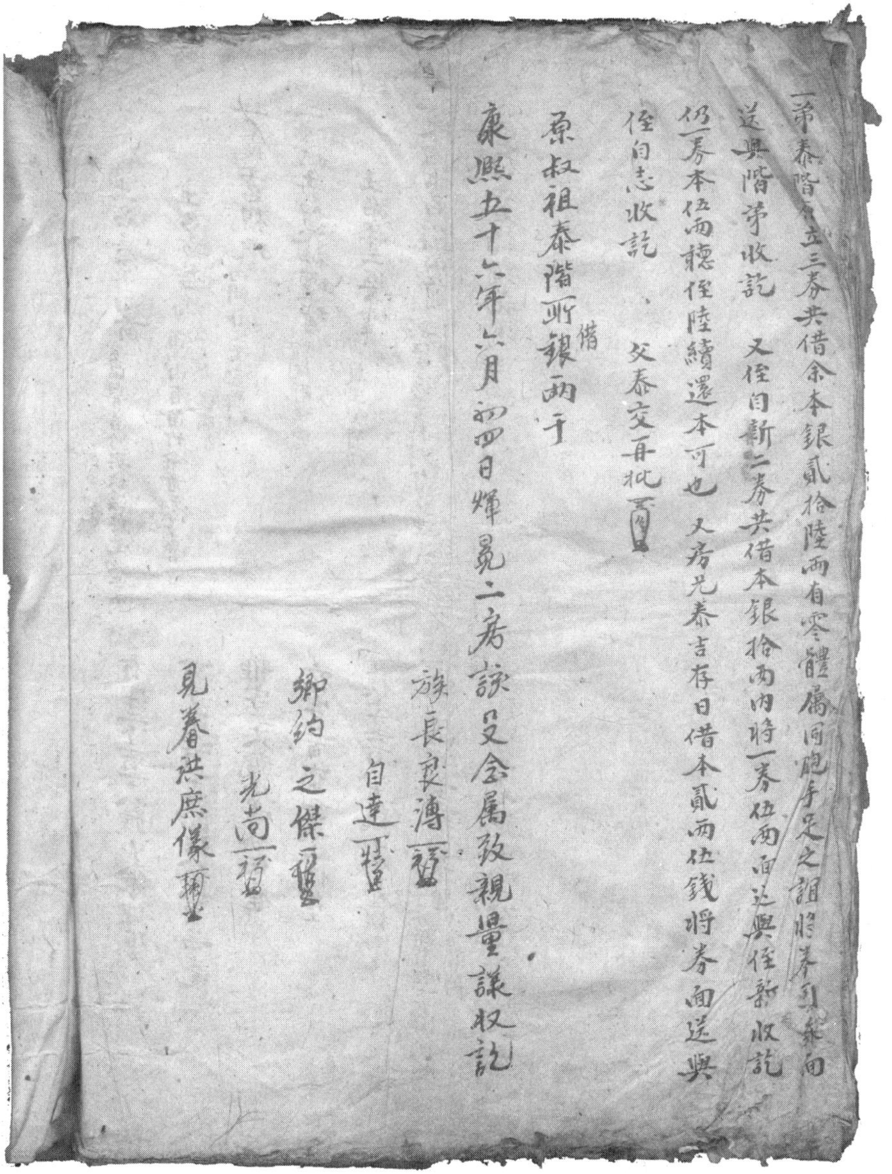
一弟泰階[illegible]立三券共借余本銀貳拾陸兩有零體屬同胞手足之誼將券乙紙面
送與階弟收訖　又侄自新二券共借本銀拾兩內將一券伍兩面送與侄新收訖
仍一券本伍兩聽侄陸續還本可也　又房兄泰吉存日借本貳兩伍錢將券面送與
侄自志收訖　父泰交耳批
原叔祖泰階所借銀兩于
康熙五十六年六月初四日輝晃二房誂叉仝屬致親量議收訖
族長良溥
自達
鄉約之傑
光尚
見眷洪應儀

秋口镇长径村 B 1-28 · 康熙二十年 · 分关文书 · 程泰交

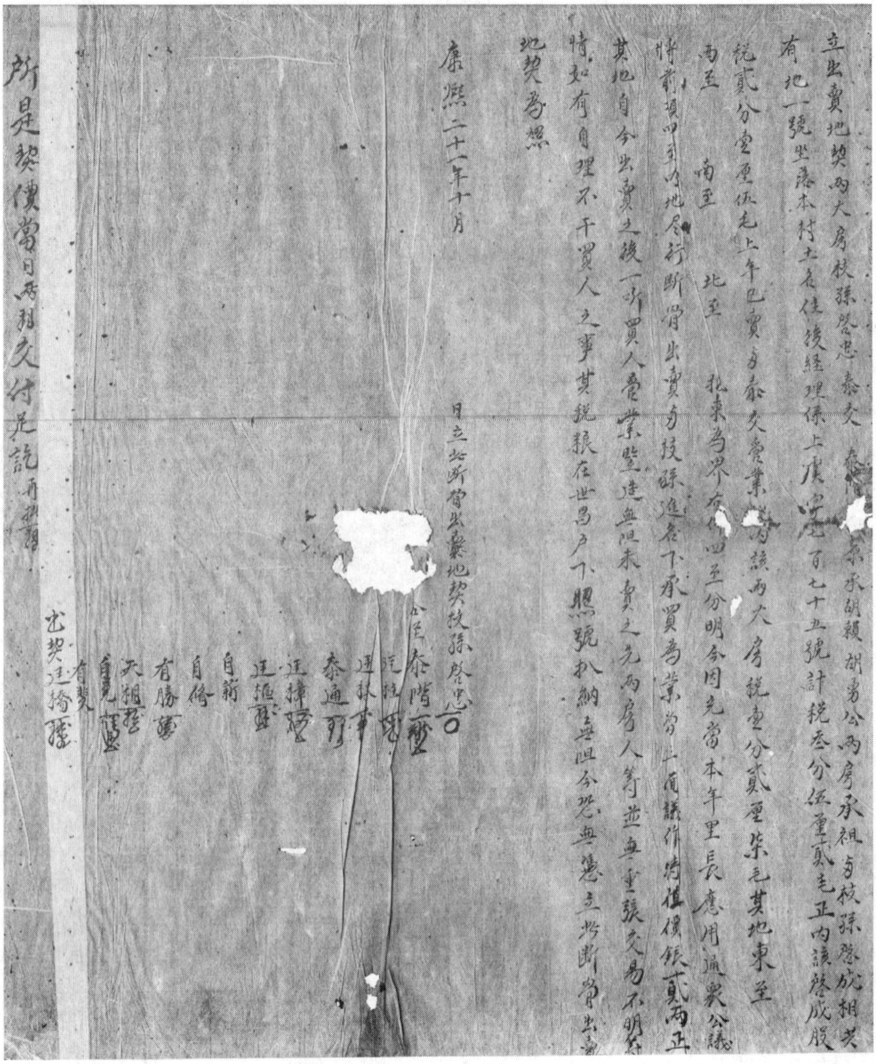

秋口镇长径村 B 102 · 康熙二十一年 · 断骨出卖地契 · 孙启忠等卖与枝孙进

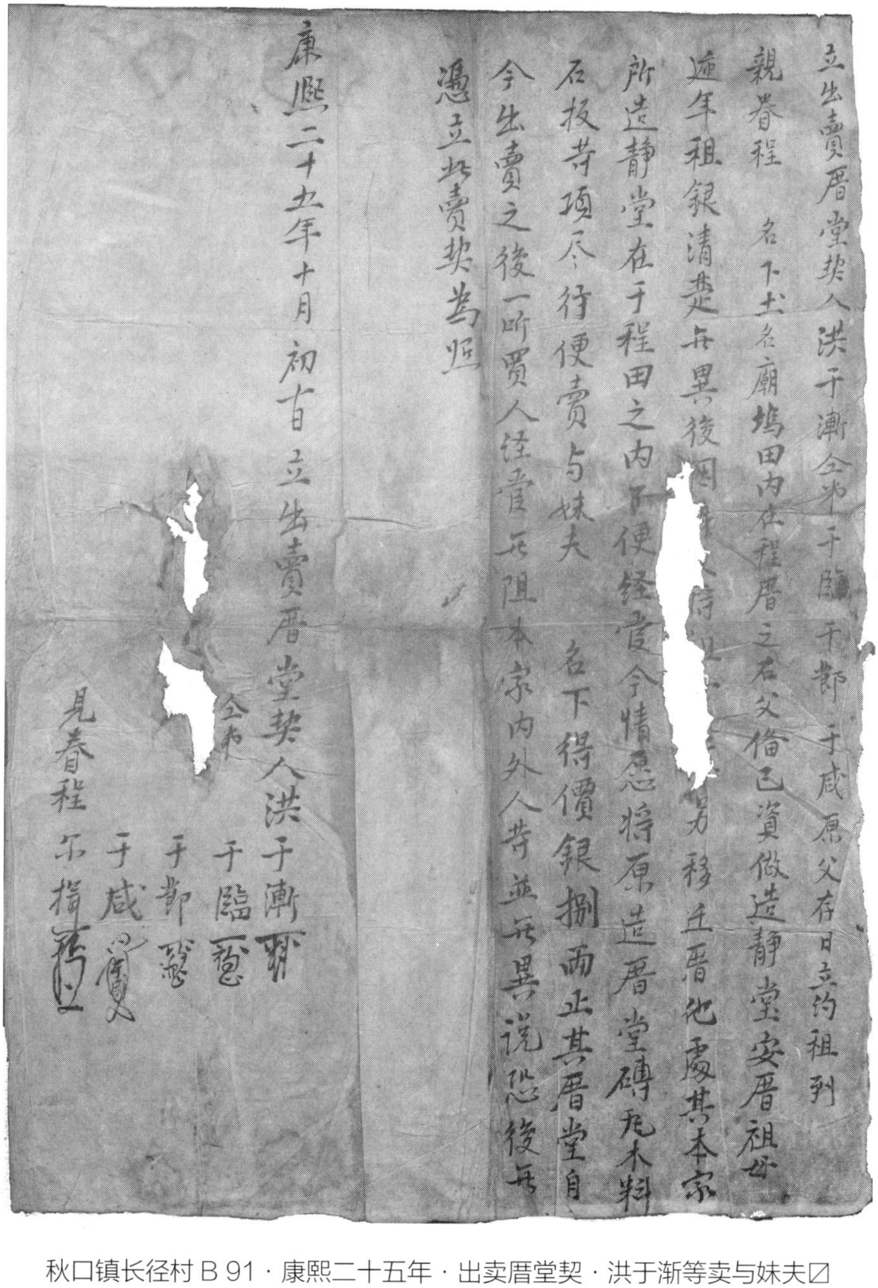

立出賣厝堂契人洪于漸仝弟于臨于鄴于咸原父存日立约祖列

親眷程　名下土名廟塢田内在程厝之右父偕己資做造静堂安厝祖母

逝年租銀清楚無異後因[illegible]侍[illegible]另移在厝他處其本宗

所造静堂在于程田之内不便经管今情愿将原造厝堂磚瓦木料

石板并項尽行便賣与妹夫　名下得價銀捌兩正其厝堂自

今出賣之後一听買人經管無阻本宗内外人并無異説恐後無

憑立此賣契為照

康熙二十五年十月初十日立出賣厝堂契人洪于漸（押）

仝弟　于臨（押）

于鄴（押）

于咸（押）

見眷程　尔揖（押）

秋口镇长径村 B 91 · 康熙二十五年 · 出卖厝堂契 · 洪于渐等卖与妹夫☐

立斷骨出賣基地契兄幼明承祖有地壹局坐落本里土名後汪湖経理係有字九百五十八號計稅　正其地東至　西至　南至　北至　抵东為界今因应用情愿將該是基地斷賣與弟　名下為業三面議作時值價銀　正其地自今賣後一聽買人管業其祖未賣之先與內外人等並無重張交易不明等情如有自理不干買人之事其來祖業票與別號相連未曾繳付日後要用將出無辭所有稅粮不另立推單聽至復戶查收無阻今欲有憑立此斷賣基地契為照

康熙三十七年六月初九日立斷骨出賣基地契兄幼明（押）

見姪　實玉

所是契價當日兩相交付足訖　再批（押）

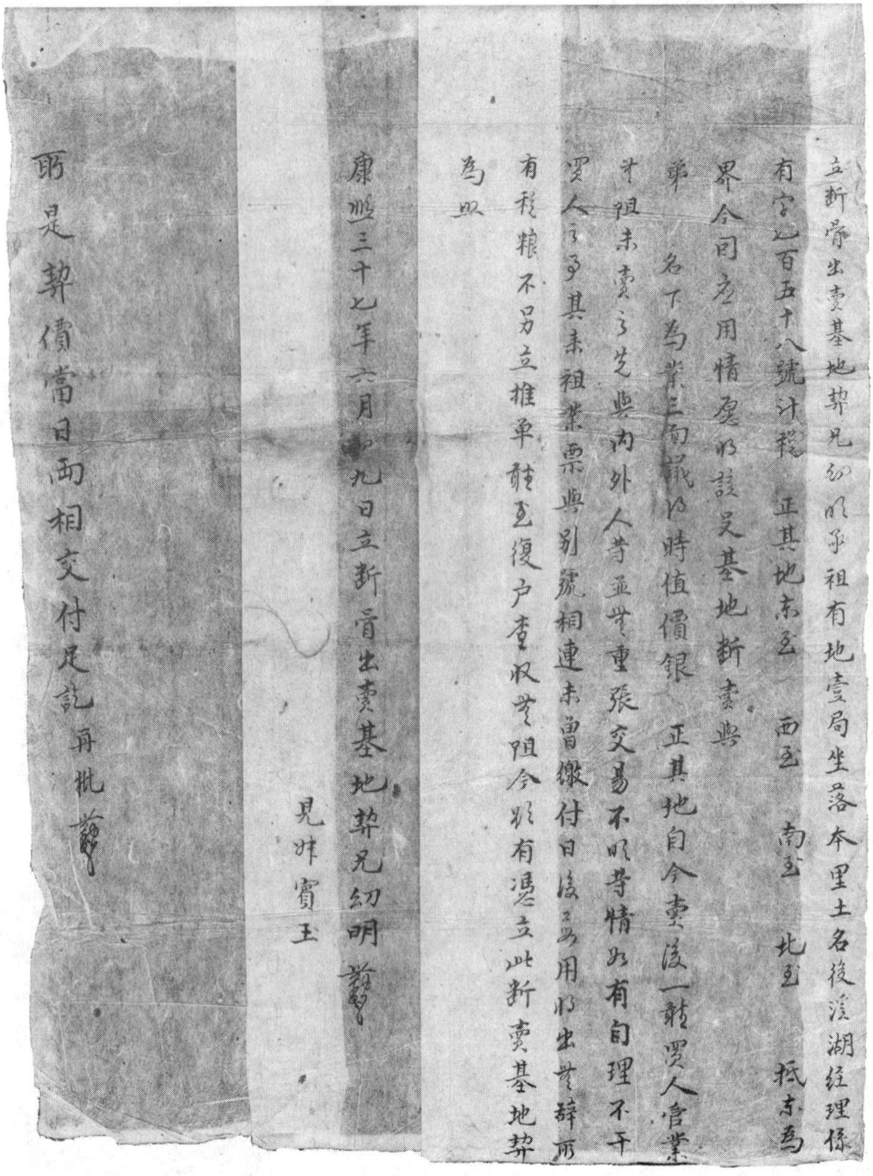

秋口镇长径村 B 98 · 康熙三十七年 · 断骨出卖基地契 · 幼明卖与弟☐

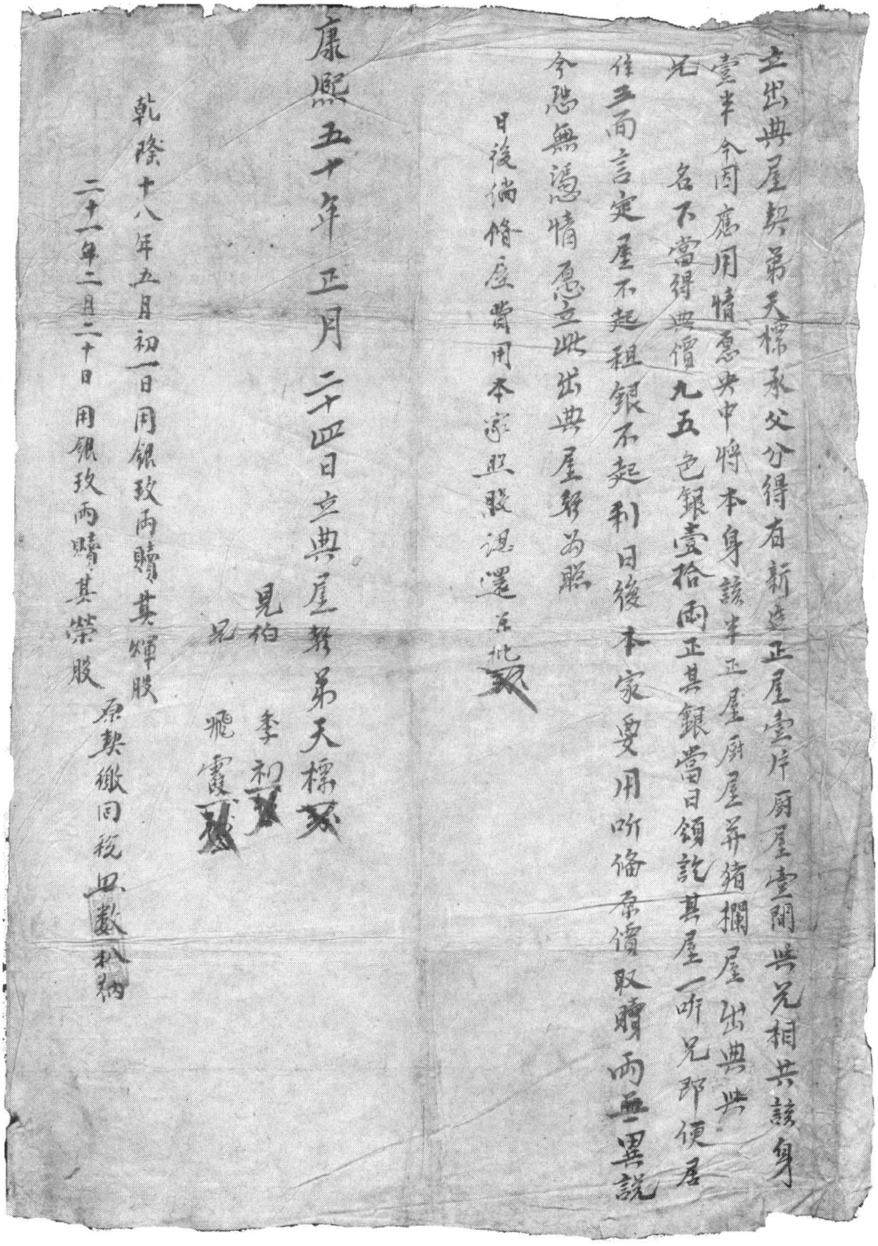

立出典屋契弟天標承父分得有新造正屋壹片廚屋壹間與兄相共該身
壹半今因應用情愿與中將本身該半正屋廚屋并豬欄屋出典與
兄 名下當得典價九五色銀壹拾兩正其銀當日領訖其屋一听兄即便居
住三面言定屋不起租銀不起利日後本家要用听備原價取贖兩無異說
今恐無憑情愿立此出典屋契為照
日後備修屋費用本家照股認還存批
康熙五十年正月二十四日立典屋契弟天標
見伯 李初
兄 飛霞
乾隆十八年五月初一日用銀玖兩贖其輝股
二十一年二月二十日用銀玖兩贖其榮股
原契繳回税出數收納

秋口镇长径村 B 47 · 康熙五十年 · 出典屋契 · 天标典与兄☐

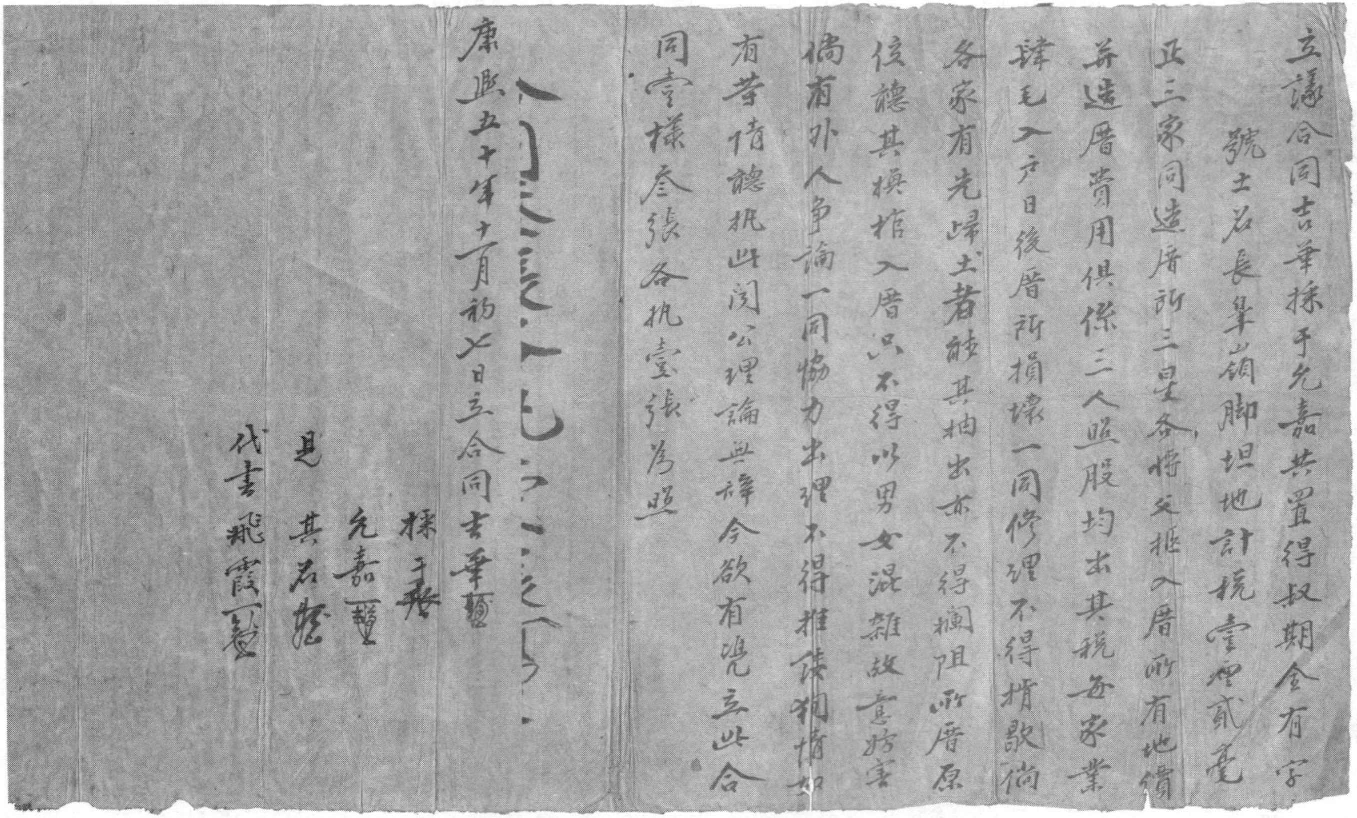

立議合同吉華棌于允嘉共置得叔期全有字
號土名長巢嶺脚坦地計稅壹厘貳毫
正三家同造厝所三星各將父柩入厝所有地價
并造厝費用俱係三人照股均出其稅每家業
肆毛入户日後厝所損壞一同修理不得捐款倘
各家有先歸土者餘其柚出亦不得攔阻所厝原
位聽其換棺入厝只不得以男女混雜故意妨害
倘有外人爭論一同協力出理不得推諉徇情如
有莽情聽抵此閱公理論無辞今欲有憑立此合
同壹樣叁張各執壹張為照

康熙五十年十月初七日立合同 吉華（押）

棌于（押）

允嘉（押）

見 其石（押）

代書 飛霞（押）

秋口镇长径村 B 55 · 康熙五十年 · 合同 · 吉华、棌于、允嘉

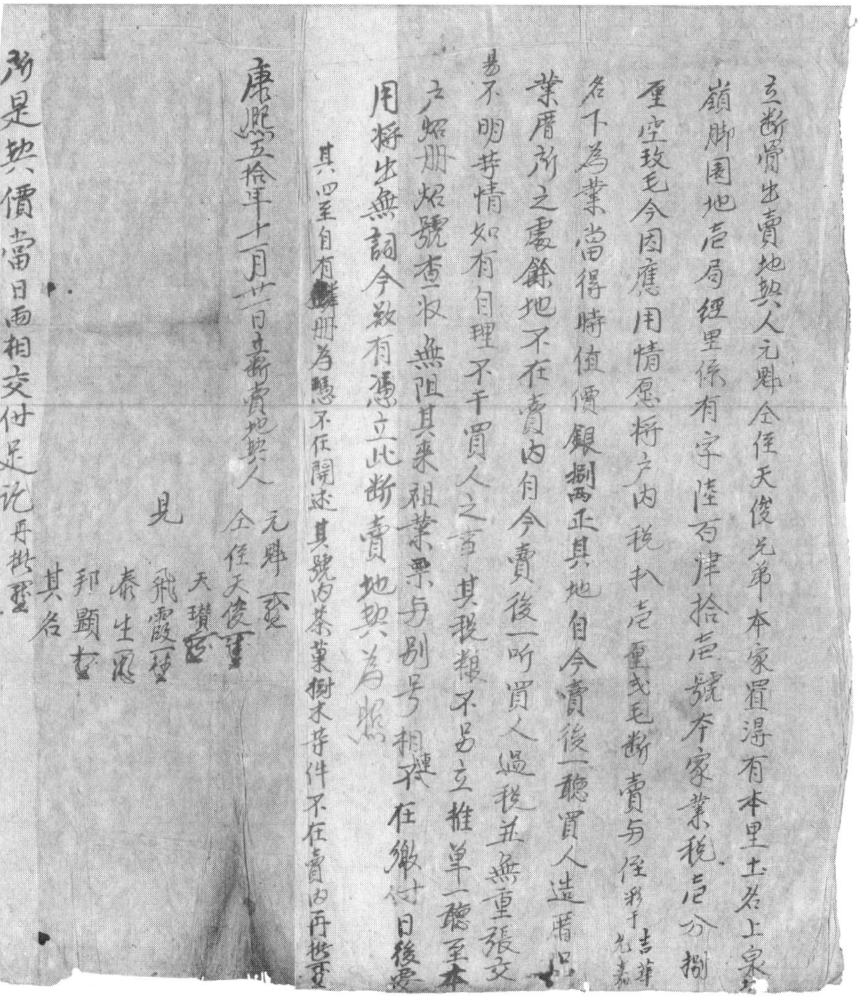

立断骨出賣地契人元魁仝侄天俊兄弟，本家置得有本里土名上泉嶺脚園地壹局，經理係有字陸百肆拾壹號，本家業稅壹分捌厘空玖毛。今因應用，情愿將户内稅扒壹厘弍毛，断賣与侄彩于、吉華、允嘉名下為業。當得時值價銀捌兩正。其地自今賣後，一聽買人造[illegible]業，厝所之處餘地不在賣内。自今賣後，一听買人過稅，並無重張交易、不明等情。如有，自理，不干買人之事。其稅報不另立推單，一聽至本户冊號查收，無阻。其來祖業票与別号相連，不在繳付，日後要用，將出無詞。今欲有憑，立此断賣地契為照。

其四至自有[illegible]冊為憑，不在開述。其號内茶葉樹木等件不在賣内。再批。

康熙五拾年十月廿六日立断賣地契人 元魁（押）

仝侄天俊（押）

見 天瓚（押）

飛霞（押）

泰生（押）

邦顯（押）

其名

所是契價當日兩相交付足訖。再批。（押）

秋口镇长径村 B 69 · 康熙五十年 · 断骨出卖地契 ·

元魁同侄天俊卖与侄彩于、吉华、允嘉

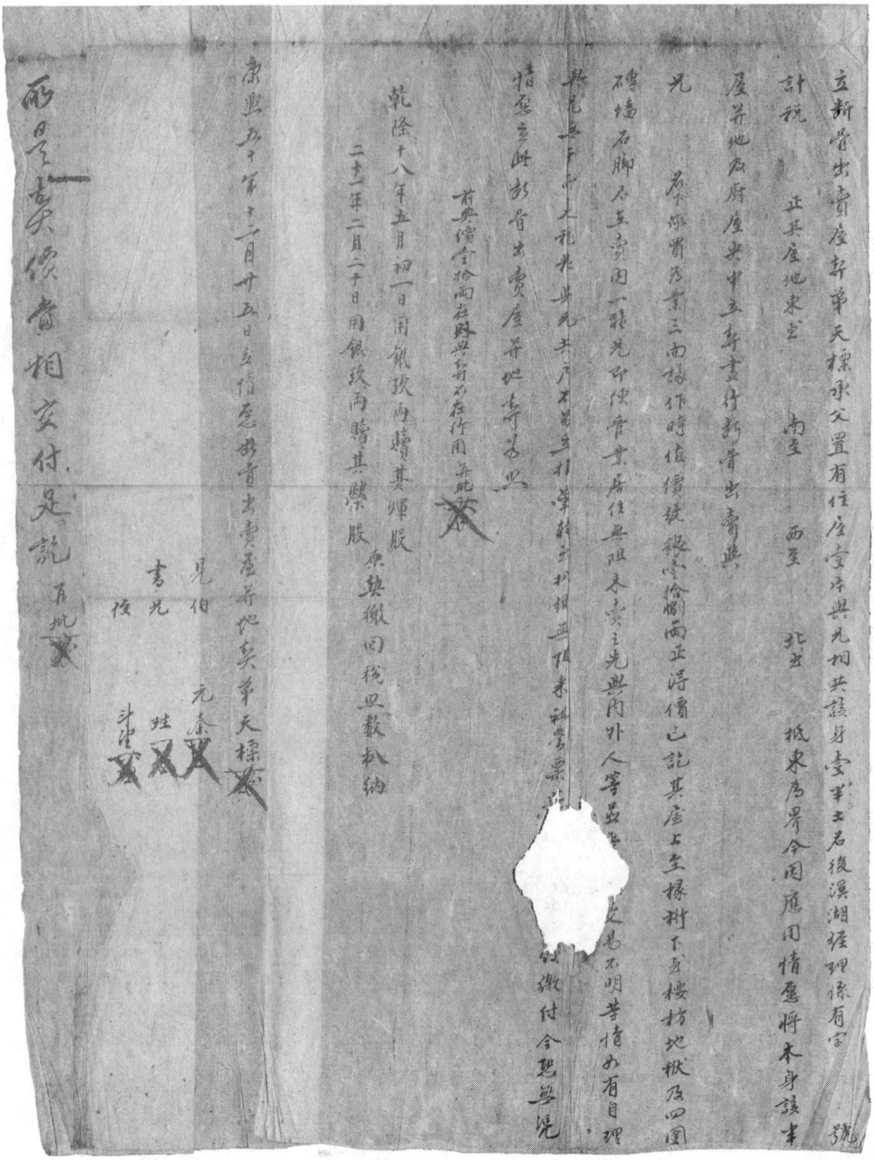

秋口镇长径村 B 101 · 康熙五十年 · 断骨出卖屋并地契 · 天标卖与兄☐

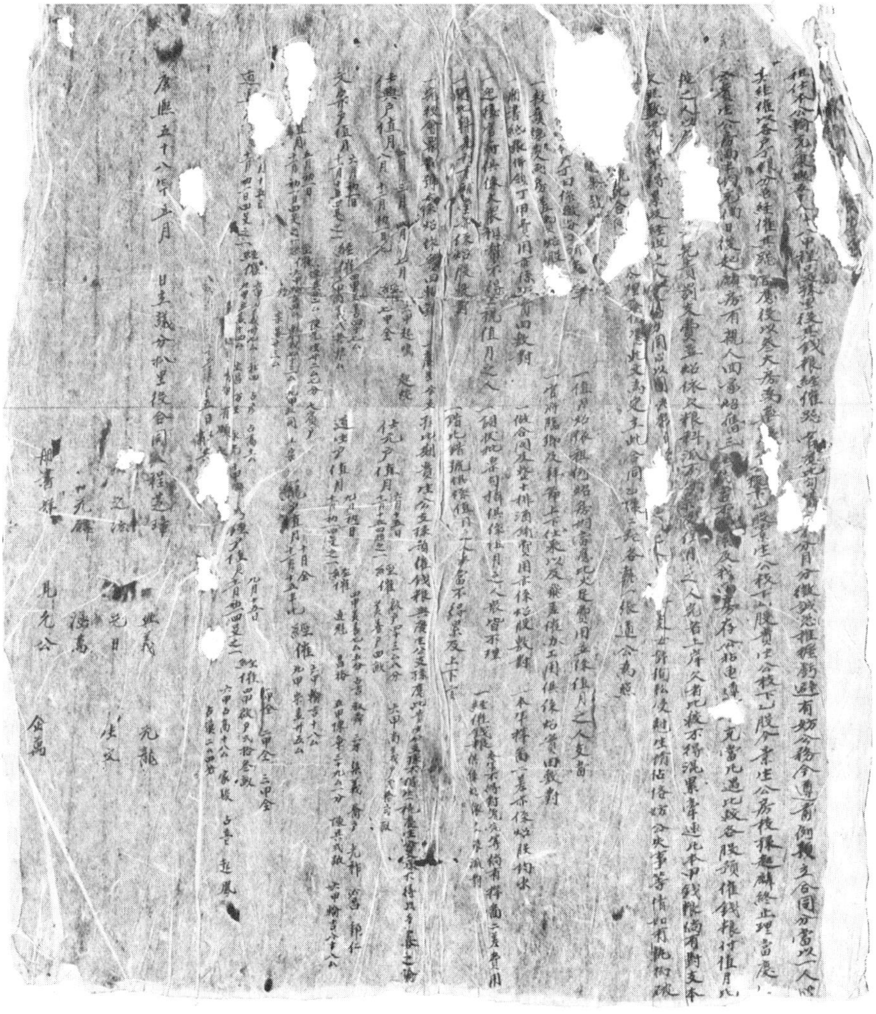

康熙五十八年五月　日立議分扒里役合同人程芝璋

秋口镇长径村 B 58 · 康熙五十八年 · 分扒里役合同 · 程芝璋等

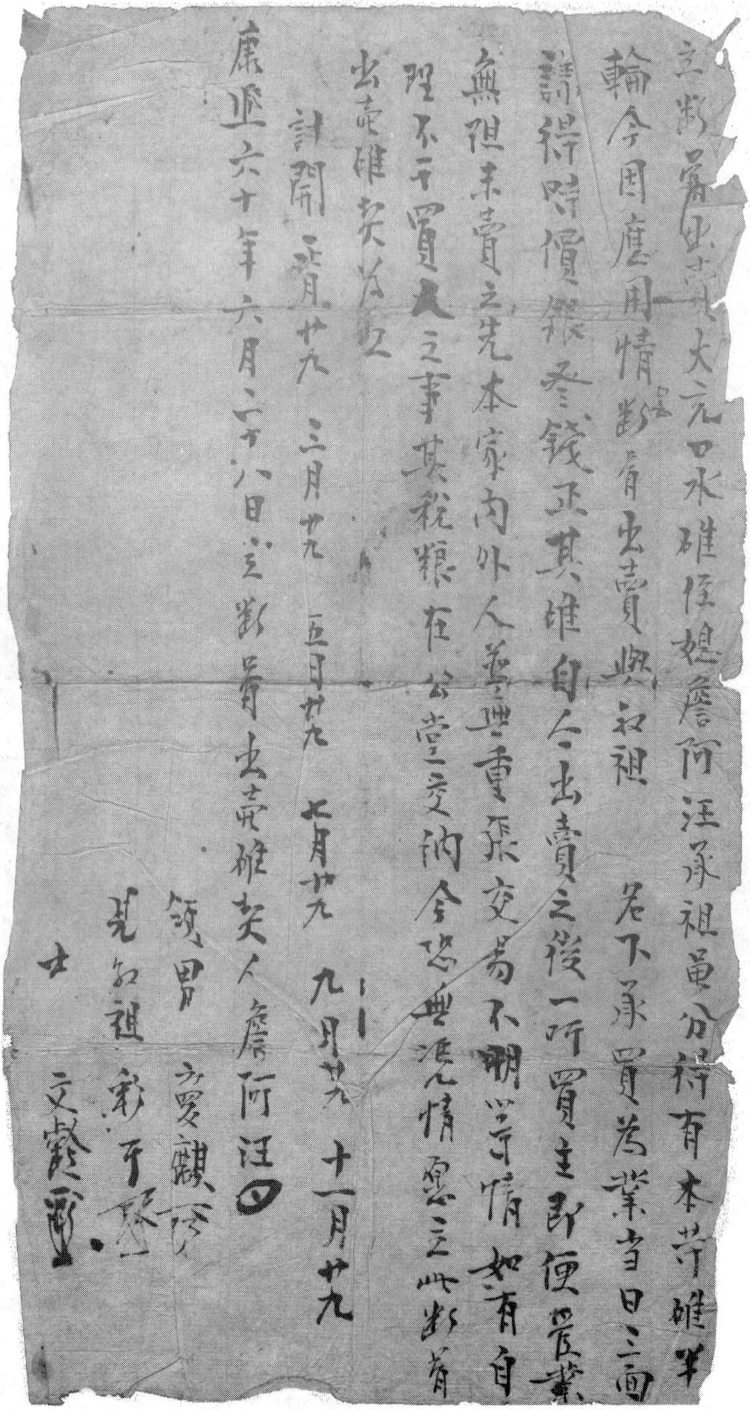
立断骨出卖大元口水碓侄媳詹阿汪承祖鱼分得有本村碓半
轮今因應用情愿断骨出卖與叔祖　名下承買為業当日三面
請得時價銀叁錢正其碓自今出賣之後一听買主卽便管業
無阻未賣之先本家内外人等并無重張交易不明等情如有自
理不干買人之事其税粮在公堂交纳今恐無凭立此断骨
出卖碓契存照
計開　正月廿九　三月廿九　五月廿九　七月廿九　九月廿九　十一月廿九
康熙六十年六月二十八日立断骨出卖碓契人詹阿汪（押）
領男　詹觀保
見叔祖　彩干（押）
中　文凝（押）

秋口镇长径村 B 65 · 康熙六十年 · 断骨出卖水碓契 · 詹阿汪卖与叔祖☐

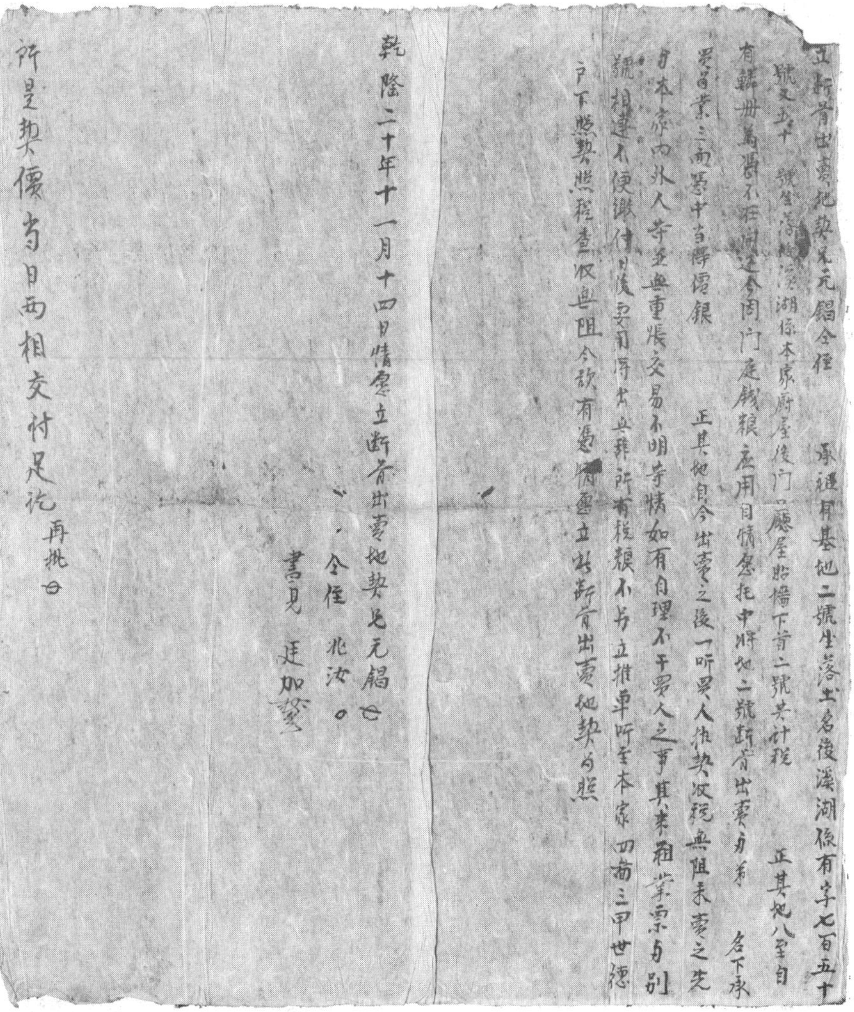

立断骨出卖地契兄元錩仝侄　　承祖有基地二號生落土名後溪湖係有字七百五十
號又五十　號生落後溪湖係本家厨屋後门廳屋胎墻下計二號共計税　　正其地八分自
有鱗册為憑不在開述今因门庭钱粮应用自情愿托中將地二號断骨出卖与弟　　名下承
買為業三面憑中言定時價銀　　正其地自今出卖之後一听買人執契收税無阻未卖之先
与本家内外人等並無重張交易不明等情如有自理不干買人之事其來脚業票与别
號相連不便繳付日後要用將出無辞所有税粮不另立推单听至本家　四都三甲世德
户下照契照税查收無阻今欲有憑情愿立此断骨出卖地契为照

乾隆二十年十一月十四日情愿立断骨出卖地契兄元錩（押）

仝侄　兆汝（押）

書見　廷加（押）

所是契價当日兩相交付足讫　再批（押）

秋口镇长径村 B 73 · 乾隆二十年 · 断骨出卖地契 · 元錩同侄兆汝卖与弟☐

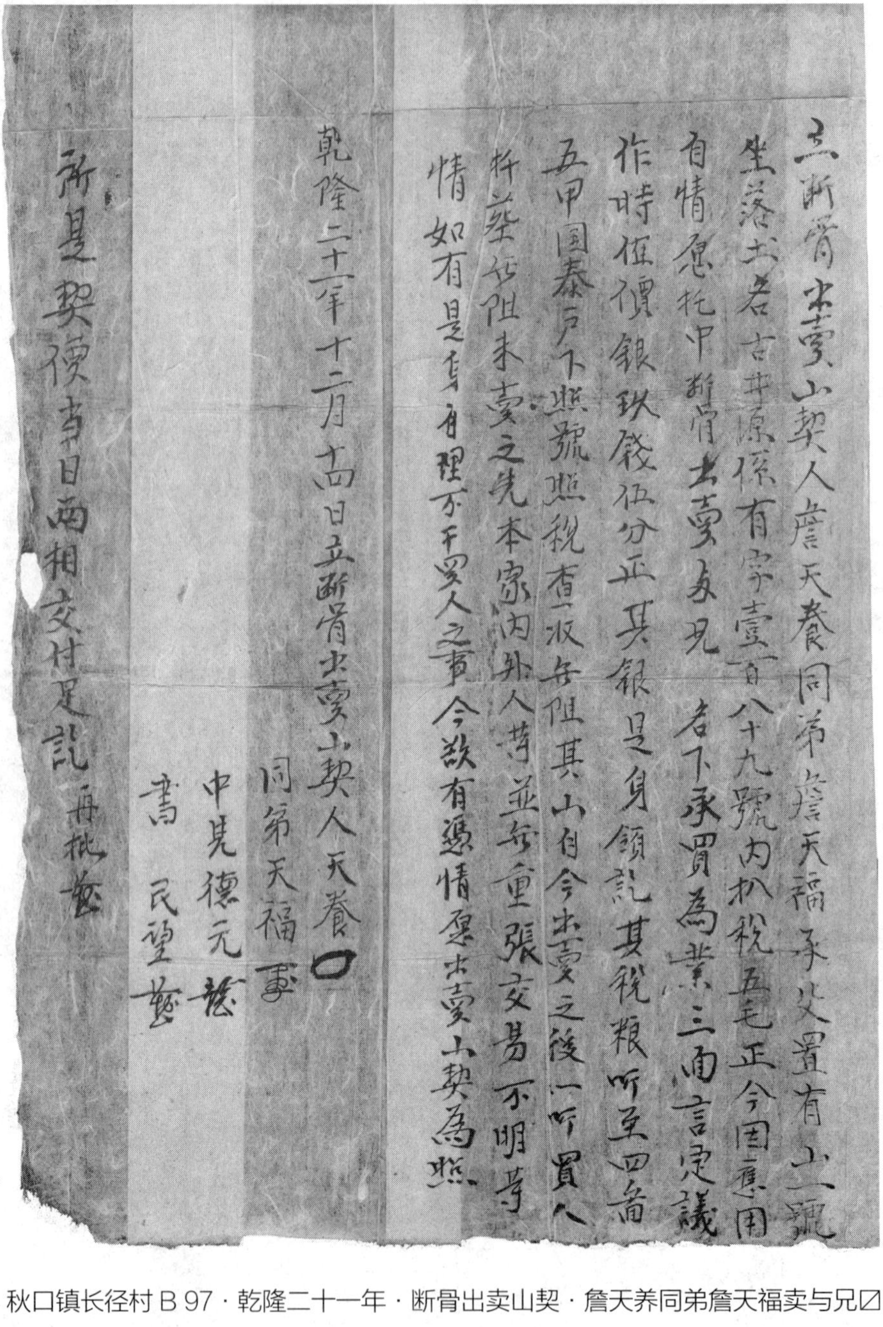

立断骨出賣山契人詹天養同弟詹天福承父置有山一號
坐落土名古井源係有字壹百八十九號內扒税五毛正今因應用
自情愿托中斷骨出賣與兄　名下承買為業三面言定議
作時值價銀玖錢伍分正其銀是身領訖其税粮听至四都
五甲国泰戶下照號照税查收無阻其山自今出賣之後一听買人
扦葬無阻未賣之先本家內外人等並無重張交易不明等
情如有是身自理不干買人之事今欲有憑情愿出賣山契為照
乾隆二十一年十二月十四日立斷骨出賣山契人天養
同弟天福
中見德元
書　民望
所是契價當日兩相交付足訖再批

秋口镇长径村 B 97 · 乾隆二十一年 · 断骨出卖山契 · 詹天养同弟詹天福卖与兄▨

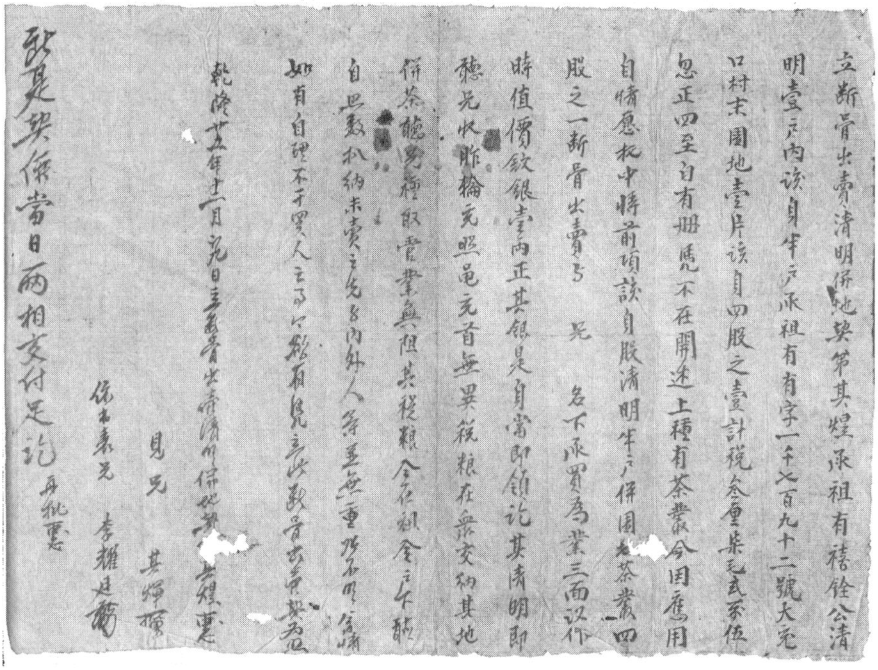

秋口镇长径村 B 75 · 乾隆二十五年 · 断骨出卖清明并地契 · 其煋卖与兄☑

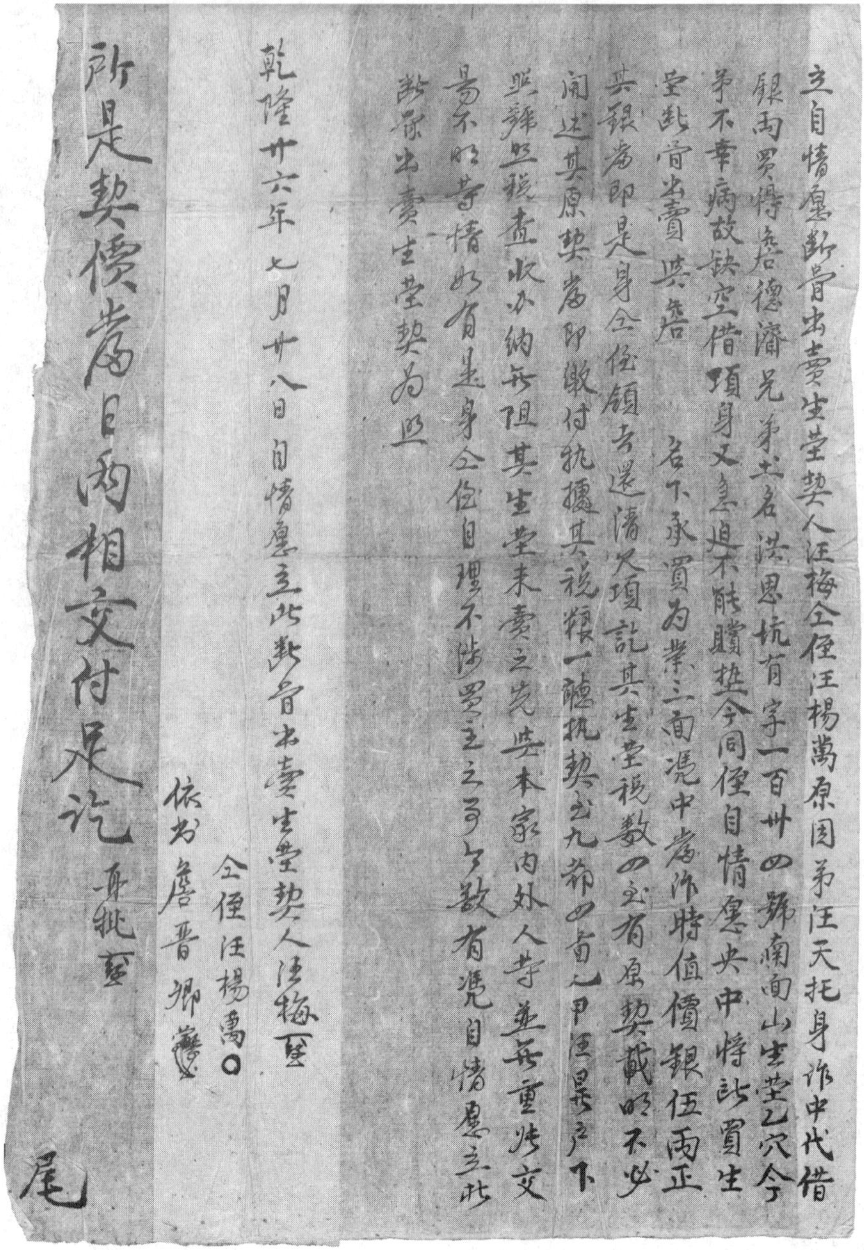

立自情愿断骨出賣生茔契人汪梅仝侄汪楊萬，原因弟汪天托身作中代借銀兩，買得詹君德濟兄弟土名洪恩坑有字一百卅四號南面山生茔乙穴，今弟不幸病故，缺空借項，身又急迫不能贖，挽今同侄自情愿央中將此買生茔断骨出賣與詹　名下承買為業，三面凭中議作時值價銀伍兩正，其銀當即是身仝侄領去還清欠項，訖其生茔稅數四至，有原契載明，不必開述。其原契當即繳付執據，其稅粮一聽執契出九都四啚乙甲汪晨户下照辨照稅查收办納無阻。其生茔未賣之先，與本家内外人等並無重復交易，不明等情，如有，是身仝侄自理，不涉買主之事。今欲有凭，自情愿立此断骨出賣生茔契為照。

乾隆廿六年七月廿八日自情愿立此断骨出賣生茔契人汪梅（押）

仝侄汪楊萬（押）

依书詹晋卿（押）

所是契價當日兩相交付足訖。再批（押）

尾

秋口镇长径村 B 89 · 乾隆二十六年 · 断骨出卖生茔契 · 汪梅同侄汪杨万卖与詹☐

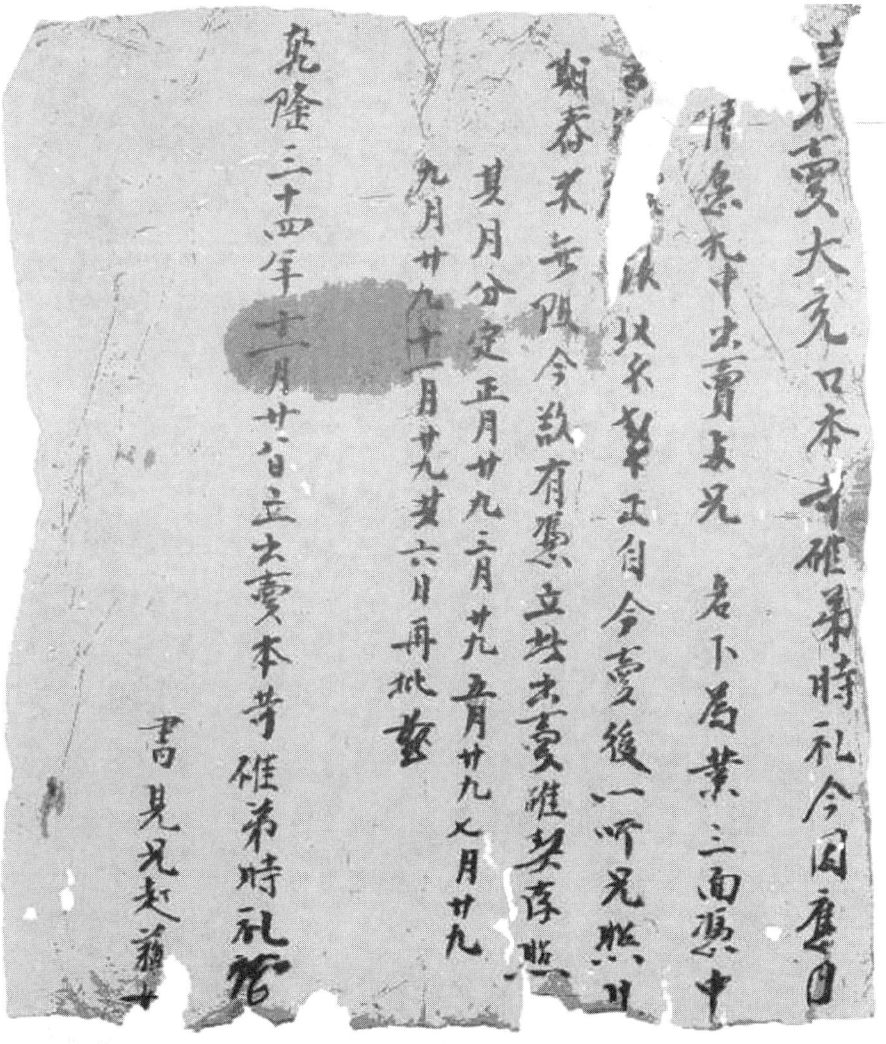

秋口镇长径村 B 64 · 乾隆三十四年 · 出卖大充口本等碓 · 时礼卖与兄☐

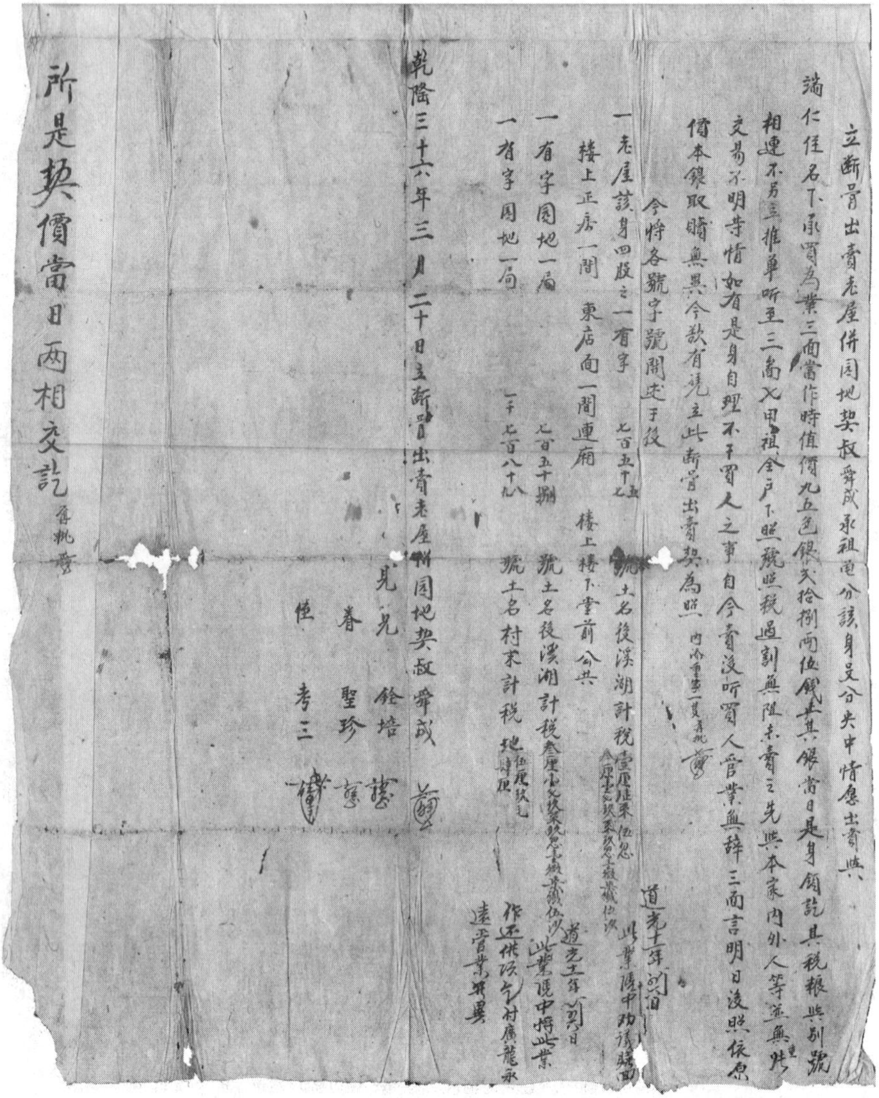

立断骨出賣老屋併园地契叔舜成承祖遺分該身是合共中情愿出賣與

乾隆三十六年三月二十日立断骨出賣老屋併园地契叔舜成

所是契價當日兩相交訖

秋口镇长径村 B 96 · 乾隆三十六年 · 断骨出卖老屋并园地契 · 舜成卖与端仁

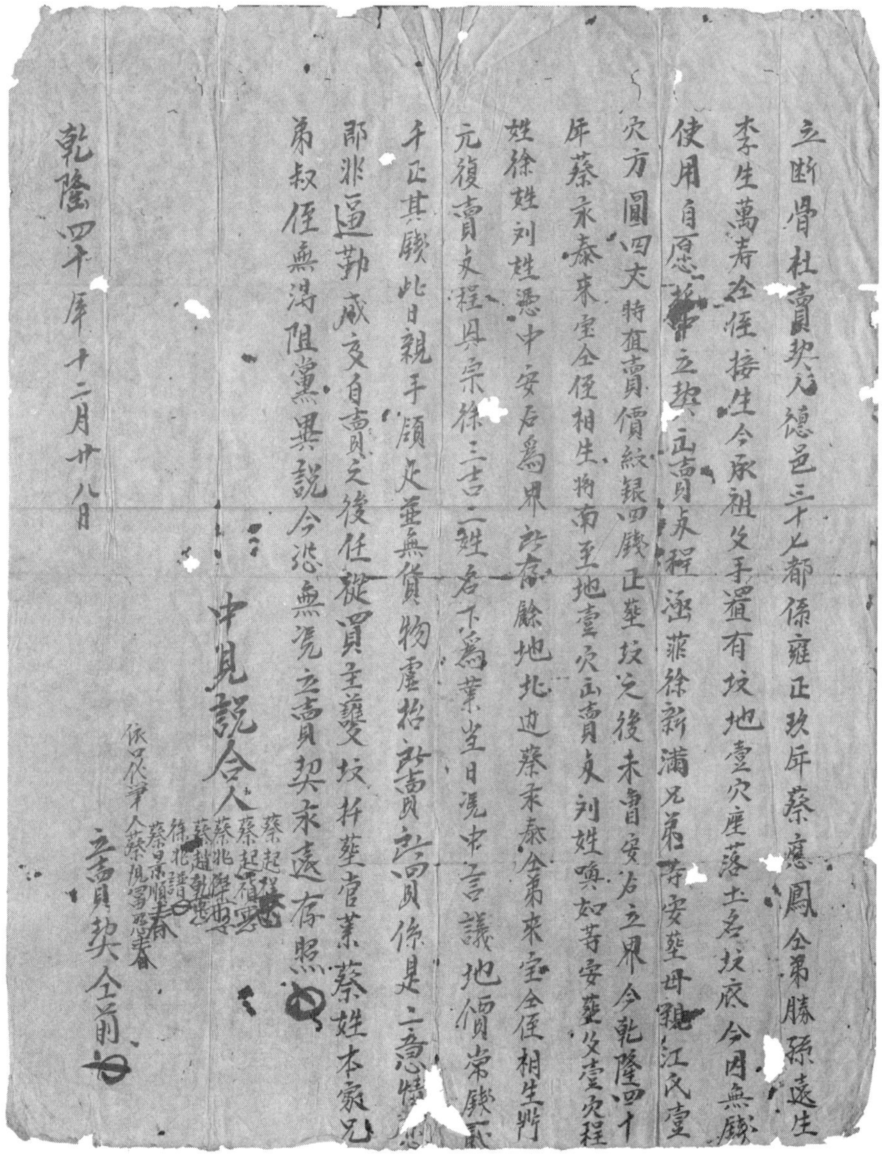

立断骨杜賣契人德邑三十七都係雍正玖年蔡應鳳仝弟滕孫遠生
李生萬寿仝侄接生今承祖父手置有坟地壹穴座落土名坟底今因無錢
使用自愿托中立契出賣與程涵菲徐新满兄弟等安葬母親江氏壹
穴方圓四丈特值賣價紋銀四錢正葬坟之後未曾安石立界今乾隆四十
年蔡永泰来宝仝侄相生将南至地壹穴出賣與刘姓嗅如等安葬父壹穴程
姓徐姓刘姓憑中安石為界所存餘地北边蔡永泰仝弟来宝仝侄相生所
元復賣與程與宗徐三吉二姓名下爲業当日凭中言議地價常錢三
千正其錢此日親手領足並無貨物準折所賣係是二意情愿
即非逼勒成交自賣之後任從買主蓌坟扦葬管業蔡姓本家兄
弟叔侄無得阻擋異説今恐無凭立賣契永遠存照

中見說合人 蔡起祥 蔡起福 蔡兆傑 蔡趙乾 蔡兆譜 蔡日京 順春

依口代筆人 蔡帆賓

立賣契仝前

乾隆四十年十二月廿八日

秋口镇长径村 B 85 · 乾隆四十年 · 断骨出卖坟地契 ·
蔡应凤等卖与程涵菲、徐新满兄弟

立合議墨人銓培依議姪國鑴承
祖遺有土名後溪湖住屋新舊兩
業該祖業分今憑中﨤分銓培﨤
得新屋一半廚屋一間國鑴﨤得舊屋
廚屋四叉之一其後廚屋後门悉
依議定照舊址出入無得阻塞自
議之後各管各業無異今欲有憑立
此合墨弍張各執一張存照
乾隆五十一年四月初三日立合墨人銓培
依議姪國鑴
中見　其煋
銓乾
依書　國

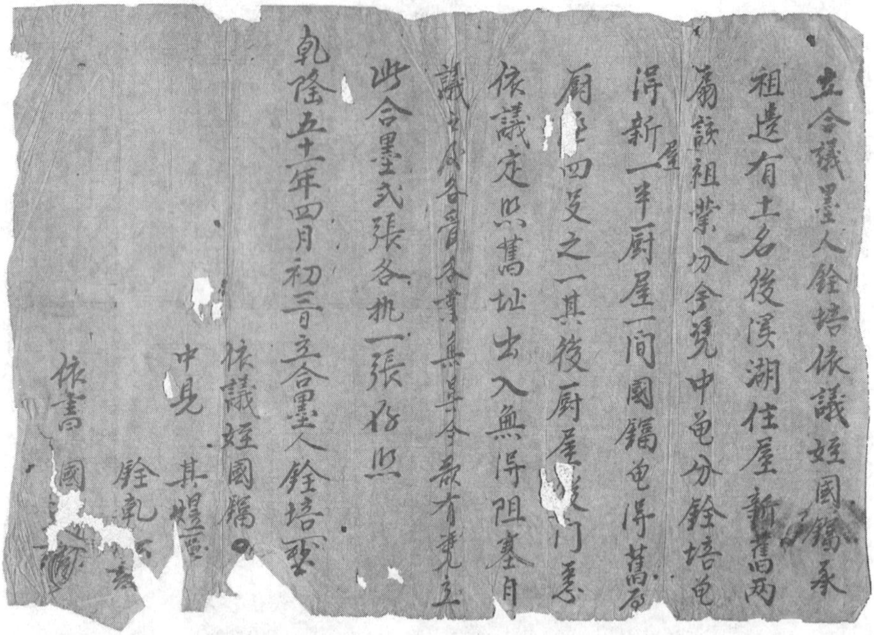

秋口镇长径村 B 53 · 乾隆五十一年 · 合议墨 · 铨培

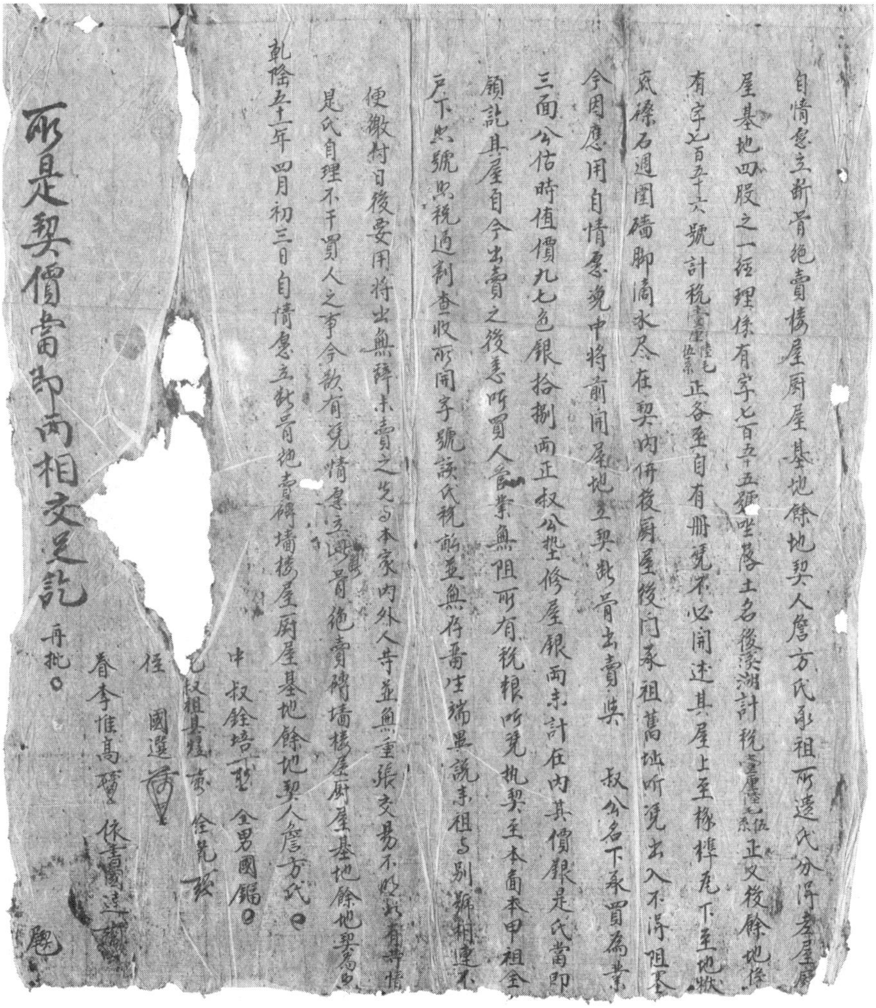
自情愿立斷骨絕賣樓屋廚屋基地餘地契人詹方氏承祖所遺氏分得老屋廚
屋基地四股之一經理係有字七百五十五號坐落土名後溪湖計稅壹厘陸毛伍系正又後餘地係
有字七百五十六號計稅壹厘陸毛伍系正各至自有冊見不必開述其屋上至椽桁瓦下至地脚
磉石週圍牆脚滴水盡在契內併後廚屋後門承祖舊址所見出入不得阻塞
今因應用自情愿憑中將前開屋地立契斷骨出賣與　叔公名下承買為業
三面公估時值價九七色銀拾捌兩正叔公墊修屋銀兩未計在內其價銀是氏當即
領訖其屋自今出賣之後悉聽買人管業無阻所有稅粮聽憑執契至本甫本甲祖全
戶下照號照稅過割查收所開字號該氏稅畝並無存寄生端異說未祖與別姓相連不
便繳付日後要用將出無辭未賣之先與本家內外人等並無重張交易不明如有等情
是氏自理不干買人之事今欲有憑情愿立此斷骨絕賣磚墻樓屋廚屋基地餘地契為照
乾隆五十一年四月初三日自情愿立斷骨絕賣磚墻樓屋廚屋基地餘地契人詹方氏（押）
中　叔銓培（押）　全男國錫（押）
叔祖其煌（押）　全見（押）
侄　國選（押）
眷李惟高（押）　依書國達（押）
所是契價當即兩相交足訖　再批（押）

秋口镇长径村 B 90 · 乾隆五十一年 · 断骨绝卖楼屋、厨屋基地余地契 ·
詹方氏卖与叔公

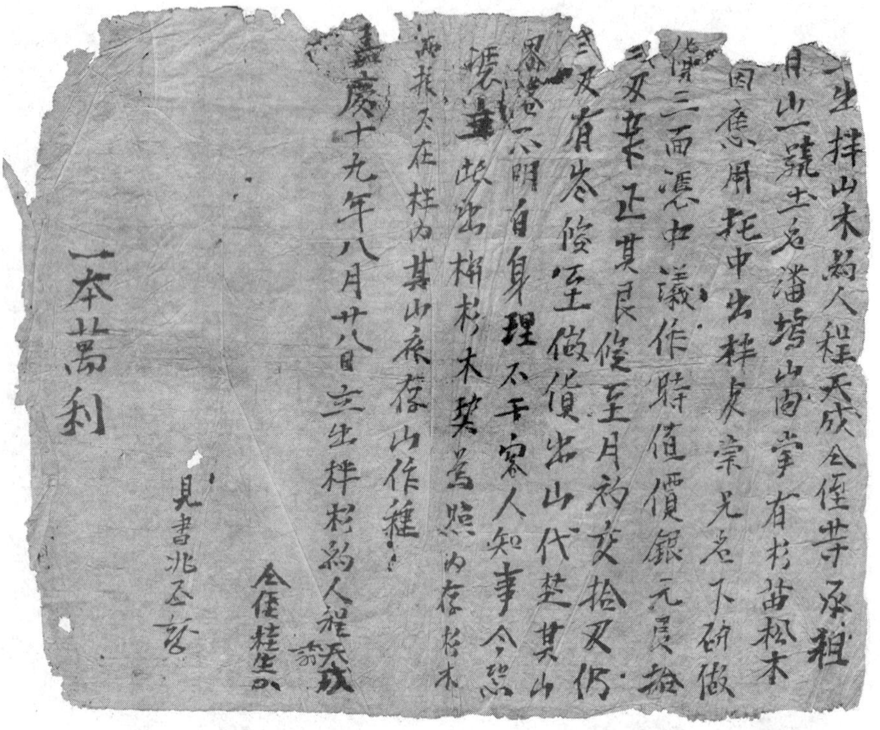

立出拌山木約人程天成仝侄等承祖
有山一號土名潘塢山面掌有杉苗松木
因應用托中出拌與宗兄名下砍做
價三面憑中議作時值價銀元艮拾
弍兩整正其艮随至月初交拾兩仍
弍兩有木候至做貨出山代楚其山
界至不明自身理不干客人知事今恐
無憑立此出拌杉木契為照內存杉木
兩根不在拌內其山依存山作種
嘉慶十九年八月廿八日立出拌杉約人程天成
仝侄桂生
見書兆丕
一本萬利

秋口镇长径村 B 77 · 嘉庆十九年 · 出拌杉木约 · 程天成等出拌与宗兄

自情愿立斷骨出賣廣濟會契人燁三，身己置得有廣濟會壹全戶，言會派田稅
叁分捌厘陸毛正。今因正用，自愿托中將廣濟會壹全戶斷骨出賣與
祖欣弟兄名下承買為業。三面憑中議作時值價元銀伍兩伍錢正，其銀是身
當即領訖。其會自今出賣之後，悉听買人照遵元首收會，兩用午敬撒伙，照業無阻。其
稅粮不另立推单，听执契至四畲九甲黄寬戶下照会派田稅查收过割無異。未賣之先
本家內外人等並無重張交易。如有不明等情，是身自行料理，不干承買人之事。其
來祖契與別會相連，不便繳付，日後要用將出無辭。今欲有憑，情愿立此斷骨出賣廣
濟會契為照。

嘉慶十九年五月十二日自情愿立斷骨出賣廣濟會契人燁三（押）
見兄　玉光（押）
見中　汝清（押）
依書　漢三（押）

所是契價當日兩相交足訖。再批（押）

魁

秋口镇长径村 B 78 · 嘉庆十九年 · 断骨出卖广济会契 · 燁三卖与祖欣兄弟

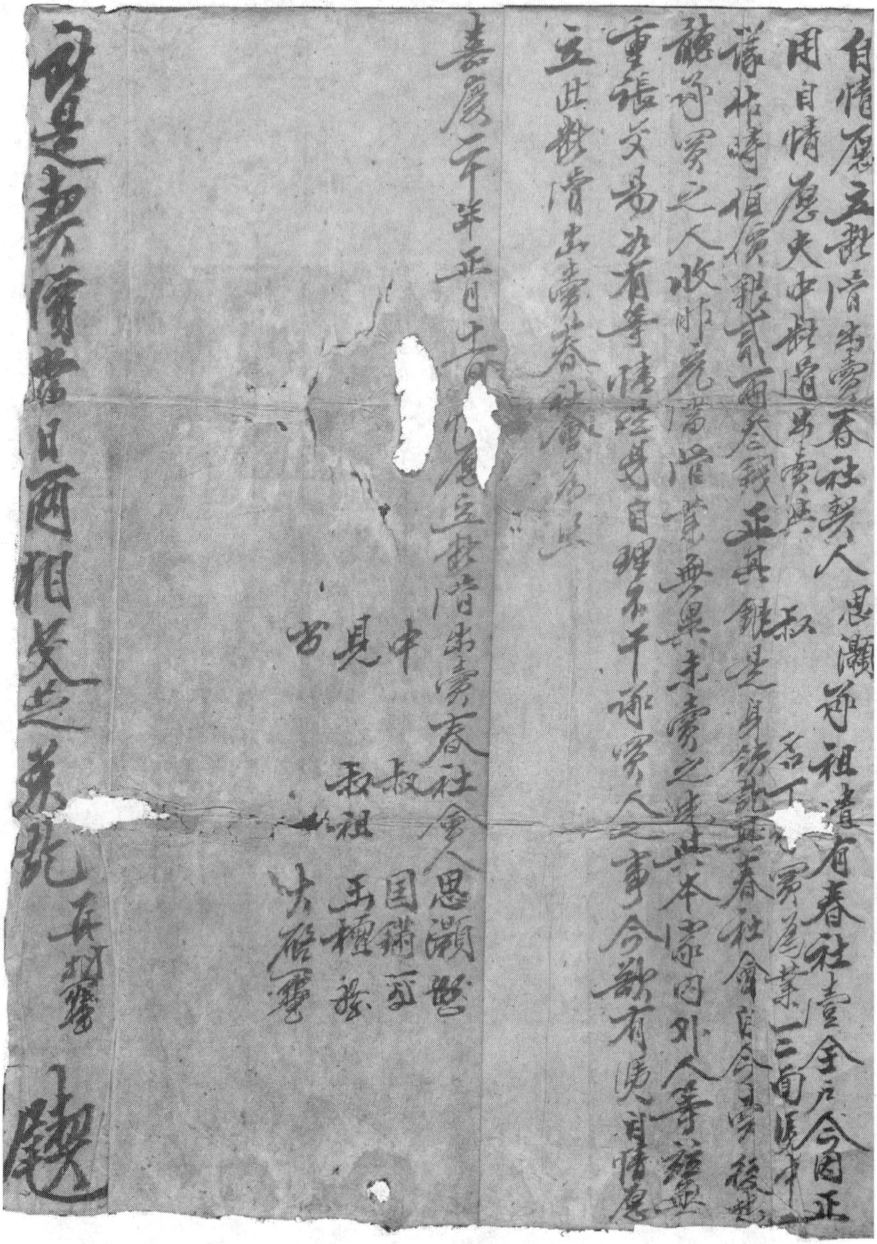
自情愿立断骨出卖春社契人思灏承祖遗有春社壹会，今因正
用，自情愿央中断骨出卖与叔名下为业，三面议
议作时值价银贰两叁钱正，其银是身领讫，其春社会自今出卖之后，
听从买之人收租充当，管业无异。未卖之先，与本家内外人等并无
重张交易。如有等情，经身自理，不干受买人之事。今欲有凭，自情愿
立此断骨出卖春社会为照。
嘉庆二十年正月十七日自情愿立断骨出卖春社会人思灏（押）
中 叔 国瑚（押）
见 叔祖 玉种（押）
书 大启（押）
自是契价当日两相交足讫。再批（押）
照

秋口镇长径村 B 106 · 嘉庆二十年 · 断骨出卖春社契 · 思灏卖与叔☐

立劝議人母舅程勝先等，缘因身妹所生四甥俱[illegible]成，立[illegible]程
[illegible]族同身等分拆各烟田園産業銀兩物件品搭無私拈[illegible]為
定各得分業以立門戶，而三甥秋不務生理，致身妹不時共
庚等三甥相鬧，今身程族立劝議舊歲所分者嗣後各管各業
暂借資本銀肆百捌拾兩貿易，以初以安身妹之願，慶甥娘娶
之需在內，今甥等四人雖竭力經營，以光前烈，幸勿蹈前轍，以致
先人在臨終不相瞞，任事務瑞推諉，妄作亂為者，許執約聞
公責懲，以悖議不孝罪論。立此一樣二張，家長與妹各執一張為照。

道光九年二月初十日立劝議母舅　程勝先
程五保
家長啓銓
佳
見叔　國鑑
中　昌茂
祐源
敬廷
有禪
漢三
益三
廷銳
書　大啓

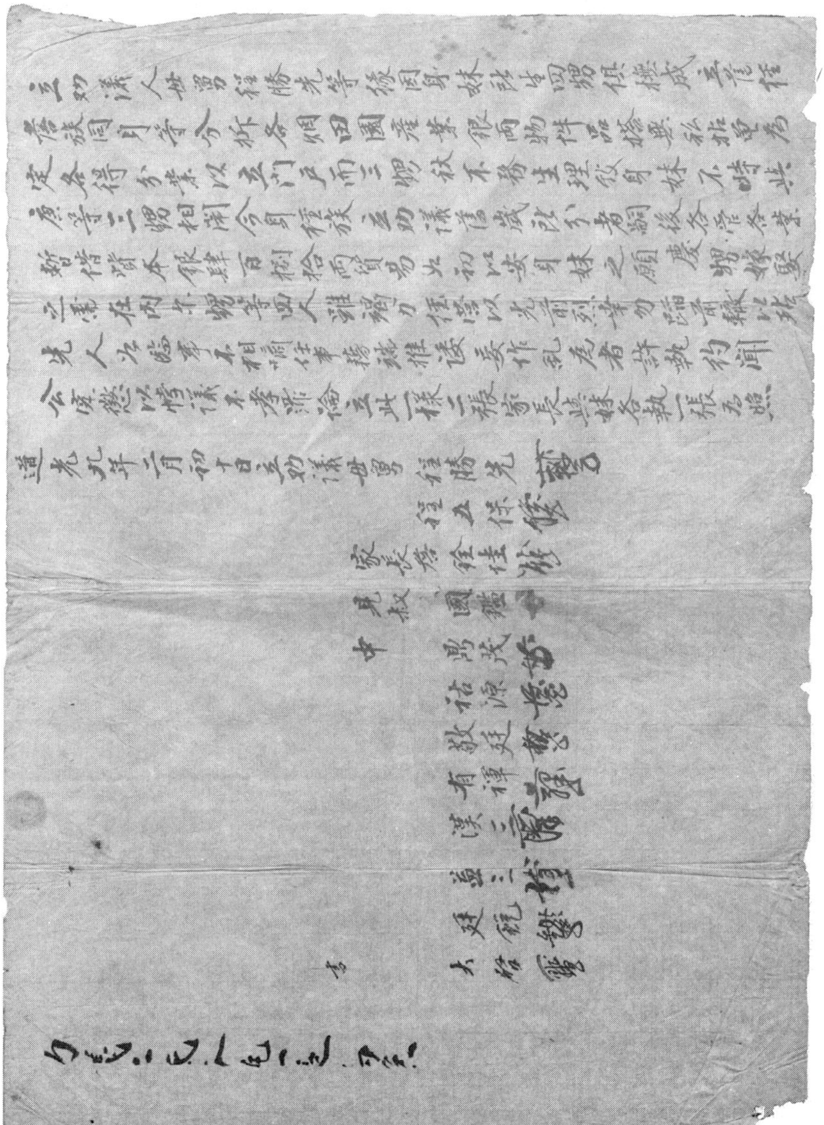

秋口镇长径村 B 51 · 道光九年 · 劝议书 · 程胜先四甥分家

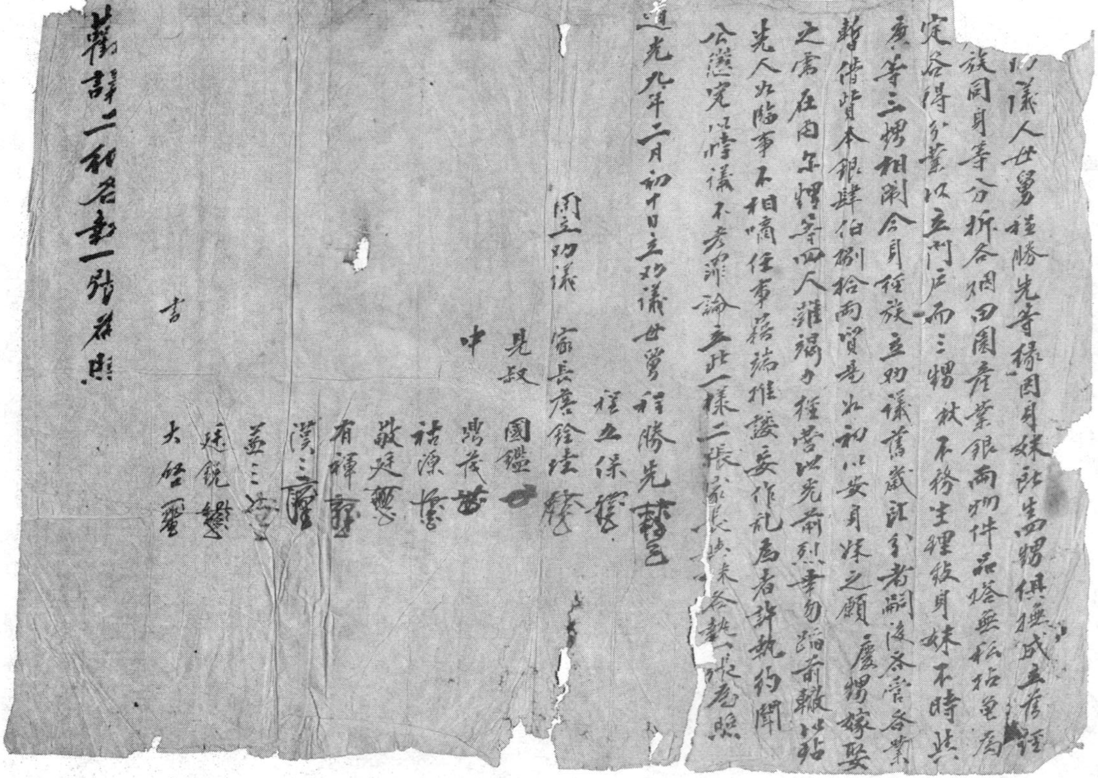

立勸議人世舅程勝先等緣因身妹所生四甥俱撫成立在程
族同身等分析各項田園産業銀兩物件品搭無私拈鬮爲
定各得分業以立門户而三甥秋不務生理致身妹不時共
庚等三甥相鬧今身經族立勸議舊歲江西者嗣後各營各業
暫借貲本銀肆伯捌拾兩買屋以初以安身妹之願慶甥嫁娶
之需在内令甥等四人雖竭力經營以光前烈毋負踰前轍以貽
先人之臨事不相嘀任事籍端推諉妄作如爲者許執約聞
公懲究以儆議不孝罪論立此一樣二張各執一張存照

道光九年二月初十日立勸議世舅程勝先

程立保

家長唐銓珪

見叔 國璣

中 鼎茂

祜源

敬廷

有禪

漢三

益三

廷銳

大啓

書

勸議二紙各執一張存照

秋口镇长径村 B 52 · 道光九年 · 劝议书 · 程胜先四甥分家

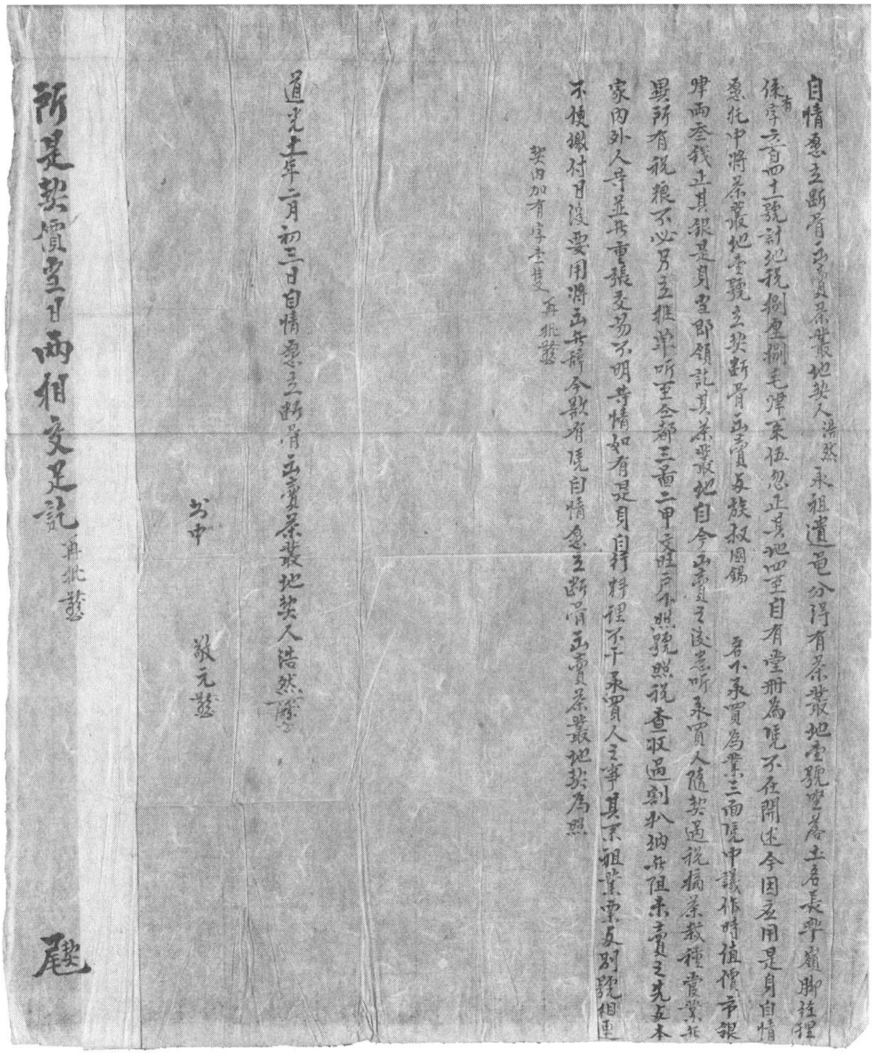

自情愿立斷骨出賣茶叢地契人浩然，承祖遺鬮分得有茶叢地壹號，坐落土名長□嶺腳往裡
係有字八百四十號，計地稅捌厘捌毛肆系伍忽正，其地四至自有堂冊為憑，不在開述。今因應用，是身自情
愿托中將茶叢地壹號立契斷骨出賣與族叔國錫名下承買為業，三面憑中議作時值價九銀
肆兩叁錢正，其銀是身當即領訖。其茶叢地自今出賣之後，悉听承買人隨契過稅摘茶栽種管業。其
畀所有稅糧不必另立推單，听至念都三啚二甲文旺戶下照號照稅查收過割扒納無阻。未賣之先，與本
家內外人等並無重張交易不明等情，如有，是身自行料理，不干承買人之事。其來祖業要與別號相連，
不便繳付，日後要用，將出無辭。今欲有憑，自情愿立斷骨出賣茶叢地契為照。

契內加有字壹隻。再批。

道光十一年二月初三日自情愿立斷骨出賣茶叢地契人浩然

見中 敍元

所是契價當日兩相交足訖。再批。

秋口镇长径村 B 72 · 道光十一年 · 断骨出卖茶丛地契 · 浩然卖与族叔国锡

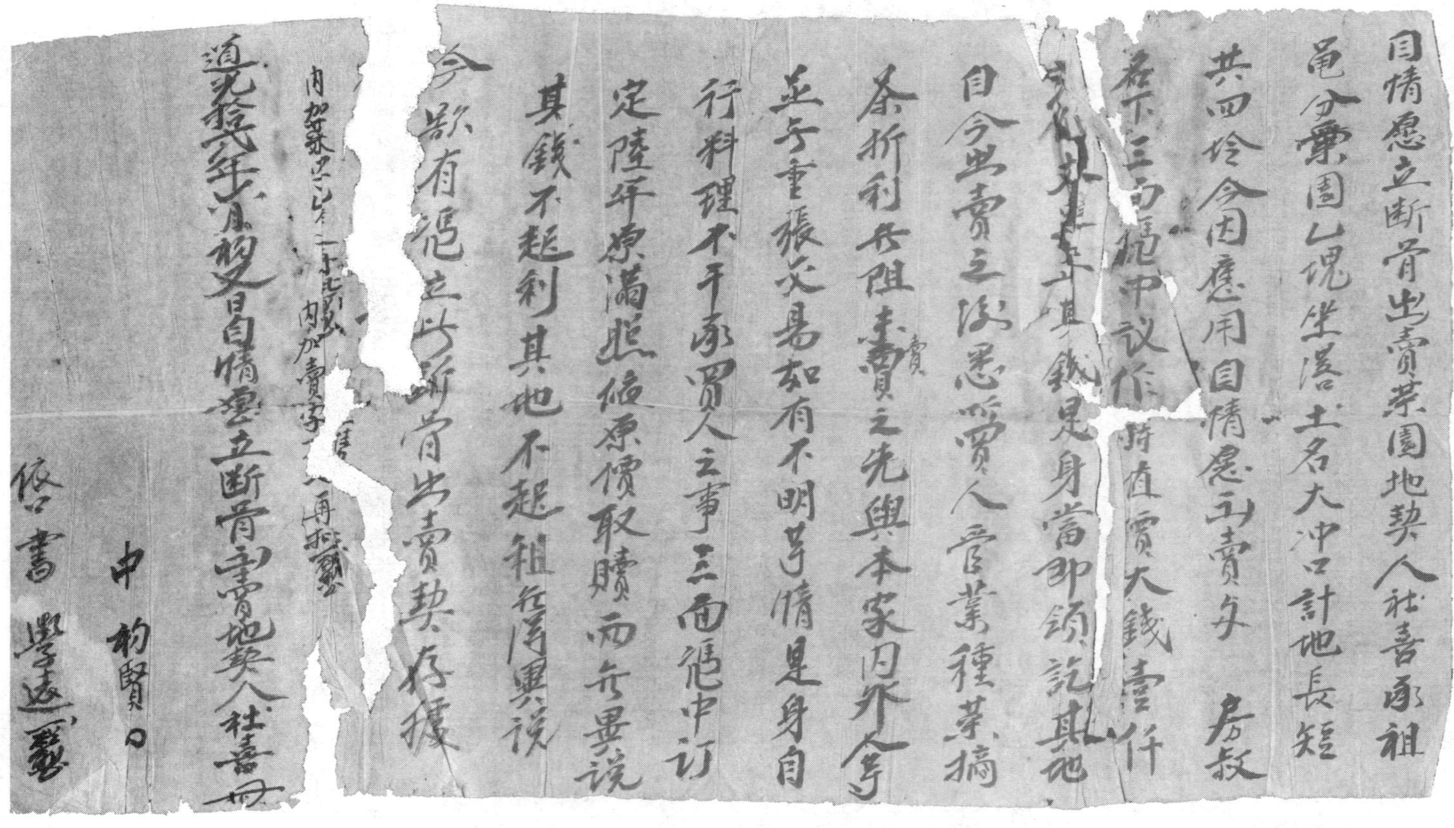

自情愿立断骨出賣菜園地契人社喜承祖
阄分菜園一塊坐落土名大冲口計地長短
共四拾今因應用自情愿出賣與　房叔
名下三面憑中議作時值價大錢壹仟
□□□文整其錢是身當即領訖其地
自今出賣之後悉听買人管業種菜摘
茶折利無阻未賣之先與本家內外人等
並無重張交易如有不明等情是身自
行料理不干承買人之事三面憑中訂
定隨年原滿照依原價取贖兩無異説
其錢不起利其地不起租各無異説
今欲有憑立此斷骨出賣契存據
道光拾弍年　月初五日自情愿立断骨出賣地契人社喜
中　約賢
依口書　學遠

秋口镇长径村 B 76 · 道光十二年 · 断骨出卖菜园地契 · 社喜卖与房叔

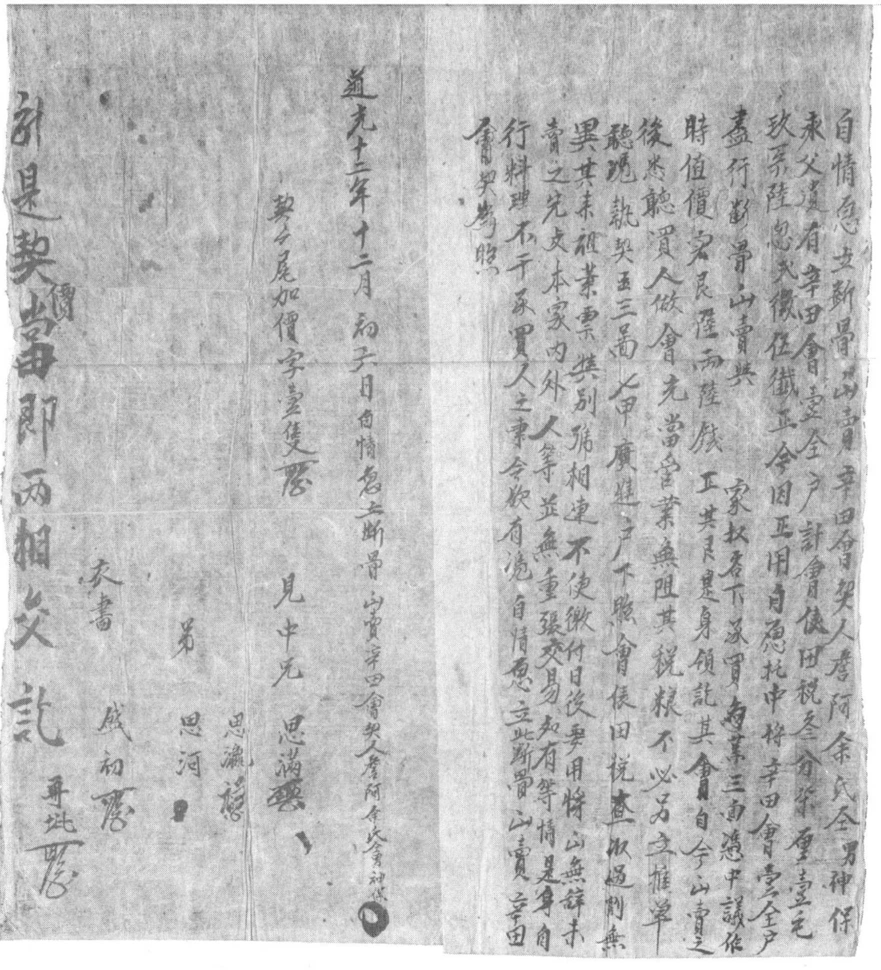

秋口镇长径村 B 79 · 道光十二年 · 断骨出卖辛田会契 ·
詹阿余氏同男神保卖与家叔

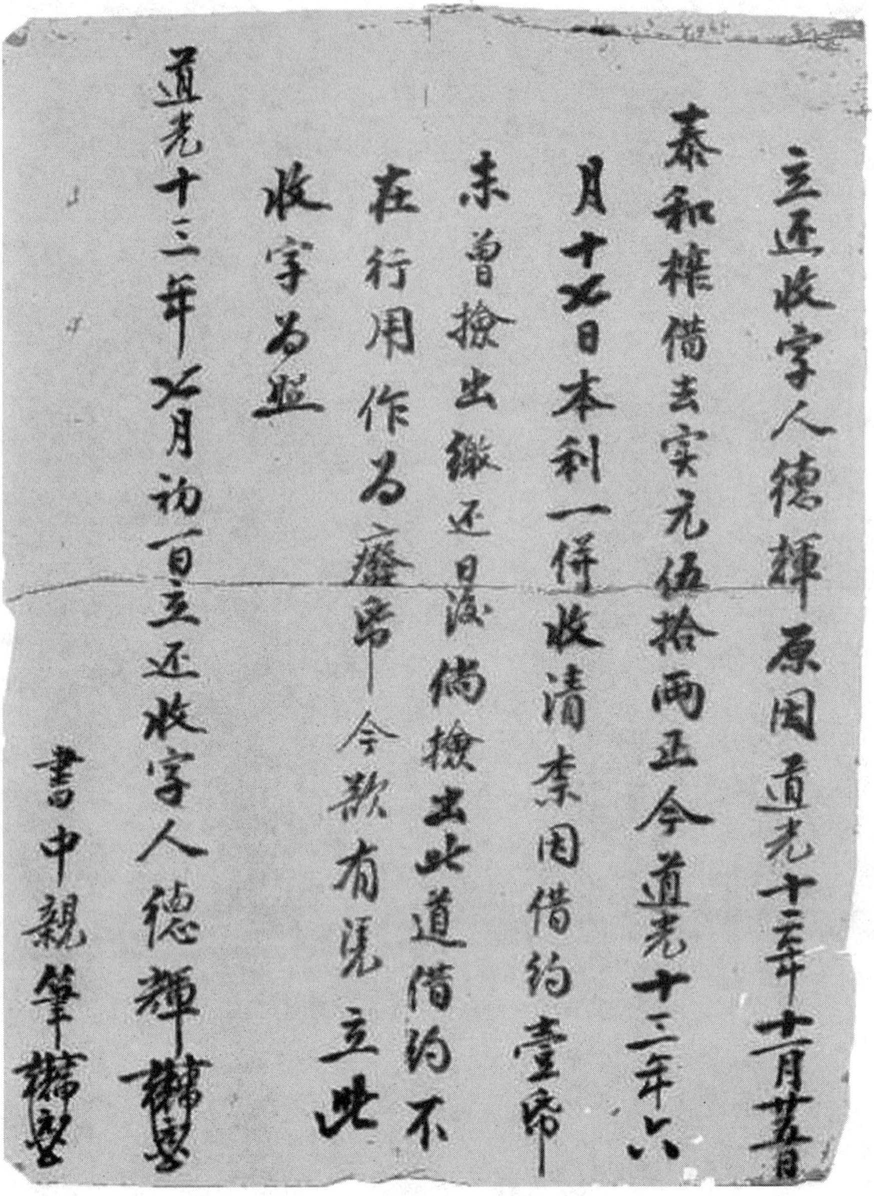

立还收字人德輝原因道光十二年十一月廿五日
泰和樵借去实元伍拾两正今道光十三年六
月十七日本利一併收清索回借约壹纸
未曾撿出缴还日后倘撿出此道借约不
在行用作为废纸一今欲有凭立此
收字为照
道光十三年七月初八日立还收字人德輝（押）
書中親筆（押）

秋口镇长径村 B 44 · 道光十三年 · 还收字 · 德辉

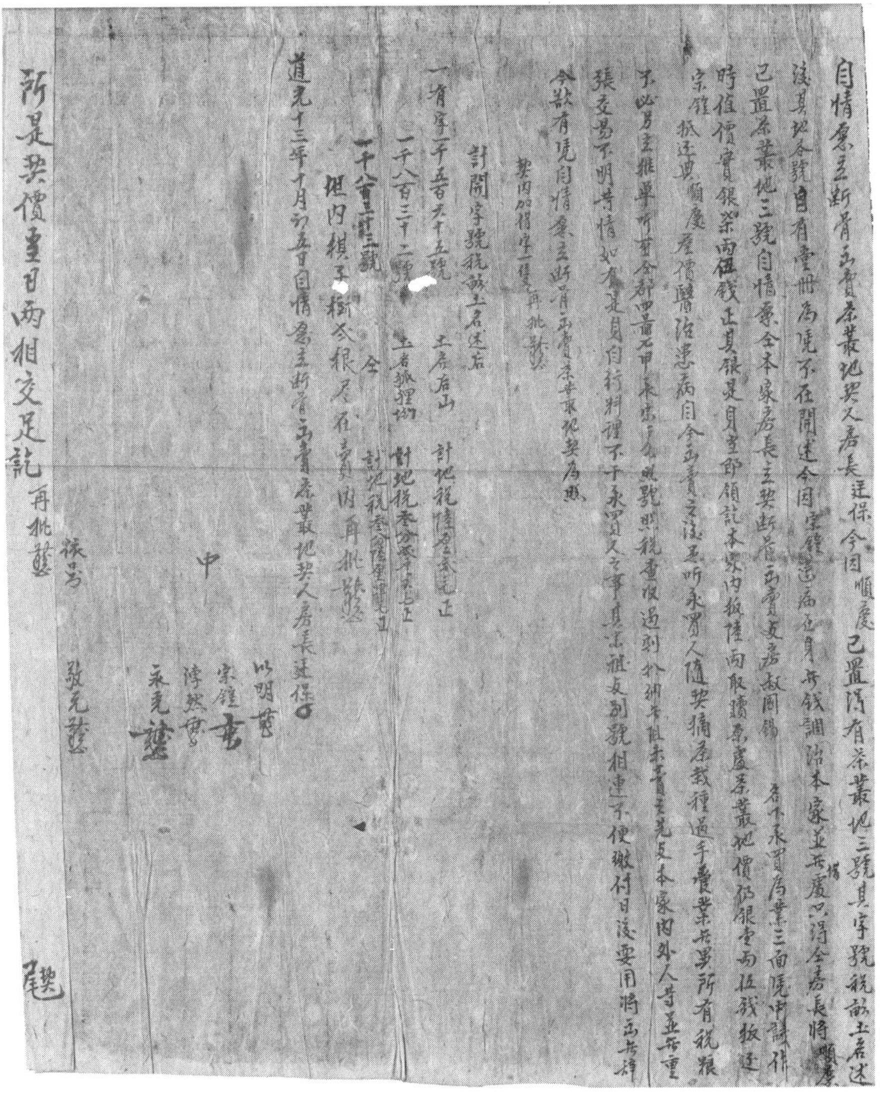
自情愿立断骨出賣茶叢地契人房長廷保今因順慶已置得有茶叢地三號其字號税畝土名述
後其地各號自有壹冊為凭不在開述今因宗鐘造屋在身無钱調治本家並無慶以得全房長將順慶
已置茶叢地三號自情愿全本家房長立契断骨出賣支房叔國锡名下承買為業三面凭中議作
時值價實银柒兩伍钱正其银是身當即領訖本家內執陸兩服贖原處茶叢地價仍银壹兩伍钱撥還
宗鐘抵还與順慶屋價醫治患病自今出賣之後悉听承買人随契摘茶栽種過手管業無異所有税粮
不必另立推單听其合都四圖石甲戶內收號照税查收過割扒納未賣之先本家內外人等並無重
張交易不明等情如有是身自行料理不干承買人之事其茶租支列號相連不便缴付日後要用將出無辞
今欲有凭自情愿立断骨出賣茶叢地契為照
契內加借字一個再批
計開字號税畝土名述后
一有字一千五百五十五號 土名后山 計地税
一千八百三十二號 土名狐狸坳 計地税叁分
一千八百三十三號 仝 計地税叁分
但內棋子樹木根尽在賣內 再批
道光十三年十月初五日自情愿立断骨出賣茶叢地契人房長廷保
中 以明 宗鐘 淳然 永光
依书 致光
所是契價壹兩相交足訖 再批

秋口镇长径村 B 81 · 道光十三年 · 断骨出卖茶丛地契 · 廷保卖与房叔国锡

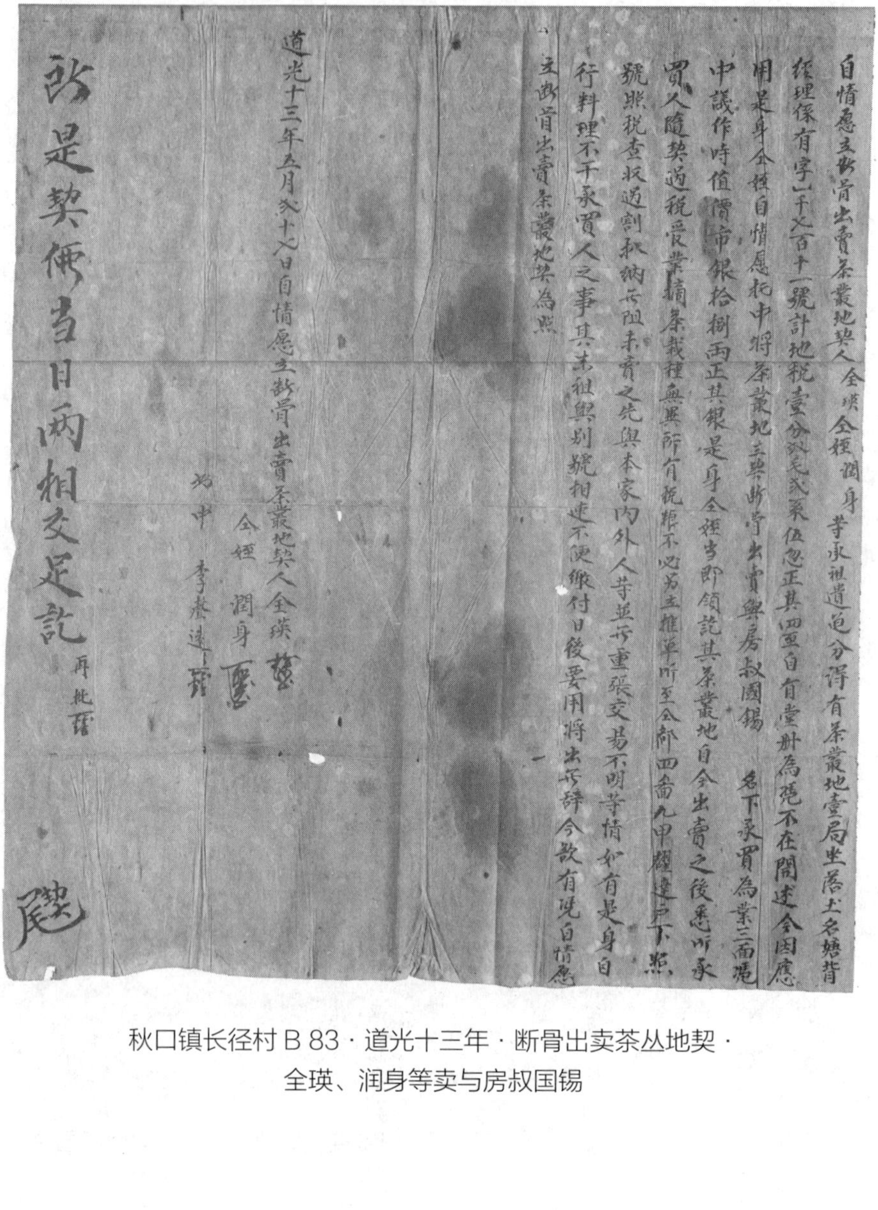

自情願立斷骨出賣茶叢地契人全瑛 全姪潤身 等承祖遺包分得有茶叢地壹局坐落土名塘背
經理係有字山千七百十一號計地稅壹分玖毛貳系伍忽正其四至自有壹册為憑不在開述今因應
用是身全姪自情愿托中將茶叢地立契斷骨出賣與房叔國錫 名下承買為業三面憑
中議作時值價市銀拾捌兩正其銀是身全姪當即領訖其茶叢地自今出賣之後悉所承
買人隨契過稅受業摘茶栽種無異所有稅粮不必另立推單所至今都四啚九甲程達戶下照
號照稅查收過割扒納無阻未賣之先與本家內外人等並無重張交易不明等情如有是身自
行料理不干承買人之事其來祖與別號相連不便繳付日後要用將出無辭今欲有憑自情愿
立斷骨出賣茶叢地契為照

道光十三年五月廿七日自情愿立斷骨出賣茶叢地契人全瑛 押
全姪 潤身 押
憑中 李春達 押

此是契價當日兩相交足訖 再批 押

秋口镇长径村 B 83 · 道光十三年 · 断骨出卖茶丛地契 ·
全瑛、润身等卖与房叔国锡

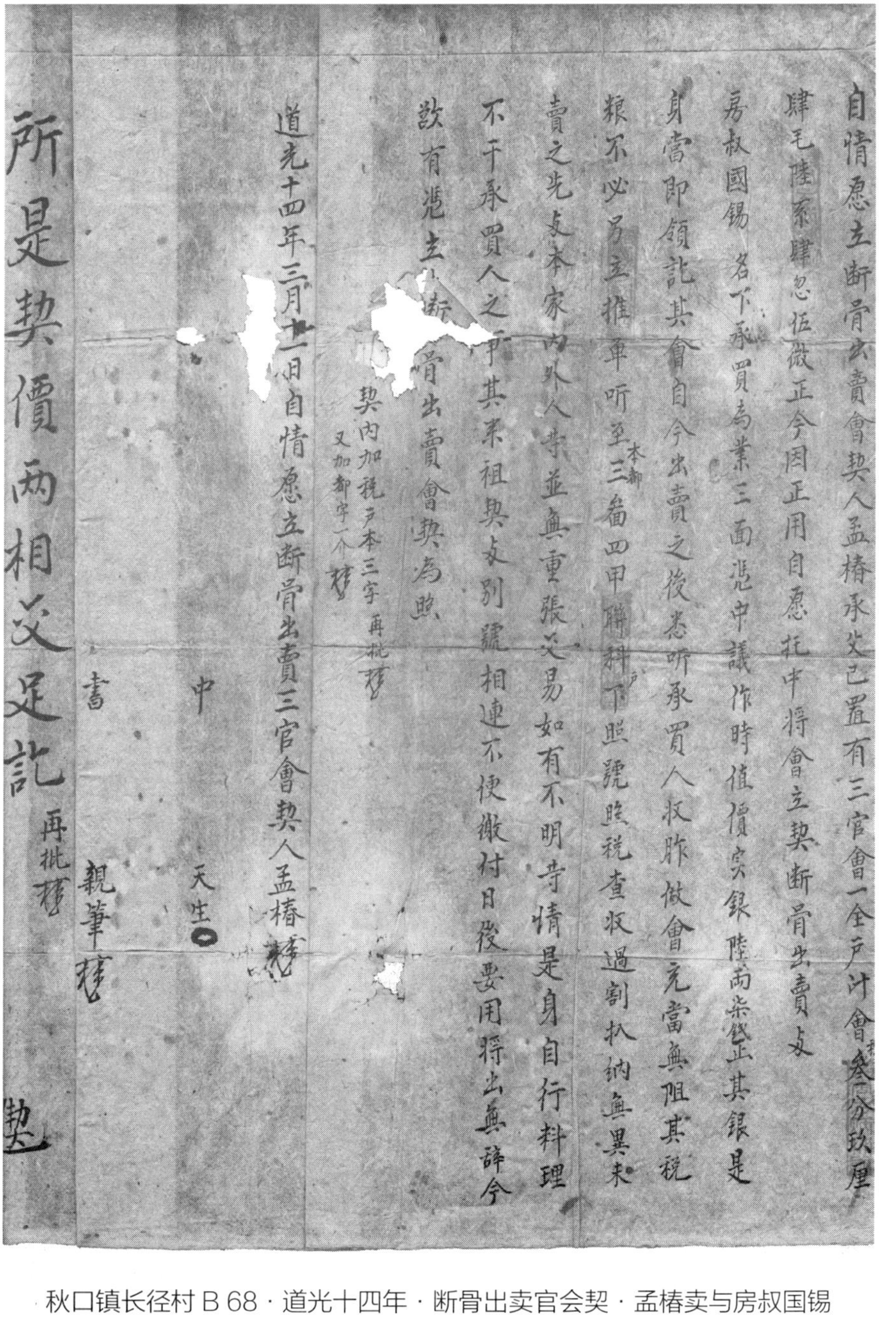

自情愿立断骨出賣會契人孟椿承父己置有三官會一全户计會叁分玖厘

肆毛陸系肆忽伍微正今因正用自愿托中将會立契断骨出賣与

房叔國錫 名下承買為業三面凭中議作時值價实銀陸両柒錢正其銀是

身當即領訖其會自今出賣之後悉听承買人收胙做會充當無阻其税

粮不必另立推单听至本都三啚四甲肆科户下照號照税查收過割扒納無異未

賣之先与本家内外人等並無重張交易如有不明等情是身自行料理

不干承買人之事其来祖契与别號相連不便缴付日後要用将出無辞今

欲有凭立此断骨出賣會契為照

契内加税户本三字 再批椿

又加都字一个 椿

道光十四年三月十一日自情愿立断骨出賣三官會契人孟椿

中 天生

書 親筆椿

所是契價兩相交足訖 再批椿

契

秋口镇长径村 B 68 · 道光十四年 · 断骨出卖官会契 · 孟椿卖与房叔国锡

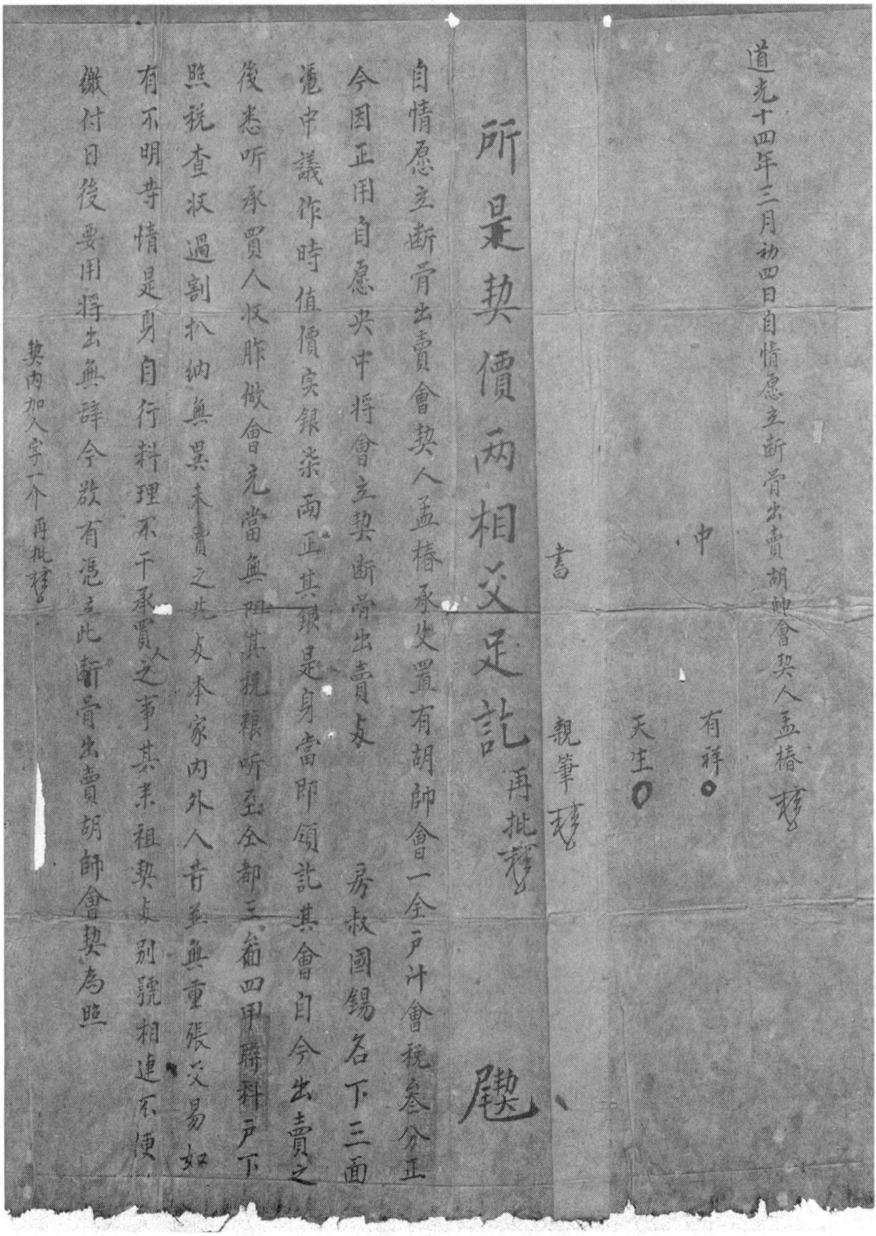
道光十四年三月初四日自情愿立断骨出賣胡帥會契人孟椿

中 有祥○ 天生○

書 親筆

所是契價兩相交足訖 再批

自情愿立斷骨出賣會契人孟椿承父置有胡帥會一全户計會税叁分正
今因正用自愿央中將會立契斷骨出賣支房叔國錫名下三面
憑中議作時值價实银柒兩正其银是身當即領訖其會自今出賣之
後悉听承買人收胙做會充當無阻其税粮听至今都三啚四甲勝科户下
照税查收過割扒納無異未賣之先支本家内外人等並無重張交易如
有不明等情是身自行料理不干承買之人事其来祖契支别號相連不便
繳付日後要用将出無辞今欲有憑立此斷骨出賣胡帥會契為照

契内加入字一个 再批

秋口镇长径村 B 104 · 道光十四年 · 断骨出卖胡帅会契 · 孟椿卖与房叔国锡

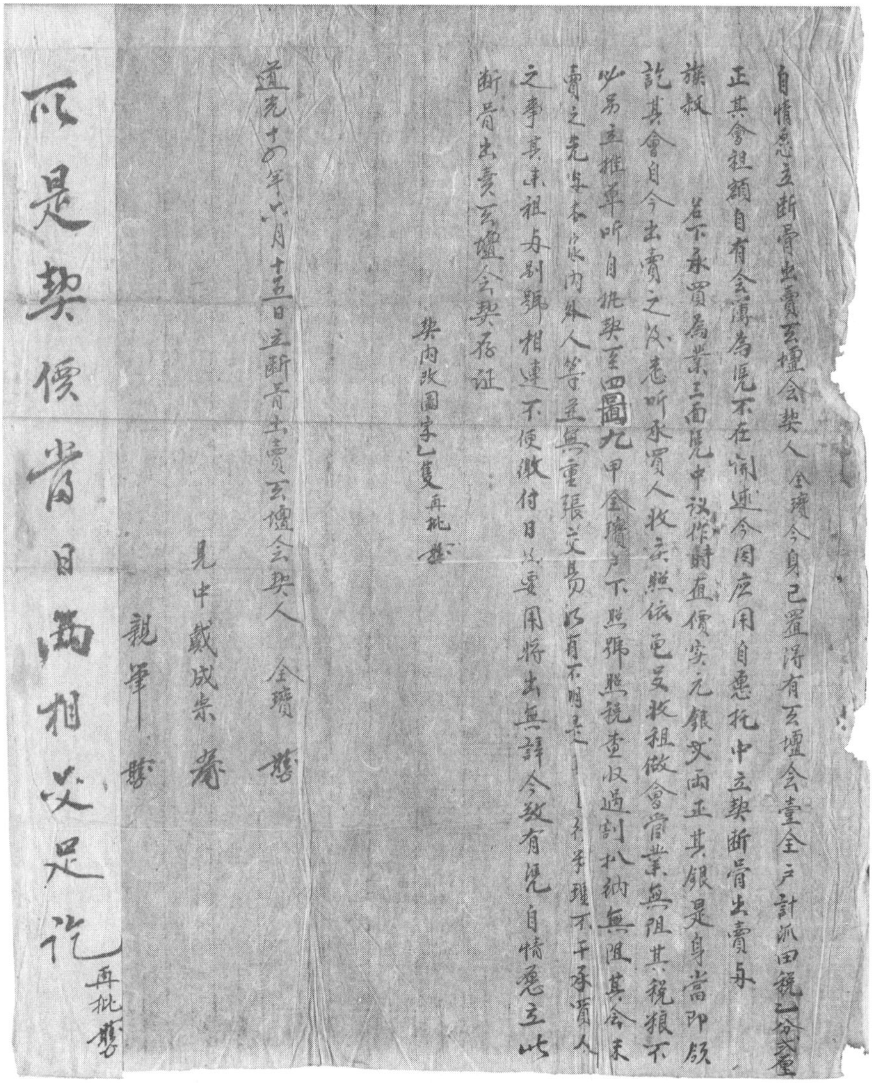

秋口镇长径村 B 105 · 道光十四年 · 断骨出卖玄坛会契 · 全瓒卖与族叔☑

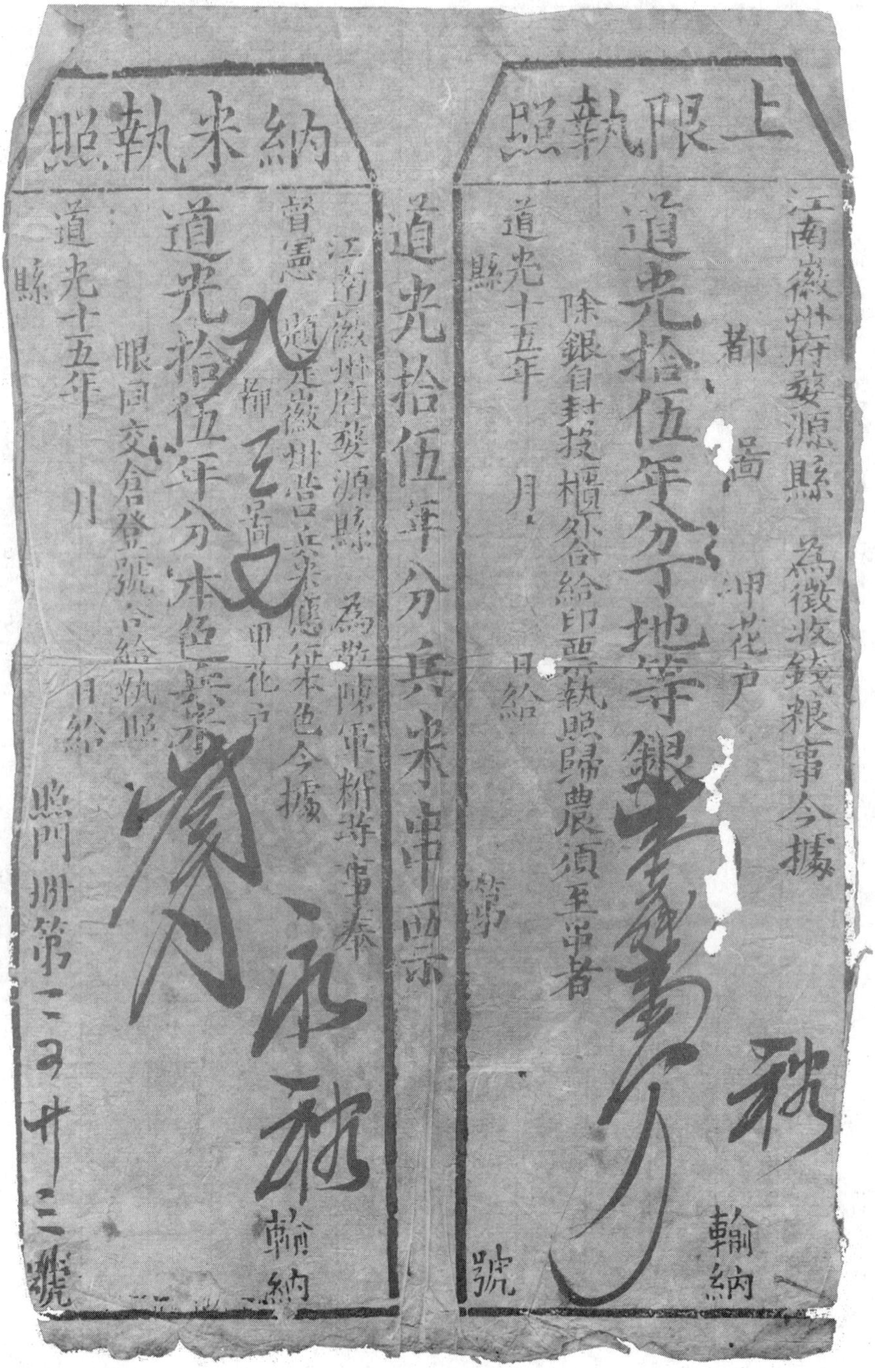

上限執照

江南徽州府婺源縣　為徵收錢粮事今據
都　啚　甲花户
道光拾伍年分　地等銀
除銀自封投櫃外合給印票執照歸農須至串者
道光十五年　月　日給
縣　第　號
永裕　輸納

納米執照

江南徽州府婺源縣　為遵陳軍糈事奉
督憲　道　江南徽州營兵米應征本色今據
九鄉　五啚　甲花户
道光拾伍年分本色兵米
眼同交倉登號合給執照
道光十五年　月　日給
縣
照門册第一三五廿三號
永裕　輸納

秋口镇长径村 B 13 · 道光十五年 · 纳米执照 · 永裕

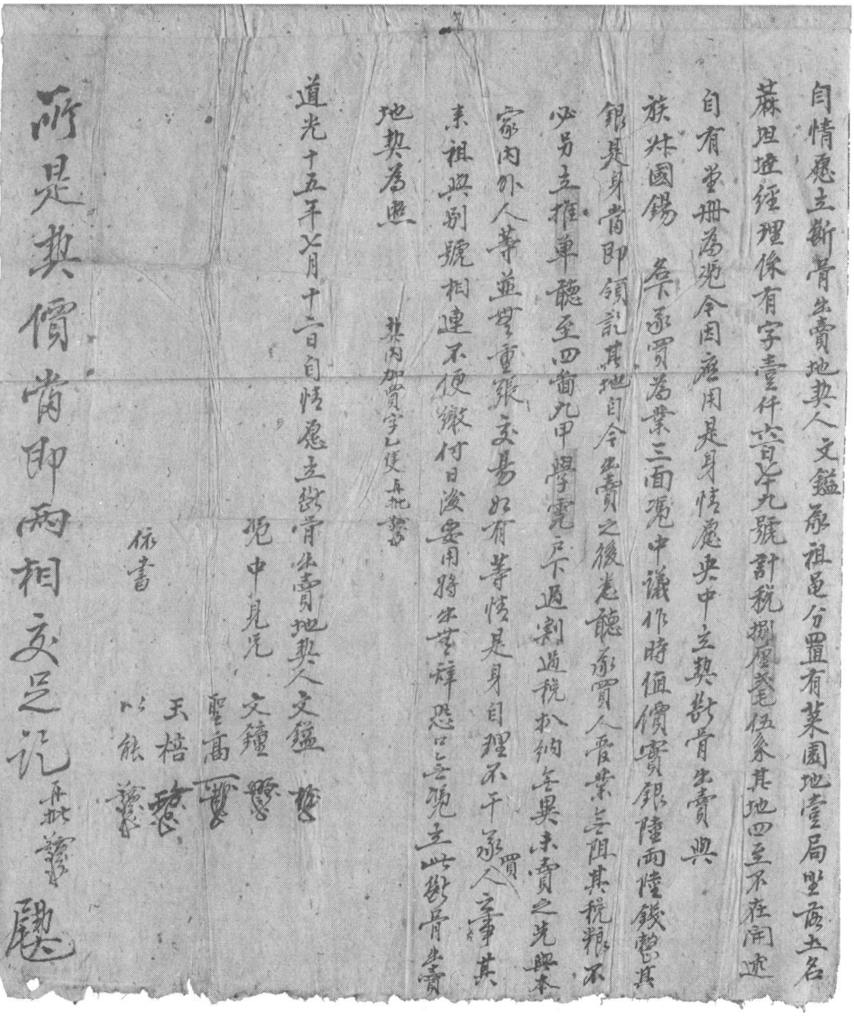

自情愿立斷骨出賣地契人文鎰承祖邑分置有菜園地壹局坐落土名
蒜坦塢經理係有字壹仟旹伯九號計稅捌厘叁毛伍系其地四至不在開述
自有黃冊爲憑今因應用是身情愿央中立契斷骨出賣與
族姪國錫 名下承買爲業三面憑中議作時值價實銀陸兩陸錢整其
銀是身當即領訖其地自今出賣之後悉聽承買人管業無阻其稅粮不
必另立推單聽至四甫九甲學霓户下過割過稅扒納無異未賣之先與本
家内外人等並無重張交易如有等情是身自理不干買人之事其
來祖與別號相連不便繳付日後要用將出無辭恐口無憑立此斷骨出賣
地契爲照　契内加賣字乙隻 再批 押

道光十五年七月十二日自情愿立斷骨出賣地契人文鎰 押
憑中見兄 文鐘 押
聖高 押
天梧 押
以能 押
依書

所是契價當即兩相交足訖 再批 押

秋口镇长径村 B 99 · 道光十五年 · 断骨出卖地契 · 文镒卖与国锡

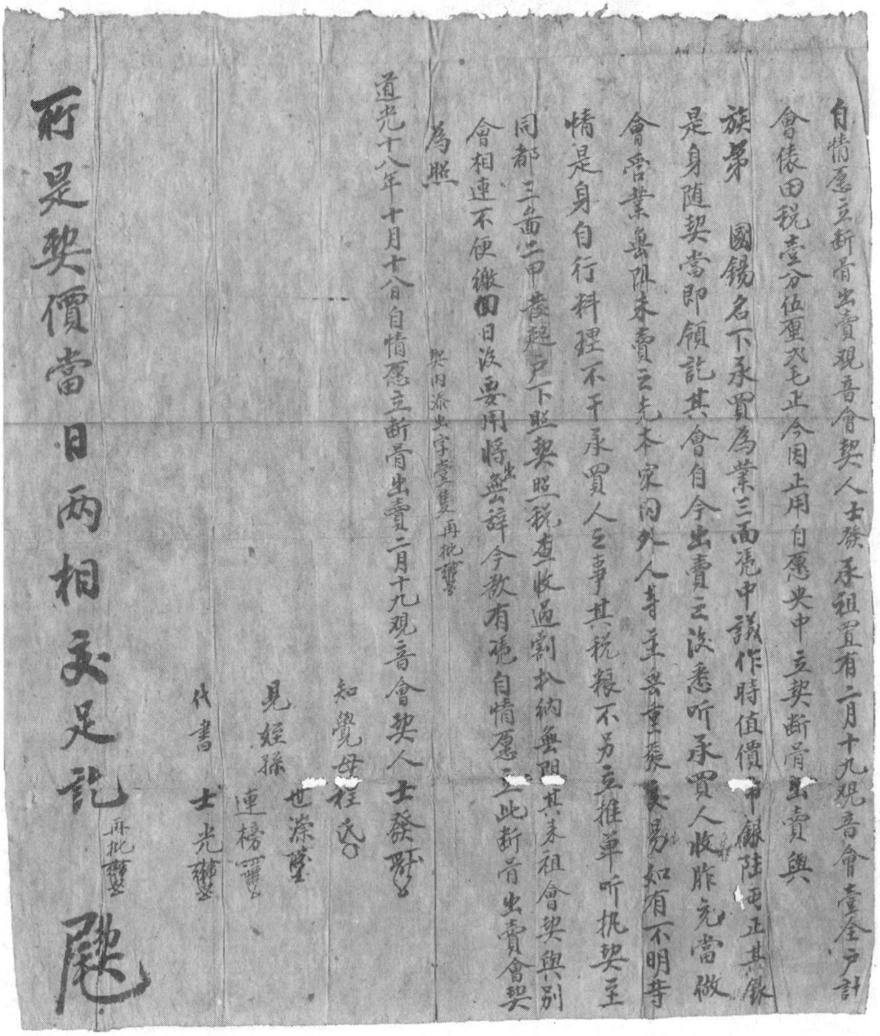

自情愿立断骨出賣觀音會契人士發承祖置有二月十九觀音會壹全戶計
會儀田税壹分伍厘五毛正今因正用自愿央中立契断骨出賣與
族弟　國錫名下承買爲業三面憑中議作時值價□中錢陸□正其錢
是身隨契當即領訖其會自今出賣之後悉听承買人收胙充當做
會管業無阻未賣之先本家內外人等並無重複交易如有不明等
情是身自行料理不干承買人之事其税粮不另立推單听執契至
同都三啚二甲發起戶下照契照税查收過割扒納無阻其來祖會契與別
會相連不便繳付日後要用將出無辞今欲有憑自情愿立此断骨出賣會契
爲照

契內添出字壹隻　再批(押)

道光十八年十月十七日自情愿立断骨出賣二月十九觀音會契人士發(押)

知覺母程氏(押)

見姪孫　世潆(押)　連榜(押)

代書　士光(押)

所是契價當日兩相交足訖　再批(押)

歷

秋口镇长径村 B 87 · 道光十八年 · 断骨出卖观音会契 · 士发卖与国锡

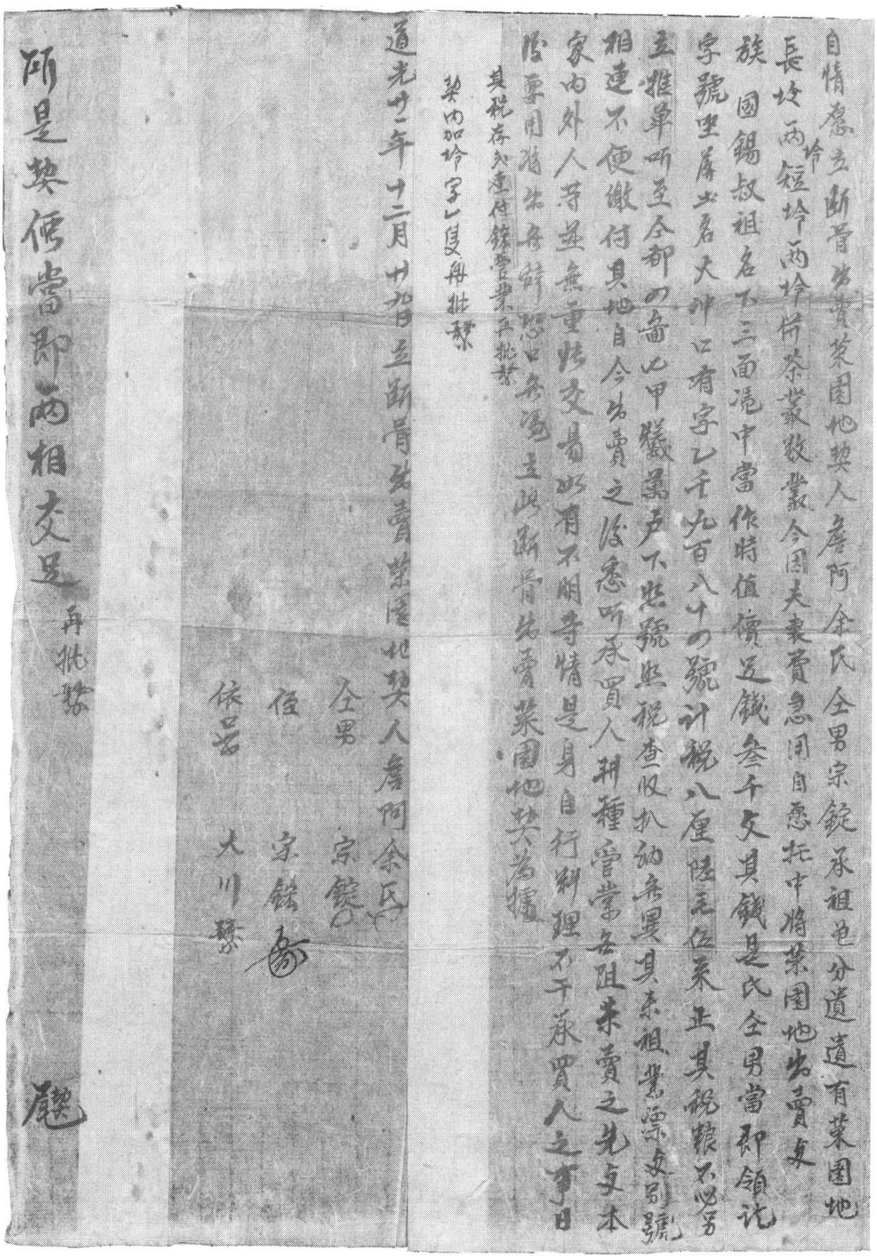

自情愿立断骨出賣菜園地契人詹阿余氏仝男宗錠承祖邑分道道有菜園地
長坽兩短坽兩坽併茶叢數叢今因夫喪費急用自愿托中將菜園地出賣與
族 國錫叔祖名下三面凴中當依時值價足錢叁千文其錢是氏仝男當即領訖
字號坐屬土名大坤口有字乙千九百八十四號計稅八厘陸毛伍系正其稅粮不必另
立推單所至今都四啚九甲戴萬户下照號照稅查收扒納無異其來祖業票字别號
相連不便缴付其地自今出賣之後悉聽承買人耕種管業無阻未賣之先與本
家内外人等並無重複交易如有不明等情是身自行料理不干承買人之事日
後要用將出存證此無憑立此断骨出賣菜園地契為據
其稅存入遼付錦管業再批 契
契内加坽字乙隻再批 契
道光廿一年十二月廿九日立断骨出賣菜園地契人詹阿余氏
仝男 宗錠
侄 宗銘
依口書 大川 契
所是契價當即兩相交足 再批 契

秋口镇长径村 B 88 · 道光二十一年 · 断骨出卖菜园地契 ·
詹阿余氏同男宗锭卖与国锡

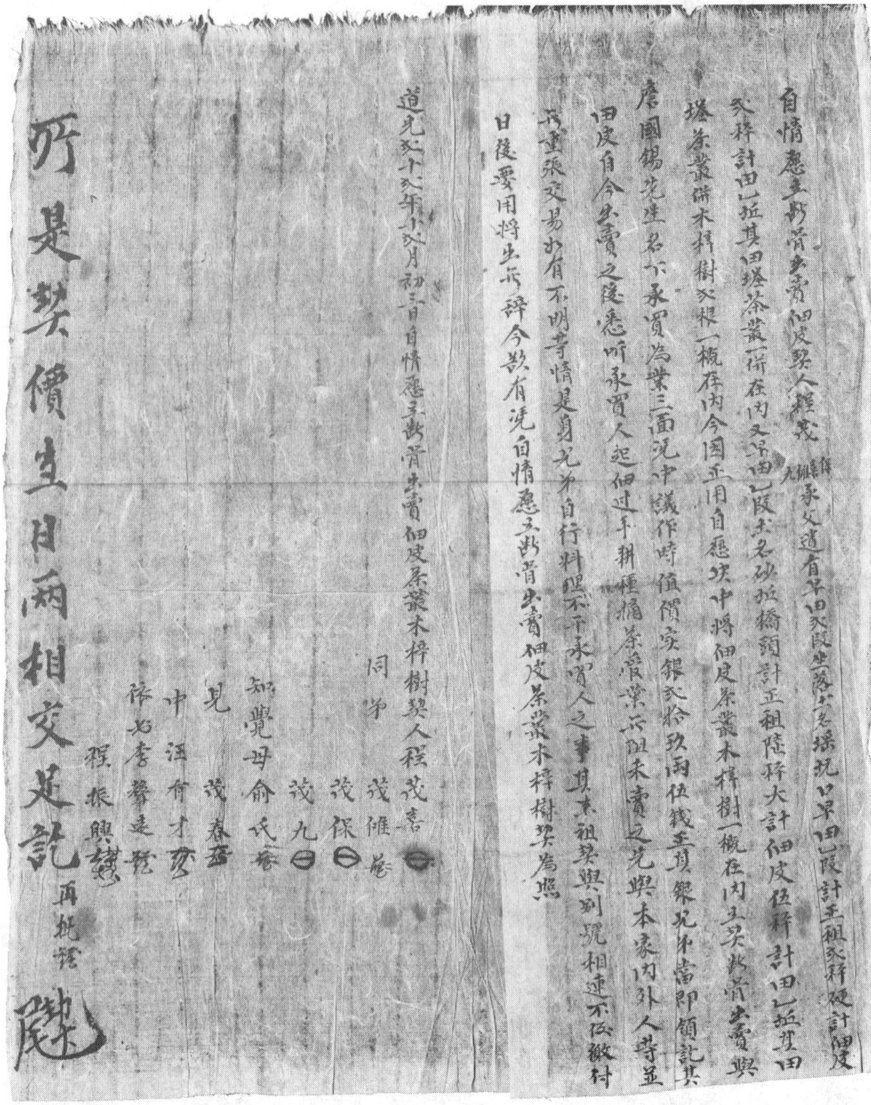

自情愿立斷骨出賣佃皮契人程茂喜、茂雄、茂九、茂保，承父遺有早田弍段，坐落土名塘坑口早田乙段，計正租弍秤，硬計佃皮弍秤，計田乙坵，其田塝茶叢一併在内；又早田乙段，土名砂坵橋頭，計正租陸秤，大計佃皮伍秤，計田乙坵，其田塝茶叢併木梓樹弍根，一概在内。今因正用，自愿央中將佃皮茶叢木梓樹一概在内，立契斷骨出賣與詹國錫先生名下承買為業。三面憑中議作時值價安銀弍拾玖兩伍錢正，其銀兄弟當即領訖。其佃皮自今出賣之後，憑听承買人起佃过手耕種、摘茶管業。未賣之先，與本家内外人等並無重張交易。如有不明等情，是身兄弟自行料理，不干承買人之事。其來祖契與別號相連，不便繳付，日後要用，將出不辭。今欲有凭，自情愿立斷骨出賣佃皮茶叢木梓樹契為照。

道光弍十弍年十弍月初三日自情愿立斷骨出賣佃皮茶叢木梓樹契人程茂喜（押）

同弟 茂雄（押）
茂保（押）
茂九（押）

知覺母 俞氏（押）

見 茂春（押）

中 汪有才（押）

依口 詹馨遠（押）

程振興（押）

所是契價當日兩相交足訖。再批證。

秋口镇长径村 B 70 · 道光二十二年 · 断骨出卖佃皮契 · 程茂喜等卖与詹国锡

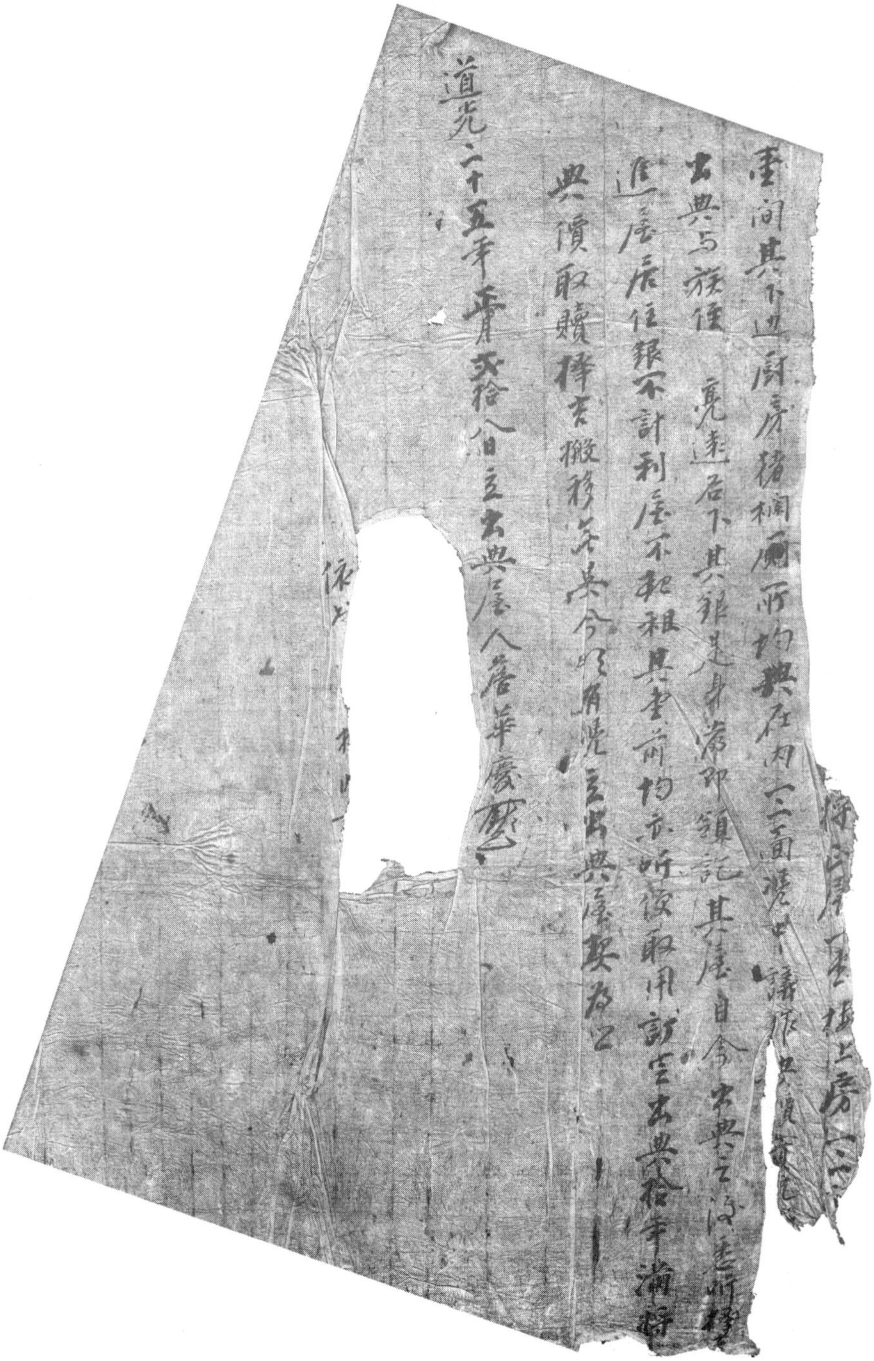
将上屋一重楼上房[illegible]
重间其下边厨房猪栏厕所均典在内，三面凭中议作典价[illegible]
出典与族侄 亮逵名下，其银是身当即领讫，其屋自今出典之后，悉听移
进屋居住，银不计利，屋不起租，其屋前均亦听做取用。订定出典拾年满将
典价取赎，择吉搬移无异。今欲有凭，立出典屋契存照。
道光二十五年十二月拾八日立出典屋人詹华庆（押）
依口[illegible]

秋口镇长径村 B 48 · 道光二十五年 · 出典屋契 · 詹华庆

秋口镇长径村 B 17 · 咸丰二年 · 纳米执照 · 腾芳

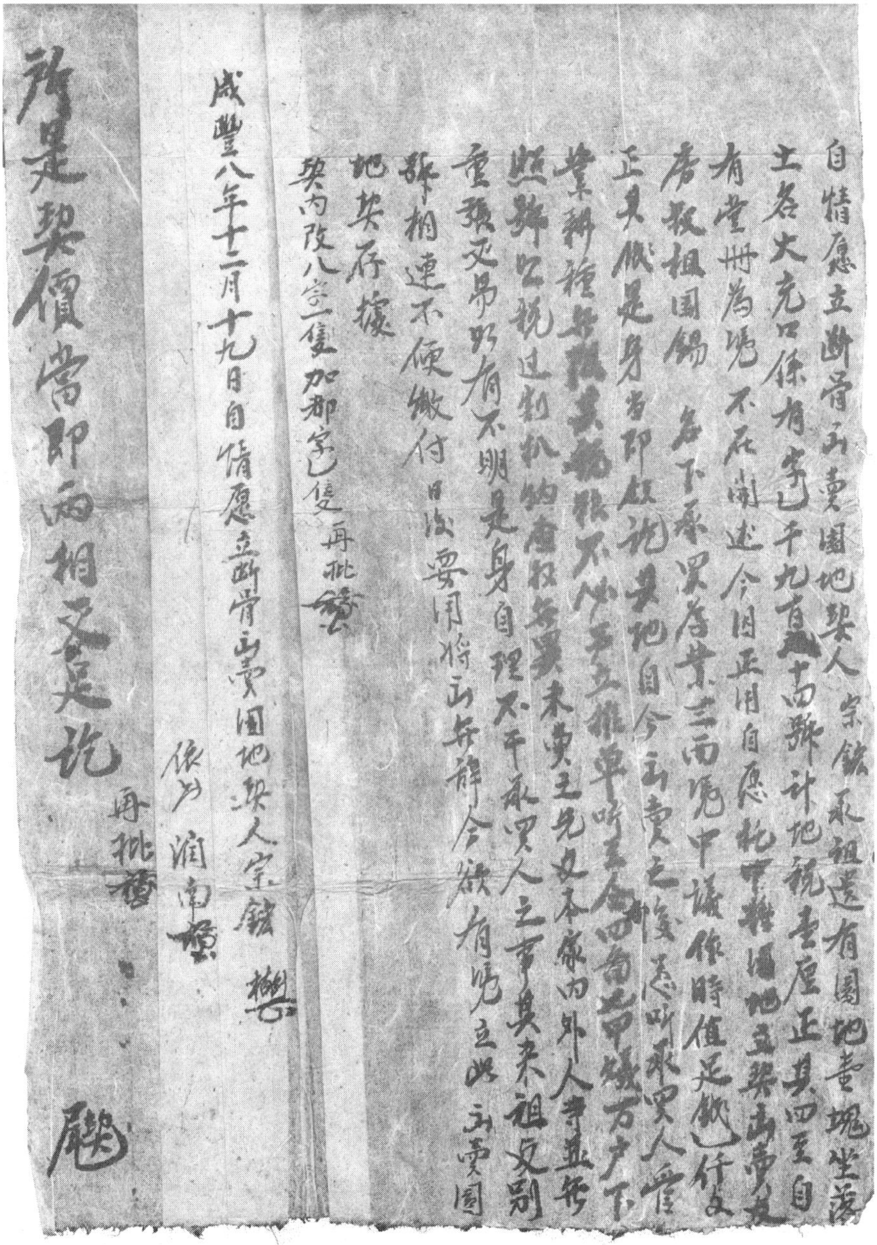

自情愿立断骨出賣園地契人宗鋐，承祖遺有園地壹塊，坐落土名大充口，係有字乙千九百[illegible]十四號，計地稅壹厘正。其四至自有堂冊為憑，不在開述。今因正用，自愿托中將園地立契出賣與房叔祖國錫名下承買為業。三面憑中議作時值足錢乙仟文正。其錢是身当即收訖，其地自今出賣之後，悉听承買人管業耕種無阻。其稅銀不必另立推單，听其[illegible]四[illegible]甲錢方戶下照號收稅过割扒納，房叔無異。未賣之先，并本家內外人等並無重張交易。如有不明，是身自理，不干承買人之事。其來祖文別號相連不便繳付，日後要用，將出無辭。今欲有憑，立此出賣園地契存據。

契内改八字一隻，加都字一隻。再批 [押]

咸豐八年十二月十九日自情愿立断骨出賣園地契人宗鋐 [押]

依口 潤南 [押]

所是契價當即兩相交足訖。再批 [押]

秋口镇长径村 B 103 · 咸丰八年 · 断骨出卖园地契 · 宗鋐卖与国锡

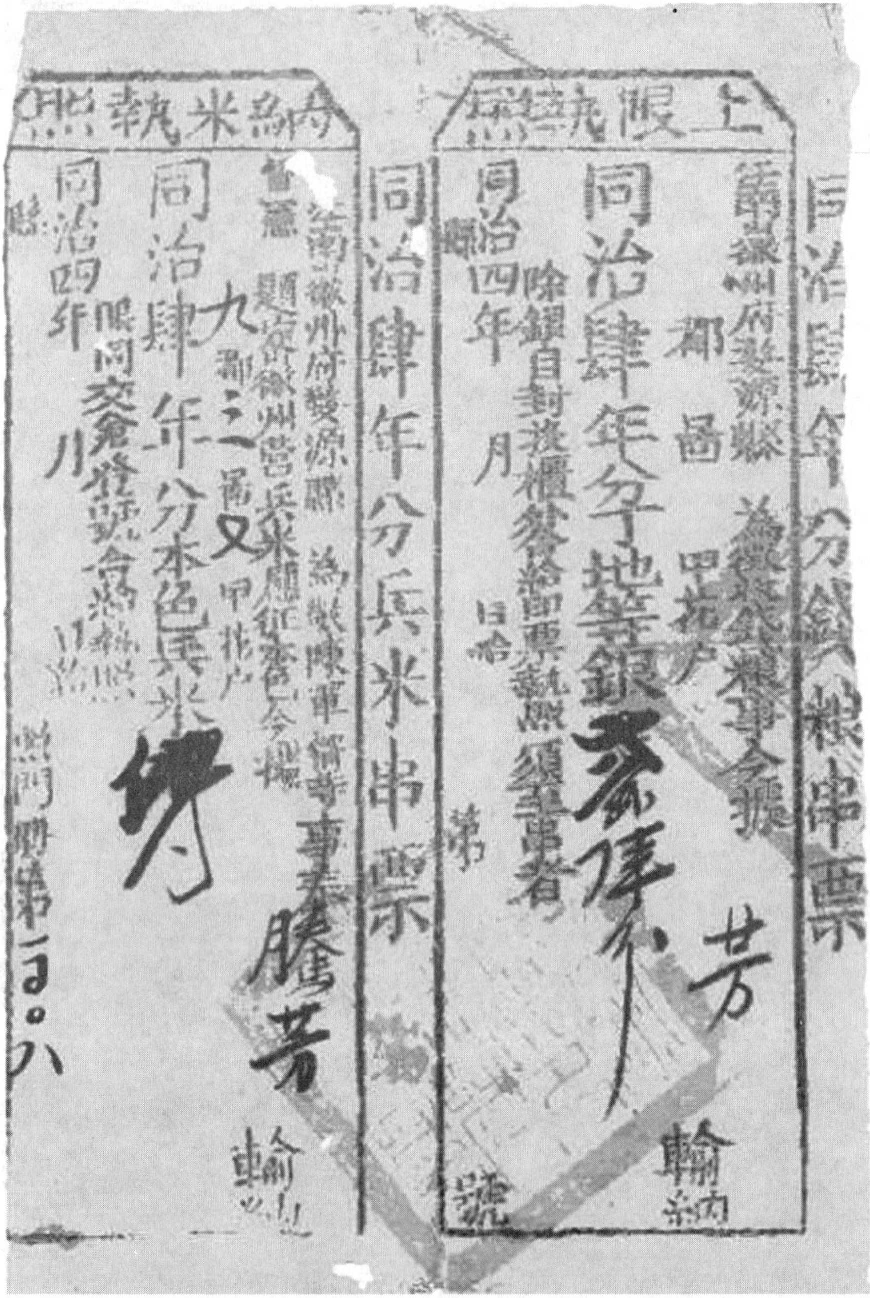

秋口镇长径村 B 26 · 同治四年 · 纳米执照 · 腾芳

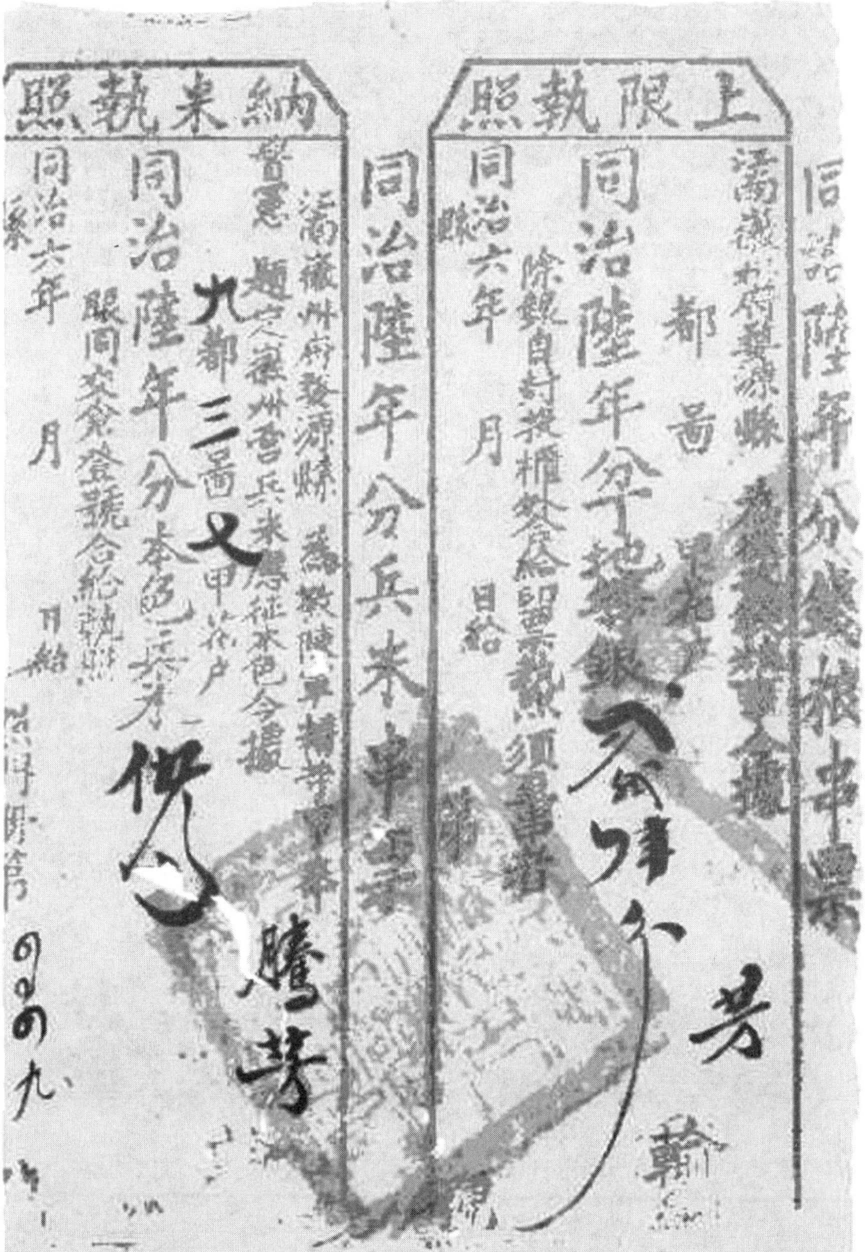

秋口镇长径村 B 36 · 同治六年 · 纳米执照 · 腾芳

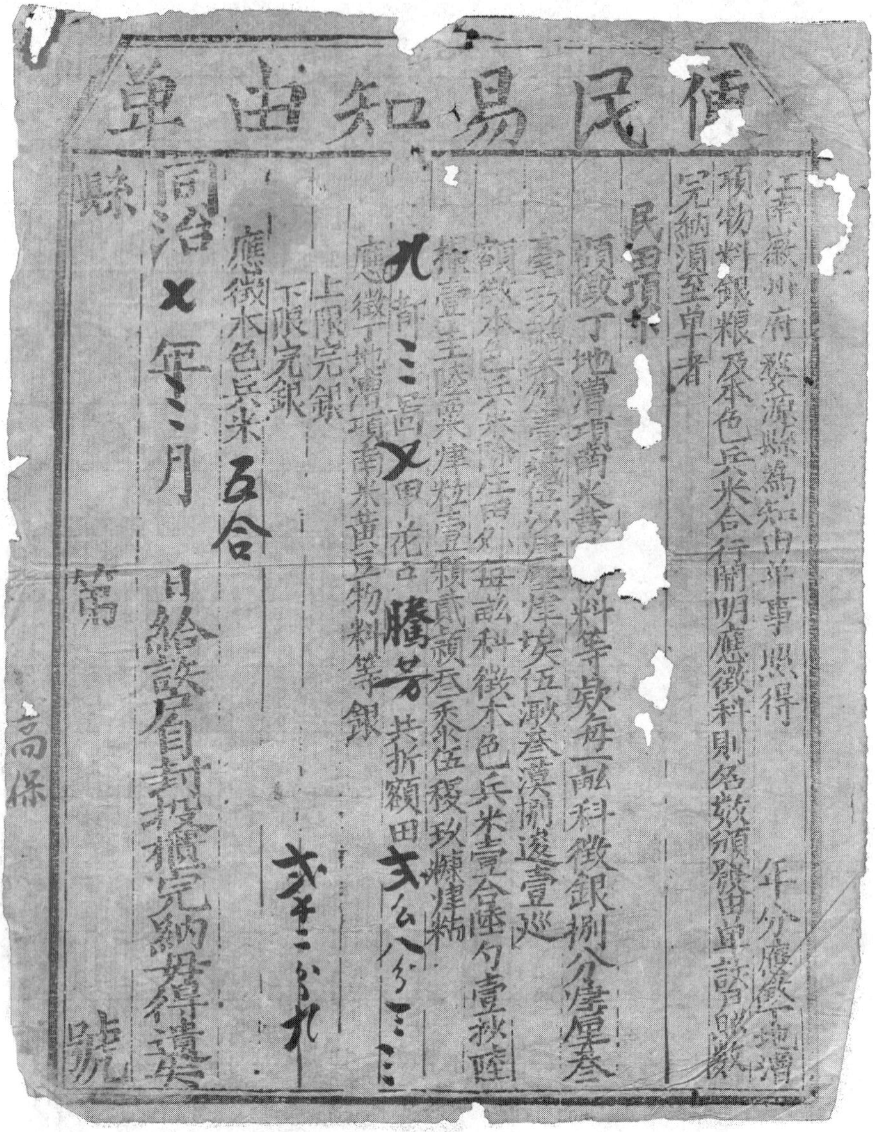

秋口镇长径村 B 5 · 同治七年 · 便民易知由单 · 腾芳

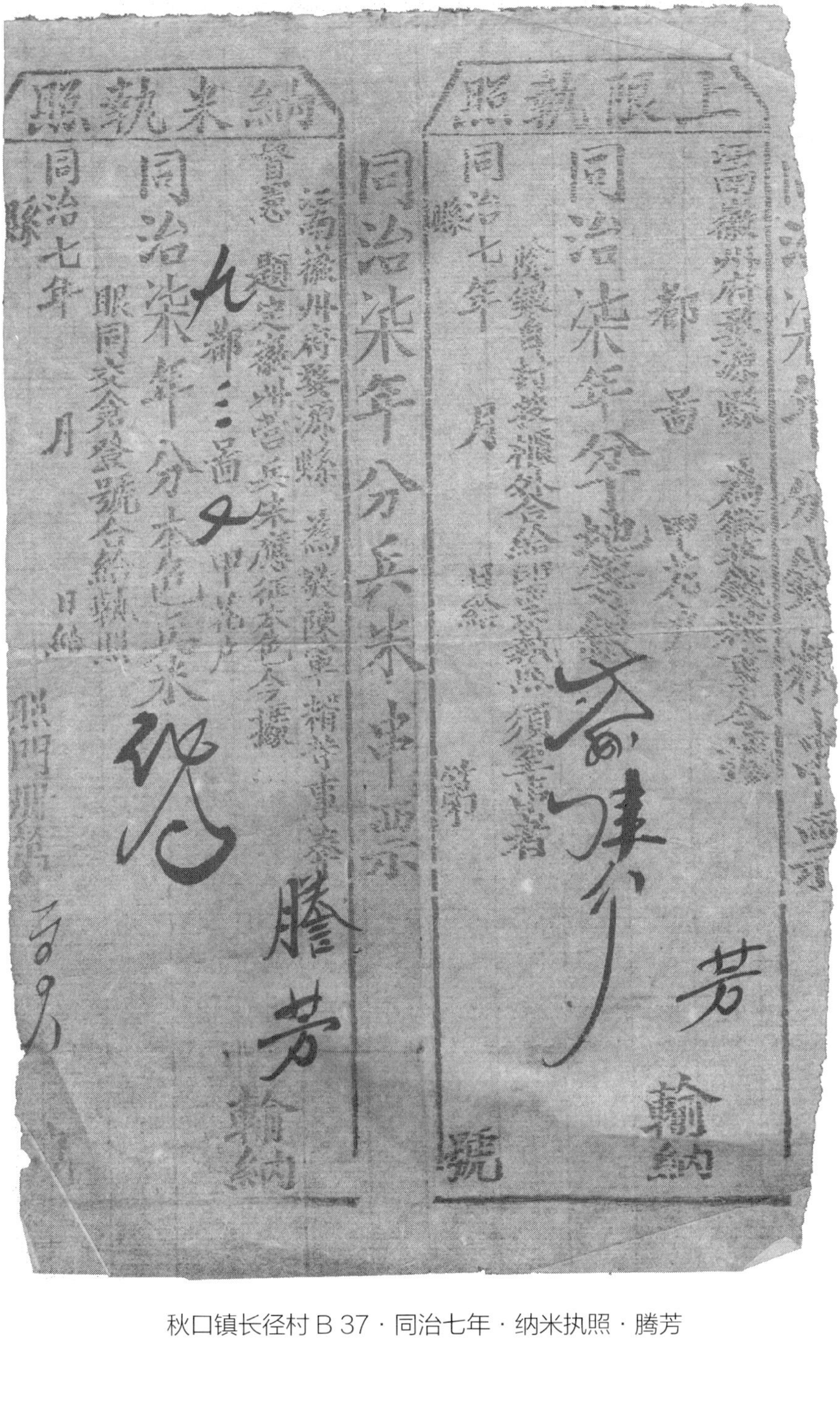

上限執照

江南徽州府婺源縣

都　啚　甲花戶

同治柒年分

芳 輸納

同治七年　月　日給

縣

第　號

納米執照

江南徽州府婺源縣

九都三啚　甲花戶

同治柒年分本色兵米

滕芳 輸納

同治七年　月　日給

縣

秋口镇长径村 B 37 · 同治七年 · 纳米执照 · 腾芳

便民易知由单

江南徽州府黟縣爲知由單事照得　年分應徵丁地漕項物料銀糧及本色兵米合行刊明應徵科則名數須發由單諭令照數完納須至單者

民田項下

額徵丁地漕項南米黄豆物料等款每畝科徵銀捌分肆厘叁毫玖絲柒忽壹微伍塵柒纖肆渺伍漠捌逡壹巡

額徵本色兵米除庄田外每畝科徵本色兵米壹合陸勺壹抄陸撮壹圭陸粟肆粒壹顆貳顆叁黍伍稷玖糠肆粞

九都三圖七甲花戶承裕　兵折額田[illegible]

應徵丁地漕項南米黄豆物料等銀

上限完銀

下限完銀

應徵本色兵米　三

同治九年　月　日給　該戶自封投櫃完納毋得遺失

縣　第　號

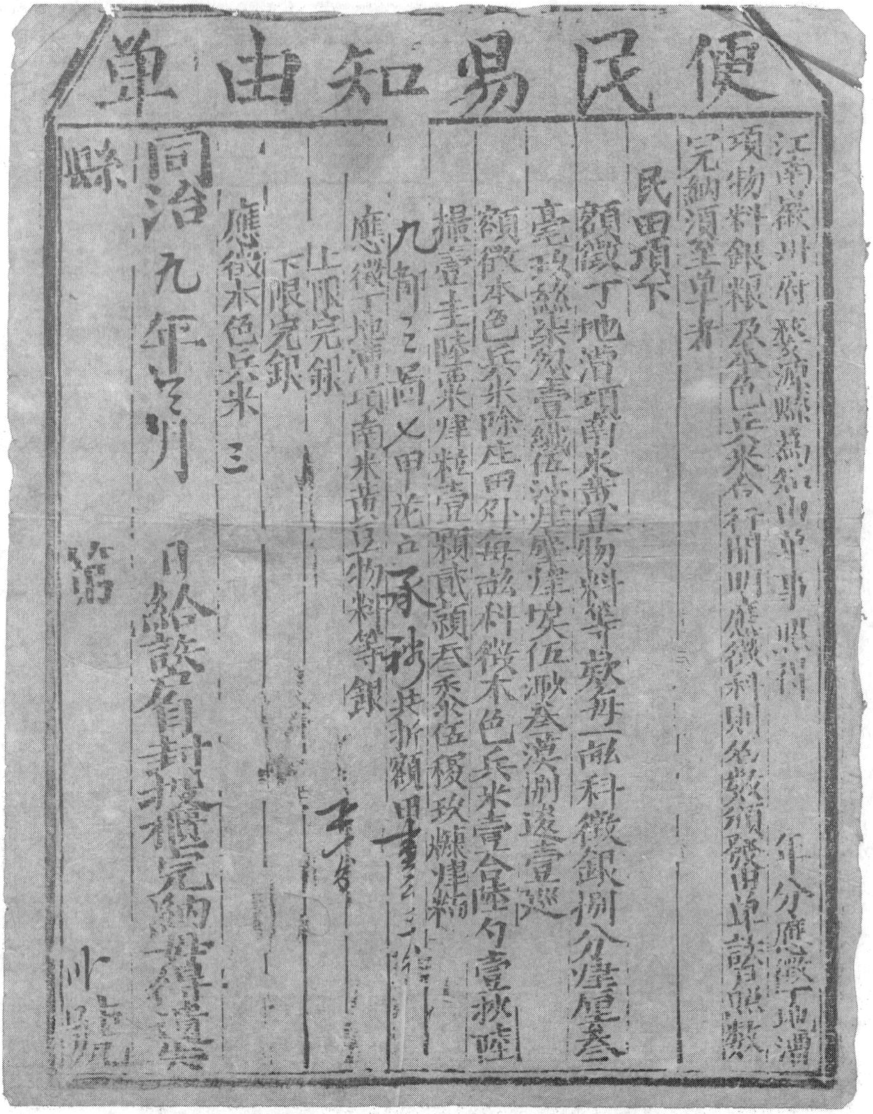

秋口镇长径村 B 3 · 同治九年 · 便民易知由单 · 承裕

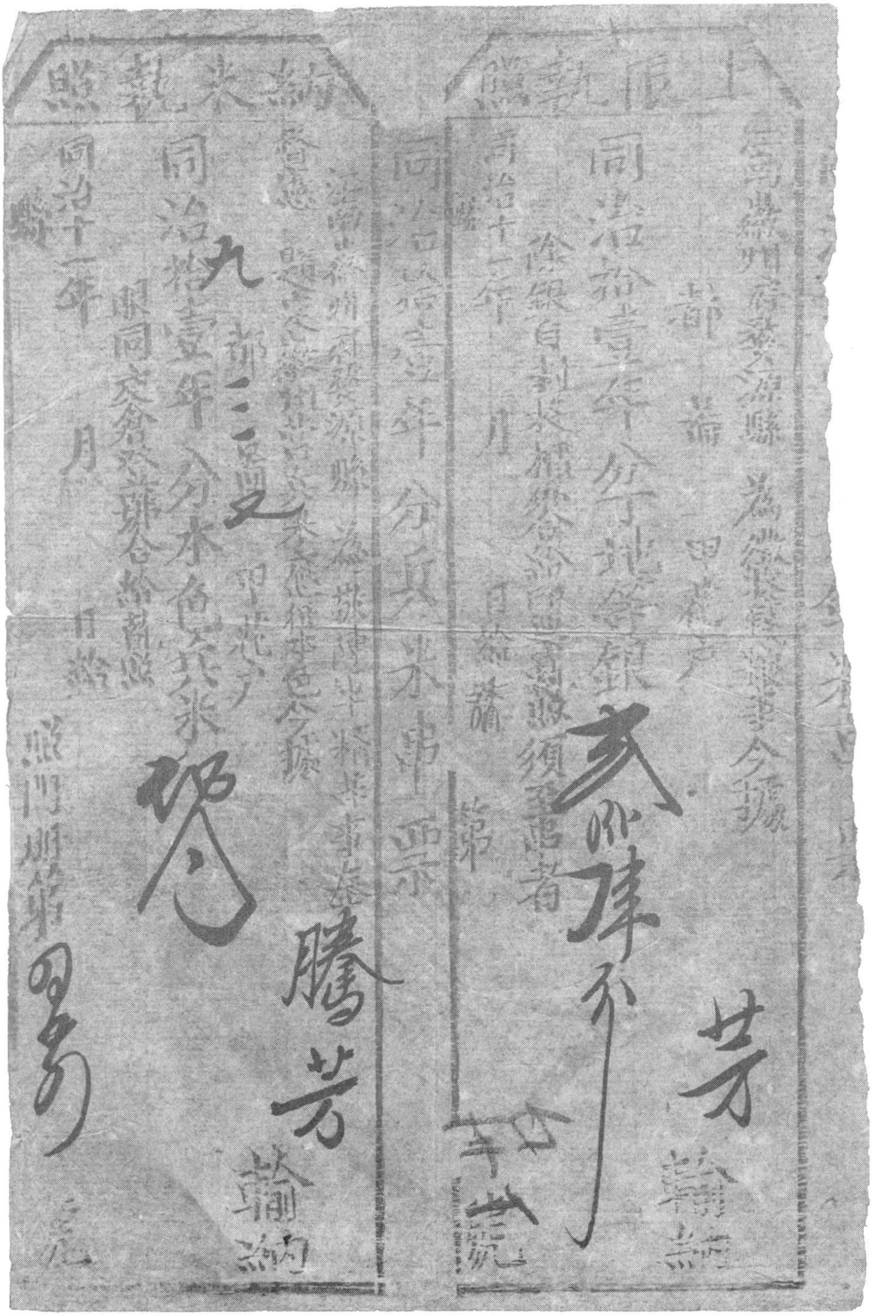

秋口镇长径村 B 32 · 同治十一年 · 纳米执照 · 腾芳

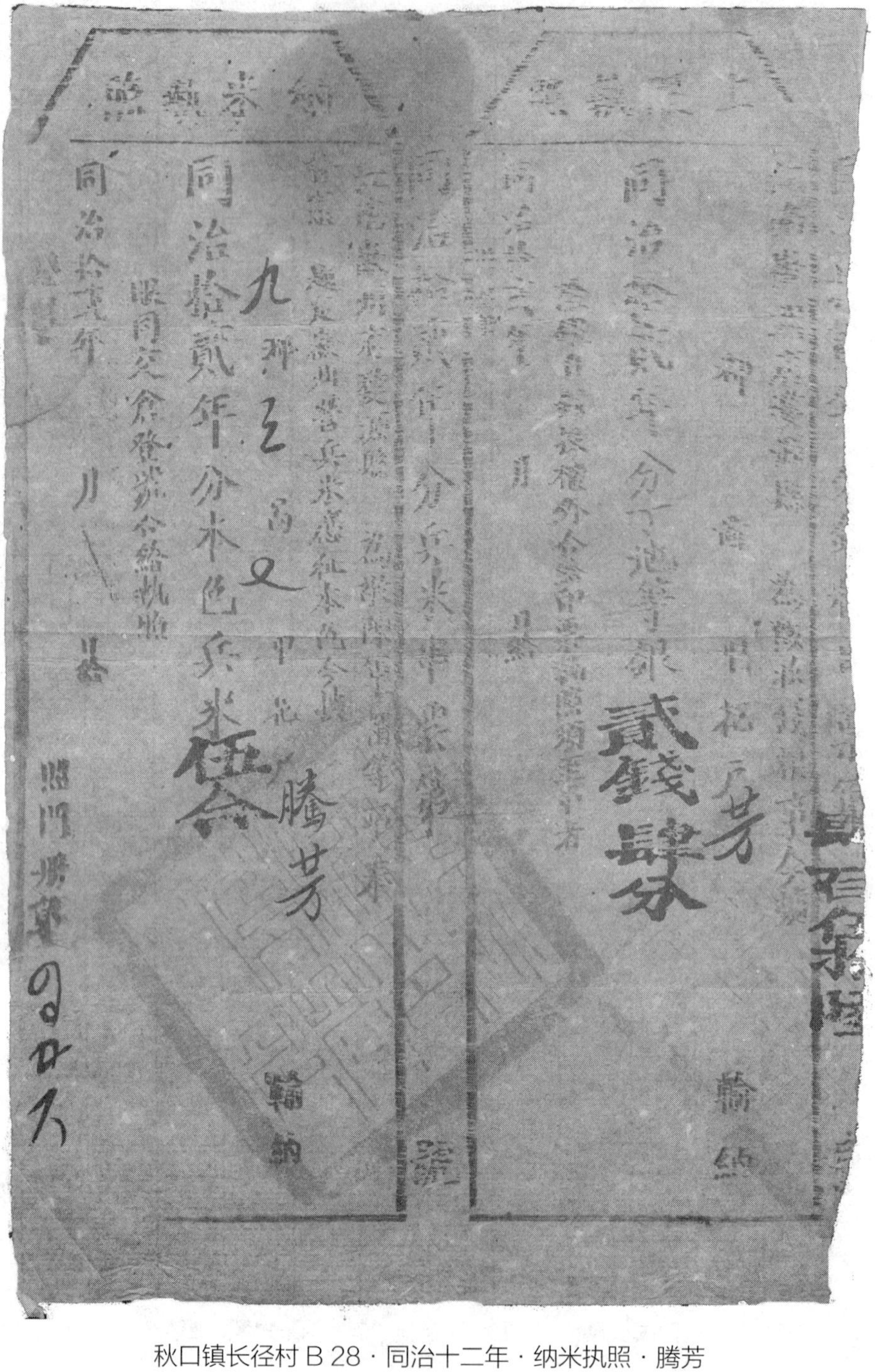

秋口镇长径村 B 28 · 同治十二年 · 纳米执照 · 腾芳

秋口镇长径村 B 74 · 同治十二年 · 断骨出卖田契 · 程廷棣卖与中秋会众

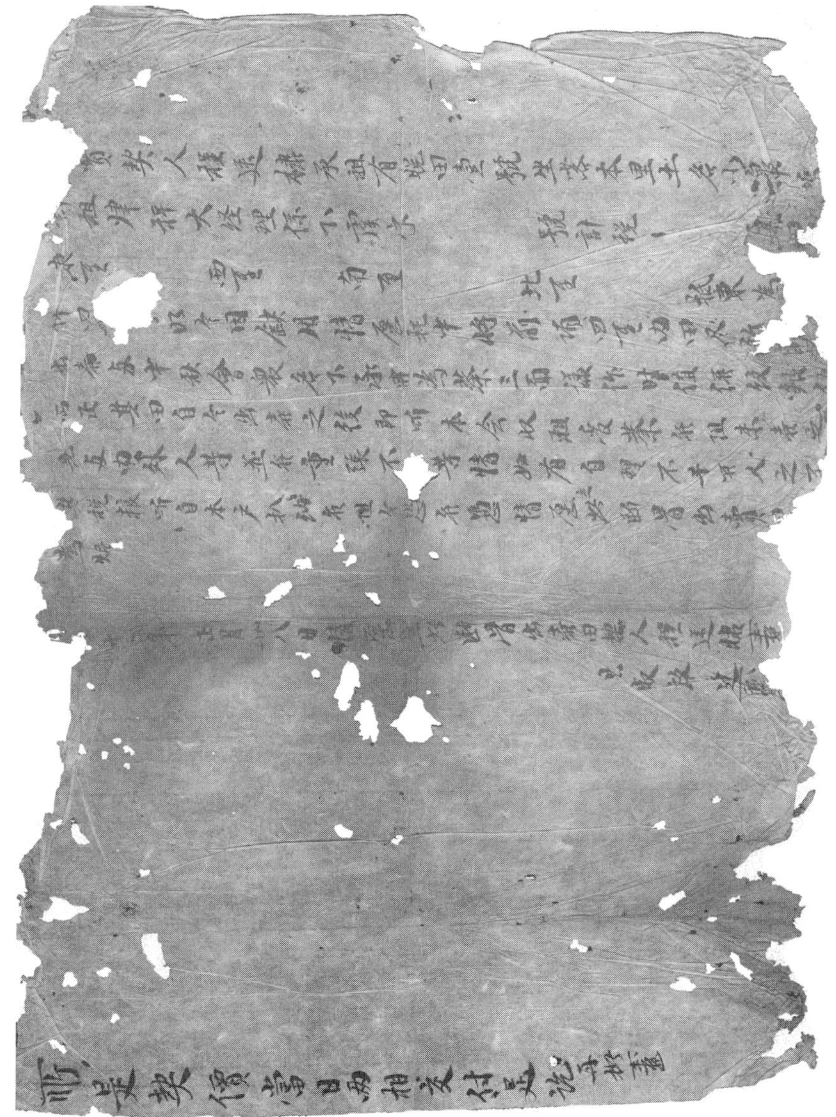

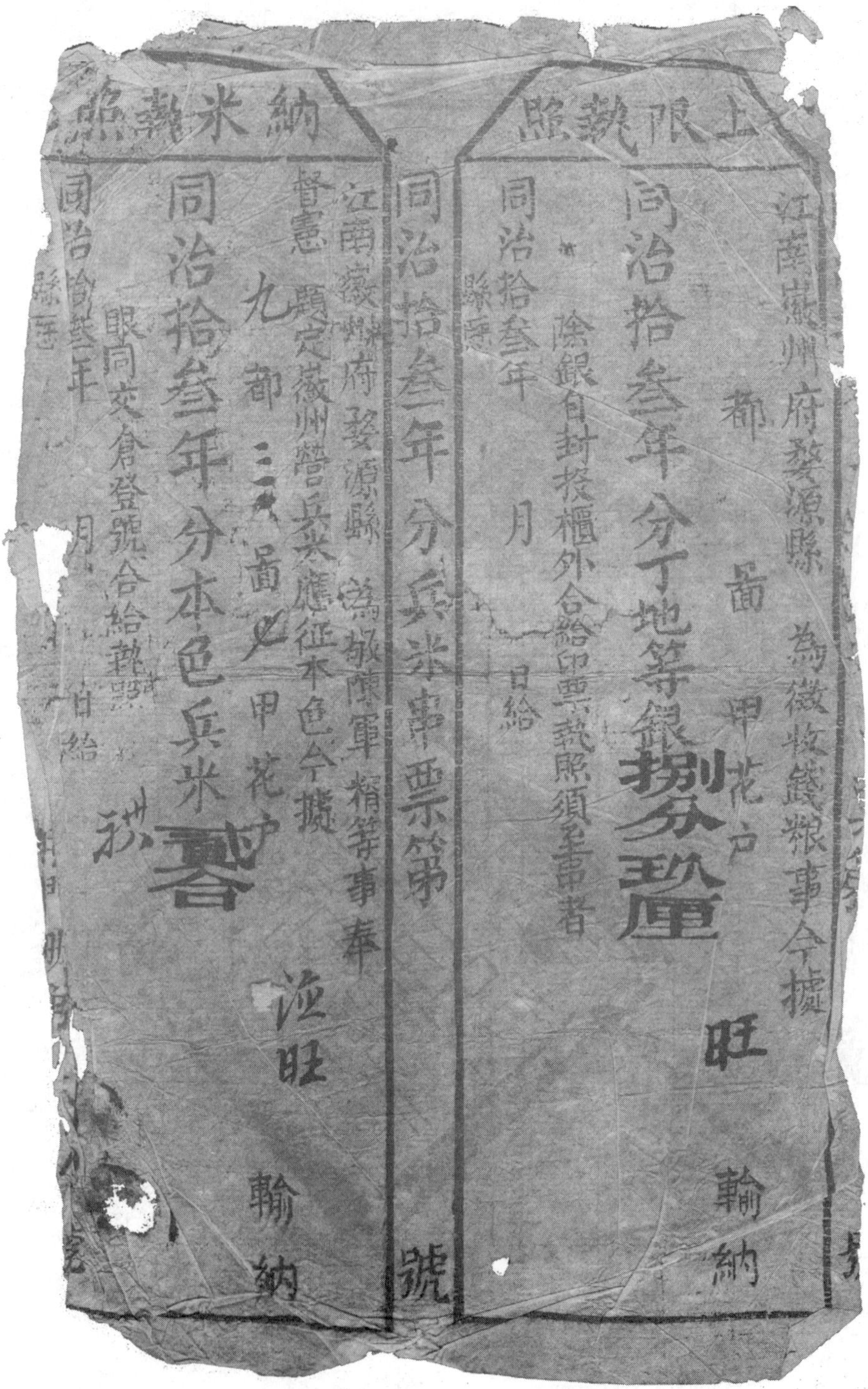
上限執照

江南徽州府婺源縣為徵收錢粮事今據

都 啚 甲花户 旺 輸納

同治拾叁年分丁地等銀捌分整

除銀自封投櫃外合給印票執照須至票者

同治拾叁年 月 日給

同治拾叁年分兵米串票第 號

納米執照

江南徽州府婺源縣為敬陳軍糈等事奉

督憲題定徽州營兵米應征本色今據

九都三啚 甲花户 德旺 輸納

同治拾叁年分本色兵米貳合

眼同交倉登號合給執照

同治拾叁年 月 日給

秋口镇长径村 B 6 · 同治十三年 · 纳米执照 · 德旺

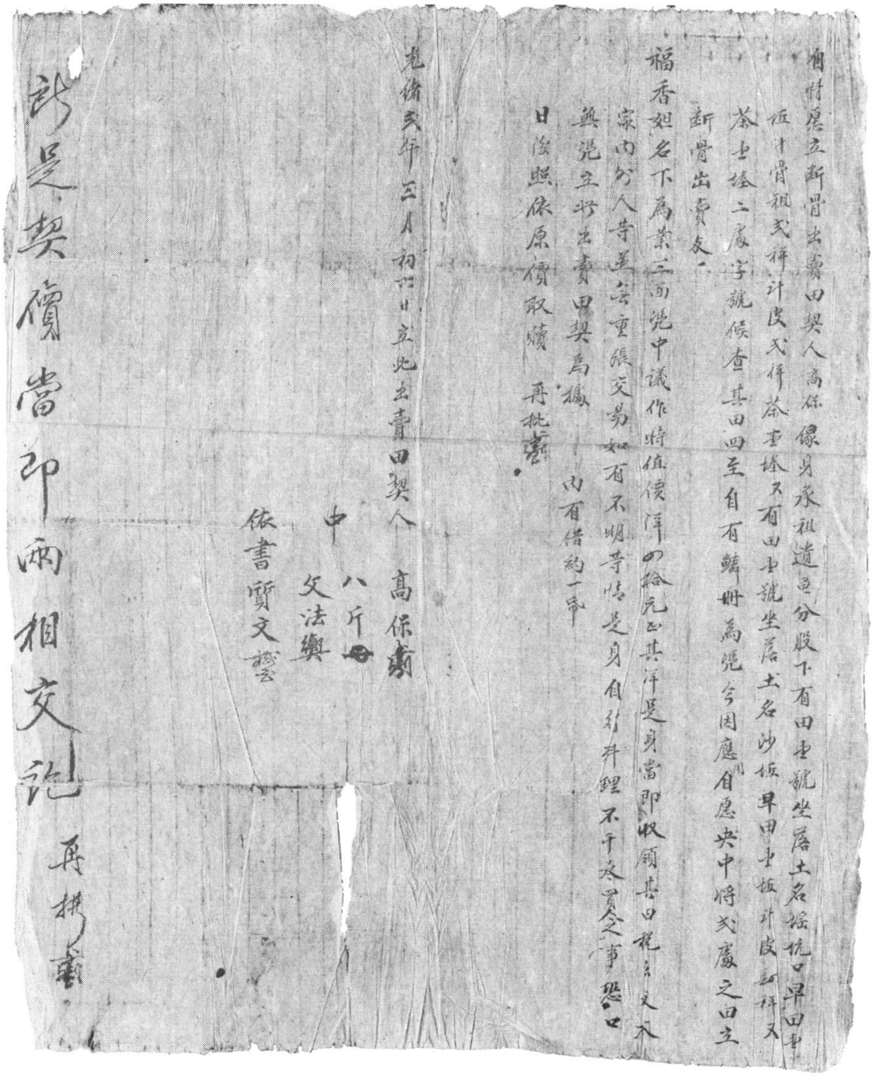

自情愿立断骨出賣田契人高保，緣身承祖遺己分股下有田壹號，坐落土名塘坑口旱田壹
坵，計骨租弍秤，計皮弍秤，茶壹塝；又有田壹號，坐落土名沙坂旱田壹坵，計皮弍秤，又
茶壹塝二處，字號候查，其田四至自有鱗册為凭。今因應用，自愿央中將弍處之田立
断骨出賣與
福香妲名下為業，三面凭中議作時值價洋四拾元正，其洋是身當即收領，其田稅立文入
宗內分人等並無重張交易。如有不明等情，是身自行料理，不干受買人之事。恐口
無凭，立此出賣田契為據。　內有借約一紙
日後照依原價取贖。再批。
光緒弍年三月初廿日立此出賣田契人　高保
中　八斤
文法樂
依書賈文
此是契價當即兩相交訖　再批

秋口镇长径村 B 84 · 光绪二年 · 断骨出卖田契 · 高保卖与福香妲

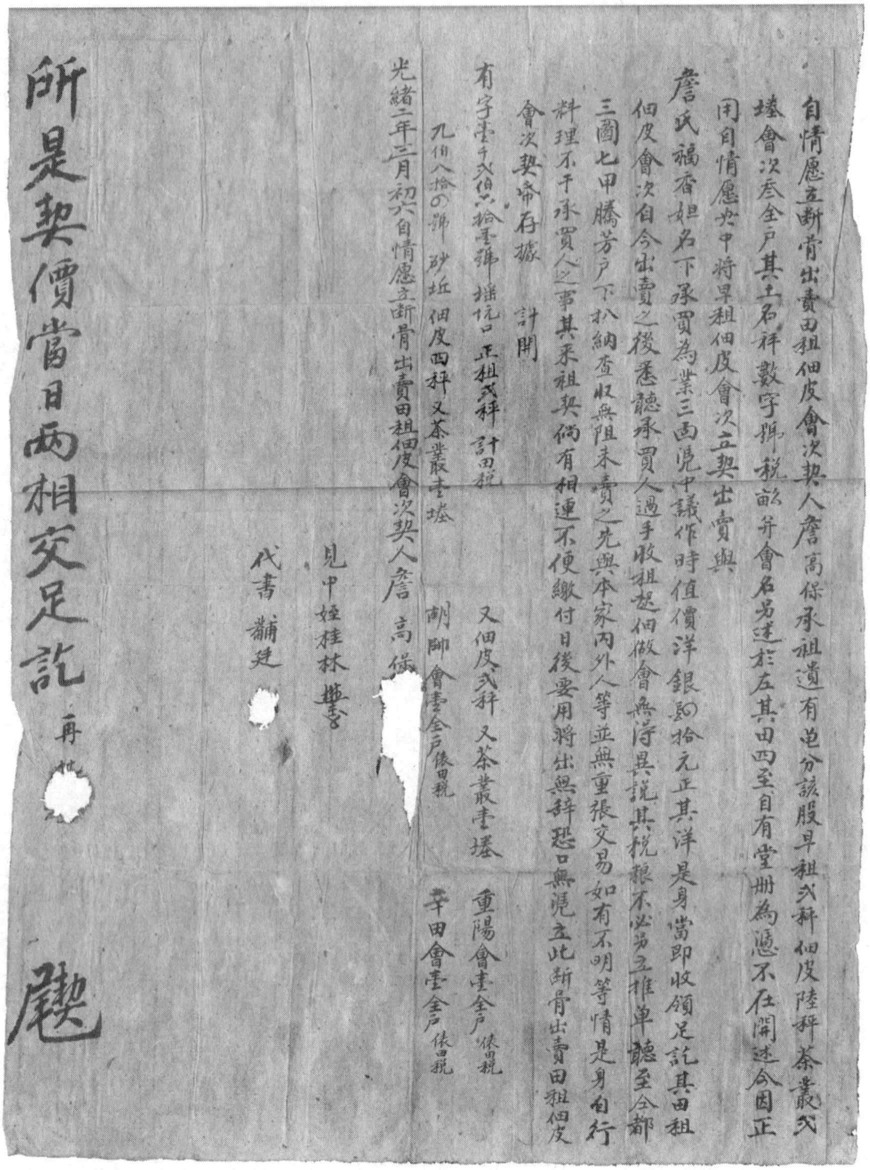

自情愿立断骨出賣田租佃皮會次契人詹高保承祖遺有己分該股早租弍秤佃皮陸秤茶叢弍
塅會次叁全戶其土名秤數字號稅畝并會名另述於左其田四至自有堂冊為憑不在開述今因正
用自情愿央中將早租佃皮會次立契出賣與
詹氏福香妲名下承買為業三面憑中議作時值價洋銀肆拾元正其洋是身當即收領足訖其田租
佃皮會次自今出賣之後悉聽承買人過手收租起佃做會無得異説其稅粮不必另立推單聽至今都
三圖七甲騰芳戶下扒納查收無阻未賣之先與本家內外人等並無重張交易如有不明等情是身自行
料理不干承買人之事其來祖契倘有相連不便繳付日後要用將出無辞恐口無憑立此断骨出賣田租佃皮
會次契爲存據　計開
有字壹千弍佰六拾壹號　揺坑口　正租弍秤　計田稅
又佃皮弍秤　又茶叢壹塅
重陽會壹全戶　依田稅
九佰八拾四號　砂坵　佃皮四秤　又茶叢壹塅
胡卿會壹全戶　依田稅
辛田會壹全戶　依田稅
光緒二年三月初六自情愿立断骨出賣田租佃皮會次契人詹　高保
見中姪桂林
代書　黼廷
所是契價當日兩相交足訖　再批

秋口镇长径村 B 92 · 光绪二年 · 出卖田租、佃皮、会次契 ·
詹高保卖与詹氏福香妲

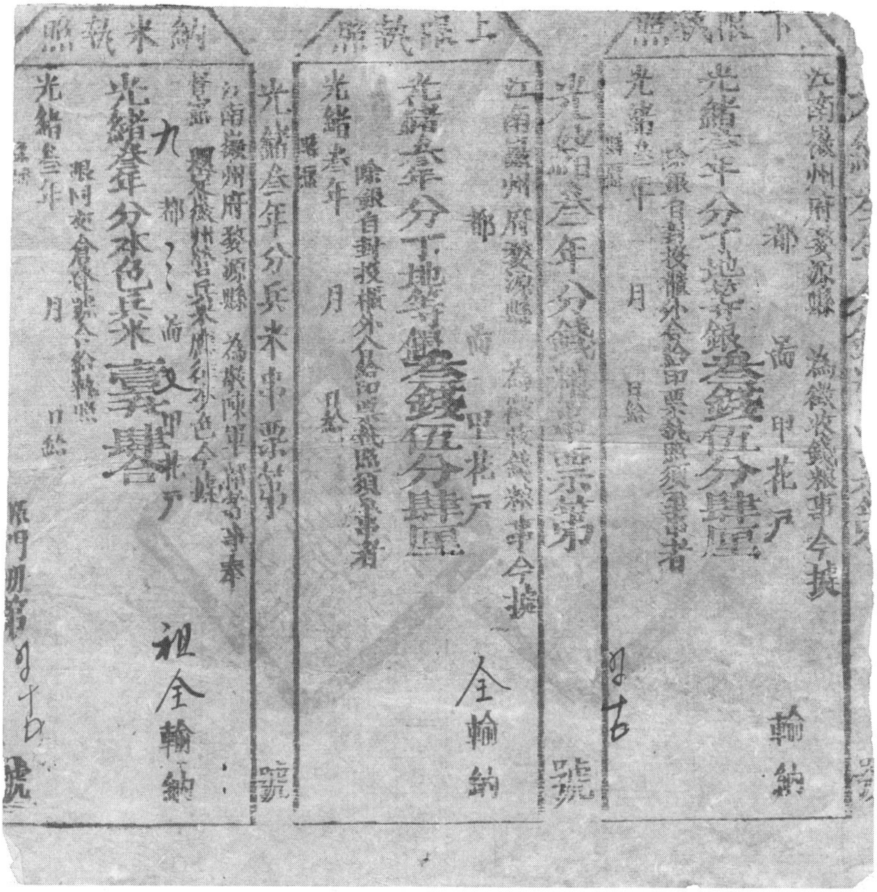

秋口镇长径村 B 10 · 光绪三年 · 纳米执照 · 祖全

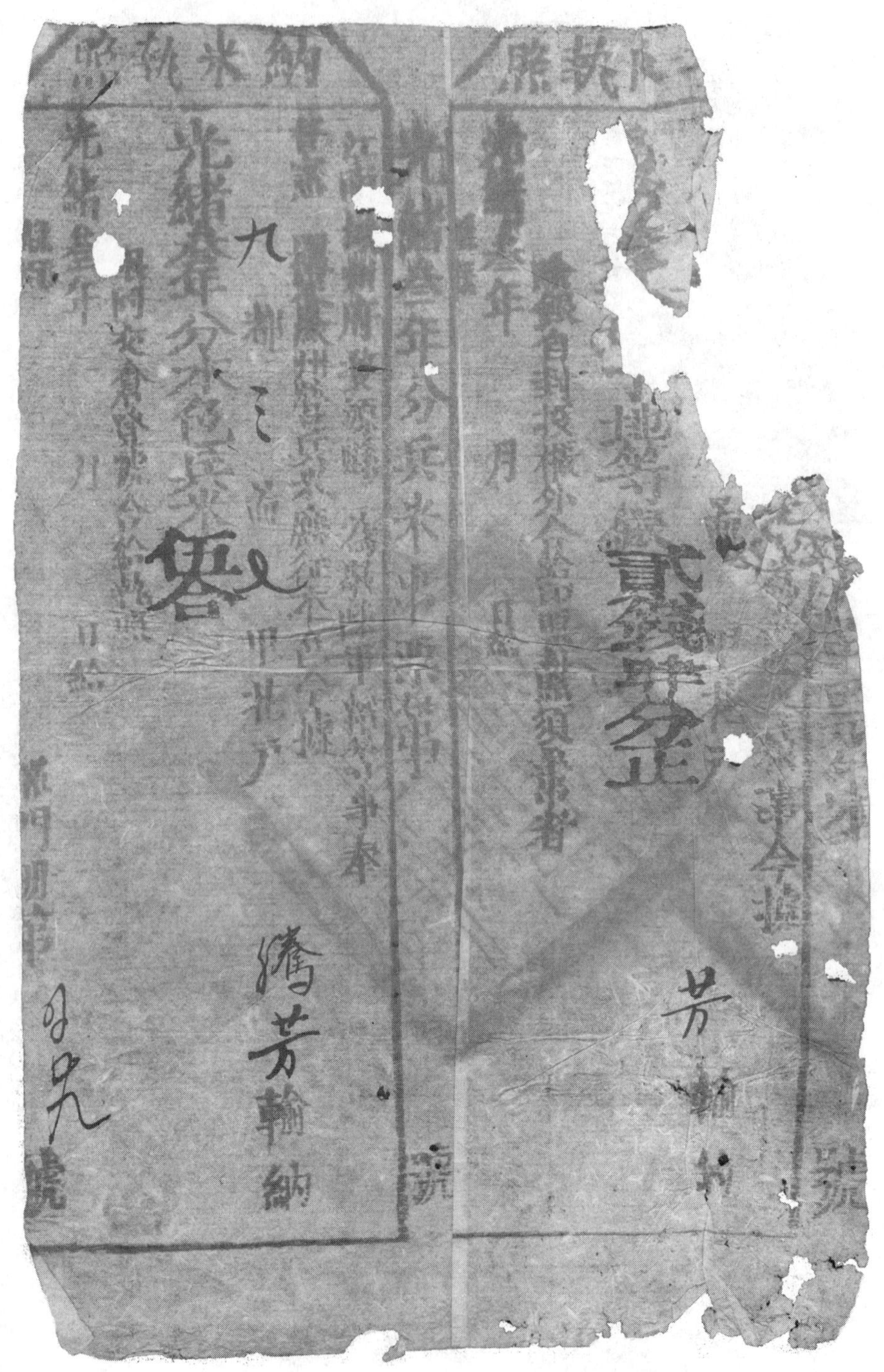

秋口镇长径村 B 34 · 光绪三年 · 纳米执照 · 腾芳

有情愿立出當会人詹阿江氏仝男高保承祖遺有二月十九現音
会壹会，今户三月十五玄坛会壹会，今户自因應用，自愿托中將会兩
会出當与李爾高翁名下承當為業，三面憑中議当光洋
四角正，其洋是身當即收領，其利照依大例加息，其洋一明(?)限至
来年二月十六日本利未還，所憑執字過手，但会收飲(?)此故(?)飲無(?)
得異說，恐口無憑，立有情愿立出當会約為據。
光緒三年二月十六日有情愿立出當会人詹阿江氏
仝男 高保
見中 詹高□
代筆 步(?)高東(?)
所是契價當日兩相交(?)人足訖，再批。

秋口镇长径村 B 46 · 光绪三年 · 出当会约 · 詹阿江氏同男高保

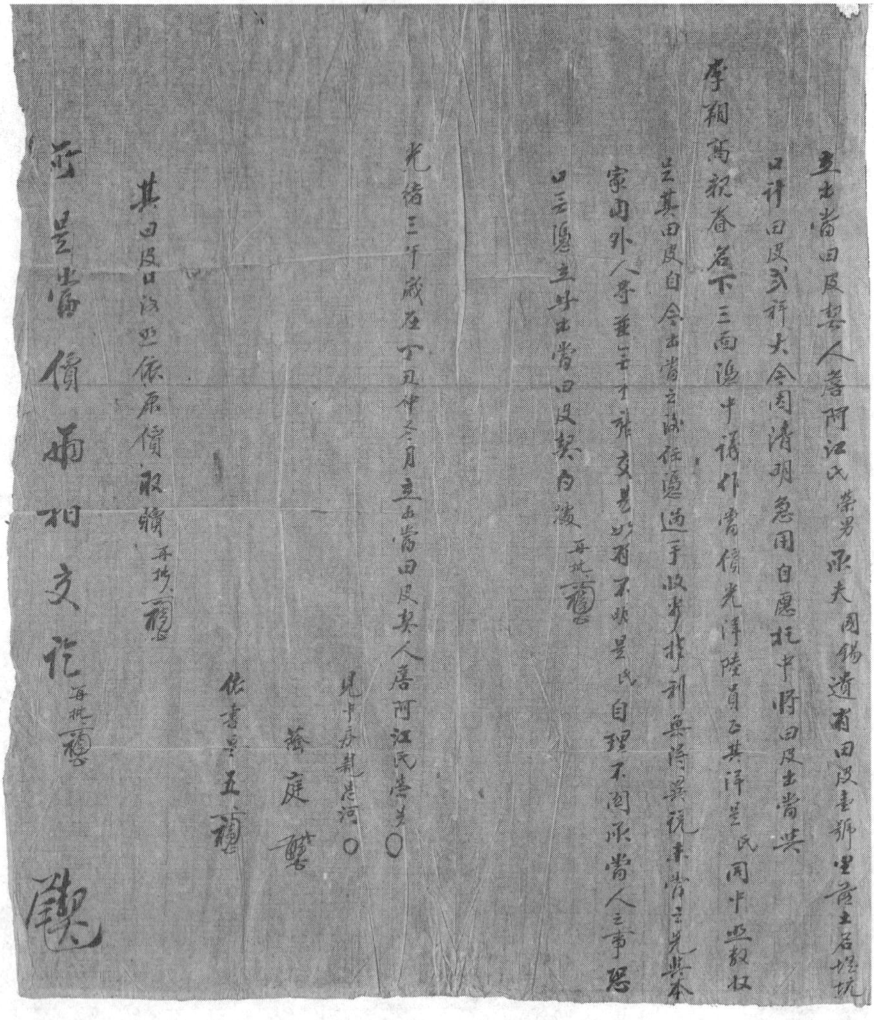

立出當田皮契人詹阿江氏仝男承夫同錫遺有田皮壹號坐落土名塅坑
口計田皮貳秤大今因清明急用自愿托中將田皮出當與
李翔高親眷名下三面憑中議作當價光洋陸員正其洋是氏同中收訖
是其田皮自今出當之后任憑過手收花耕種無得異說未當之先與本
家內外人等並無重張交易如有不明是氏自理不涉承當人之事恐
口無憑立此出當田皮契為據 再批（押）
光緒三年歲在丁丑仲冬月立出當田皮契人詹阿江氏仝男 ○
見中房叔[illegible]河 ○
詹庭（押）
依書男五（押）
其田皮日後照依原價取贖 再批（押）
前是當價兩相交訖 再批（押）

秋口镇长径村 B 100 · 光绪三年 · 当田皮契 · 詹阿江氏当与李翔高

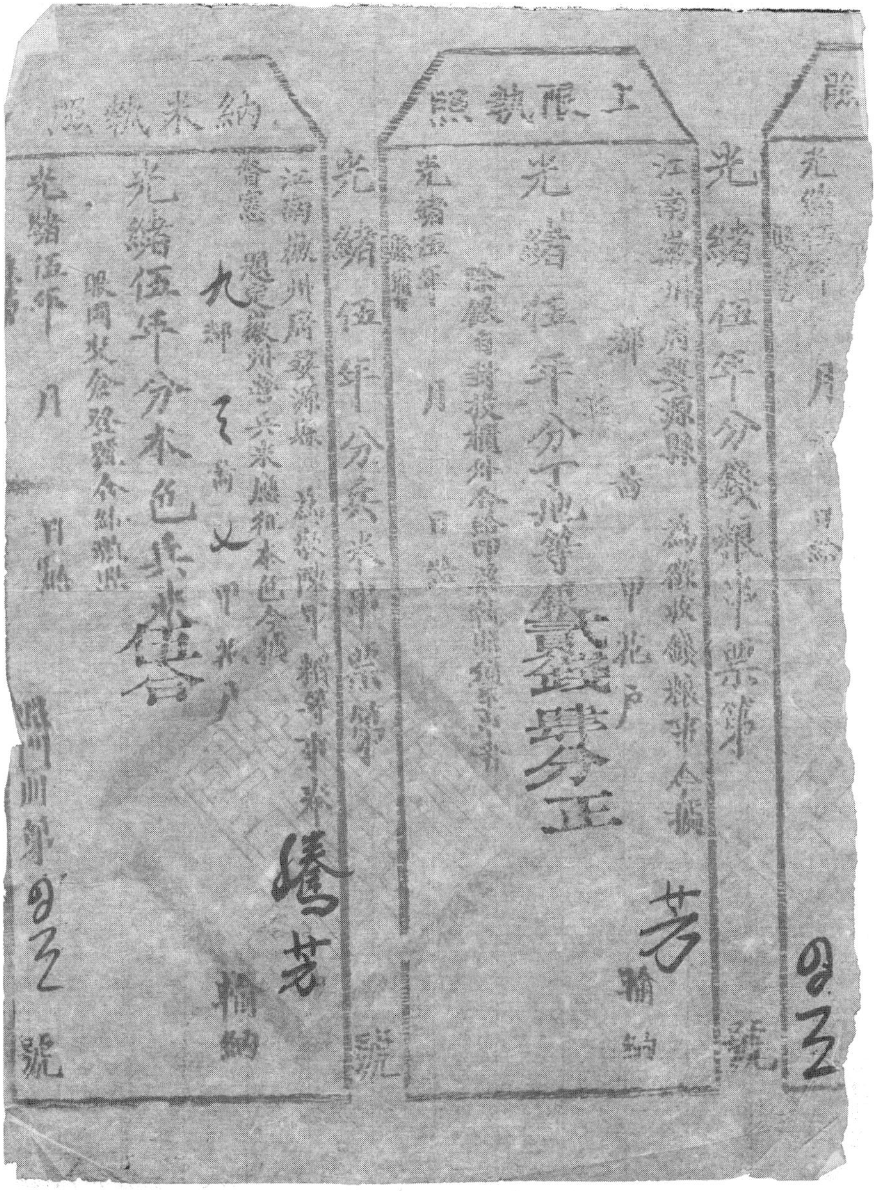

秋口镇长径村 B 18 · 光绪五年 · 纳米执照 · 腾芳

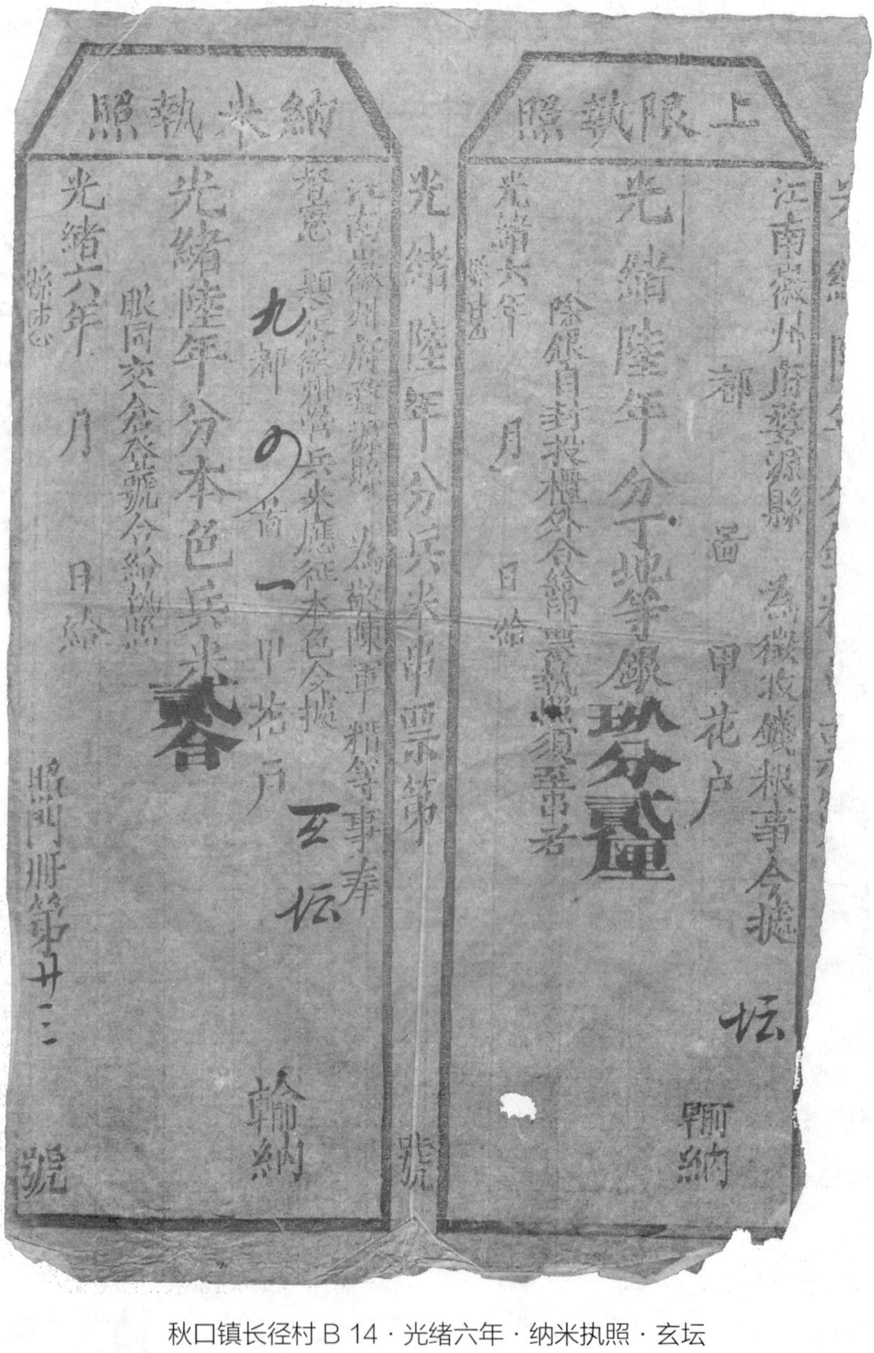

秋口镇长径村 B 14 · 光绪六年 · 纳米执照 · 玄坛

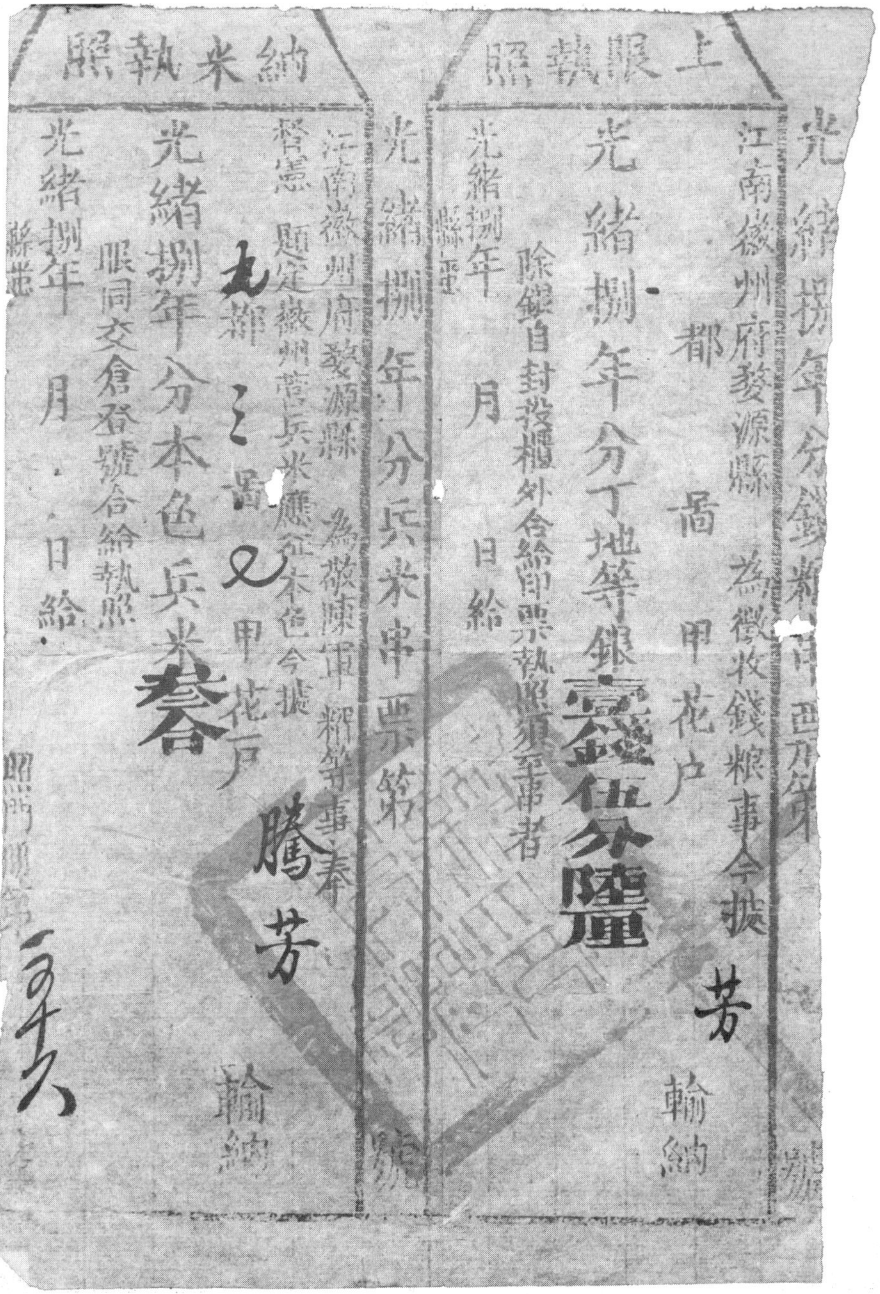

上限執照

江南徽州府婺源縣 為徵收錢粮事今據

都 啚 甲 花户 芳 輸納

光緒捌年分丁地等銀壹錢伍分釐

除銀自封投櫃外合給印票執照須至串者

光緒捌年 月 日給

光緒捌年分兵米串票第 號

納米執照

江南徽州府婺源縣 為徵陳事 糧等事奉

督憲 題定徽州營兵米應征本色今據

九都三啚乙甲花户 騰芳 輸納

光緒捌年分本色兵米叁

眼同交倉登號合給執照

光緒捌年 月 日給

秋口镇长径村 B 24 · 光绪八年 · 纳米执照 · 腾芳

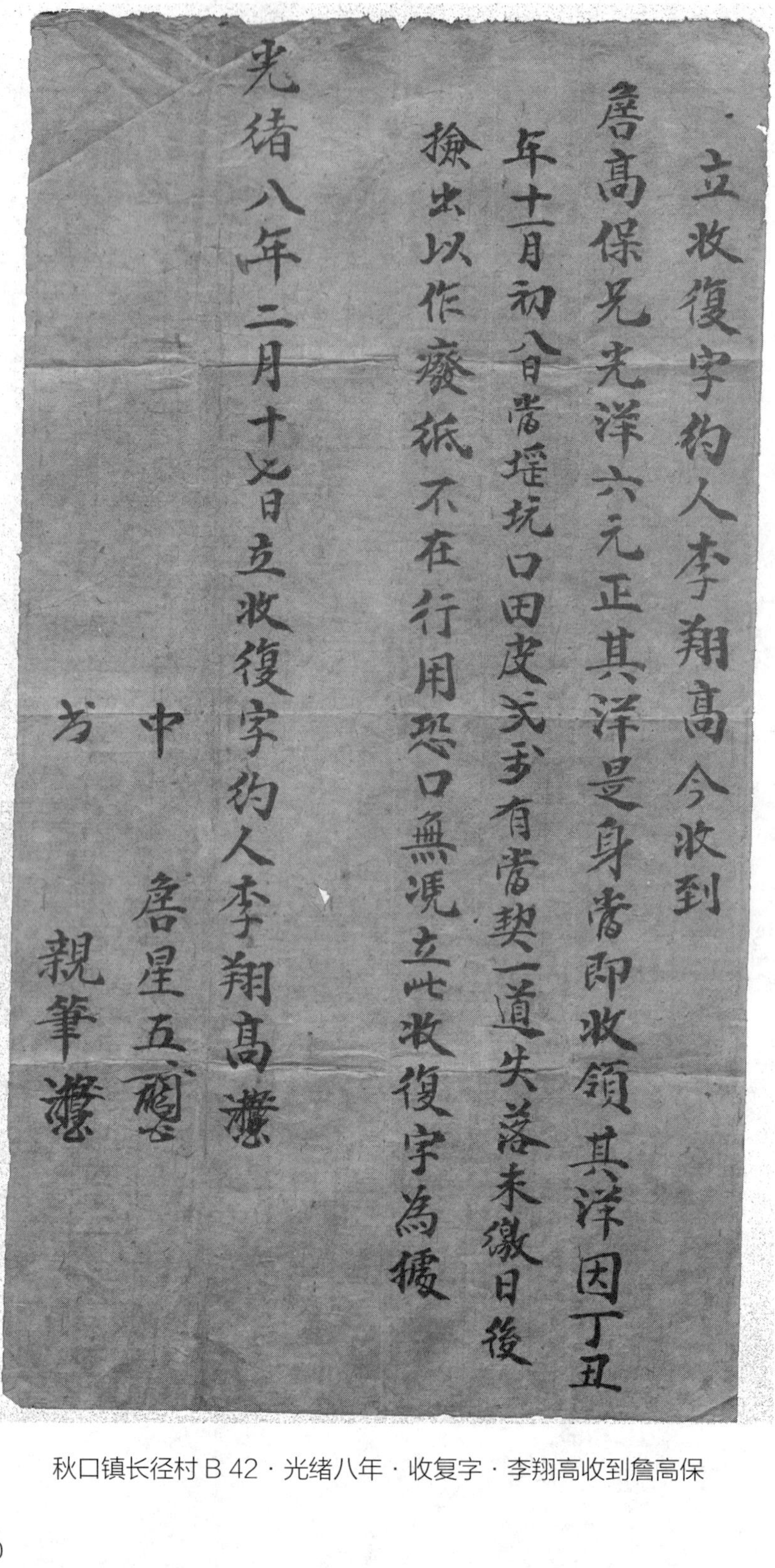

立收復字约人李翔高今收到
詹高保兄先洋六元正其洋是身當即收領 其洋因丁丑
年十一月初八日當堨坑口田皮弍号有當契一道失落未繳日後
撿出以作廢紙不在行用恐口無凴立此收復字為據
光绪八年二月十七日立收復字约人李翔高（押）
中 詹星五（押）
书 親筆（押）

秋口镇长径村 B 42 · 光绪八年 · 收复字 · 李翔高收到詹高保

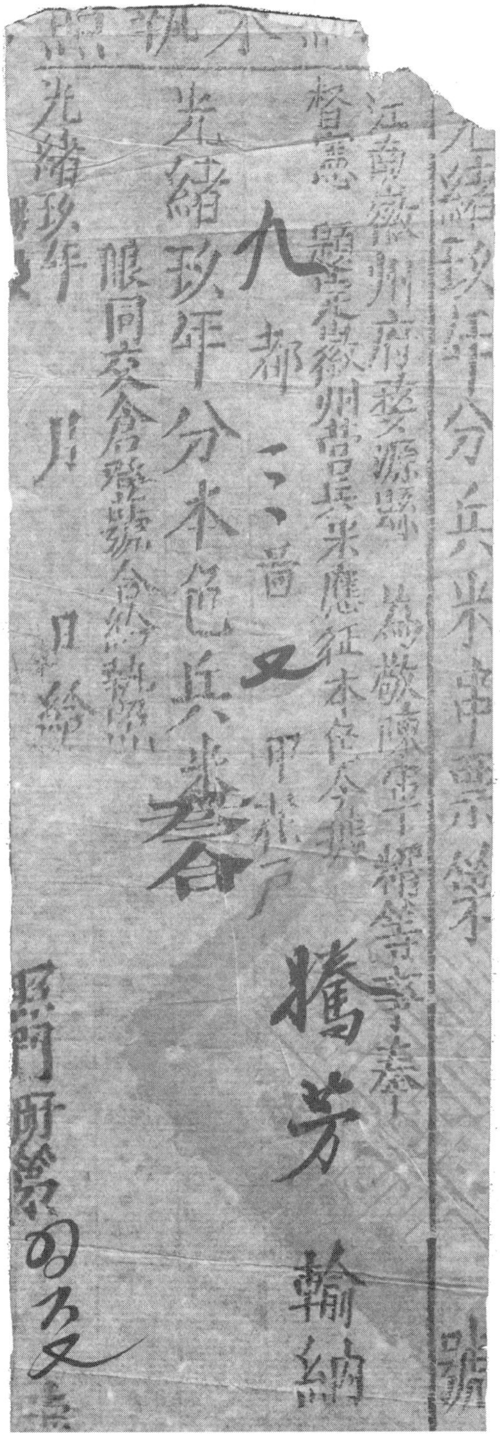

秋口镇长径村 B 31 · 光绪九年 · 纳米执照 · 腾芳

光緒玖年分錢糧串票第　　號

下限執照

江南徽州府婺源縣　爲徵收錢粮事今據

九都三啚又甲花戶滕芳翰納

光緒玖年分丁地等銀柒捌厘

除銀自封投櫃外合給印票執照須至票者

光緒玖年　月　日給

縣憑

光緒玖年分錢粮串票第　　號

秋口镇长径村 B 33 · 光绪九年 · 纳米执照 · 腾芳

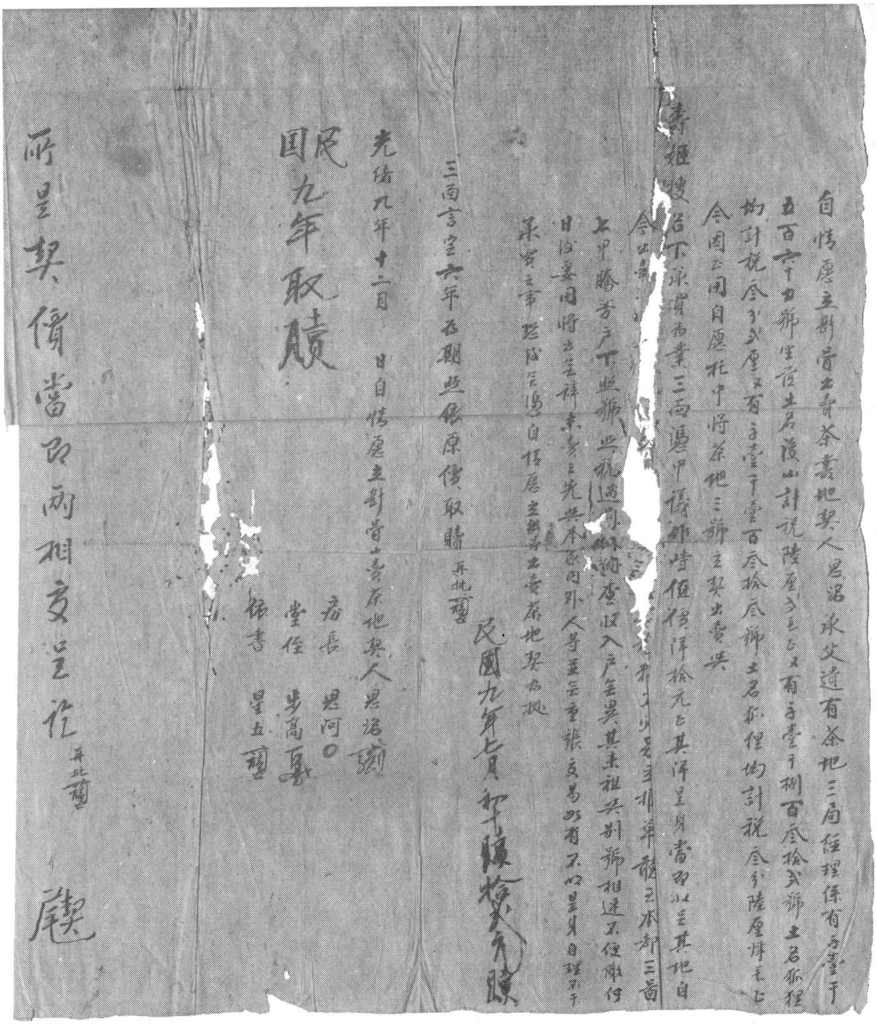

秋口镇长径村 B 80 · 光绪九年 · 卖茶丛地契 · 思洺卖与寿姬嫂

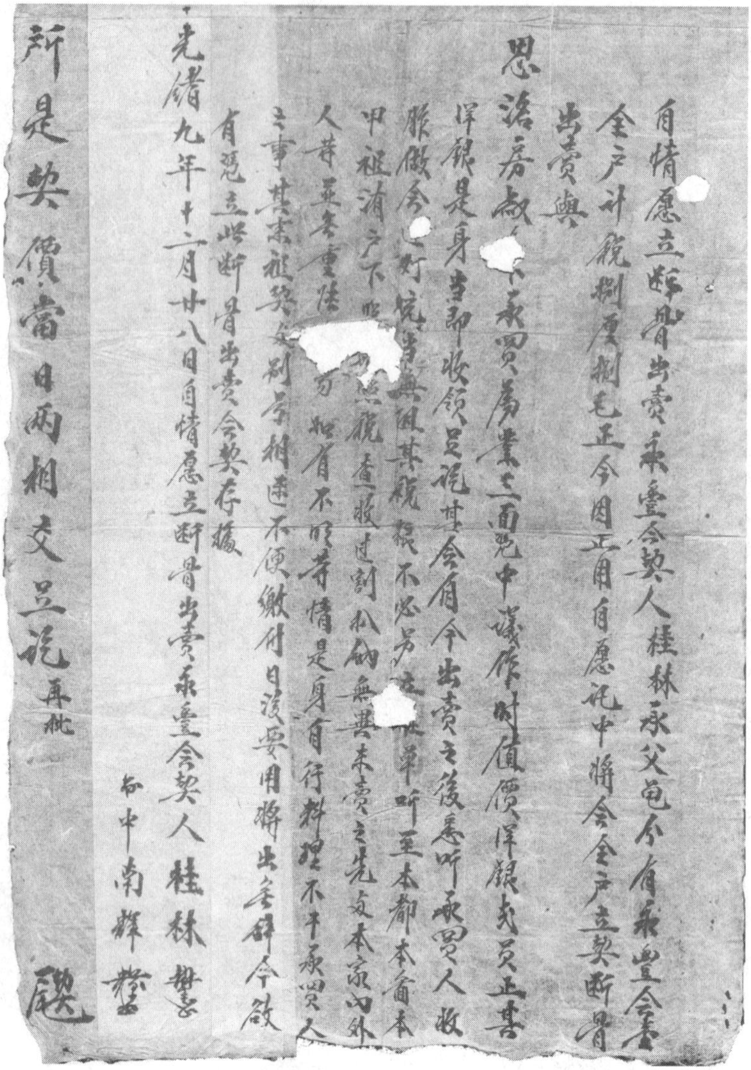

自情愿立断骨出賣承豐會契人桂林承父邑分有承豐會
全户計錢捌厘捌毛正今因正用自愿託中將會全户立契断骨
出賣與
思洛房叔[illegible]承買為業當日憑中議作時值價洋銀弍員正其
洋銀是身當即收領足訖其會自今出賣之後悉聽承買人收
賬做會[illegible]其錢粮不必另立[illegible]單聽至本都本圖本
甲祖清户下[illegible]照錢查收過割私納無異未賣之先並本家內外
人等並無重張[illegible]如有不明等情是身自行料理不干承買人
之事其來祖契與別業相連不便繳付日後要用將出參驗全啟
有憑立此断骨出賣會契存據
光緒九年十二月廿八日自情愿立断骨出賣承豐會契人桂林 押
憑中 南輝 押
所是契價當日兩相交足訖 再批
[illegible]

秋口镇长径村 B 107 · 光绪九年 · 断骨出卖会契 · 桂林卖与思洛房叔

立借字人詹思洛今借到

黄坭垢堨脚戲会名下光洋弍員正其洋是

身當即收領足訖其利言定来年弍分行

息將堨脚戲半产作押如有到年本利

不清任凭会友照業做会無異恐口难凭

立此借字為據

光緒十四年十二月吉日立借字人詹思洛

中 蘇康

書 寶文

秋口镇长径村 B 41 · 光绪十四年 · 借字 · 詹思洛借到黄坭垢

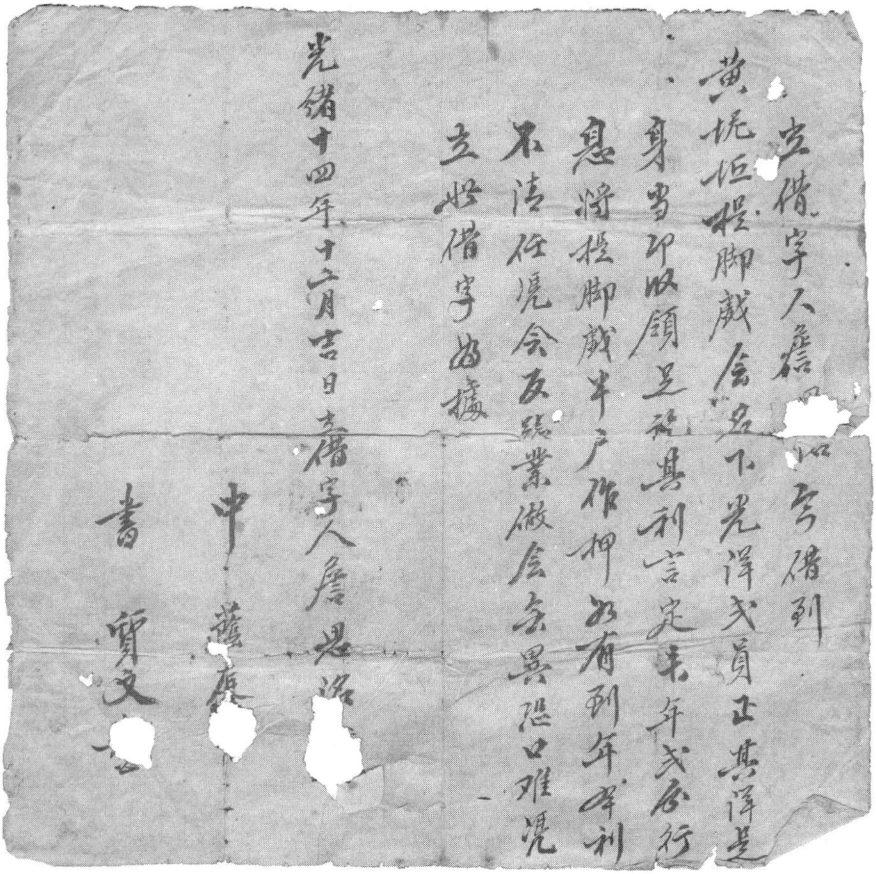

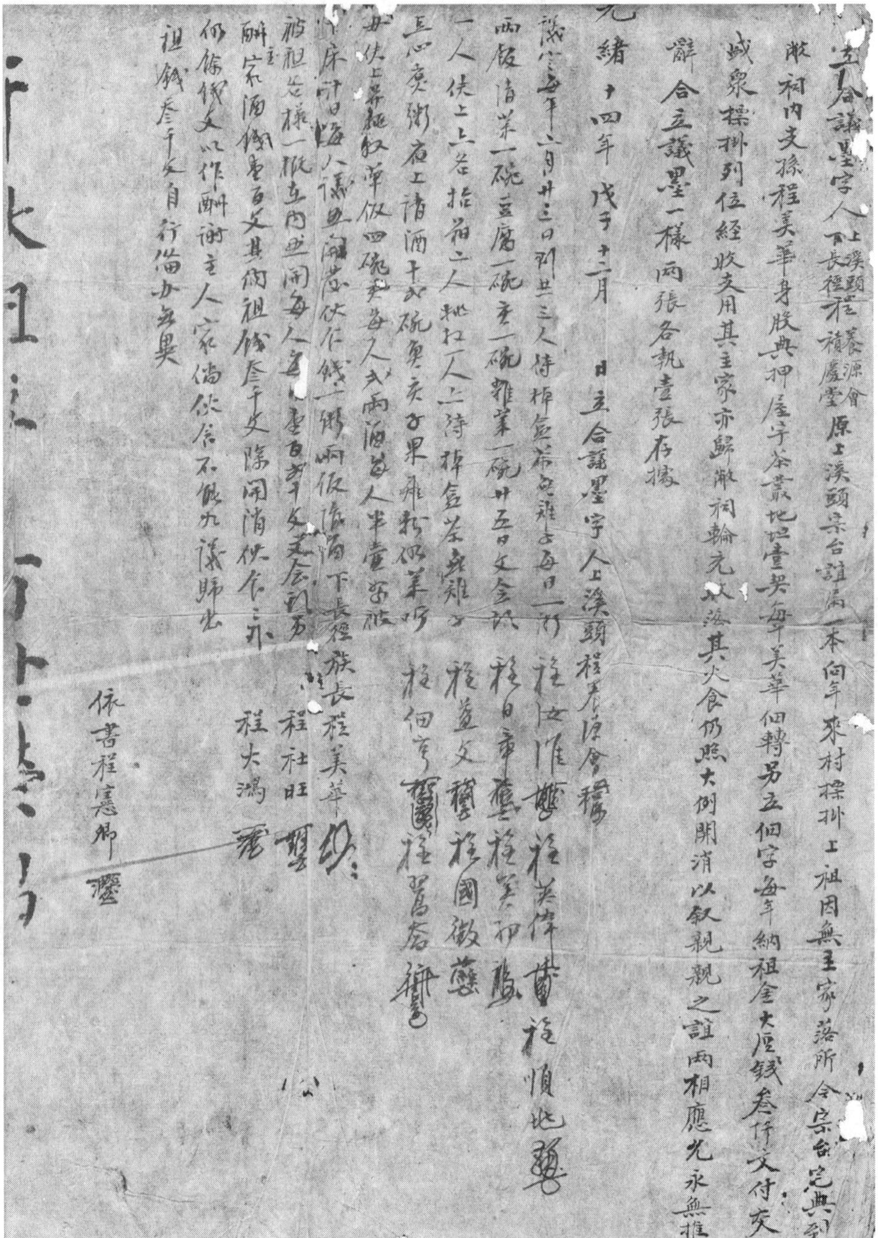

立合議墨字人上溪頭程養源會、下長徑程積慶堂，原上溪頭宗台譜局一本，向年來村標掛上祖，因無主家落所，今宗台宅典到
敝祠內支孫程美華身股典押屋宇茶叢地坦壹契，每年美華佃轉另立佃字，每年納祖金大厘錢叁仟文付交
敝祠衆標掛列位經收支用，其主家亦歸敝祠輪充，以落其火食，仍照大例開消，以叙親親之誼，兩相應允，永無推
辭。合立議墨一樣兩張，各執壹張存據。

光緒十四年戊子十二月　日立合議墨字人上溪頭程養源會（押）

議定每年八月廿三日到此三人[illegible]每日一[illegible]
兩飯清菜一碗、豆腐一碗、肉一碗、雜菜一碗，廿五日[illegible]
一人[illegible]二人挑扛一人[illegible]
[illegible]請酒十式碗[illegible]
[illegible]
[illegible]
被祖宗[illegible]
酬主家酒[illegible]其兩祖錢叁千文除開消[illegible]
仍除錢文以作酬謝主人家[illegible]
祖錢叁千文自行[illegible]

程汝準（押）　程英傑（押）　程順地（押）
程日章（押）　程[illegible]和（押）
程益文（押）　程國徵（押）
程佃[illegible]（押）　程[illegible]（押）
下長徑族長程美華（押）
程社旺（押）
程大鴻（押）

依書程憲卿（押）

秋口镇长径村 B 56 · 光绪十四年 · 合议墨 · 程养源会、程积庆堂

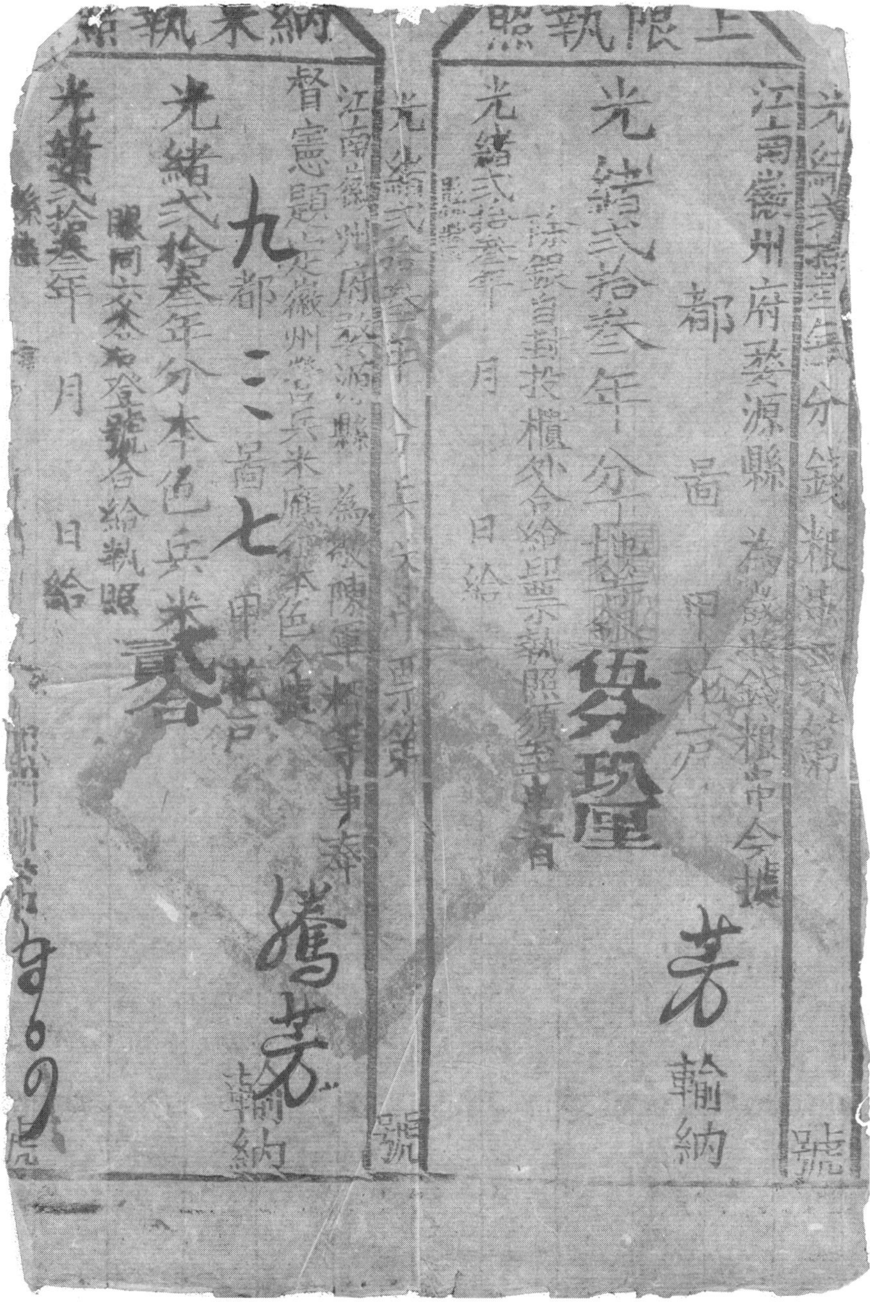

納米執照

江南徽州府婺源縣 為徵收陳年兵米事

督憲題定徽州營兵米應徵本色今據

九都三啚七甲 [illegible] 戶 騰芳 輸納

光緒弍拾叁年分本色兵米 貳合

[illegible] 合給執照

光緒弍拾叁年 月 日給

號

上限執照

江南徽州府婺源縣 為徵收錢糧事今據

都 啚 甲 [illegible] 戶 芳 輸納

光緒弍拾叁年分 地丁銀 伍分玖厘

[illegible] 除銀當堂投櫃外合給串票執照須至串者

光緒弍拾叁年 月 日給

號

秋口镇长径村 B 11 · 光绪二十三年 · 纳米执照 · 腾芳

訃

不孝俞聲支等罪孽深重不自殞滅禍延
皇清待贈三十五世先妣閨諱灶娥詹氏孺人痛于
光緒二十五年四月初十日子時壽終內寢距生于
道光十三年八月十二日丑時享年六十有七歲
不孝等遵
制成服忝在
戚誼謹此
訃
聞
不孝孤哀子俞聲支兆泣血稽顙
齊衰期服孫忠棟桂杖淚稽首
治喪期服侄聲泉拭淚頓首

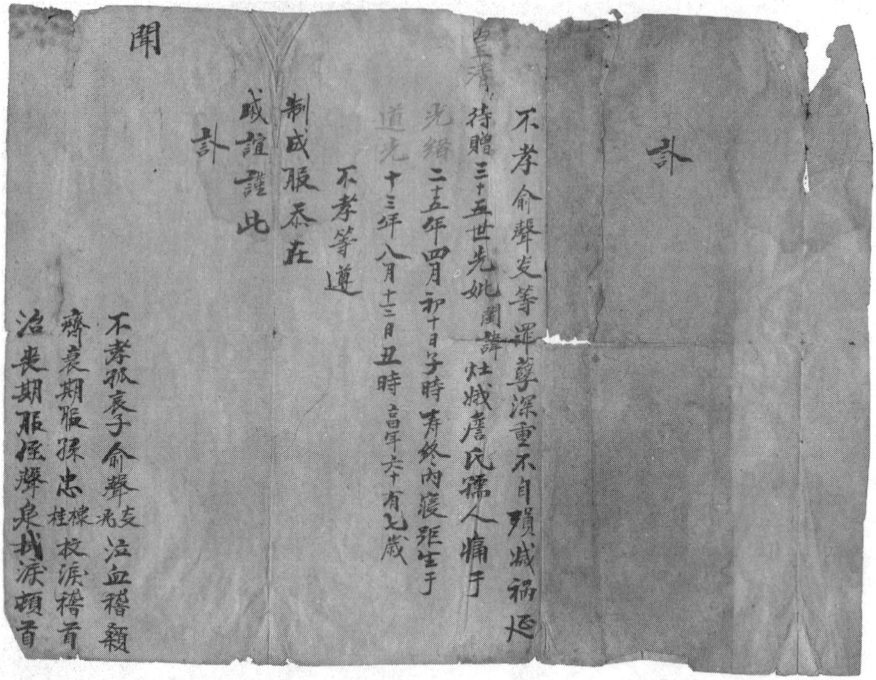

秋口镇长径村 B 59 · 光绪二十五年 · 讣告 · 俞声支、俞声兆

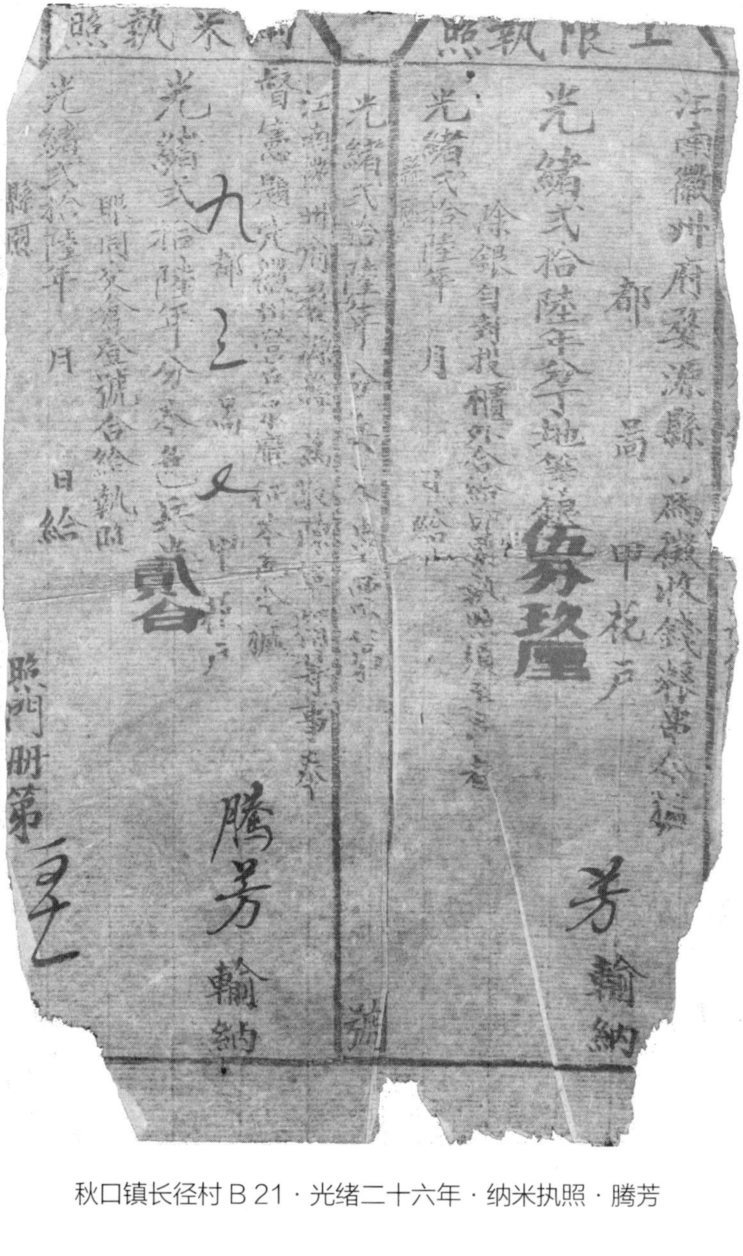

秋口镇长径村 B 21 · 光绪二十六年 · 纳米执照 · 腾芳

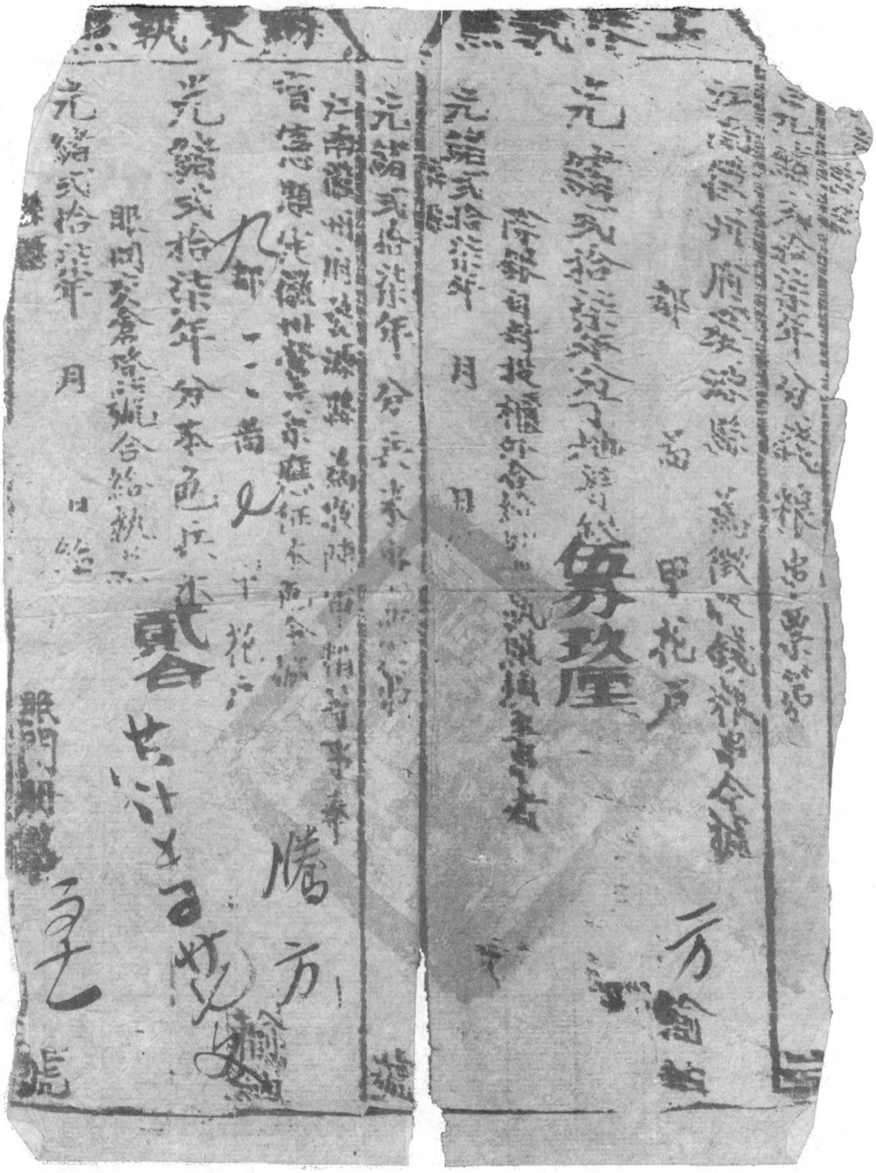

秋口镇长径村 B 22 · 光绪二十七年 · 纳米执照 · 腾方

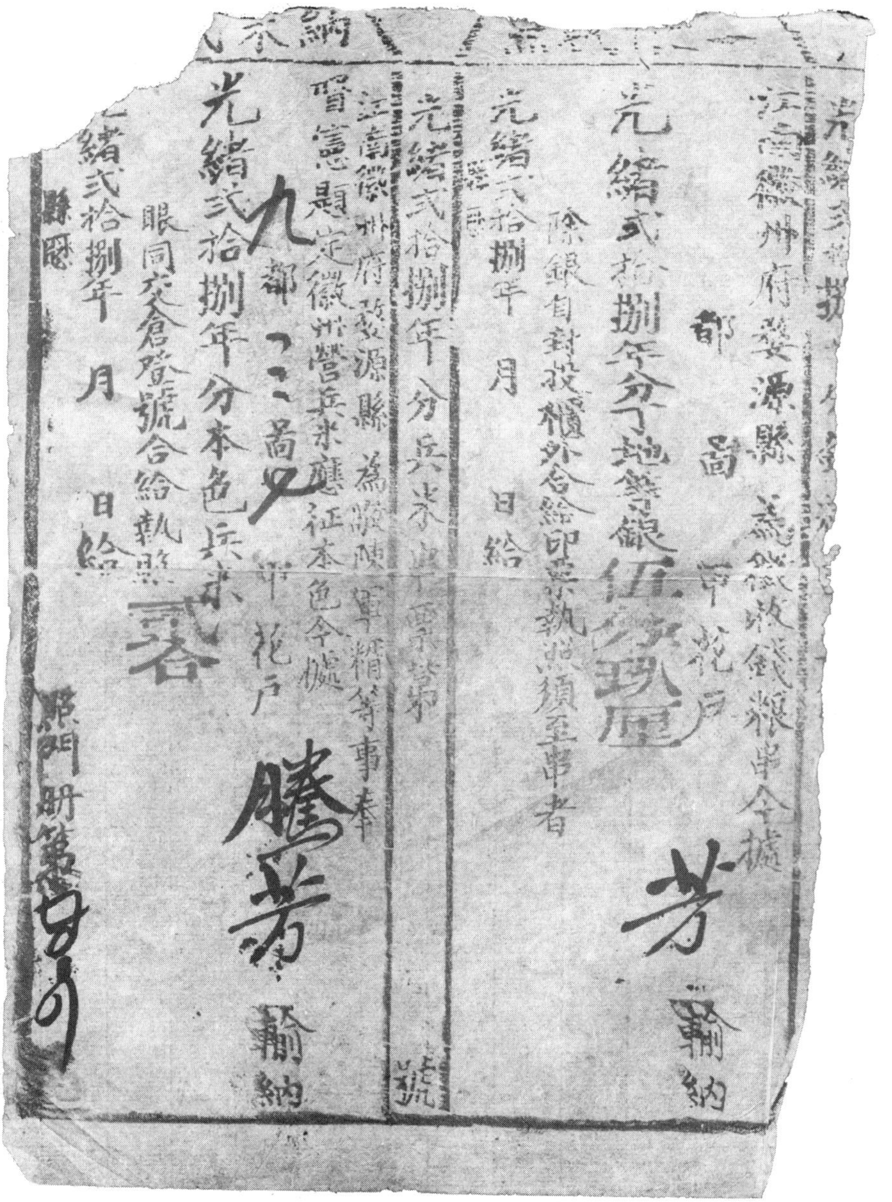

秋口镇长径村 B 19 · 光绪二十八年 · 纳米执照 · 腾芳

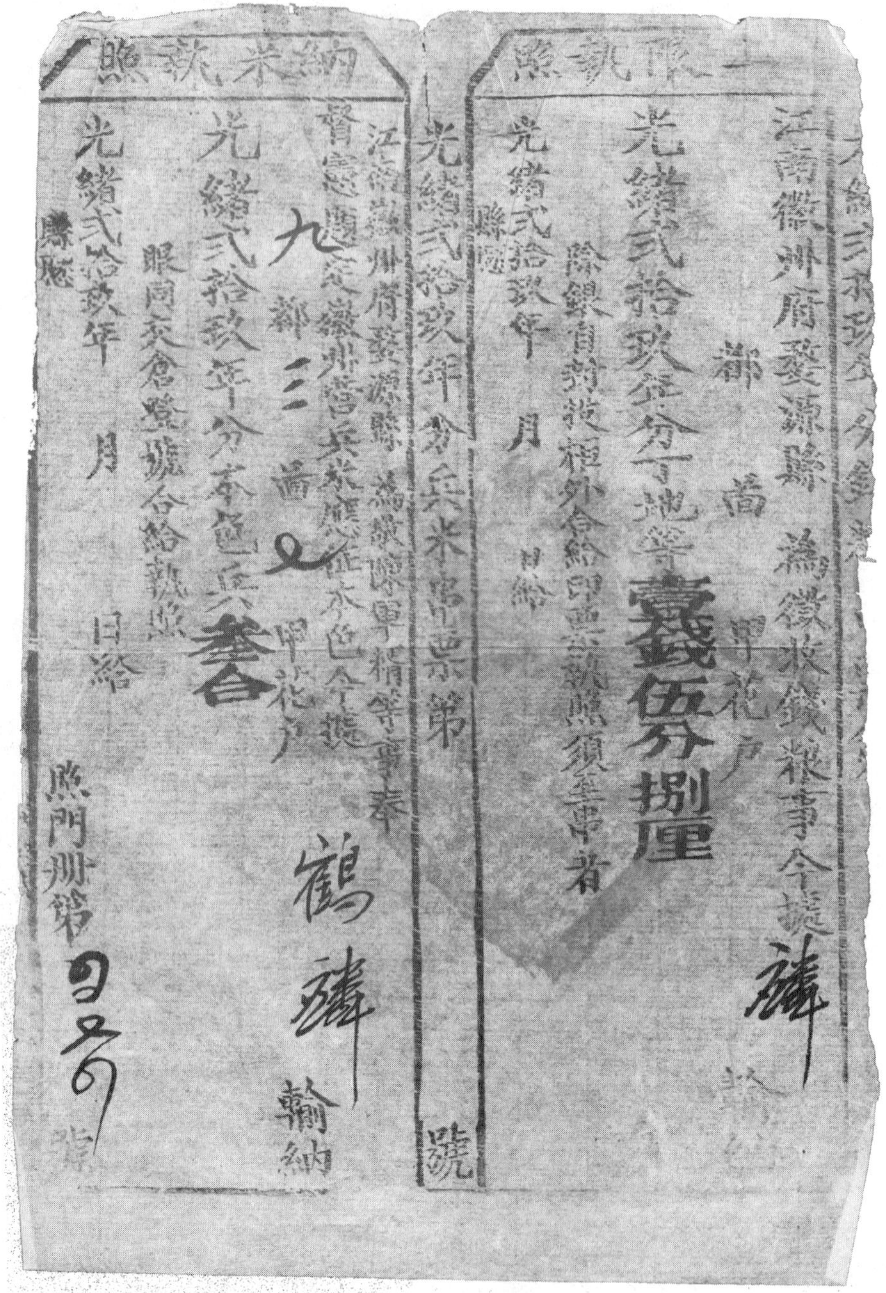

秋口镇长径村 B 7 · 光绪二十九年 · 纳米执照 · 鹤麟

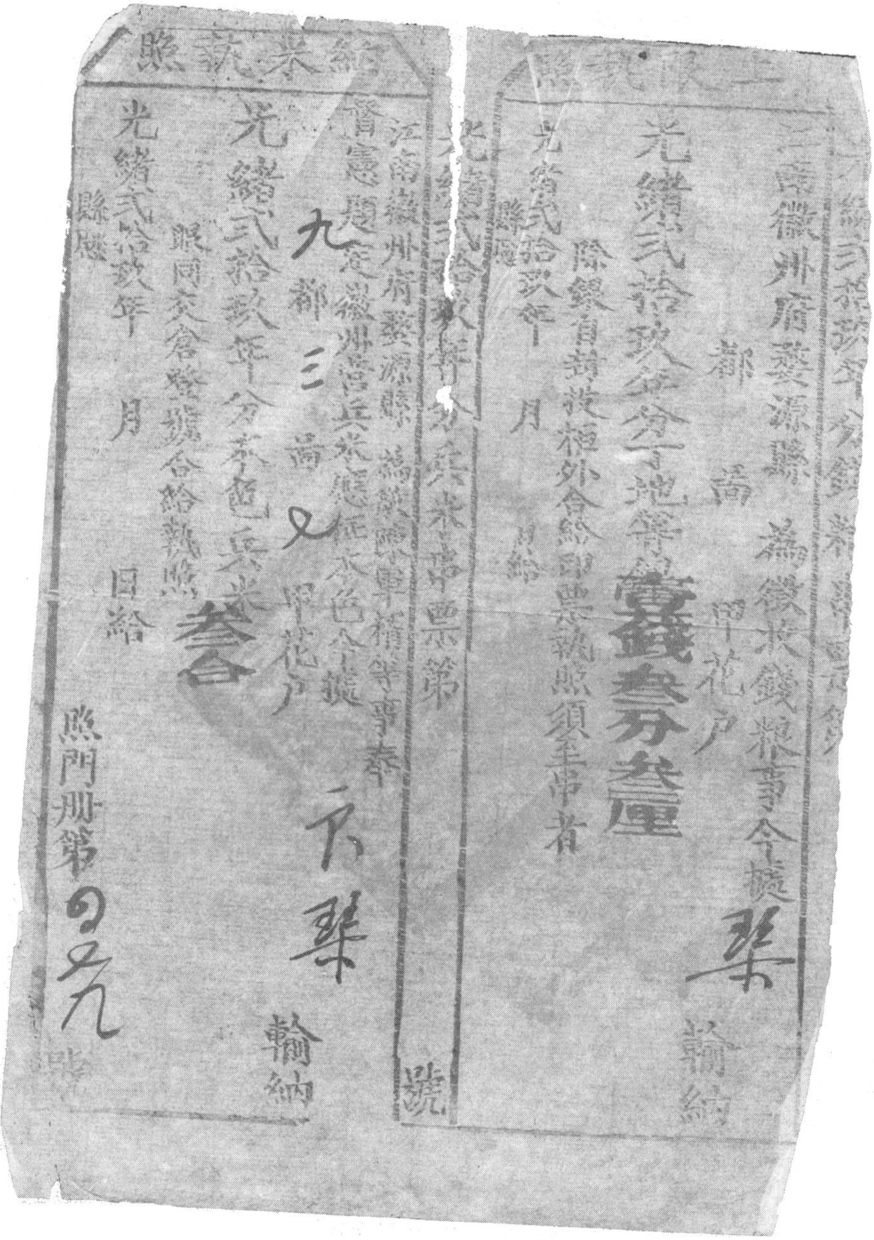
上限執照

江南徽州府婺源縣 都 啚 甲花户 為徵收錢糧事今據 琹 輸納

光緒式拾玖年分地丁銀 壹錢叁分叁厘

除錄存號按柱外合給串票執照須至串者

光緒式拾玖年 月 日給

光緒式拾玖年分米串票第 號

給米執照

江南徽州府婺源縣 為給驗串事奉

督憲題定徽州營兵米照征本色今據 九都三啚又甲花户 良琹 輸納

光緒式拾玖年分本色兵米 叁

照同交倉驗號合給執照

光緒式拾玖年 月 日給

照門册第 四五九 號

秋口镇长径村 B 8 · 光绪二十九年 · 纳米执照 · 良琹

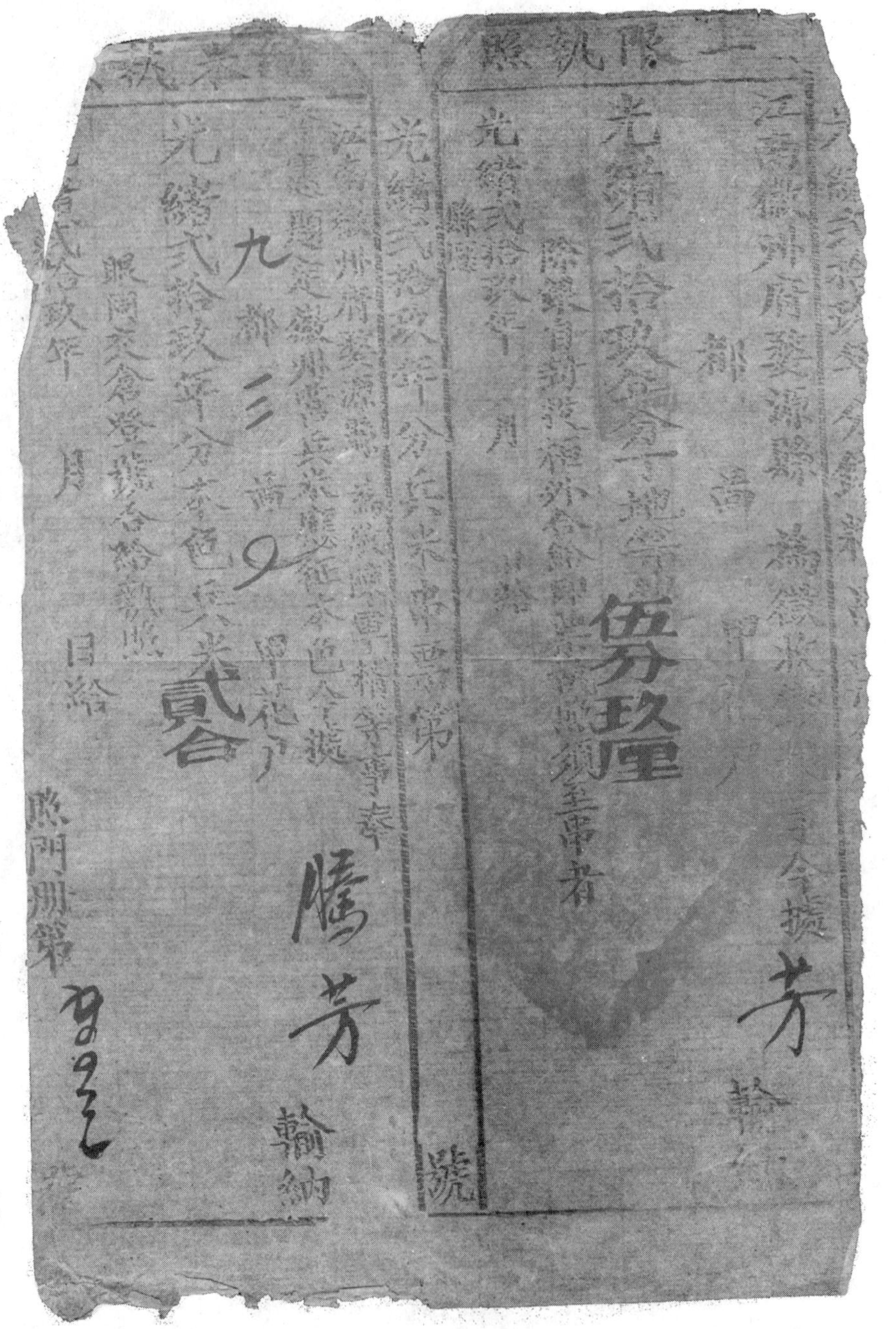

秋口镇长径村 B 20 · 光绪二十九年 · 纳米执照 · 腾芳

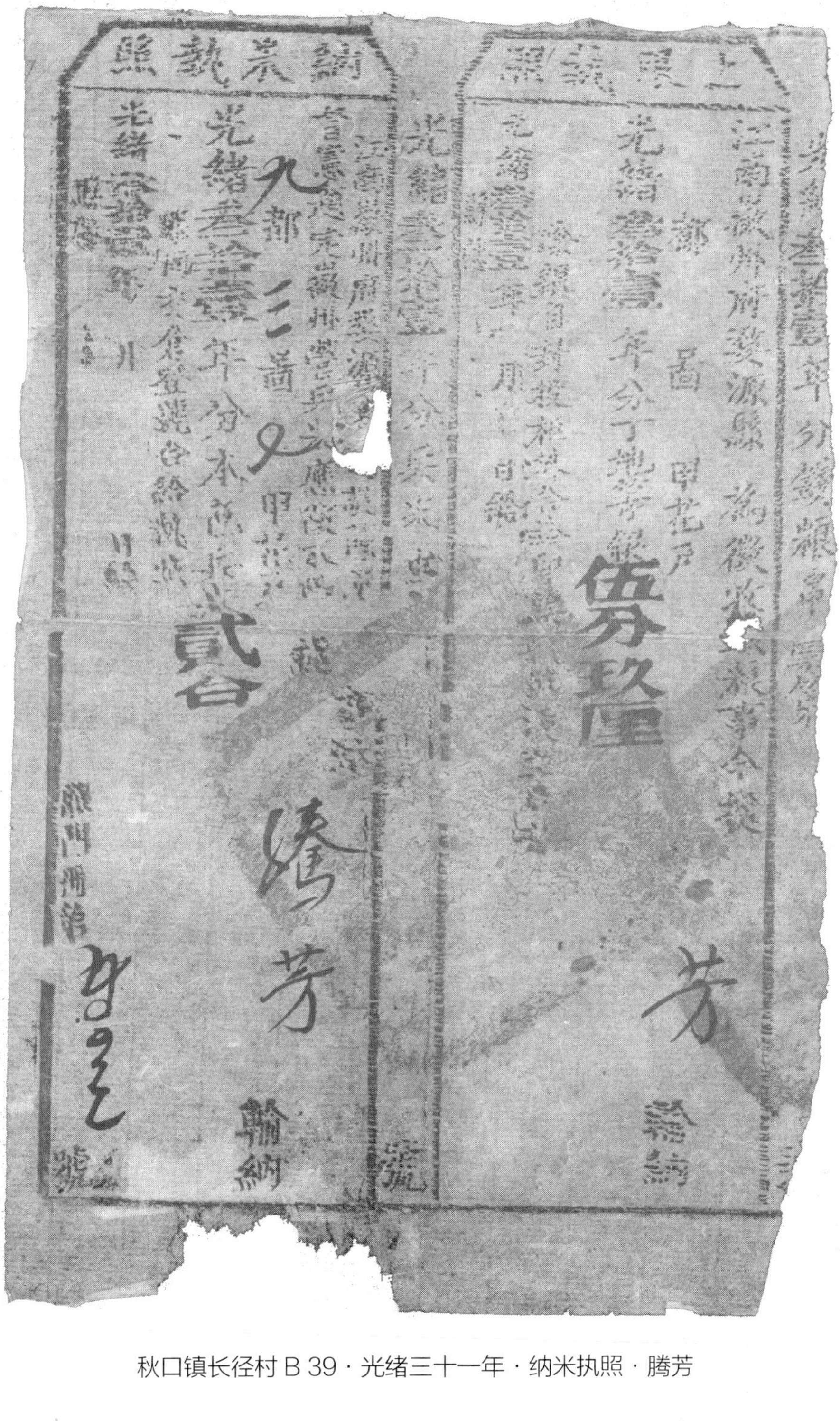

秋口镇长径村 B 39 · 光绪三十一年 · 纳米执照 · 腾芳

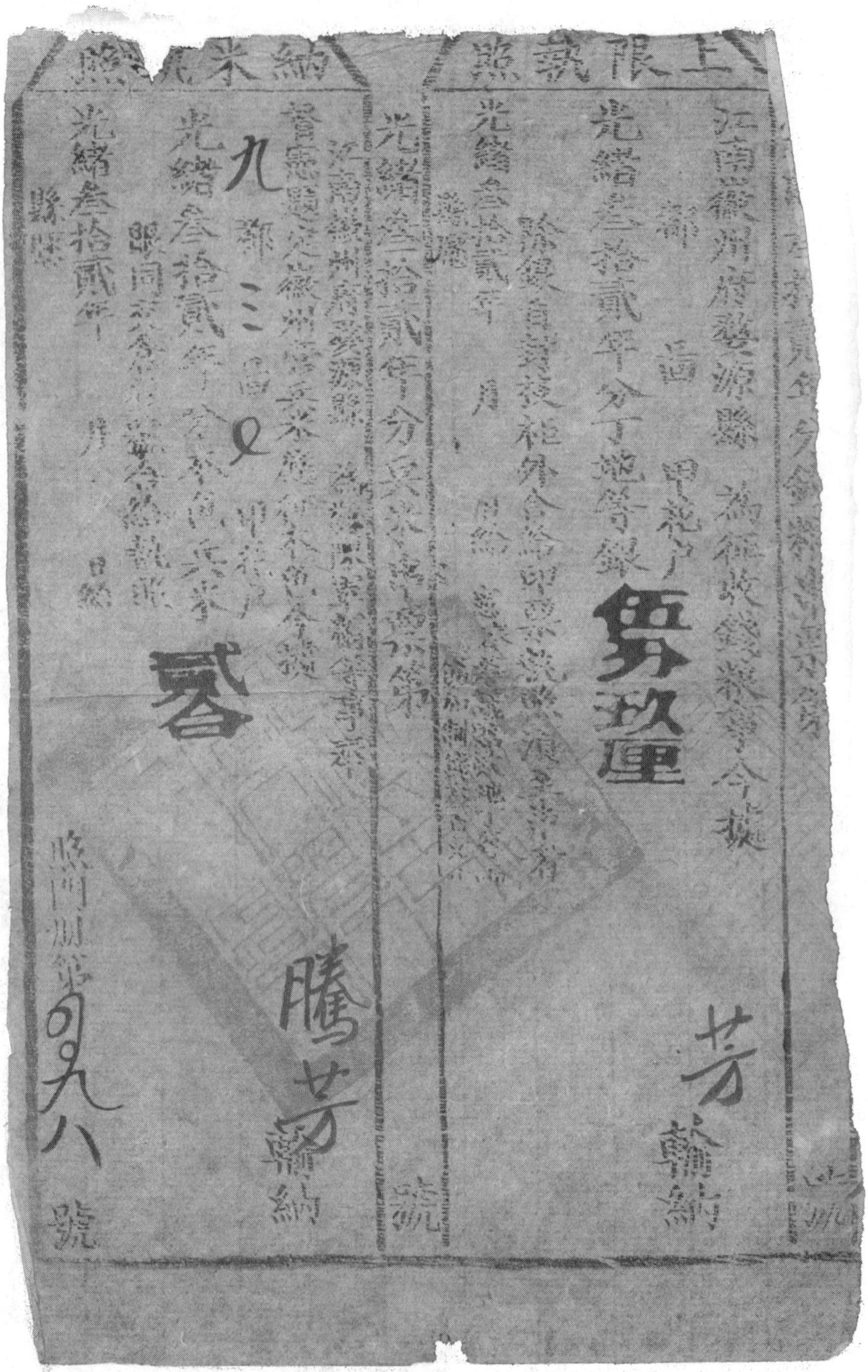
上限執照
江南徽州府婺源縣 為征收錢糧事今據
都 圖 甲花户
光緒叁拾貳年分丁地等銀
吳致運
芳 輸納
光緒叁拾貳年 月 日給
號

納米執照
光緒叁拾貳年分
九 都 三 圖 乙 甲花户
貳
騰芳 輸納
光緒叁拾貳年 月 日給
號

秋口镇长径村 B 30 · 光绪三十二年 · 纳米执照 · 腾芳

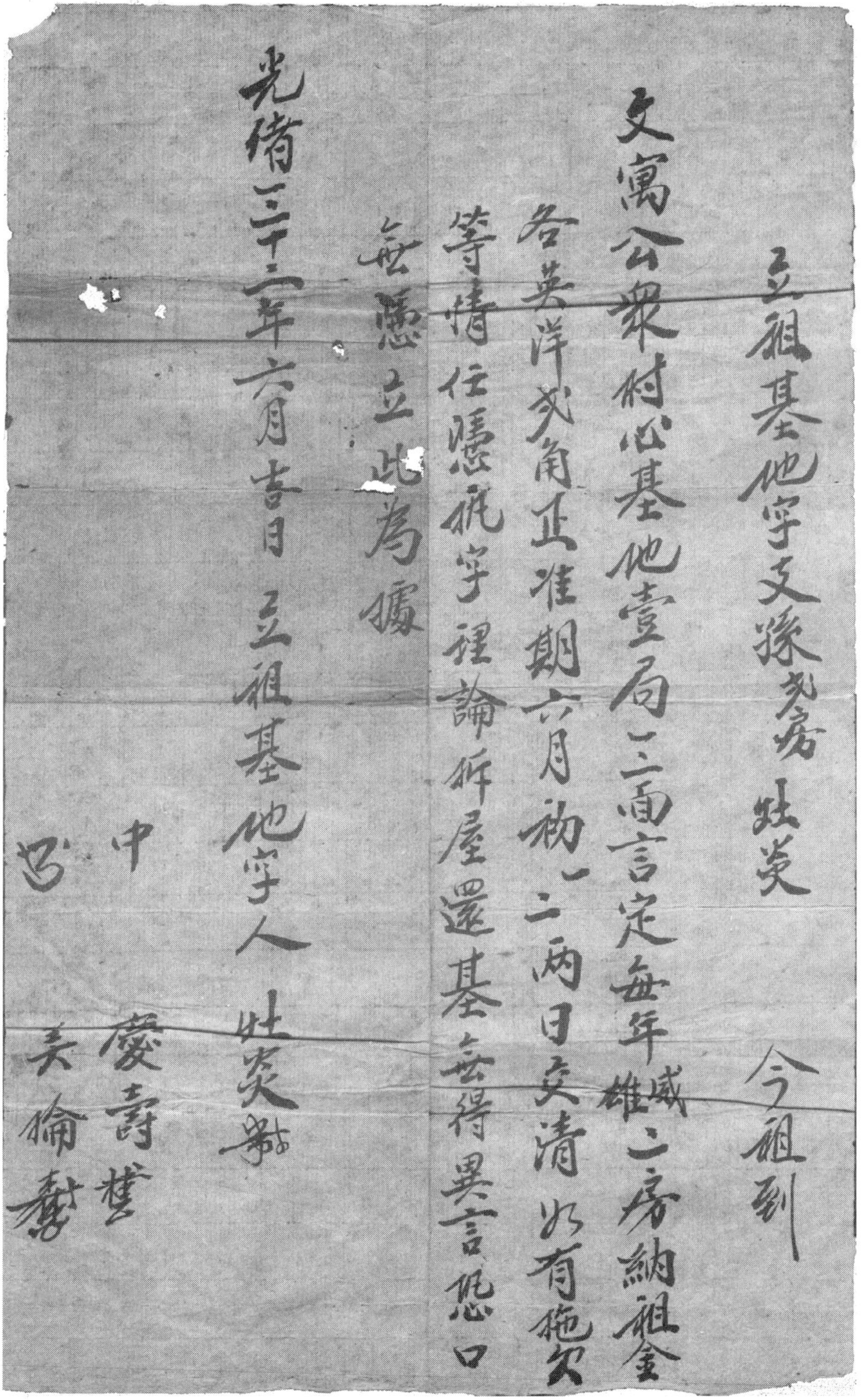

立租基地字文孫文房灶炎，今租到
文寓公衆村心基地壹局，二面言定每年威雄二房納租金
各英洋弍角正，准期六月初一、二兩日交清，如有拖欠
等情，任憑族等理論，拆屋還基，無得異言。恐口
無憑，立此為據。
光緒三十二年六月吉日　立租基地字人　灶炎（押）
中　慶壽（押）
代筆　美倫（押）

秋口镇长径村 B 40 · 光绪三十二年 · 租基地字 · 灶炎租到文寓公众

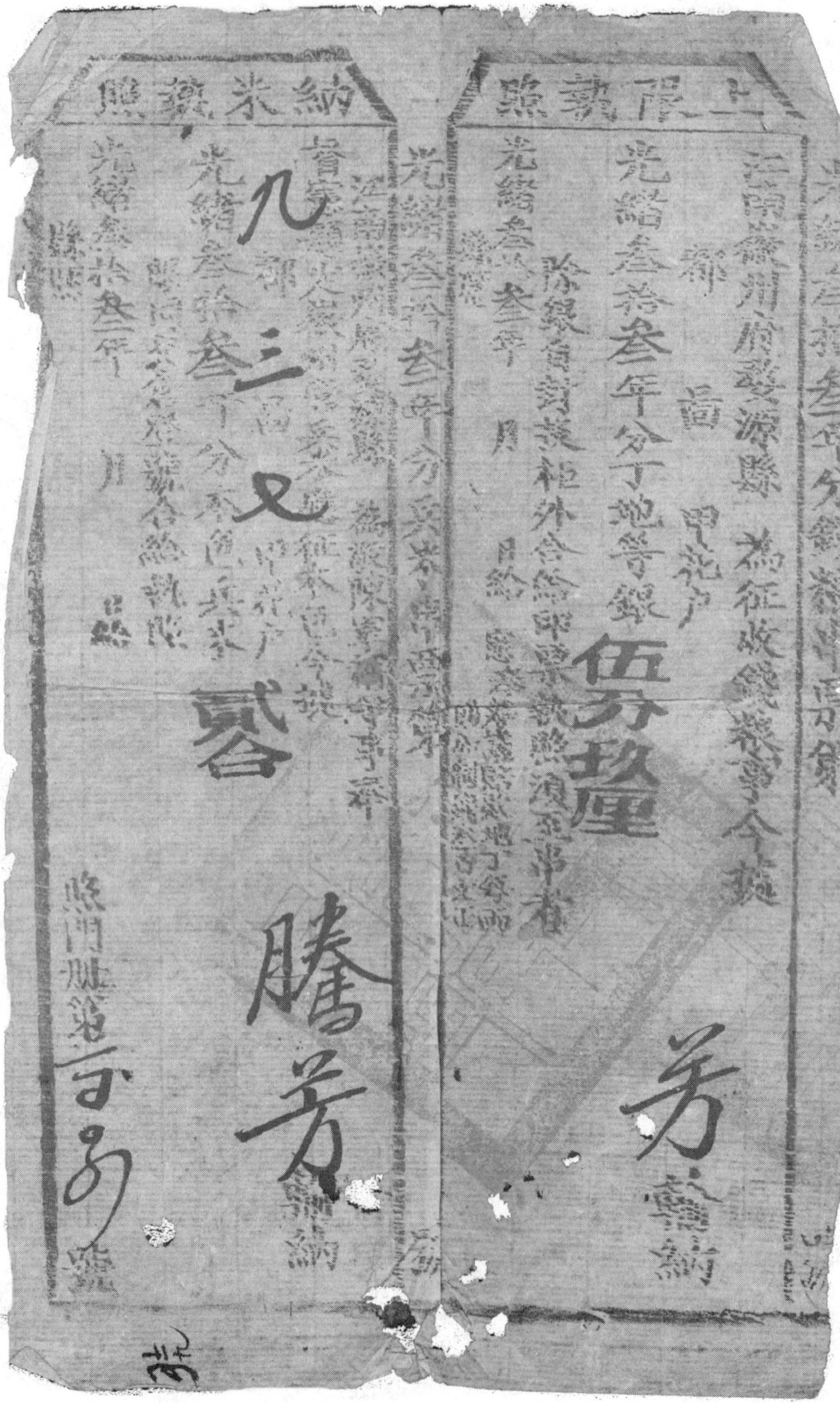

上限執照

江南徽州府婺源縣 為征收錢糧事今據

都 圖 甲花户

光緒叁拾叁年分丁地等銀

[illegible]

光緒叁拾叁年 月 日給

芳

納米執照

光緒叁拾叁年分 [illegible]

江南徽州府婺源縣 [illegible]

光緒叁拾叁年分 [illegible]

光緒叁拾叁年 月 日給

騰芳

秋口镇长径村 B 25 · 光绪三十三年 · 纳米执照 · 腾芳

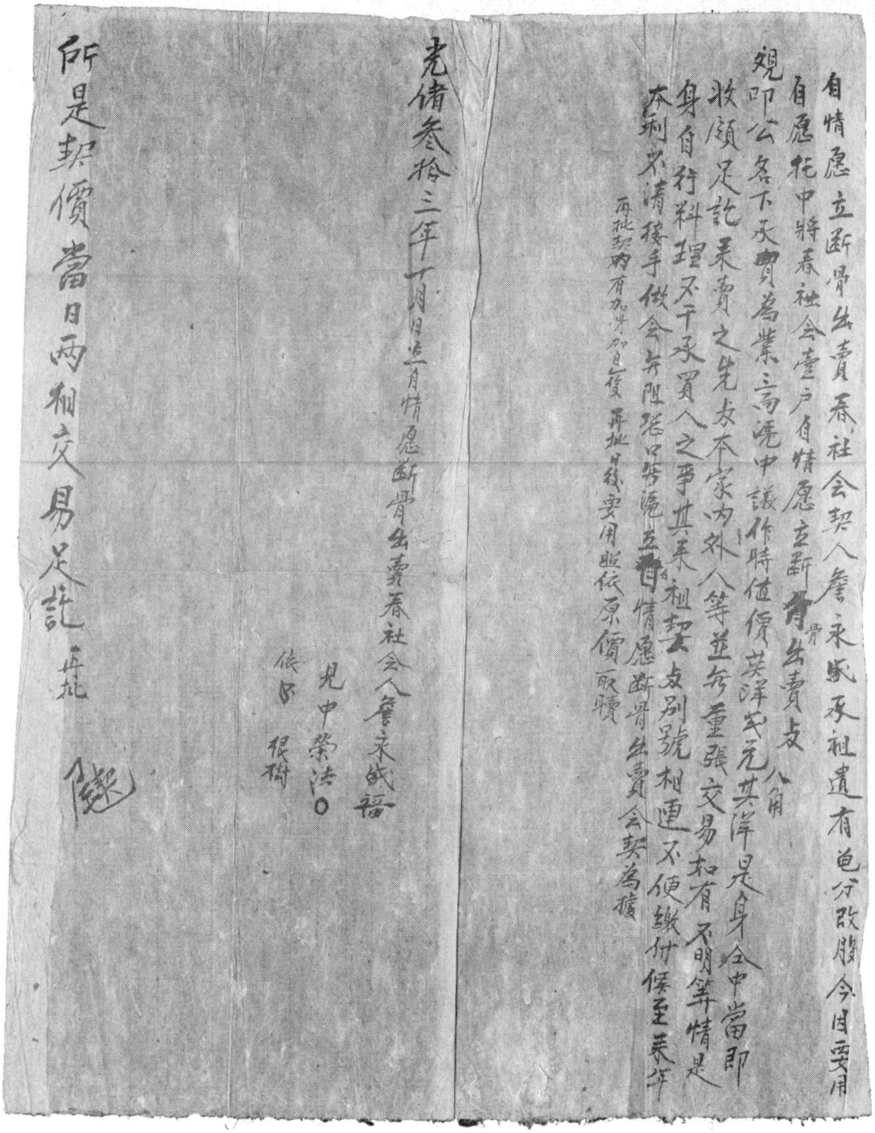

自情愿立断骨出賣春社会契人詹永盛承祖遺有色分股今因要用
自愿托中將春社会壹户自情愿立断骨出賣與
覌叩公名下承買為業三面憑中議作時值價英洋叁元八角其洋是身仝中當即
收領足訖未賣之先與本家內外人等並無重張交易如有不明等情是
身自行料理不干承買人之事其來租契與別號相連不便繳付候至來年
本利必清接手做会無阻恐口無憑立此情愿断骨出賣会契為據
再批契內有加骨加角字 再批日後要用照依原價取贖
光緒叁拾三年十一月日立自情愿断骨出賣春社会人詹永盛
見中 榮法
依口代筆 根樹
所是契價當日兩相交易足訖 再批

秋口镇长径村 B 86 · 光绪三十三年 · 断骨出卖春社会契 · 詹永盛卖与观叩公

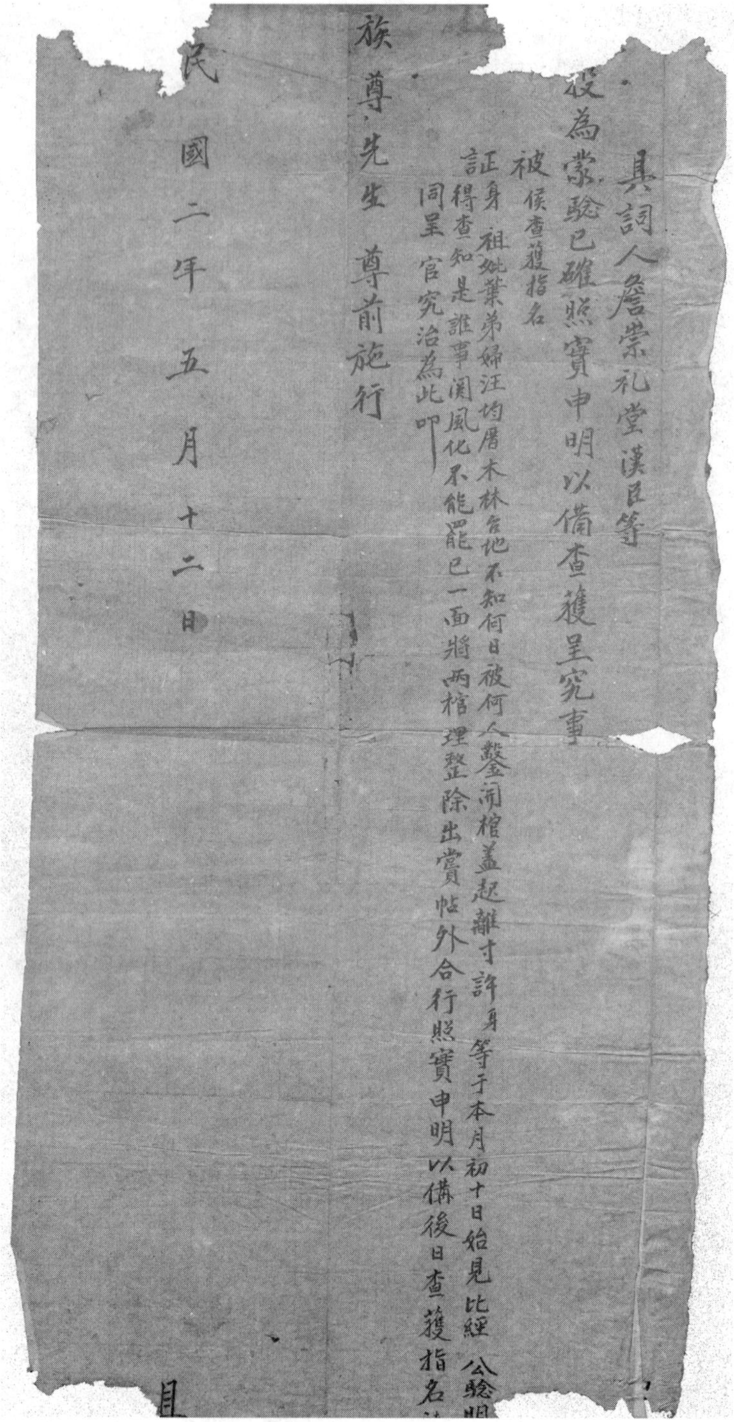

具詞人詹崇礼堂漢臣等

投為棠驗已確照實申明以備查獲呈究事

被　候查獲指名

証　身祖妣葉弟婦汪均厝木林台地不知何日被何人鑿開棺蓋起離寸許身等于本月初十日始見比經　公驗明

得查知是誰事関風化不能罷已一面將兩棺理整除出賞帖外合行照實申明以備後日查獲指名

同呈　官究治為此叩

族尊先生　尊前施行

民國二年五月十二日

具

秋口镇长径村 B 50 · 民国二年 · 具状词 · 詹崇礼堂汉臣等

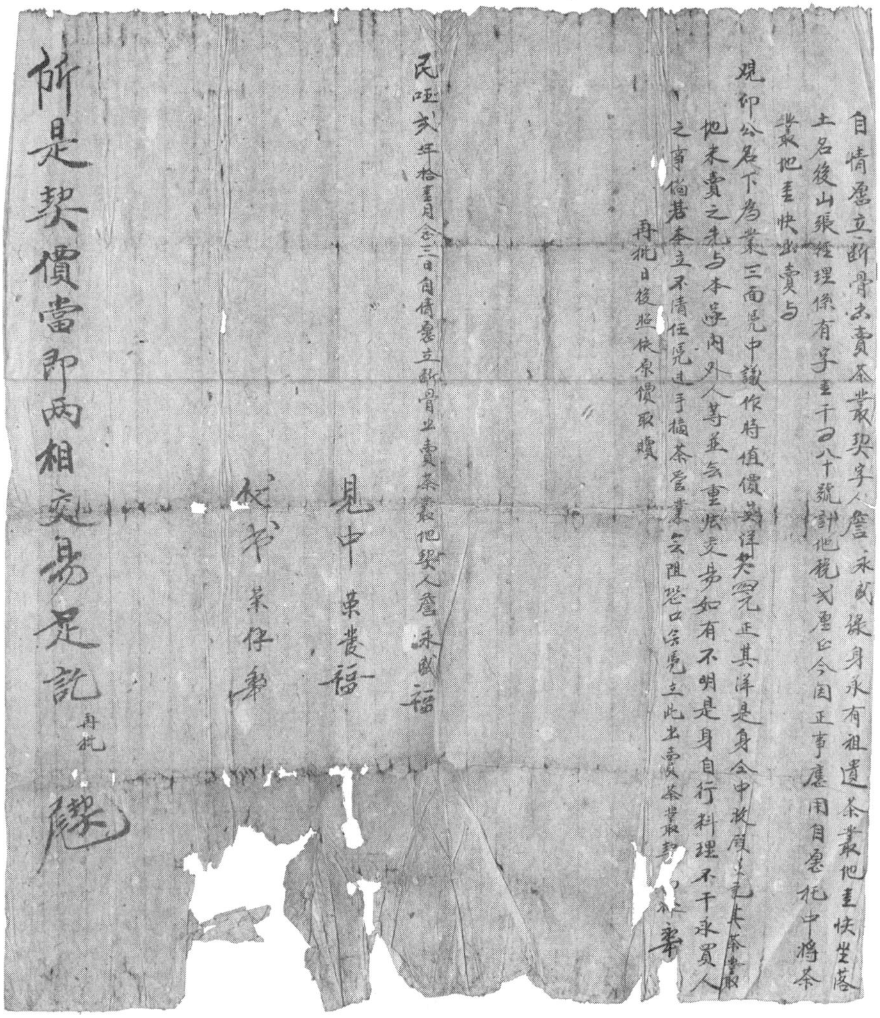
自情愿立断骨出賣茶丛契字人詹永盛，缘身承有祖遺茶丛地壹塊，坐落土名後山張，經理係有字壹千四八十號，計地税弍厘正，今因正事急用，自愿托中將茶丛地壹塊出賣与
觀仰公名下為業，三面凭中議作時值價英洋叁元正，其洋是身△中收足，其茶丛地未賣之先，与本家內外人等並無重張交易，如有不明，是身自行料理，不干承買人之事。倘若本立不清，任凭過手摘茶管業，無阻，恐口無凭，立此出賣茶丛契為據。
再批：日後照依原價取贖
民國弍年拾壹月念二日自情愿立断骨出賣茶丛地契人詹永盛
見中 東養福
代书 某伴桑
所是契價當即兩相交易足訖
再批

秋口镇长径村 B 71 · 民国二年 · 断骨出卖茶丛契 · 詹永盛卖与观仰公

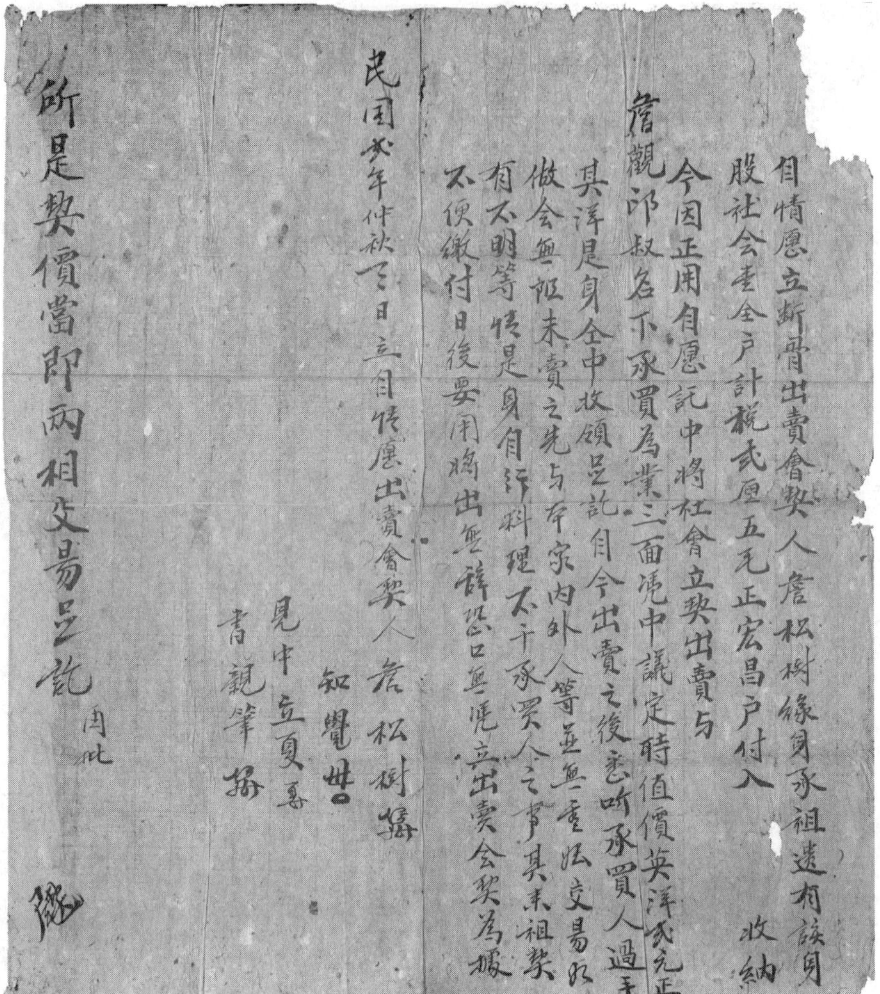
自情愿立断骨出賣會契人詹松樹緣身承祖遗有該會
股社会壹全户計税弍厘五毛正宏昌户付入 收納
今因正用自愿託中將社會立契出賣与
詹觀印叔名下承買爲業三面凭中議定時值價英洋弍元正
其洋是身仝中收領足訖自今出賣之後悉听承買人過手
做会無阻未賣之先与本家内外人等並無重張交易以
有不明等情是身自行料理不干承買人之事其来祖契
不便繳付日後要用將出無辭恐口無凭立出賣会契為據
民国弍年仲秋月日立自情愿出賣會契人詹松樹(押)
知見 母 [illegible]
見中 立夏(押)
書 親筆(押)
所是契價當即兩相交易足訖 内批

秋口镇长径村 B 82 · 民国二年 · 断骨出卖会契 · 詹松树卖与詹观印

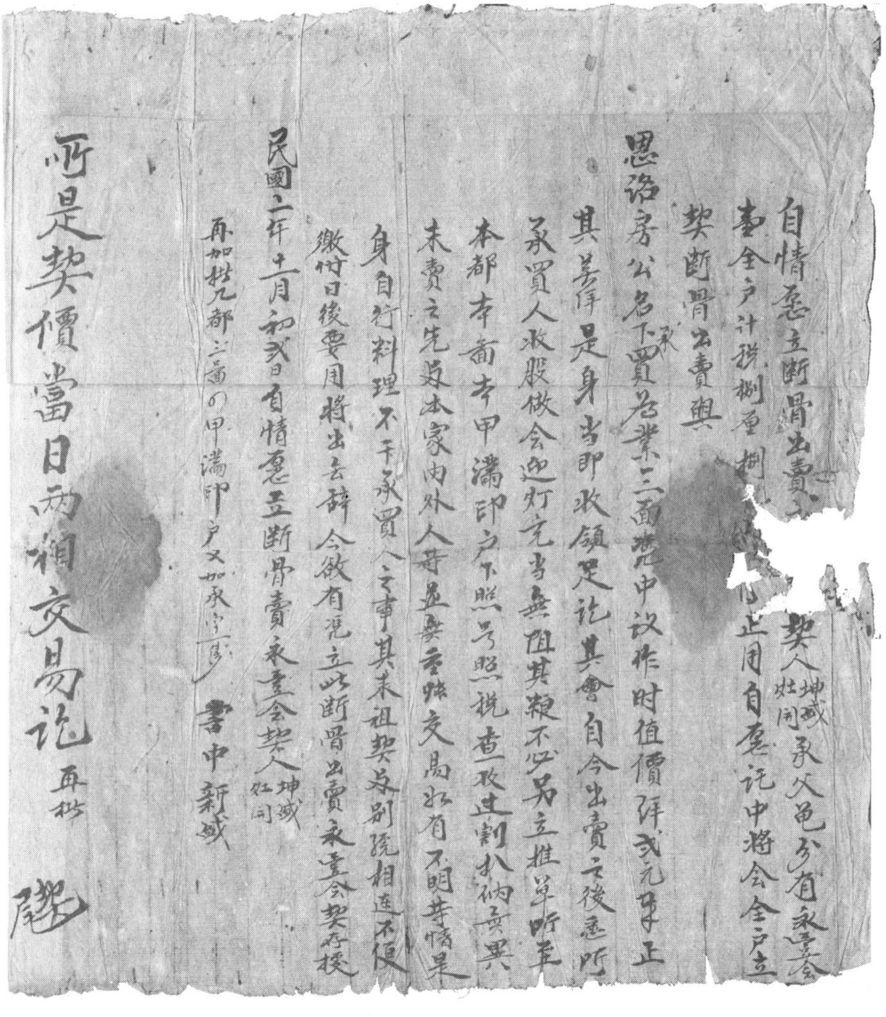
自情愿立断骨出賣[illegible]契人坤盛 灶开承父邑分有永壹会
壹全户计税捌厘捌[illegible]上用自愿托中將会全户立
契断骨出賣與
思洛房公名下承買為業三面憑中议作时值價洋弍元正
其洋是身当即收領足讫其會自今出賣之後聽
承買人收股做会迎灯充当無阻其粮不必另立推单听其
本都本啚本甲满印户下照号照税查收过割扒纳無異
未賣之先並本家内外人等並無重叠交易如有不明等情是
身自行料理不干承買人之事其来祖契並别號相连不便
繳付日後要用將出去辞今欲有凭立此断骨出賣永壹会契存據
民國二年十月初弍日自情愿立断骨賣永壹会契人坤盛 灶开
再加批九都三啚四甲满印户又加承字壹号
書中 新盛
所是契價當日兩相交易讫 再批

秋口镇长径村 B 93 · 民国二年 · 断骨出卖永壹会契 · 坤盛、灶开卖与思洛房公

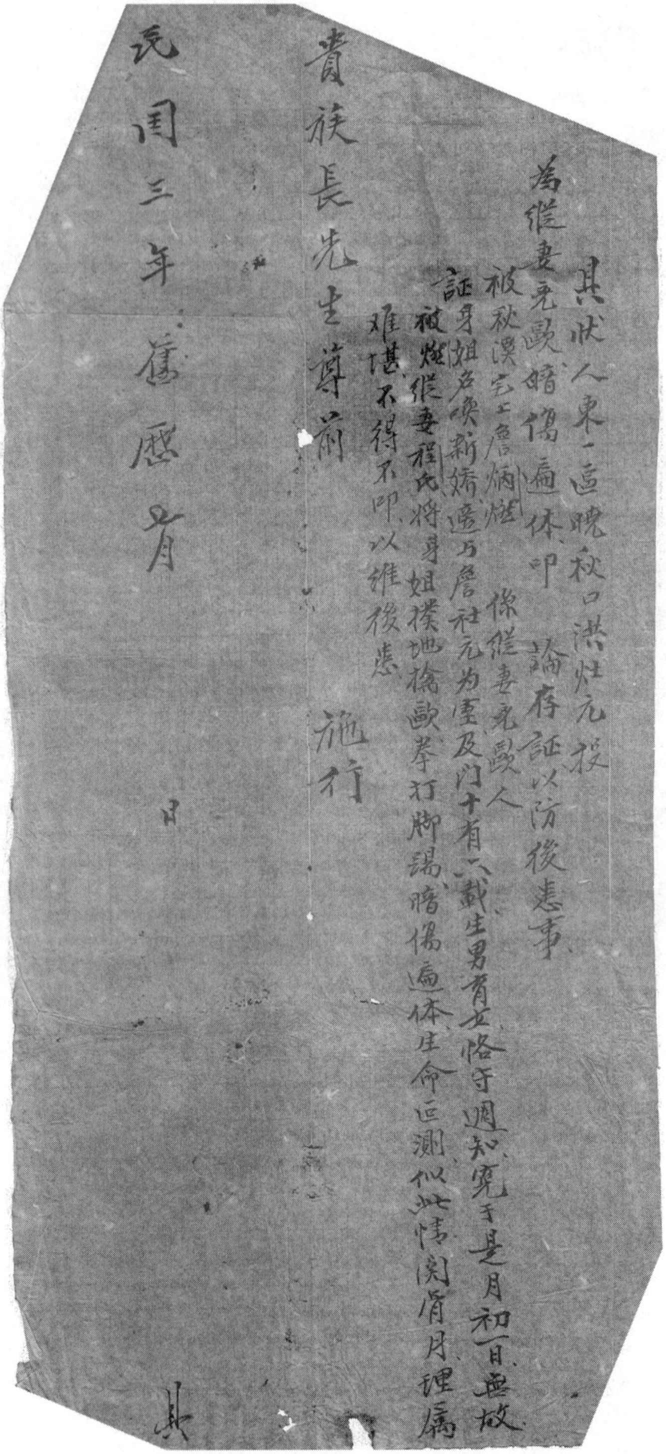

具状人東一區曉秋口洪灶元 投

為繼妻兇毆婿傷遍体，叩 論存証以防後患事。

被秋溪宅上詹炳熾 係繼妻兇毆人

証身姐名喚新娇，適于詹社元为室，及门十有八載，生男育女，恪守週知，寃于是月初一日無故

被熾繼妻程氏將身姐撲地擒毆，拳打脚踢，瞎傷遍体，生命叵測，似此情関肎月，理属

难堪，不得不叩，以維後患。

貴族長先生尊前 施行

民國三年 舊歷 七月 日 具

秋口镇长径村 B 49 · 民国三年 · 具状词 · 洪灶元

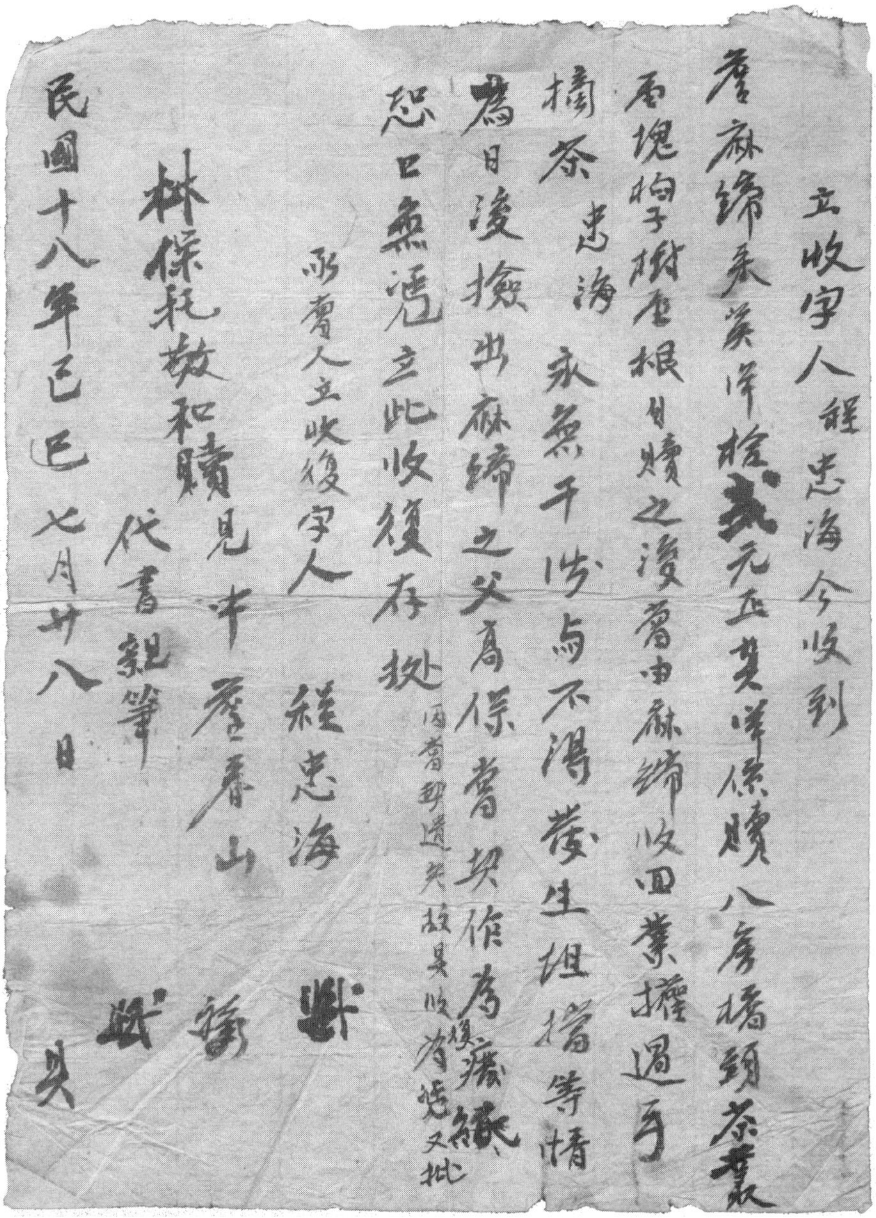
立收字人程忠海今收到
詹麻绨承買洋拾弍元五角洋係贖八房橋頭茶叢
壹塊枸子樹壹根自贖之後當由麻绨收回叢業擁過手
摘茶忠海永無干涉与不得發生阻擋等情
為日後換出麻绨之父高保當契作為廢紙
兩當契遺失故具收復字為憑又批
恐口無憑立此收復存照
永當人立收復字人　程忠海　押
林保耗嫩和贖見中　詹春山　押
代書親筆　押
民國十八年己巳七月廿八日　具

秋口镇长径村 B 43 · 民国十八年 · 收字 · 程忠海收到詹麻绨

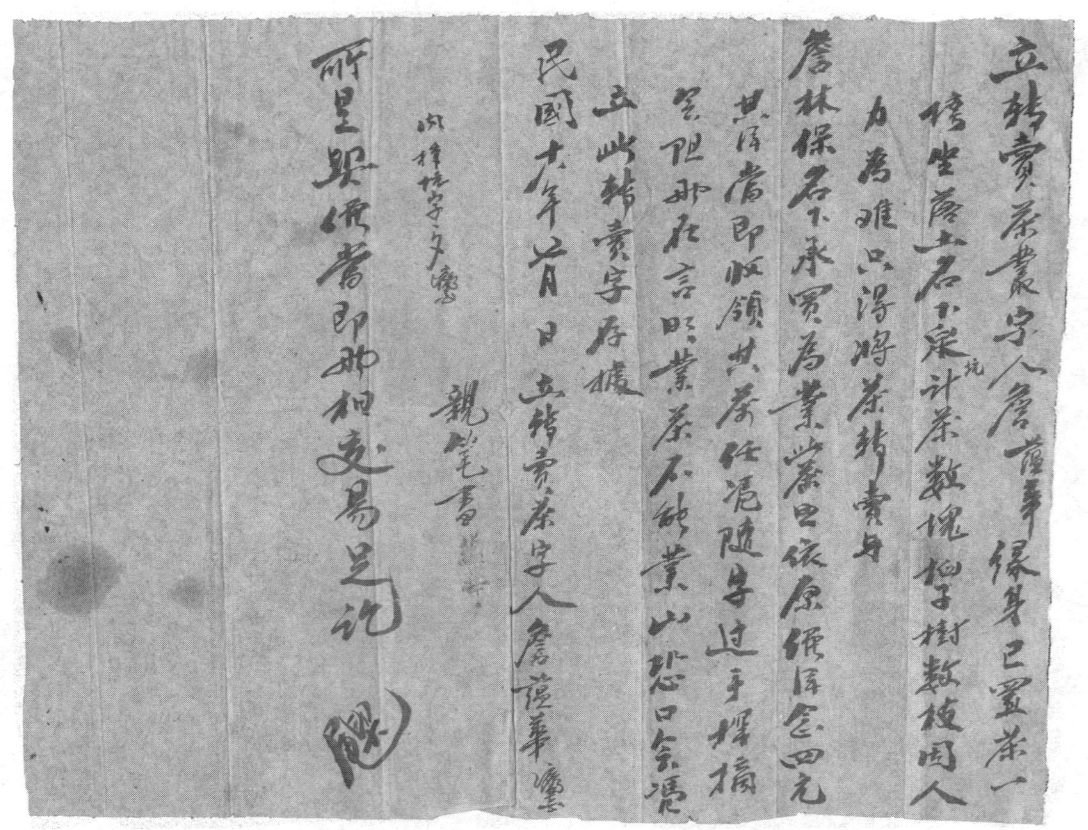
立轉賣茶叢字人詹蘊華，緣身已置茶一
塝，坐落土名下泉坑，計茶數塊，㭎子樹數枝，因人
力為難，只得將茶轉賣與
詹林保名下承買為業，當日依原價洋四元，
其洋當即收領，其茶任憑隨身過手摘
采無阻，並在言明，業茶不能業山，恐口無憑，
立此轉賣字存據。
民國十八年[illegible]月　日　立轉賣茶字人詹蘊華（押）
親筆書（押）
內添注字一个（押）
所是契價當即兩相交易足訖
驗

秋口镇长径村 B 67-i · 民国十八年 · 转卖茶丛契 · 詹蕴华转卖与詹林保（右半部分）

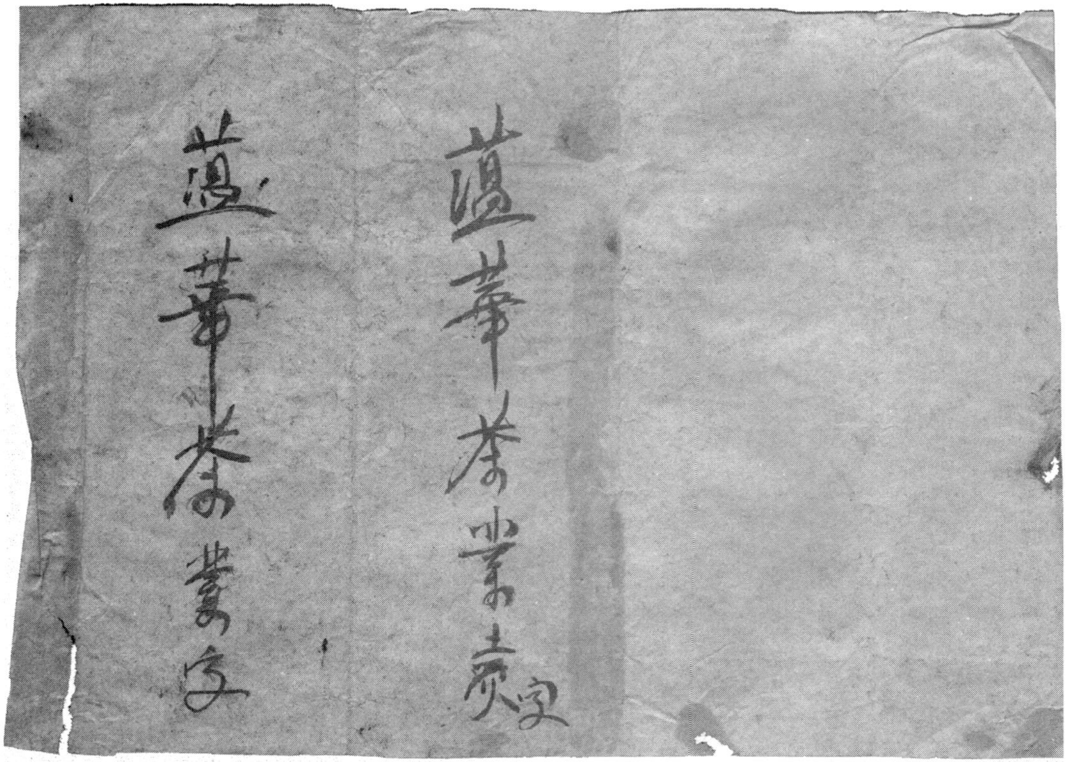

秋口镇长径村 B 67-ii·民国十八年·转卖茶丛契·詹蕴华转卖与詹林保（左半部分）

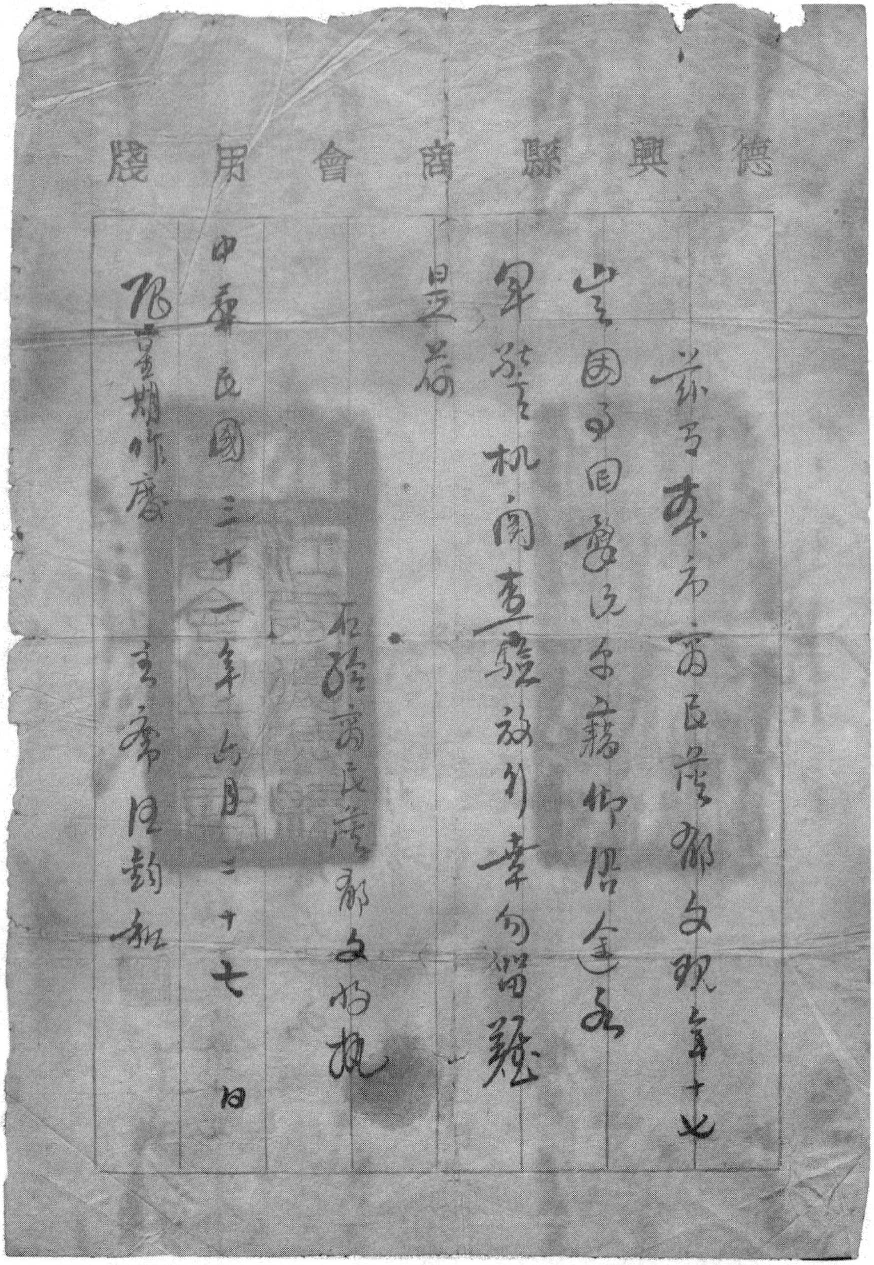

德興縣商會用牋

茲有東市商民詹郁文現年十七
岁因事回婺源原籍仰沿途
軍警機關查驗放行幸勿留難
是荷
右證商民詹郁文收執
中華民國三十一年六月二十七日
限壹星期作廢
主席 [illegible]

秋口镇长径村 B 110 · 民国三十一年 · 证明 · 德兴县商会

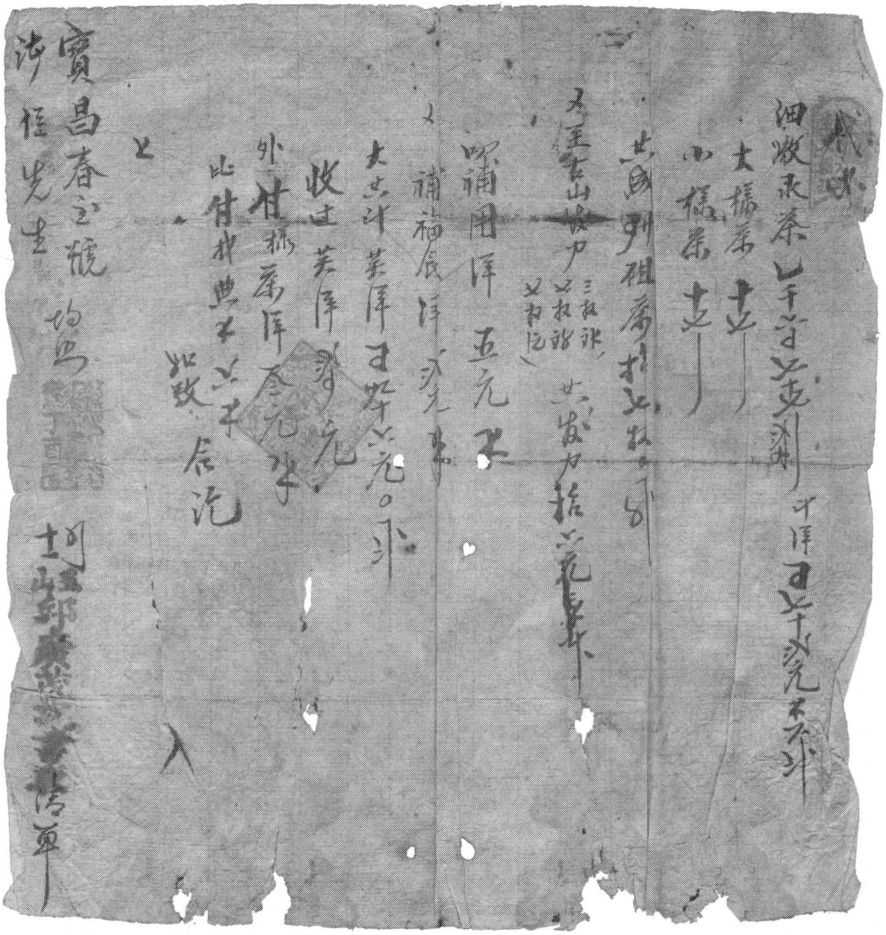

泗繳汞茶 [illegible]
計洋 [illegible]
大標茶 [illegible]
小標茶 [illegible]
共成外祖箬 [illegible]
又至吉山挑力 三担外 又担路 又担吃 共挑力拾[illegible]元[illegible]
付補用洋 五元[illegible]
又補福辰洋 [illegible]元[illegible]
大共計英洋 [illegible]元[illegible]
收过英洋 [illegible]元
外付標茶洋 [illegible]元[illegible]
比付找典[illegible] 如数 [illegible]
寳昌春宝號 均照
沛侄先生
[illegible] 清單

秋口镇长径村 B 2 · 账单

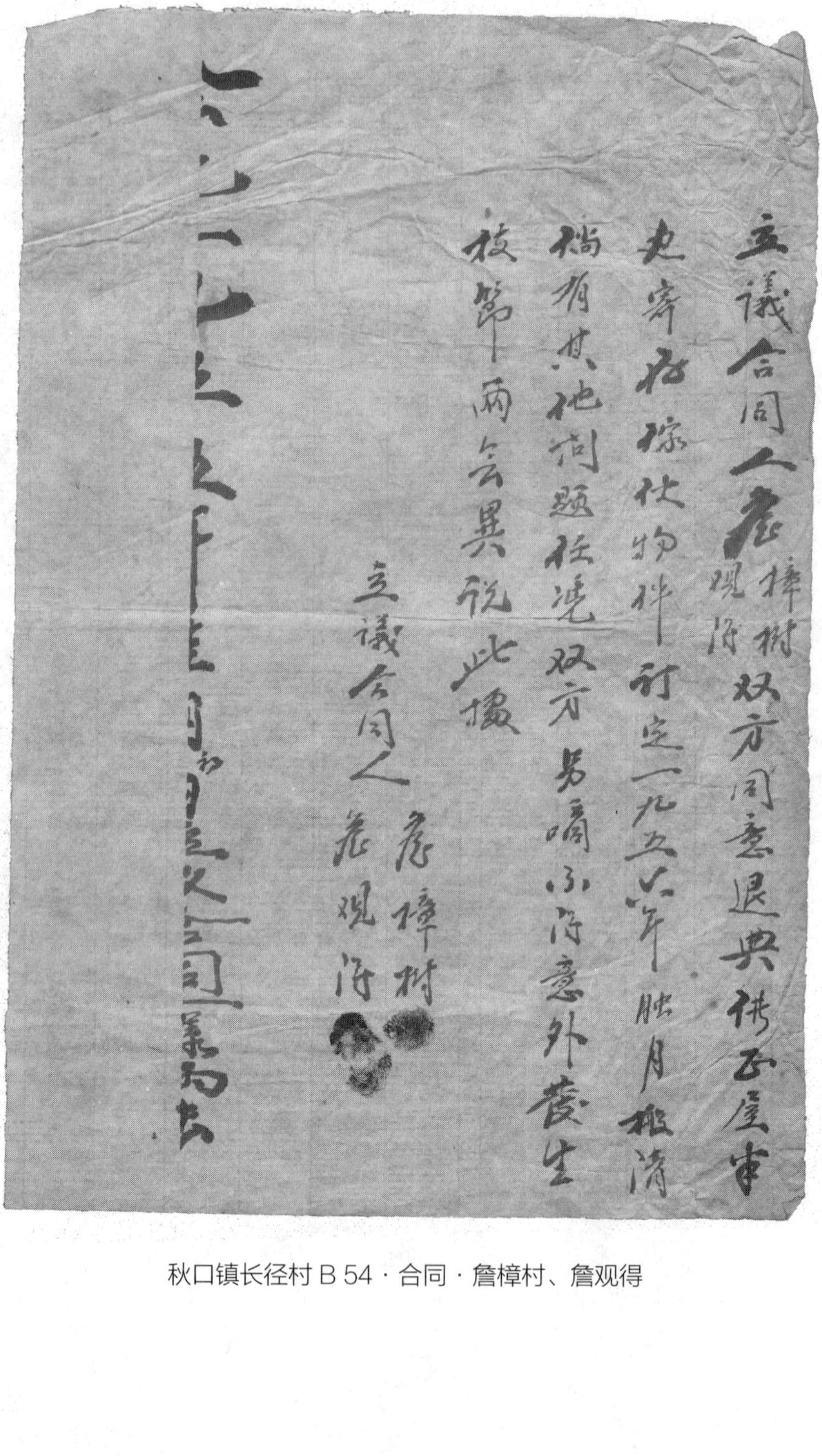

立議合同人詹樟樹观得双方同意退典佛丕屋宇

夫寄存傢仗物件订定一九五八年腊月搬清

倘有其他问题任凭双方另请不得意外发生

枝節两無異説此據

立議合同人 詹樟樹
詹观得

秋口镇长径村 B 54 · 合同 · 詹樟村、詹观得

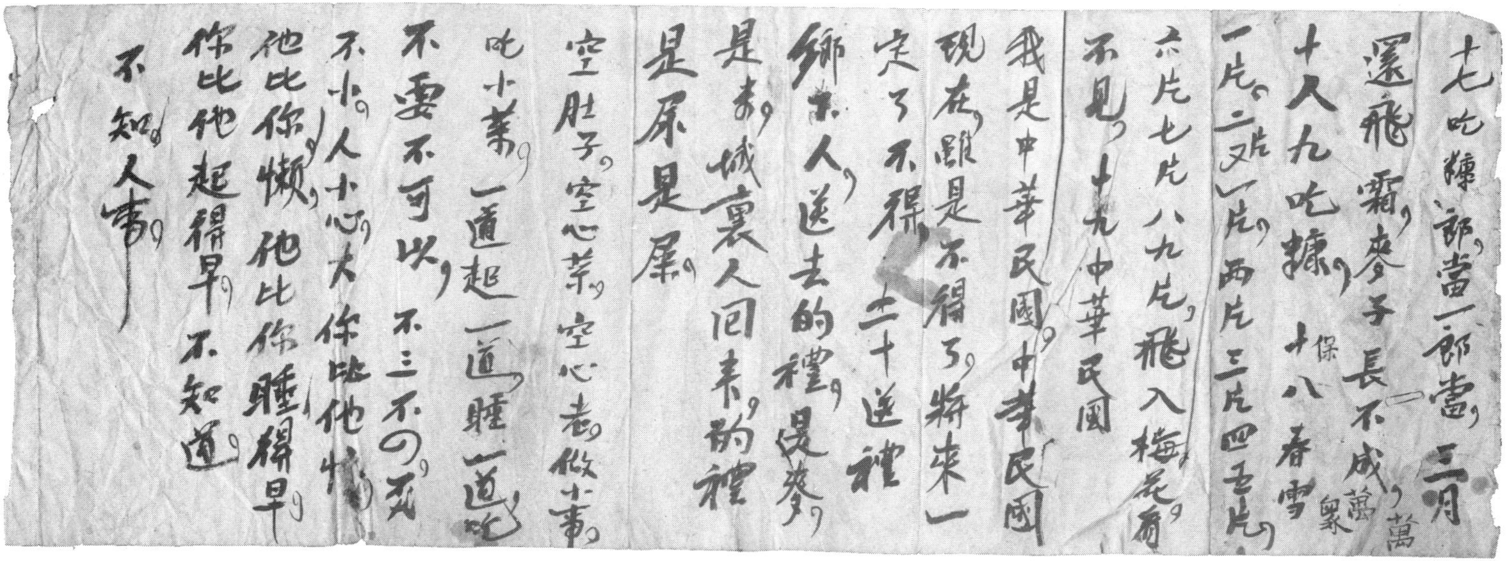
十七吃糠，郎當一郎當，三月萬
還飛霜，麥子長不成，萬象
十八九吃糠，十八保春雪
一片，二片，又一片，两片，三片，四五片，
六片七片八九片，飛入梅花看
不見，十九中華民國
我是中華民國，中華民國
現在跟是不得了，將來一
定了不得，二十送禮
鄉下人，送去的禮，是麥，
是米，城裏人回來的禮
是屎是屁，
空肚子，空心菜，空心老，做小事，
吃小菜，一道起，一道睡，一道吃
不要不可以，不三不四，不死
不小，人小心大，你跟他，他
他比你懶，他比你睡得早，
你比他起得早，不知道
不知人事，

秋口镇长径村 B 60-1 · 杂文

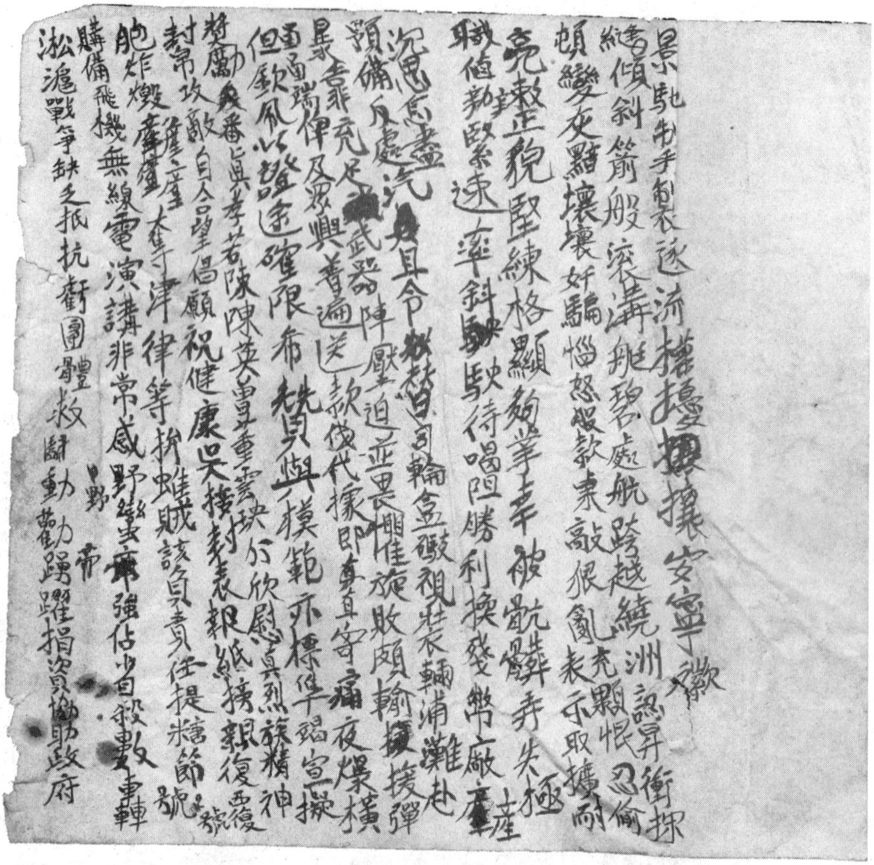

景馳先手制裁遂流樓擾[illegible]攘安寧徽衝探
纏傾斜箭般滾湧飛碧處航跨越繞洲認昇
充艱恨忍偷
頓變夜黯壞壞奸騙惱怒般款隶敲狠亂表示取攤耐
亮整貌壓練格顯夠筆幸被獻麟弄失極
職值勤緊速率斜[illegible]駛待喝阻勝利換發幣廠產產
沉悶盡汽[illegible]且令[illegible]司輪盒璥視壯表輛浦灘赴
頸備反處[illegible]武器陣壓迫並畏側佳旋敗頹輸[illegible]接彈
暴害非充足及眾興普遍送款代據即[illegible]寧痛夜爆橫
重通端偉
但歡風以盤途確限希贊與模範亦標準蹈宣擬
贊勵[illegible]番真孝若陳陳英曾重雲玦分欣慰真烈族精神
封帛攻敵自今望倡願祝健康吳接封表報紙擠親復西復號
[illegible]產產大等津律等拚蜡賊該負責任提糖節號
胞炸爆[illegible]
購備飛機無線電演講非常感野蠻[illegible]強佔少自殺數車輛
凇滬戰爭缺乏抵抗衛團體救斷動勸踴躍捐資協助政府
日野帝

秋口镇长径村 B 60-2 · 杂文

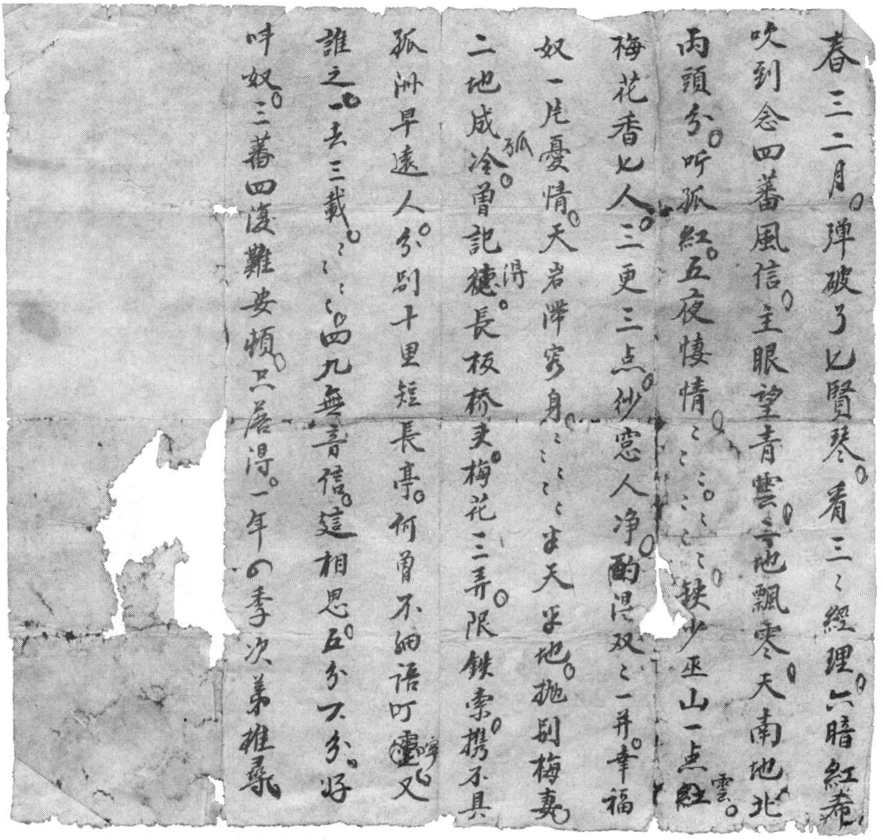
春三二月。彈破了々賢琴。看三々經理。六暗紅希
吹到念四蕃風信。主眼望青雲々地飄零天南地北
両頭分。听孤紅。五夜悽情々々々々々々々缺少巫山一点紅 雲。
梅花香々人。三更三点。纱窓人净。酌浸双々一弁。幸福
奴一片憂情。天岩滞穷身。々々々々天平地。抛别梅妻。
二地成冷。孤 曾記纏長板桥吏。滑 梅花三弄。限鉄索携不具
孤洲早遠人分。别十里短長亭。何曾不細語叮嚀又
誰之々去三载。々々々四九無音信。這相思五分不分。好
叫奴。三蕃四渡難安頓。只落得。一年の季次第摧残

秋口镇长径村 B 61 · 戏文

秋口镇长径村 B 62 · 账单

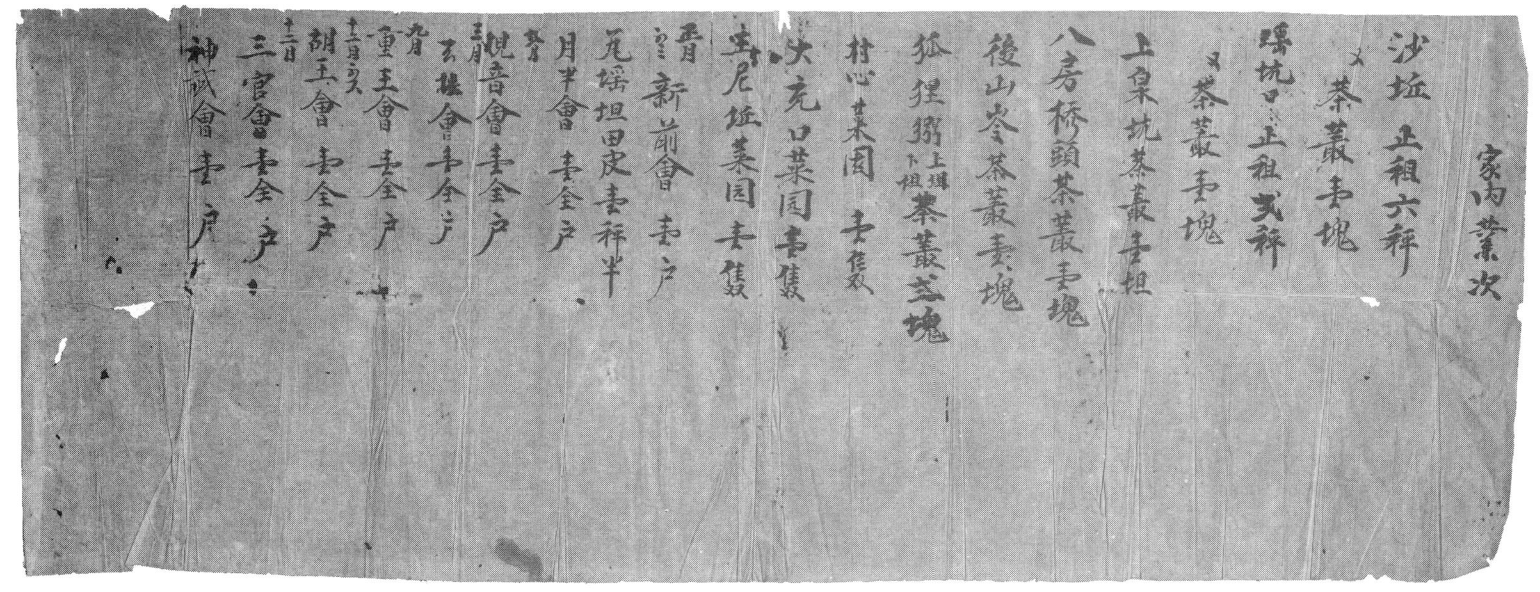

秋口镇长径村 B 63 · 流水账

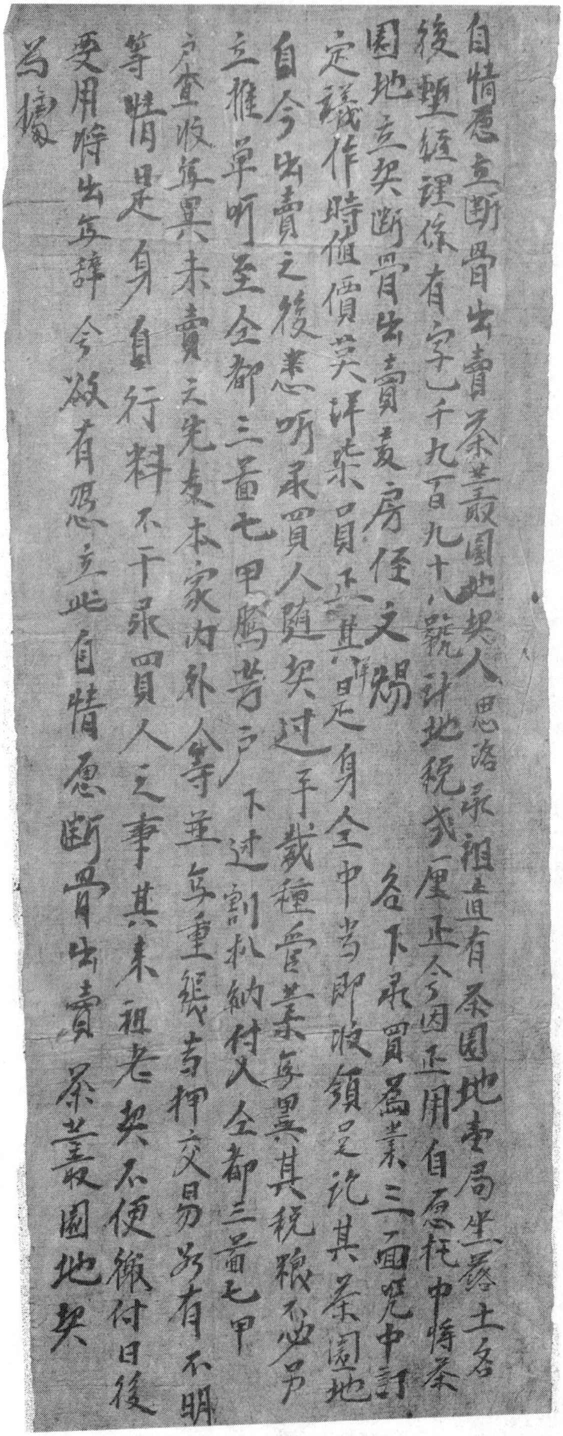
自情愿立断骨出卖茶丛园地契人思洛承祖遗有茶园地壹局坐落土名
後塹緾理係有字乙千九百九十八號計地税弍厘正今因正用自愿托中将茶
园地立契断骨出卖与房侄文炀名下承买為業三面凴中訂
定議作時值價英洋柒員正其洋是日是身全中当即收領足讫其茶園地
自今出卖之後悉聽承買人随契过手栽種管業無異其税粮不必另
立推单聽至本都三啚七甲鹰普户下过割扒納付入本都三啚七甲
户查收無異未賣之先與本家内外人等並無重张交易如有不明
等情是身自行料不干承買人之事其来祖老契不便繳付日後
要用将出無辞今欲有憑立此自情愿断骨出卖茶丛園地契
為據

秋口镇长径村 B 95 · 断骨出卖茶丛园地契 · 思洛卖与房侄文炀

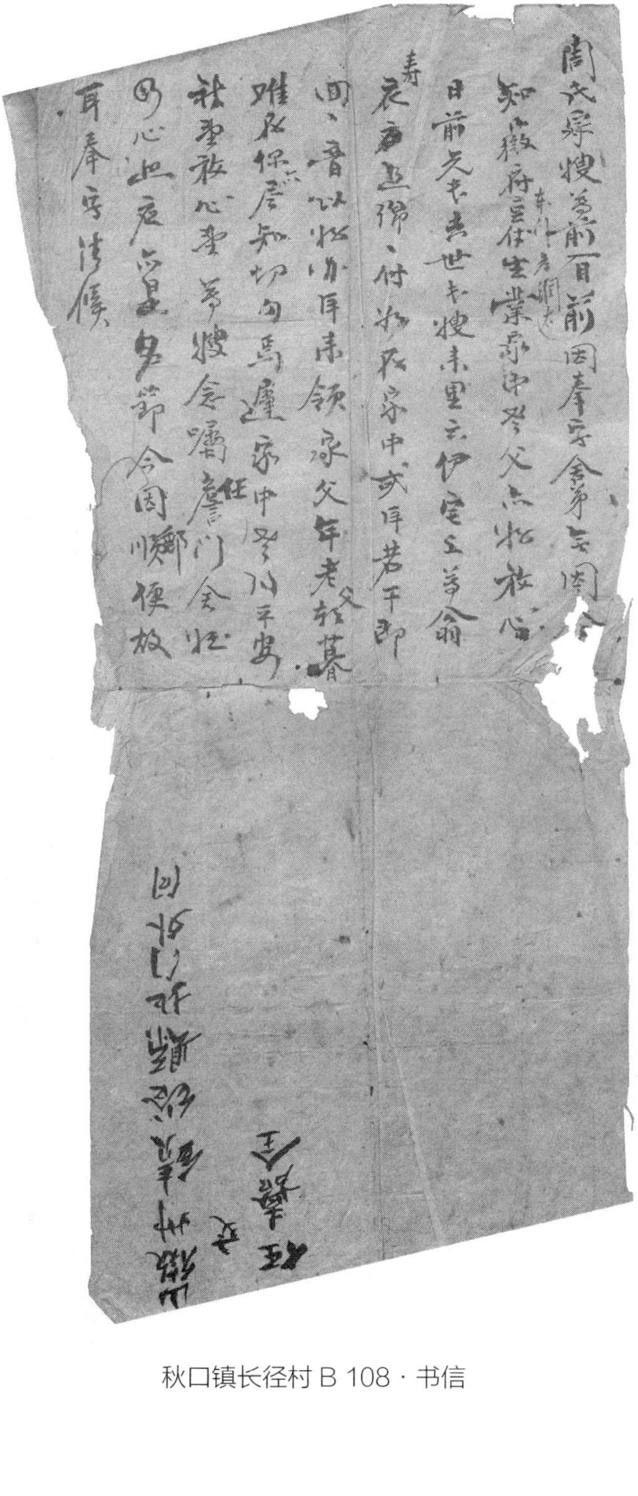
周氏寡嫂尊前 目前因奉字舍弟安闻
知徽府县住生業家中各父亦松故。
日前大嫂去世，嫂来里云伊宅五弟命
寿衣、过佛、付物，取家中式年若干即
回。曾以拙年来领家父年老，接暮
难以保全，知切问焉，遵家中各人平安，
放望被心，奉搜舍嘱告门舍任，
不心如应负为节，今因乡顺便携
耳奉字请候。

秋口镇长径村 B 108 · 书信

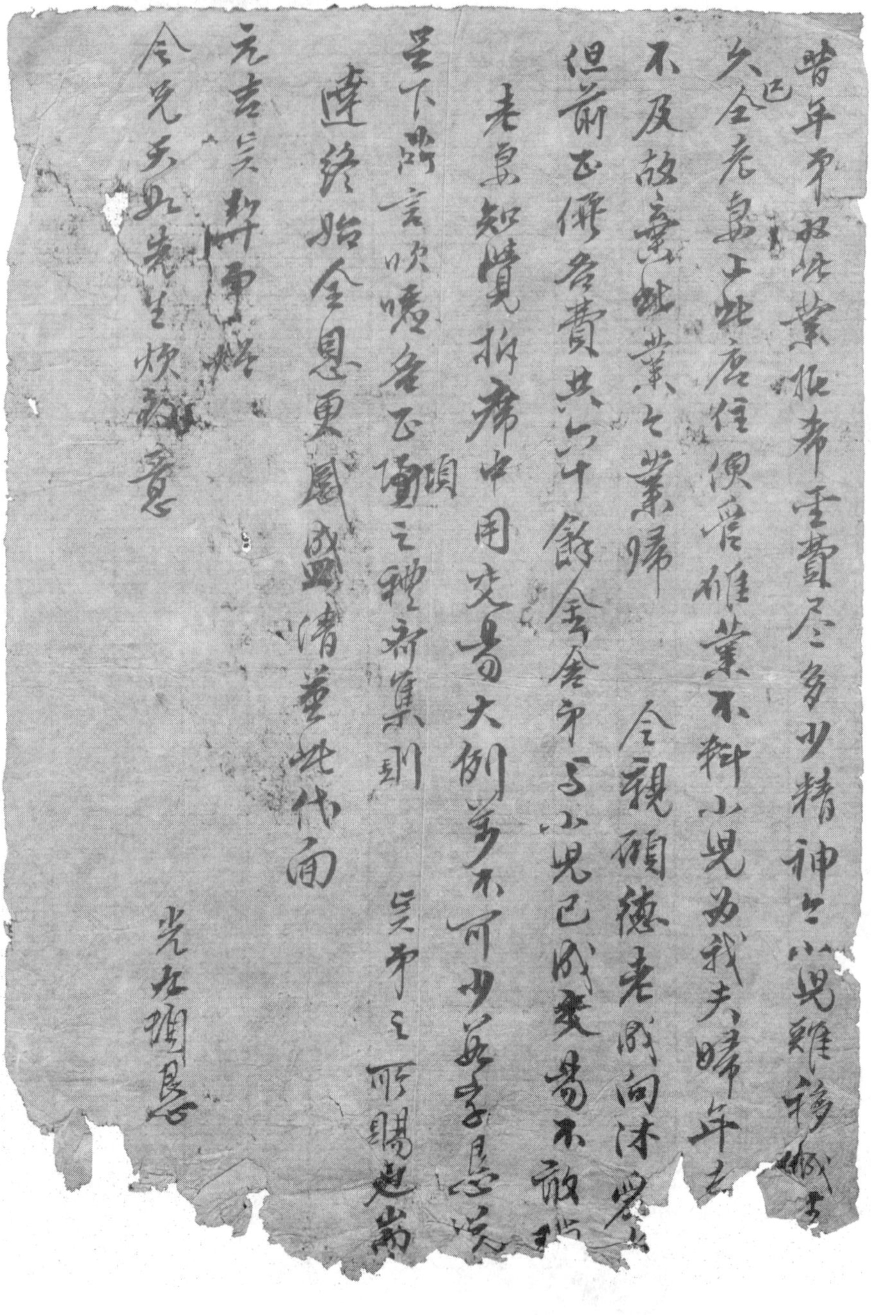

秋口镇长径村 B 109 · 书信 · 光九寄与兄

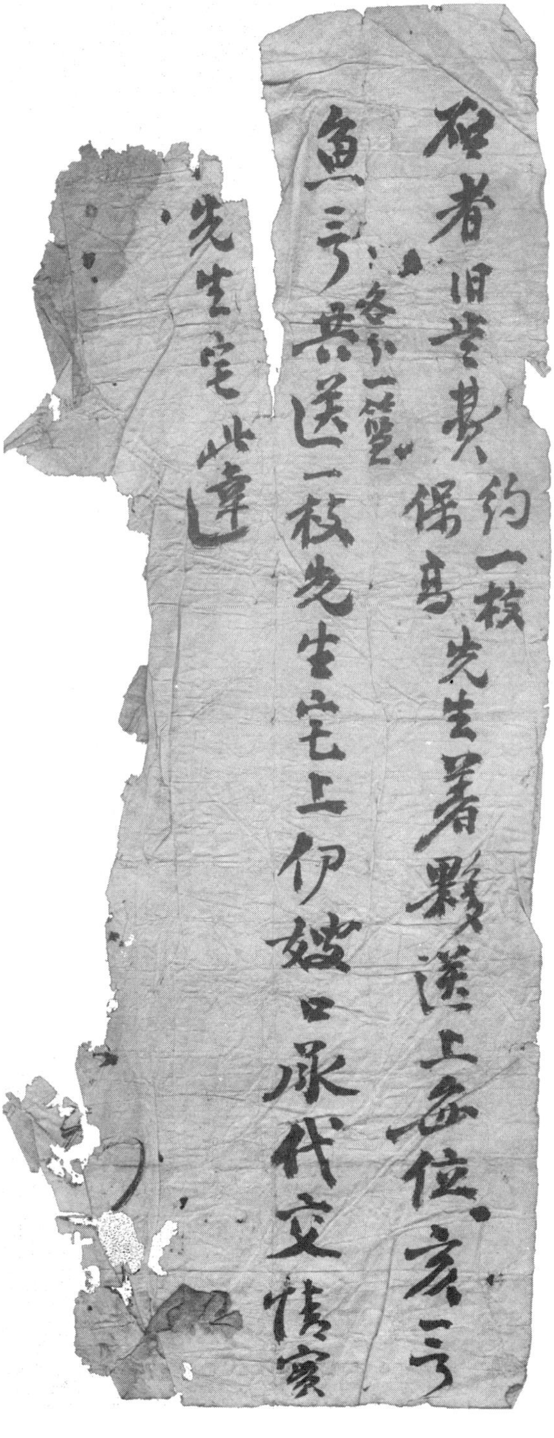
砳者旧岁其约一枝偶高先生著數送上每位亥三
鱼三尾送一枝先生宅上伊媳口眾代交情實
备补一篮
先生宅 此達

秋口镇长径村 B 111 · 书信

秋口镇里源 1—168

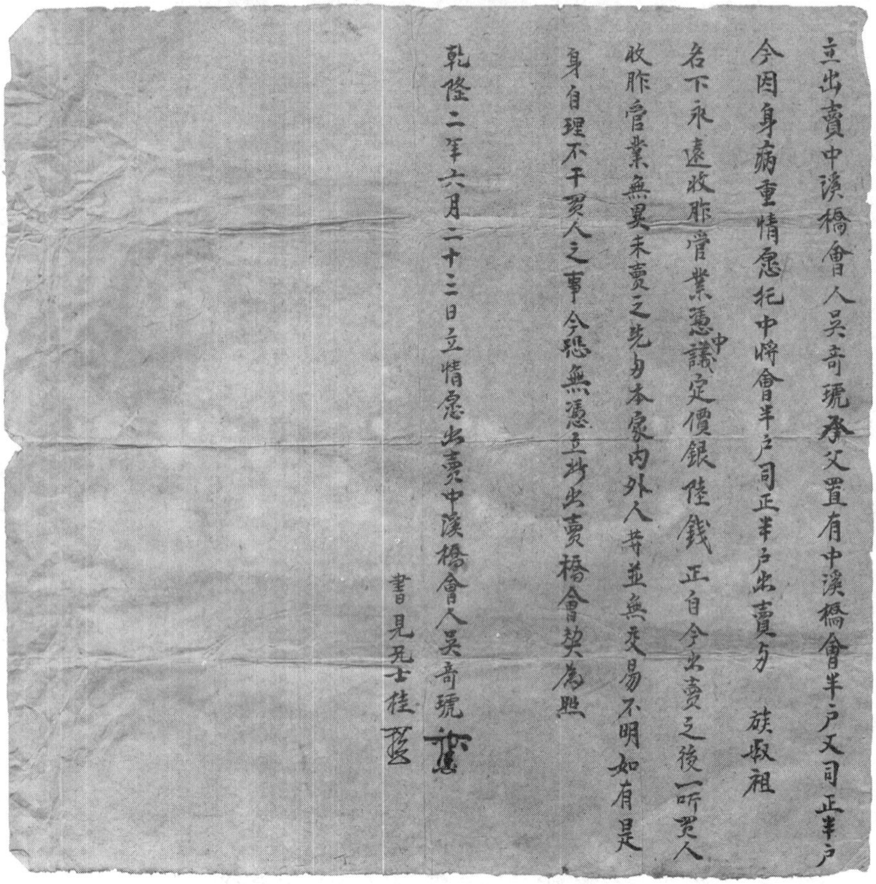

立出賣中溪橋會人吳奇琥承父置有中溪橋會半戶又司正半戶
今因身病重情愿托中將會半戶司正半戶出賣与　族叔祖
名下永遠收胙管業憑中議定價銀陸錢正自今出賣之後一听買人
收胙管業無異未賣之先与本家內外人等並無交易不明如有是
身自理不干買人之事今恐無憑立此出賣橋會契為照
乾隆二年六月二十三日立情愿出賣中溪橋會人吳奇琥（押）
書見兄士桂（押）

秋口镇里源 151 · 乾隆二年 · 出卖中溪桥会契 · 吴奇琥卖与族叔祖□

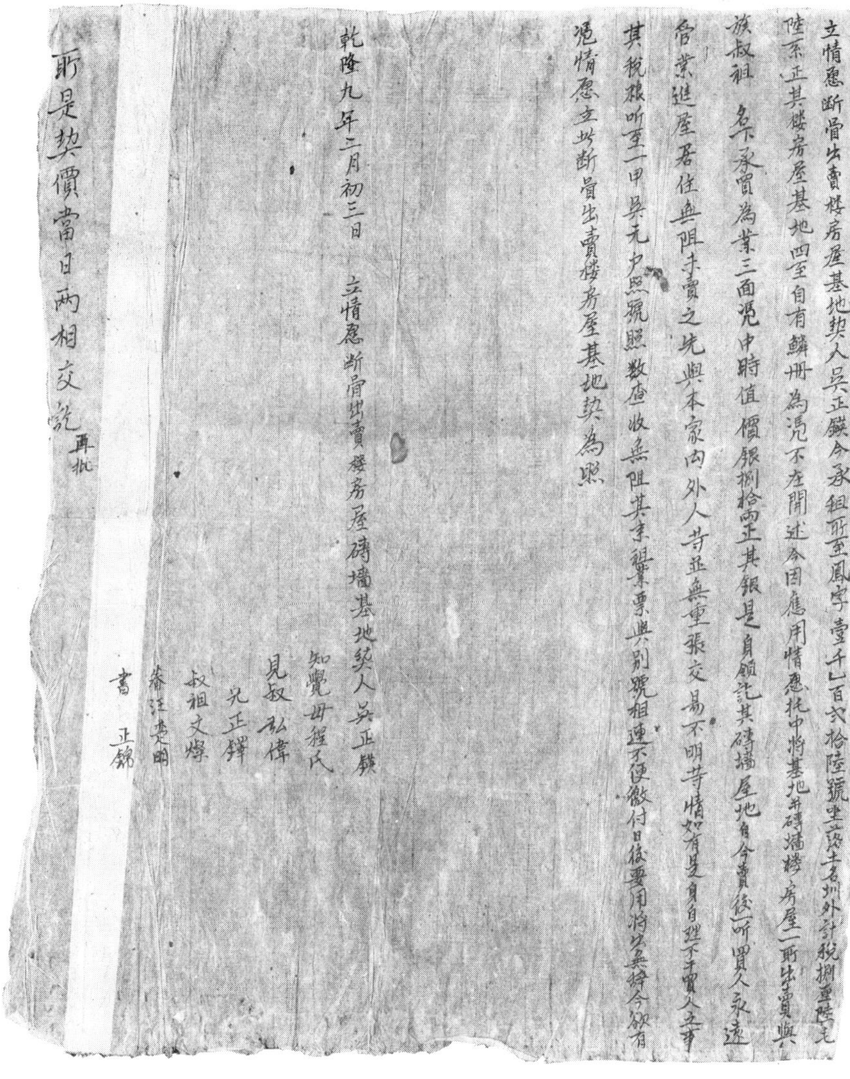

立情愿断骨出賣楼房屋基地契人吴正鏷今承祖所至鳳字壹千七百弍拾陸號坐落土名圳外計稅捌厘陸毛陸系正其楼房屋基地四至自有鱗册為凴不在開述今因應用情愿托中将基地并磚墙楼房屋一所出賣與族叔祖　名下承買為業三面凴中時值價銀捌拾兩正其銀是身領訖其磚墙屋地自今賣後一听買人永遠管業進屋居住無阻未賣之先與本家內外人等並無重張交易不明等情如有是身自理不干買人之事其稅粮听至一甲吴元户照號照数查收無阻其來祖業票與别號相連不便缴付日後要用將出無辞今欲有凴情愿立此断骨出賣楼房屋基地契為照

乾隆九年二月初三日　立情愿断骨出賣楼房屋磚墙基地契人吴正鏷

知覺母程氏

見叔私偉

兄正鐸

叔祖文燦

眷汪老明

書　正錦

所是契價當日兩相交訖　再批

秋口镇里源 75 · 乾隆九年 · 断骨出卖楼房屋基地契 · 吴正镤卖与本族叔祖☐

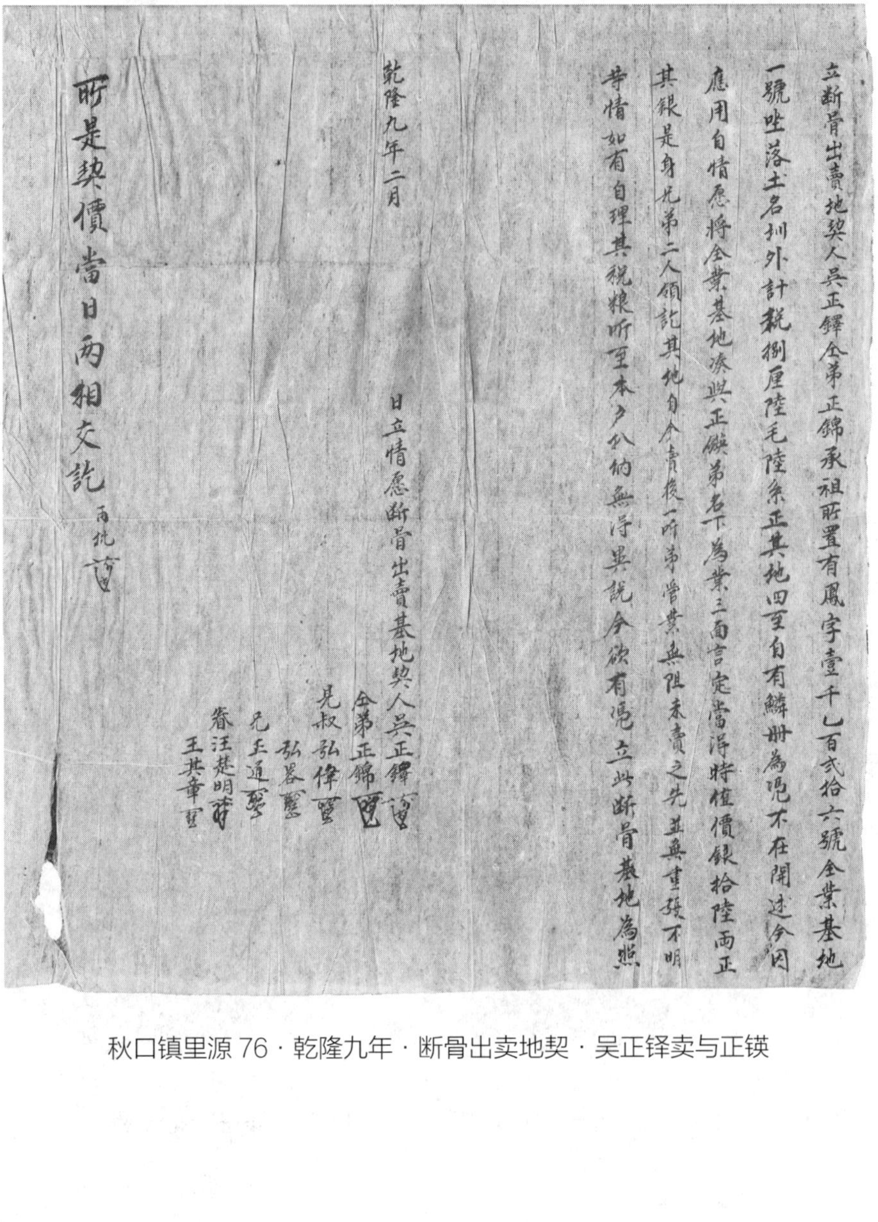

立断骨出賣地契人吴正鐸仝弟正錦承祖所置有鳳字壹千七百弍拾六號仝業基地一號坐落土名圳外計税捌厘陸毛陸糸正其地四至自有鱗册為凭不在開述今因應用自情愿將仝業基地湊與正鏌弟名下為業三面言定當得時值價銀拾陸兩正其銀是身兄弟二人領訖其地自今賣後一聽弟管業無阻未賣之先並無重張不明等情如有自理其税粮聽至本户扒納無得異說今欲有凭立此断骨基地為照

乾隆九年二月　日立情愿断骨出賣基地契人吴正鐸（押）

仝弟正錦（押）

見叔弘偉（押）

弘碁（押）

兄正通（押）

眷汪楚明（押）

王共章（押）

所是契價當日兩相交訖　再批（押）

秋口镇里源 76 · 乾隆九年 · 断骨出卖地契 · 吴正铎卖与正镆

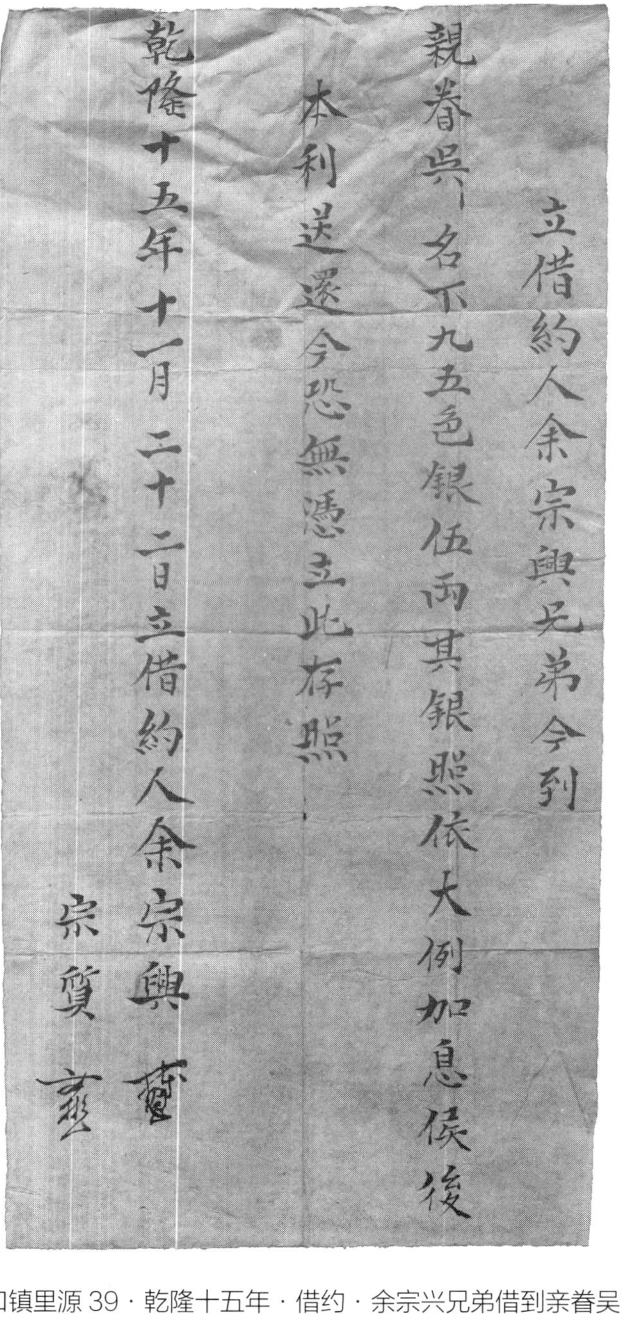
立借約人余宗興兄弟今到
親眷吳丨名下九五色銀伍兩其銀照依大例加息候後
本利送還今恐無憑立此存照
乾隆十五年十一月二十二日立借約人余宗興
宗質

秋口镇里源 39 · 乾隆十五年 · 借约 · 余宗兴兄弟借到亲眷吴〼

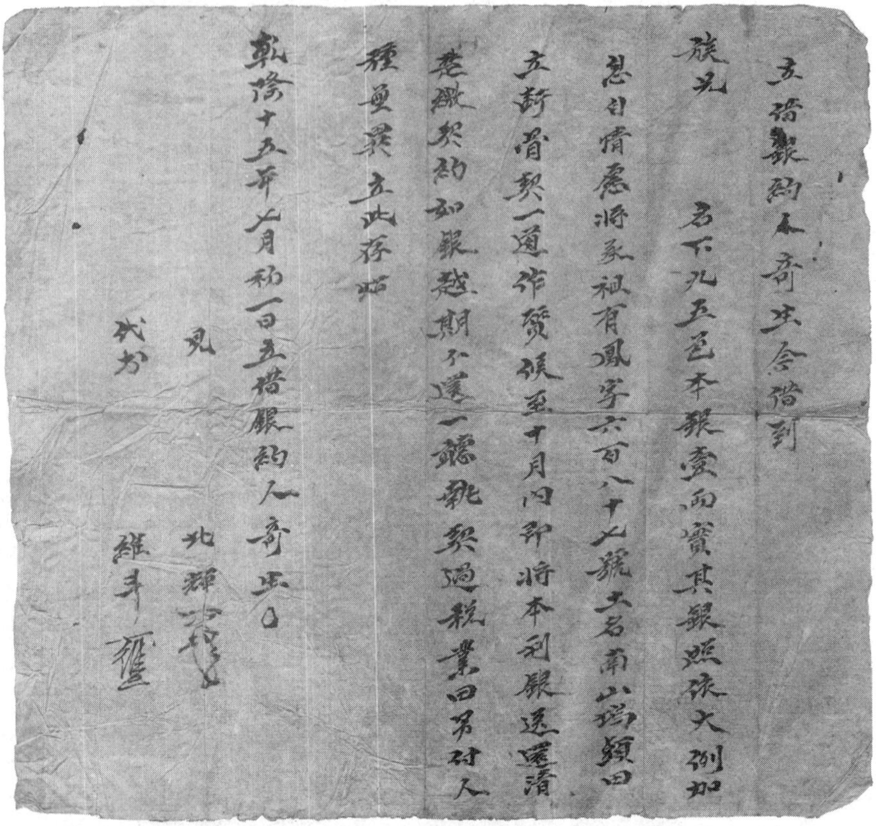

立借银约人奇生今借到
族兄　名下九五色本银壹两，其银照依大例加
息，自情愿将承祖有凤字六百八十七号，土名南山坞头田
立断骨契一道作质，候至十月内即将本利银送还清
楚，缴契约。如银越期不还，一听执契过税业，田另讨人
种无异。立此存照。
乾隆十五年七月初一日立借银约人奇生（押）
见　北辉（押）
代书　继井（押）

秋口镇里源 111 · 乾隆十五年 · 借银约 · 奇生借到族兄☒

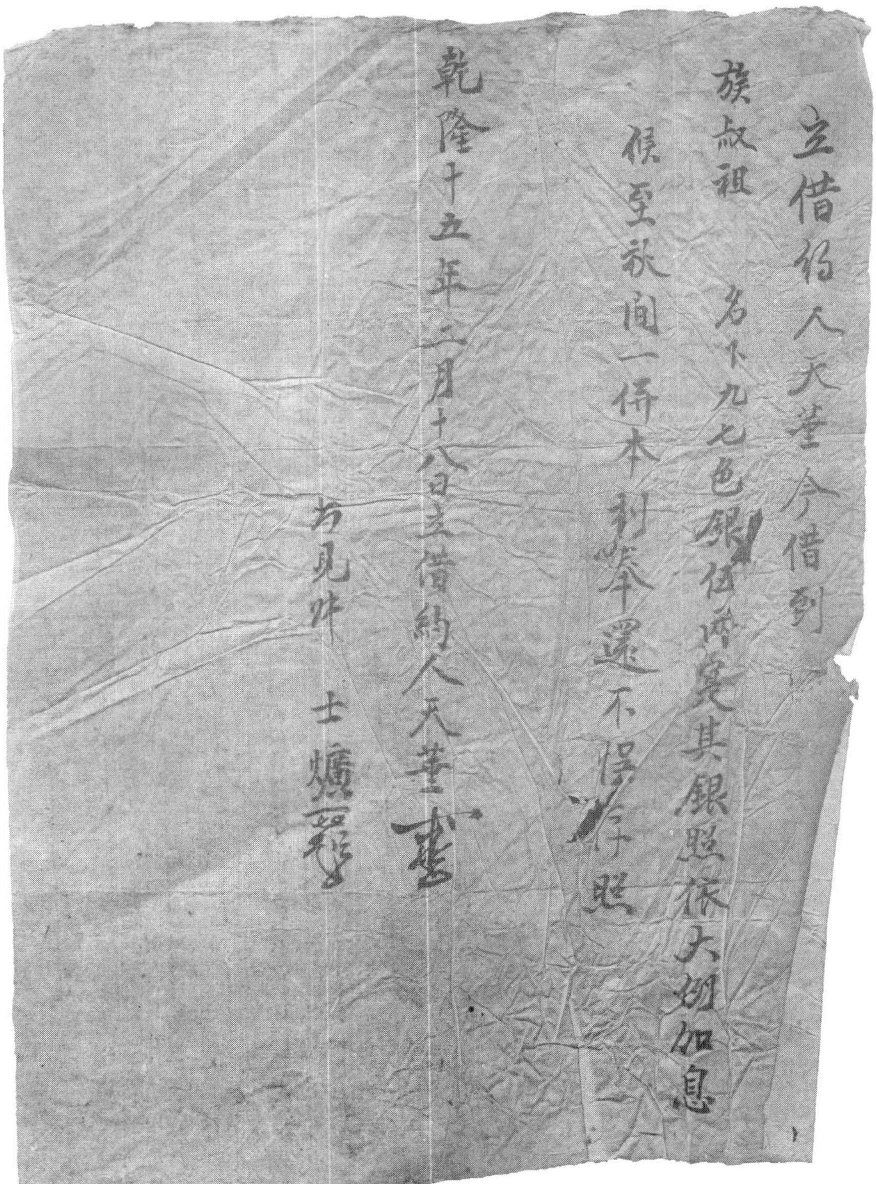

立借約人天董今借到
族叔祖 名下九七色銀伍兩，其銀照依大例加息，
候至秋间一併本利奉還不悞，存照。
乾隆十五年二月十八日立借約人天董（押）
為見叔 士爌（押）

秋口镇里源 124 · 乾隆十五年 · 借约 · 天董借到族叔祖☐

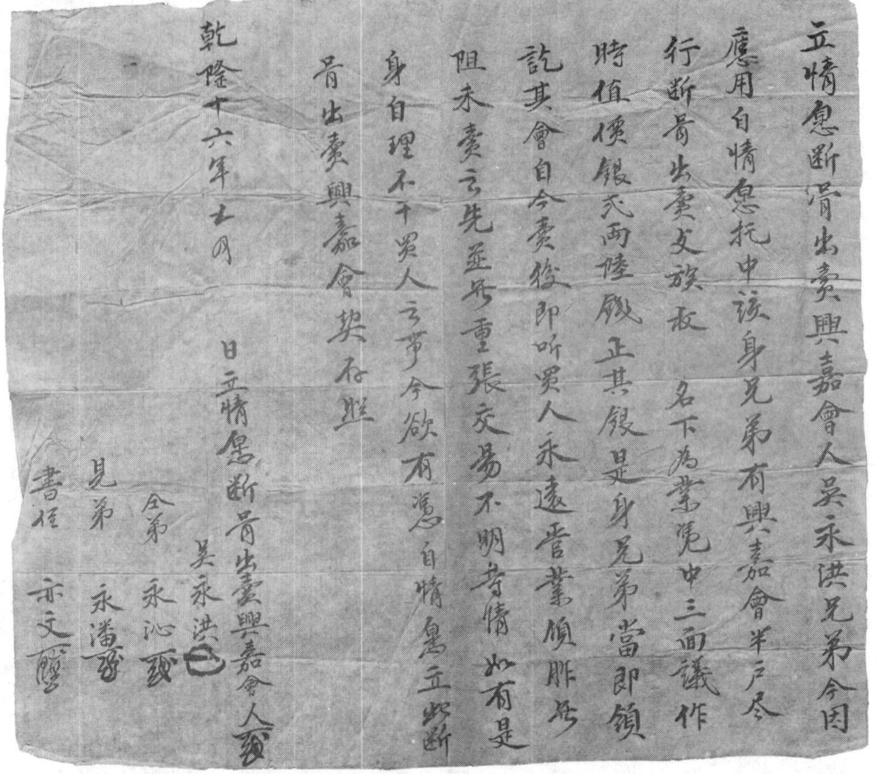

立情愿断骨出賣興嘉會人吴永洪兄弟今因
應用自情愿托中將身兄弟有興嘉會半戶尽
行断骨出賣與族叔　名下為業凴中三面議作
時值價銀弍両陸錢正其銀是身兄弟當即領
訖其會自今賣後即听買人永遠管業領胙無
阻未賣之先並無重張交易不明等情如有是
身自理不干買人之事今欲有憑自情愿立此断
骨出賣興嘉會契存照
乾隆十六年十月　　日立情愿断骨出賣興嘉會人吴永洪
仝弟　永沁
見弟　永滿
書侄　亦文

秋口镇里源 113 · 乾隆十六年 · 断骨出卖兴嘉会契 · 吴永洪兄弟卖与族叔☐

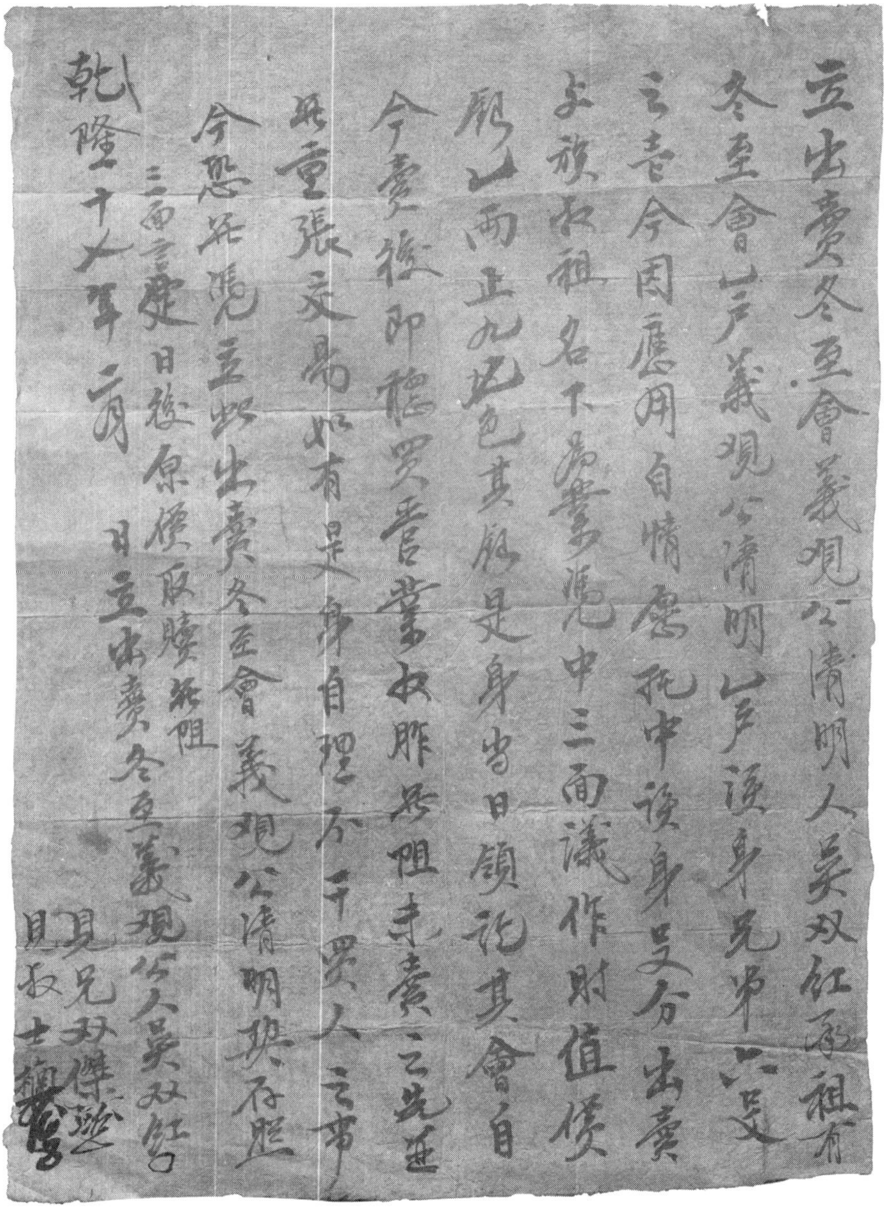

立出賣冬至會義觀公清明人吴双红，承祖有冬至會乙户、義觀公清明乙户，該身兄弟二股之壹。今因應用，自情愿托中，該身己分出賣与族叔祖名下為業，憑中三面議作時值價銀□两正，九九色，其銀是身當日領訖。其會自今賣後，即听買者管業收胙，無阻。未賣之先，並無重張交易；如有，是身自理，不干買人之事。今恐無憑，立此出賣冬至會義觀公清明契存照。

三面言定，日後原價取贖，無阻。

乾隆十七年二月　日立出賣冬至會義觀公人吴双红（押）

見兄双傑（押）

見叔士[illegible]（押）

秋口镇里源 135 · 乾隆十七年 · 出卖冬至会契义观公清明会契 ·
吴双红卖与族叔祖

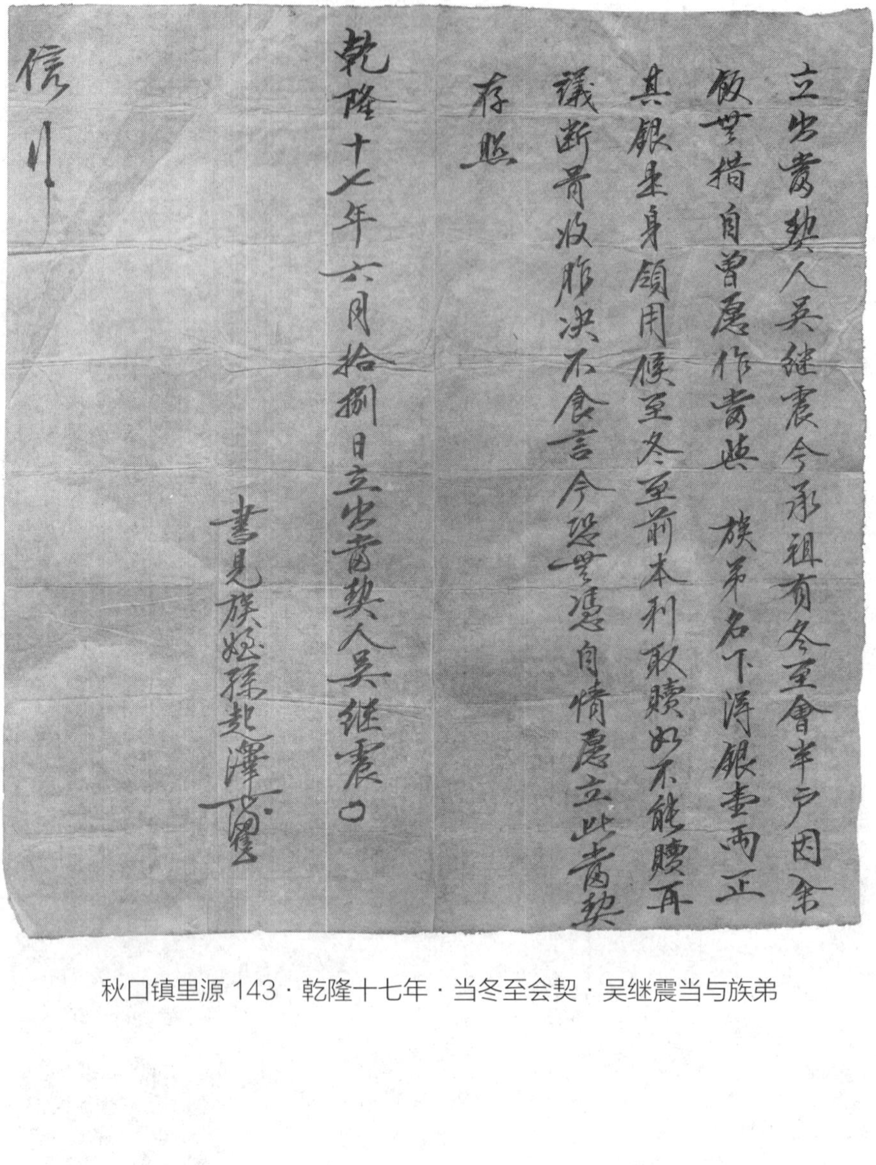

立出當契人吳繼震今承祖有冬至會半户因余
缺無措自情愿作當與　族弟名下得銀壹兩正
其銀是身領用候至冬至前本利取贖如不能贖再
議斷骨收贖決不食言今恐無憑自情愿立此當契
存照

乾隆十七年六月拾捌日立出當契人吳繼震

書見族姪孫起澤

信行

秋口镇里源 143 · 乾隆十七年 · 当冬至会契 · 吴继震当与族弟

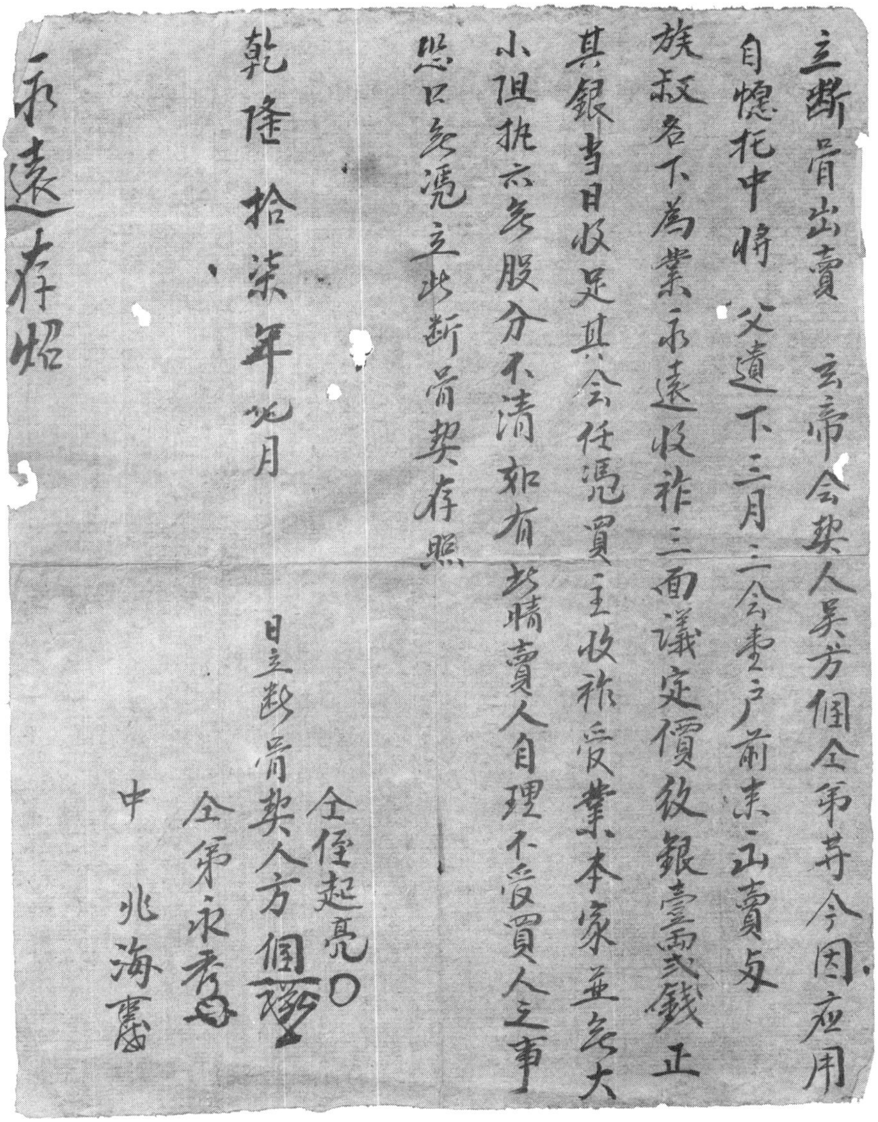

立断骨出賣玄帝会契人吴方佪仝弟芳今因应用
自愢托中将父遺下三月三会壹户前来出賣与
族叔名下為業永遠收祚三面議定價紋銀壹两弍錢正
其銀当日收足其会任憑買主收祚管業本家並無大
小阻执亦無服分不清如有此情賣人自理不干買人之事
恐口無憑立此断骨契存照

乾隆拾柒年九月 日立断骨契人方佪
仝侄起亮〇
仝弟永秀
中 兆海

永遠存炤

秋口镇里源 150 · 乾隆十七年 · 断骨出卖玄帝会契 ·
吴方佪同弟卖与族叔

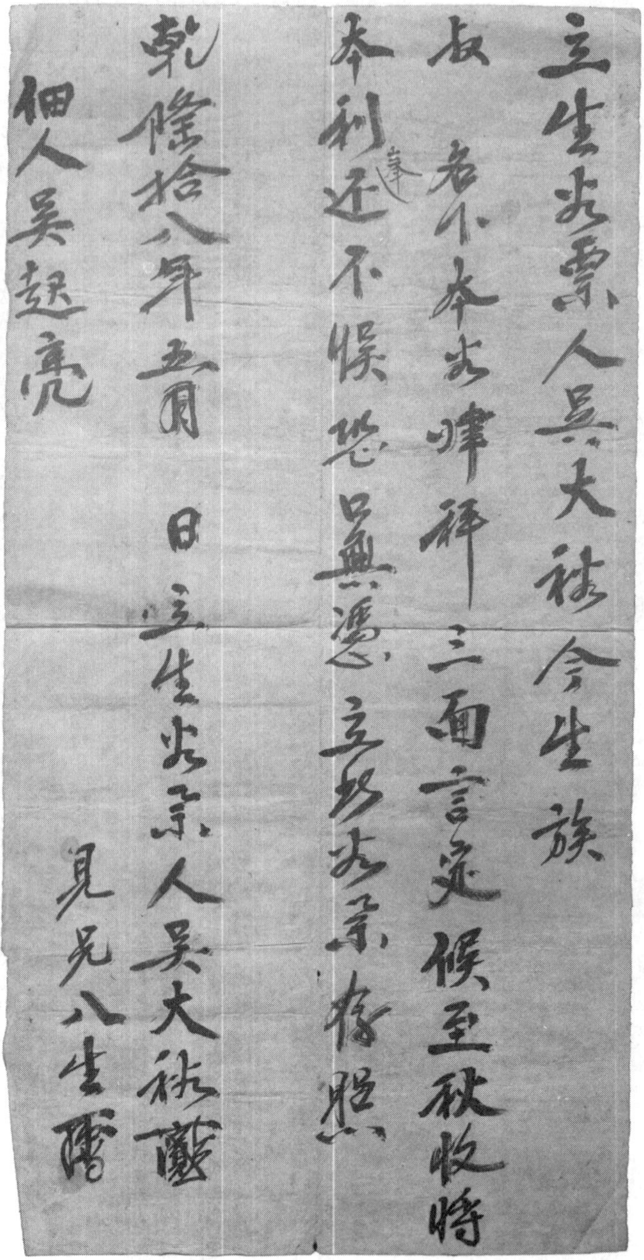
立生息票人吴大裕今生族
叔名下本息肆秤三面言定候至秋收将
本利还不悮 恐口无凭 立此息票存照
乾隆拾八年五月 日 立生息票人吴大裕
见兄八生
佃人吴廷亮

秋口镇里源 41 · 乾隆十八年 · 借约 · 吴大裕借于族叔☒

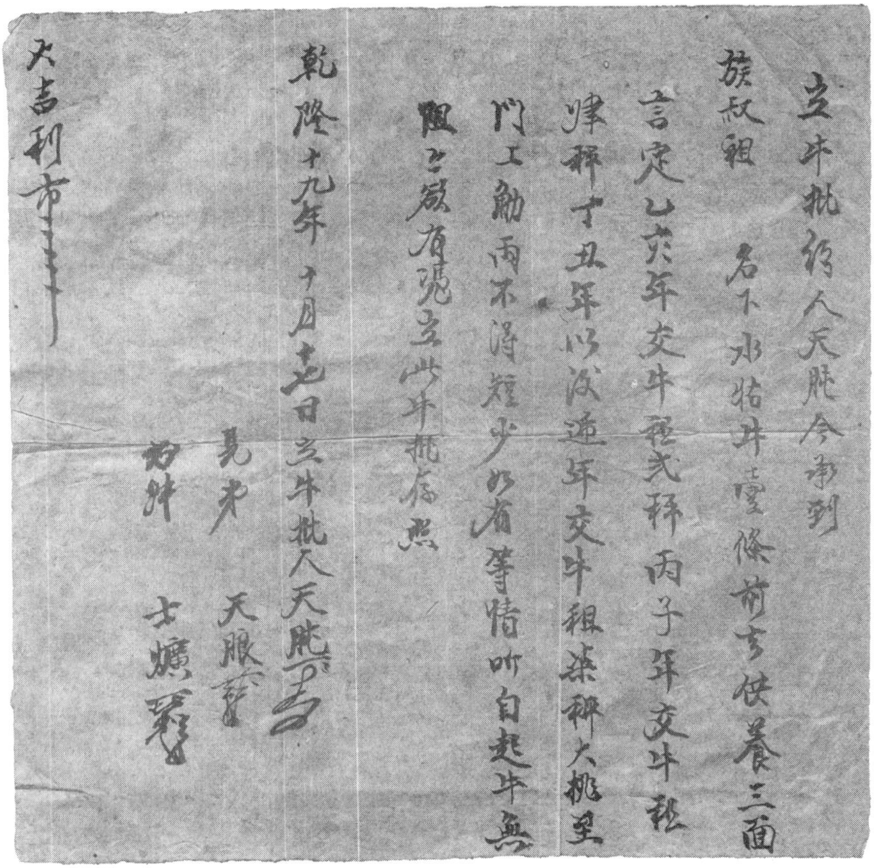

立牛批约人天肫今承到
族叔祖 名下水牯牛壹條前去供養三面
言定乙亥年交牛租弍秤 丙子年交牛租
肆秤 丁丑年以後逐年交牛租柒秤大桃望
門工帥雨不得短少如有等情听自起牛無
阻 今欲有憑立此牛批存照
乾隆十九年 十月廿日立牛批人天肫（押）
見中 天服（押）
代笔 士嫔（押）
大吉利市

秋口镇里源 146 · 乾隆十九年 · 牛批约 · 天肫承到族叔祖☐

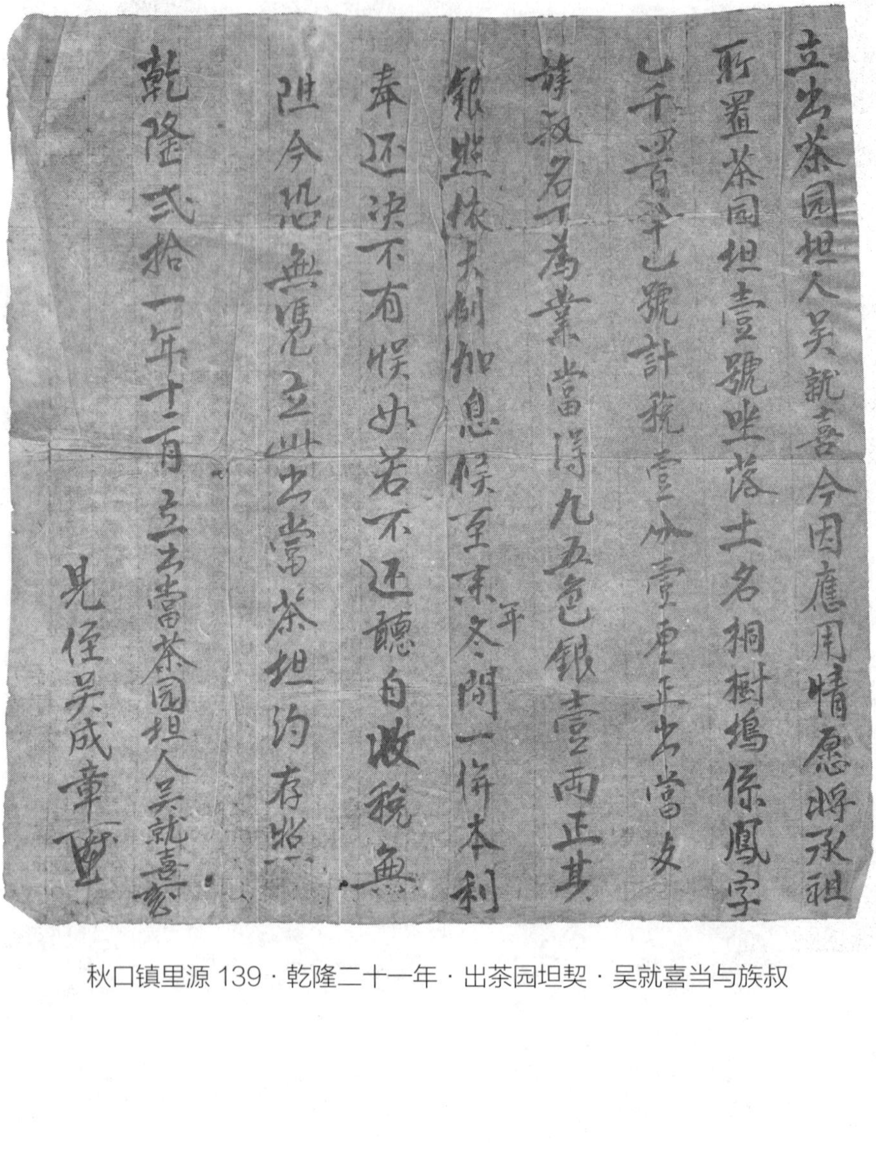
立出茶园坦人吴就喜今因應用情愿将承祖
買置茶園坦壹號坐落土名桐樹塢係鳳字
山千四百[illegible]號計税壹分壹厘正出當与
族叔名下為業當得九五色銀壹兩正其
銀照依大例加息候至来年冬間一併本利
奉还決不有悞如若不还聽自收税無
阻今恐無憑立此出當茶坦約存照
乾隆式拾一年十二月　立出當茶园坦人吴就喜
見侄吴成章

秋口镇里源 139 · 乾隆二十一年 · 出茶园坦契 · 吴就喜当与族叔

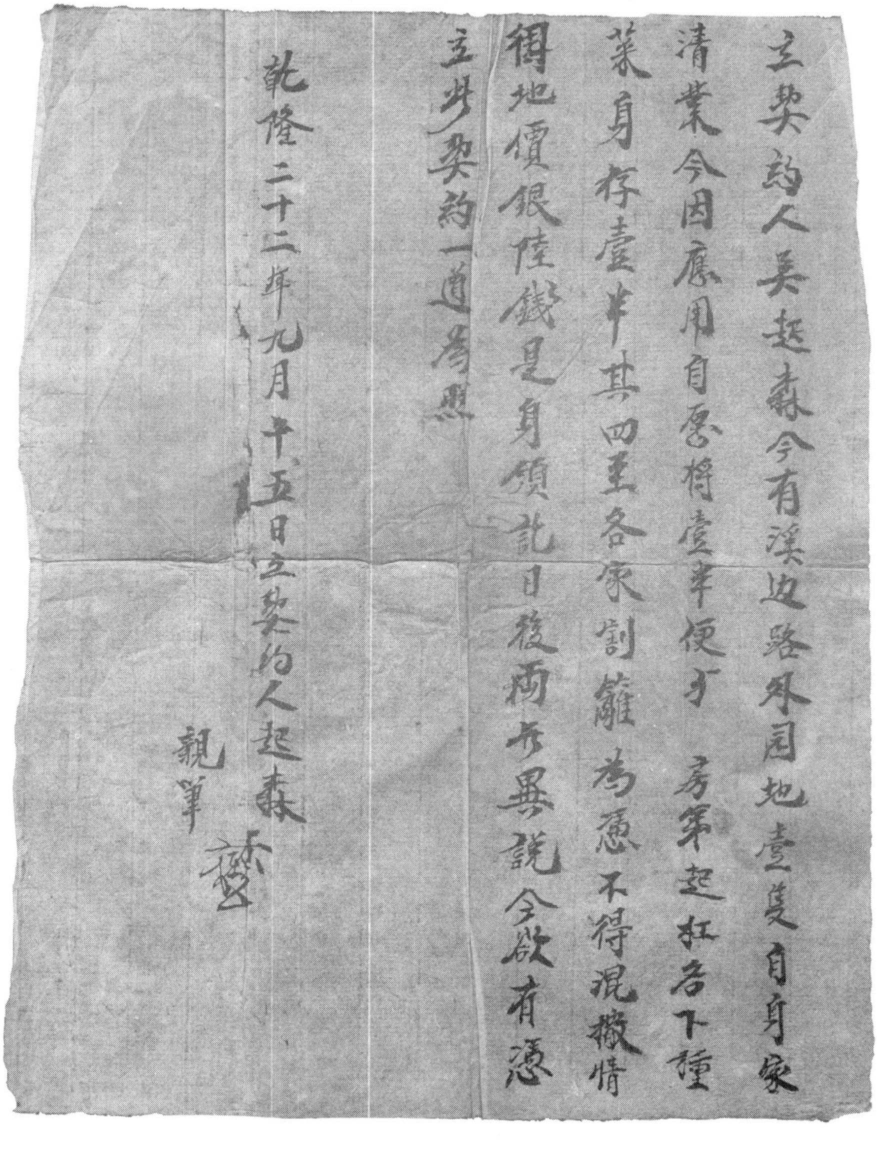

立契約人吴起森今有溪边路外园地壹隻是自身家清業今因應用自愿將壹半便与房弟起杠名下種菜身存壹半其四至各家劃籬為憑不得混擾情得地價銀陸錢是身領訖日後兩無異說今欲有憑立此契約一道為照

乾隆二十二年九月十五日立契約人起森

親筆

秋口镇里源 120 · 乾隆二十二年 · 出卖菜园地契 · 吴起森卖与房弟起杠

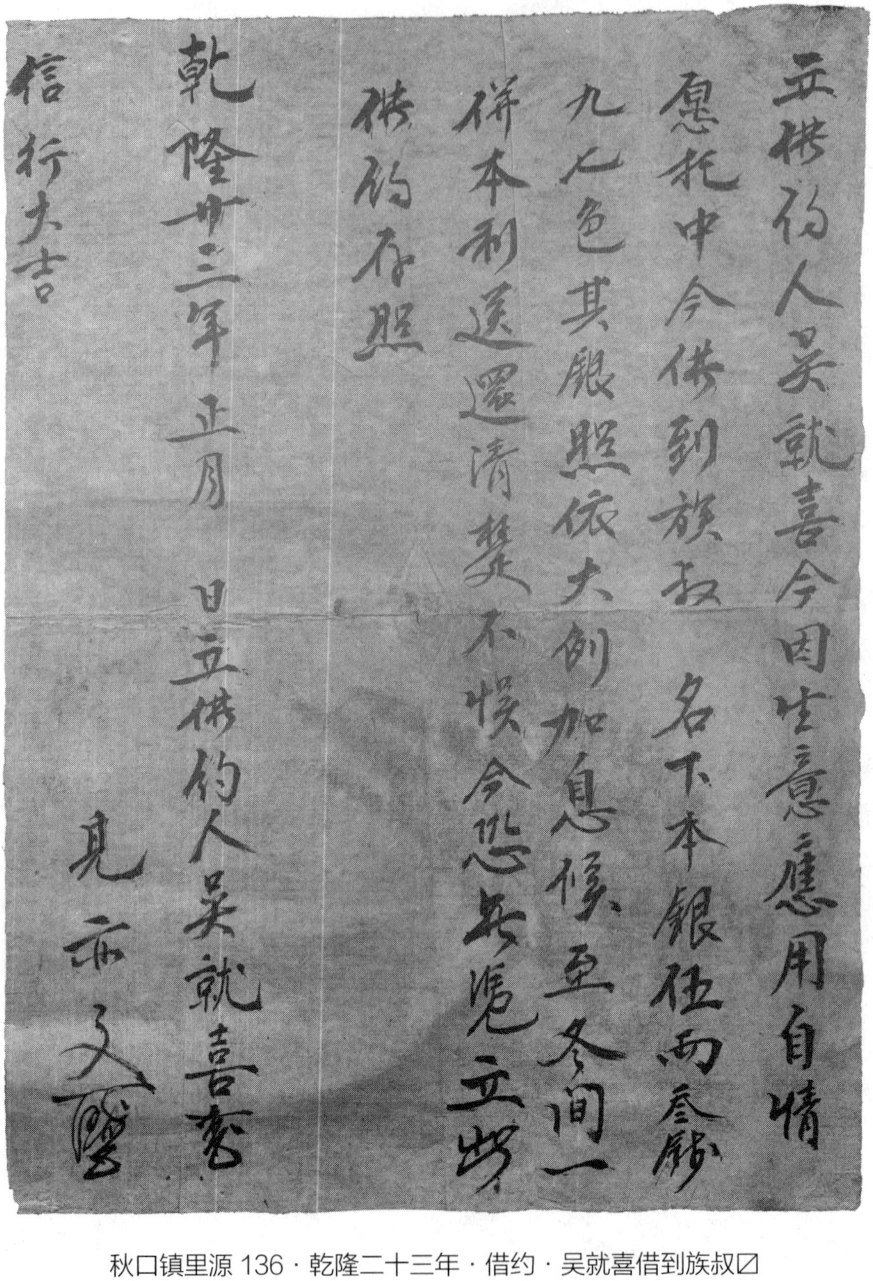
立借約人吳就喜今因生意應急用自情
愿托中今借到族叔　名下本銀伍兩叁錢
九七色其銀照依大例加息候至冬間一
併本利送還清楚不悞今恐無凭立此
借約存照
乾隆廿三年正月　日立借約人吳就喜
見示文
信行大吉

秋口镇里源 136 · 乾隆二十三年 · 借约 · 吴就喜借到族叔☐

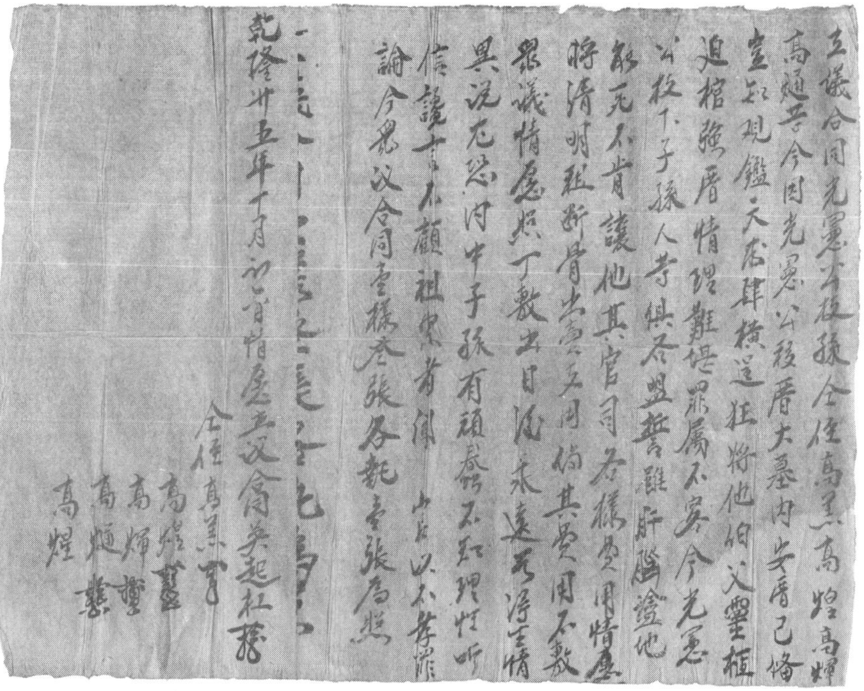

立議合同光冕公房孫全侄高羔、高煌、高輝
高熥等，今因光冕公殁厝大墓内安厝已修
塋，[illegible]知現鑑天恣肆横逞狂，將他伯父墨植
追棺強厝，情理難堪，眾屬不容。今光冕
公枝下子孫人等俱各盟誓，雖肝腦塗地
斷無不肯讓他。其官司各樣費用情愿
將清明租斷骨出為[illegible]用；倘其費用不敷，
眾議情愿照丁數出日[illegible]，永遠無得生情
異説。無怨内中子孫有頑蠢不知理性，聽
信讒言，不顧祖宗者，俱[illegible]以不孝
論。今恐無憑，立議合同壹樣叁張，各執壹張為照。

乾隆廿五年十月初七日情愿立議合同吳起杠（押）
全侄 高羔（押）
高煌（押）
高輝（押）
高熥（押）
高煋

秋口镇里源 167 · 乾隆二十五年 · 合同 · 吴起杠同侄高羔、
高煌、高辉、高熥、高煋

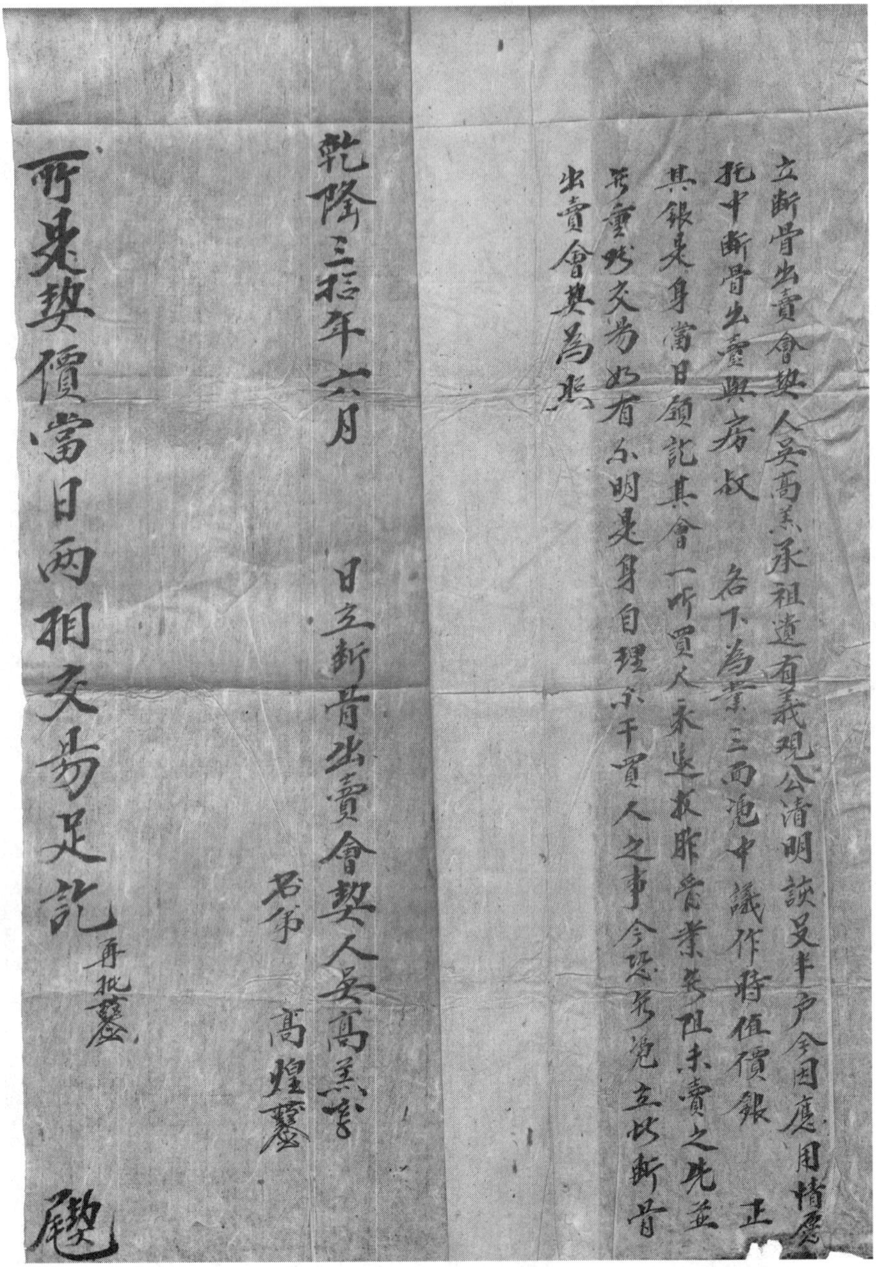
立断骨出賣會契人吴高羔承祖遺有義規公清明會半户今因應用情愿
托中断骨出賣與房叔　名下為業三面憑中議作時值價銀　正
其銀是身當日領訖其會一听買人永遠收胙管業无阻未賣之先並
无重互交易如有不明是身自理不干買人之事今恐无憑立此断骨
出賣會契為照
乾隆三拾年六月　日立断骨出賣會契人吴高羔（押）
胞弟　高煌（押）
所是契價當日兩相交易足訖　再批（押）

秋口镇里源 66 · 乾隆三十年 · 断骨出卖会契 · 吴高羔卖与房叔☒

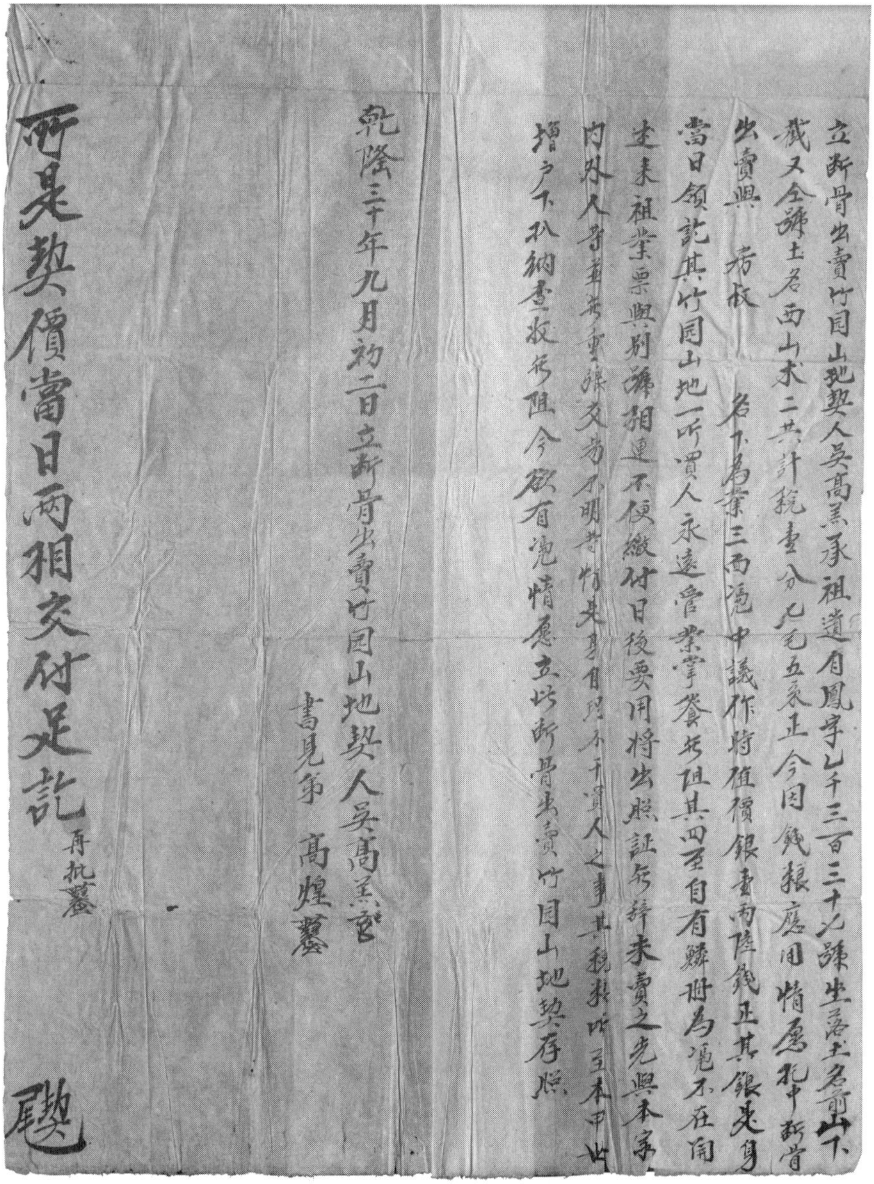
立断骨出賣竹园山地契人吴高羔承祖遺有鳳字山千三百三十七號土名前山下
截又仝號土名西山末二共計稅壹分乙毛五系正今因錢粮應用情愿托中断骨
出賣與　房叔　名下為業三面憑中議作時值價銀壹兩陸錢正其銀是身
當日領訖其竹园山地一听買人永遠管業掌養無阻其四至自有鱗册為憑不在開
述未祖業票與别號相連不便繳付日後要用將出照証無辞未賣之先與本家
內外人等並無重張交易不明等情如有自理不干買人之事其稅听至本甲此
增户下扒納壹收無阻今欲有憑情愿立此断骨出賣竹园山地契存照

乾隆三十年九月初二日立断骨出賣竹园山地契人吴高羔
書見弟　高煌

所是契價當日兩相交付足訖　再批

契

秋口镇里源 91 · 乾隆三十年 · 断骨出卖竹园山地契 · 吴高羔卖与房叔☐

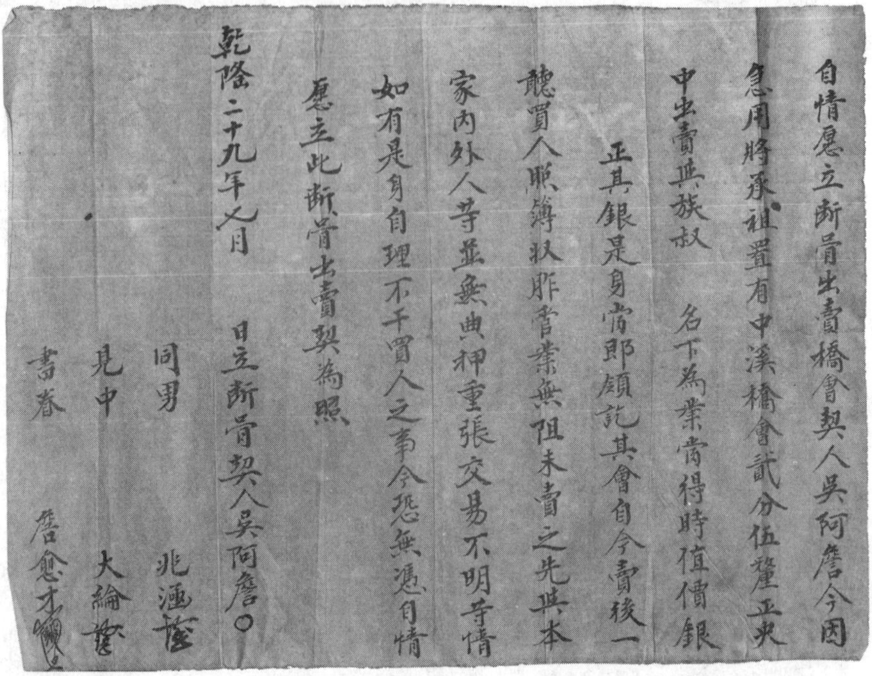

自情愿立断骨出賣橋會契人吳阿詹今因
急用，將承祖置有中溪橋會貳分伍釐正，央
中出賣與族叔　　名下為業，當得時值價銀
正，其銀是身當即領訖，其會自今賣後，一
聽買人貼簿收胙管業無阻，未賣之先，與本
家內外人等並無典押重張交易不明等情，
如有，是身自理，不干買人之事。今恐無憑，自情
愿立此断骨出賣契為照。
乾隆二十九年又月　　日立断骨契人吳阿詹〇
同男　兆涵（押）
見中　大綸（押）
書春　詹愈才（押）

秋口镇里源 162 · 乾隆二十九年 · 断骨出卖桥会契 · 吴阿詹卖与族叔☐

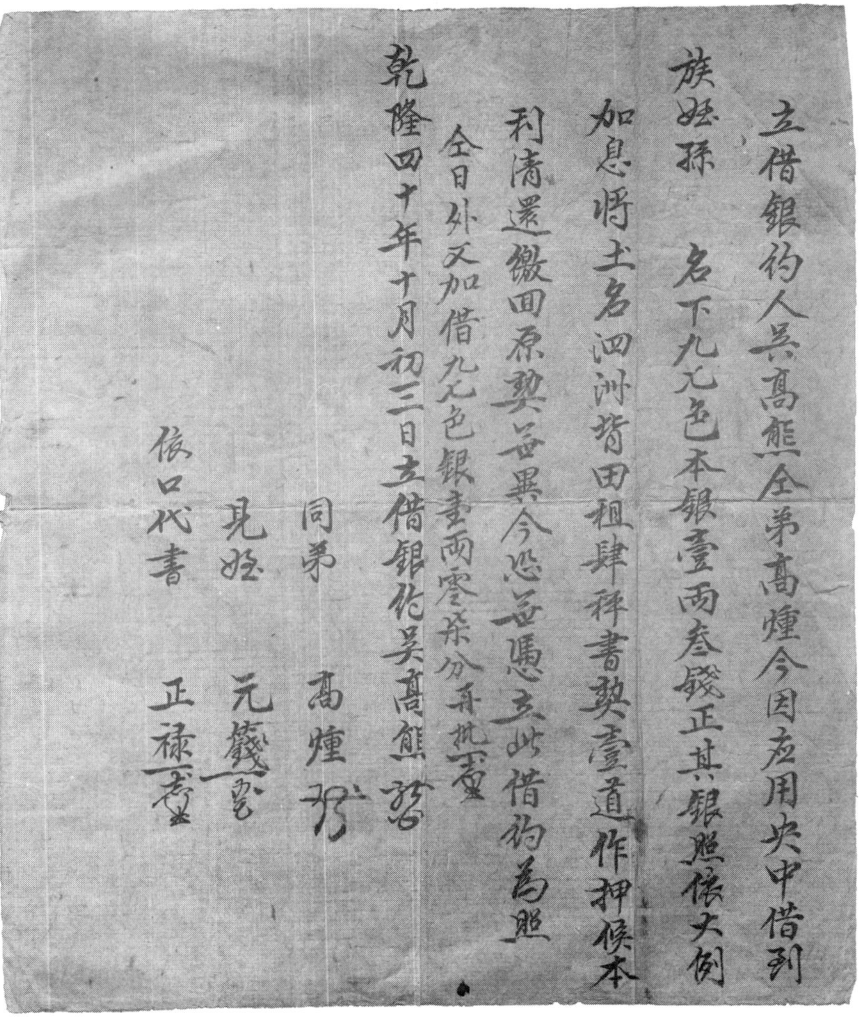
立借銀約人吴高熊仝弟高煙今因應用央中借到
族姪孫　名下九七色本銀壹兩叁錢正其銀照依大例
加息將土名四洲背田租肆秤書契壹道作押候本
利清還繳回原契無異今恐無憑立此借約爲照
仝日外又加借九七色銀壹兩零柒分再批
乾隆四十年十月初三日立借銀約吴高熊
同弟　高煙
見姪　元羲
依口代書　正祿

秋口镇里源 145 · 乾隆四十年 · 借银约 · 吴高熊同弟高煙借于族侄孙☐

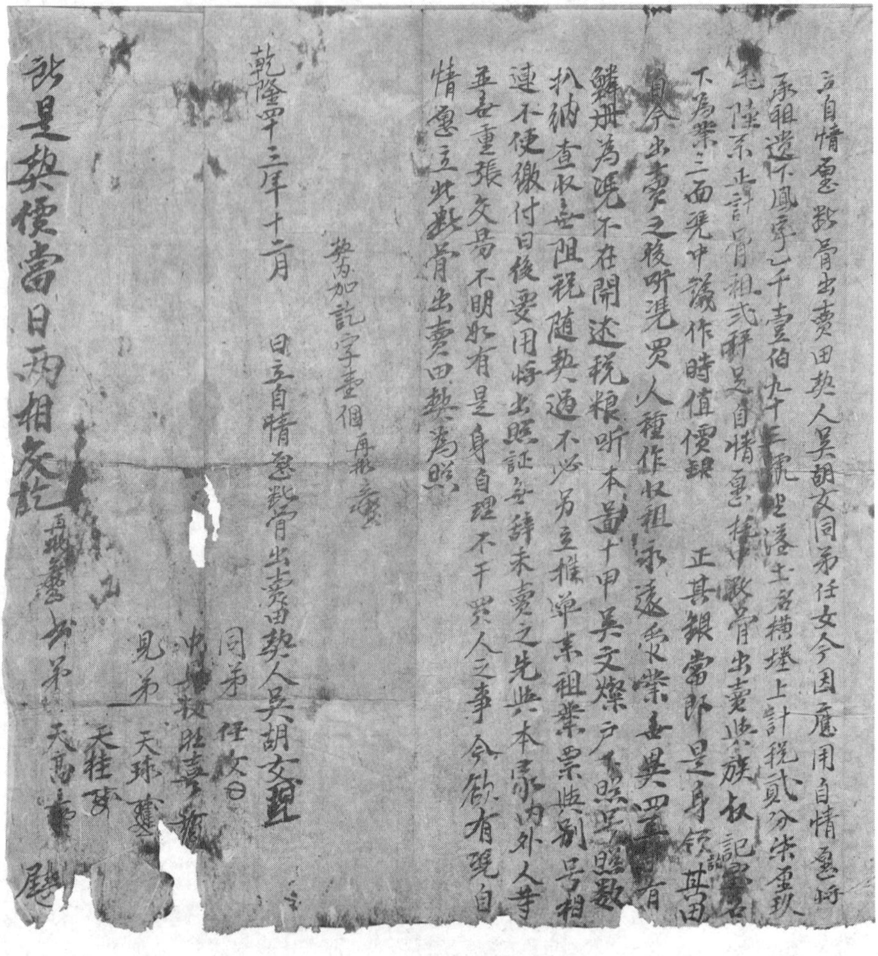

立自情愿断骨出賣田契人吳胡女同弟任女今因應用自情愿將
承祖遗下風字一千壹伯九十三號土名横墭上計税贰分柒厘玖
毛陸系其計骨租弍秤足自情愿將此断骨出賣與族叔記寶名
下為業三面凴中議作時值價銀　正其銀當即是身領訖其田
自今出賣之後听凴買人種作收租永遠受業無異四至有
鱗册為凴不在開述税粮听本啚十甲吳文燦户下照號數
扒納查收無阻税随契過不必另立推單來祖業票與别号相
連不便繳付日後要用將出照証無辞未賣之先與本家内外人等
並無重張交易不明如有是身自理不干買人之事今欲有憑自
情愿立此断骨出賣田契為照

契内加訖字壹個　再批

乾隆四十三年十二月　日立自情愿断骨出賣田契人吳胡女
同弟　任女
中見　胜喜
見弟　天球
天桂
批是契價當日兩相交訖　再批
弟　天高

秋口镇里源 082 · 乾隆四十三年 · 断骨出卖田契 ·
吴胡女同弟任女卖与族叔记宝

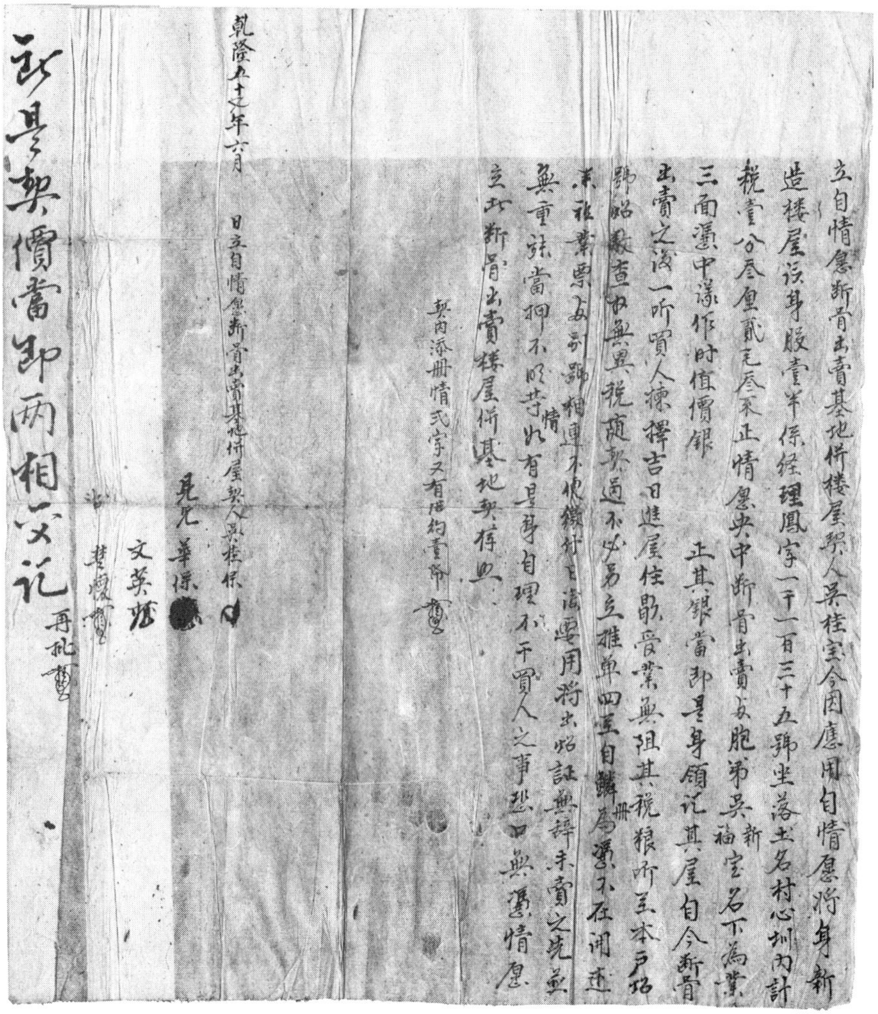

立自情愿断骨出賣基地併楼屋契人吴桂宝今因應用自情愿将身新
造楼屋並身股壹半係经理鳳字一千一百三十五號坐落土名村心圳内計
税壹分叁厘贰毛叁系正情愿央中断骨出賣與胞弟吴新福宝名下為業
三面憑中議作时值價銀　正其銀當即是身領讫其屋自今断骨
出賣之後一听買人揀擇吉日進屋住歇管業無阻其税粮听至本戶出
號起税查収無異税随契過不必另立推单四至自鮮冊為凴不在開述
并祖業票及前號相連不便缴付日後要用將出照証無辞未賣之先並
無重複當押不明等情如有是身自理不干買人之事恐口無凴情愿
立此断骨出賣楼屋併基地契存照

契内添冊情弍字又有塗約壹帋　再批

乾隆五十七年六月　日立自情愿断骨出賣基地併屋契人吴桂保
見兄　華保
文英
中　楚俊

新具契價當即兩相交讫　再批

秋口镇里源 71 · 乾隆五十七年 · 断骨出卖基地并楼屋契 ·
吴桂宝卖与胞弟吴新宝、吴福宝

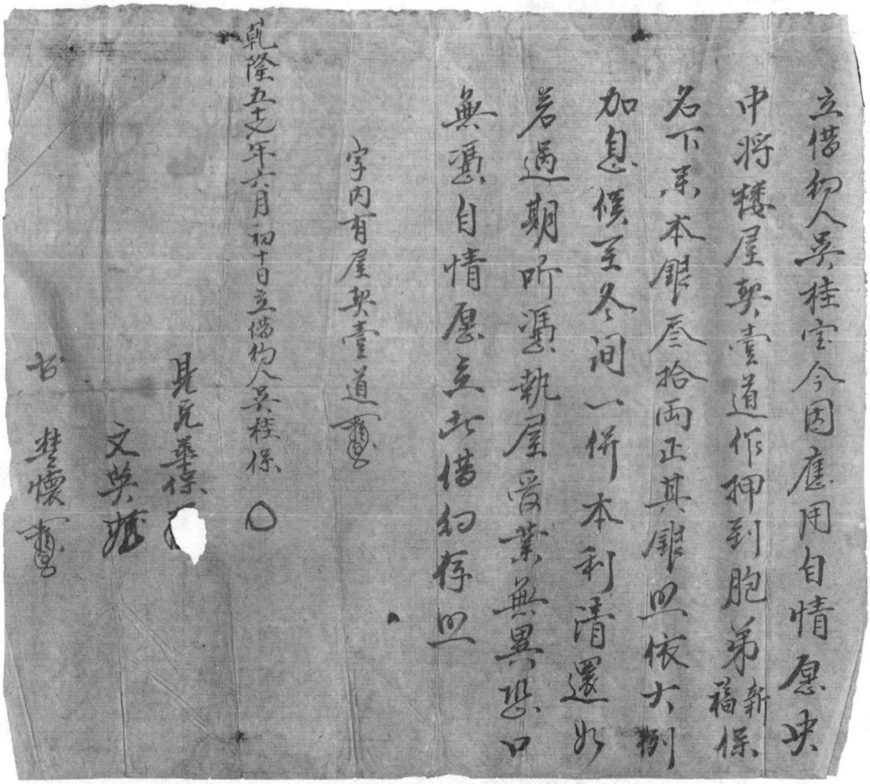
立借约人吴桂宝今因應用自情愿央
中将楼屋契壹道作押到胞弟新福保
名下本银叁拾两正其银照依大例
加息候至冬间一併本利清还如
若过期听凭执屋管业無异恐口
無凭自情愿立此借约存照
字内有屋契壹道 押
乾隆五十七年六月初十日立借约人吴桂保 ○
見兄桑保 押
文英 押
书 桂懷 押

秋口镇里源 109 · 乾隆五十七年 · 借约 · 吴桂宝借于新保、福保

秋口镇里源 2-1 · 嘉庆七年至十二年 · 流水账（来往会簿）· 吴耀明

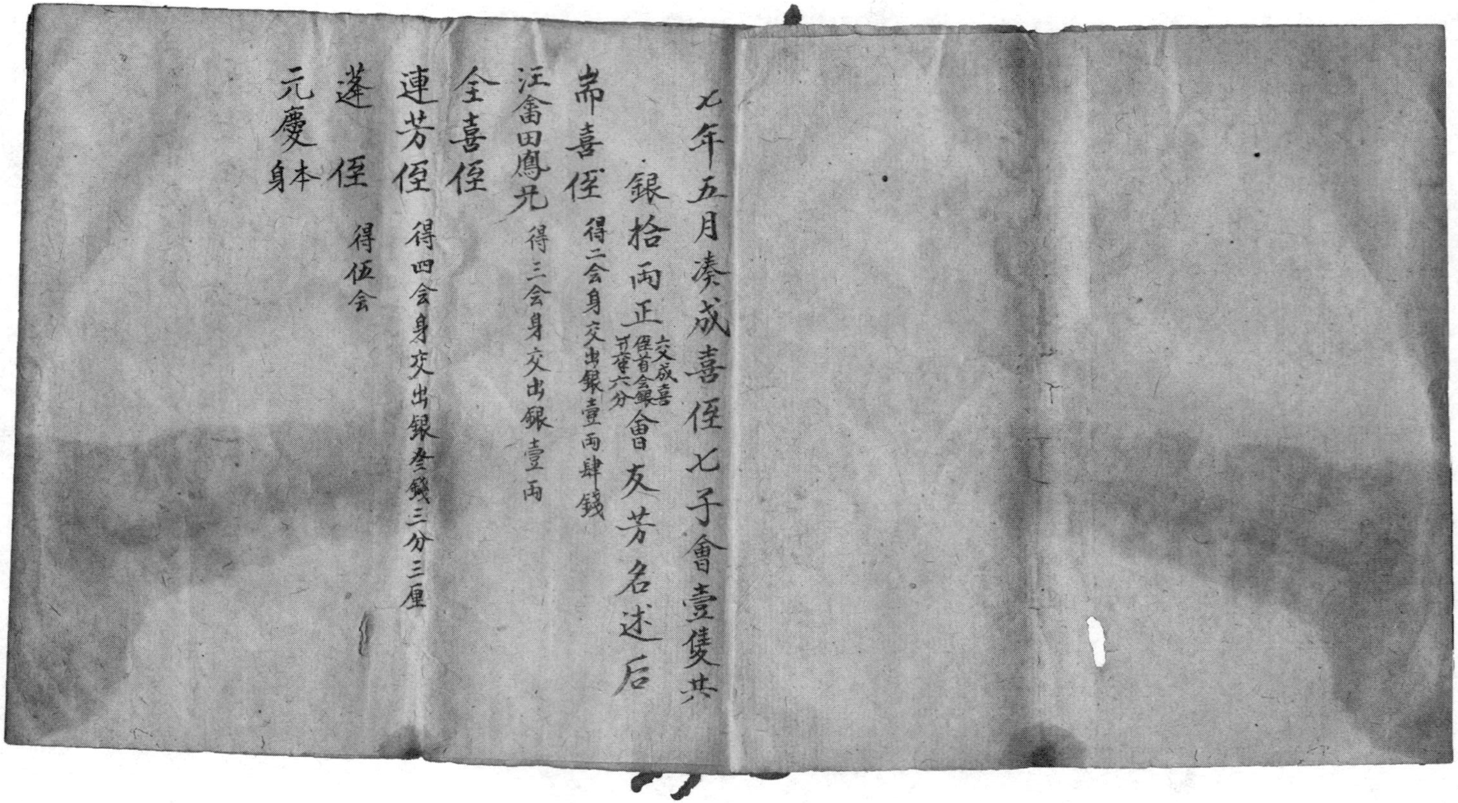
七年五月湊成喜侄七子會壹隻共
銀拾兩正交成喜侄首会銀丁六分會友芳名述后
希喜侄 得二会身交出銀壹兩肆錢
汪畬田鳳光 得三会身交出銀壹两
全喜侄
連芳侄 得四会身交出銀叁錢三分三厘
蓬侄 得伍会
元慶身本

秋口镇里源 2-2 · 嘉庆七年至十二年 · 流水账（来往会簿）· 吴耀明

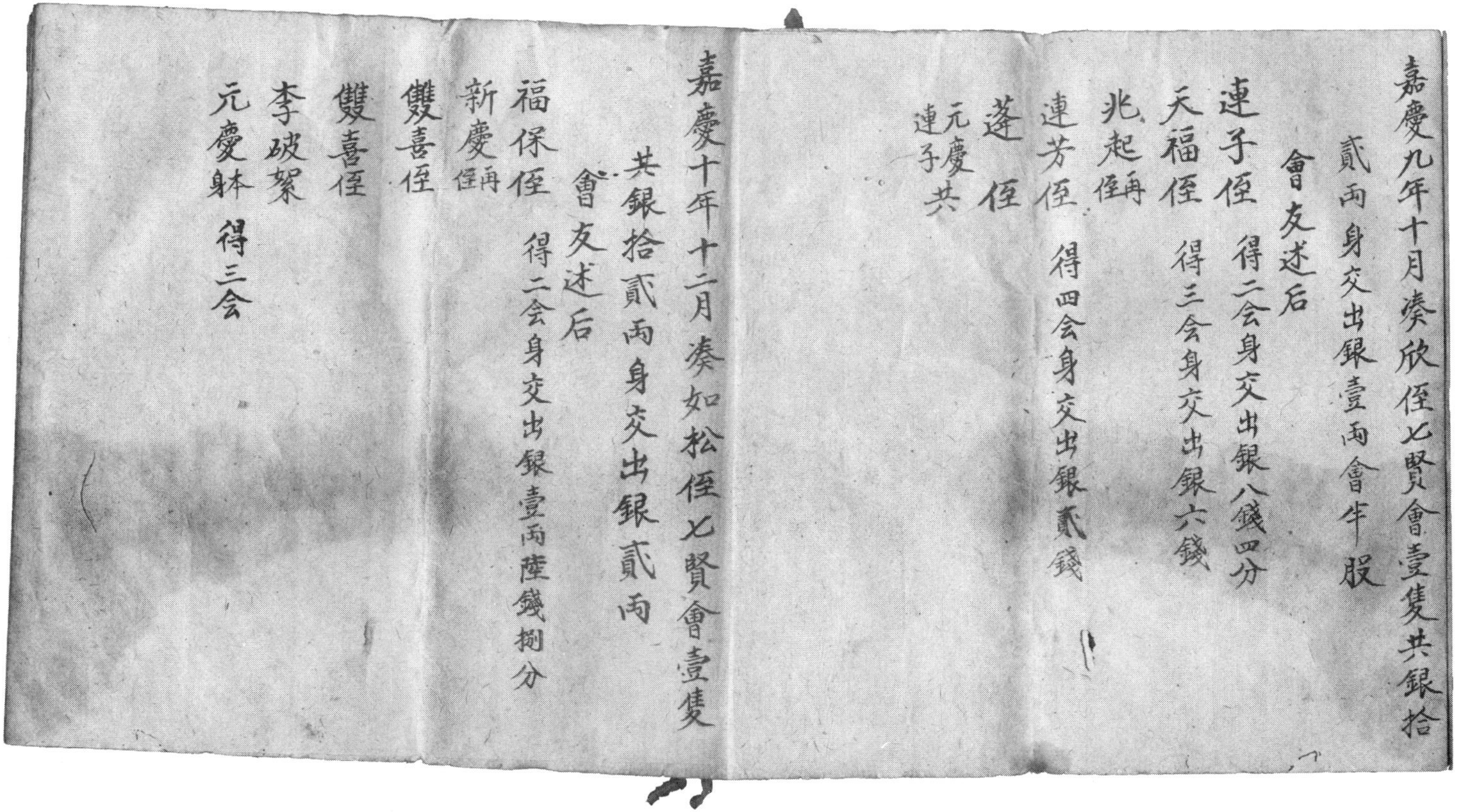
嘉慶九年十月凑欣侄七賢會壹隻共銀拾
貳両身交出銀壹両會半股
會友述后
連子侄 得二会身交出銀八錢四分
天福侄 得三会身交出銀六錢
兆起侄再
連芳侄 得四会身交出銀貳錢
遂侄
元慶 連子 共
嘉慶十年十二月凑如松侄七賢會壹隻
共銀拾貳両身交出銀貳両
會友述后
福保侄 得二会身交出銀壹両陸錢捌分
新慶侄再
雙喜侄
雙喜侄
李破絮
元慶躰 得三会

秋口镇里源 2-3 · 嘉庆七年至十二年 · 流水账（来往会簿）· 吴耀明

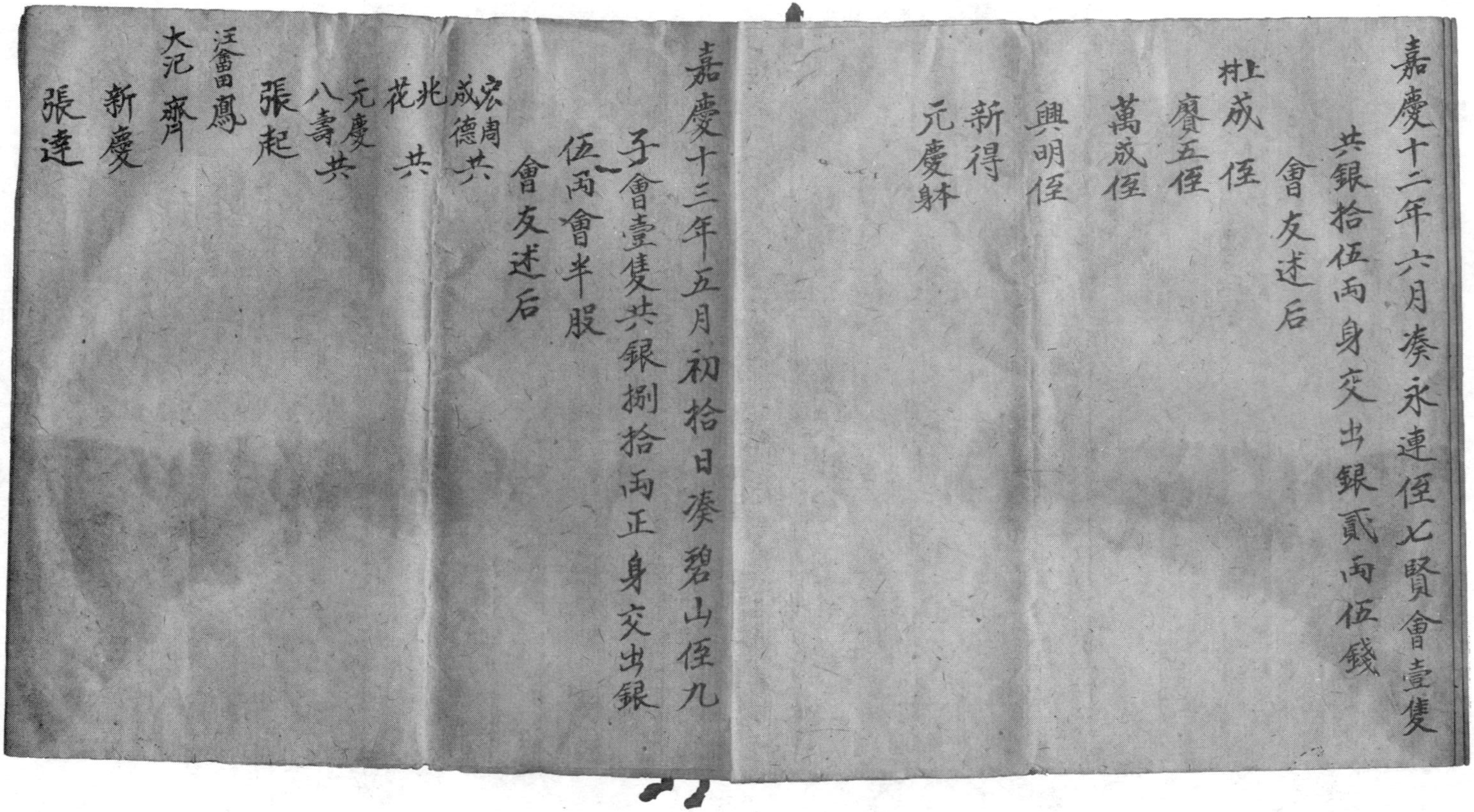

嘉慶十二年六月凑永連侄七賢會壹隻
共銀拾伍兩身交出銀貳兩伍錢
會友述后
村上成侄
賡五侄
萬成侄
興明侄
新得
元慶躰
嘉慶十三年五月初拾日凑碧山侄九
子會壹隻共銀捌拾兩正身交出銀
伍兩會半股
會友述后
宏周成德共
兆花共
元慶八壽共
張起
汪畬田鳳
大汜齊
新慶
張達

秋口镇里源 2-4 · 嘉庆七年至十二年 · 流水账（来往会簿） · 吴耀明

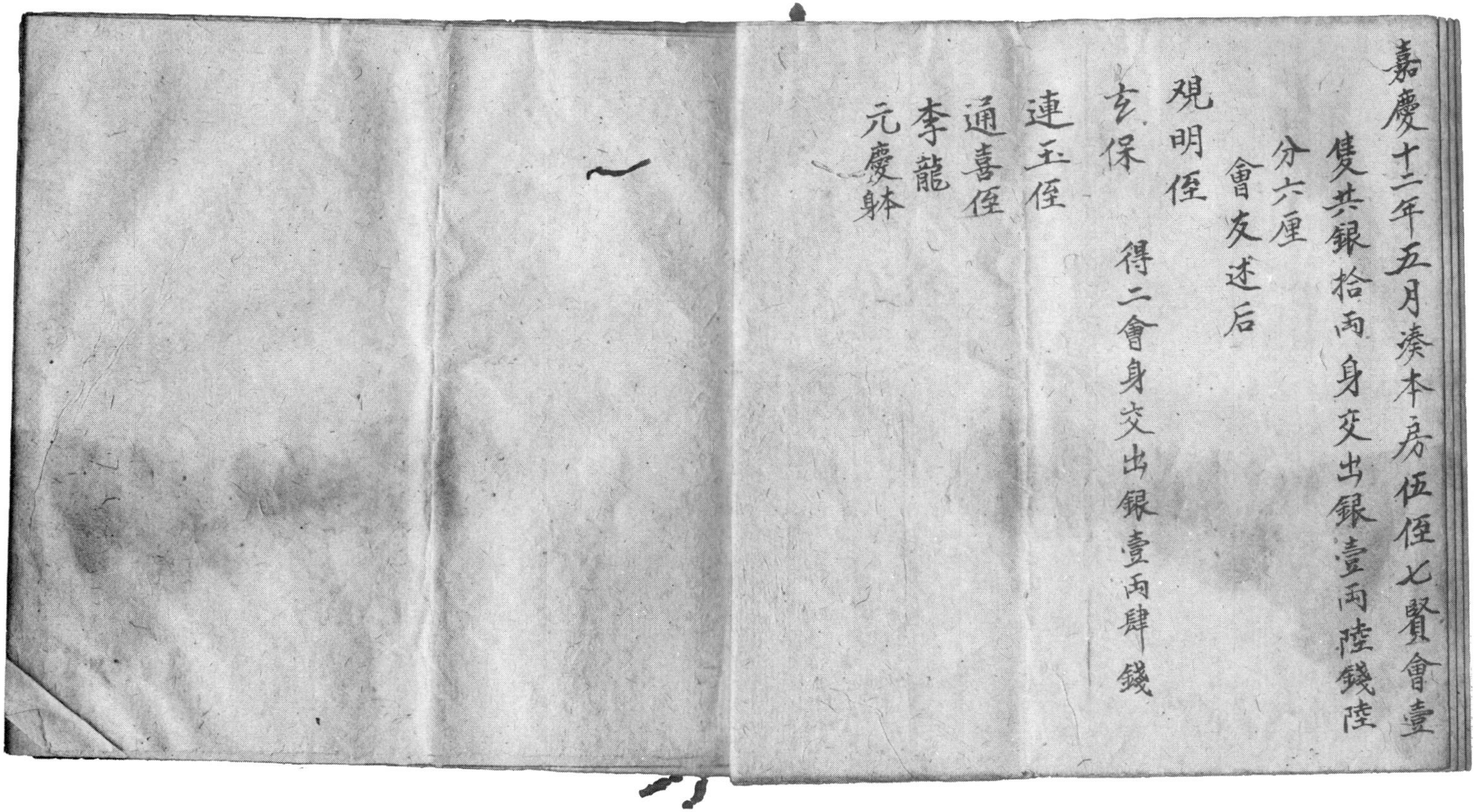
嘉慶十二年五月湊本房伍侄七賢會壹
隻共銀拾兩 身交出銀壹兩陸錢陸
分六厘
會友述后
覌明侄
玄保 得二會身交出銀壹兩肆錢
連玉侄
通喜侄
李龍
元慶躰
一

秋口镇里源 2-5 · 嘉庆七年至十二年 · 流水账（来往会簿）· 吴耀明

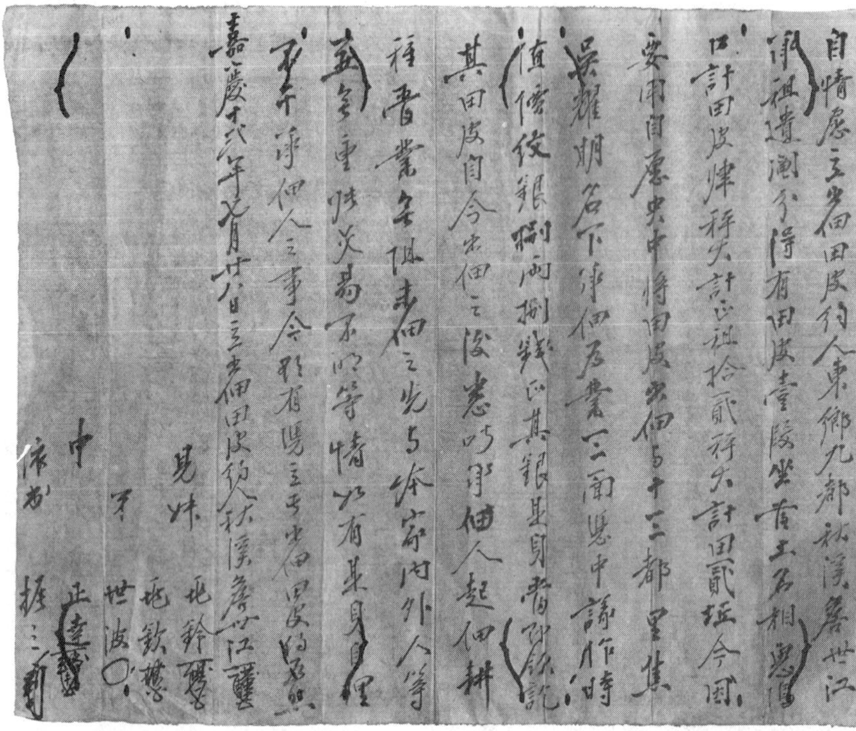
自情愿立出佃田皮约人东乡九都秋溪詹世江
承祖遗阄分得有田皮壹段，坐落土名相思坞
口，计田皮肆秤大，计正租拾贰秤大，计田贰坵。今因
要用，自愿央中将田皮出佃与十三都里集
吴耀明名下凈佃为业。三面凭中议作时
值价纹银捌两捌钱正。其银是身当即收讫。
其田皮自今出佃之后，悉听买佃人起佃耕
种，管业无阻。未佃之先与本家内外人等
并无重复交易、不明等情，如有，是身自理，
不干承佃人之事。今欲有凭，立此出佃田皮约存照。
嘉庆十二年五月廿八日立出佃田皮约人秋溪詹世江（押）
见妹 世铃（押）
世钦（押）
世波（押）
中 正堂（押）
依书 摆三（押）

秋口镇里源 108 · 嘉庆十二年 · 出佃田皮约 · 詹世江佃与吴耀明

秋口镇里源 6-1 · 嘉庆十五年至二十二年 · 借据 · 王周和借到吴☐

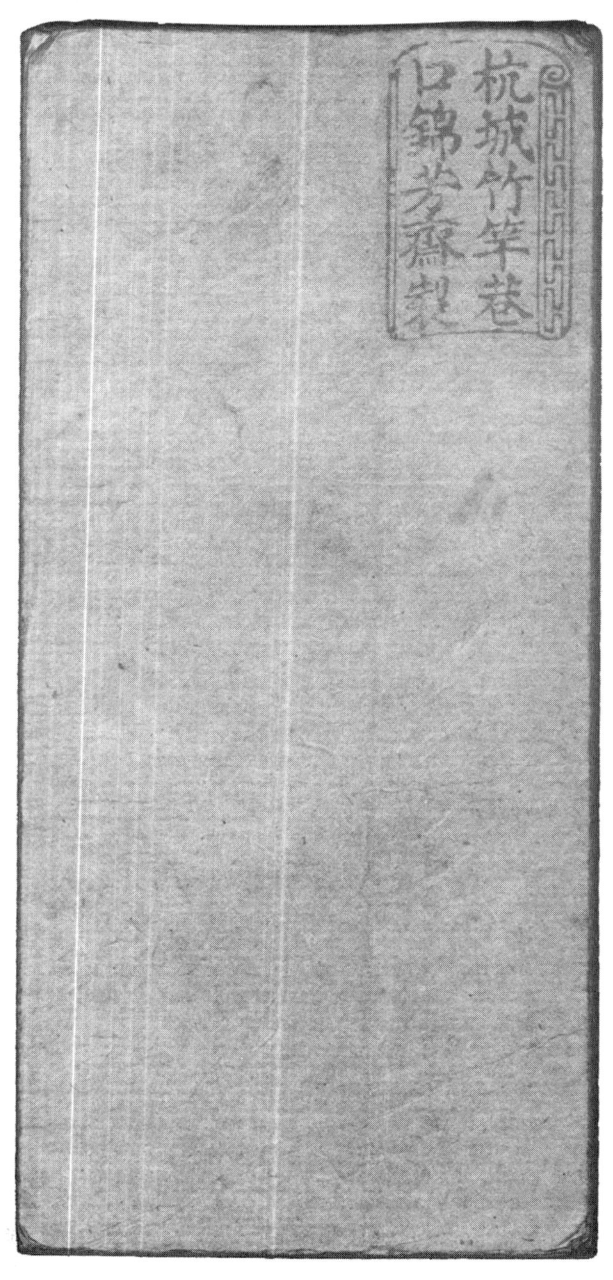

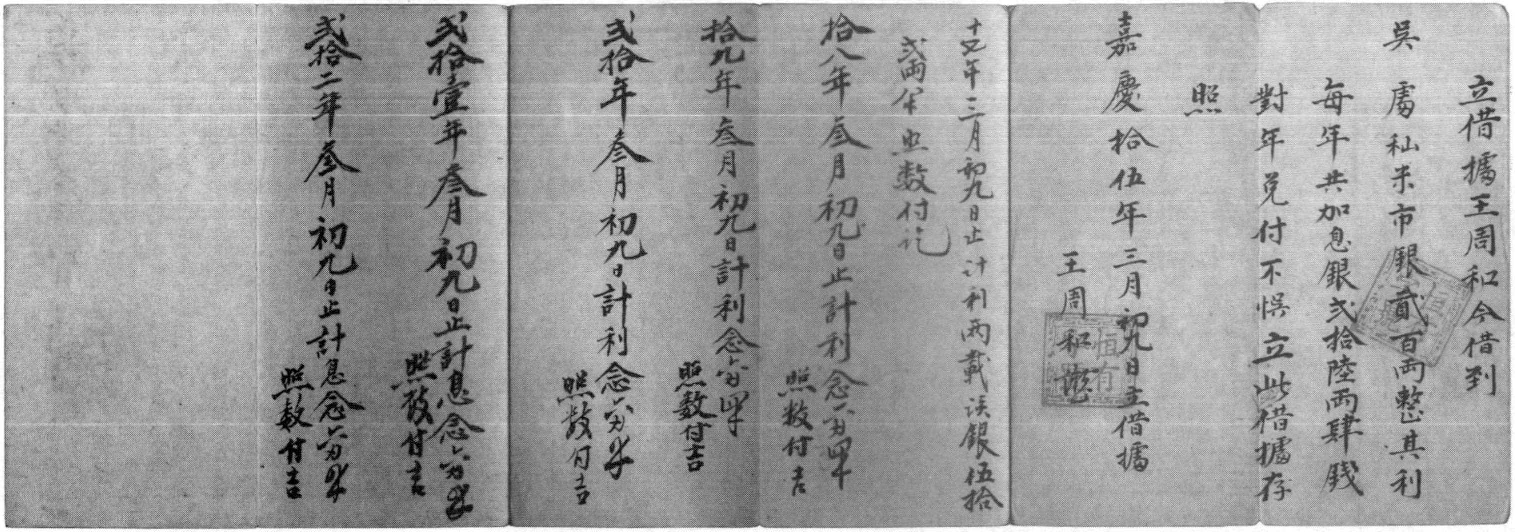
立借攄王周和今借到
吴 處私來市銀貳百兩整其利
每年共加息銀弍拾陸兩肆錢
對年兌付不悮 立此借攄存
照
嘉慶拾伍年三月初九日立借攄
王周和
十七年三月初九日止計利兩載該銀伍拾
弍兩八 照數付訖
拾八年叁月初九日止計利念六兩四
照數付吉
拾九年叁月初九日計利念六兩四
照數付吉
弍拾年叁月初九日計利念六兩四
照數付吉
弍拾壹年叁月初九日止計息念六兩四
照數付吉
弍拾二年叁月初九日止計息念六兩四
照數付吉

秋口镇里源 6-2 · 嘉庆十五年至二十二年 · 借据 · 王周和借到吴〼

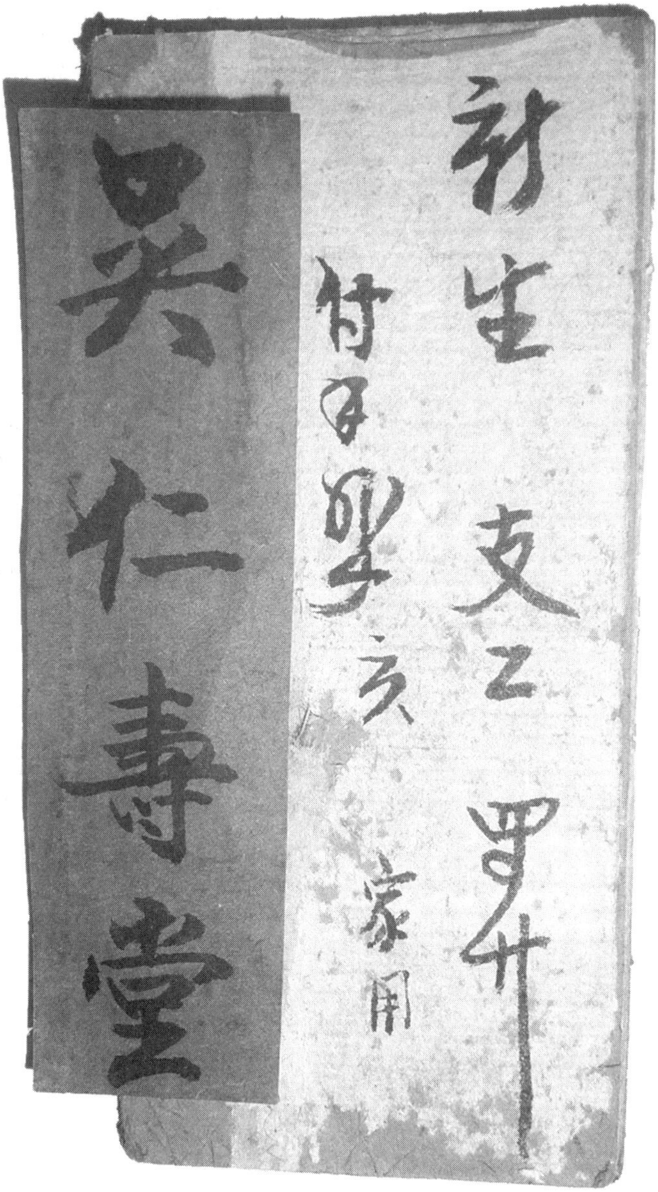

秋口镇里源 6-3 · 嘉庆十五年至二十二年 · 借据 · 王周和借到吴⍁

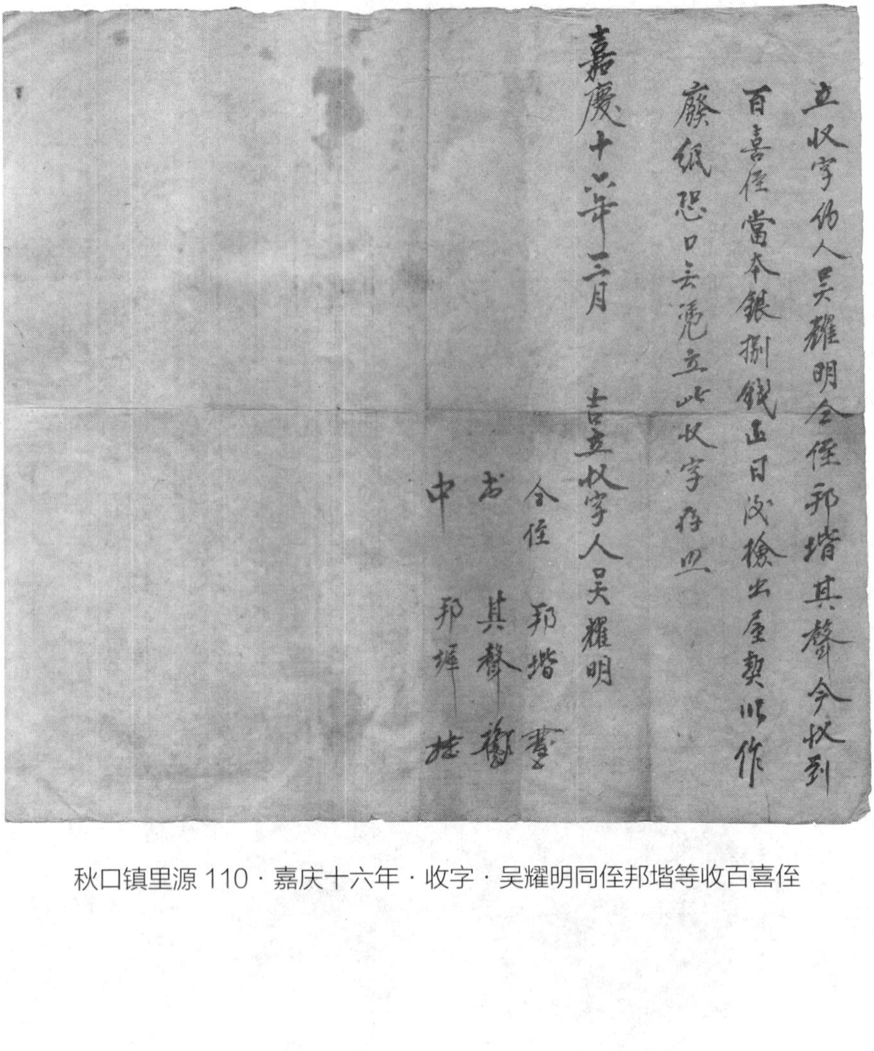

立收字約人吴耀明仝侄邦堦其馨今收到
百喜侄當本銀捌錢正日後檢出屋契以作
廢紙恐口無憑立此收字存照

嘉慶十六年三月　吉立收字人吴耀明
仝侄　邦堦（押）
書　其馨（押）
中　邦墀（押）

秋口镇里源 110 · 嘉庆十六年 · 收字 · 吴耀明同侄邦堦等收百喜侄

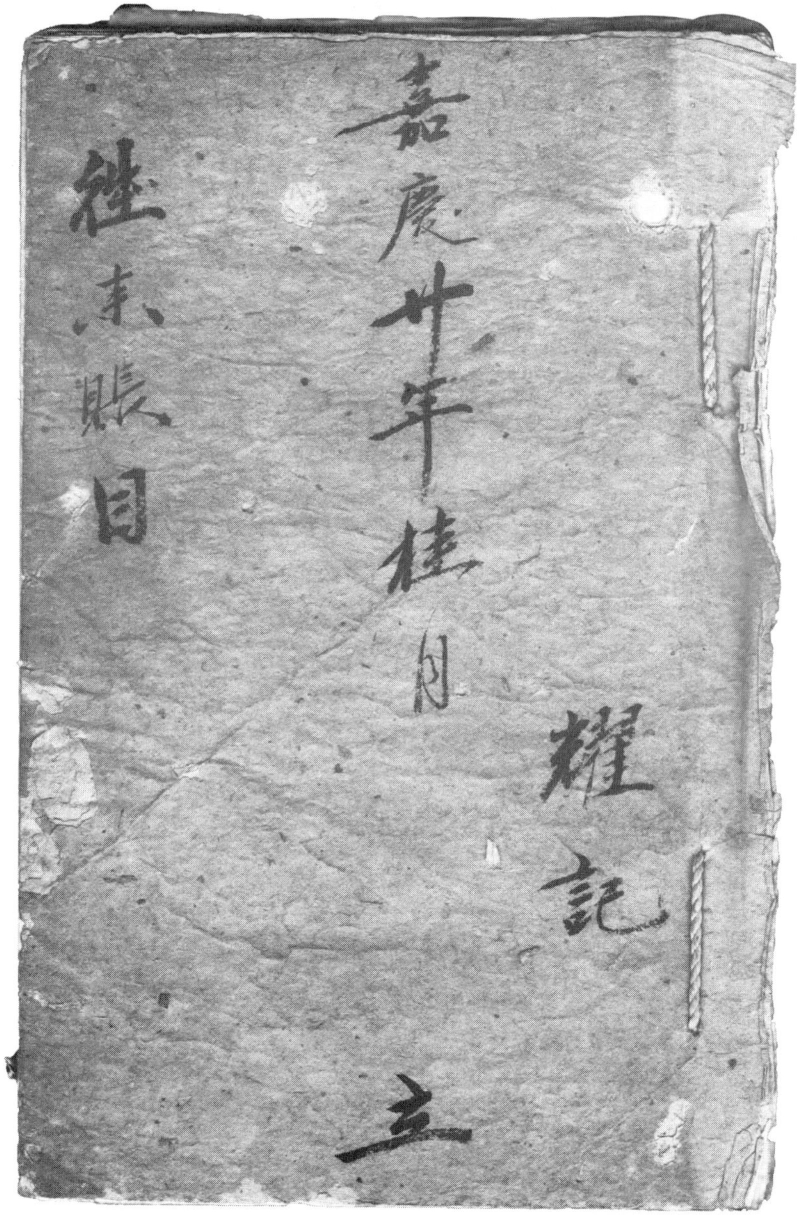

秋口镇里源 1-1 · 嘉庆二十年至道光十五年 · 流水账（往来账目）· 耀记

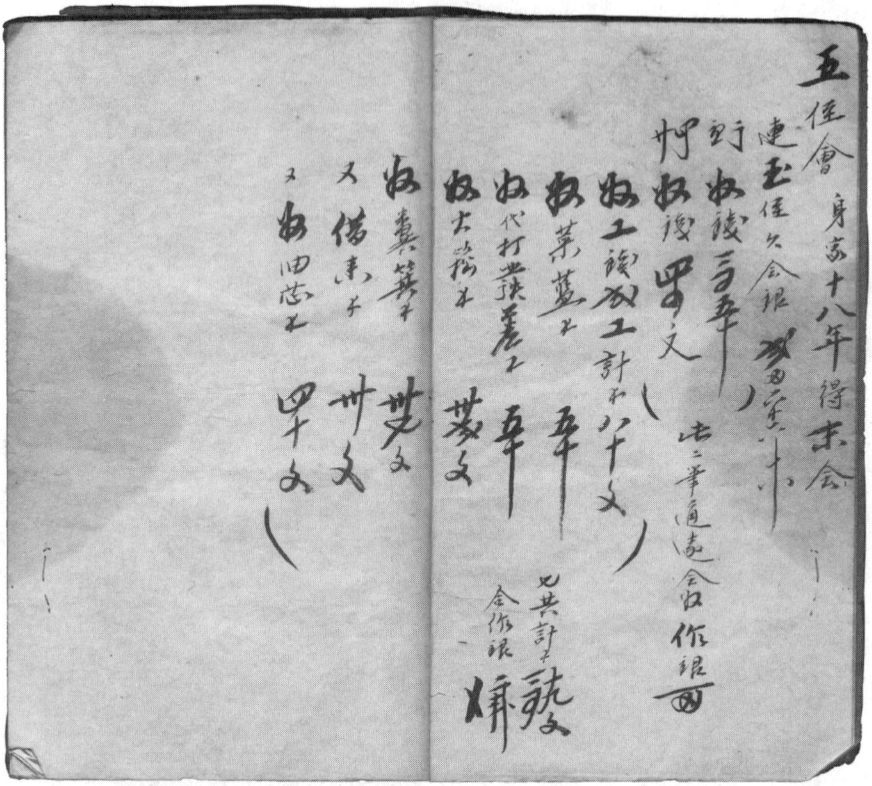

秋口镇里源 1-2 · 嘉庆二十年至道光十五年 · 流水账（往来账目）· 耀记

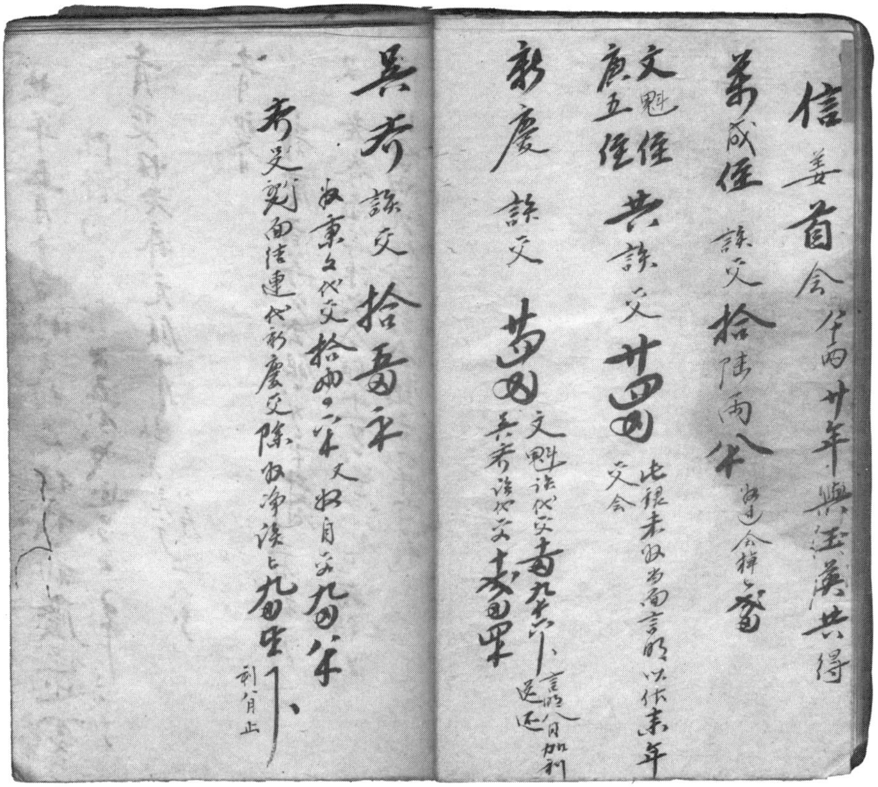

秋口镇里源 1-3 · 嘉庆二十年至道光十五年 · 流水账（往来账目）· 耀记

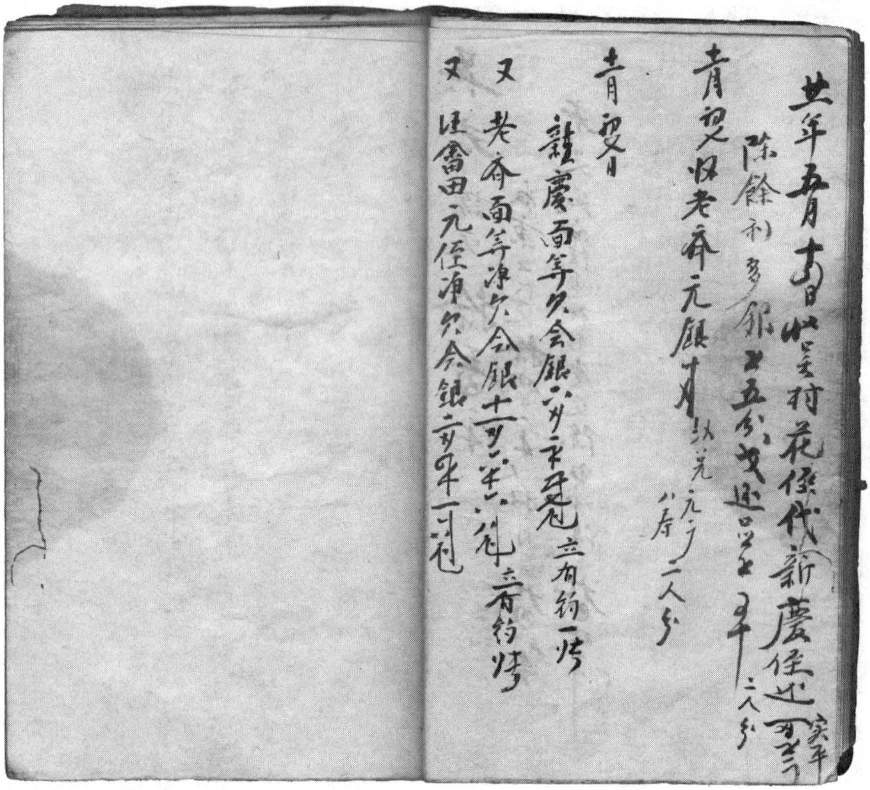

秋口镇里源 1-4 · 嘉庆二十年至道光十五年 · 流水账（往来账目）· 耀记

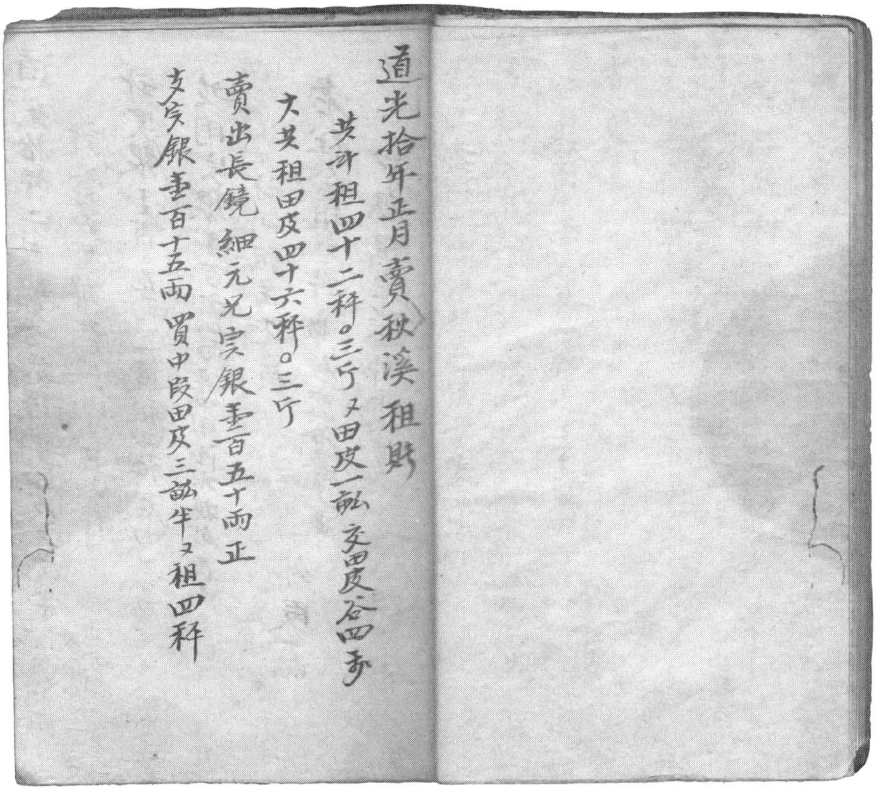

道光拾年正月賣秋溪租財
共計租四十二秤○三斤 又田皮一畝 交田皮谷四秤
大共租田皮四十六秤○三斤
賣出長鏡細元兄實銀壹百五十兩正
支實銀壹百十五兩 買中段田皮三畝半 又租四秤

秋口镇里源 1–5 · 嘉庆二十年至道光十五年 · 流水账（往来账目）· 耀记

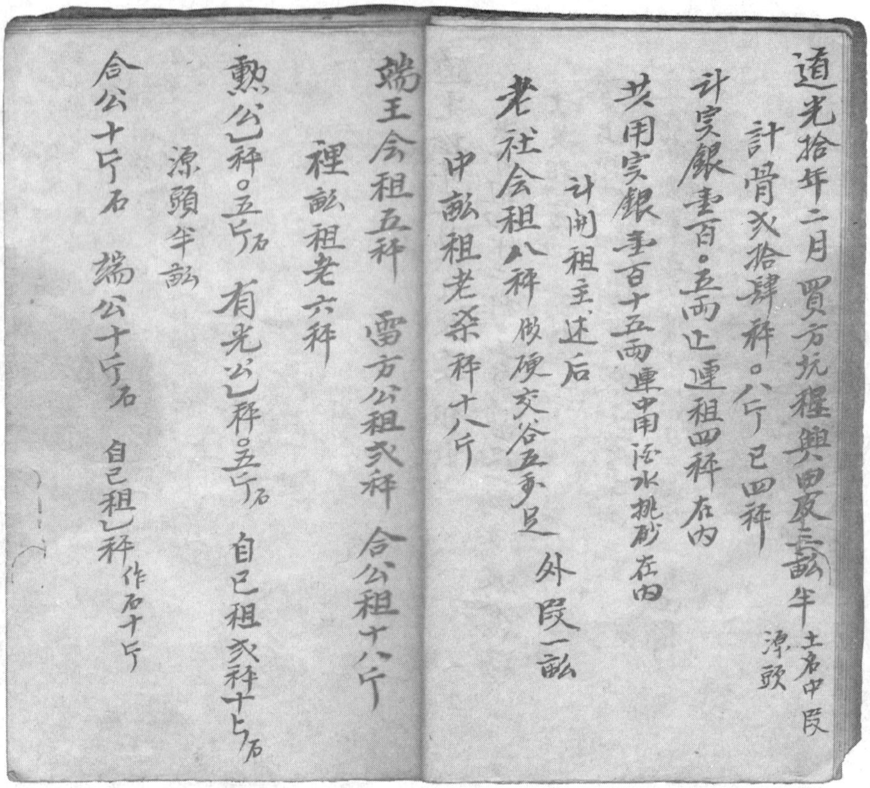

秋口镇里源 1-6 · 嘉庆二十年至道光十五年 · 流水账（往来账目）· 耀记

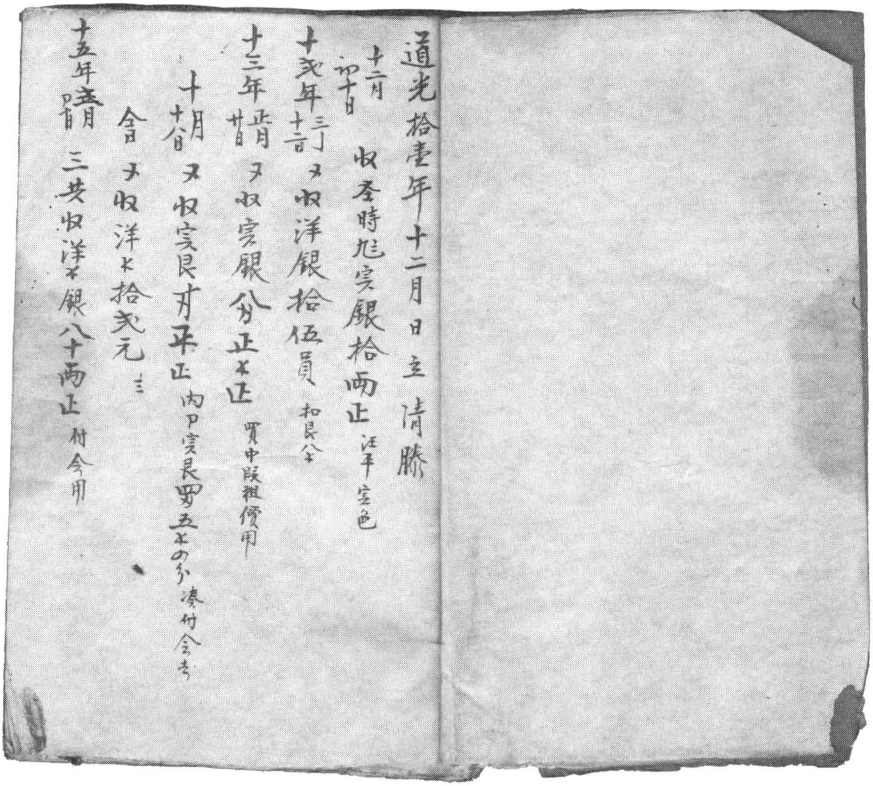

道光拾壹年十二月日立 清縢

十二月初十日 收叁時旭实银拾两正 汪平实色

十弍年三月十二日 又收洋银拾伍員 和艮仝

十三年十二月廿日 又收实银分正∠正 買中段租價用

十月十八日 又收实艮卅平正 内付实艮四五∠の分 凑付会去

合 又收洋∠拾弍元 三

十五年十二月 三廿收洋∠银八十两正 付会用

秋口镇里源 1-7 · 嘉庆二十年至道光十五年 · 流水账（往来账目）· 耀记

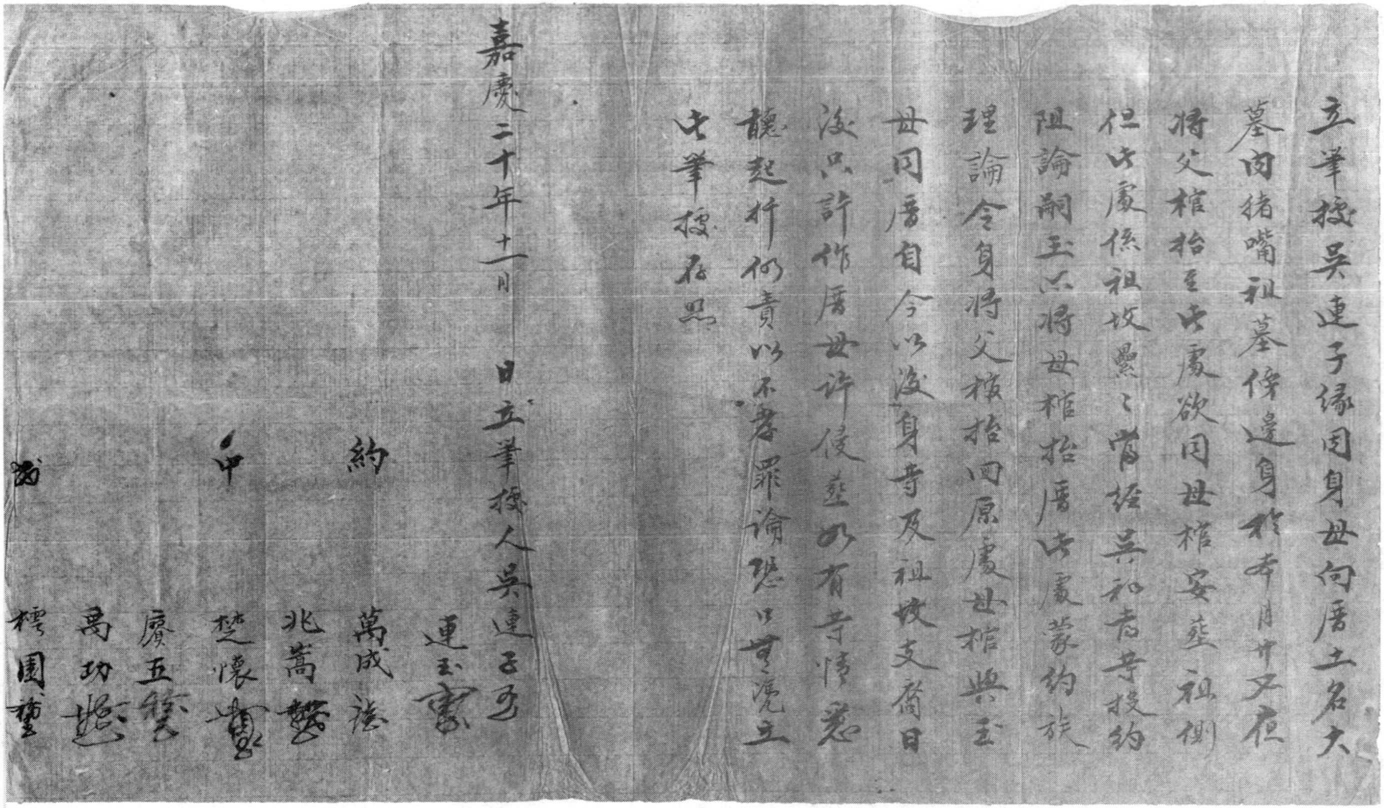

立筆據吳連子緣因身母向居土名大
墓内猪嘴祖墓傍邊身於本月廿又夜
將父棺抬至此處欲同母棺安塟祖側
但此處係祖坟塋之旁當經吳和吉等投約
阻論嗣玉只將母棺抬厝此處蒙約族
理論今身將父棺抬回原處母棺與玉
母同厝自今以後身等及祖坟支裔日
後只許作厝毋許侵塟如有等情惡
襲起付伊責以不孝罪論恐口無憑立
此筆據存照

嘉慶二十年十一月　日立筆據人吳連子（押）

連玉（押）

約　萬成（押）　兆萬（押）

中　楚懷（押）　廣五（押）　禹功（押）　標園（押）

秋口镇里源 100 · 嘉庆二十年 · 笔据 · 吴连子、吴连玉

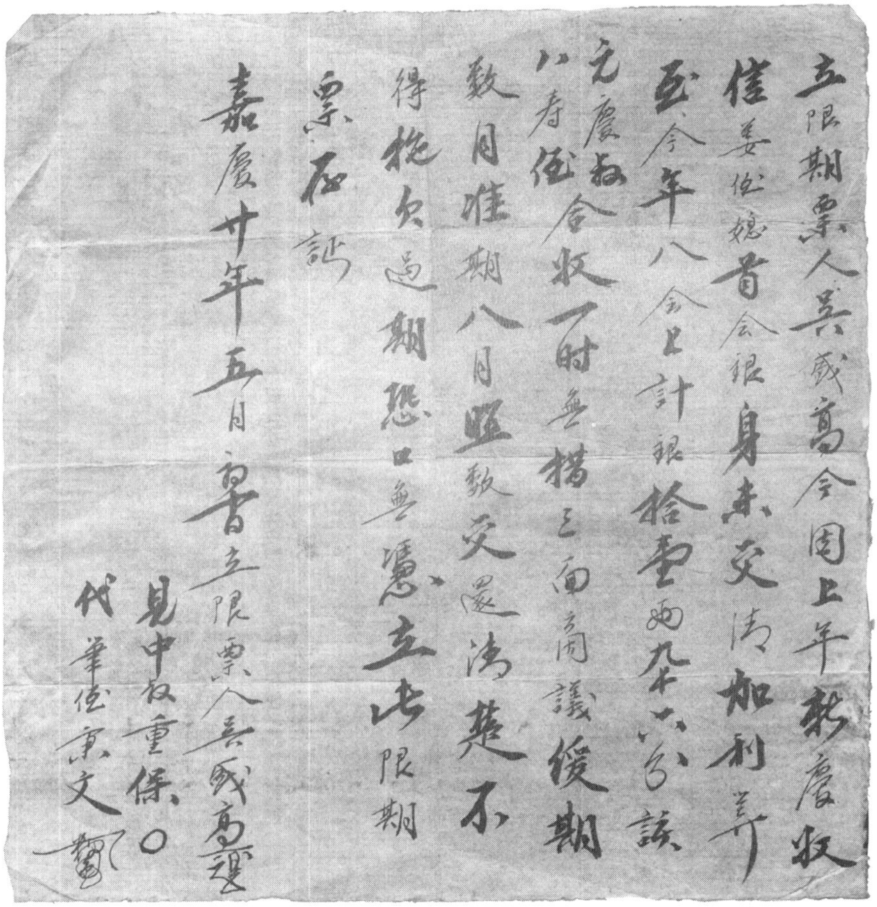
立限期票人吴盛高今因上年收
侄姜佐𤔡首会银身未交清加利并
孟今年八会上計银拾壹两零六分該
元庆收八寿侄会收了时无措三面商議緩期
數月准期八月照數交還清楚不
得拖欠過期憑口無憑立此限期
票存証
嘉慶廿年五月日書立限票人吴盛高
見中叔重保
代筆侄秉文
秋口镇里源 148 · 嘉庆二十年 · 立限期票 · 吴盛高

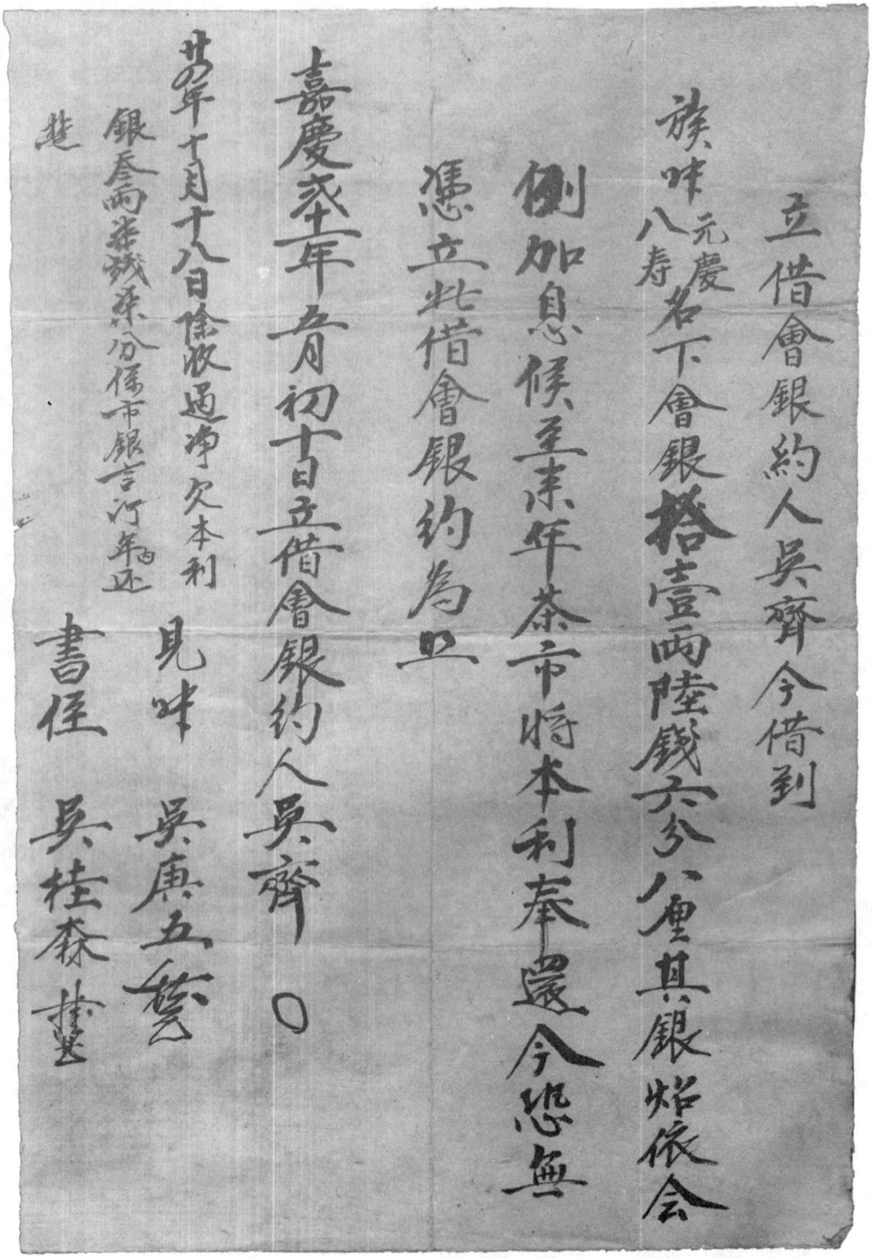

立借會銀約人吳齊今借到
族叔元慶八寿名下會銀拾壹兩陸錢六分八厘其銀炤依会
例加息候至来年茶市將本利奉還今恐無
憑立此借會銀約為照
嘉慶廿一年三月初十日立借會銀約人吳齊 〇
廿四年十月十八日除收過淨欠本利
銀叁兩柒錢柒八分係市銀言訂年內还
照
見叔 吳庚五
書侄 吳桂森

秋口镇里源 141 · 嘉庆二十一年 · 借会银约 · 吴齐借到元庆、八寿

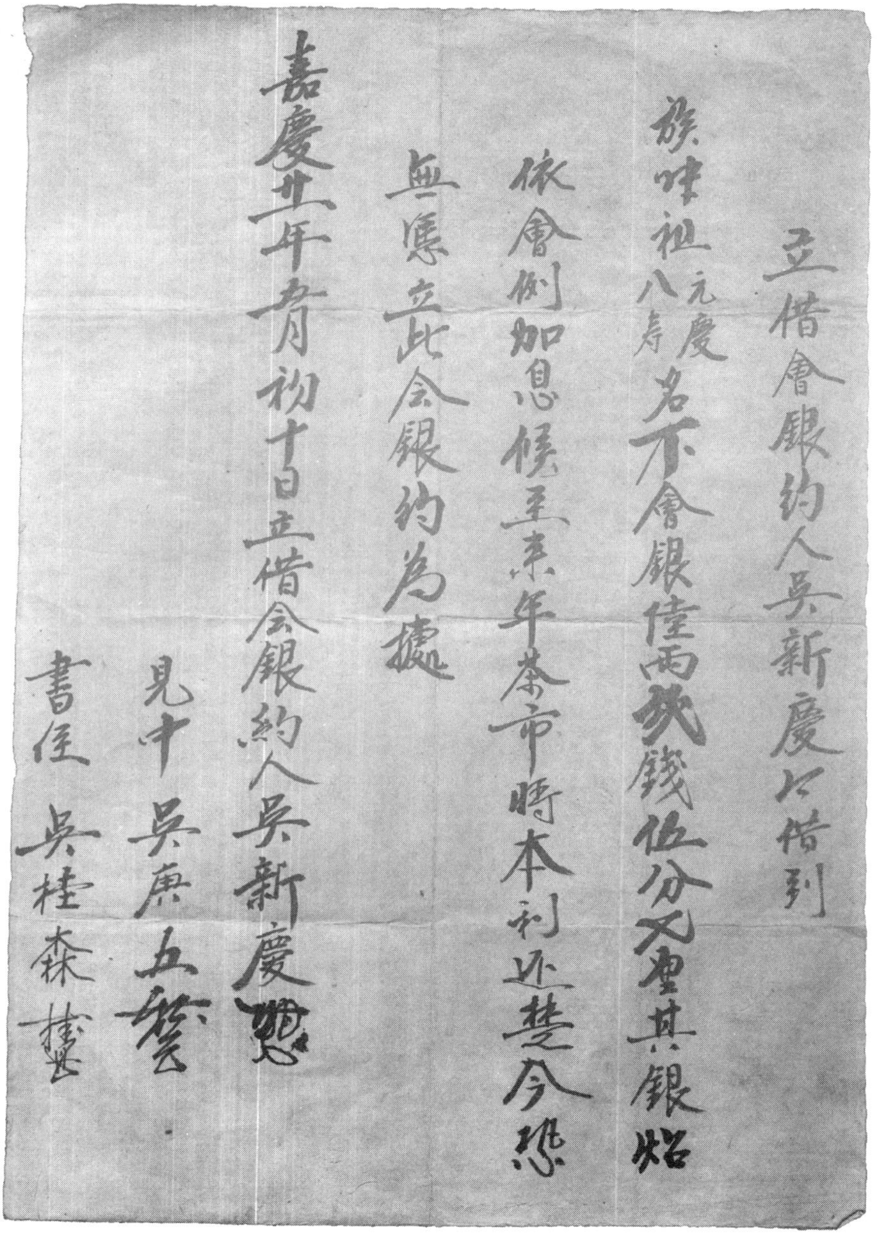

立借會銀約人吳新慶今借到
族叔祖元慶八寿名下會銀佳兩玖錢伍分叉厘其銀照
依會例加息候至來年茶市時本利还楚今恐
無憑立此会銀約為據
嘉慶廿一年十二月初十日立借会銀約人吳新慶（押）
見中 吳庚五（押）
書侄 吳桂森（押）

秋口镇里源 144 · 嘉庆二十一年 · 借会银约 · 吴新庆借到元庆、八寿

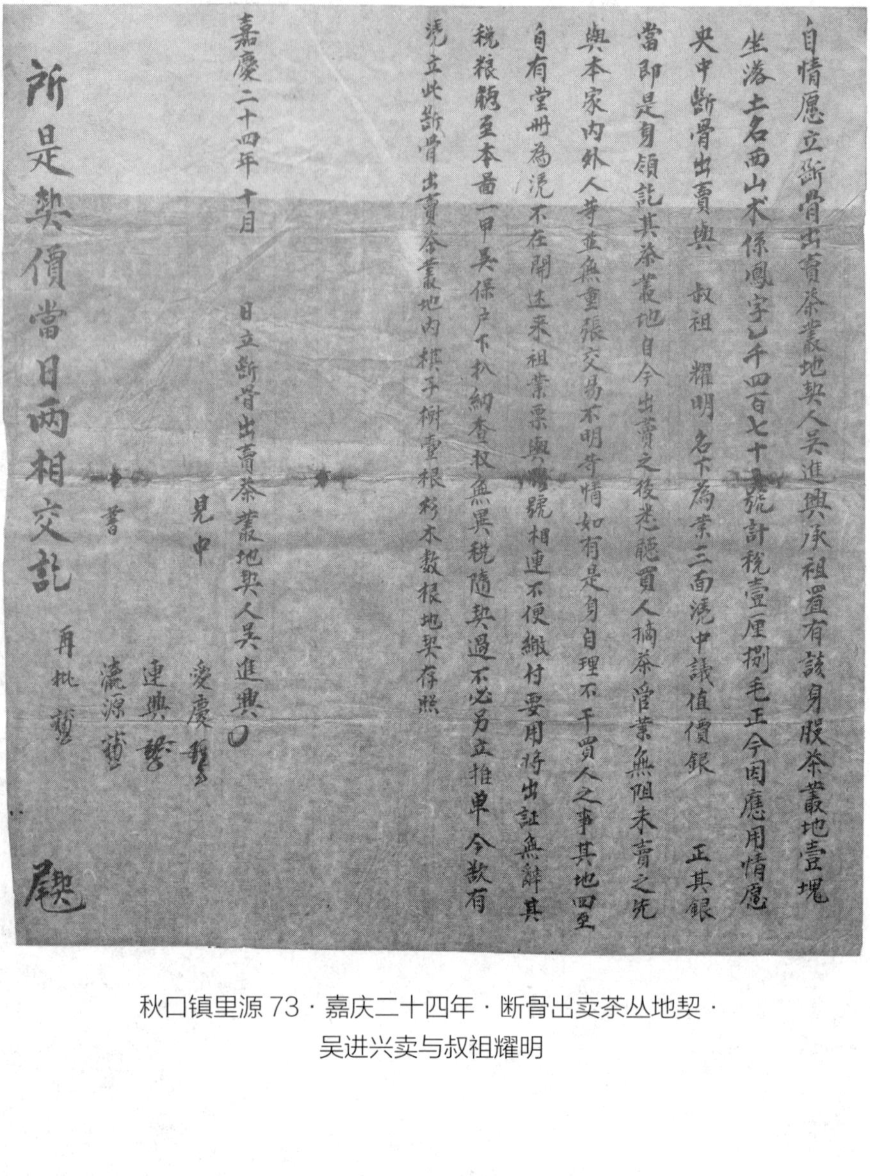
自情愿立斷骨出賣茶叢地契人吴進興承祖置有該身股茶叢地壹塊
坐落土名西山术係陽字山千四百七十□號計稅壹厘捌毛正今因應用情愿
央中斷骨出賣與 叔祖 耀明 名下爲業三面憑中議值價銀 正其銀
當即是身領訖其茶叢地自今出賣之後悉聽買人摘茶管業無阻未賣之先
與本家内外人等並無重張交易不明等情如有是身自理不干買人之事其地四至
自有堂冊爲憑不在開述來祖業票與□號相連不便繳付要用將出証無辭其
稅粮額至本啚一甲吴保户下扒納查收無異稅隨契過不必另立推單今欲有
憑立此斷骨出賣茶叢地契内椎子樹壹根杉木數根地契存照
嘉慶二十四年十月 日立斷骨出賣茶叢地契人吴進興
見中 愛慶 連興
書 瀛源
所是契價當日兩相交訖 再批

秋口镇里源 73 · 嘉庆二十四年 · 断骨出卖茶丛地契 ·
吴进兴卖与叔祖耀明

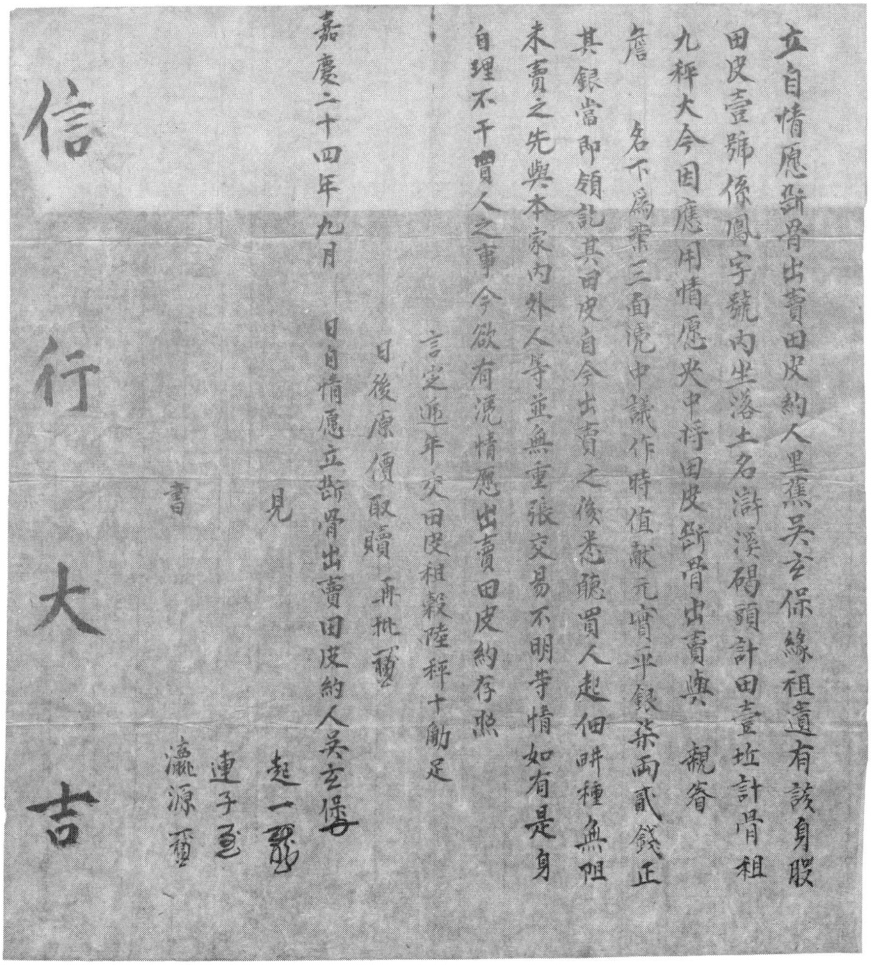
立自情愿斷骨出賣田皮約人里蕉吳玄保緣祖遺有該身股
田皮壹號係鳳字號內坐落土名滸溪碣頭計田壹坵計骨租
九秤大今因應用情愿央中將田皮斷骨出賣與 親眷
詹 名下爲業三面憑中議作時值價元寶平銀柒兩貳錢正
其銀當即領訖其田皮自今出賣之後悉聽買人起佃耕種無阻
未賣之先與本家內外人等並無重張交易不明等情如有是身
自理不干買人之事今欲有憑情愿出賣田皮約存照
言定遞年交田皮租穀陸秤十觔足
日後原價取贖 再批
嘉慶二十四年九月 日自情愿立斷骨出賣田皮約人吳玄保
見 起一
連子
書 瀛源
信行大吉

秋口镇里源 86 · 嘉庆二十四年 · 断骨出卖田皮约 · 吴玄保卖与亲眷詹☐

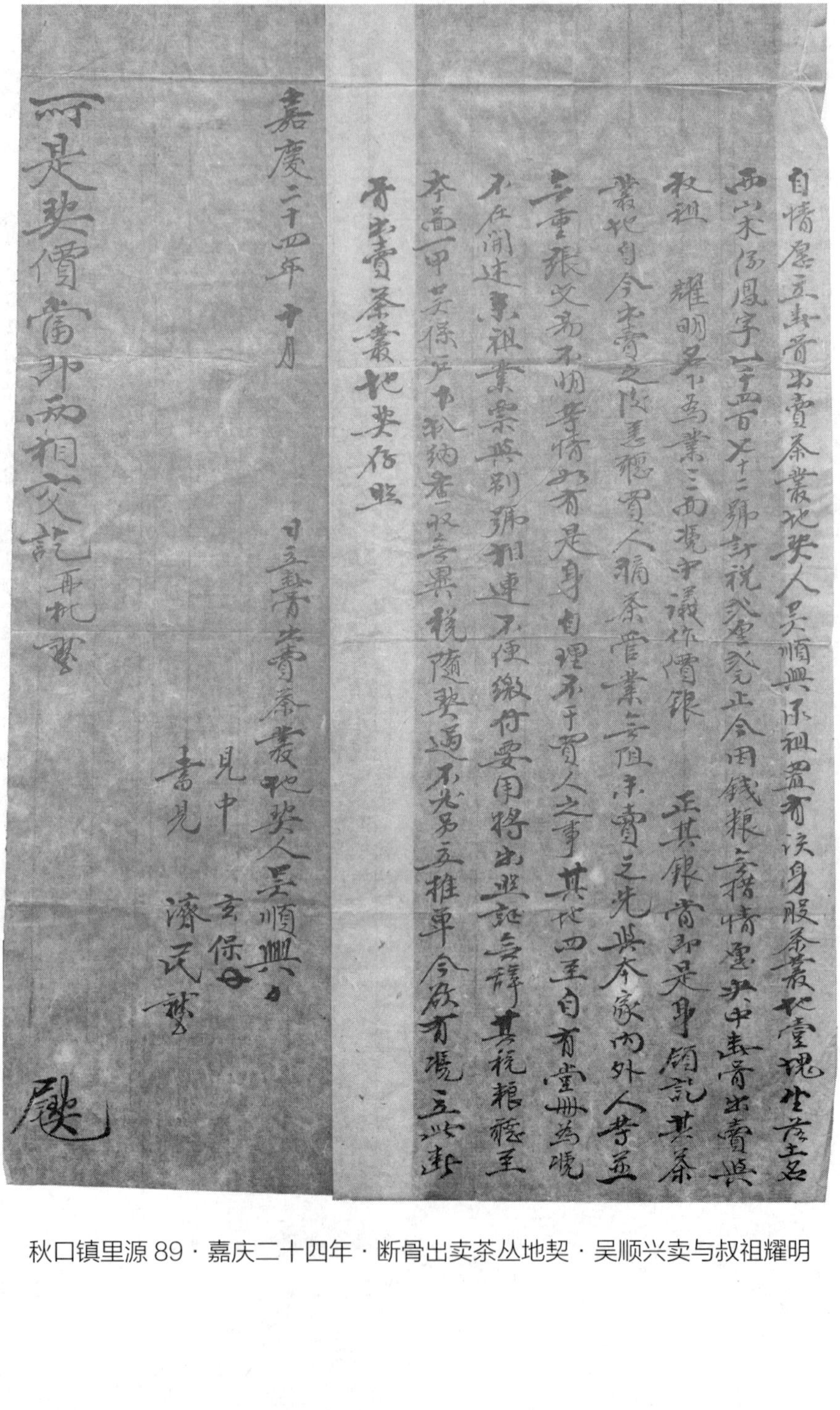
自情愿立断骨出卖茶丛地契人吴顺兴，原祖置有泆身服茶丛地壹块，坐落土名
西山末，係凤字一千四百八十二号，计税弍厘叁毛正，今因钱粮无措，情愿央中断骨出卖与
叔祖　耀明名下为业，三面凭中议作价银　　正，其银当即是身领讫。其茶
丛地自今出卖之后，悉听买人摘茶管业，无阻。未卖之先，与本家内外人等并
无重张交易，不明等情，如有，是身自理，不干买人之事。其地四至自有清册为据，
不在开述。系祖业，并无别号相连，不便缴付，要用将出照证无辞。其税粮听至
本图一甲吴保户下扒纳，无取异税，随契过，不必另立推单。今欲有凭，立此断
骨出卖茶丛地契存照。

嘉庆二十四年十月　日立断骨出卖茶丛地契人吴顺兴（押）
见中　玄保（押）
书见　济民（押）

所是契价当即两相交讫，再批（押）

騐

秋口镇里源 89 · 嘉庆二十四年 · 断骨出卖茶丛地契 · 吴顺兴卖与叔祖耀明

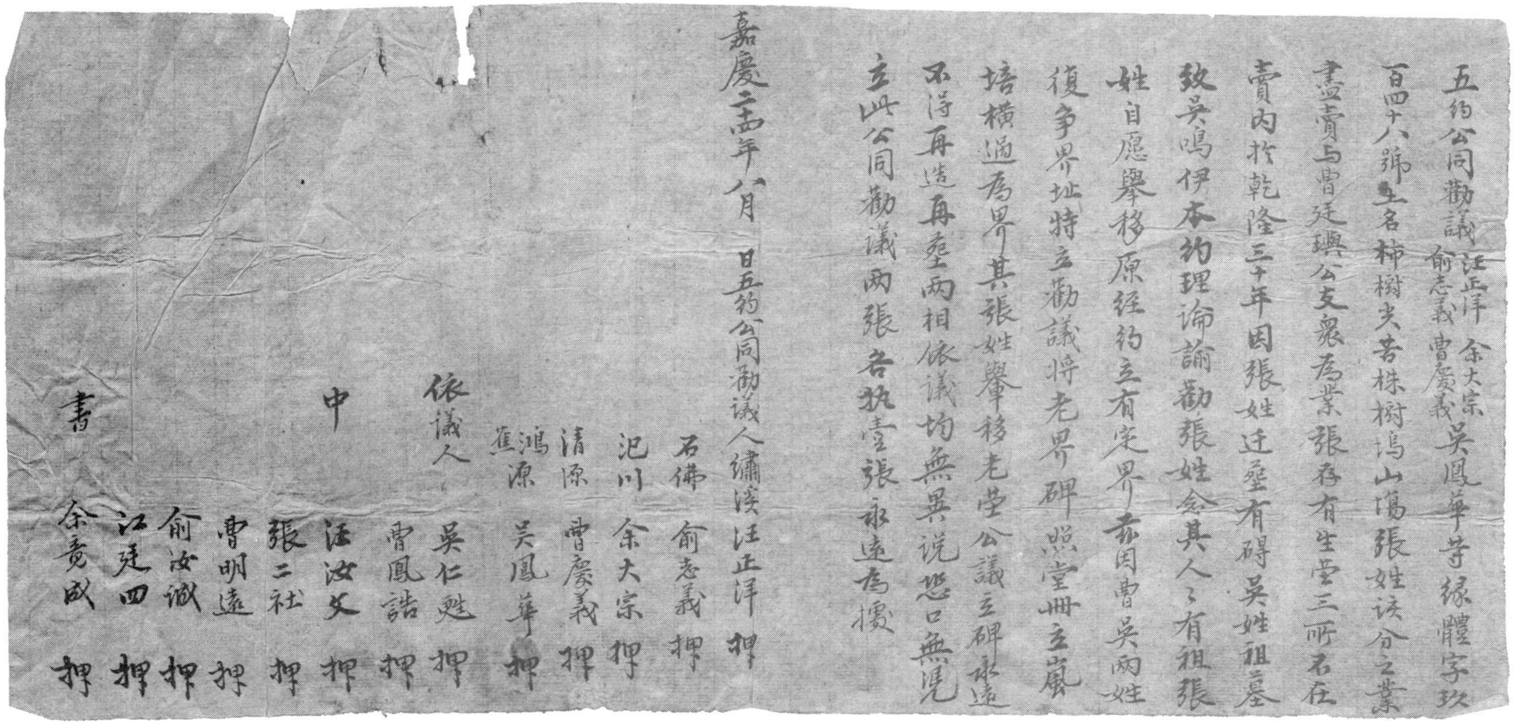

五约公同劝議汪正洋 余大宗 俞志義 曹慶義 吴鳳華等缘體字玖
百四十八號土名柿樹尖苦株樹塢山塢張姓該分之業
盡賣与曹廷璵公支衆為業張存有生堂三所在
賣內於乾隆三十年因張姓迁塋有碍吴姓祖墓
致吴鳴伊本约理諭勸張姓念其人々有祖張
姓自愿舉移原经约立有定界今因曹吴兩姓
復爭界址特立劝議將老界碑照堂册立嵗
培横過為界其張姓舉移老塋公議立碑永遠
不得再造再塟兩相依議均無異说恐口無憑
立此公同劝議兩張各執壹張永遠為據

嘉慶二十四年八月　日五约公同劝議人繡溪汪正洋 押
石佛 俞志義 押
汜川 余大宗 押
清源 曹慶義 押
崔鴻源 吴鳳華 押
依議人 吴仁魁 押
曹鳳誥 押
中 汪汝文 押
張二社 押
曹明遠 押
俞汝誠 押
江廷四 押
書 余貴成 押

秋口镇里源 99 · 嘉庆二十四年 · 公同劝议书 · 汪正洋等

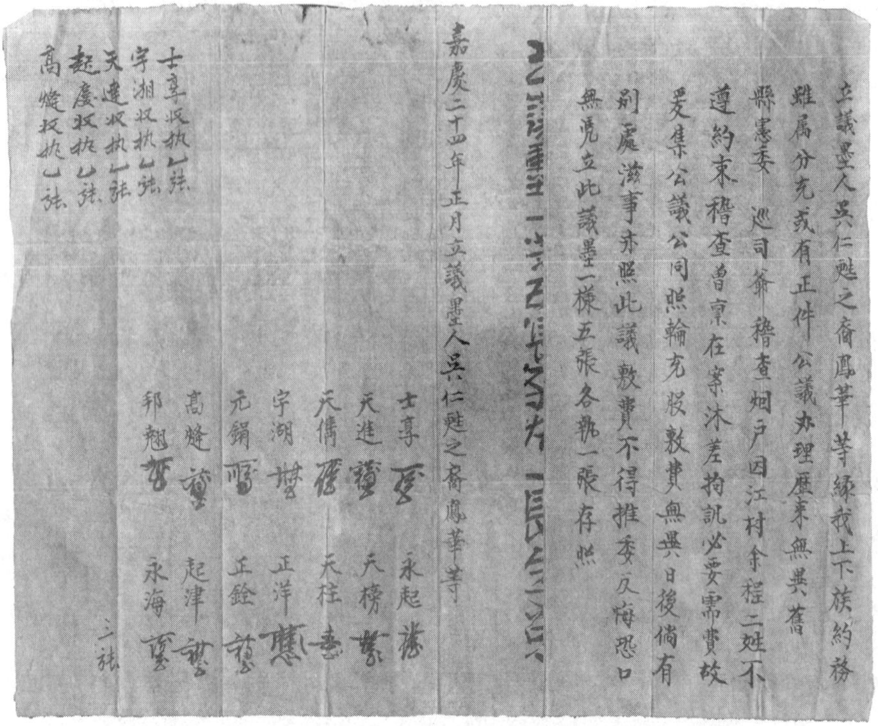
立議墨人吴仁甦之裔鳳華等緣我上下族約務
雖屬分充或有正件公議办理歷來無異舊
縣憲委　巡司爺稽查烟户因江村余程二姓不
遵約束稽查曽稟在案沐差拘訊必要需費故
爰集公議公同照輪充服敎費無異日後倘有
别處滋事亦照此議敎費不得推委反悔恐口
無凴立此議墨一樣五張各執一張存照
嘉慶二十四年正月立議墨人吴仁甦之裔鳳華等
士享　永起
天進　天榜
天儁　天柱
宇湘　正洋
元錫　正銓
高燧　起津
邦翘　永海
二張
士享收執一張
宇湘收執一張
天進收執一張
起慶收執一張
高燧收執一張

秋口镇里源 161 · 嘉庆二十四年 · 议墨书 · 吴仁甦之裔凤华等

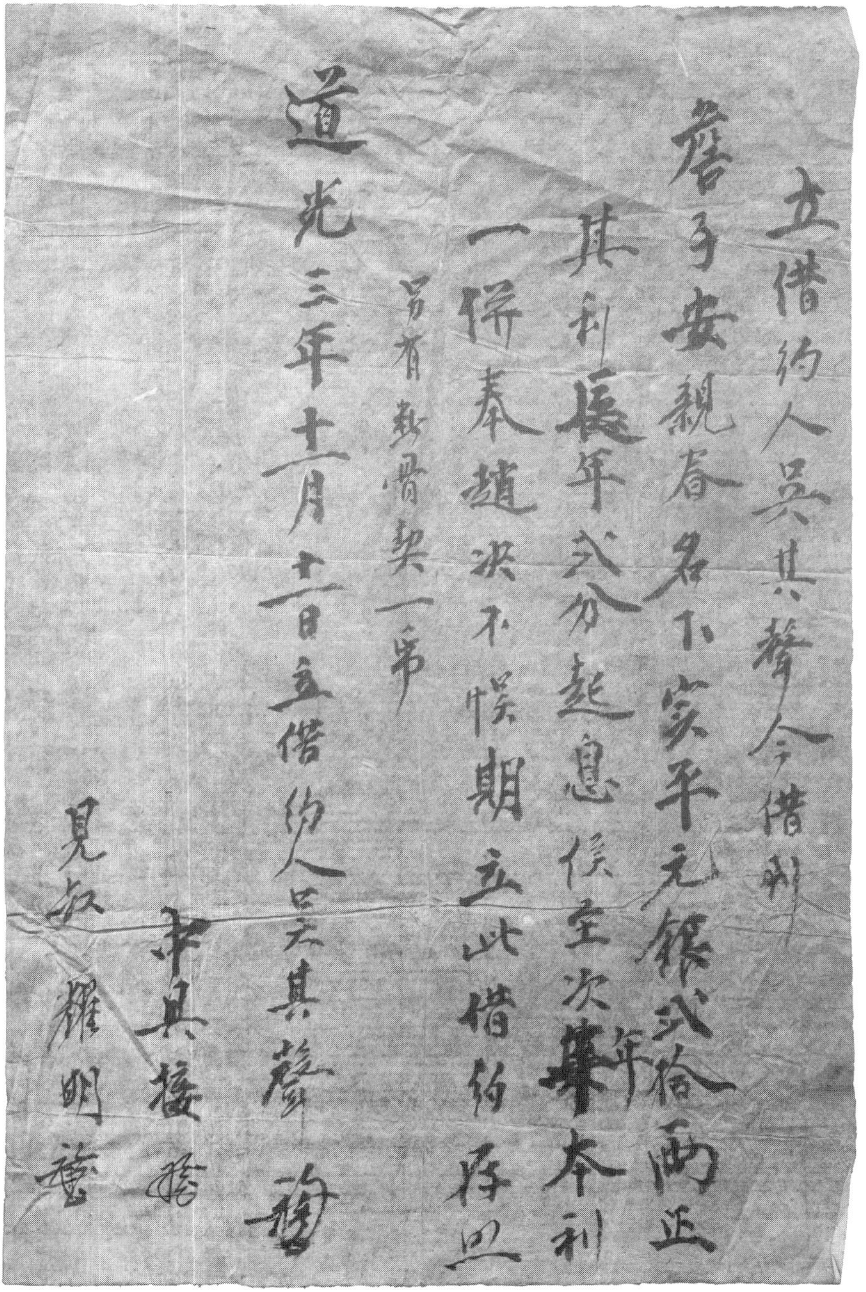

立借约人吴其声今借到
詹子安亲眷名下实平元银贰拾两正
其利长年贰分起息，候至次年本利
一併奉赵，决不悞期，立此借约存照
另有执买契一帋
道光三年十一月十二日立借约人吴其声（押）
中 其接（押）
见叔 耀明（押）

秋口镇里源 38 · 道光三年 · 借约 · 吴其声借到詹子安

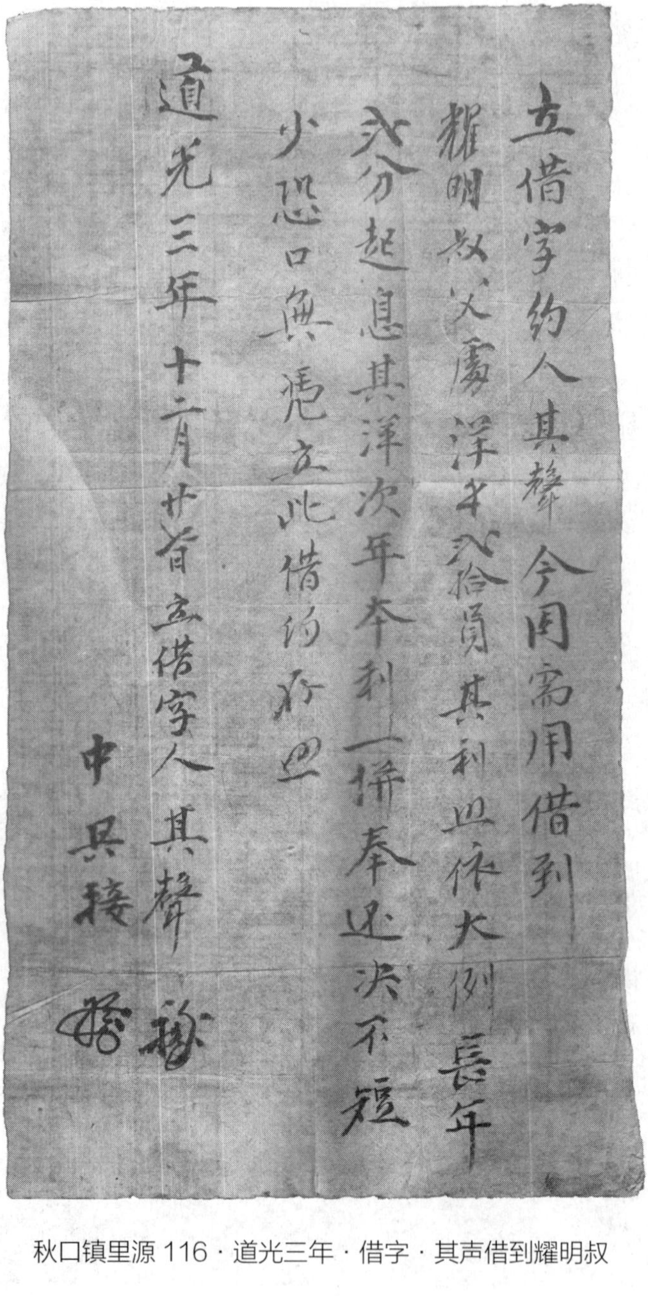

立借字約人其聲　今因需用借到
耀明叔父處洋钱弍拾員其利照依大例長年
弍分起息其洋次年本利一併奉还决不短
少恐口無憑立此借約存照
道光三年十二月廿八日立借字人其聲（押）
中　兵接（押）

秋口镇里源 116 · 道光三年 · 借字 · 其声借到耀明叔

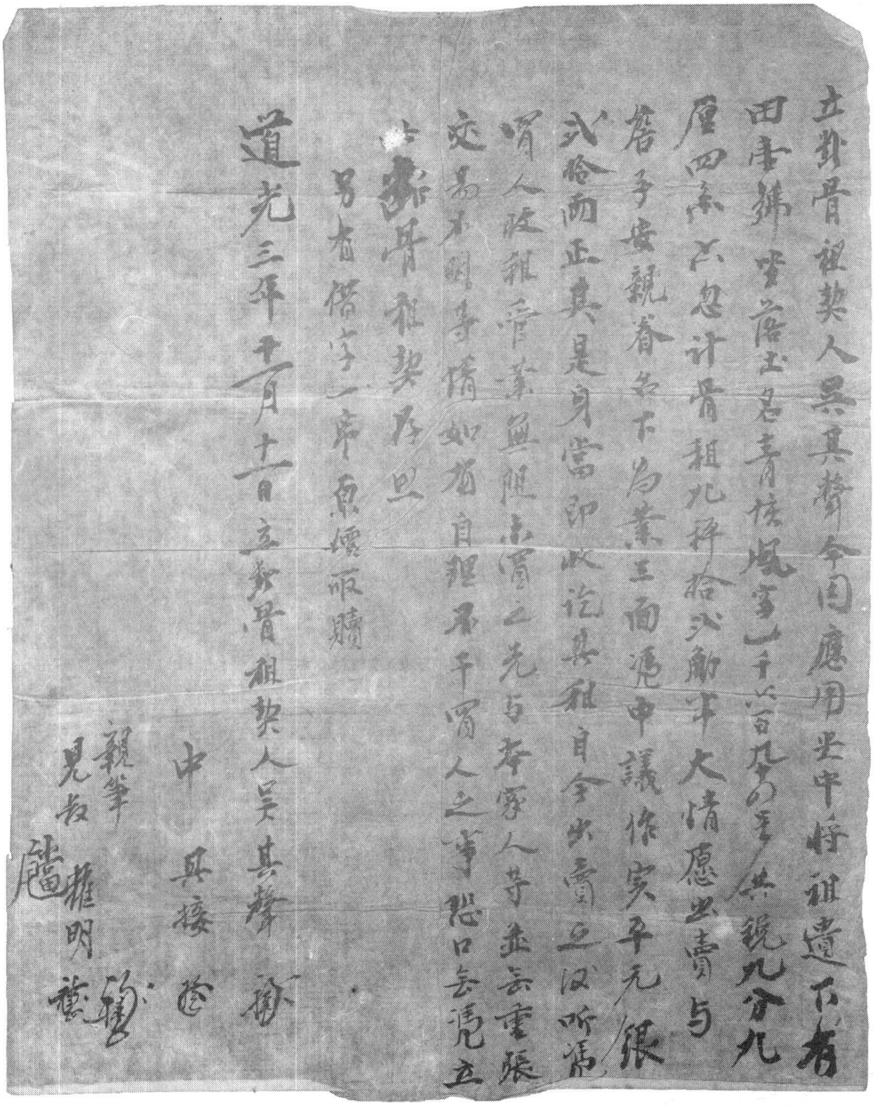
立斷骨租契人吳其聲今因應用央中將祖遺下有
田壹號坐落土名青塘坑窠山千六百九十四号共税九分九
厘四毫六忽計骨租九秤拾弍觔半大情愿出賣与
詹子安親眷名下為業三面憑中議作實平元銀
弍拾兩正其是身當即收訖其租自今出賣立後聽憑
買人收租管業無阻未賣之先与本家人等並無重張
交易不明等情如有自理不干買人之事恐口無憑立
此斷骨租契存照
另有借字一帋原價取贖
道光三年十一月十一日立斷骨租契人吳其聲（押）
中 吳接（押）
親筆
見叔 詹雅明（押）

秋口镇里源 164 · 道光三年 · 断骨租契 · 吴其声卖与詹子安

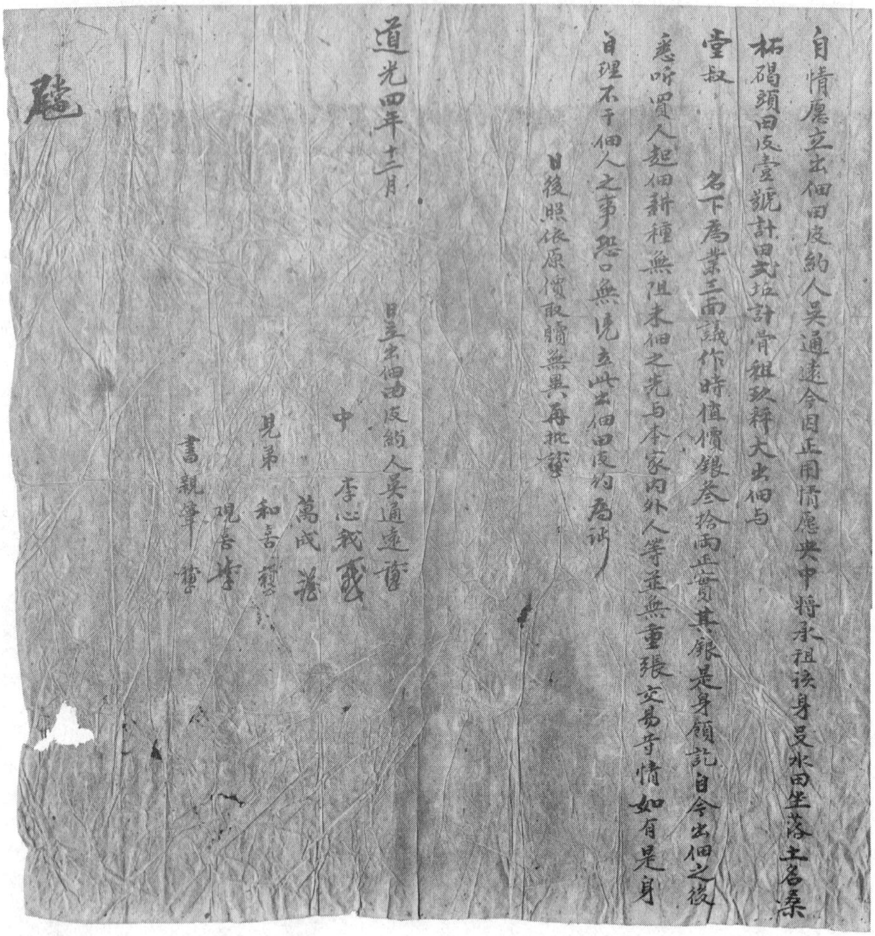

自情愿立出佃田皮約人吴通遠今因正用情愿央中將承祖該身只水田坐落土名桑
柘碣頭田皮壹號計田弍坵計骨租玖秤大出佃与
堂叔　名下為業三面議作時值價銀叁拾兩正其銀是身領訖自今出佃之後
應聽買人起佃耕種無阻未佃之先与本家内外人等並無重張交易等情如有是身
自理不干佃人之事恐口無憑立此出佃田皮約為証
日後照依原價取贖無異再批（押）
道光四年十二月　日立出佃田皮約人吴通遠（押）
中　李心秋（押）
萬成（押）
見弟　和喜（押）
觀喜（押）
書親筆（押）
騐

秋口镇里源 74 · 道光四年 · 出佃田皮约 · 吴通远出佃与堂叔☐

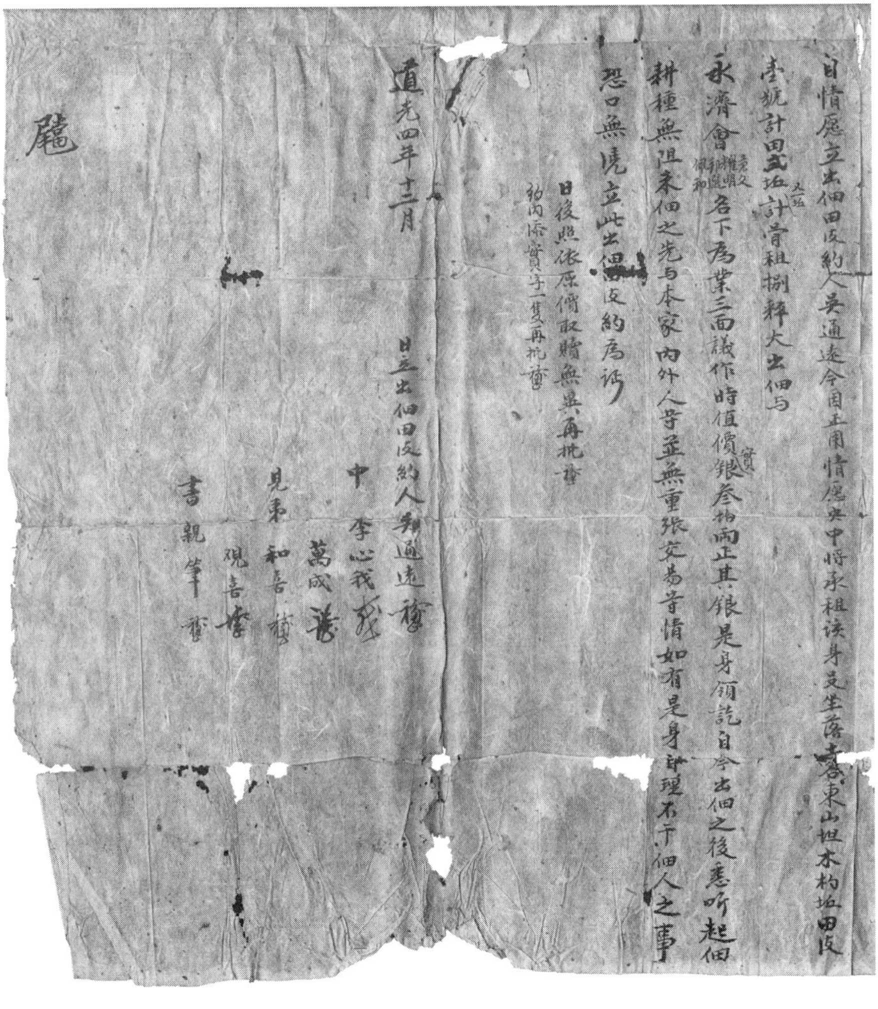

自情愿立出佃田皮約人吴通遠今因正用情愿央中將承祖該身支坐落土名東山坦木杓坵田皮
壹號計田貳坵又一坵計骨租捌秤大出佃与
永濟會名下為業三面議作時值價銀叁拾兩正其銀是身領訖自今出佃之後悉听起佃
耕種無阻未佃之先与本家內外人等並無重張交易等情如有是身計理不干佃人之事
恐口無憑立此出佃田皮約為據
日後照依原價取贖無異再批（押）
約內添實字一隻再批（押）
道光四年十二月　日立出佃田皮約人吴通遠（押）
中　李心我（押）
萬成（押）
見東　和喜（押）
觀喜（押）
書　親筆（押）
[illegible]

秋口镇里源 83 · 道光四年 · 出佃田皮约 · 吴通远佃与永济会耀明等

立租約人親侄邦堦仝弟邦填緣因
祖遺舊屋壹欄大共四間身兄弟業
兩間　叔父業兩間兩受均分各業一
半近来傾壞难以安居身兄弟創立
竪造其　叔父壹半之業身兄弟
立租約與
叔父名下遞年交租[illegible]計以七八錢
正不得短少　今欲有凴立此租約
存照
道光四年五月十二日立租約人侄邦堦
仝弟邦填
兄萬成　房[illegible][illegible]楼
書眷　李心我

秋口镇里源 117 · 道光四年 · 租约 · 邦堦同弟邦填租与叔父

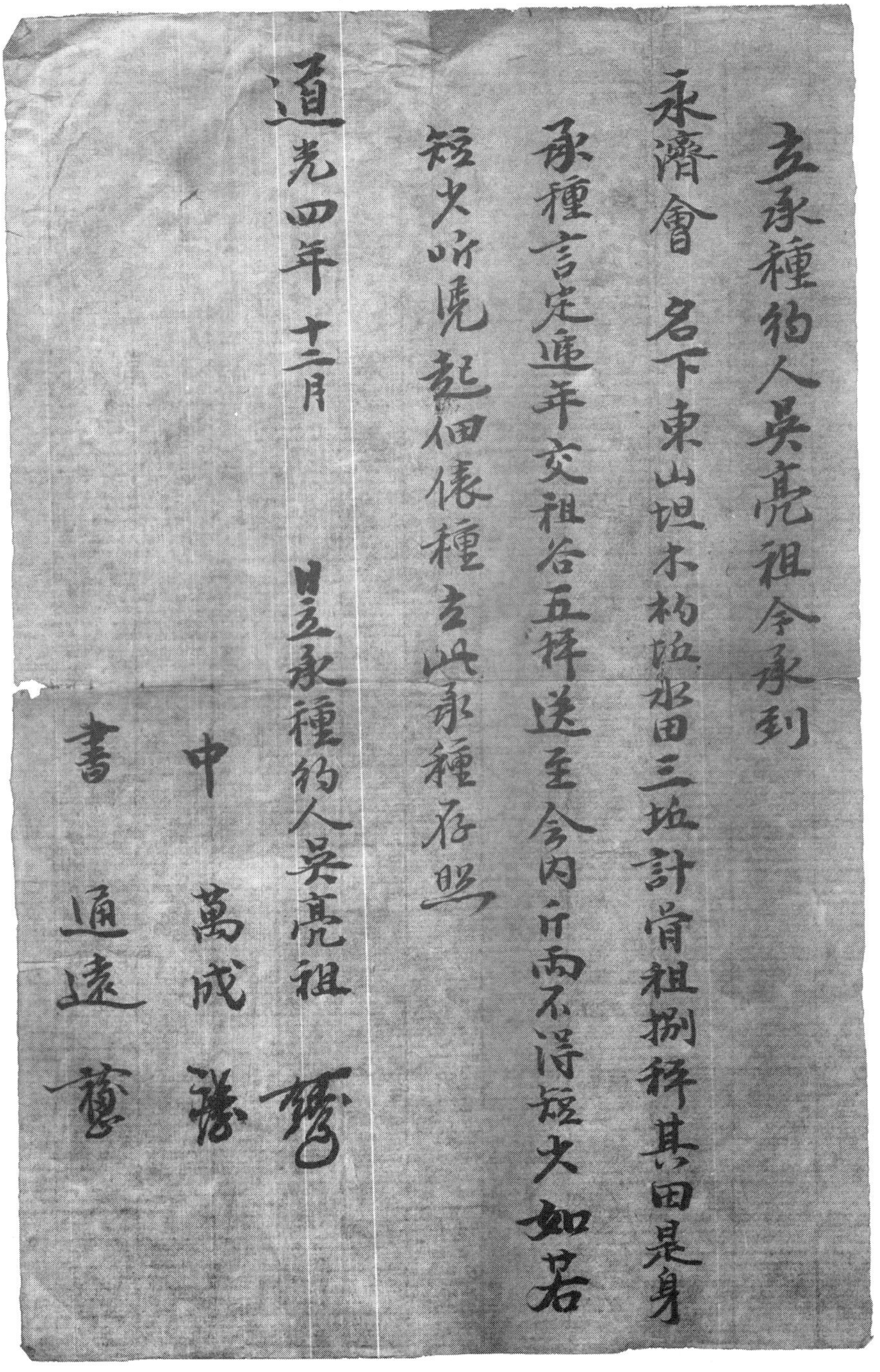
立承種約人吳亮祖今承到
永濟會 名下東山坦木杓坵水田三坵計骨租捌秤其田是身
承種言定逐年交租谷五秤送至會内斤兩不得短欠如若
短欠听凭起佃傢種立此承種存照
道光四年十二月 日立承種約人吳亮祖
中 萬成
書 通遠

秋口镇里源 123 · 道光四年 · 承种约 · 吴亮祖承到永济会

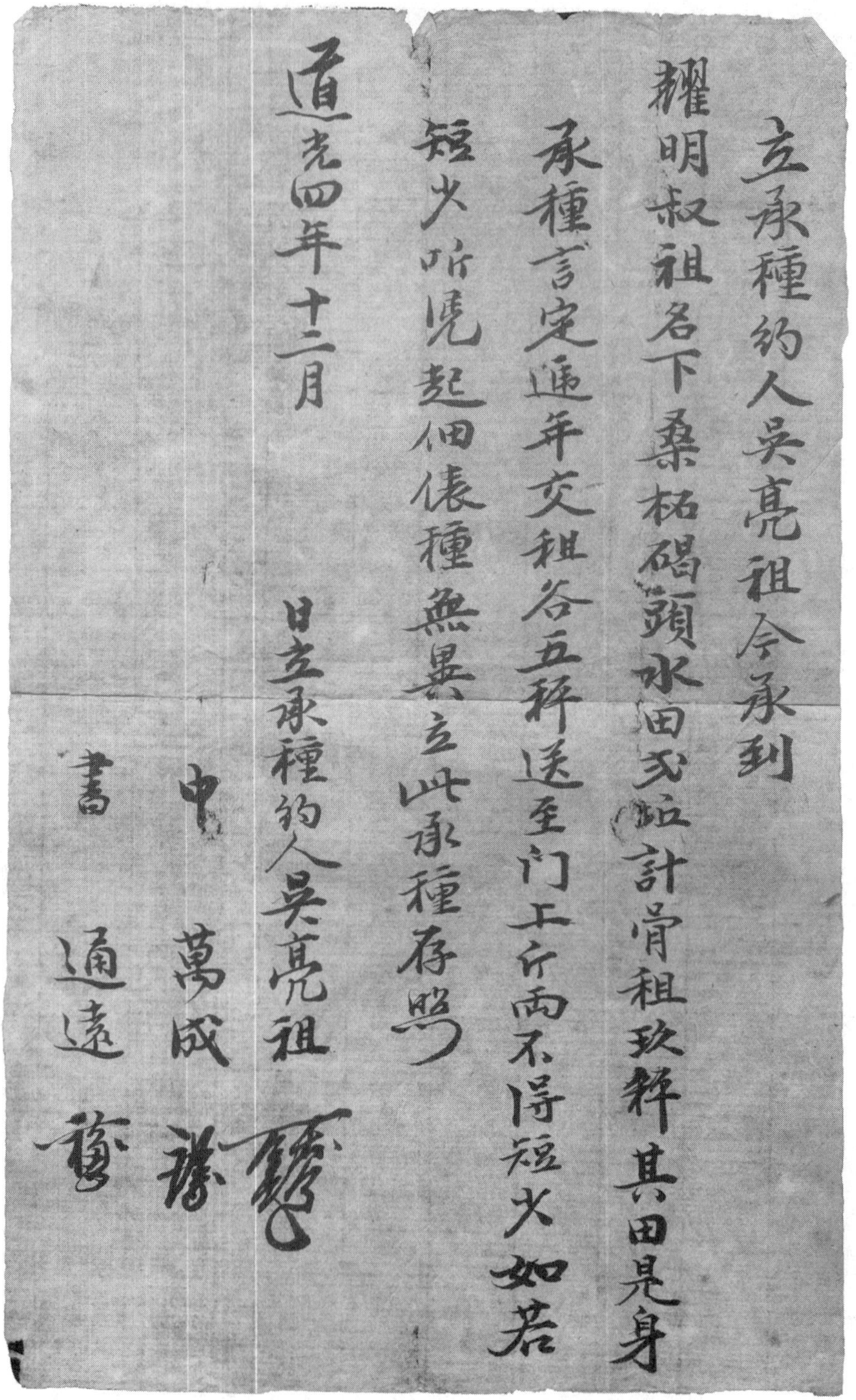
立承種約人吴亮祖今承到
耀明叔祖名下桑柘碣頭水田弍坵計骨租玖秤其田是身
承種言定遞年交租谷五秤送至门上斤两不得短欠如若
短少听凴起佃佃種無異立此承種存照
道光四年十二月　日立承種約人吴亮祖
中　萬成
書　通遠

秋口镇里源 134 · 道光四年 · 承种约 · 吴亮祖承到耀明叔祖

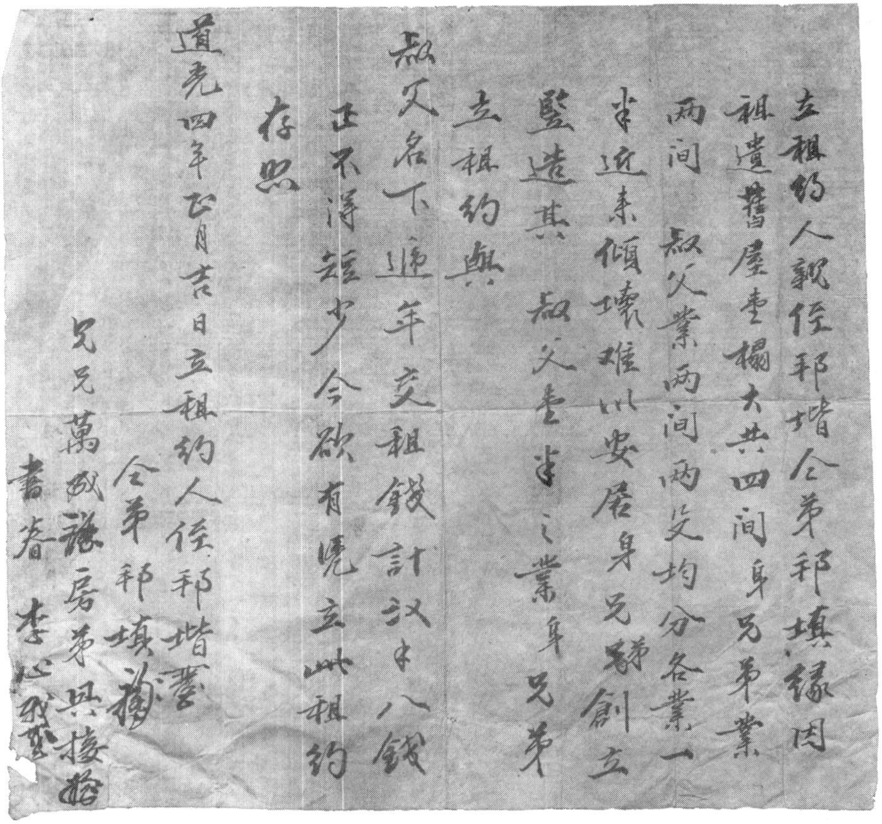
立租约人親侄邦堦仝弟邦填緣因
祖遺舊屋壹欄大共四間身兄弟業
兩間 叔父業兩間兩支均分各業一
半近來傾壞難以安居身兄弟創立
豎造其 叔父壹半之業身兄弟
立租约與
叔父名下逐年交租錢計汶十八錢
正不得短少今欲有憑立此租约
存照
道光四年正月吉日立租约人侄邦堦（押）
仝弟邦填（押）
見兄萬城（押）房弟興接（押）
書眷 李心我（押）

秋口镇里源 153 · 道光四年 · 租约 · 邦堦同弟邦填租叔父

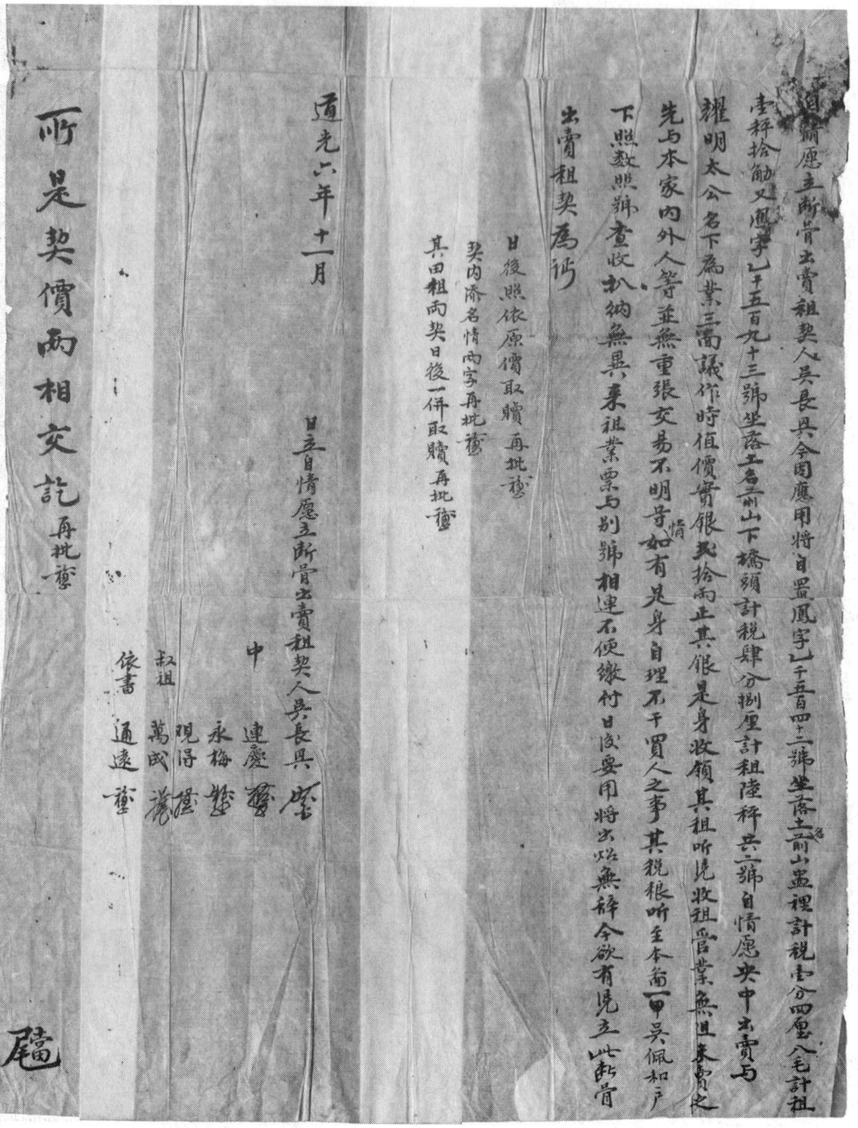

立自情願立斷骨出賣租契人吳長興今因應用將自置鳳字山千五百四十二號坐落土名前山盎裡計稅壹分四厘八毛計租壹秤拾觔又鳳字山千五百九十三號坐落土名前山下橋頭計稅肆分捌厘計租陸秤共二號自情願央中出賣與
耀明太公名下為業三面議作時值價實銀貳拾兩正其銀是身收領其租聽憑收租管業無阻未賣之
先與本家內外人等並無重張交易不明等情如有是身自理不干買人之事其稅糧聽至本圖一甲吳佩如戶下照數照號查收扒納無異來祖業票與別號相連不便繳付日後要用將出照無辭今欲有憑立此斷骨
出賣租契為証

日後照依原價取贖再批訖
契內添名情內字再批訖
其田租兩契日後一併取贖再批訖

道光六年十一月　日立自情願立斷骨出賣租契人吳長興（押）
中　連慶（押）
永梅（押）
觀得（押）
叔祖　萬武（押）
依書　通遠（押）

所是契價兩相交訖再批訖

秋口镇里源 68 · 道光六年 · 断骨出卖租契 · 吴长兴卖与耀明太公

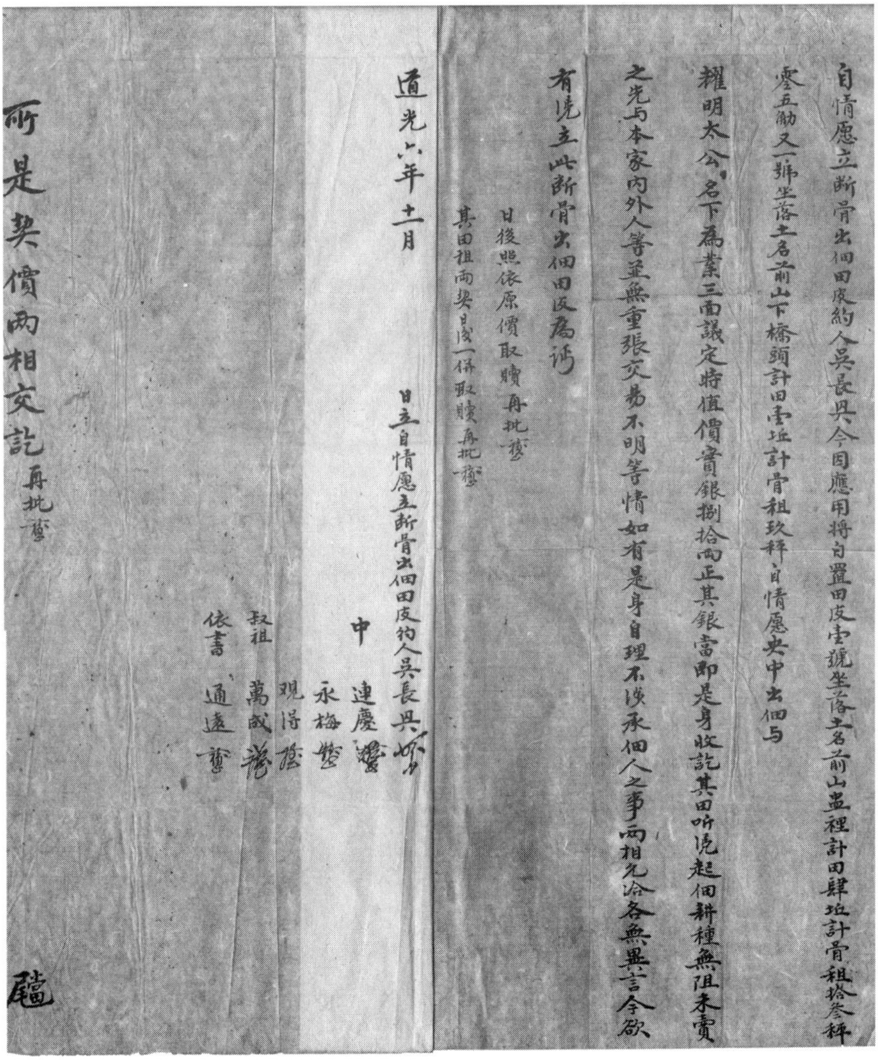

自情愿立断骨出佃田皮約人吴長兴今因應用將自置田皮壹號坐落土名前山盡裡計田肆坵計骨租拾叁秤零五觔又一號坐落土名前山下橋頭計田壹坵計骨租玖秤自情愿央中出佃与

耀明太公名下爲業三面議定時值價寶銀捌拾兩正其銀當即是身收訖其田听凭起佃耕種無阻未賣之先与本家內外人等並無重張交易不明等情如有是身自理不涉承佃人之事兩相允洽各無異言今欲有凭立此断骨出佃田皮爲証

日後照依原價取贖再批(押)

其田祖兩契日後一併取贖再批(押)

道光六年十二月　日立自情愿立断骨出佃田皮約人吴長兴(押)

中　連慶(押)　永梅(押)　观得(押)

叔祖　萬誠(押)

依書　通遠(押)

所是契價兩相交訖再批(押)

秋口镇里源 84 · 道光六年 · 断骨出佃田皮约 · 吴长兴出佃与耀明太公

秋口镇里源 49-1 · 道光十年 · 会书 · 六合会式

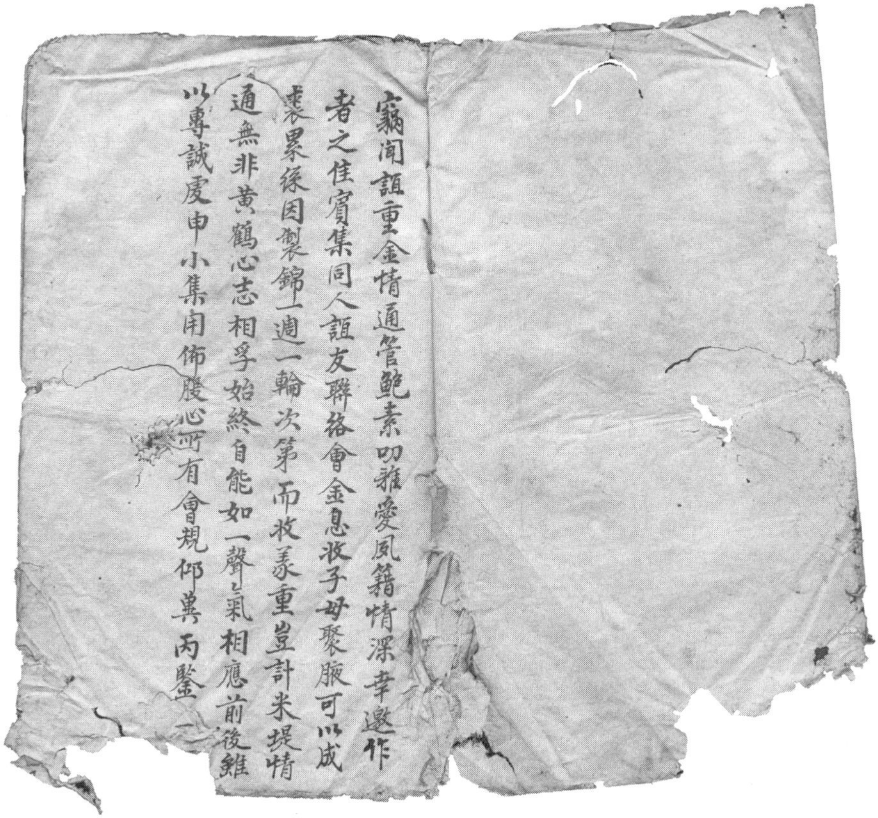
竊聞誼重金情通管鮑素叨雅愛夙籍情深幸邀作
者之佳賓集同人誼友聯絡會金息收子母聚腋可以成
裘累絲因製錦一週一輪次第而收義重豈計米堤情
通無非黃鶴心志相孚始終自能如一聲氣相應前後雖
以專誠虔申小集聞佈腹心所有會規仰冀丙鑒一

秋口镇里源 49-2 · 道光十年 · 会书 · 六合会式

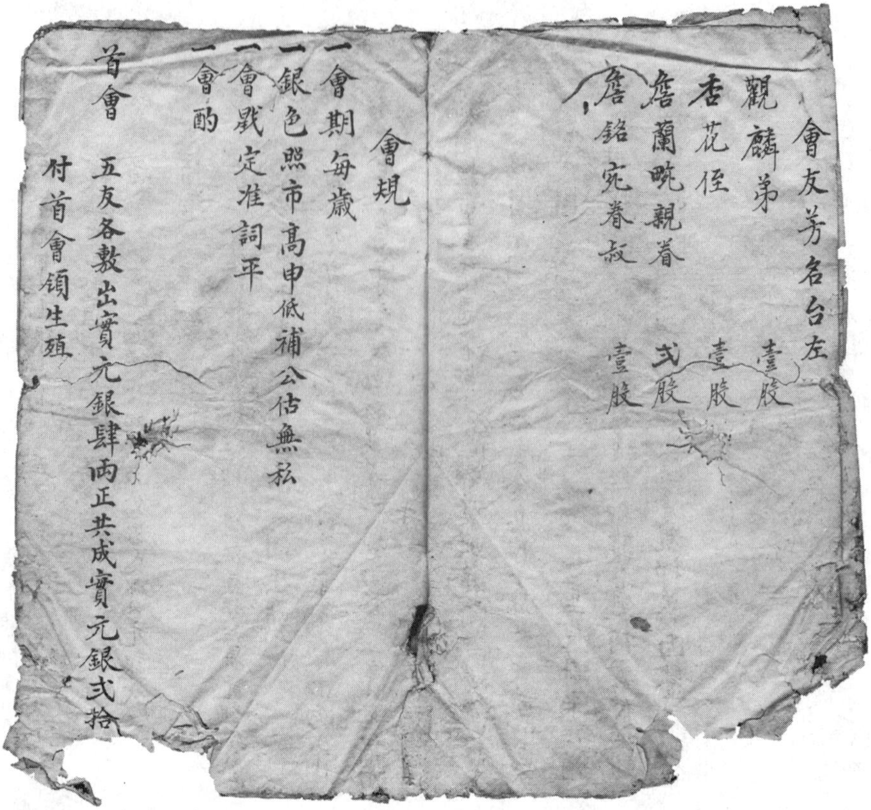
會友芳名台左
觀麟弟 壹股
杏花侄 壹股
詹蘭晓親眷 弍股
詹銘宪眷叔 壹股

會規
一會期每歲
一銀色照市高申低補公估無私
一會戥定准詞平
一會酌
首會 五友各數出實元銀肆两正共成實元銀弍拾
付首會領生殖

秋口镇里源 49-3 · 道光十年 · 会书 · 六合会式

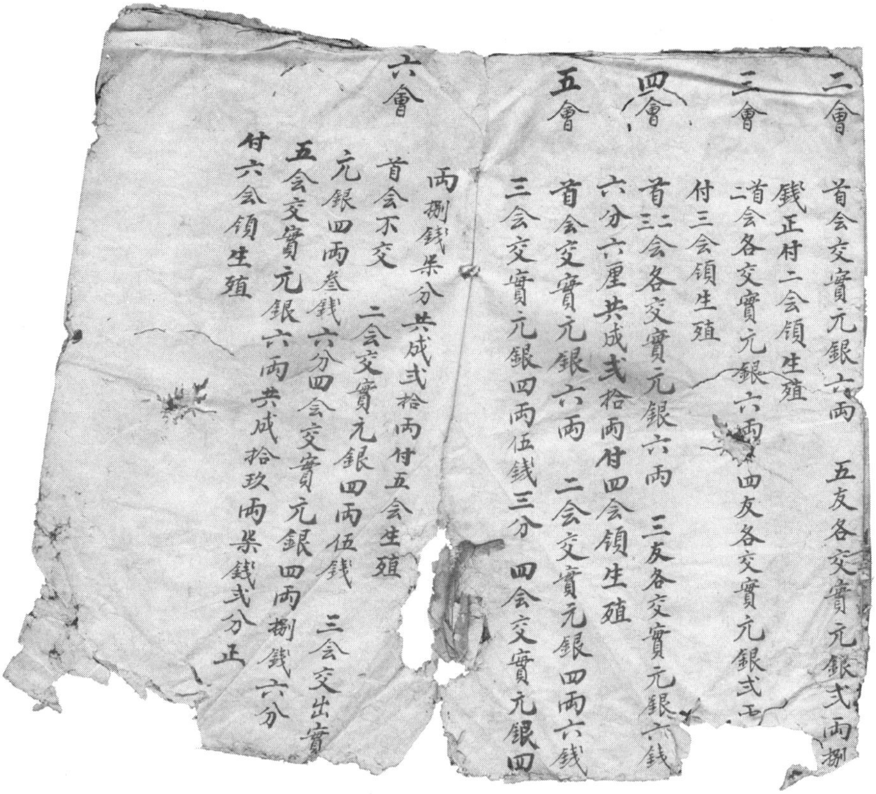

二會 首会交寳元銀六两 五友各交寳元銀弍两捌
錢正付二会領生殖
三會 二首会各交寳元銀六两 四友各交寳元銀弍两
付三会領生殖
四會 首三二会各交寳元銀六两 三友各交寳元銀六錢
六分六厘共成弍拾两付四会領生殖
五會 首会交寳元銀六两 二会交寳元銀四两六錢
三会交寳元銀四两伍錢三分 四会交寳元銀四
两捌錢柒分共成弍拾两付五会生殖
六會 首会不交 二会交寳元銀四两伍錢 三会交出寳
元銀四两叁錢六分四会交寳元銀四两捌錢六分
五会交寳元銀六两共成拾玖两柒錢弍分正
付六会領生殖

秋口镇里源 49-4 · 道光十年 · 会书 · 六合会式

道光拾年三月　日立會書人吳列五

秋口镇里源 49-5 · 道光十年 · 会书 · 六合会式

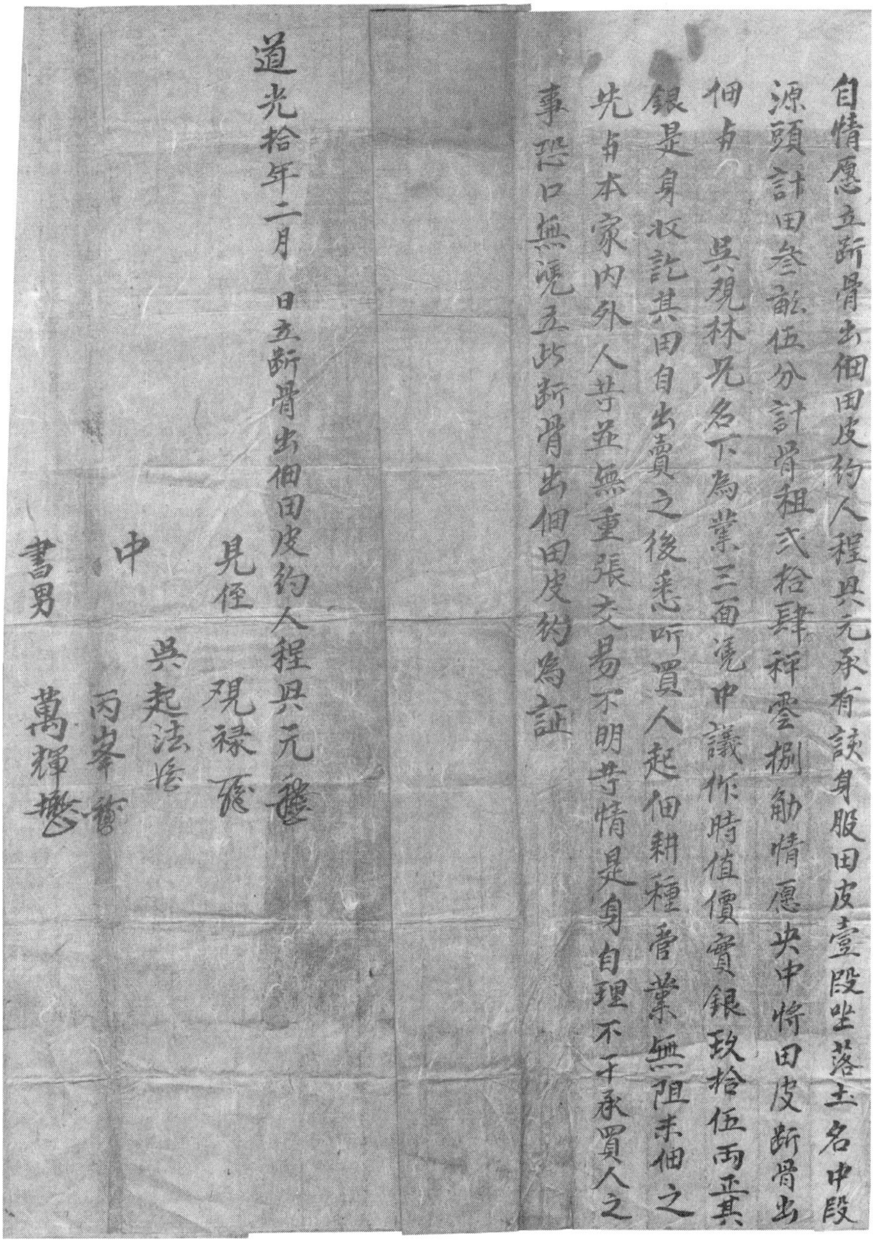

自情愿立斷骨出佃田皮約人程興元，承有該身股田皮壹段，坐落土名中段源頭，計田叁畝伍分，計骨租貳拾肆秤零捌觔，情愿央中將田皮斷骨出佃與吴觀林兄名下為業。三面憑中議作時值價實銀玖拾伍兩正，其銀是身收訖。其田自出賣之後，悉听買人起佃耕種管業無阻。未佃之先，與本家內外人等並無重張交易、不明等情，是身自理，不干承買人之事。恐口無憑，立此斷骨出佃田皮約為証。

道光拾年二月　日立斷骨出佃田皮約人程興元（押）

見侄　觀祿（押）

中　吴起法（押）

丙峰（押）

書男　萬輝（押）

秋口镇里源 77 · 道光十年 · 出佃田皮约 · 程兴元佃与吴观林

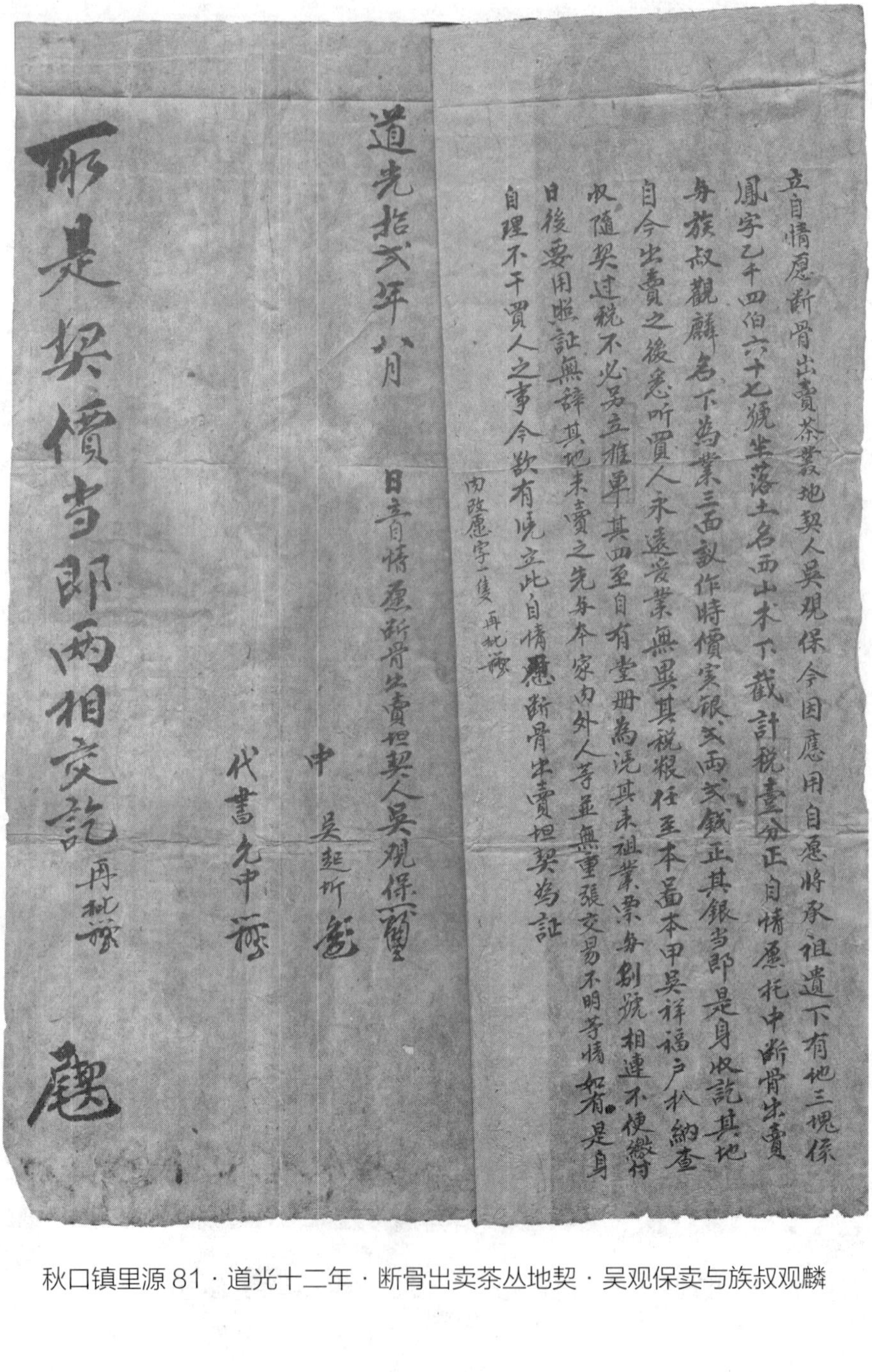
立自情愿断骨出賣茶叢地契人吳观保今因應用自愿將承祖遺下有地三塊係
鳳字乙千四伯六十七號坐落土名西山木下截計稅壹分正自情愿托中斷骨出賣
與族叔觀麟名下為業三面議作時價實銀弍兩弍錢正其銀当即是身收訖其地
自今出賣之後悉听買人永遠管業無異其稅粮任至本啚本甲吳祥福户扒納查
收隨契过稅不必另立推單其四至自有堂册為凴其來祖業兼與別號相連不便繳付
日後要用照証無辞其地未賣之先與本家內外人等並無重張交易不明等情如有是身
自理不干買人之事今欲有凴立此自情愿斷骨出賣坦契為証
內改愿字一隻 再批（押）
道光拾弍年八月 日立自情愿断骨出賣坦契人吳观保（押）
中 吳起圻（押）
代書允中（押）
所是契價当即兩相交訖 再批（押）
慶

秋口镇里源 81 · 道光十二年 · 断骨出卖茶丛地契 · 吴观保卖与族叔观麟

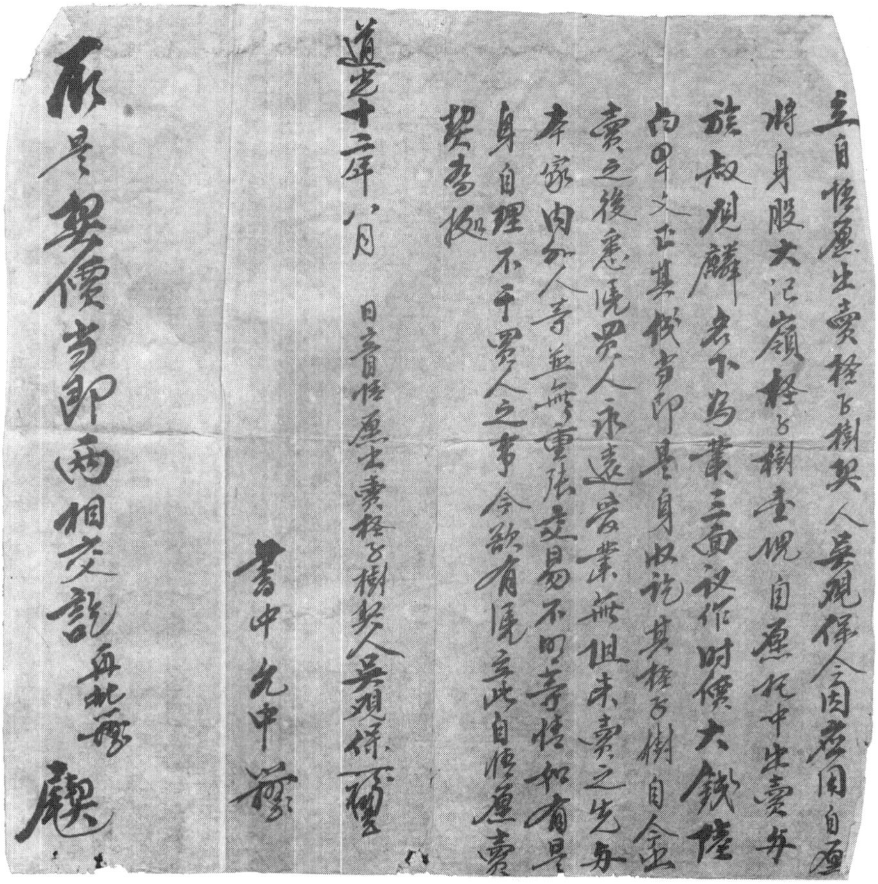
立自情愿出賣桎子樹契人吳觀保今因應用自愿
將身股大汜嶺桎子樹壹塊自愿托中出賣与
族叔觀麟名下為業三面議作時價大錢陸
內四千文正其錢當即是身收訖其桎子樹自今出
賣之後悉憑買人永遠管業無阻未賣之先与
本家內外人等並無重張交易不明等情如有是
身自理不干買人之事今欲有憑立此自情愿賣
契存據
道光十二年八月　日立自情愿出賣桎子樹契人吳觀保（押）
書中　允中（押）
原是契價當即兩相交訖再批（押）

秋口镇里源 142 · 道光十二年 · 出卖桎子树契 · 吴观保卖与族叔观麟

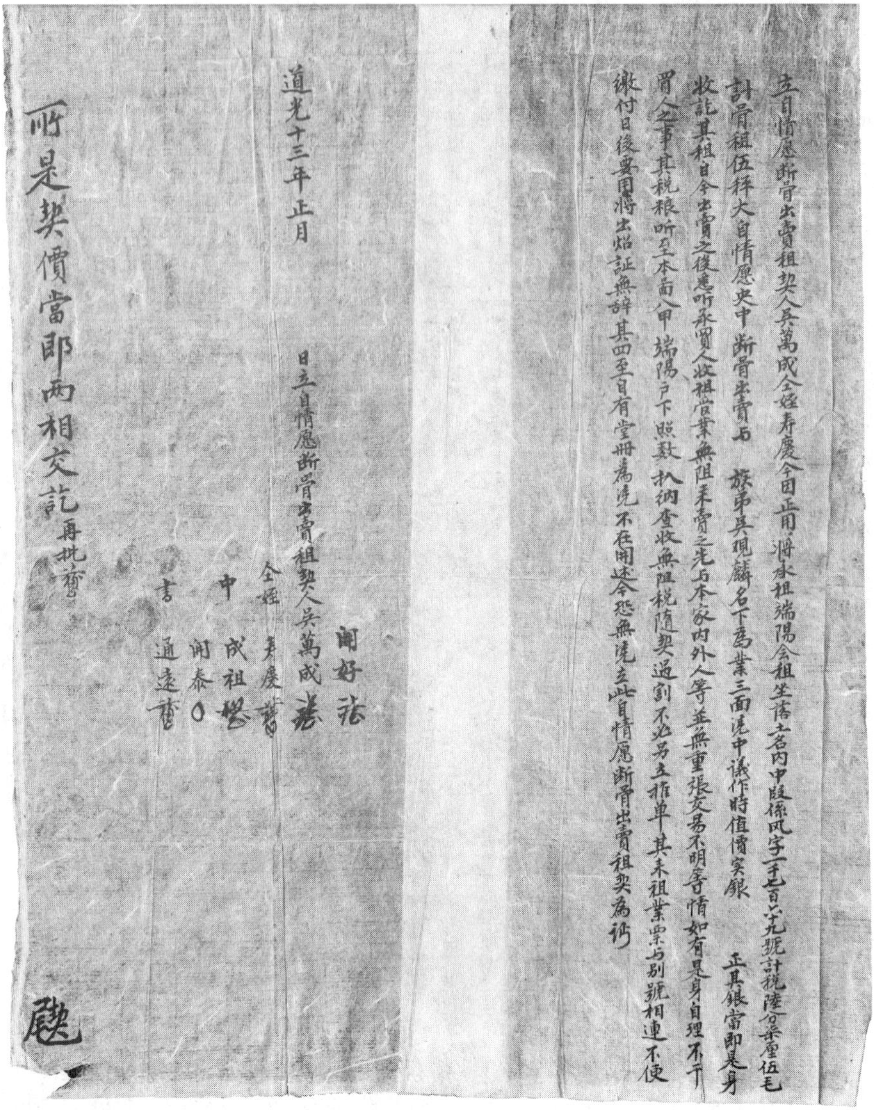

立自情愿斷骨出賣租契人吴萬成仝姪壽慶，今因正用，將承祖端陽會祖坐落土名內中段，係風字一千七百六十九號，計稅陸分柒厘伍毛，

計骨租伍秤大，自情愿央中斷骨出賣與　族弟吴觀麟名下為業，三面憑中議作時值價實銀　正，其銀當即是身

收訖。其租自今出賣之後，悉听承買人收租管業無阻。未賣之先，與本家內外人等並無重張交易不明等情，如有，是身自理，不干

買人之事。其稅粮听至本甫八甲端陽戶下照數扒納查收無阻。稅隨契過割，不必另立推單。其來祖業票與別號相連，不便

繳付，日後要用，將出炤証無辭。其四至自有堂冊為憑，不在開述。今恐無憑，立此自情愿斷骨出賣租契為炤。

道光十三年正月　日立自情愿斷骨出賣租契人吴萬成（押）

聞好（押）

仝姪　壽慶（押）

中　成祖（押）

聞泰（押）

書　通遠（押）

所是契價當即兩相交訖　再批（押）

秋口镇里源 87 · 道光十三年 · 断骨出卖租契 · 吴万成同侄寿庆卖与族弟吴观麟

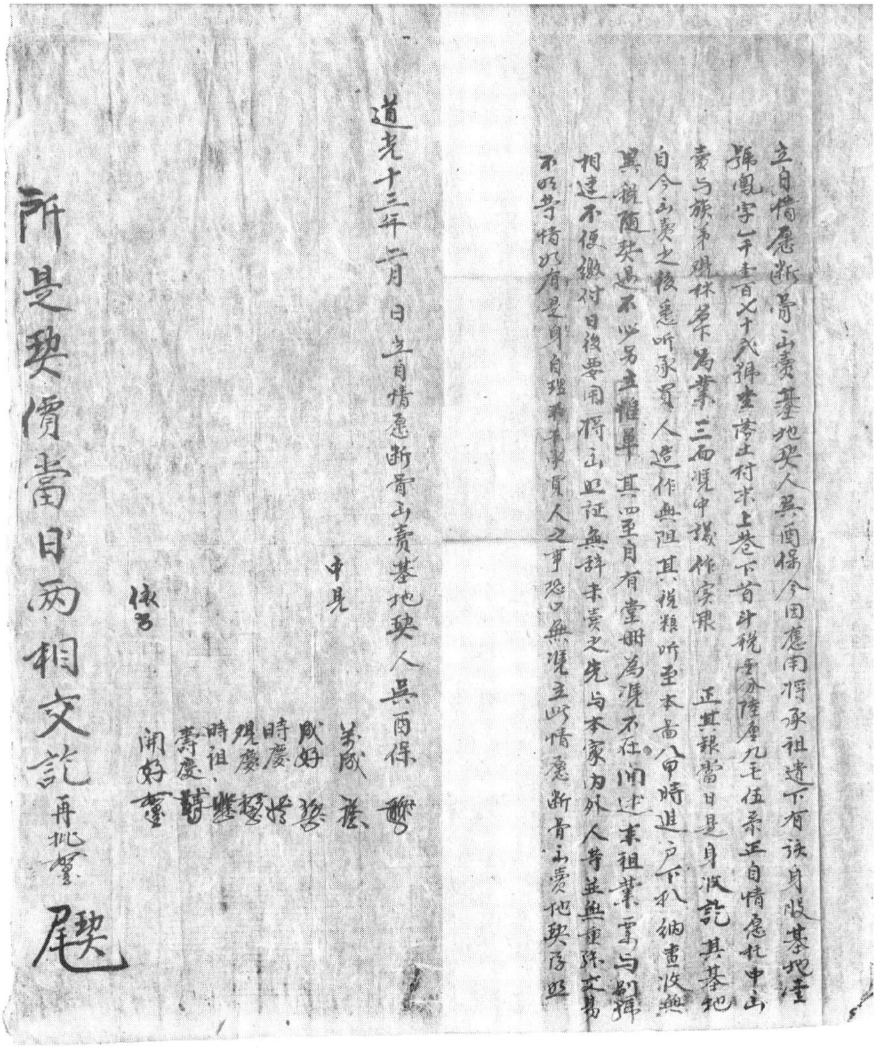

立自情愿断骨出賣基地契人吳酉保今因急用將承祖遺下有該身股基地達
係閱字一千壹百七十八號坐落土村求上巷下首計稅壹分陸厘九毛伍系正自情愿托中出
賣与族弟觀林名下為業三面憑中議作實價 正其銀當日是身收訖其基地
自今出賣之後憑听承買人造作無阻其稅糧听至本當八甲時進户下扒納畫收無
異稅隨契過不必另立推單其四至自有壹冊為憑不在開述來祖業墨与别號
相連不便繳付日後要用將出照証無辞未賣之先与本家內外人等並無重張交易
不明等情如有是身自理不干買人之事恐口無憑立此情愿断骨出賣地契存照

道光十三年二月 日立自情愿断骨出賣基地契人吳酉保（押）

中見 弟咸（押）
咸好（押）
時慶（押）
觀慶（押）
時祖（押）
壽慶（押）

依書 開好（押）

所是契價當日两相交訖 再批（押）

契尾

秋口镇里源 92 · 道光十三年 · 断骨出卖基地契 · 吴酉保卖与族弟观林

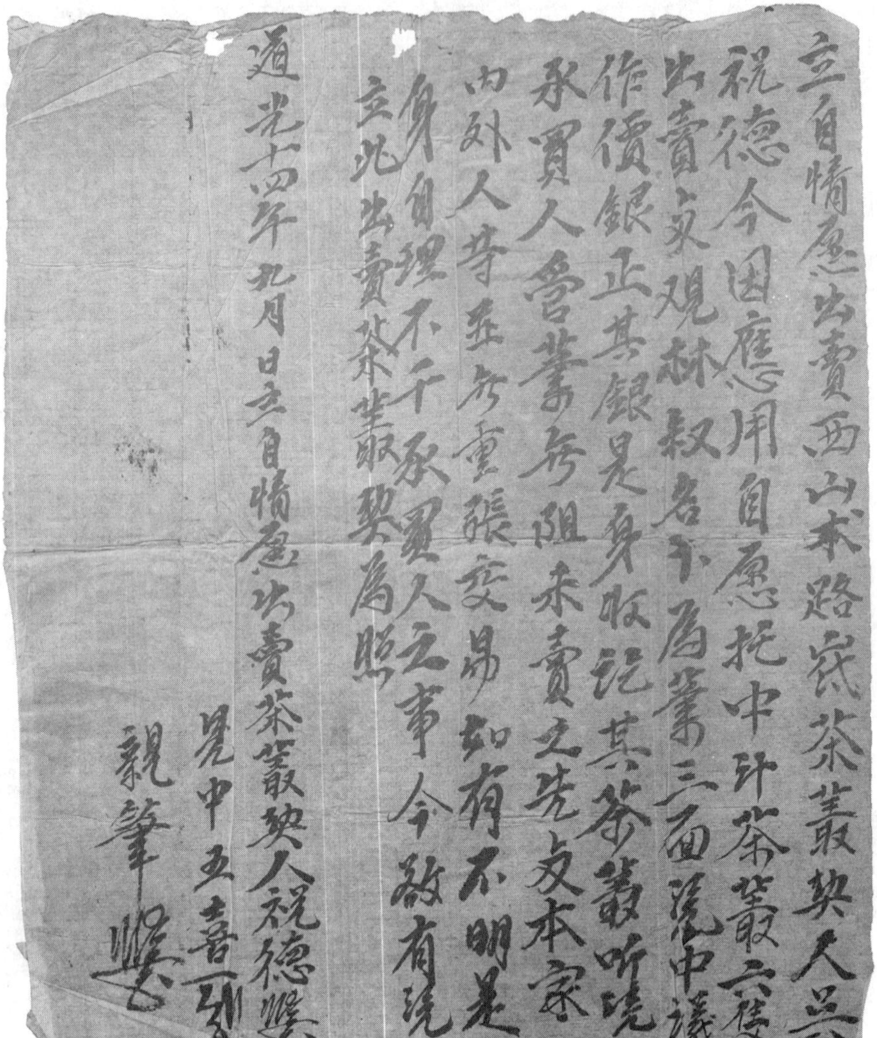

立自情愿出賣西山木路岱茶叢契人吳祝德今因應用自愿托中計茶叢六侵出賣與觀林叔名下為業三面憑中議作價銀正其銀是身收訖其茶叢听憑承買人管業無阻未賣之先與本家内外人等並無重張交易如有不明是身自理不干承買人之事今欲有憑立此出賣茶叢契為照

道光十四年九月日立自情愿出賣茶叢契人祝德（押）

憑中 五喜（押）

親筆（押）

秋口镇里源 128 · 道光十四年 · 出卖茶丛契 · 吴祝德卖与观林叔

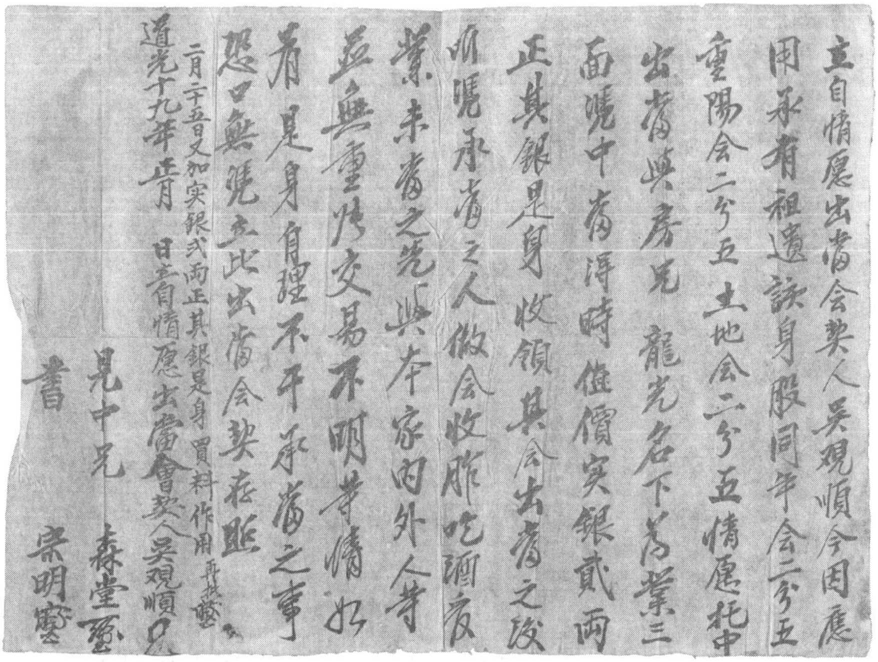
立自情愿出當会契人吴观順今因應
用承有祖遺訣身股同年会二分五
重陽会二分五 土地会二分五情愿托中
出當與房兄 龍光名下爲業三
面憑中當得時值價實銀貳兩
正其銀是身收領其会出當之後
听憑承當之人做会收胙吃酒爲
業未當之先與本家內外人等
並無重復交易不明等情如
有是身自理不干承當之事
恐口無憑立此出當会契存照
二月二十五日又加実銀弍兩正其銀是身買料作用 再批
道光十九年二月 日立自情愿出當會契人吴观順
見中兄 森堂
書 宗明

秋口镇里源 157 · 道光十九年 · 出当会契 · 吴观顺出当与房兄龙光

自情愿立出當樓屋契人吳細愛今因應用情愿將
該身股屋壹半出當族叔龍貴名下為業三面議中
當得时值洋錢弍拾員正其洋錢是身收訖其
利照依大例加息如本家内外人等並無重張
交易不明等情如有是身自理不干承当人之事
恐口無憑立此樓屋存照　再批其洋錢每員扣穀[illegible]分
再批鳳字山于乙百廿號又仝處于乙百卅五號共計税四厘正　據
道光廿一年九月　日自情愿立出當屋契人吳細愛
中　徐[illegible]
書　應塘

秋口镇里源 79 · 道光二十一年 · 出当楼屋契 · 吴细爱出当与族叔龙贵

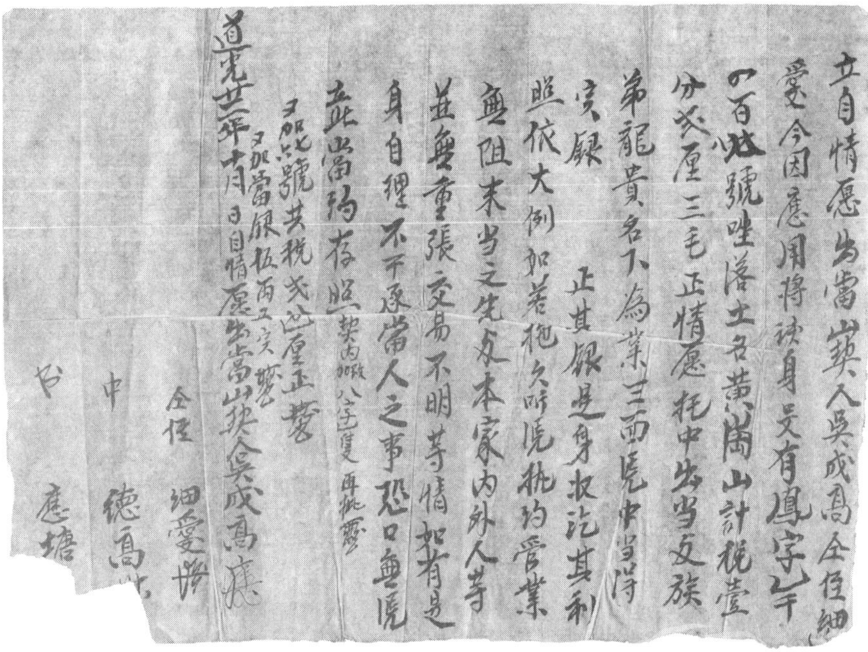
立自情愿出當山契人吴成高仝侄細
愛今因應用將續身受有鳳字一千
四百卅號坐落土名黄崗山計稅壹
分弍厘三毛正情愿托中出當與族
弟龍貴名下為業三面憑中當得
實銀　　正其銀是身收訖其利
照依大例加若拖欠听憑挑均管業
無阻未當之先與本家內外人等
並無重張交易不明等情如有是
身自理不干承當人之事恐口無憑
立此當契存照　契內加八字並照　再批照
又加此號共稅弍[illegible]厘正照
又加當銀伍兩五錢照
道光廿一年十一月　日自情愿出當山契人吴成高
仝侄　細愛
中　德高
書　應塘

秋口镇里源 166 · 道光二十一年 · 出当山契 · 吴成高当与族弟龙贵

自情愿立出当屋地契人吴[illegible]今因应用将承祖遗下身受有屋宇[illegible]有三千五百三十[illegible]號
坐落土名圳内计税贰厘贰毛[illegible]系正情愿托中出当与族弟龙贵名下为業三面凭中出得时
價洋[illegible]贰拾员正[illegible]和银拾柒两[illegible]钱正其银是身收讫其利照依大例加息 如若少欠利
三听凭拖掉管業无阻未当之先並本家内外人等並無重張交易不明等情 如有是身自理
不干承当人之事恐口無凭立此当契存照
道光廿[illegible]年八月 日 再批加当字银拾两正整
道光贰拾壹年九月 日 情愿出当屋地契人吴成高（押）
仝侄 细爱（押）
中 德高（押）
书 [illegible]

秋口镇里源 62 · 道光二十一年 · 出当屋地契 · 吴成高当与族弟龙贵

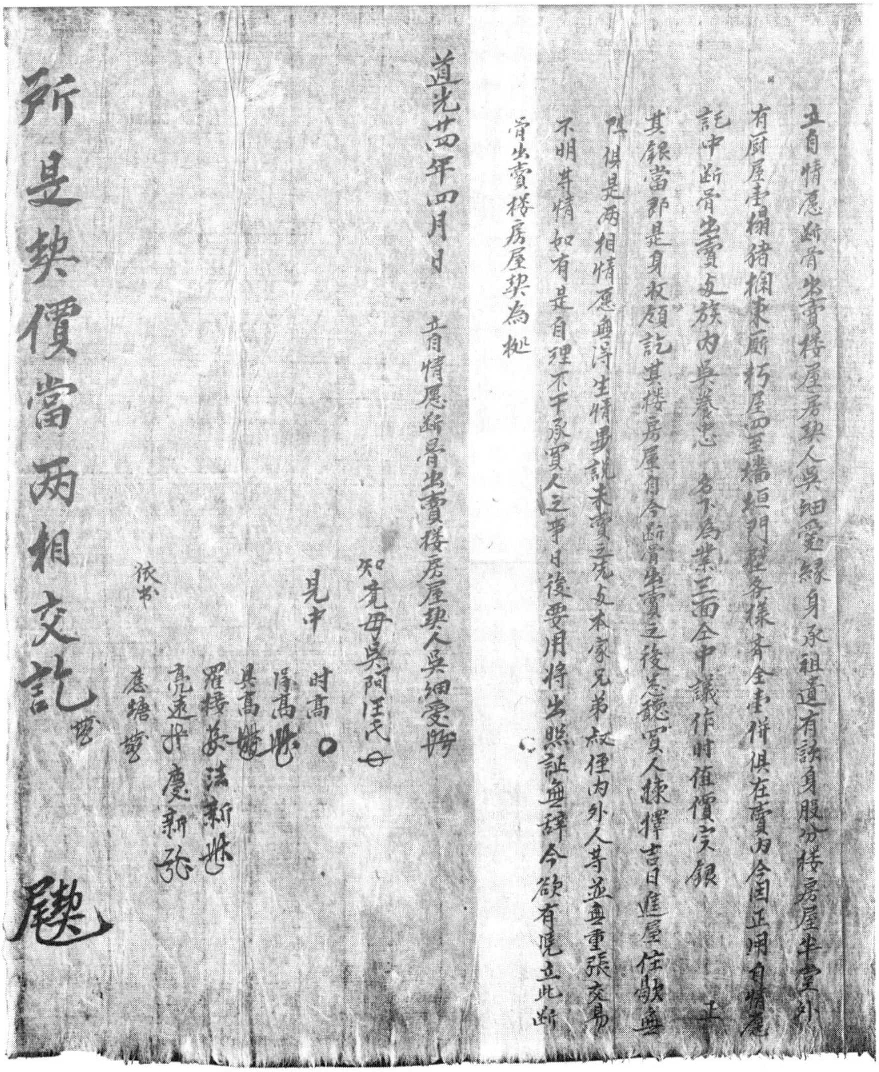

立自情愿断骨出賣楼屋房契人吳细愛，緣身承祖遺有該身股分楼房屋半堂，計有厨屋壹植、猪欄、東廁、朽屋，四至墻垣門扇各樣并全，壹併俱在賣內。今因正用，自情愿託中斷骨出賣与族內吳養忠名下為業。三面仝中議作时值價实銀　正，其銀當即是身收領訖。其楼房屋自今斷骨出賣之後，恁聽買人揀擇吉日進屋住歇，無阻。俱是兩相情愿，無得生情异說。未賣之先，与本家兄弟叔侄內外人等並無重張交易不明等情。如有，是自理，不干承買人之事。日後要用，將出照証無辞。今欲有凭，立此斷骨出賣楼房屋契為據。

道光廿四年四月　日　立自情愿斷骨出賣楼房屋契人吳细愛（押）

知見母吳阿汪氏（押）

見中　时高（押）　垺高（押）　其高（押）　羅楼（押）　茂法（押）　新（押）　亮遠（押）　庚新（押）

依書　庭塘（押）

所是契價當兩相交訖（押）　契

秋口镇里源 70 · 道光二十四年 · 断骨出卖楼屋房契 · 吴细爱卖与吴养忠

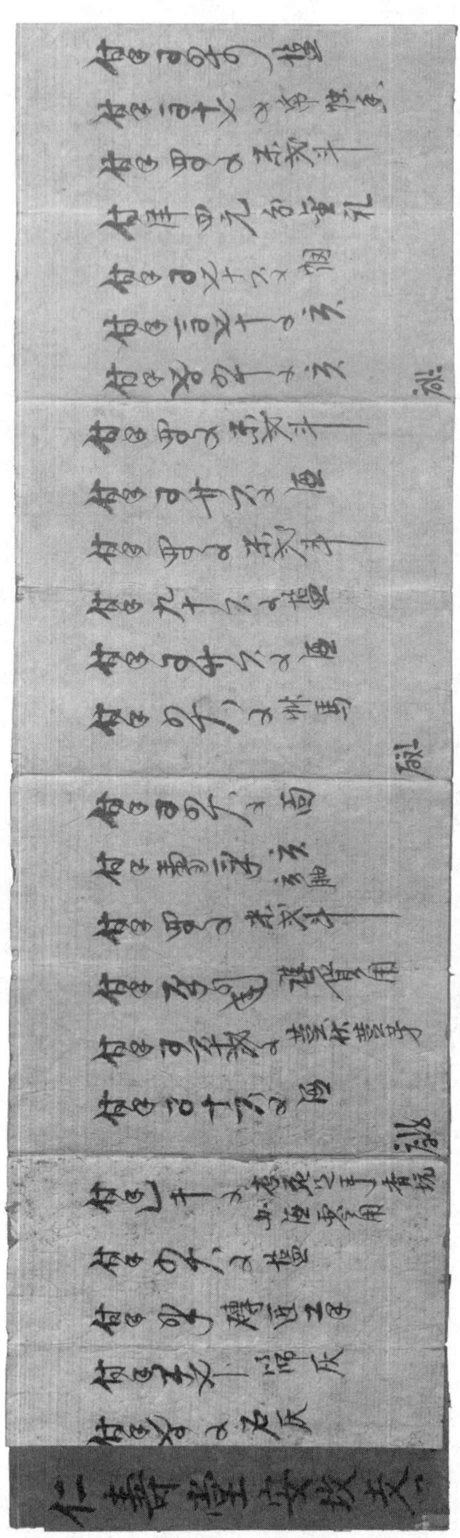

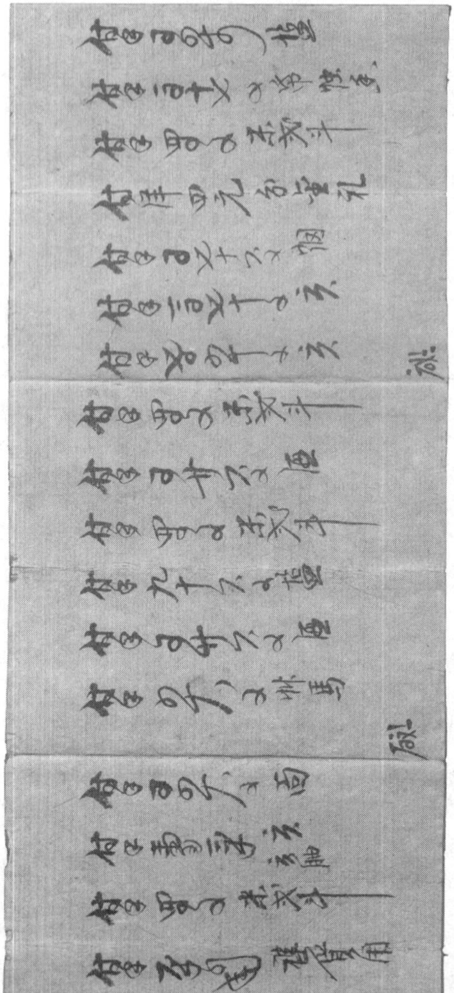

秋口镇里源 7-1·道光二十五年·流水账·仁寿堂

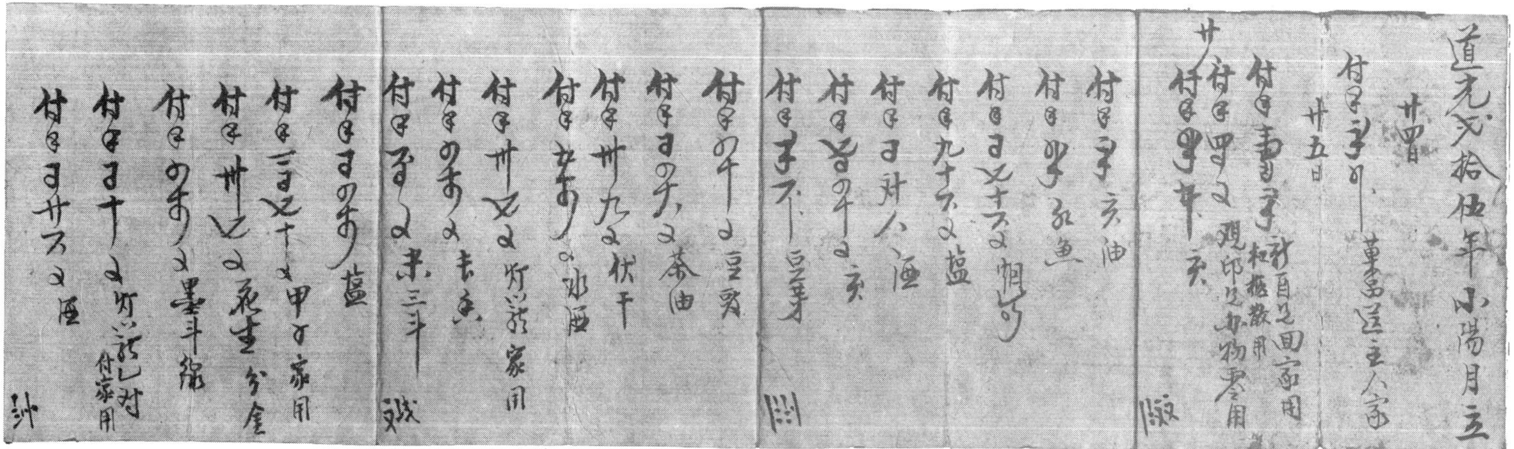

秋口镇里源 7-2 · 道光二十五年 · 流水账 · 仁寿堂

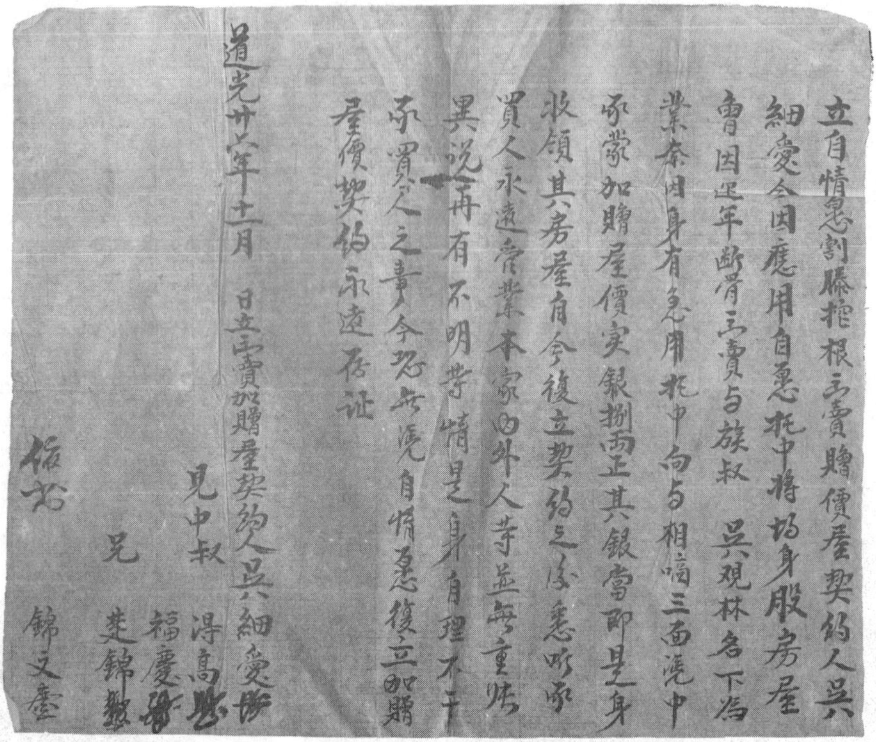
立自情愿割滕挖根出賣贈價屋契約人吳
細愛，今因應用，自愿托中將均身股房屋
曾因迟年断骨出賣与族叔 吳观林名下為
業，奈因身有急用，托中向与相嘀，三面凭中
承蒙加贈屋價实銀捌两正，其銀當即是身
收領，其房屋自今復立契約之後，悉聽承
買人永遠管業，本家内外人等並無重[illegible]
異说，再有不明等情，是身自理，不干
承買人之事。今恐無凭，自情愿復立加贈
屋價契約永遠存证
道光廿六年十二月　日立出賣加贈屋契約人吳細愛
見中叔　淂高
兄　福慶
楚錦
依書　錦文

秋口镇里源 114 · 道光二十六年 · 割滕挖根出卖赠价屋契 ·
吴细爱卖与族叔吴观林

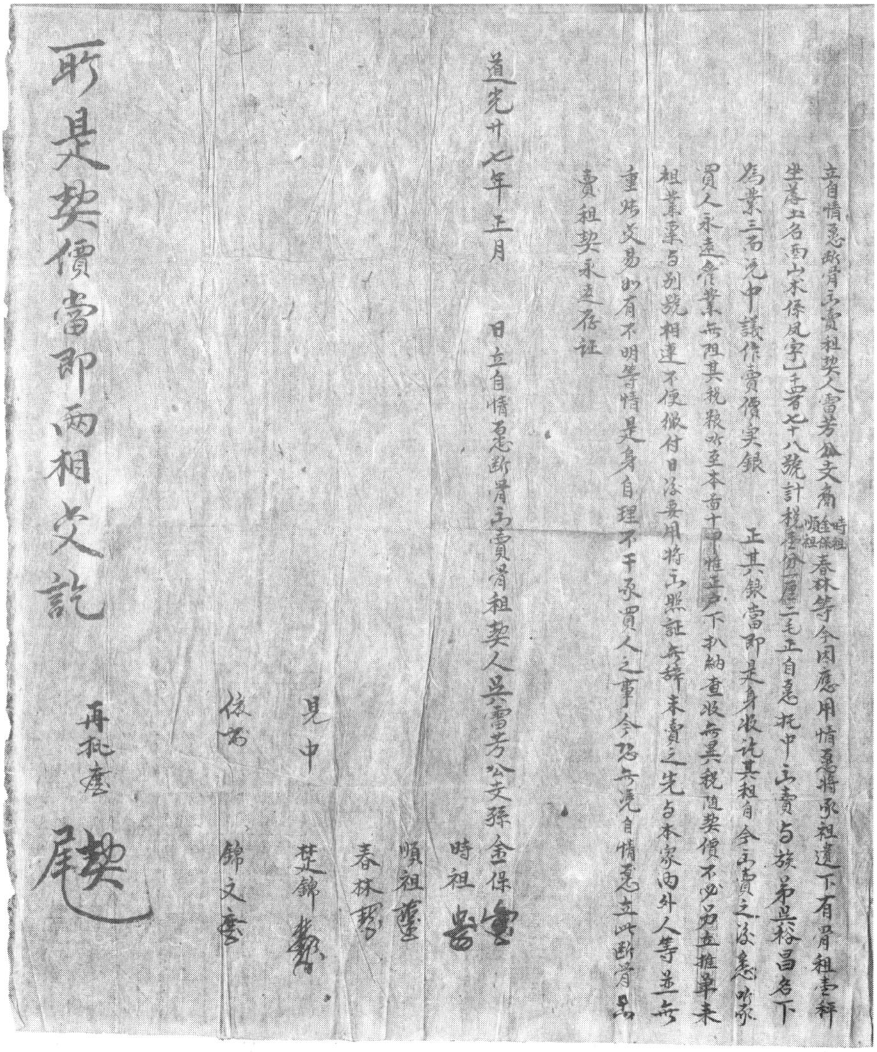

立自情愿斷骨出賣租契人雷芳公支裔時祖、金保、順祖、春林等，今因應用，情愿將承祖遺下有骨租壹秤，坐落土名西山木條風字乙千四百七十八號，計稅壹分乙厘二毛正，自愿托中出賣與族弟吴裕昌名下為業，三面凭中議作賣價實銀　　正，其銀當即是身收訖。其租自今出賣之後，悉听承買人永遠管業無阻，其稅糧聽至本甫十四都推正戶下扒納查收無異，稅隨契價，不必另立推單。來祖業票與別號相連，不便繳付，日後要用將出照証無辭。未賣之先與本家內外人等並無重複交易，如有不明等情，是身自理，不干承買人之事。今恐無凭，自情愿立此斷骨出賣租契永遠存証。

道光廿七年正月　日立自情愿斷骨出賣骨租契人吴雷芳公支孫金保（押）

時祖（押）

順祖（押）

春林（押）

見中　楚錦（押）

依書　錦文（押）

所是契價當即兩相交訖

再批：產契（押）

秋口镇里源 64 · 道光二十七年 · 断骨出卖租契 · 吴金保等卖与族弟吴裕昌

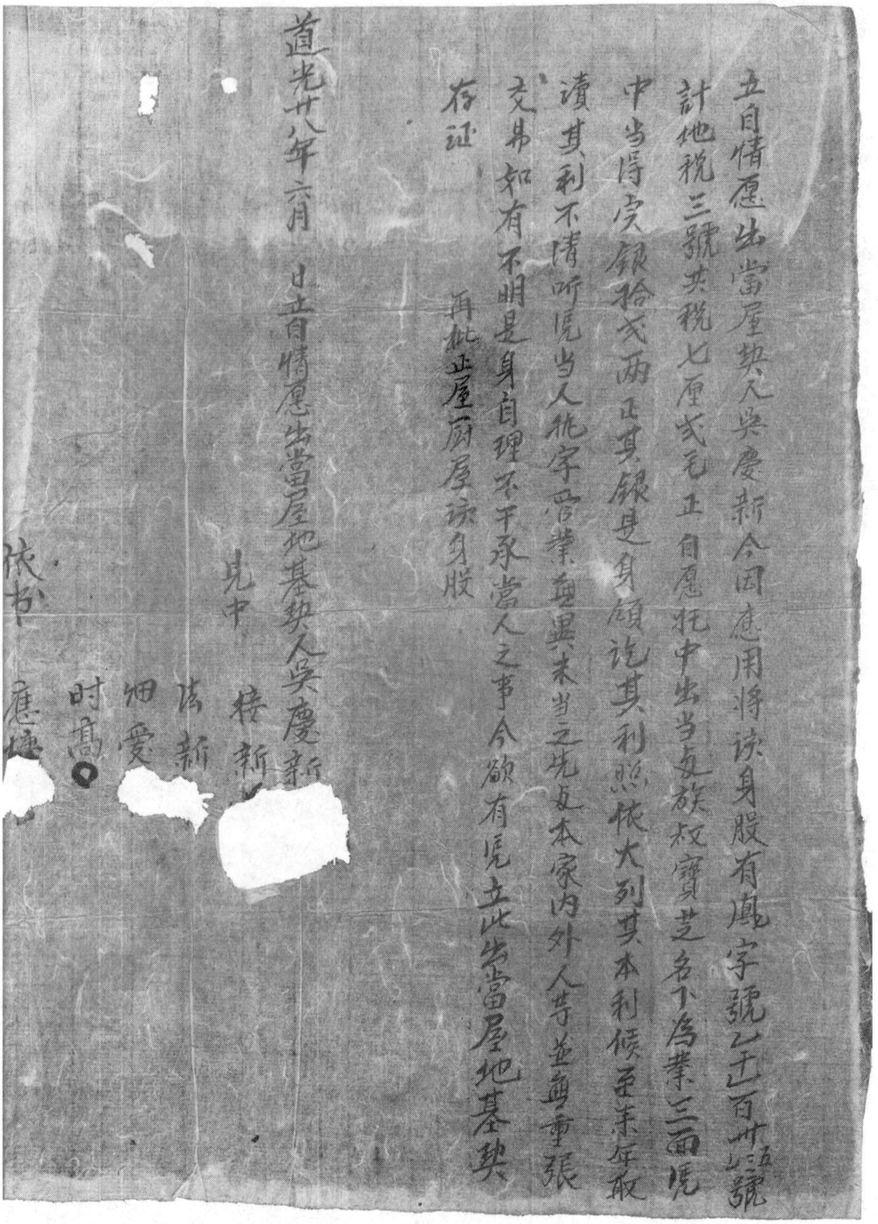

立自情愿出當屋契人吳慶新今因應用將承身股有鳳字號乙千乙百卅五號計地稅三號共稅七厘弍毛正自愿托中出当与族叔寶芝名下為業三面憑中当得実銀拾弍兩正其銀是身領訖其利照依大列其本利候至来年取讀其利不清听憑当人執字管業無異未当之先与本家内外人等並無重張交易如有不明是身自理不干承當人之事今欲有憑立此出當屋地基契存证

再批正屋一廚屋該身股

道光廿八年六月　日立自情愿出當屋地基契人吳慶新

見中　椄新　洽新　细愛　时高

依书　應雄

秋口镇里源 78 · 道光二十八年 · 出当屋地基契 · 吴庆新当与族叔宝芝

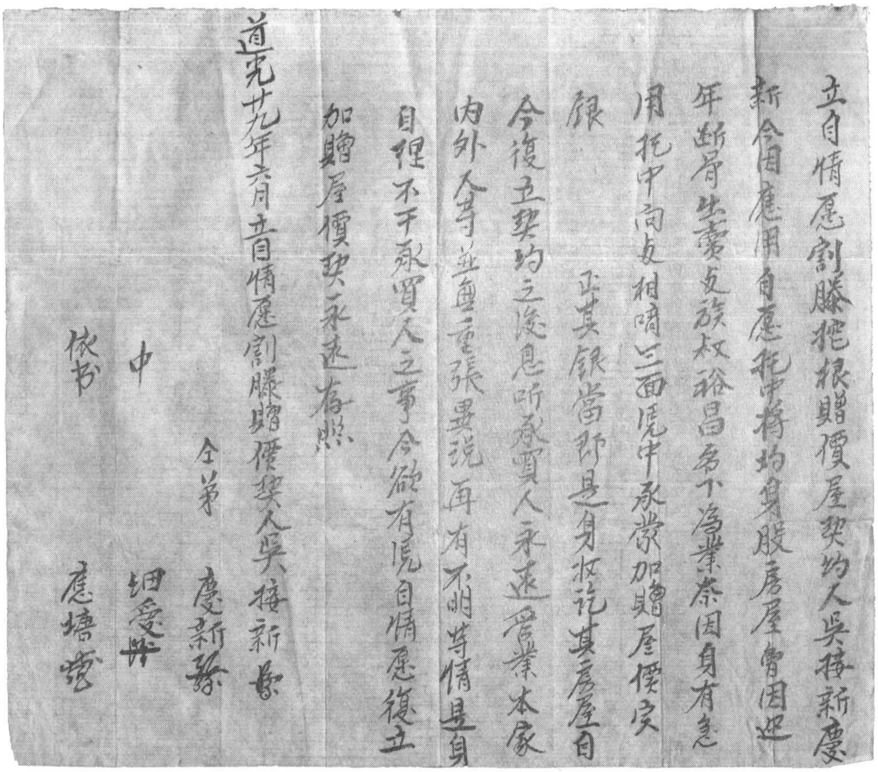

立自情愿割滕挖根贈價屋契約人吴接新慶
新，今因應用，自愿托中將均身股房屋，曾因迎
年斷骨出賣與族叔裕昌名下為業，奈因身有急
用，托中向與相商，三面凭中承嘗加贈屋價足
銀　正。其銀當即是身收訖，其房屋自
今復立契約之後，息听承買人永遠管業，本家
內外人等並無重張異說，再有不明等情，是身
自理，不干承買人之事。今欲有凭，自情愿復立
加贈屋價契一永遠存照。
道光廿九年六月　立自情愿割滕贈價契人吴接新（押）
仝弟　慶新（押）
中　細愛（押）
依书　應塘（押）

秋口镇里源 44 · 道光二十九年 · 割滕挖根赠价屋契 · 吴接新卖与族叔裕昌

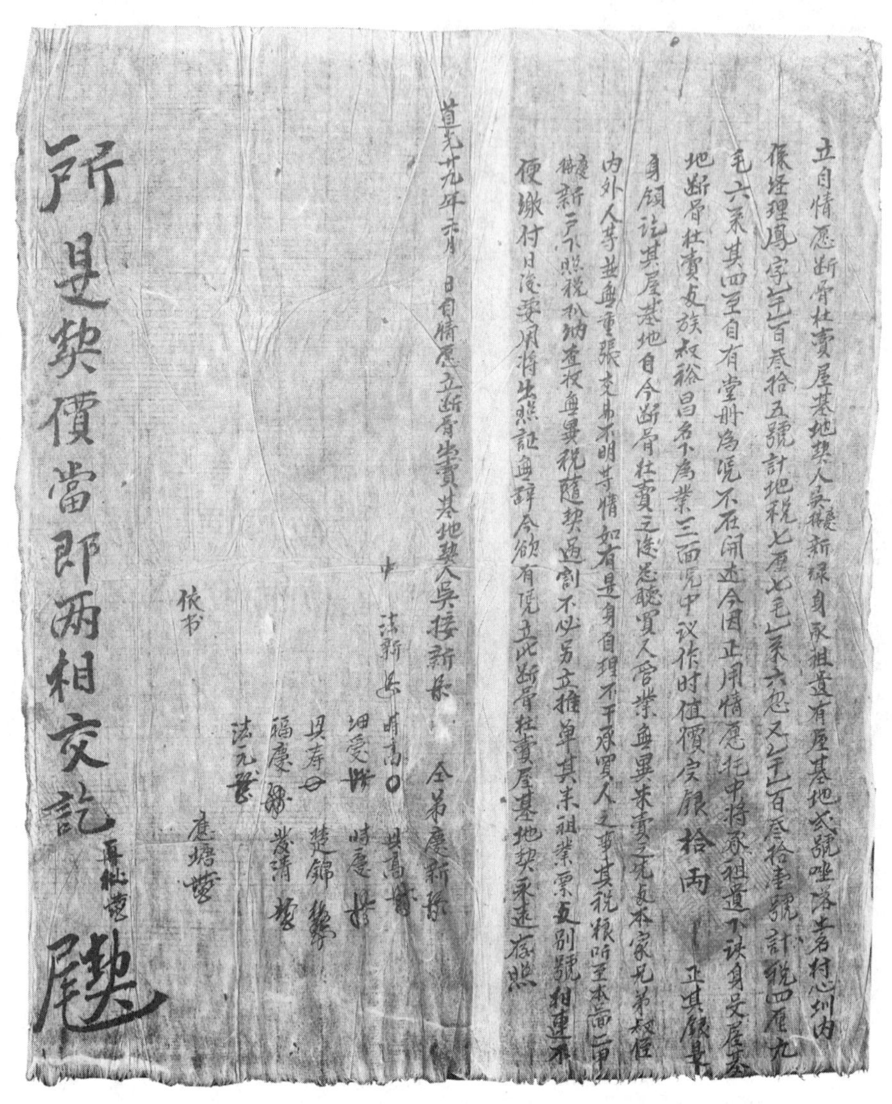

秋口镇里源 65 · 道光二十九年 · 断骨杜卖屋基地契 ·
吴接新同弟庆新卖与族叔裕昌

立自情愿断骨出卖楼屋契人吴阿叶氏仝男庆新、接新，缘身承祖遗有，该身受分楼屋楼下正房外边壹间，又楼下相房壹间，楼上正房外边壹间，又楼上相房壹间，四至墙垣门壁各样齐全，壹并俱在卖内。其堂前六股之一，法新未卖，名内今因正用，自情愿托中断骨出卖与族叔裕昌名下为业，三面凭中议作时值价实银

正，其银当即是身收讫，其楼屋自今断骨出卖之后，悉听买人拣择吉日进屋住歇，无阻，俱是两相情愿，无得生情异说。未卖之先，与本家内外人等并无重张交易不明等情，如有，是身自理，不干承买人之事。日后要用，将出照证，无辞。今欲有凭，立此断骨出卖楼屋契，存照。

再批：契内加"出"字一只，又改字一只。

道光廿九年六月 日立自情愿断骨出卖楼屋房契 吴阿叶氏

仝男 接新 庆新 法新

中 时庆 佃德 吴高 时高 吴寿 楚锦 福庆 发清

依书 庆墉

所是契价当即两相交讫。再批

尾契

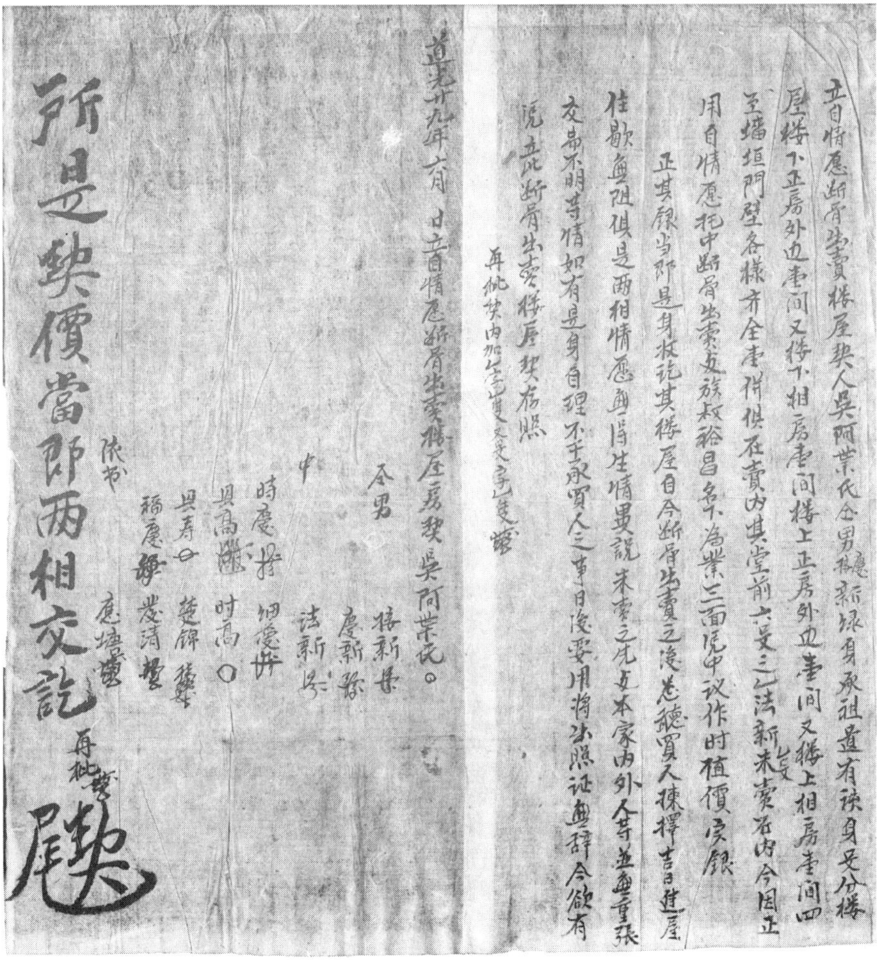

秋口镇里源 104 · 道光二十九年 · 断骨出卖楼屋契 ·

吴阿叶氏同男庆新、接新卖与族叔裕昌

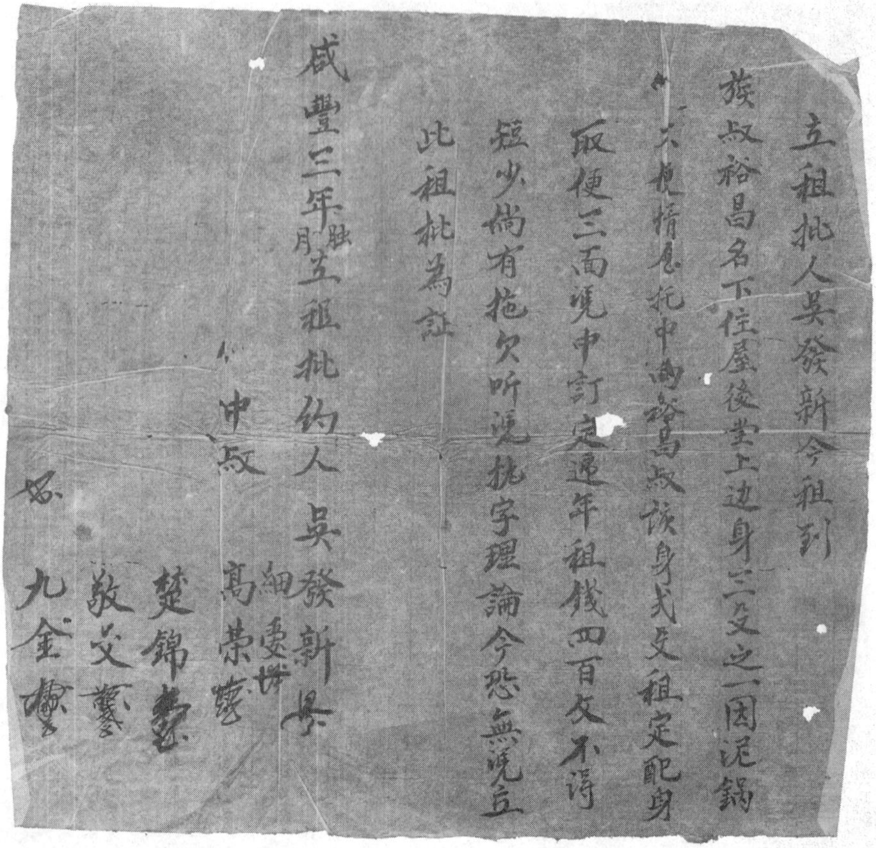

立租批人吳發新今租到
族叔裕昌名下住屋後堂上边身三分之一因泥鍋
一大棧情愿托中向裕昌叔談身式文租定配身
取便三面憑中訂定逐年租錢四百文不得
短少倘有拖欠听憑执字理論今恐無憑立
此租批為証
咸豐三年 月 日立租批約人 吳發新
中叔 高荣 細委
楚錦
敬交
九金

秋口镇里源 131 · 咸丰三年 · 租批 · 吴发新租到族叔裕昌

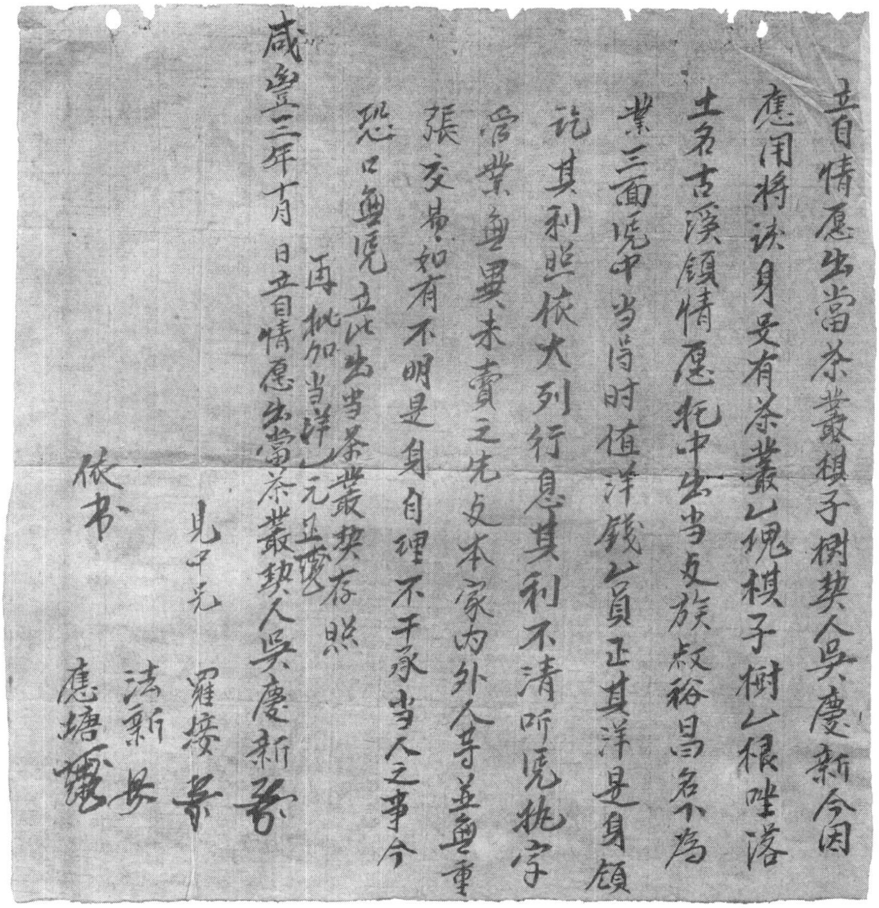
立自情愿出當茶叢棋子樹契人吳慶新今因
應用將自身受有茶叢山塊棋子樹山根坐落
土名古溪領情愿托中出当与族叔裕昌名下為
業三面憑中当得时值洋錢山員正其洋是身領
訖其利照依大列行息其利不清听憑执字
管業無異未賣之先与本家內外人等并無重
張交易如有不明是身自理不干承当人之事今
恐口無憑立此出当茶叢契存照
再批加当洋山元正（押）
咸豐三年十月　日立自情愿出當茶叢契人吳慶新（押）
見中兄　羅接（押）
法新（押）
依书　應塘（押）

秋口镇里源 137 · 咸丰三年 · 出当茶丛契 · 吴庆新当与族叔裕昌

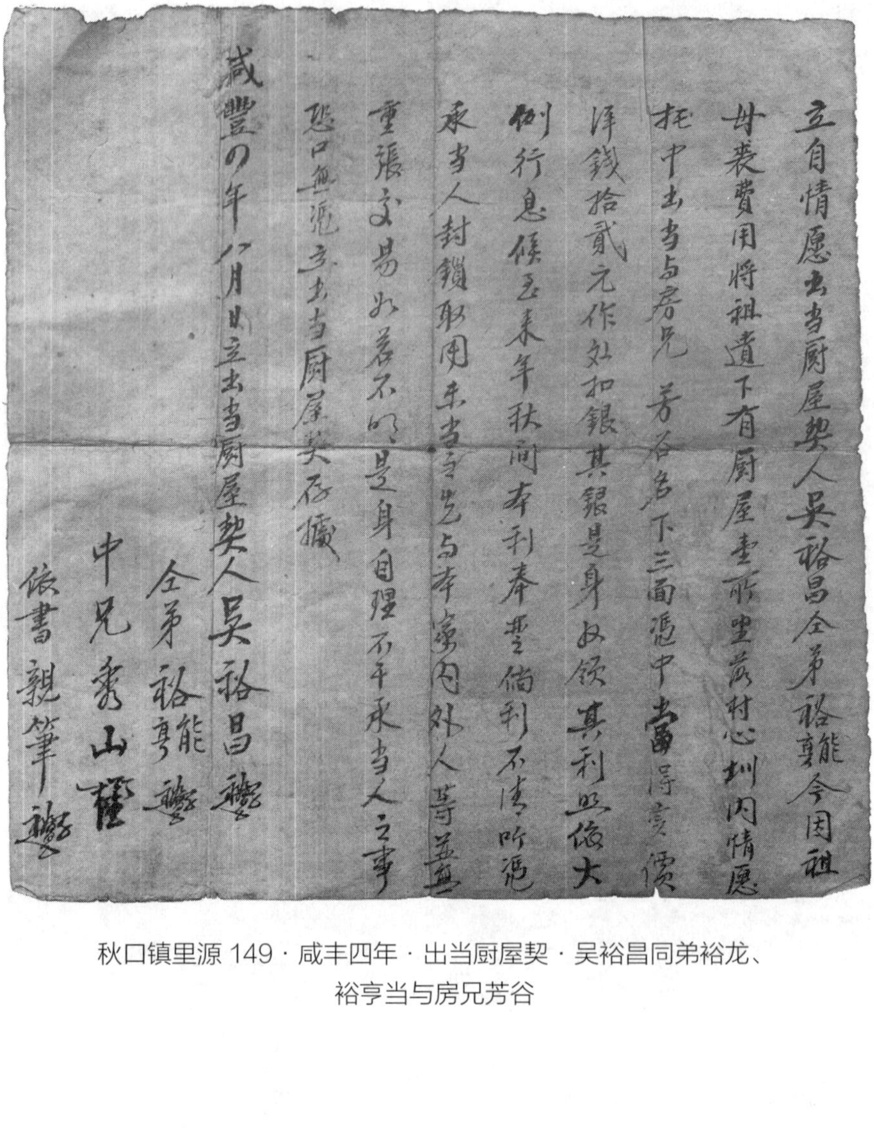
立自情願出當廚屋契人吳裕昌仝弟裕龍亨今因祖
母喪費用將祖遺下有廚屋壹所坐落村心圳內情願
托中出當與房兄芳谷名下三面憑中當得實價
洋錢拾貳元作九扣銀其銀是身收訖其利照依大
例行息候至來年秋間本利奉還倘利不清聽憑
承當人封鎖取用東當之先與本家內外人等並無
重張交易如若不明是身自理不干承當人之事
恐口無憑立出當廚屋契存據
咸豐四年八月日立出當廚屋契人吳裕昌押
仝弟裕亨龍押
中見秀山押
依書親筆押

秋口镇里源 149 · 咸丰四年 · 出当厨屋契 · 吴裕昌同弟裕龙、
裕亨当与房兄芳谷

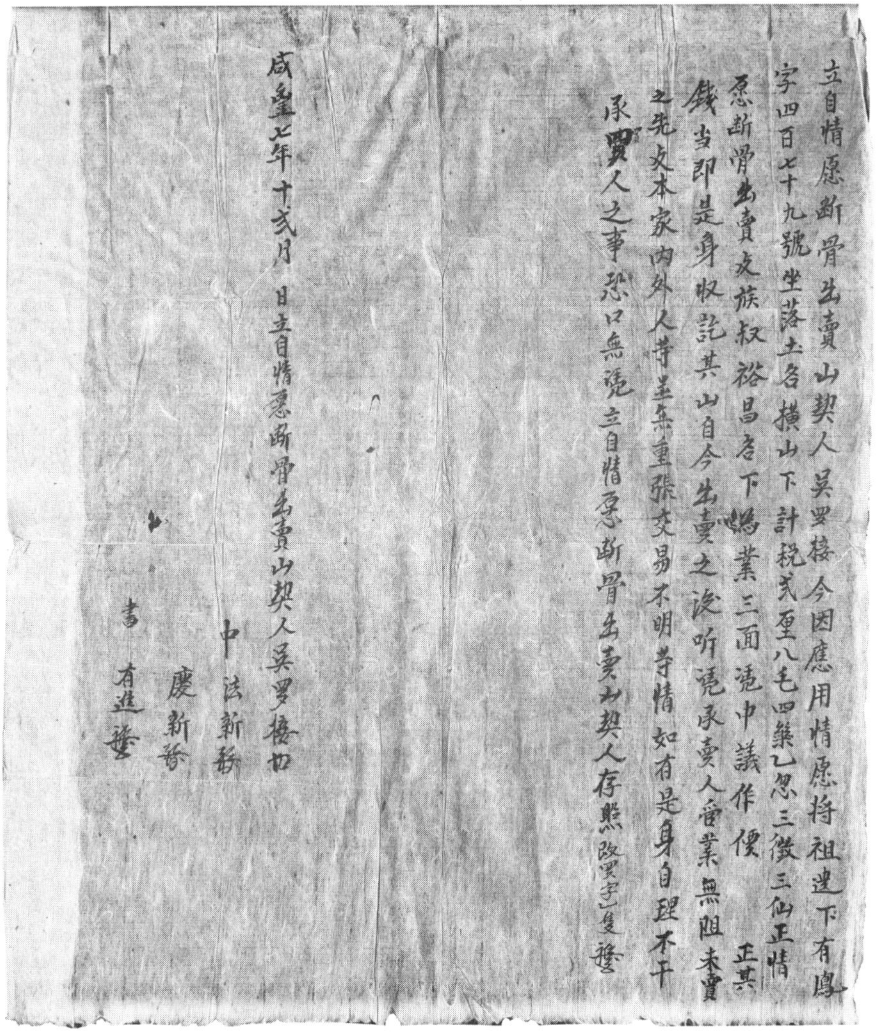
立自情愿断骨出賣山契人吴罗接今因應用情愿将祖遗下有鳥
字四百七十九號坐落土名横山下計稅式厘八毛四絲乙忽三微三仙正情
愿断骨出賣支族叔裕昌名下為業三面凴中議作價　正其
錢当即是身收訖其山自今出賣之後听凴承買人管業無阻未賣
之先支本家内外人等並無重張交易不明等情如有是身自理不干
承買人之事恐口無凴立自情愿断骨出賣山契人存照　改罗字一隻　押
咸豐七年十弍月　日立自情愿断骨出賣山契人吴罗接押
中　法新押
慶新押
書　有進押

秋口镇里源 88 · 咸丰七年 · 断骨出卖山契 · 吴罗接卖与族叔裕昌

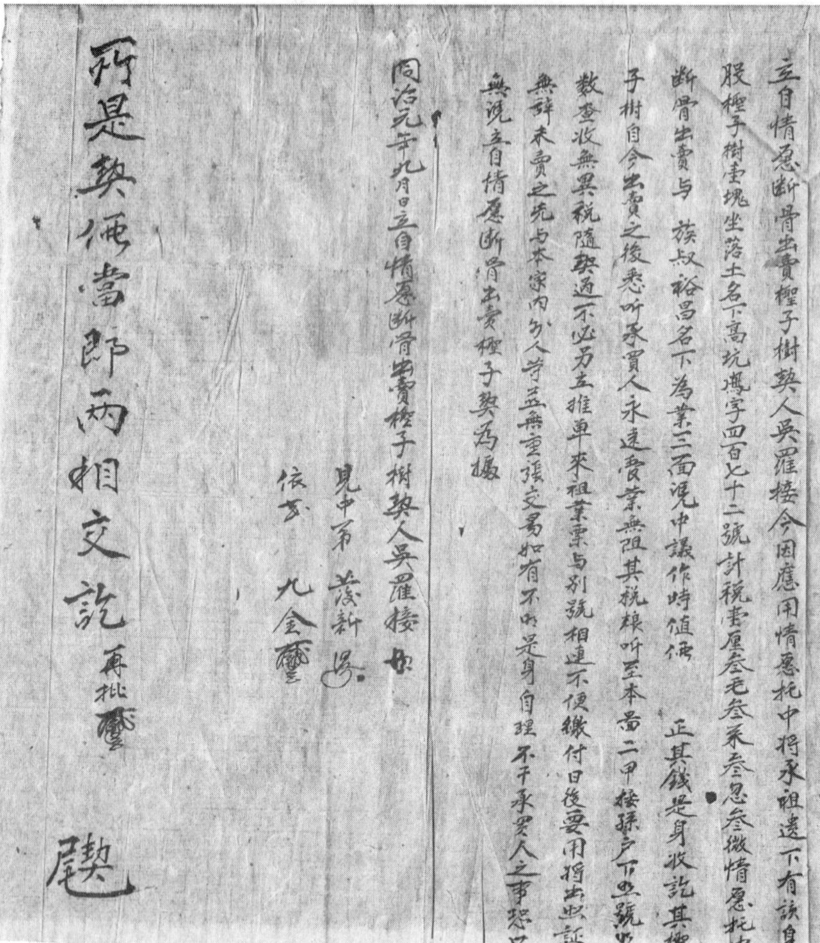
立自情愿断骨出賣樫子樹契人吴羅接，今因應用，情愿托中將承祖遺下有該身股樫子樹壹塊，坐落土名下高坑遇字四百七十二號，計稅壹厘叁毛叁系叁忽叁微，情愿托中断骨出賣与族叔裕昌名下為業，三面凭中議作時值價 正其錢是身收訖，其樫子樹自今出賣之後，悉听承買人永遠管業無阻，其稅粮听至本啚二甲接孫户下出號出數查收無異，稅隨契過，不必另立推单，來祖業票与别號相連，不便繳付，日後要用，將出照証無辞。未賣之先，与本家内外人等並無重張交易，如有不明，是身自理，不干承買人之事。恐口無凭，立自情愿断骨出賣樫子契為據。

同治元年九月日立自情愿断骨出賣樫子樹契人吴羅接（押）

見中弟 茂新（押）

依书 九金（押）

所是契價當即兩相交訖 再批（押）

契

秋口镇里源 90 · 同治元年 · 断骨出卖柽子树契 · 吴罗接卖与族叔裕昌

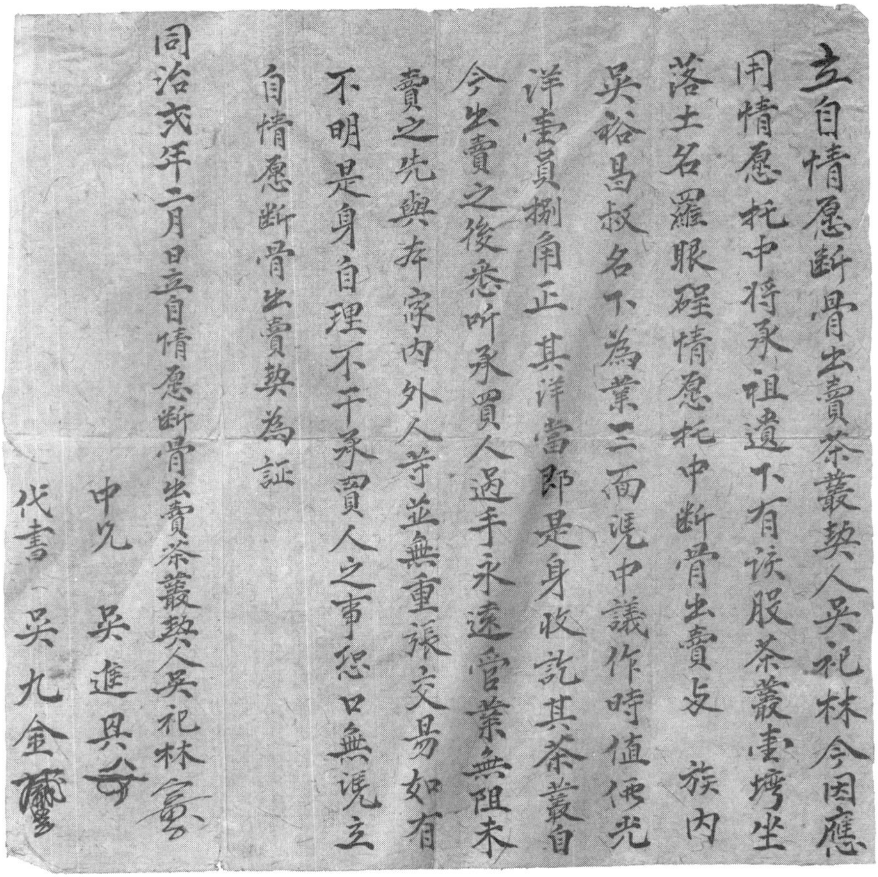

立自情愿斷骨出賣茶叢契人吳祀林今因應
用情愿托中將承祖遺下有該股茶叢壹塝坐
落土名羅眼碓情愿托中斷骨出賣與　族内
吳裕昌叔名下為業三面憑中議作時值價光
洋壹員捌角正　其洋當即是身收訖其茶叢自
今出賣之後悉听承買人過手永遠管業無阻未
賣之先與本家内外人等並無重張交易如有
不明是身自理不干承買人之事恐口無憑立
自情愿斷骨出賣契為証
同治戊年二月日立自情愿斷骨出賣茶叢契人吳祀林（押）
中見　吳進具（押）
代書　吳九金（押）

秋口镇里源 112 · 同治二年 · 断骨出卖茶丛契 · 吴祀林卖与吴裕昌叔

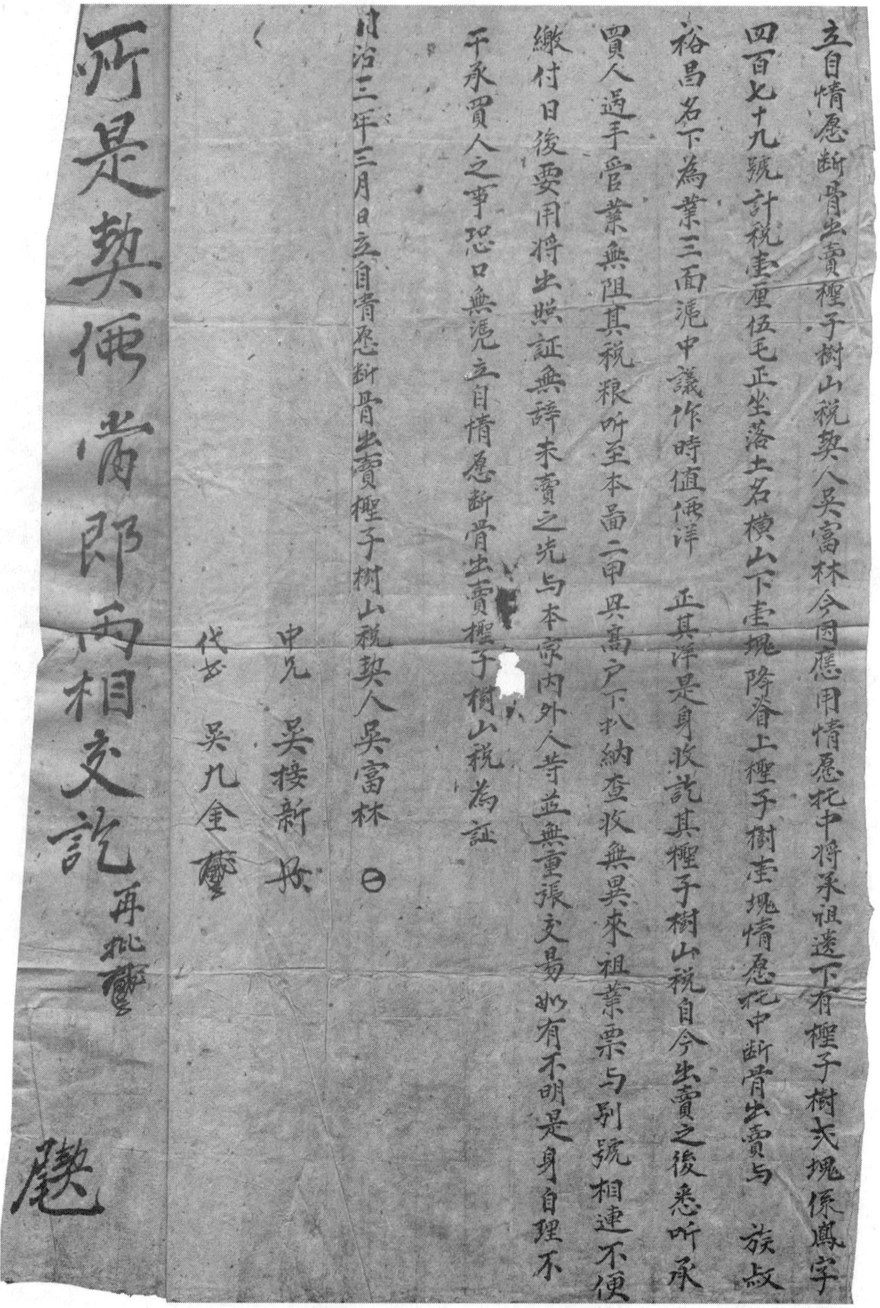

立自情愿断骨出賣樫子樹山税契人吴富林今因應用情愿托中將承祖遺下有樫子樹弍塊係寓字
四百七十九號計税壹厘伍毛正坐落土名横山下壹塊降脊上樫子樹壹塊情愿托中断骨出賣与　族叔
裕昌名下為業三面憑中議作時值價洋　正其洋是身收訖其樫子樹山税自今出賣之後悉听承
買人過手管業無阻其税粮所至本啚二甲吳高户下扒納查收無異來祖業票与別號相連不便
繳付日後要用將出照証無辞未賣之先与本家内外人等並無重張交易如有不明是身自理不
干承買人之事恐口無憑立自情愿断骨出賣樫子樹山税為証
同治三年三月日立自情愿断骨出賣樫子樹山税契人吴富林　㊀
中见　吴楼新　押
代书　吴九金　押
所是契價當即兩相交訖　再批　押
押

秋口镇里源 61 · 同治三年 · 断骨出卖柽子树山税契 ·
吴富林卖与族叔裕昌

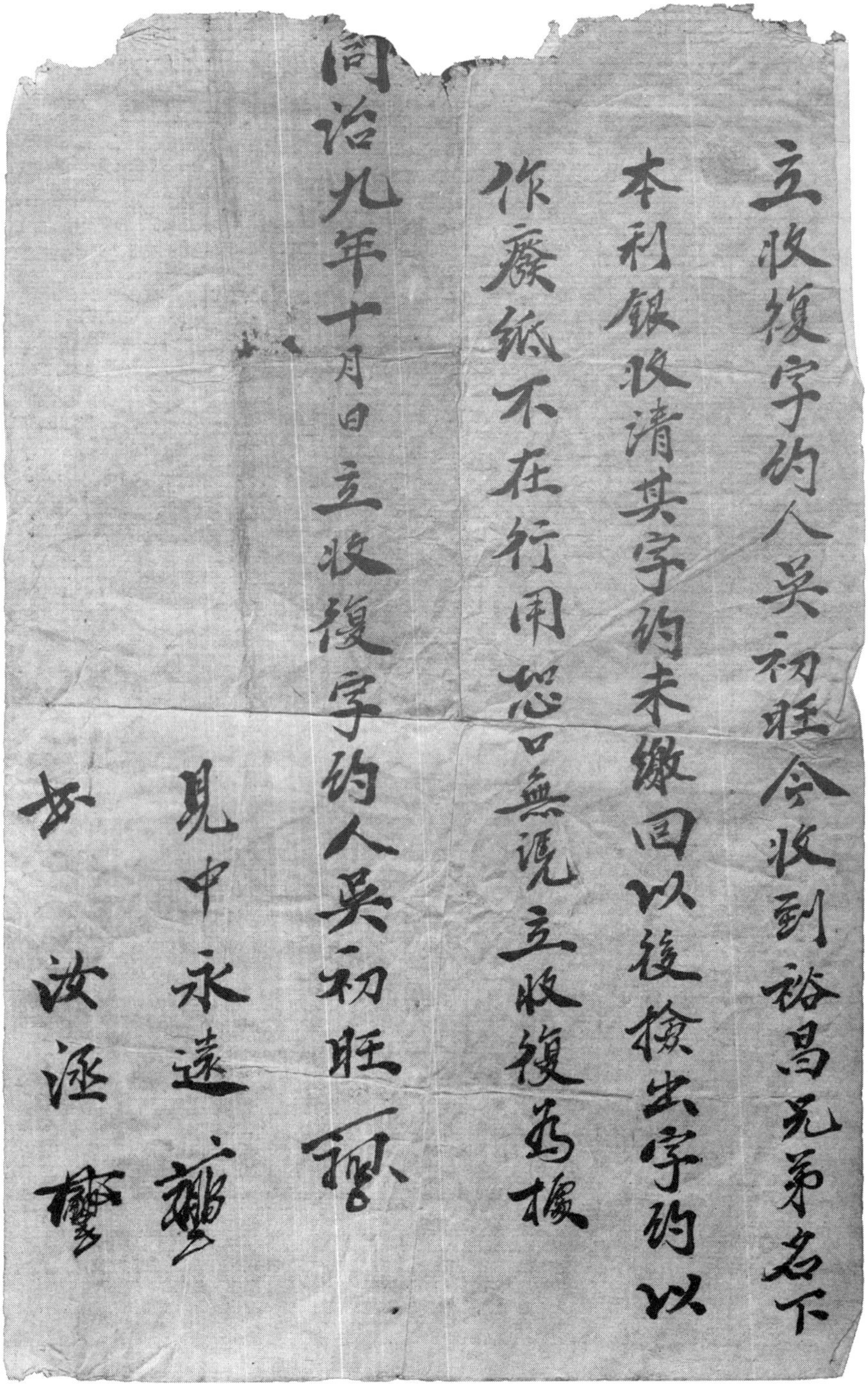
立收復字約人吳初旺今收到裕昌兄弟名下

本利銀收清其字約未繳回以後檢出字約以

作廢紙不在行用恐口無憑立收復爲據

同治九年十月日立收復字約人吳初旺（押）

見中永遠（押）

女汝涇（押）

秋口镇里源 127 · 同治九年 · 收复字 · 吴初旺收到裕昌兄弟

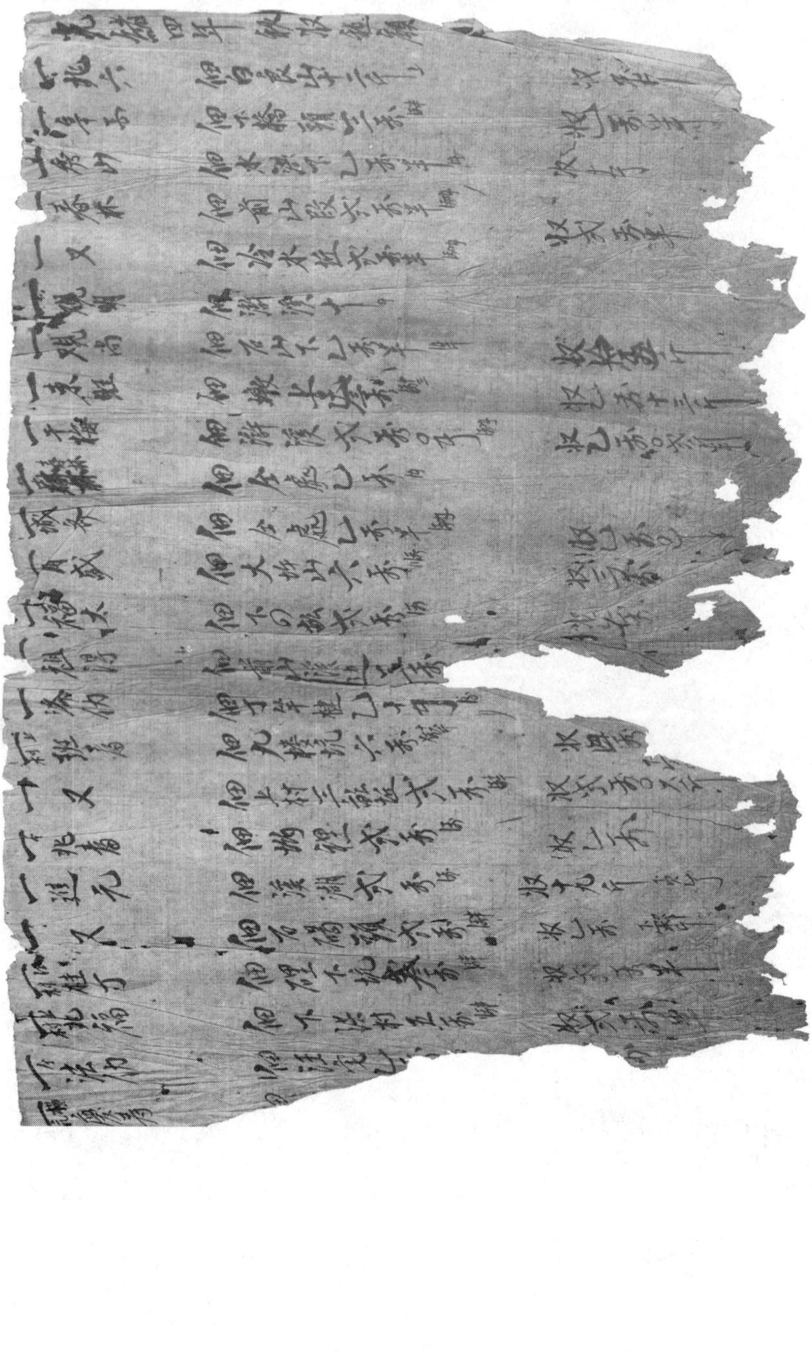

秋口镇里源 102 · 光绪四年 · 秋收租额

具投状人北乡十九都汪坑汪元兴投

为叠肆欺殴伤危叩验报究事

被　恶叔吴裕亨

身媍嫁贵宅素守妇道不幸夫亡十年而子妇远住他乡单身住室殊厥叔亨恃老姑在堂屡肆欺凌抢媍衣服金器等物媍恐拂姑意置之不与戴殴

証

身媍在祠妆作饼亨竟肆逆伦媍毒殴鲜伤遍体生死莫测身属骨肉理合声叩以正伦纪

文会先生尊前施行

光绪五年　正月　日具

秋口镇里源 93 · 光绪五年 · 具状词 · 汪元兴告吴裕亨

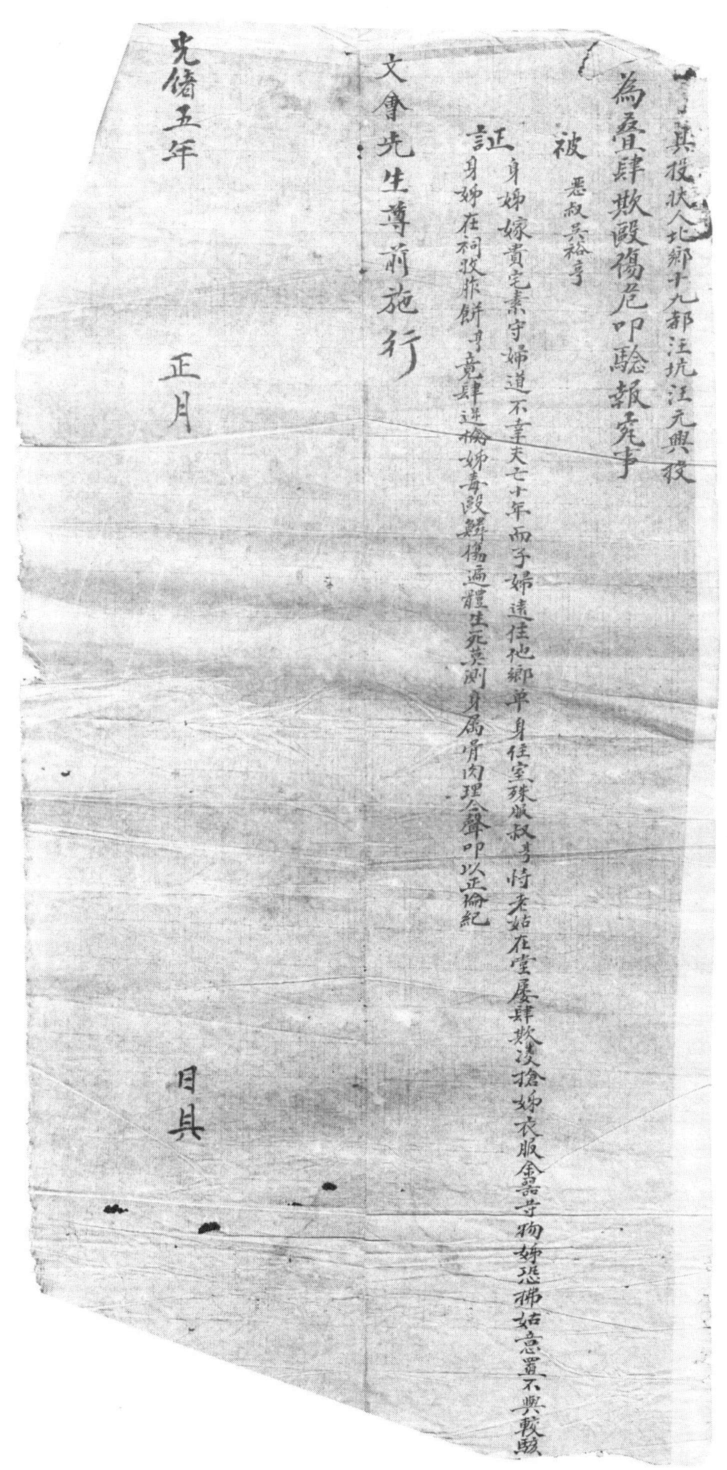

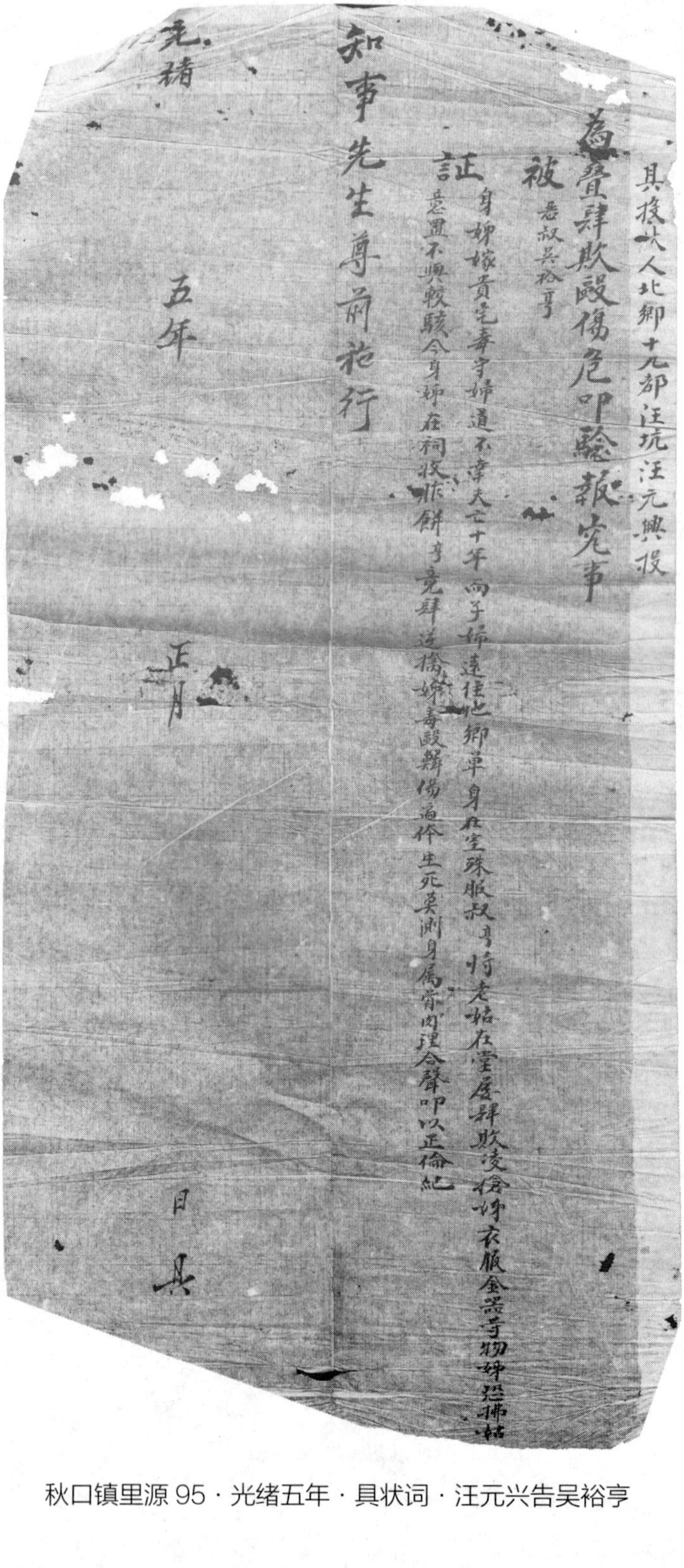

具投状人北鄉十九都汪坑汪元興投

為叠肆欺毆傷危叩驗報冤事

被 悪叔吴裕亨

証

身娣嫁貢充壽守婦道不違夫亡十年兩子俱遠往他鄉單身在室殊服叔亨恃老姑在堂屢肆欺淩搶竊衣服金器等物娣恐拂姑

意置不與較駭今身娣在祠收炸餅亨竟肆逞搶娣壽毆辮傷遍体生死莫測身屬骨肉理合聲叩以正倫紀

知事先生尊前施行

光緒 五年 正月 日 具

秋口镇里源 95 · 光绪五年 · 具状词 · 汪元兴告吴裕亨

具投狀八北鄉十九都汪坑汪元興投

為疊肆欺毆傷危叩驗報究事

被　惡叔吳裕亨

証　身婦嫁貴宅素守婦道不幸夫亡十年而子婦遠住他鄉單身住宅殊服叔亨恃老姑在堂屢肆欺凌搶婦衣服金器等物婦恐拂姑意[illegible]不與[illegible]

身婦在祠收胙餅亨竟肆逆搶婦婦辱毆鱗傷遍體生死莫測身屬骨肉理合聲叩以正倫紀

房長先生尊前施行

光緒　五年　正月　日具

秋口镇里源 96 · 光绪五年 · 具状词 · 汪元兴告吴裕亨

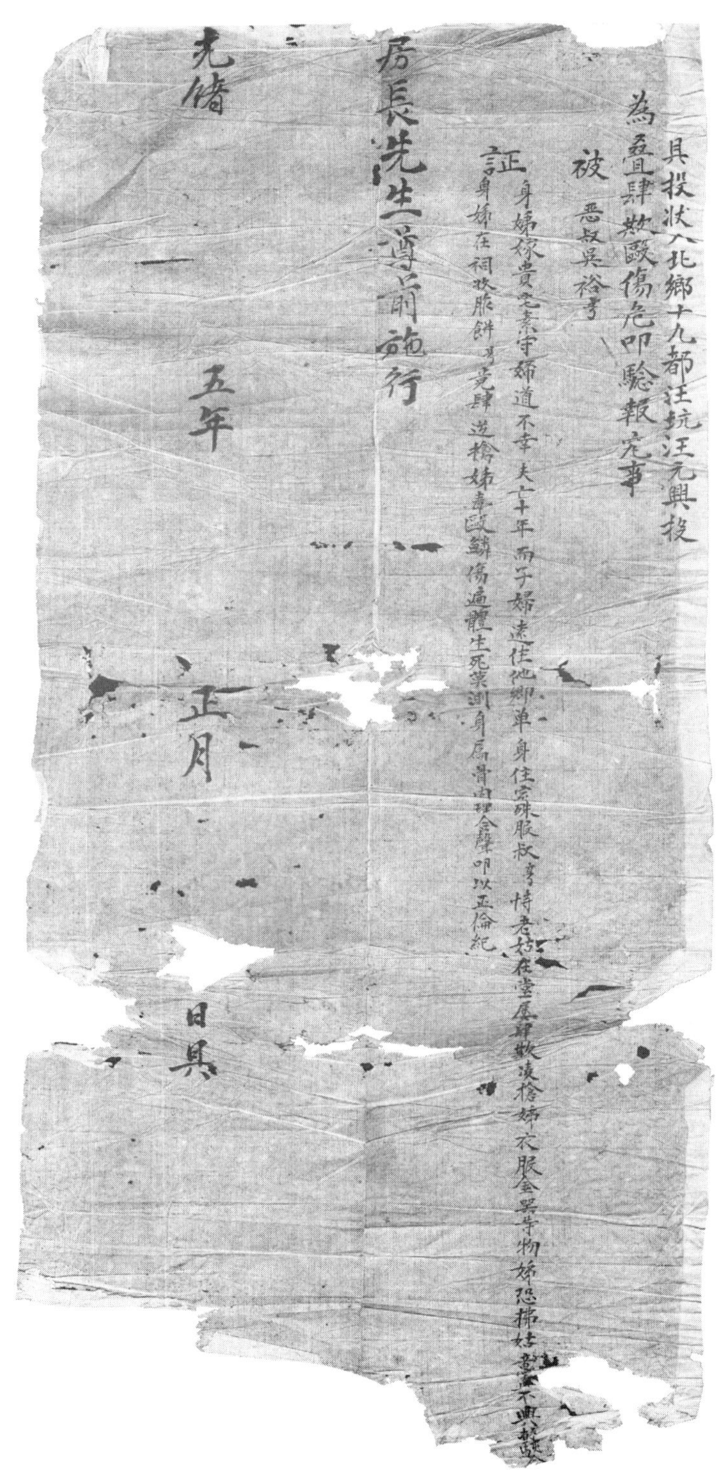

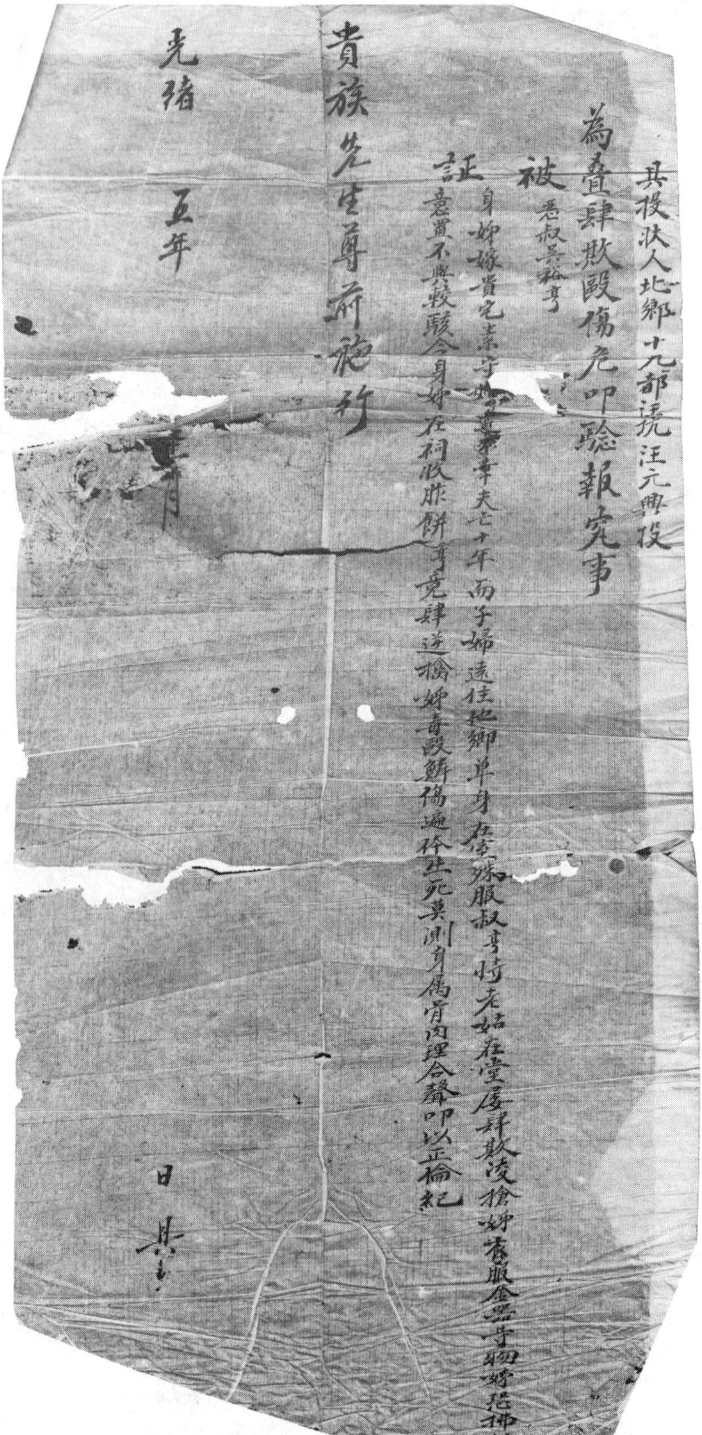
具投狀人北鄉十九都[illegible]汪元興投
為疊肆欺毆傷危叩驗報究事
被 惡叔吳裕亨
身婶嫁貴宅素守婦[illegible]夫亡十年兩子婦遠住他鄉單身在室[illegible]服叔亨恃老姑在堂屢肆欺淩搶婶衣服金器等物婶苦訴姑
證 意置不與較駁今身婶在祠收胙餅亨竟肆逆搶婶查毆餅傷遍体生死莫測身屬骨肉理合聲叩以正倫紀
貴族先生尊前施行
光緒 五年 [illegible]月 日 具

秋口镇里源 97 · 光绪五年 · 具状词 · 汪元兴告吴裕亨

具投状人北乡十九都汪坑汪元兴投

为叠肆欺殴伤危叩验报冤事

被　恶叔吴裕亨

证

身姊嫁黄宅素守妇道不幸夫亡十年而子妇远住他乡单身住室殊恶叔亨恃老姑在堂屡肆欺凌抢姊衣服金器等物姊恐拂其意置不与较贱命[illegible]

身姊在祠投非，讵亨竟肆逆捡姊毒殴鳞伤遍体生死莫测身属骨肉理合声叩以正伦纪

贵约先生尊前施行

光绪五年正月　日具

秋口镇里源 98 · 光绪五年 · 具状词 · 汪元兴告吴裕亨

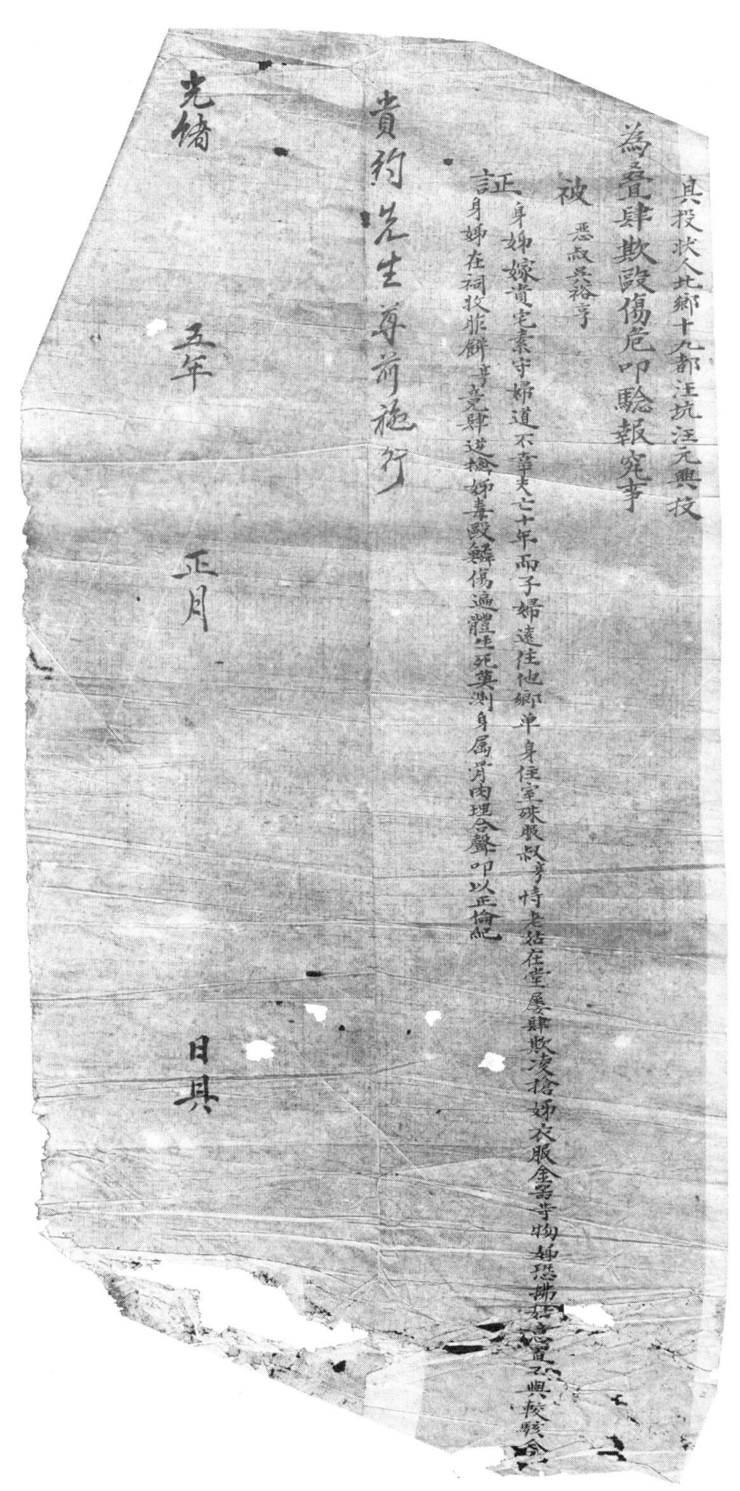

秋口镇里源 119 · 光绪七年 · 秋收周王会租额单

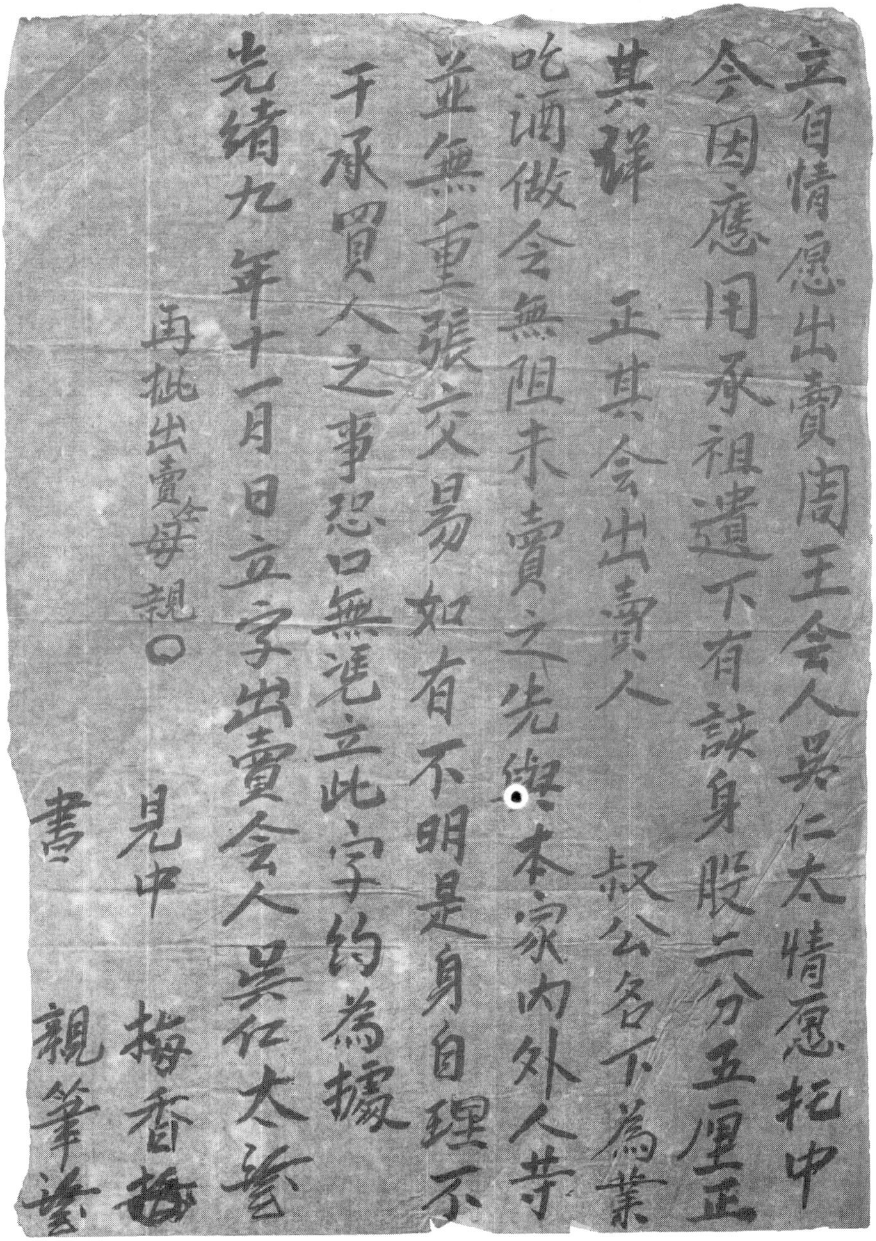
立自情愿出賣周王会人吴仁太情愿托中
今因應用承祖遺下有該身股二分五厘正
其詳 正其会出賣人 叔公名下為業
吃酒做会無阻未賣之先與本家内外人等
並無重張交易如有不明是身自理不
干承買人之事恐口無憑立此字约為據
光绪九年十一月日立字出賣会人吴仁太（押）
再批出賣会每親口
見中 梅香（押）
書 親筆（押）

秋口镇里源 125 · 光绪九年 · 出卖周王会约 · 吴仁太卖与叔公

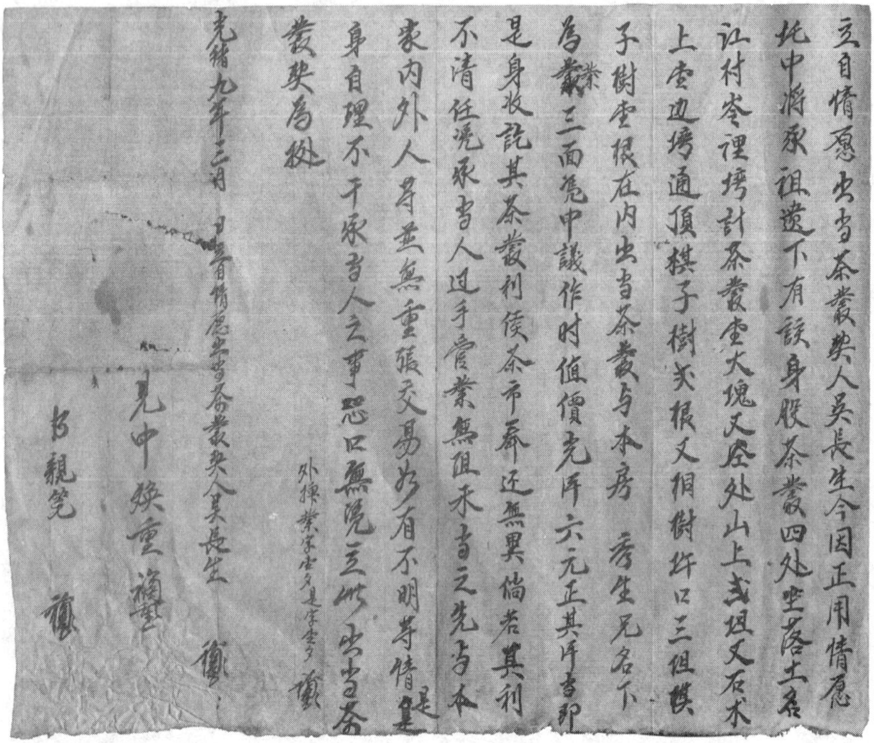
立自情愿出当茶丛契人吴長生今因正用情愿
此中将承祖遗下有该身股茶丛四处坐落土名
江村岑里塝計茶丛壹大塊又岔处山上弍坦又石术
上壹边塝通頂棋子樹头根又相樹坑口三但棋
子樹壹根在内出当茶丛与本房　秀生兄名下
為業三面憑中議作时值價光洋六元正其洋当即
是身收訖其茶丛利候茶市备还無異倘若其利
不清任憑承当人过手管業無阻未当之先与本
家内外人等並無重張交易如有不明等情是
身自理不干承当人之事恐口無憑立此出当茶
丛契為据
[illegible]
光緒九年三月　日立自情愿出当茶丛契人吴長生
見中 [illegible]
代親筆

秋口镇里源 156 · 光绪九年 · 当茶丛契 · 吴长生当与本房秀生兄

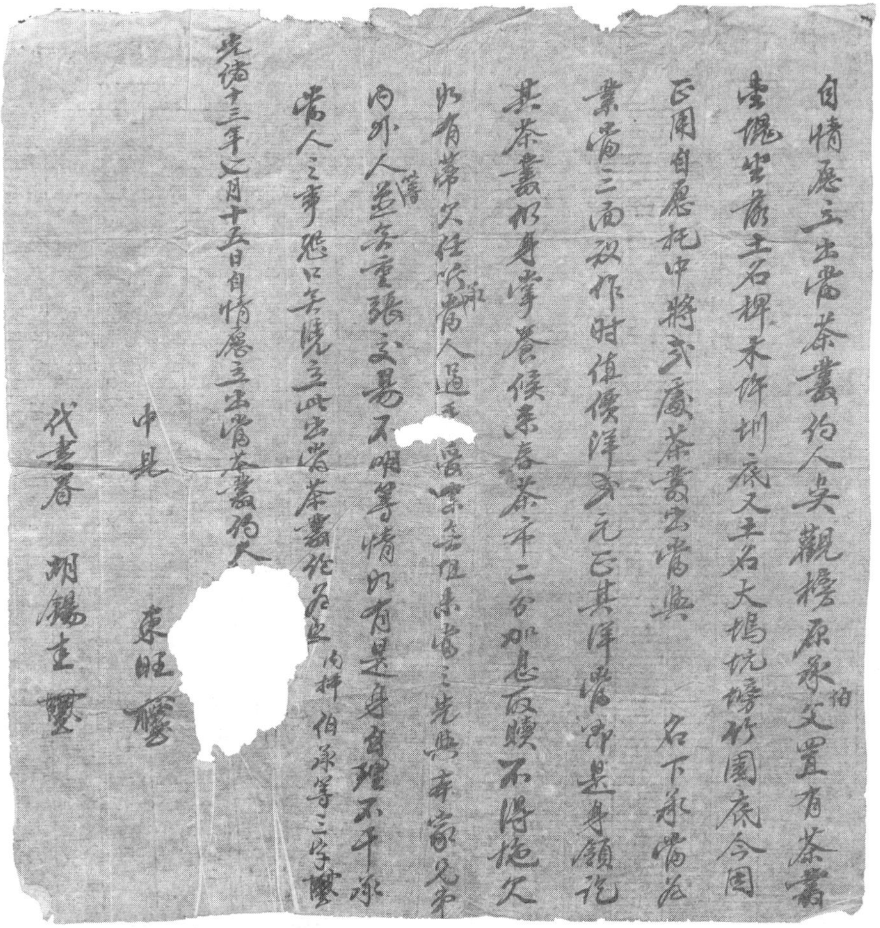

自情愿立出当茶丛约人吴观榜原承父置有茶丛坐落土名稗木坑圳底又土名大坞坑塝竹园底今因正用自愿托中将式处茶丛出当与 名下承当为业当三面议作时值价洋式元正其洋当即是身领讫其茶丛仍身掌管候来春茶市二分加息取赎不得拖欠如有蒂欠任听当人逼[illegible]管业无阻未当之先与本家兄弟内外人等并无重张交易不明等情如有是身自理不干承当人之事恐口无凭立此出当茶丛约存照 内押伯承等三字

光绪十三年正月十五日自情愿立出当茶丛约人[illegible]

中见 东旺

代书 朔锡圭

秋口镇里源 43 · 光绪十三年 · 出当茶丛约 · 吴观榜出当与☐

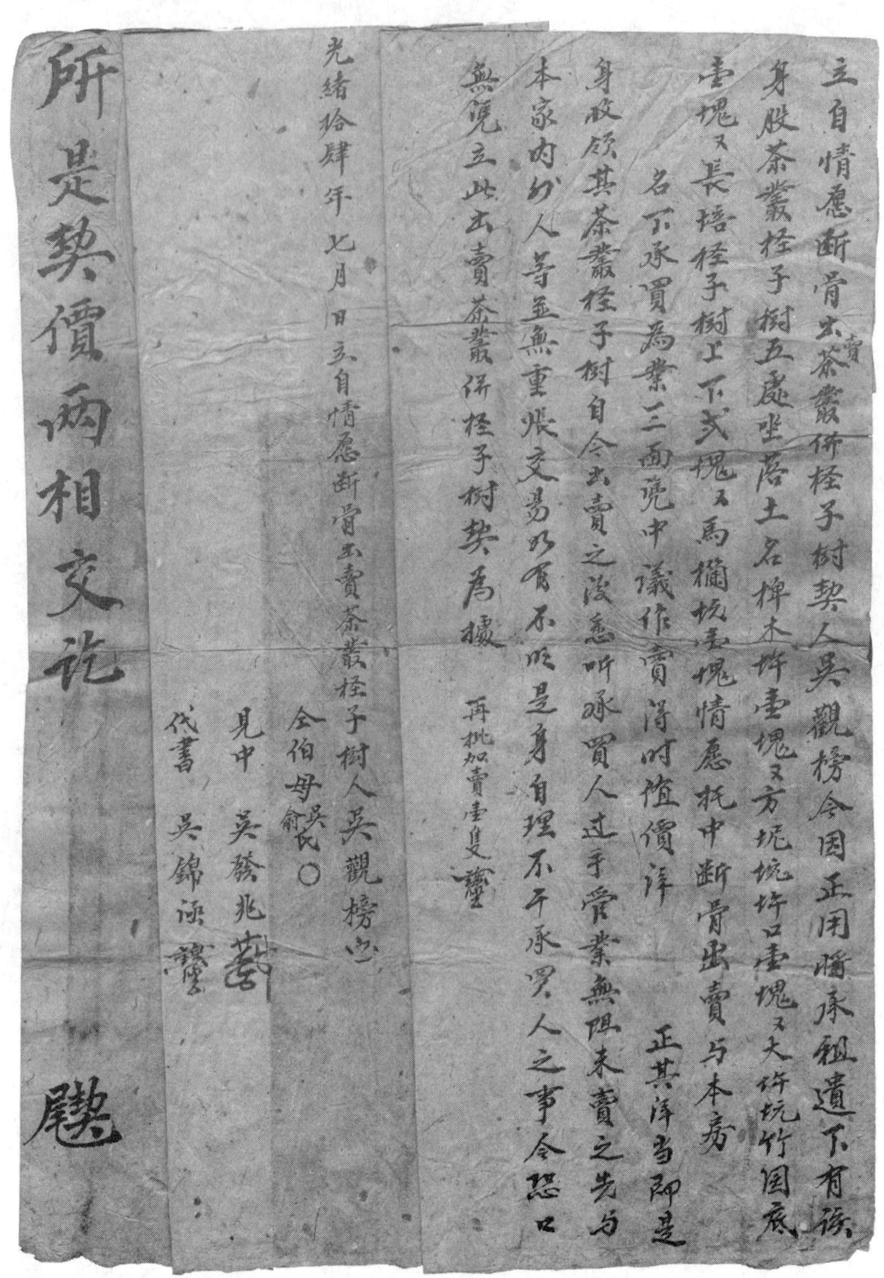

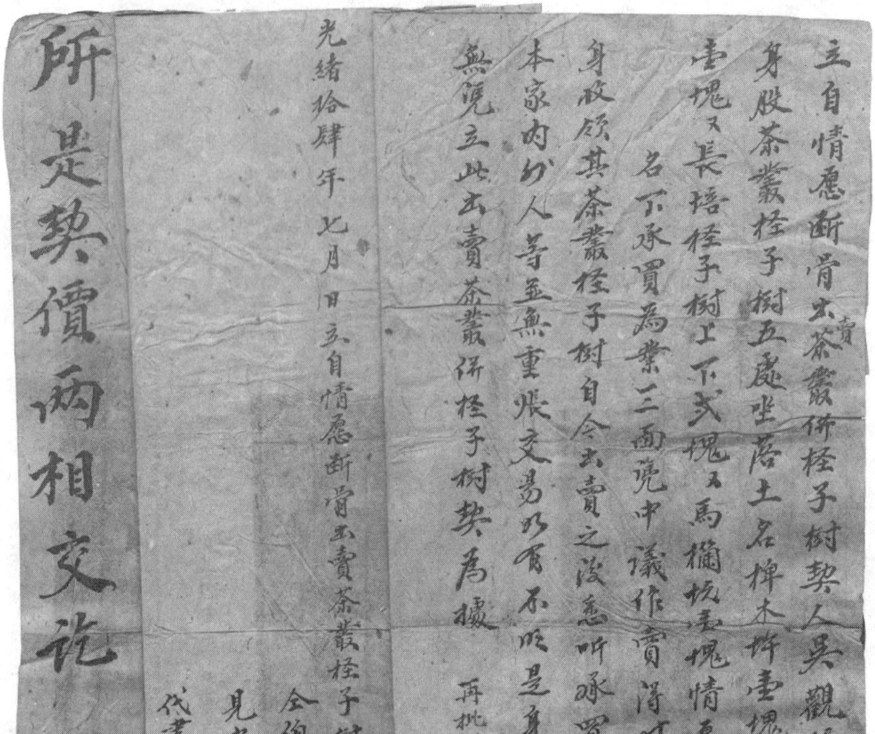

立自情愿断骨出賣茶叢併桎子樹契人吳觀榜今因正用將承祖遺下有該
身股茶叢桎子樹五處坐落土名樟木坵壹塊又方坵坑坵口壹塊又大坵坑竹園底
壹塊又長培桎子樹上下弍塊又馬欄坑壹塊情愿托中斷骨出賣与本房
名下承買為業三面憑中議作賣價時值價洋　正其洋當即是
身收訖其茶叢桎子樹自今出賣之後悉听承買人过手管業無阻未賣之先与
本家内外人等並無重張交易以有不明是身自理不干承买人之事今恐口
無憑立此出賣茶叢併桎子樹契為據
再批加賣壹是鑒
光緒拾肆年七月　日立自情愿断骨出賣茶叢桎子樹人吳觀榜（押）
仝伯母吳俞氏○
見中　吳發兆（押）
代書　吳錦源（押）
所是契價兩相交訖（押）

秋口镇里源 63 · 光绪十四年 · 断骨出卖茶丛并桎子树契 · 吴观榜卖与本房☒

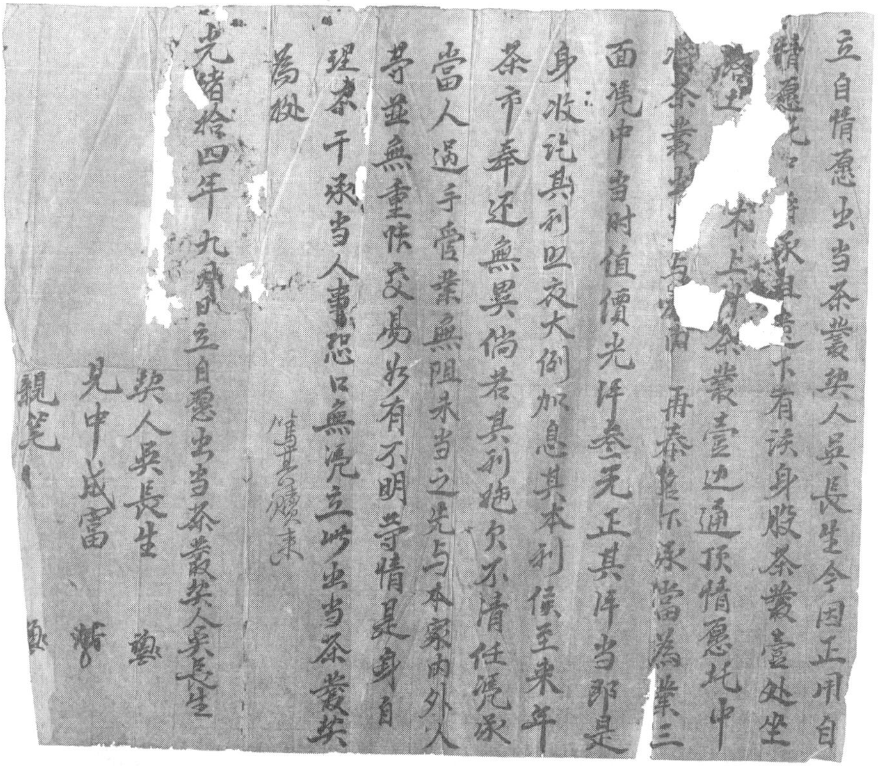
立自情愿出当茶丛契人吴長生今因正用自
情愿[illegible]承祖[illegible]下有該身股茶丛壹处坐
落土[illegible]名上[illegible]茶丛壹边通顶情愿托中
将茶丛[illegible]与[illegible]再泰名下承當為業三
面凭中当时值價光洋叁元正其洋当即是
身收讫其利照夜大例加息其本利候至来年
茶市奉还無異倘若其利拖欠不清任凭承
當人邀手管業無阻未当之先与本家内外人
等並無重復交易如有不明等情是身自
理不干承当人事恐口無凭立此出当茶丛契
為據
[illegible]
光緒拾四年九月日立自愿出当茶丛契人吴長生
契人吴長生 押
見中成富 押
親筆 押

秋口镇里源 118 · 光绪十四年 · 出当茶丛契 · 吴长生当与再泰

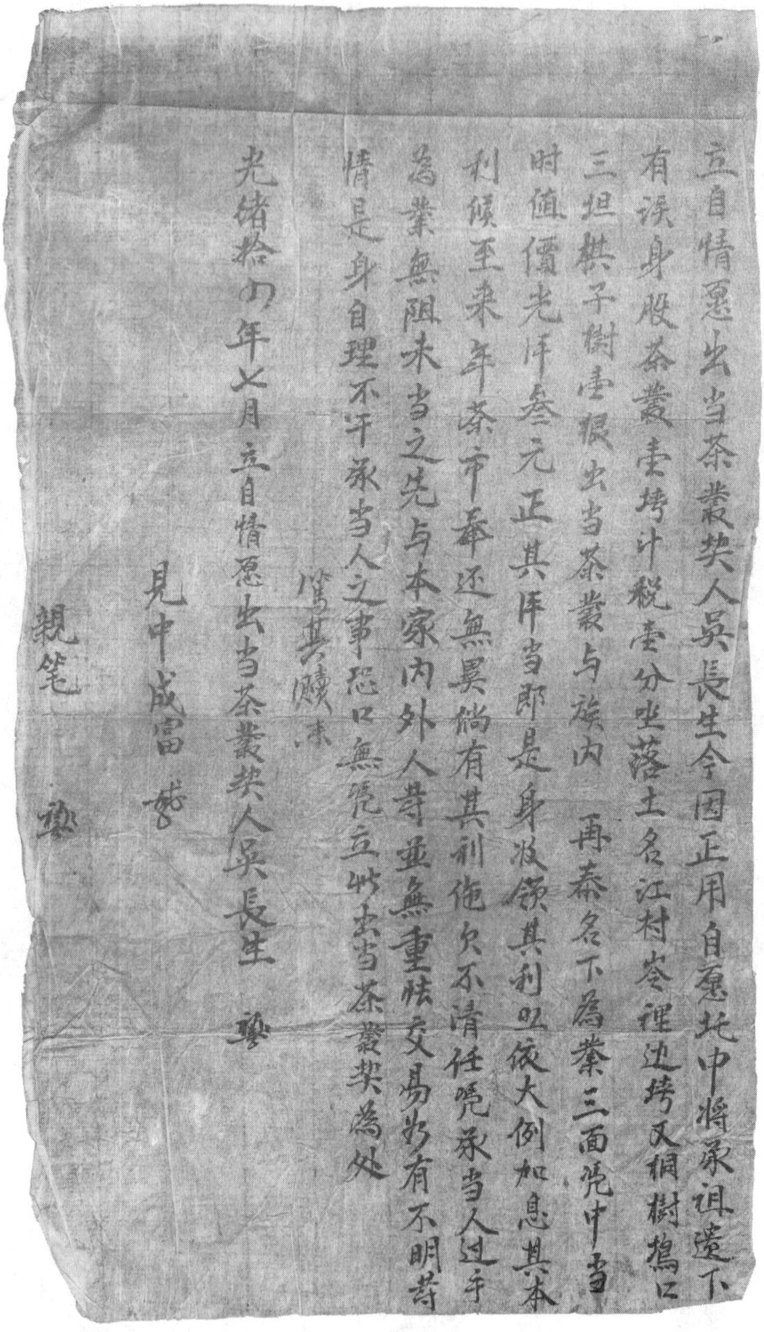

立自情愿出当茶叢契人吴長生今因正用自愿托中將承祖遗下
有误身股茶叢壹坞计税壹分坐落土名江村岺裡边坞又桐樹坞口
三坦耕子樹壹根出当茶叢与族内　再泰名下為業三面凭中当
时值價光洋叁元正其洋当即是身收領其利照依大例加息其本
利俟至来年茶市奉还無異倘有其利拖欠不清任凭承当人过手
為業無阻未当之先与本家内外人等並無重张交易如有不明等
情是身自理不干承当人之事恐口無凭立此出当茶叢契為处
代筆其騰 押
光緒拾四年七月立自情愿出当茶叢契人吴長生 押
見中成富 押
親笔 押

秋口镇里源 152 · 光绪十四年 · 当茶丛契 · 吴长生当与族内再泰

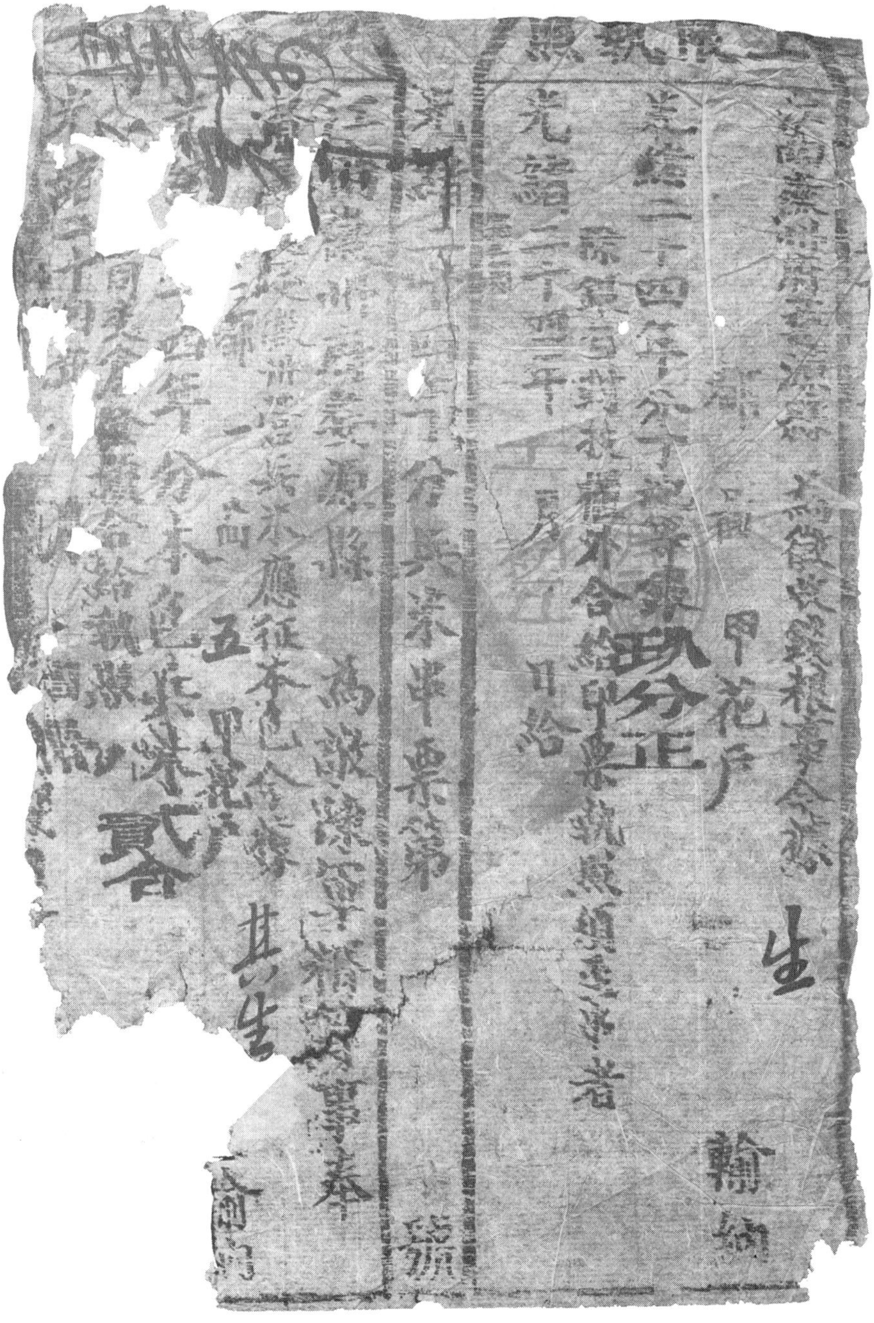

秋口镇里源 31 · 光绪二十四年 · 纳米执照 · 其生

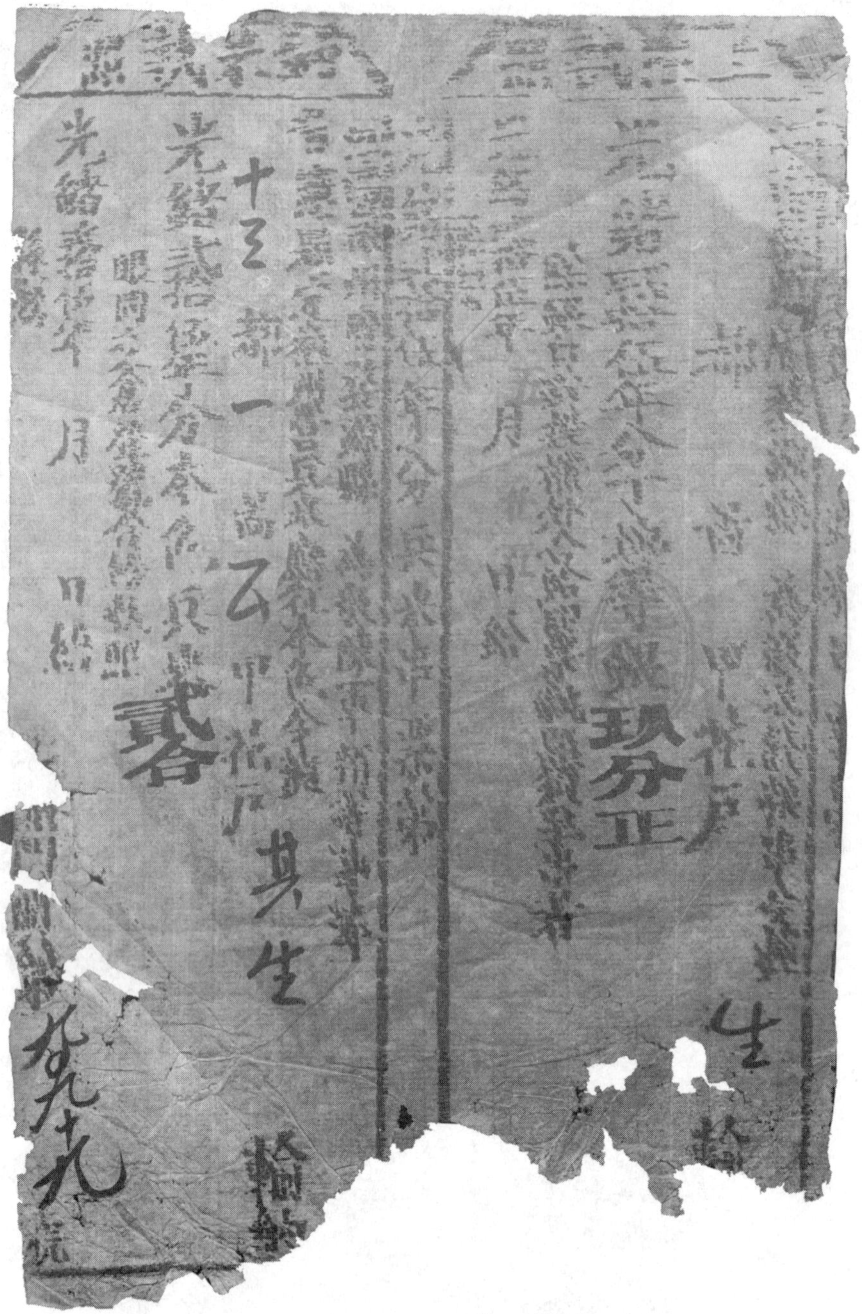

秋口镇里源 17 · 光绪二十五年 · 纳米执照 · 其生

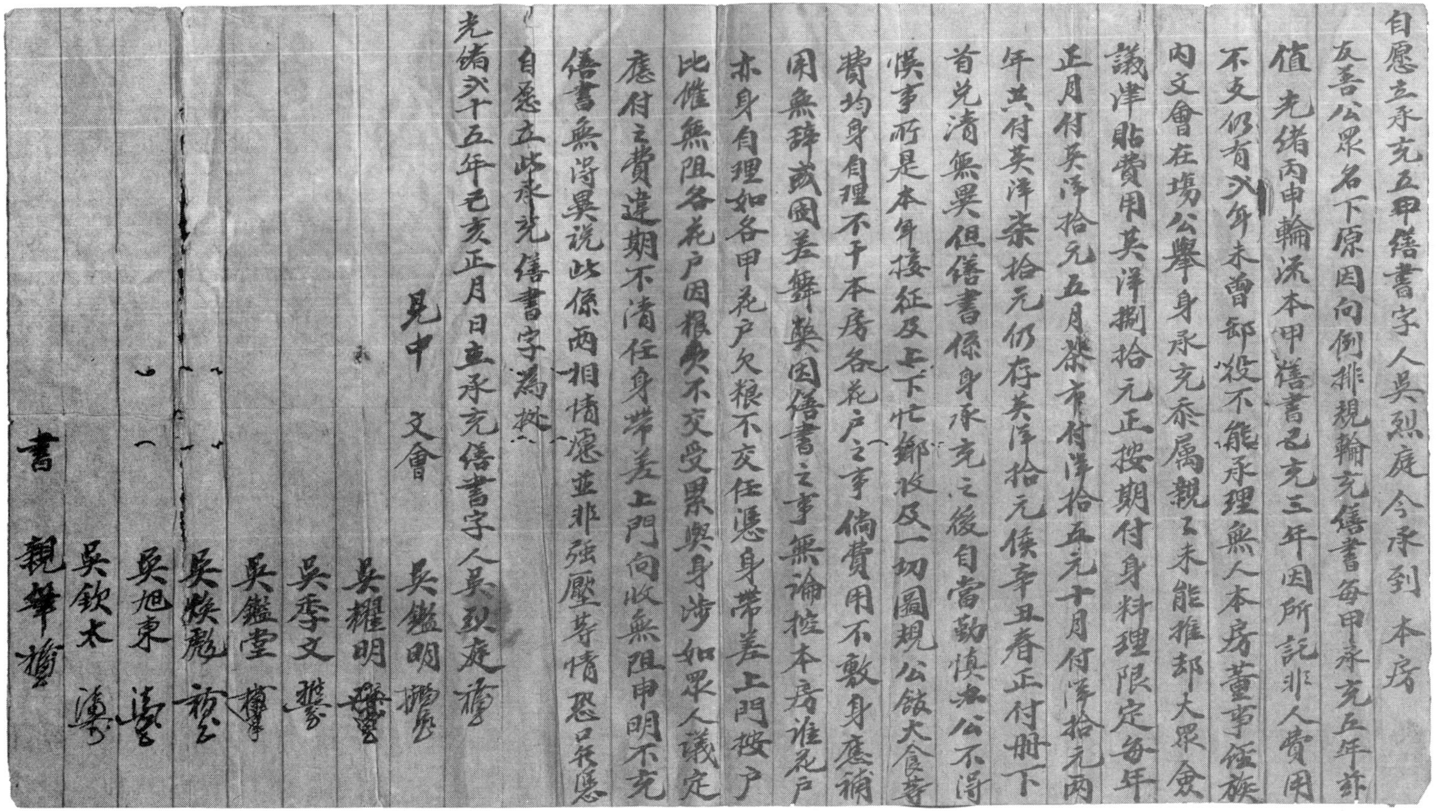

自愿立承充五甲缮書字人吴烈庭，今承到本房友善公众名下，原因向例排規輪充缮書，每甲承充五年，并值光绪丙申輪流本甲，缮書已充三年，因所託非人，費用不支，仍有弍年未曾卸役，不能承理，無人。本房董事任族内文會在場公舉身承充，忝属親〻，未能推卸，大众僉議津貼費用英洋捌拾元正，按期付身料理，限定每年正月付英洋拾元，五月茶市付洋拾五元，十月付洋拾元，丙年共付英洋柒拾元，仍存英洋拾元，俟辛丑春正付册下首兑清無異。但缮書係身承充之後，自當勤慎秉公，不得悞事。所是本年接征及上下忙鄉役及一切圖規公钱大食等費，均身自理，不干本房各花户之事。倘費用不敷，身應補用無辞。或國差弊竇因缮書之事，無論控本房誰花户，亦身自理。如各甲花户欠粮不交，任憑身帶差上門按户比催，無阻。各花户因粮欠不交受累，與身涉，如众人議定應付之費違期不清，任身帶差上門向收，無阻。申明不充缮書，無得異説。此係兩相情愿，並非强壓等情。恐口無憑，自愿立此承充缮書字為據。

光绪弍十五年己亥正月日立承充缮書字人吴烈庭（押）

見中　文會　吴鑑明（押）

吴耀明（押）

吴季文（押）

吴鑑堂（押）

吴焕彪（押）

吴旭東（押）

吴欽太（押）

書　親筆（押）

秋口镇里源 80 · 光绪二十五年 · 承充缮书 · 吴烈庭承到本房友善公众名下

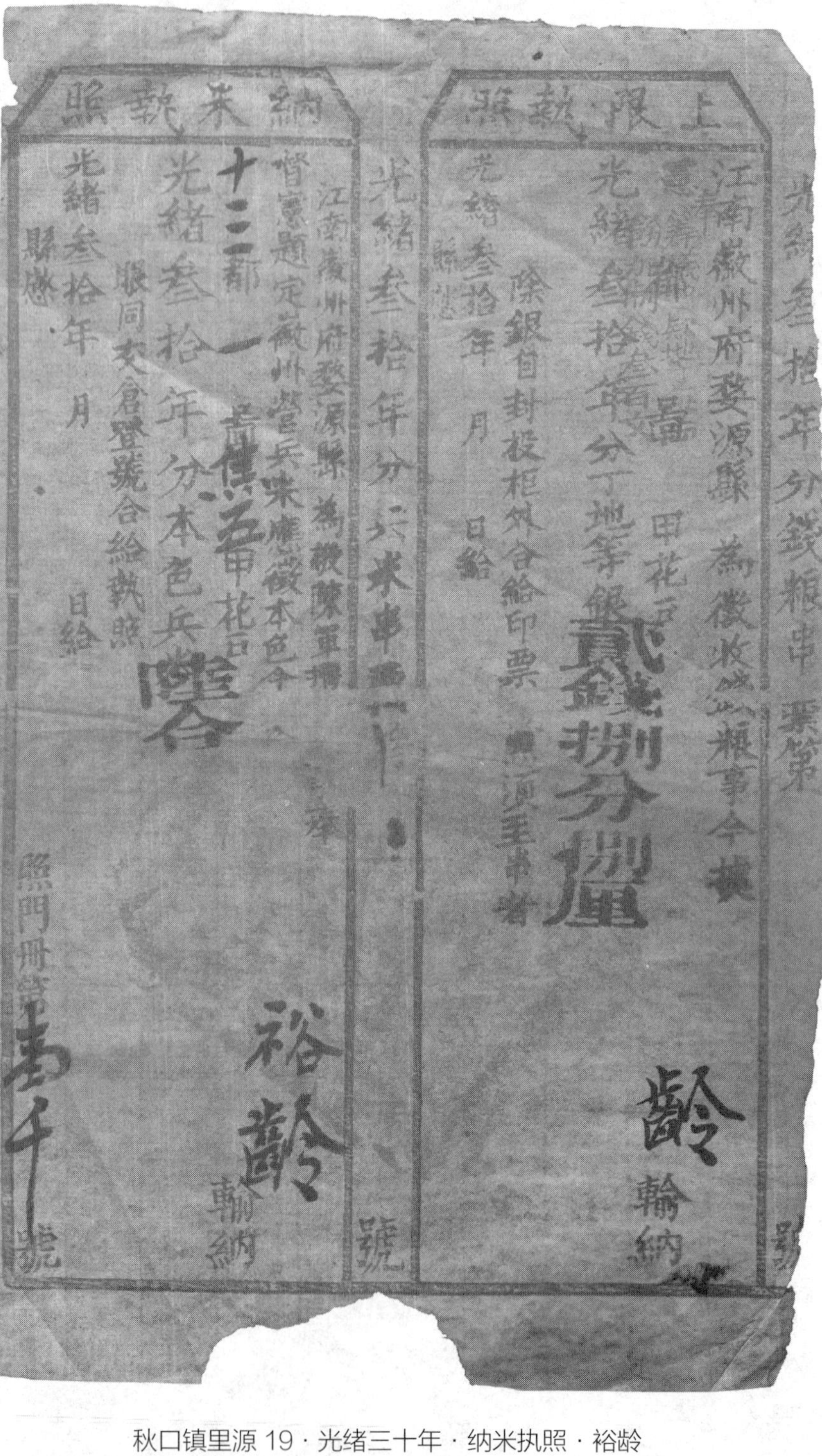

秋口镇里源 19 · 光绪三十年 · 纳米执照 · 裕龄

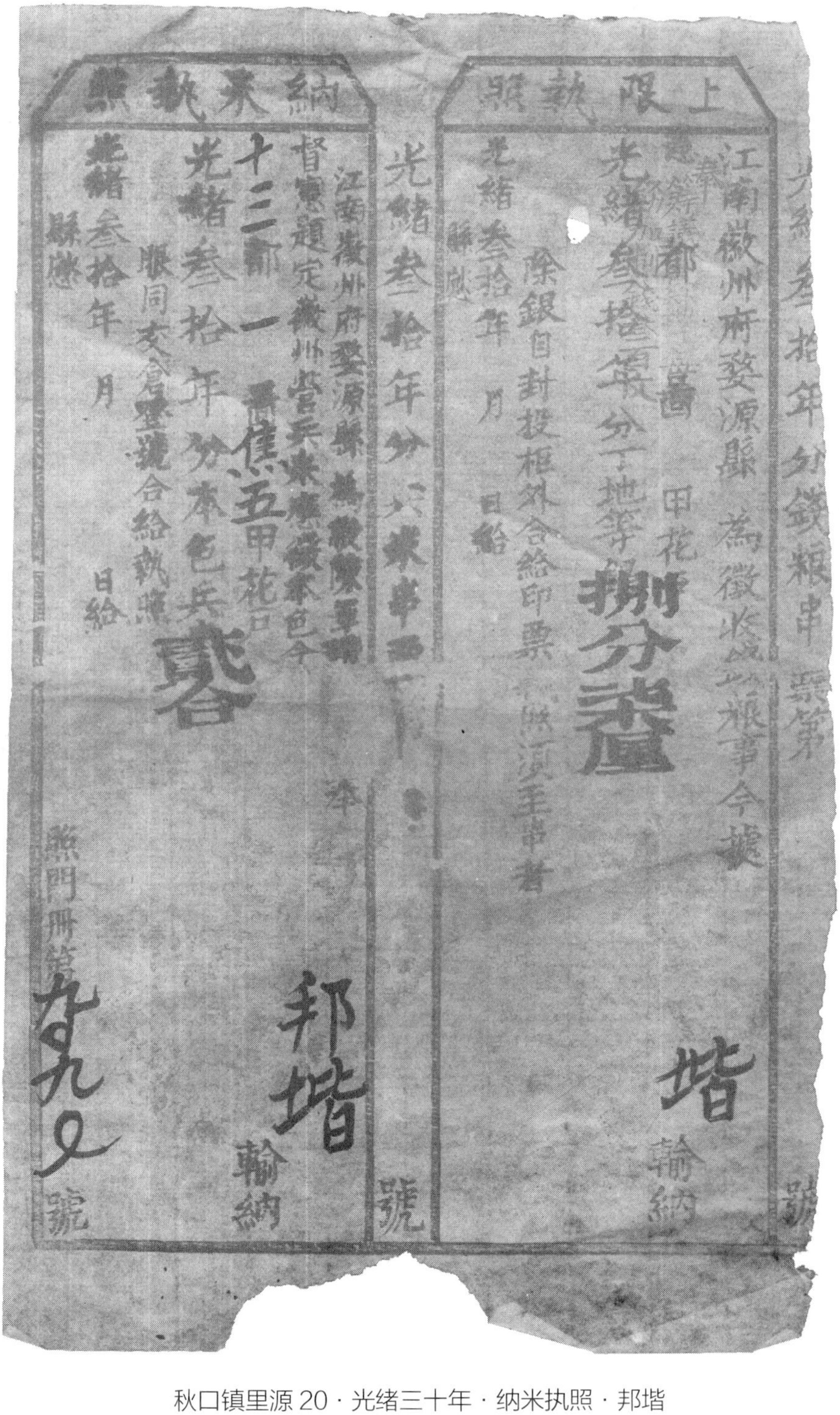
上限執照

江南徽州府婺源縣為徵收[illegible]事今據

光緒叁拾年分[illegible]地[illegible]捌分[illegible]

除銀自封投櫃外合給印票[illegible]須至串者

光緒叁拾年 月 日給

縣

堦 輸納

號

納米執照

江南徽州府婺源縣為[illegible]

督憲題定徽州營兵米[illegible]

十三都一圖 五甲花戶

光緒叁拾年分本色兵[illegible]

眼同交倉[illegible]合給執照

光緒叁拾年 月 日給

縣

照門冊第 號

邦堦 輸納

光緒叁拾年分錢糧串票第 號

秋口镇里源 20 · 光绪三十年 · 纳米执照 · 邦堦

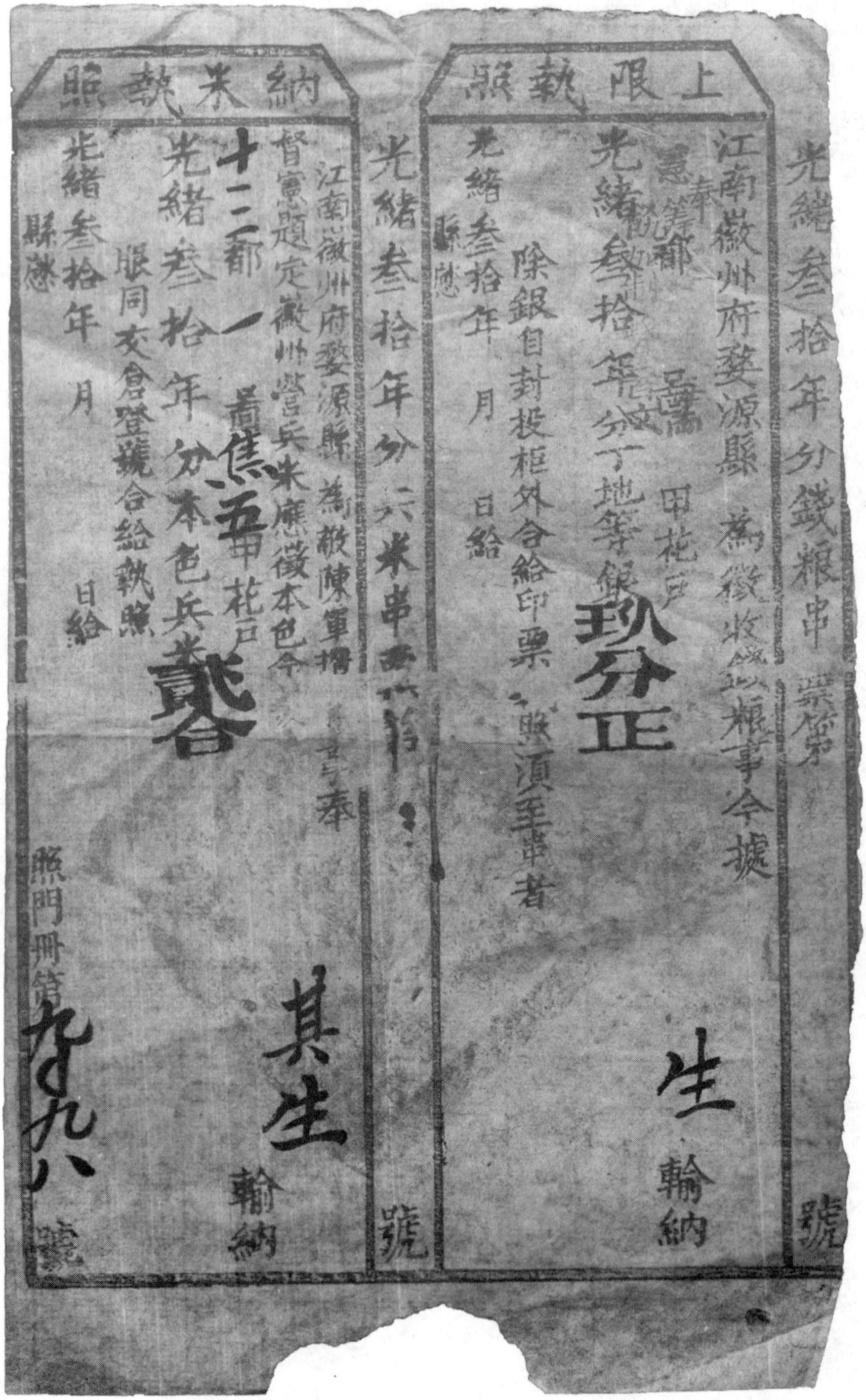
光緒叁拾年分錢糧串票第 號

上限執照

江南徽州府婺源縣 為徵收錢糧事今據

十二都 甲花戶

光緒叁拾年分丁地等銀 玖分正

除銀自封投柜外合給印票 照須至串者

光緒叁拾年 月 日給

縣憑

生 輸納

光緒叁拾年分米串 號

納米執照

江南徽州府婺源縣 為撤陳軍糈

督憲題定徽州營兵米應徵本色

十二都一圖 五甲花戶

光緒叁拾年分本色兵米

照同交倉登號合給執照

光緒叁拾年 月 日給

縣憑

照門冊第 號

其生 輸納

秋口镇里源 21 · 光绪三十年 · 纳米执照 · 其生

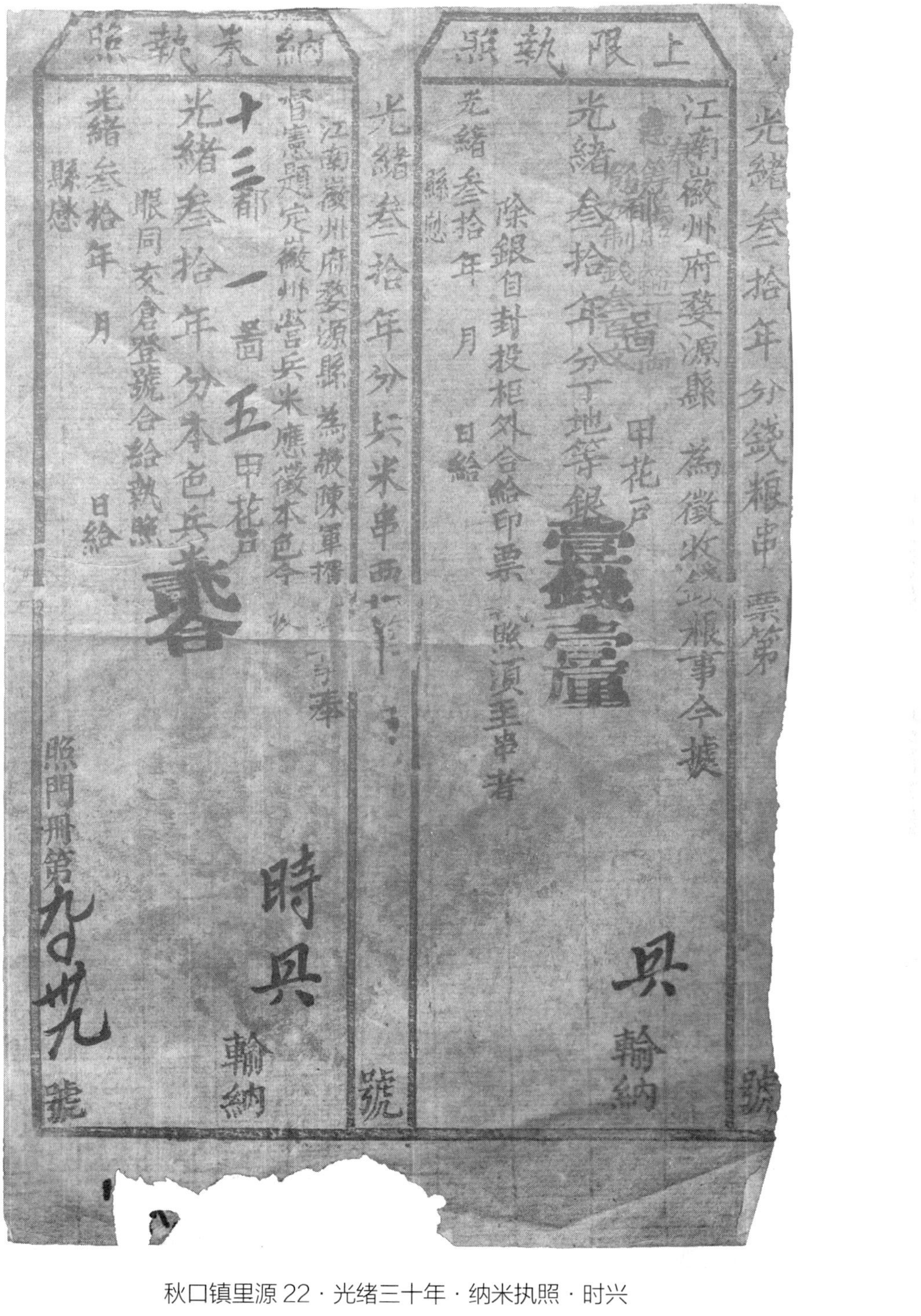
光緒叁拾年分錢糧串票第 號

上限執照

江南徽州府婺源縣 為徵收錢糧事今據
十三都
光緒叁拾年分丁地等銀 壹錢壹
甲花戶
除銀自封投柜外合給印票照須至串者
光緒叁拾年 月 日給
縣戳
興
輸納

光緒叁拾年分兵米串 號

納米執照

江南徽州府婺源縣 為敬陳軍擠 奉
督憲題定徽州營兵米應徵本色今
十三都 一圖 五甲花戶
光緒叁拾年分本色兵米 壹
照同交倉登號合給執照
光緒叁拾年 月 日給
縣戳
時興
輸納
照門冊第九廿九號

秋口镇里源 22 · 光绪三十年 · 纳米执照 · 时兴

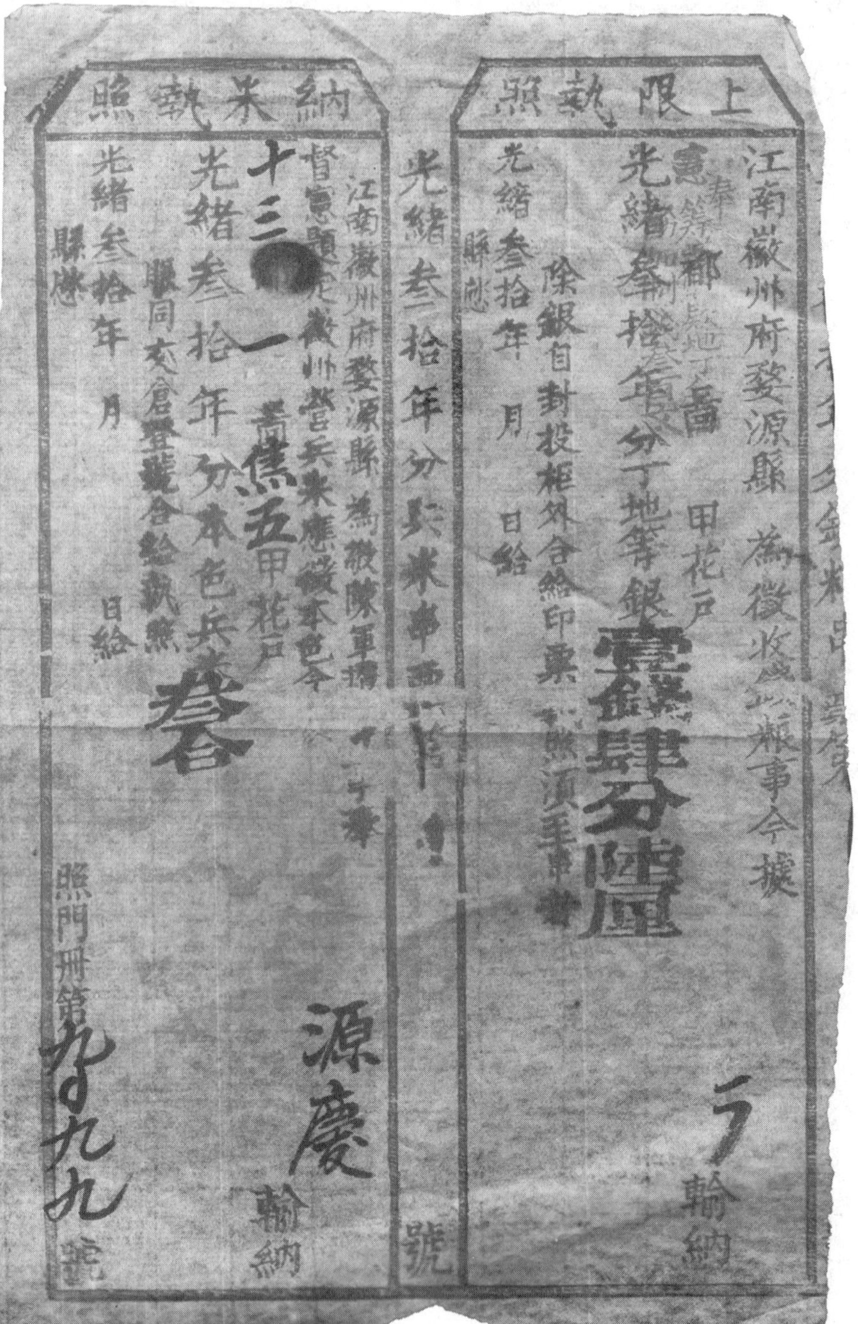

秋口镇里源 23 · 光绪三十年 · 纳米执照 · 源庆

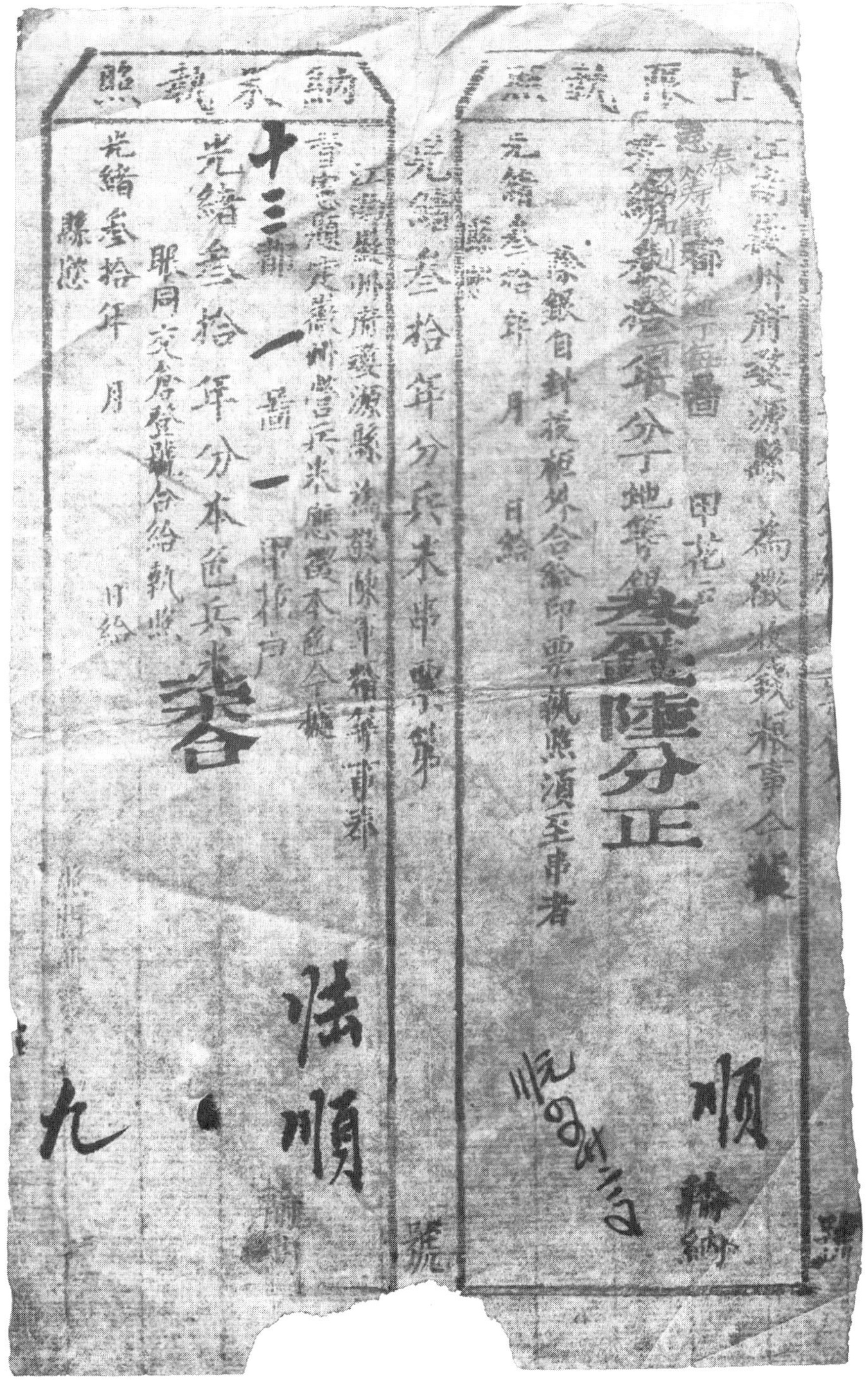

納米執照

光緒叁拾年分本色兵米

陸順

秋口镇里源 24 · 光绪三十年 · 纳米执照 · 陆顺

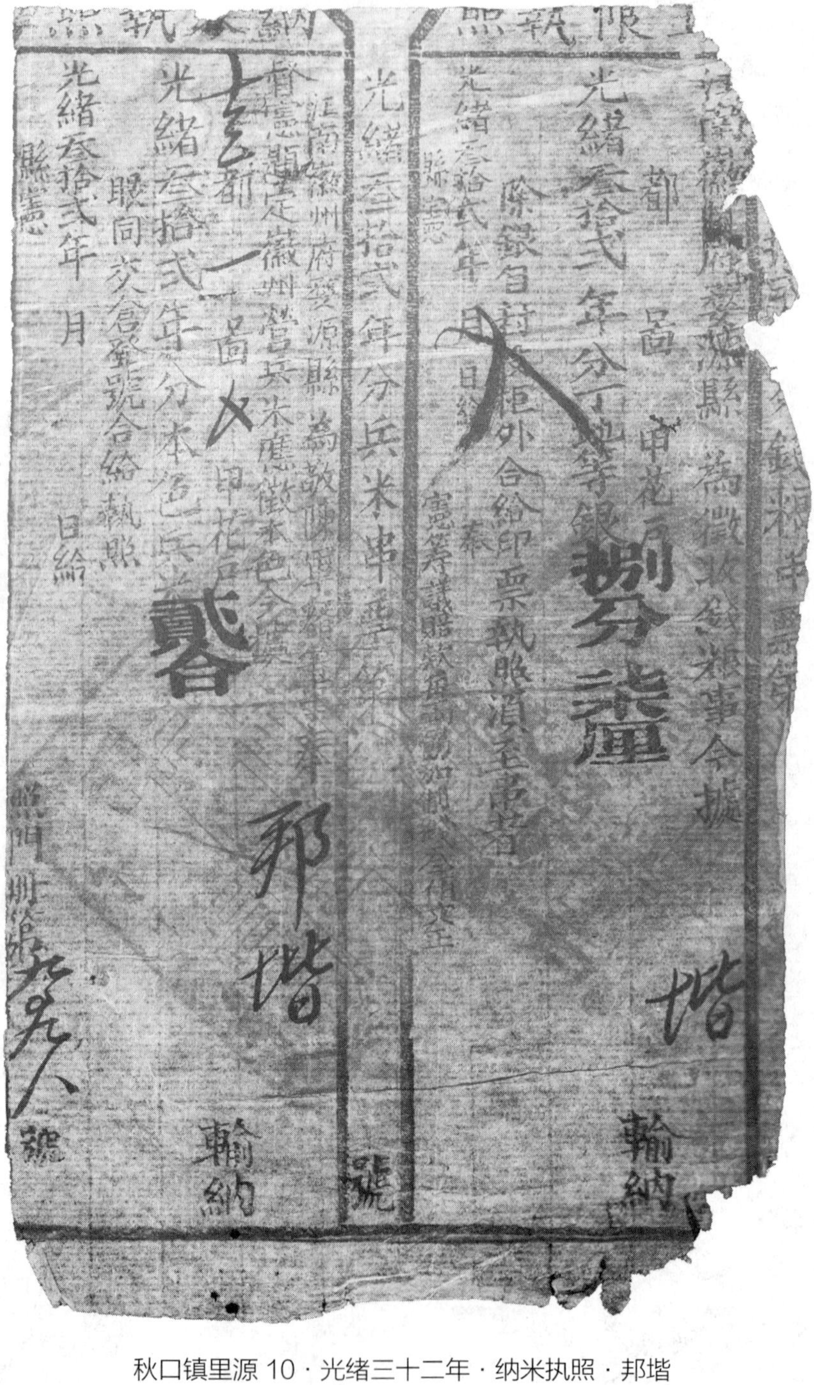

秋口镇里源 10 · 光绪三十二年 · 纳米执照 · 邦堦

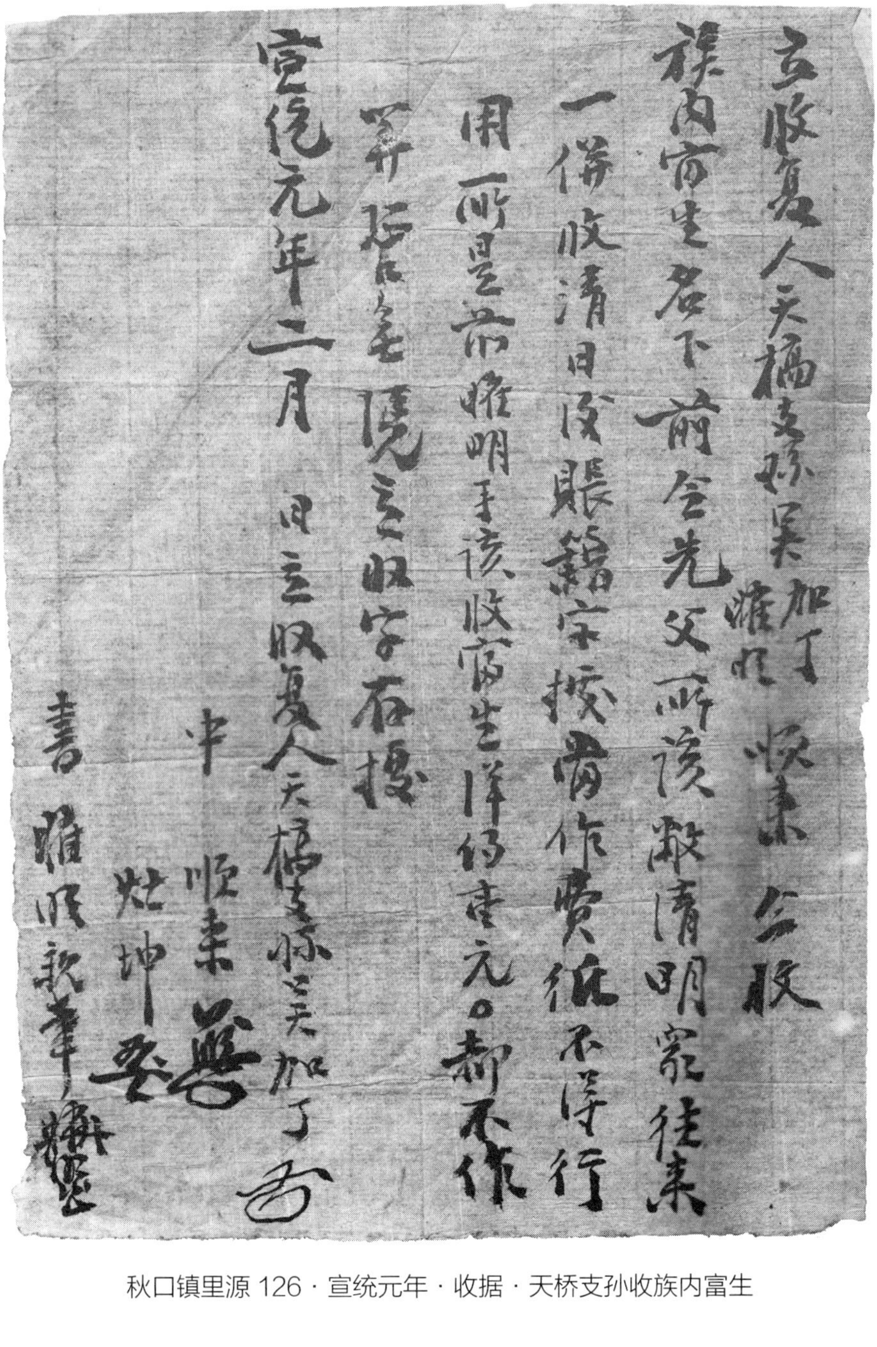

立收复人天橋支孙吴加丁、雅明、恢来仝收
族内富生君下前令先父所該欵清明家往来
一併收清日後賬籍字據當作廢紙不得行
用所是帑雅明手該收富生洋伍壹元口都不作
算恐口無憑立收字存據
宣統元年二月　日立收复人天橋支孙吴加丁（押）
中　顺来（押）
　　灶坤（押）
書　雅明親筆（押）

秋口镇里源 126 · 宣统元年 · 收据 · 天桥支孙收族内富生

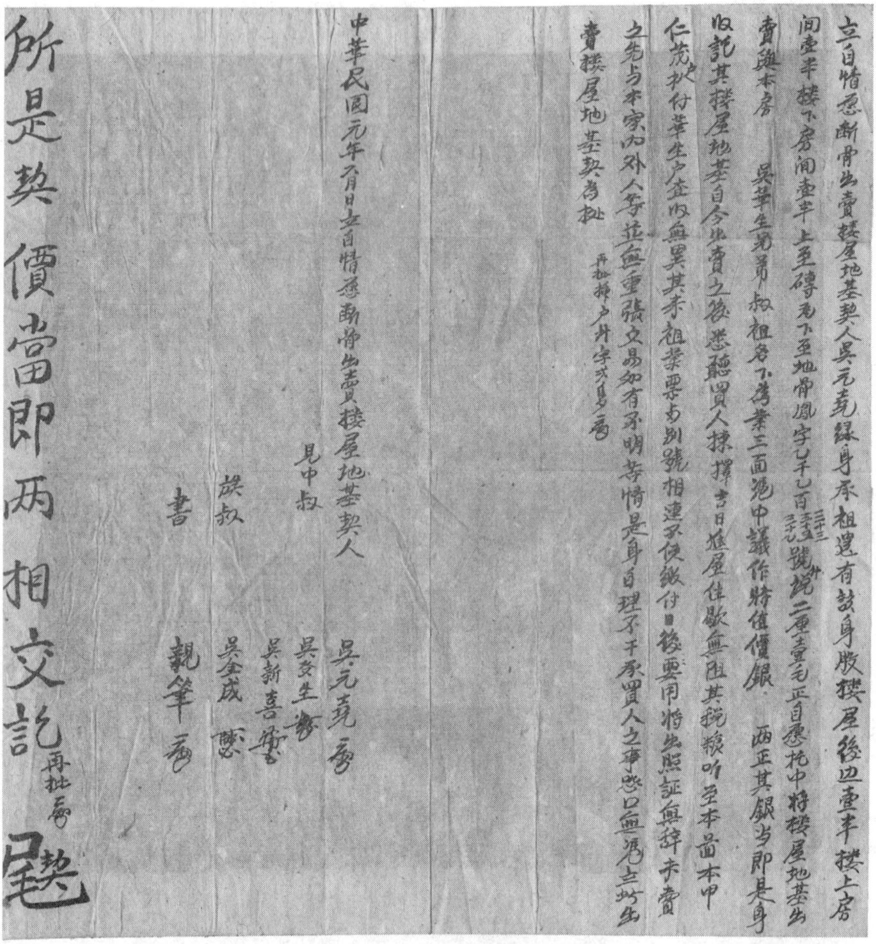
立自情愿断骨出賣楼屋地基契人吴元尧，缘身承祖遗有該身股楼屋後边壹半楼上房
间壹半楼下房间壹半，上至磚瓦下至地骨，凤字乙千乙百三十三、三十九號，计二重壹半，今自愿托中将楼屋地基出
賣與本房吴華生兄弟叔祖名下為業，三面憑中議作時值價銀　兩正，其銀当即是身
收訖。其楼屋地基自今出賣之後，悉聽買人揀擇吉日進屋住歇無阻，其稅粮听至本甲
仁茂户推付華生户查收無異。其來祖業票与別號相連，不便繳付，日後要用，將出照証無辞。未賣
之先与本家内外人等並無重張交易，如有不明等情，是身自理，不干承買人之事。恐口無憑，立此出
賣楼屋地基契為照。
再批：推户井字式号。押
中華民国元年六月日立自情愿断骨出賣楼屋地基契人　吴元尧　押
見中叔　吴交生　押
吴新喜　押
族叔　吴金成　押
書　親筆　押
所是契價當即兩相交訖。再批。押
契

秋口镇里源 67 · 民国元年 · 断骨出卖楼屋地基契 · 吴元尧卖与本房吴华生

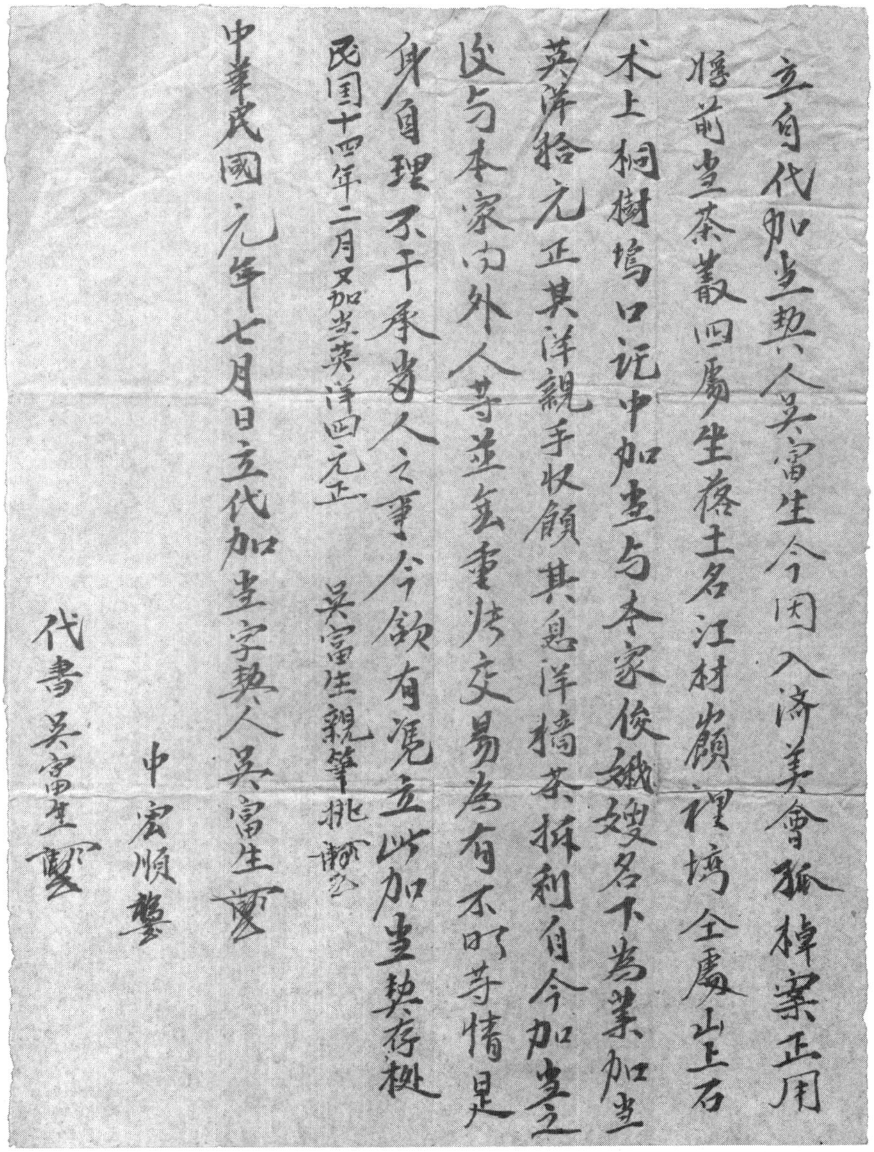

立自代加当契人吴富生今因入濟美會祇樟案正用
將前当茶叢四處坐落土名江材嶺裡塢全處山上石
木上桐樹塢口沅中加当與本家俊娥嫂名下為業加当
英洋拾元正其洋親手收領其息洋摘茶抵利自今加当之
後與本家內外人等並無重复交易為有不明等情是
身自理不干承当人之事今欲有憑立此加当契存據
民国十四年二月又加当英洋四元正　吴富生親筆批
中華民國元年七月日立代加当字契人吴富生（押）
中　宏順（押）
代書　吴富生（押）

秋口镇里源 154 · 民国元年 · 自代加当契 · 吴富生加当与本家俊娥嫂

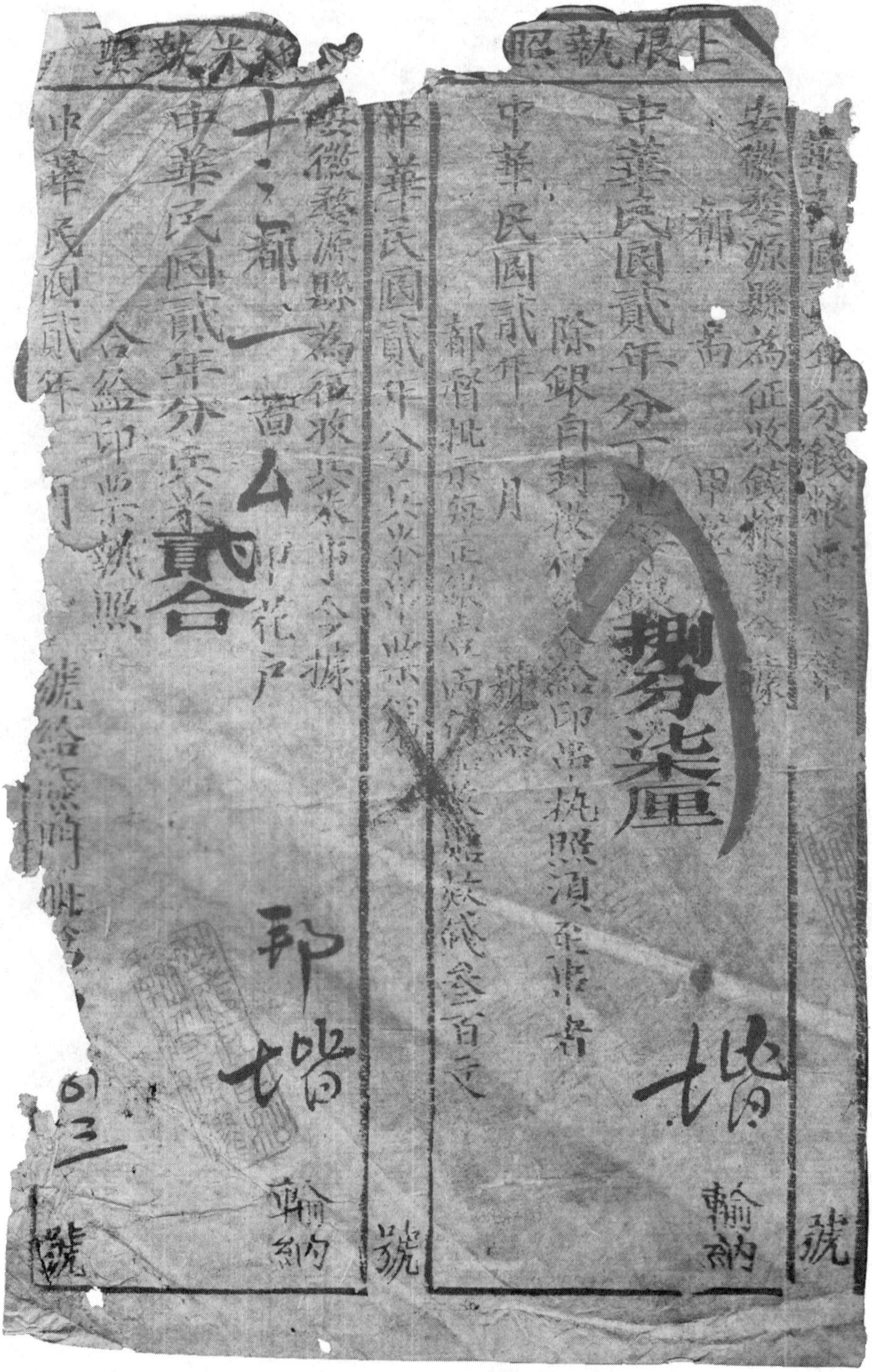

秋口镇里源 26 · 民国二年 · 纳米执照 · 邦堦

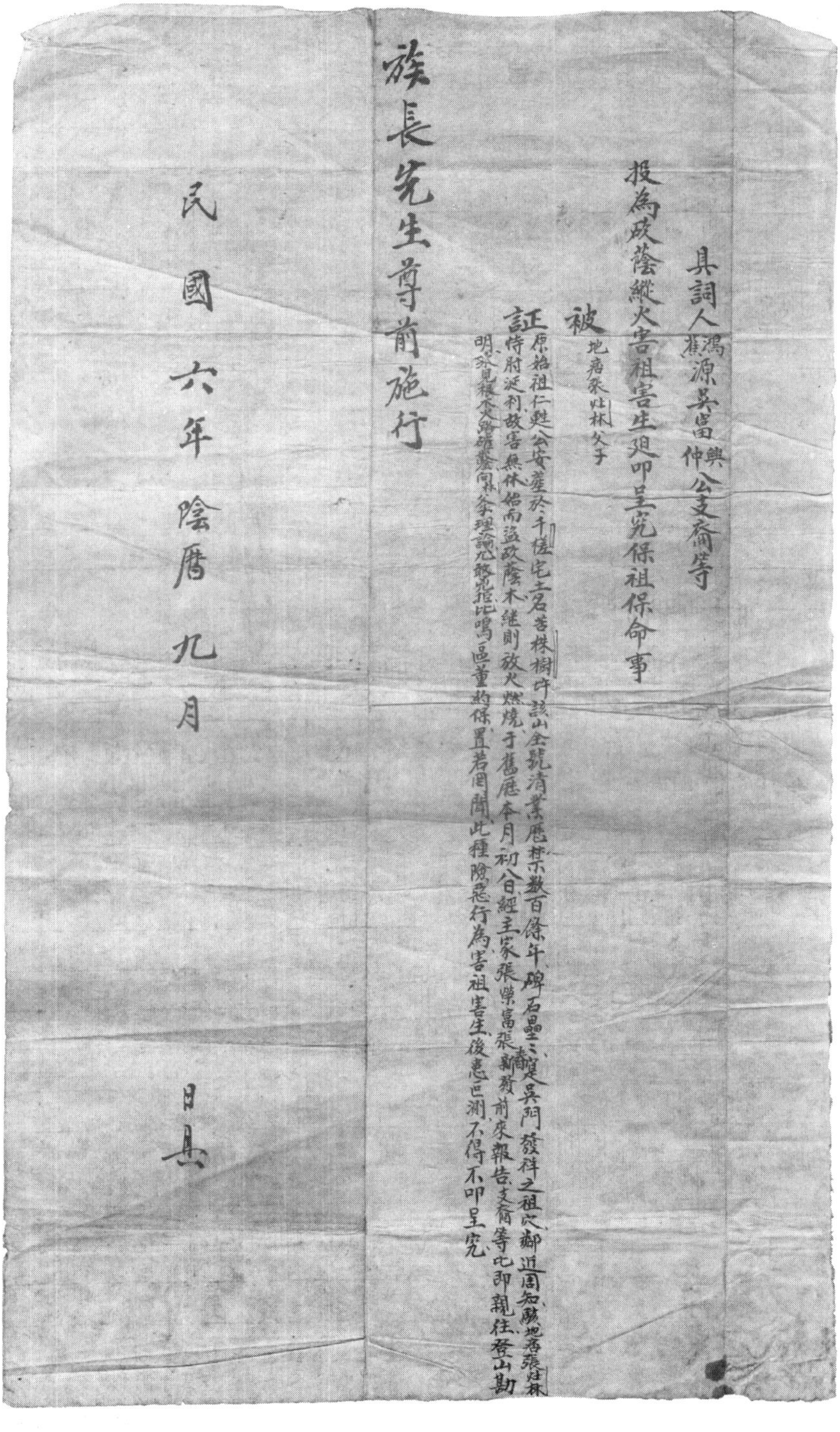
具詞人里源吳富興仲公支裔等
投為砍蔭縱火害祖害生廹叩呈究保祖保命事
被 地痞裘灶林父子
證
原始祖仁魁公安葬於千佳宅土名苦株樹坪，該山全靠清業歷禁數百餘年，碑石壘壘，實是吳門發祥之祖穴，鄰近周知。地痞張灶林恃附近利，故害無休，始而盜砍蔭木，繼則放火燃燒，于舊歷本月初八日經主家張榮富、張新發前來報告，支裔等即親往登山勘明，殊見根本火路確鑿，同林众理論，恐敢抗拒叱罵，邑董約保置若罔聞，此種險惡行為害祖害生，後患叵測，不得不叩呈究
族長先生尊前施行
民國六年陰曆九月 日具

秋口镇里源 94 · 民国六年 · 具状词 · 吴富兴、吴富仲公支裔等告裘灶林父子

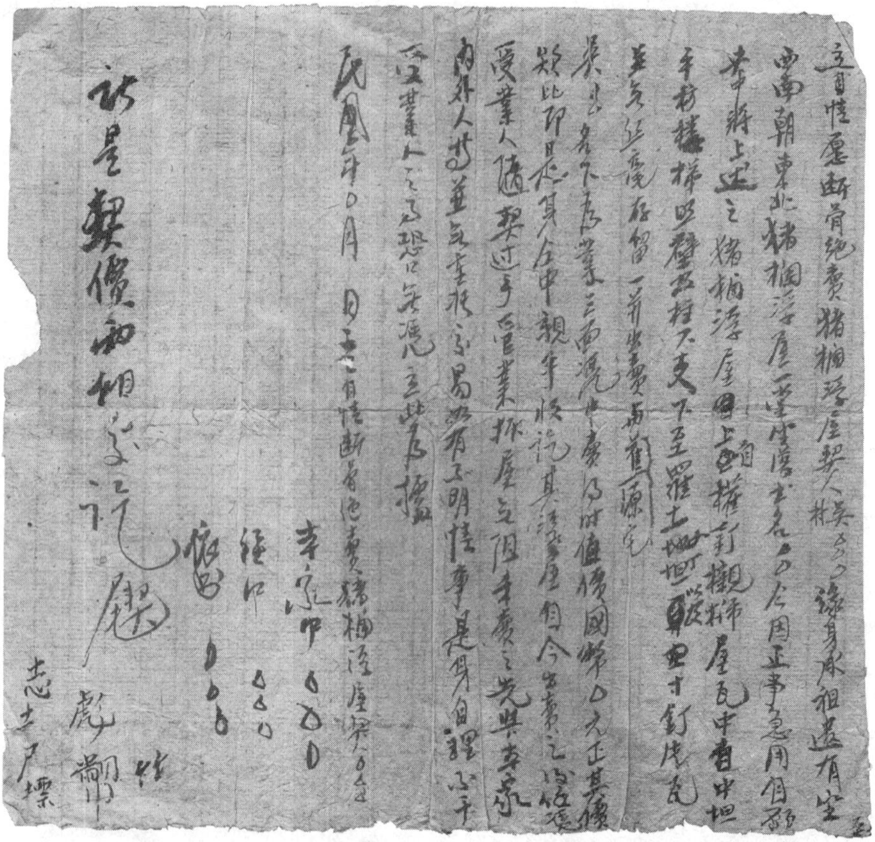

秋口镇里源 159 · 民国六年 · 断骨绝卖猪栏浮屋契 · 吴㘵卖与蕉源宅吴□

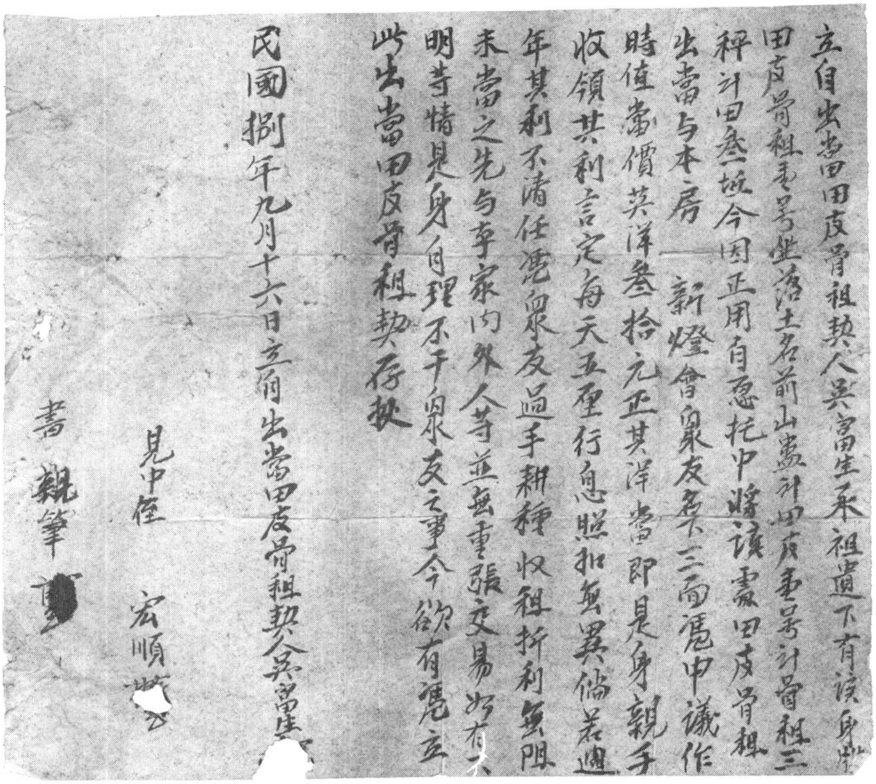

立自出當田皮骨租契人吳富生承祖遺下有該身坐
田皮骨租壹號坐落土名前山塢計田皮壹號計骨租三
秤計田叁坵今因正用自愿托中將該壹田皮骨租
出當與本房 新燈會眾友名下三面憑中議作
時值當價英洋叁拾元正其洋當即是身親手
收領其利言定每元五厘行息照扣無異倘若過
年其利不清任憑眾友過手耕種收租抵利無阻
未當之先與本家內外人等並無重張交易如有
明等情是身自理不干眾友之事今欲有憑立
此出當田皮骨租契存據

民國捌年九月十六日立自出當田皮骨租契人吳富生

見中侄 宏順 押

書 親筆 押

秋口镇里源 155 · 民国八年 · 当田皮骨租契 · 吴富生当与本房新灯会众友

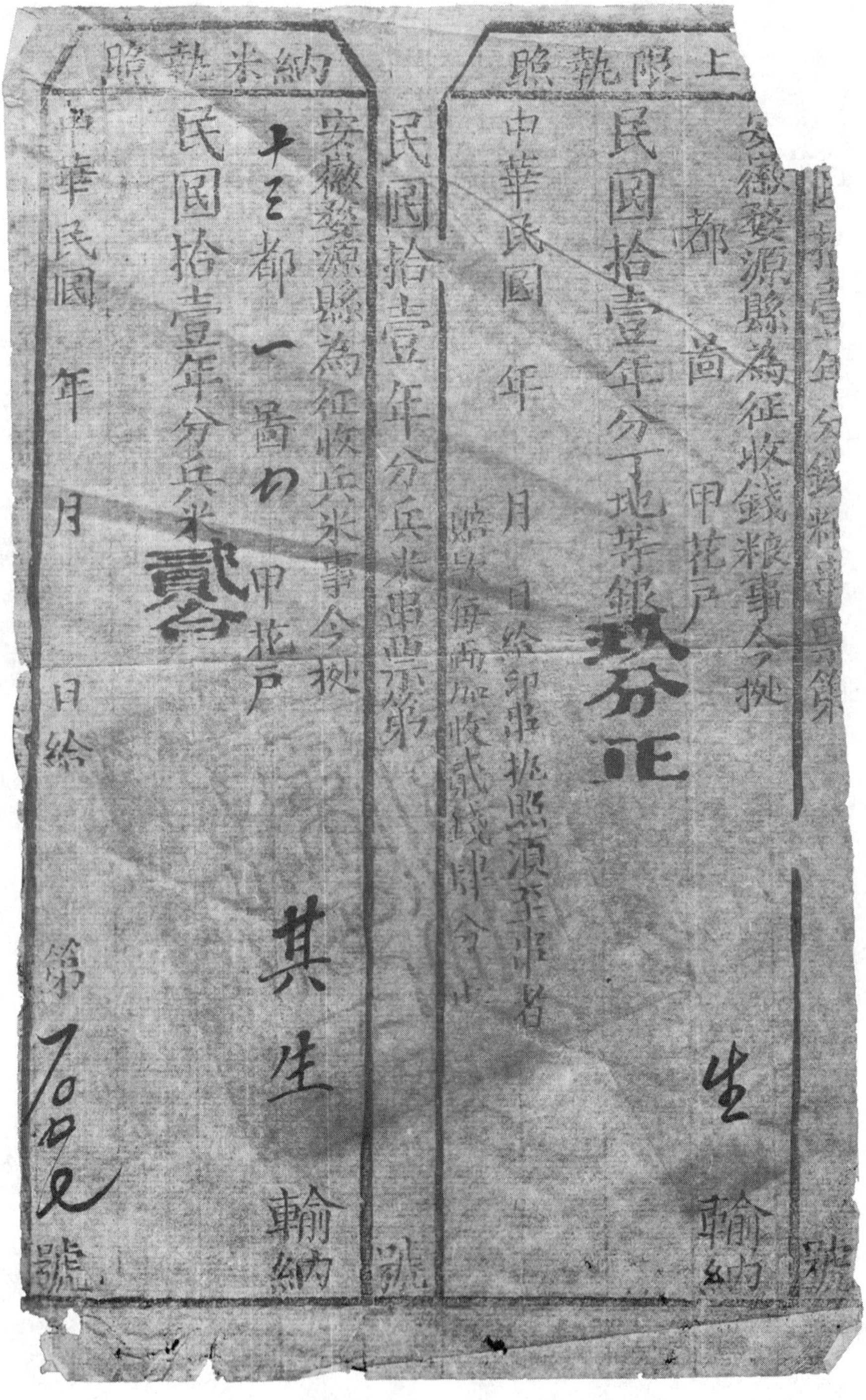
民国拾壹年分錢粮串票第 號

上限執照

安徽婺源縣為征收錢粮事今拠

都 啚 甲花户 生 輸納

民国拾壹年分丁地芽銀玖分正

中華民國 年 月 日給

印串抵照須至串者

賠欠每兩加收貳錢肆分

民国拾壹年分兵米串票第 號

納米執照

安徽婺源縣為征收兵米事今拠

十三都 一啚 甲花户 其生 輸納

民国拾壹年分兵米貳合

中華民國 年 月 日給

第 石四九 號

秋口镇里源 27 · 民国十一年 · 纳米执照 · 其生

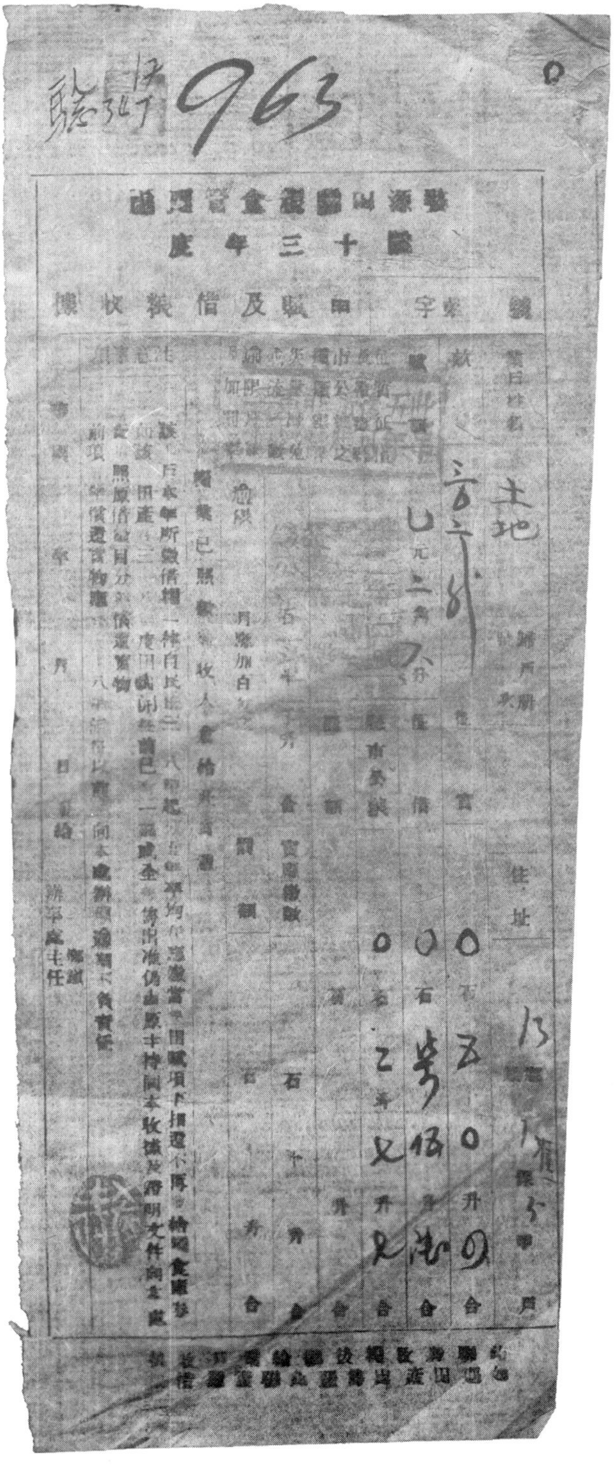

秋口镇里源 45 · 民国十三年 · 田赋及借粮收据

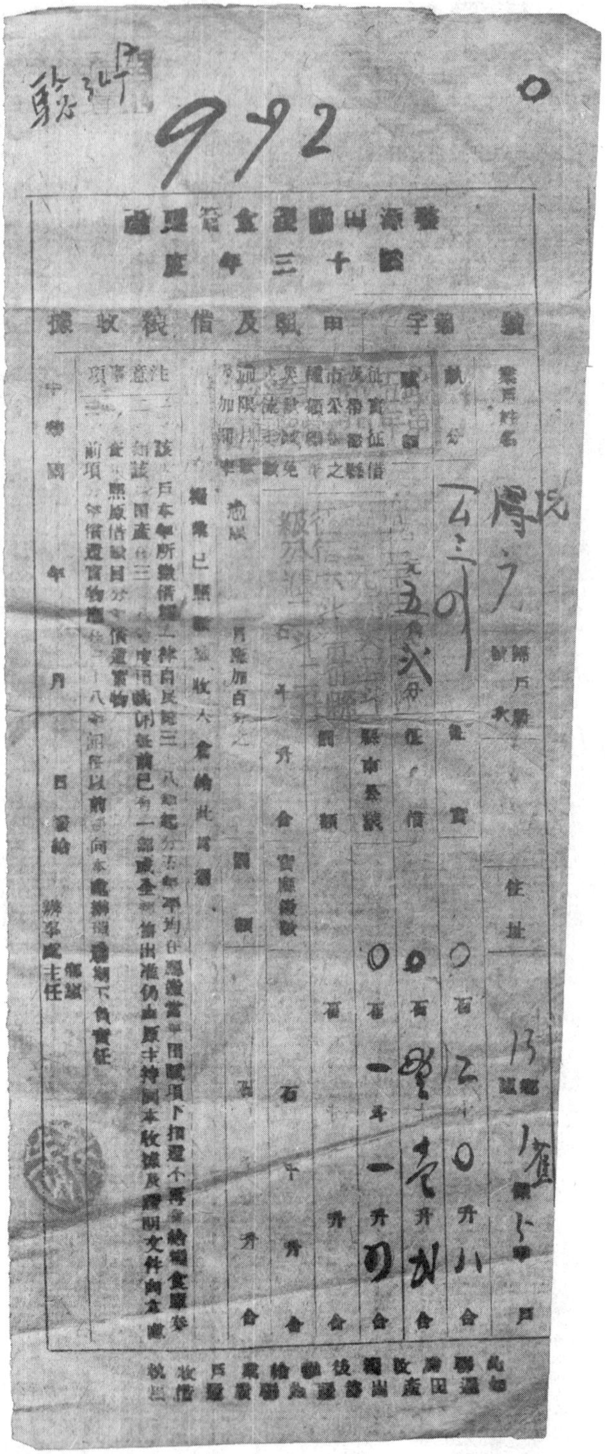

秋口镇里源 46 · 民国十三年 · 田赋及借粮收据 · 得沅

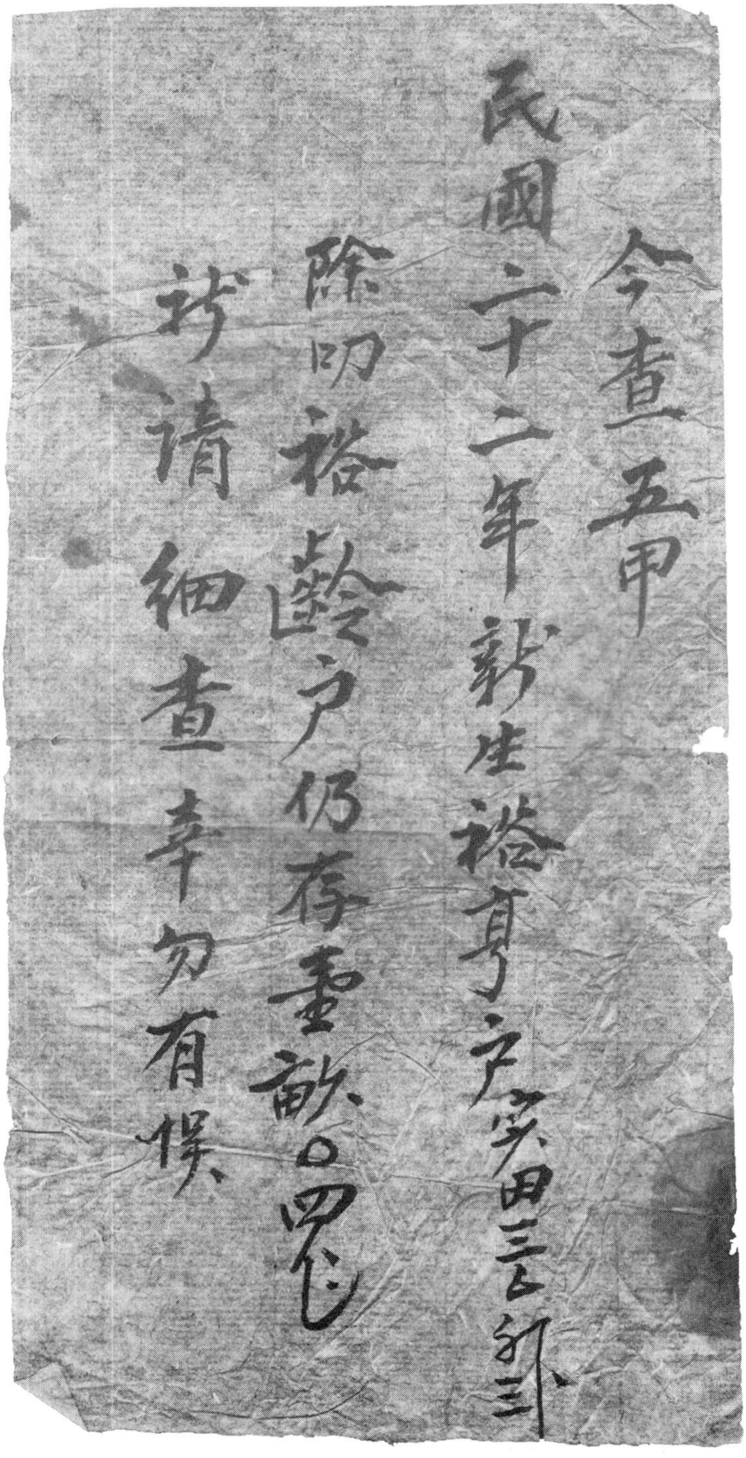
今查五甲
民國二十二年新生裕亨户实田三乙分三
除叻裕齡户仍存壹畝〇四厘
特請細查幸勿有悮

秋口镇里源 34 · 民国二十二年 · 查税粮单 · 查裕亨户

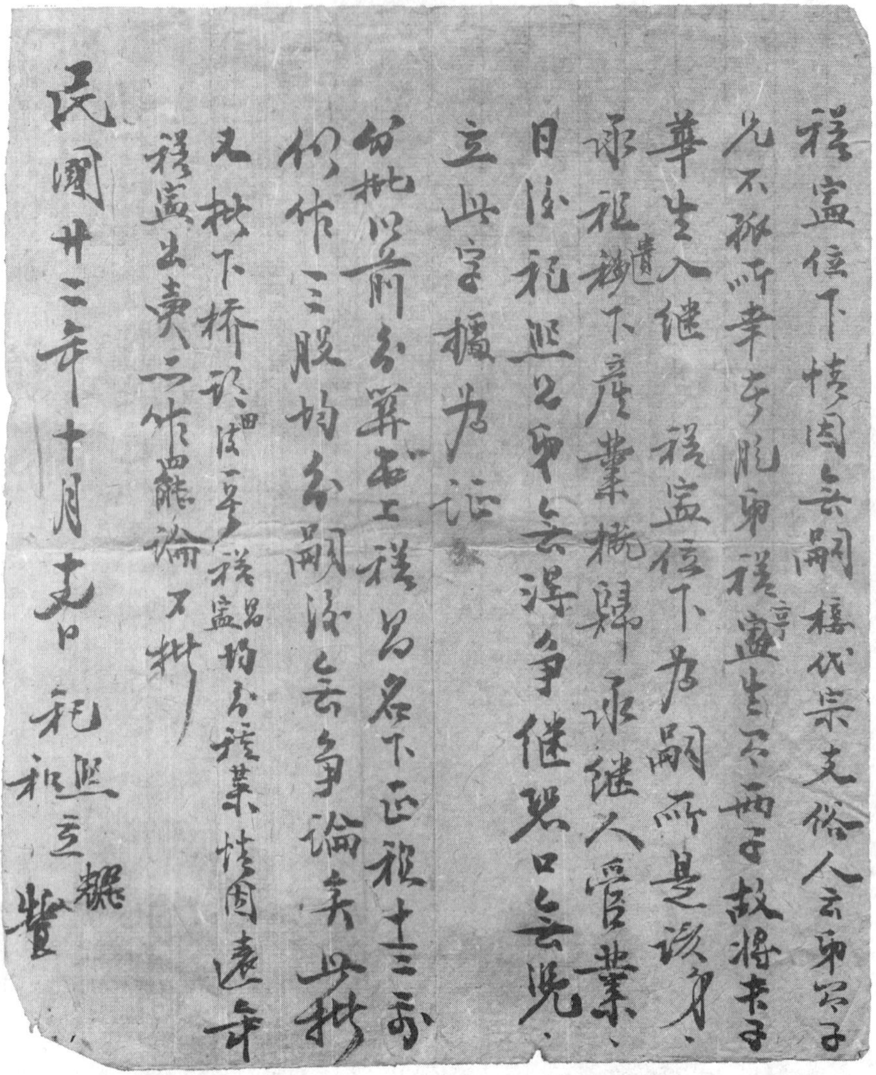

程盛位下情因无嗣，接代宗支，俗人云：弟有子

兄不孤，所幸本房胞弟程亨生有两子，故将长子

華生入继　程盛位下为嗣，所是该身

承祖遗下产业，概归承继人管业，

日后祀延之弟无得争继，恐口无凭，

立此字据为证。

所批以前分算者工程昌名下正租十三秤

仍作三股均分，嗣后无争论，再此批。

又批下桥段四丘一号　程昌、程盛均分，程叶情因远年

程盛出卖二丘作四丘，能论不批。

民國廿二年十月吉日　祀延　亲笔立继　书

秋口镇里源 132 · 民国二十二年 · 过继书 · 胞弟程亨将一子过继与胞兄

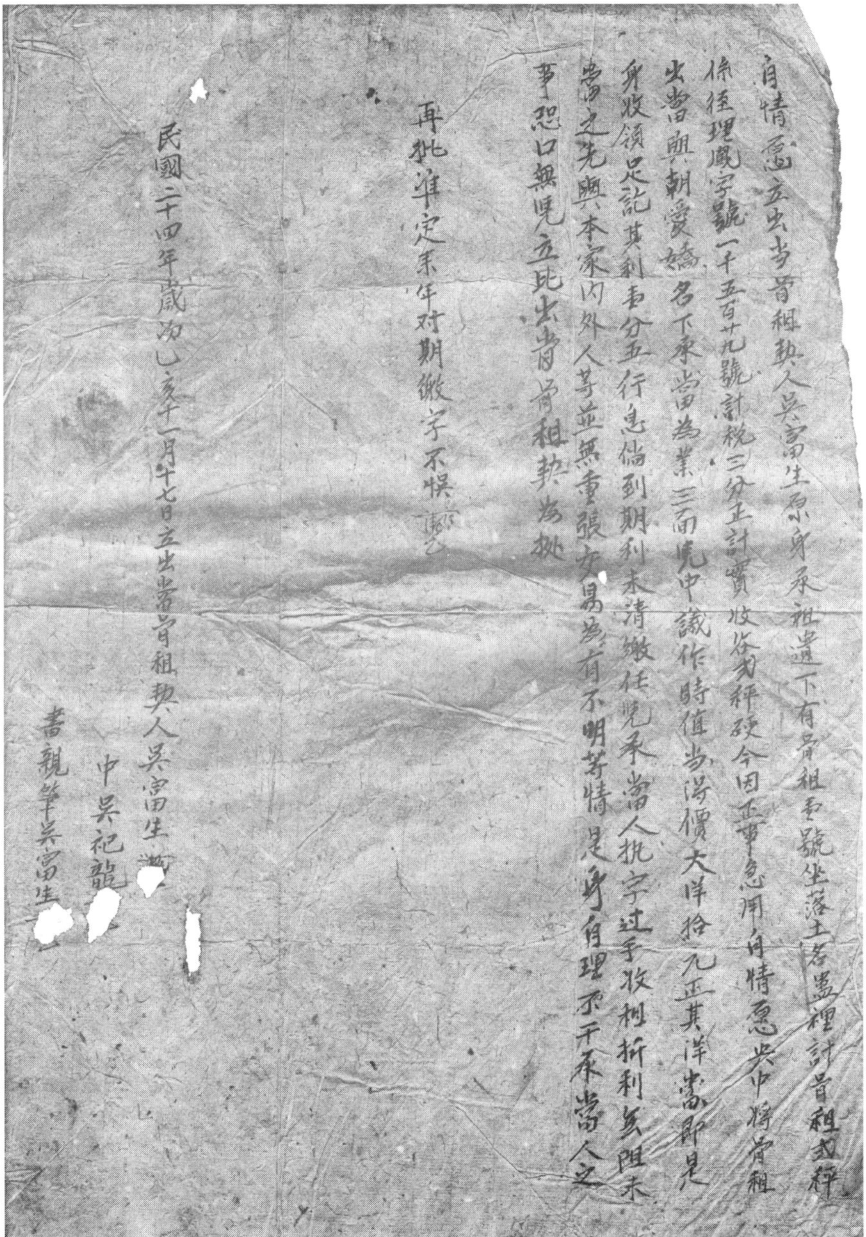

自情愿立出當骨租契人吴富生原身承祖遺下有骨租壹號坐落土名墨裡計骨租式秤係往理風字號一千五百十九號計稅三分正計實收谷式秤硬今因正事急用自情愿央中將骨租出當與朝愛嬌名下承當為業三面憑中議作時值當價大洋拾元正其洋當即是身收領足訖其利言分五行息備到期利未清繳任憑承當人執字过手收租折利無阻未當之先與本家內外人等並無重張交易為有不明等情是身自理不干承當人之事恐口無憑立此出當骨租契為照

再批準定來年对期繳字不悞

民國二十四年歲次乙亥十一月十七日立出當骨租契人吴富生

中 吴祀龍

書 親筆 吴富生

秋口镇里源 105 · 民国二十四年 · 出当骨租契 · 吴富生当与朝爱娇

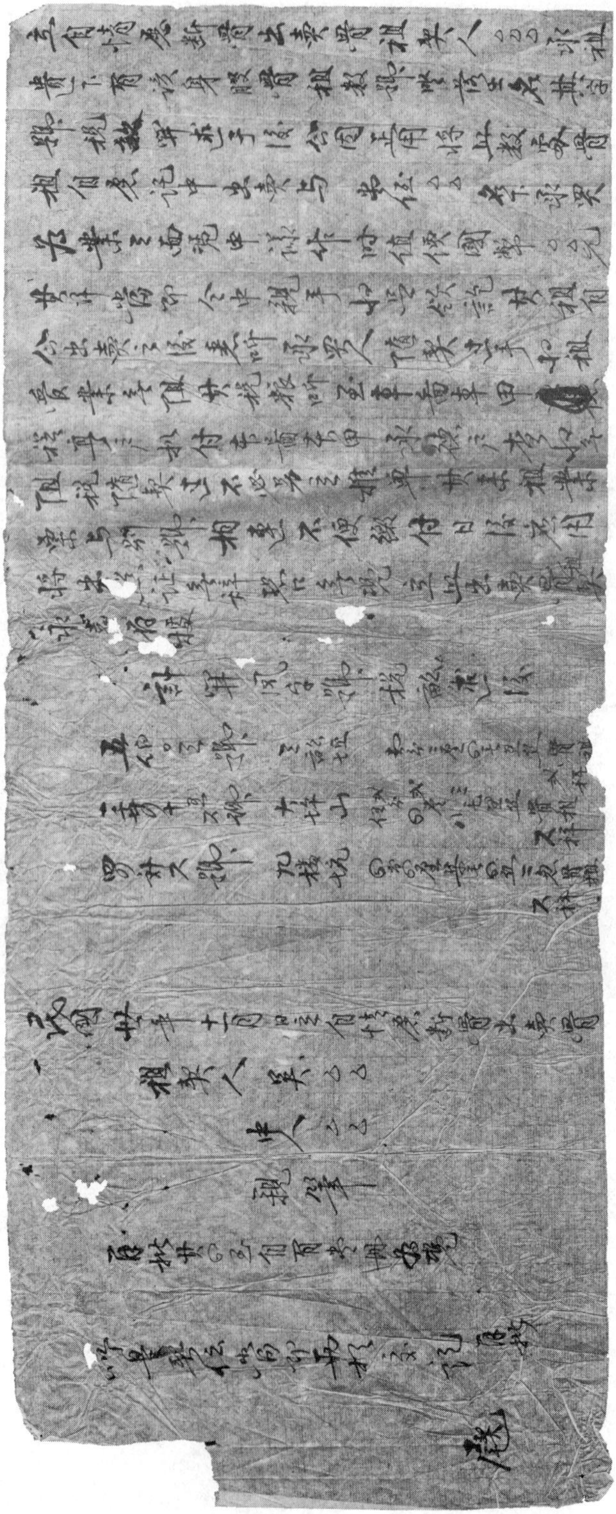

秋口镇里源 101 · 民国三十年 · 断骨出卖骨租契 · 吴□□卖与堂侄□□

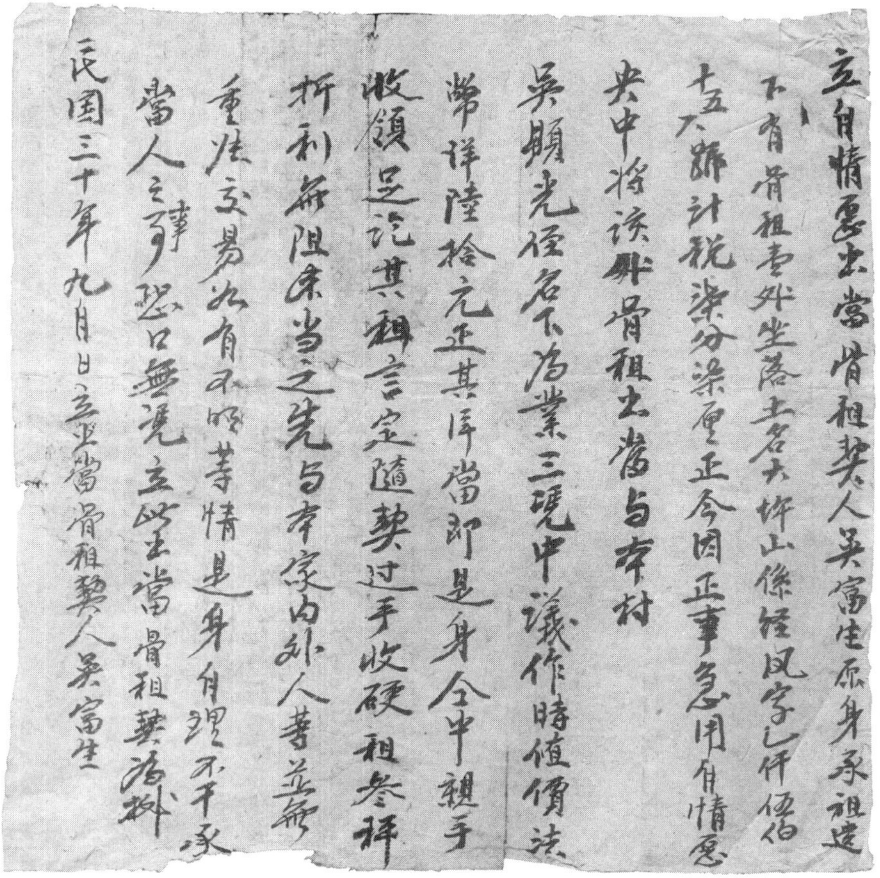

立自情愿出当骨租契人吴富生原身承祖遗
下有骨租壹处坐落土名大坪山係经风字乙仟伍佰
十五大號计税柒分柒厘正今因正事急用自情愿
央中将该號骨租出当与本村
吴顯光侄名下为業三面中議作時值價洋
幣洋陸拾元正其洋當即是身仝中親手
收領足訖其租言定随契过手收硬租叁秤
折利並阻来当之先与本家内外人等並無
重法交易如有不明等情是身自理不干承
當人之事恐口無凭立此出當骨租契存據
民国三十年九月日立出當骨租契人吴富生

秋口镇里源 158 · 民国三十年 · 出当骨租契 · 吴富生当与吴显光

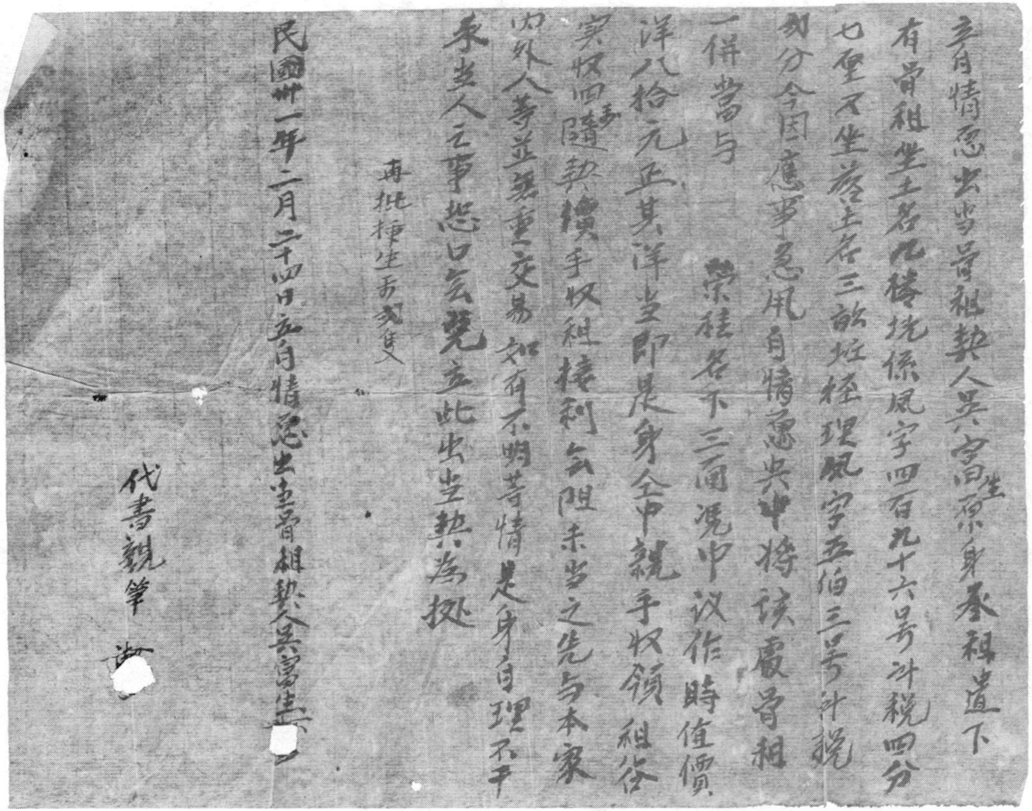
立自情愿出当骨租契人吴富生原身承祖遗下
有骨租坐土名几棱坵系凤字四百九十六号计税四分
七厘又坐落土名三亩坵樫理凤字五伯三号计税
乙分今因应事急用自情愿央中将该处骨租
一併当与 荣桂名下三面凭中议作时值价
洋八拾元正其洋当即是身全中亲手收领租谷
实收四担随契缴手收租极利无阻未当之先与本家
内外人等并无重复交易 如有不明等情是身自理不干
承当人之事恐口无凭立此出当契为据
再批挿生承戤人
民国卅一年二月二十四日立自情愿出当骨租契人吴富生
代书亲笔 谢

秋口镇里源 129 · 民国三十一年 · 出当租契 · 吴富生当与荣桂

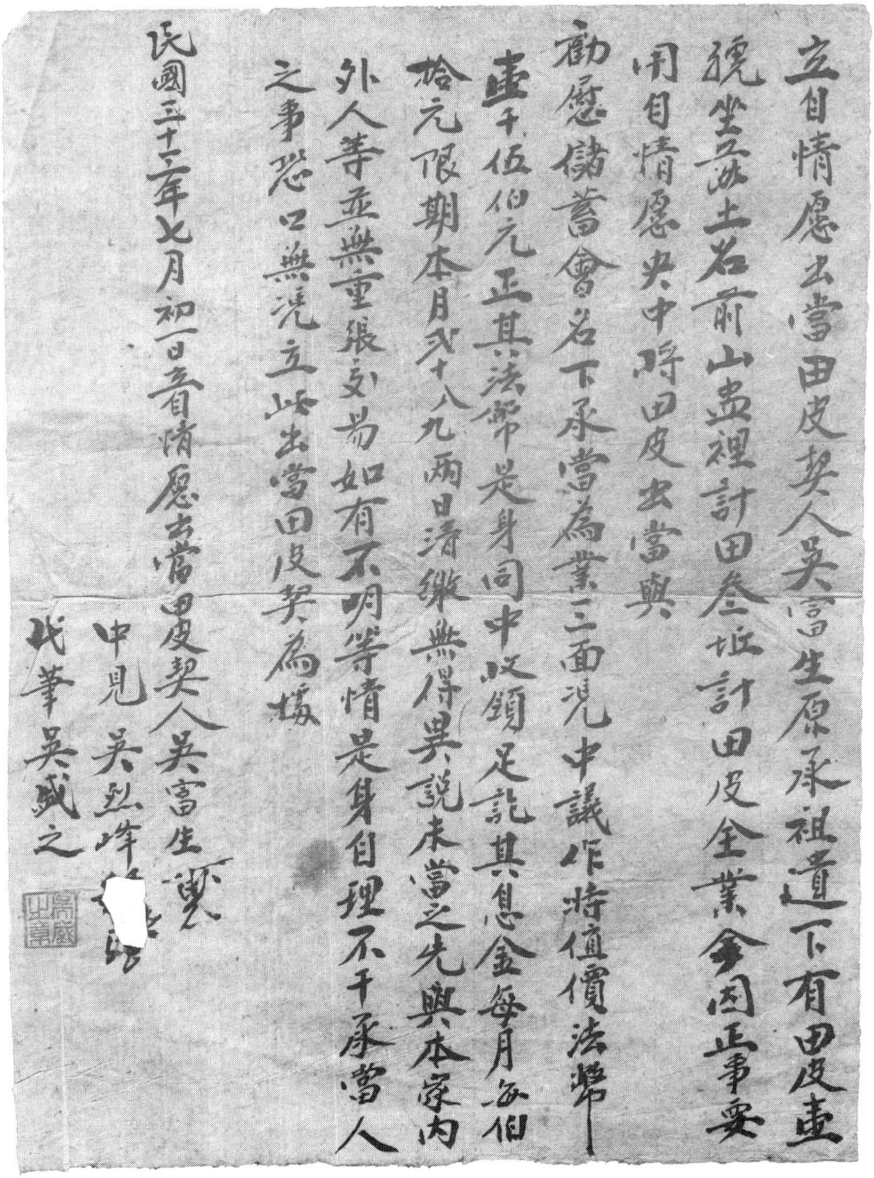
立自情愿出當田皮契人吴富生原承祖遺下有田皮壹
號坐落土名前山岀裡計田叁坵計田皮全業今因正事要
用自情愿央中將田皮出當與
勸慰儲蓄會名下承當為業三面凭中議作時值價法幣
壹千伍伯元正其法幣是身同中收領足訖其息金每月每伯
拾元限期本月廿八九兩日清繳無得異説未當之先與本家內
外人等並無重張交易如有不明等情是身自理不干承當人
之事恐口無凭立此出當田皮契為據
民國三十三年七月初一日立自情愿出當田皮契人吴富生（押）
中見 吴烈峰（押）
代筆 吴盛之

秋口镇里源 140 · 民国三十三年 · 出当田皮契 · 吴富生当与劝慰储蓄会

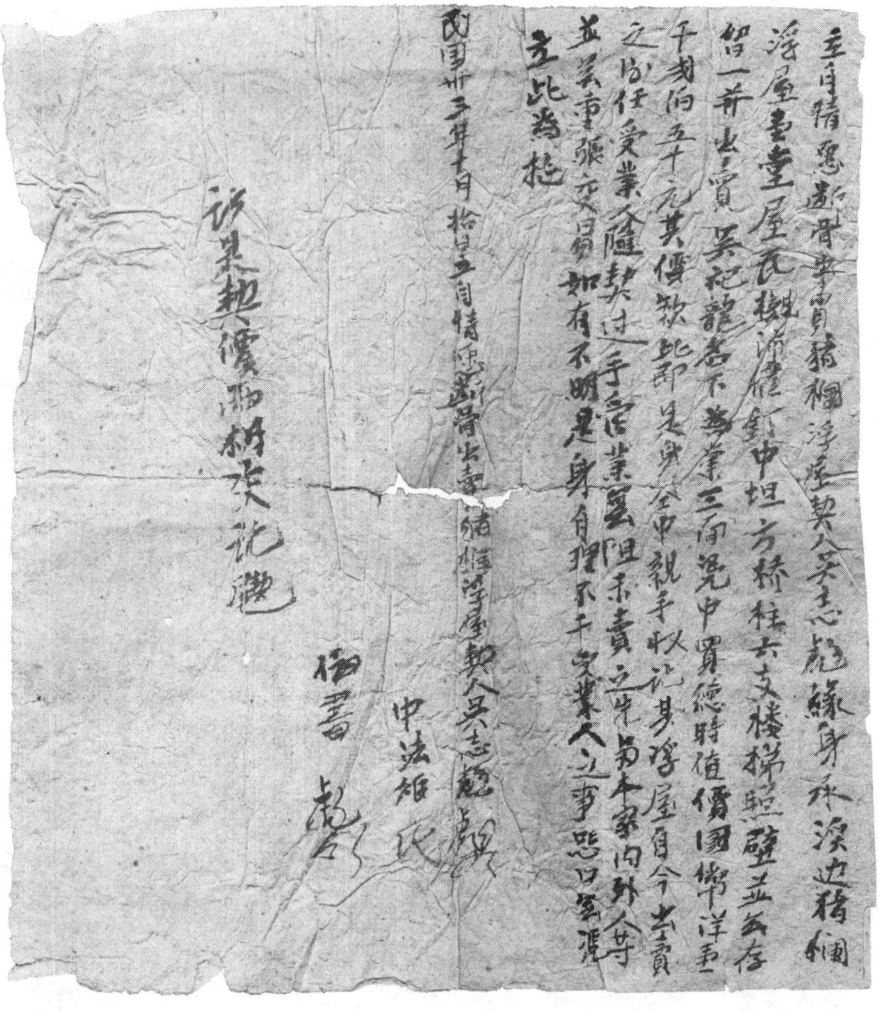
立自情愿断骨出賣猪欄浮屋契人吴志彪，緣身承溪边猪欄
浮屋壹堂，屋瓦樹[illegible]中坦方橋柱六支楼梯照壁並及存
留一並出賣與吴祀龍名下為業，三面凭中，買德時值價國幣洋壹
千貳佰五十元，其價款比即是身仝中親手收訖，其浮屋自今出賣
之后，任受業人隨契過手管業，無阻，未賣之先與本家內外人等
並無重張交易，如有不明，是身自理，不干受業人之事，恐口無凭，
立此為據。
民国卅三年十一月拾五日 自情愿断骨出賣猪欄浮屋契人吴志彪
中 法姬 氏
代書 彪
該契價[illegible]

秋口镇里源 147 · 民国三十三年 · 断骨出卖猪栏浮屋契 · 吴志彪卖与吴祀龙

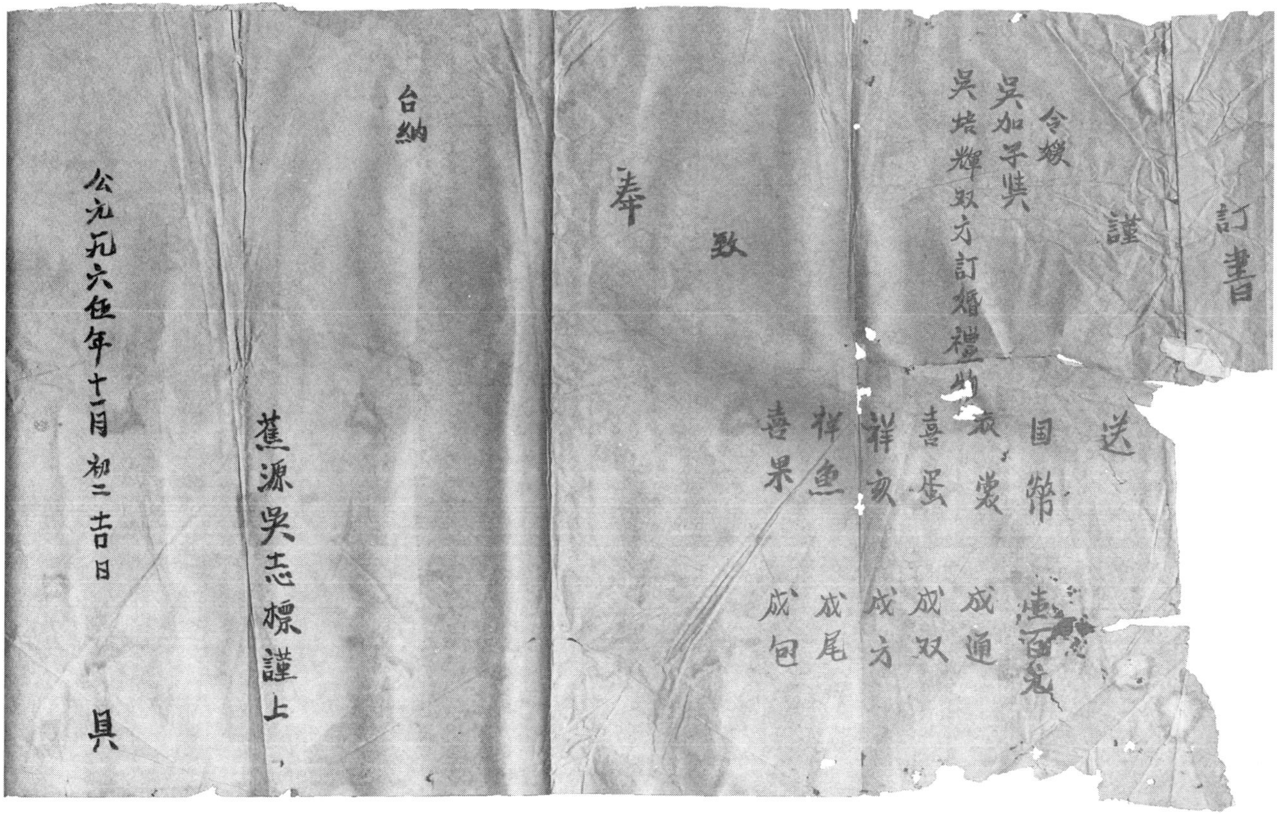

訂書

謹

令嫂

吴加子娸

吴培輝双方訂婚禮物

送

国幣 壹佰元

衣裳 成通

喜蛋 成双

祥亥 成方

祥鱼 成尾

喜果 成包

奉 致

台納

蕉源吴志標謹上

公元一九六伍年十一月初二吉日 具

秋口镇里源 51 · 一九六五年 · 订婚书 · 吴志标

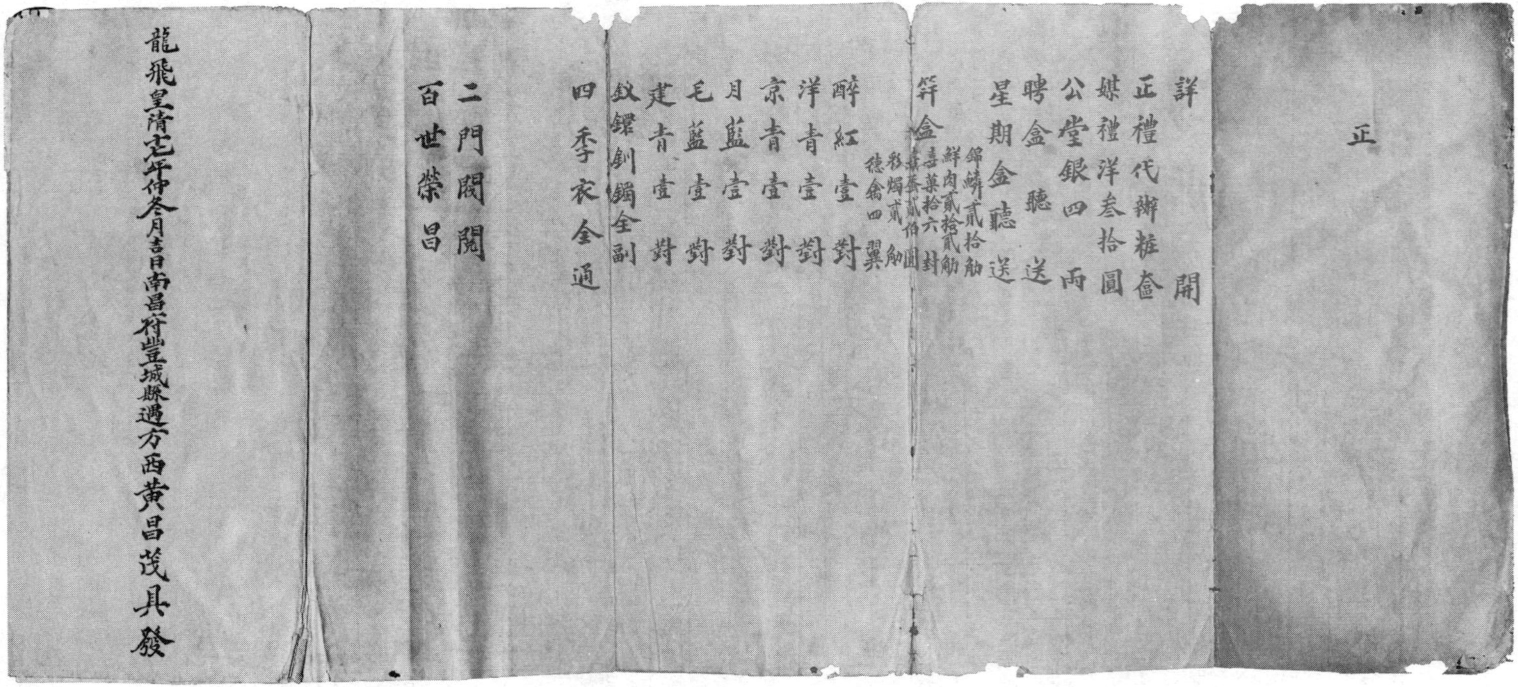
正

詳開
正禮代辦粧奩
媒禮洋叁拾圓
公堂銀四兩
聘盒聽送
星期盒聽送
笄盒
錦鱗貳拾觔
鮮肉貳拾貳觔
喜菓拾六封
[illegible]貳伯圓
彩燭貳觔
德禽四翼
醉紅壹對
洋青壹對
京青壹對
月藍壹對
毛藍壹對
建青壹對
釵鐶釧鐲全副
四季衣全通

二門閥閱
百世榮昌

龍飛皇清[illegible]年仲冬月吉日南昌府豐城縣通方西黃昌茂具發

秋口镇里源 58 · 一九六五年 · 适嫁礼物礼单 · 吴加子

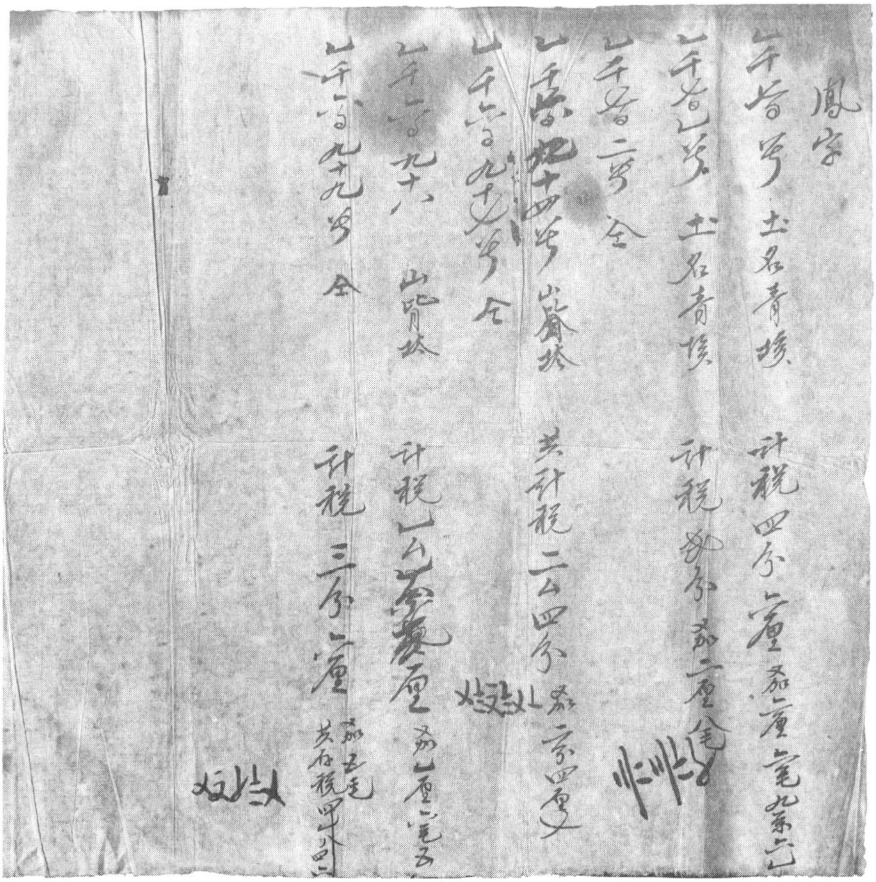

秋口镇里源 165 · 流水账

秋口镇里源 3-1 · 税粮实征册（含排目账若干页）·
吴世增户理观公股

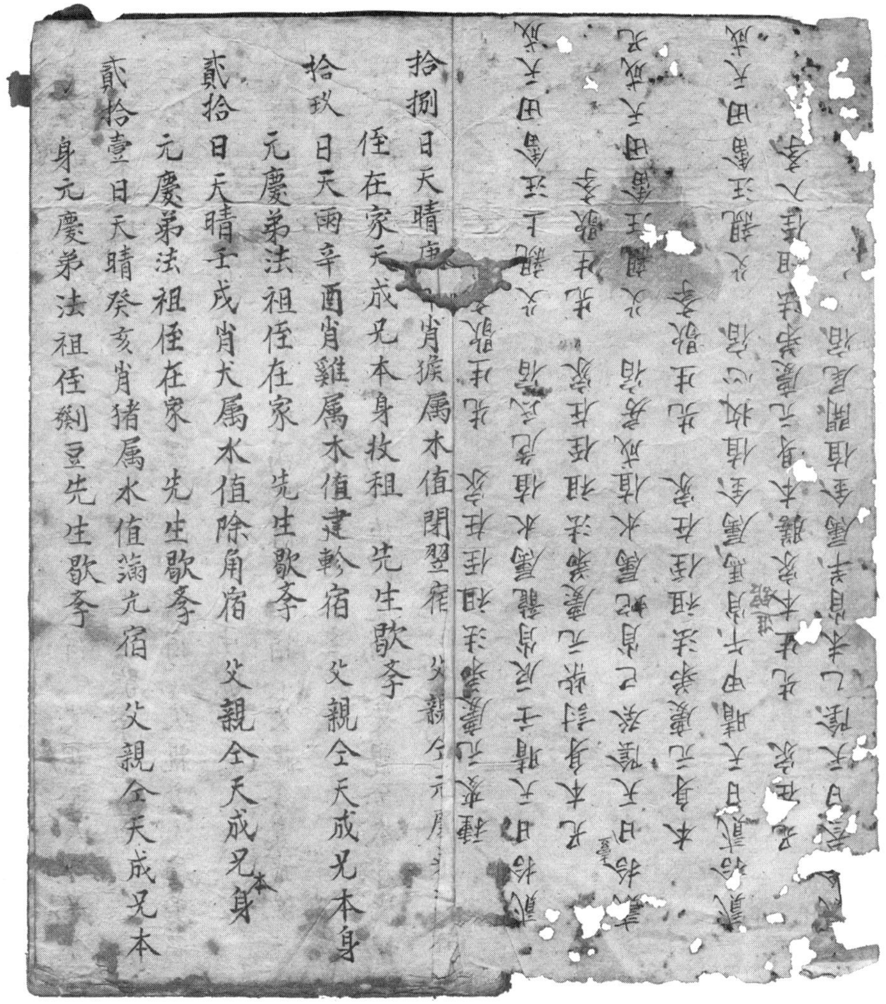

拾捌日天晴庚□肖猴属木值閉翌宿 父親全元慶

侄在家天成兄本身枚祖 先生歌李

拾玖日天雨辛酉肖雞属木值建軫宿 父親全天成兄本身

元慶弟法祖侄在家 先生歌李

貳拾日天晴壬戌肖犬属水值除角宿 父親全天成兄本身

元慶弟法祖侄在家 先生歌李

貳拾壹日天晴癸亥肖猪属水值滿亢宿 父親全天成兄本

身元慶弟法祖侄猁豆先生歌李

種麥元慶弟法祖侄在家 先生歌李

貳拾日天晴壬辰肖龍属水值危虛宿 父親上汪畲田天成

兄本身討柴元慶弟法祖侄在家 先生歌李

貳拾壹日天陰癸巳肖蛇属水值成房宿 父親汪畲田天成兄

本身元慶弟法祖侄在家 先生歌李

貳拾貳日天晴甲午肖馬属金值收心宿 父親汪畲田天成

兄在家 先生本家進館本身元慶弟法祖侄入李

叁日天陰乙未肖羊属金值開尾宿

秋口镇里源 3-2 · 税粮实征册（含排目账若干页）·
吴世增户理观公股

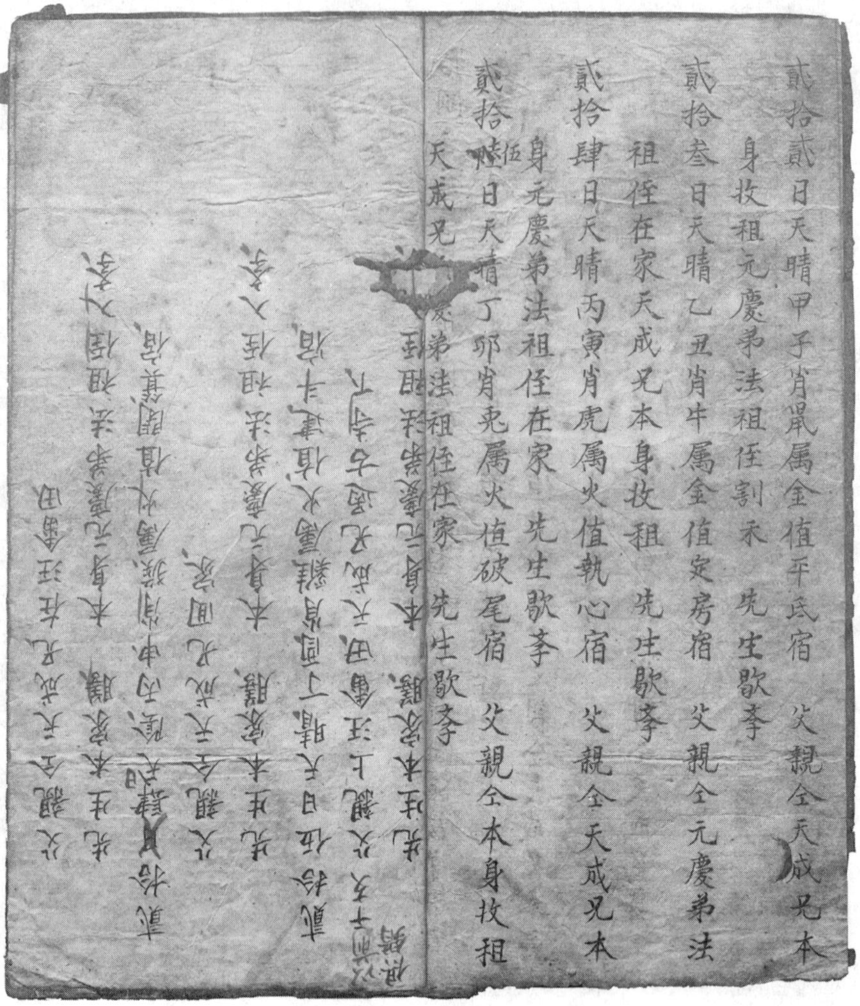

贰拾贰日天晴甲子肖鼠属金值平氐宿　父親仝天成兄本
身妆祖元慶弟法祖侄割禾　先生歌李　父親仝元慶弟法
贰拾叁日天晴乙丑肖牛属金值定房宿
祖侄在家天成兄本身妆祖　先生歌李　父親仝天成兄本
贰拾肆日天晴丙寅肖虎属火值執心宿
身元慶弟法祖侄在家　先生歌李　父親仝本身妆祖
贰拾伍日天晴丁卯肖兔属火值破尾宿
天成兄　元慶弟法祖侄在家　先生歌李

以前干支俱錯

父親仝天成兄在汪畲田
先生本家謄　本身元慶弟法祖侄入夲
贰拾肆日天陰丙申肖猴属火值閉箕宿
父親仝天成兄面家
先生本家謄　本身元慶弟法祖侄入夲
贰拾伍日天晴丁酉肖雞属火值建斗宿
父親上汪畲田天成兄過古寺下
先生本家謄　本身元慶弟法祖侄

秋口镇里源 3-3 · 税粮实征册（含排目账若干页）·
吴世增户理观公股

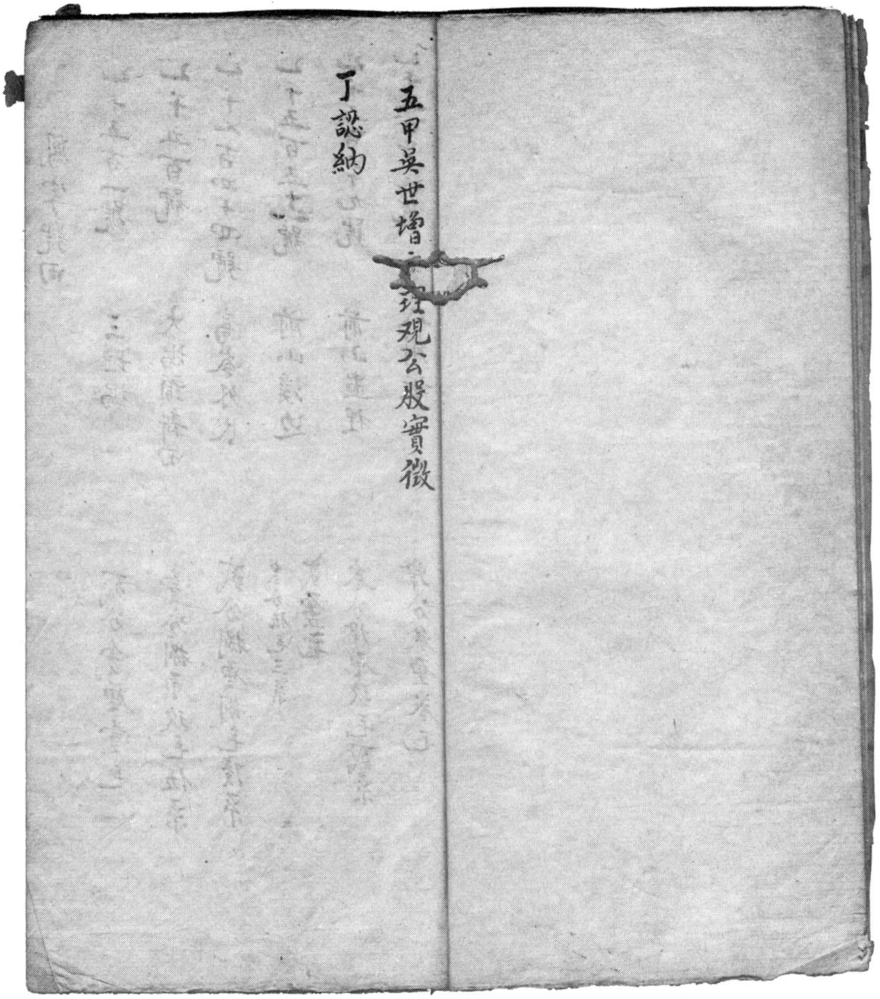

秋口镇里源 3-4 · 税粮实征册（含排目账若干页）·
吴世增户理观公股

鳳字號田

乙千五百一號　三坦塢　貳分壹厘壹毛

乙千五百號　大塢頭新田　壹分捌厘玖毛伍系

乙千七百四十四號　高岑外术　貳分捌厘捌毛陸系

乙千五百五十二號　前山溪边　叁分伍毛三系　貳釐五毫

乙千五百二十九號　前山尽裡　叁分肆厘玖毛貳系

乙千五百四十七號　八斛坵　肆分叁厘叁毛

四百二十一號　横塝上　肆分伍厘柒毛伍系　乙丑年冬月收本畲七甲吴美户付

三百八十七號　黄吐源口　壹分捌厘貳毛伍系

五百九十六號　墙背　貳分叁厘壹毛壹系　己巳年秋月收本畲七甲吴户付

七百六十六號　下洪村庙底　貳分捌厘壹毛　己巳年收本畲七甲吴華鄉户光裁正樽付

乙千四百四十八號　后山下　柒分柒厘陸毛

八百乙十號　筀竹塢　柒厘叁毛肆系捌忽

乙千廿號　大塢頭　九厘四毛九系

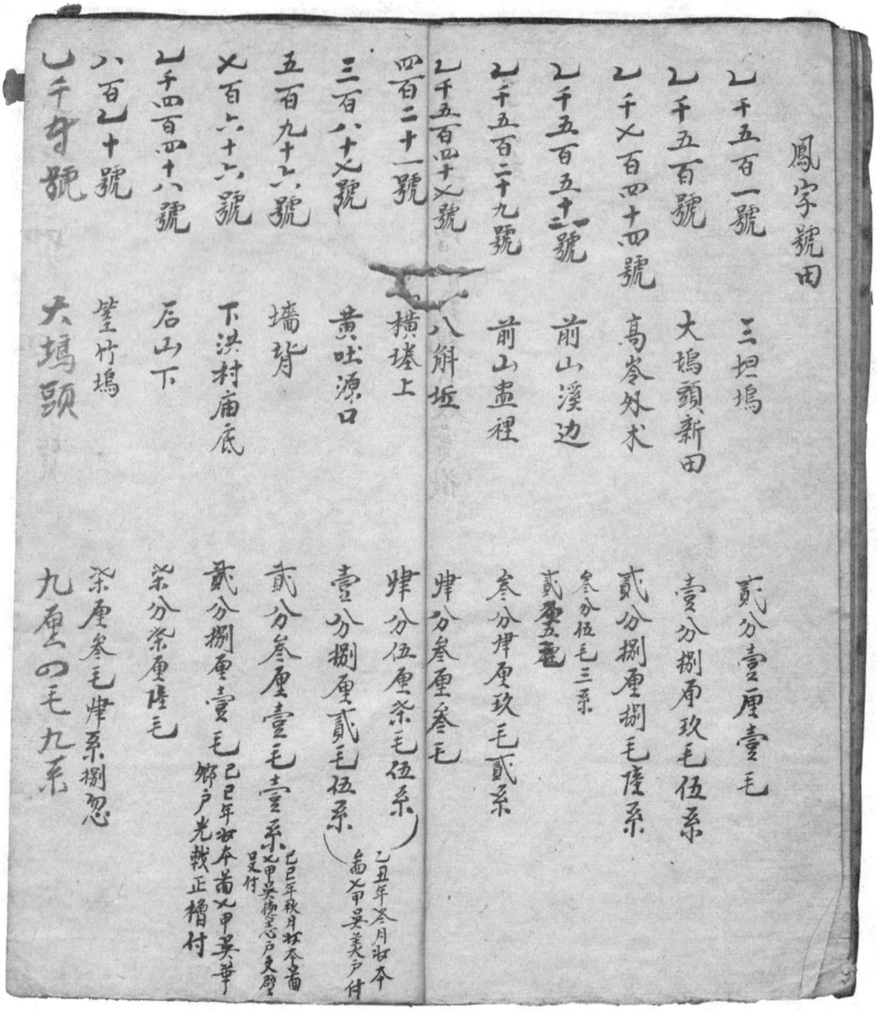

秋口镇里源 3-5 · 税粮实征册（含排目账若干页）·
吴世增户理观公股

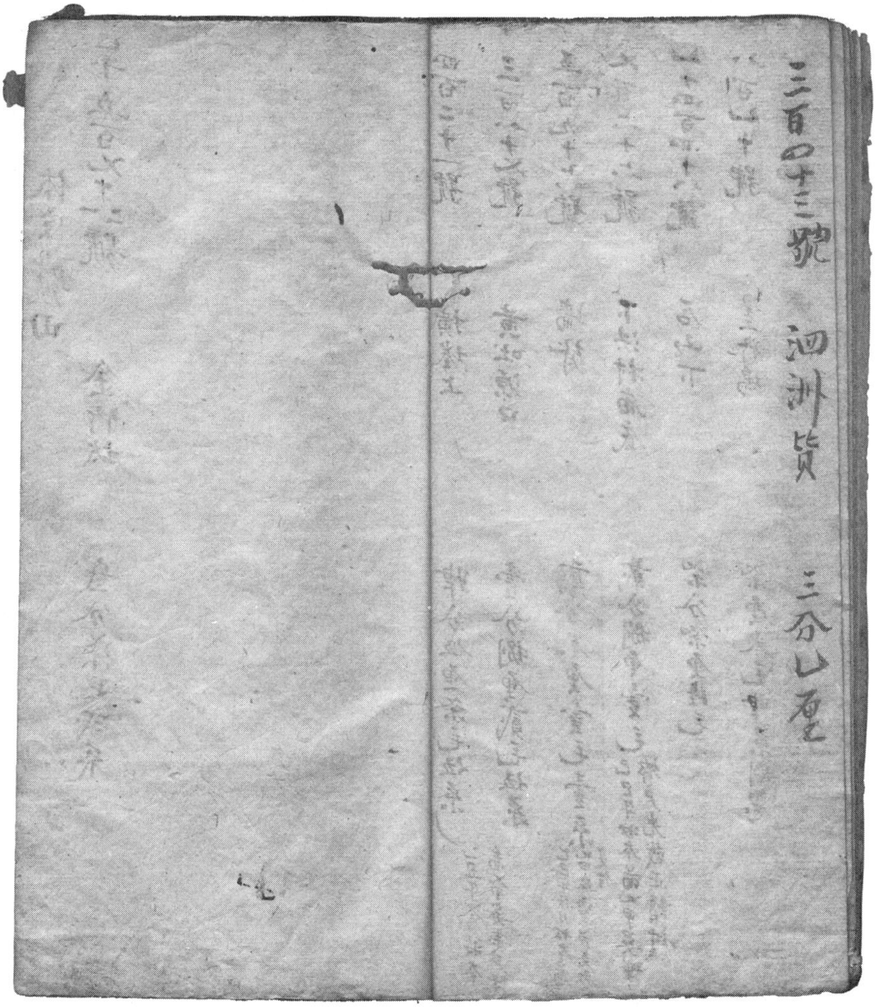

秋口镇里源 3-6 · 税粮实征册（含排目账若干页）·
吴世增户理观公股

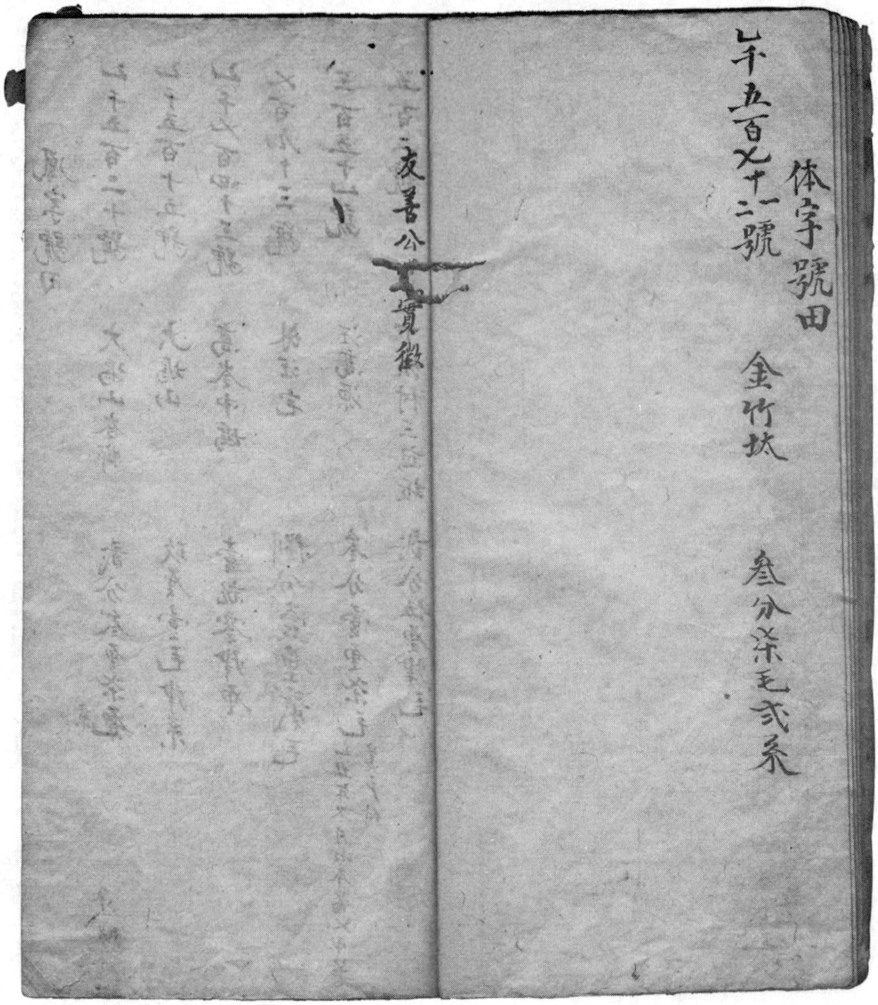

秋口镇里源 3-7 · 税粮实征册（含排目账若干页）·
吴世增户理观公股

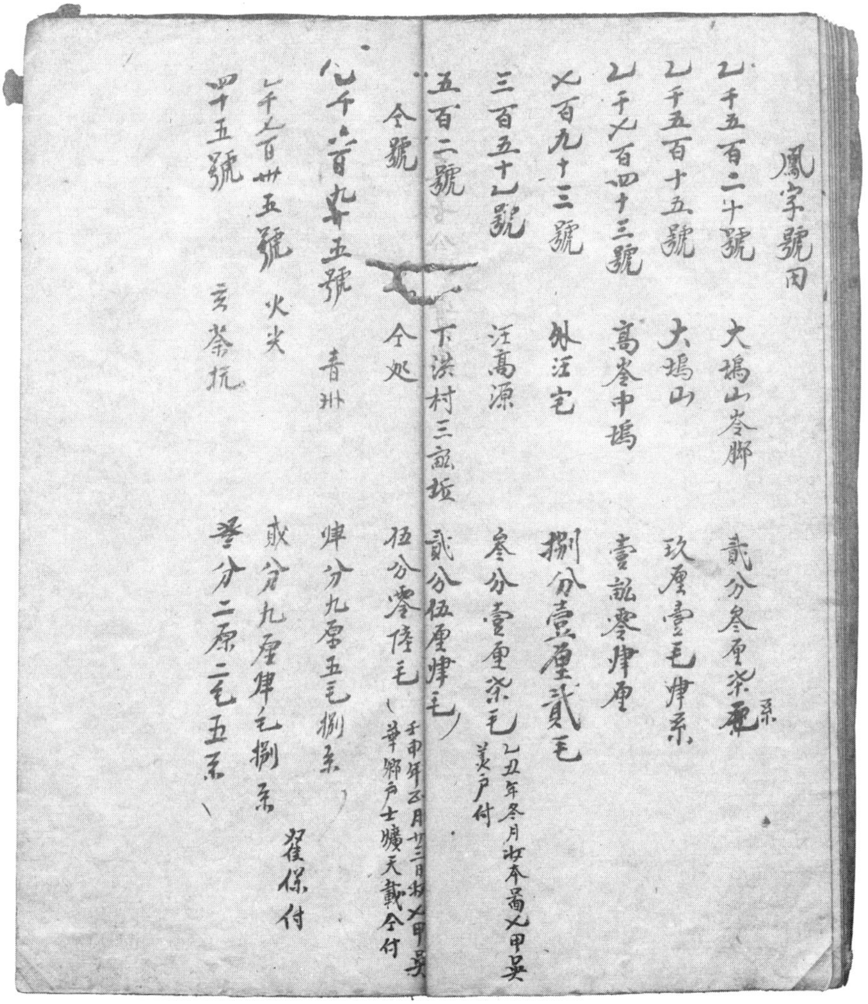
鳳字號田
乙千五百二十號　大塢山岑脚　貳分叁厘柒毫系
乙千五百十五號　大塢山　玖厘壹毛肆系
乙千七百四十三號　高岑中塢　壹畝零肆厘
七百九十三號　外汪宅　捌分壹厘貳毛
三百五十乙號　汪高源　叁分壹厘柒毛　乙丑年冬月收本啚七甲吴美户付
五百二號　下洪村三畝坵　貳分伍厘肆毛
全號　全處　伍分零陸毛　壬申年五月廿三日收七甲吴華鄉户士孃天戴全付
八千六百九十五號　青卅　肆分九厘五毛捌系
乙千乙百卅五號　火尖　貳分九厘肆毛捌系　翟保付
四千五號　玄茶坑　叁分二厘二毛五系

秋口镇里源 3-8 · 税粮实征册（含排目账若干页）·
吴世增户理观公股

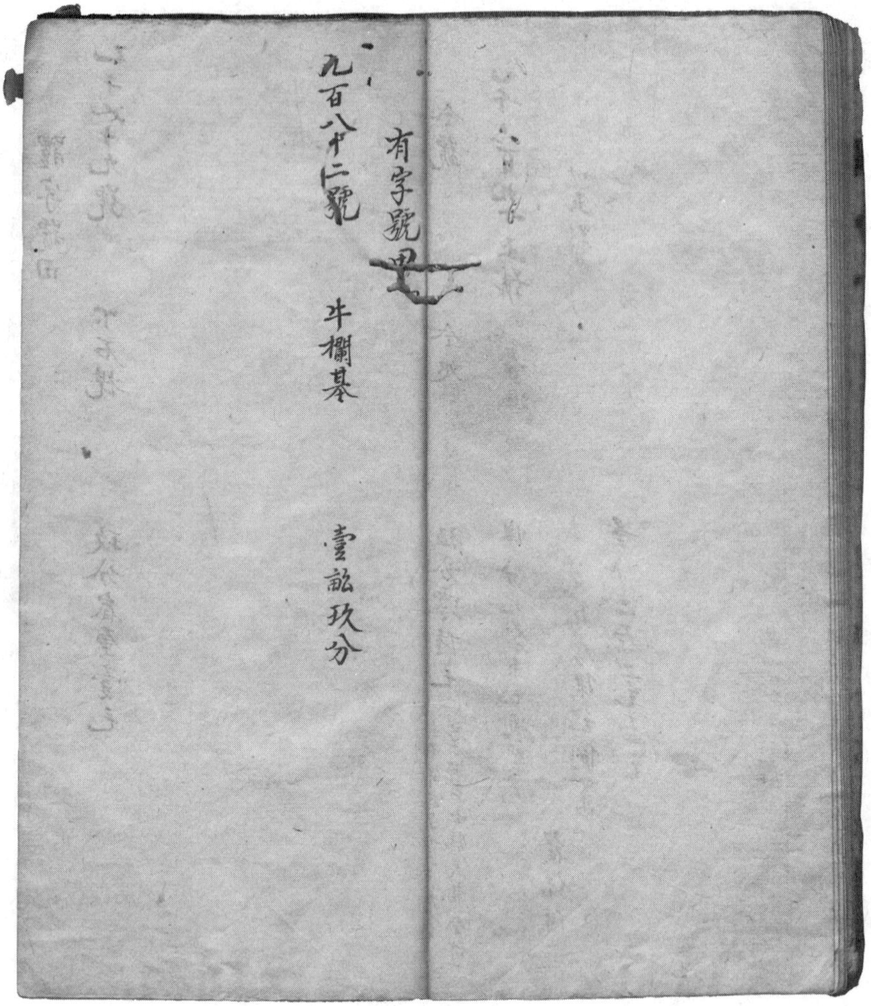

秋口镇里源 3-9 · 税粮实征册（含排目账若干页）·
吴世增户理观公股

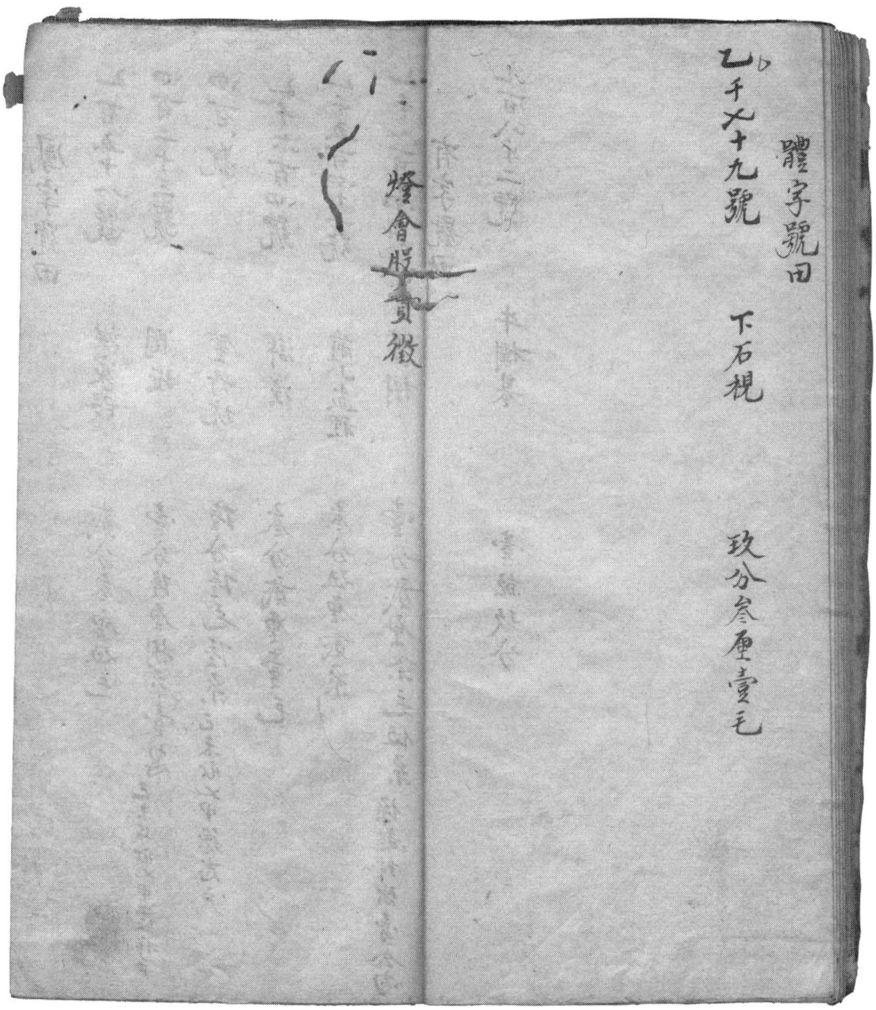
體字號田
乙千八十九號
下石硯
玖分叁厘壹毛
燈會股貢徵

秋口镇里源 3-10 · 税粮实征册（含排目账若干页）·
吴世增户理观公股

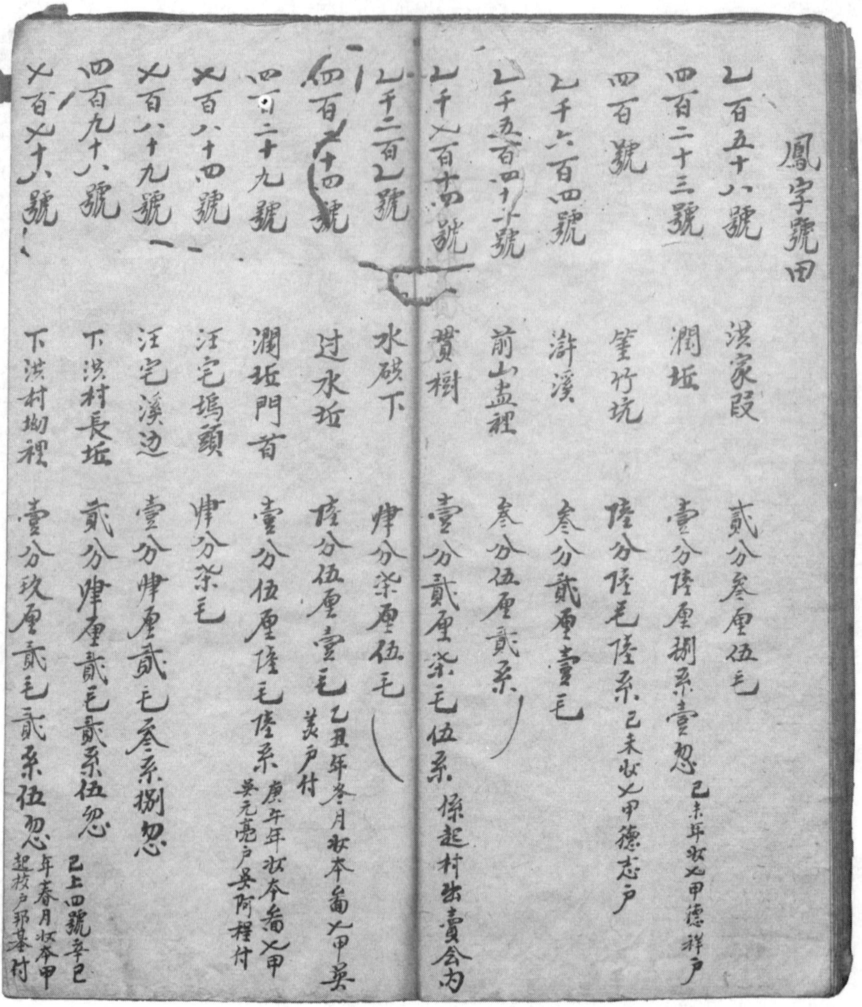
鳳字號田
乙百五十八號 洪家段 貳分叁厘伍毛
四百二十三號 瀾坵 壹分陸厘捌系壹忽 乙未年收七甲德祥戶
四百號 筀竹坑 陸分陸毛陸系 乙未收七甲德志戶
乙千六百四號 滸溪 叁分貳厘壹毛
乙千五百四十八號 前山盅裡 叁分伍厘貳系
乙千七百十四號 貫樹 壹分貳厘柒毛伍系 係起村出賣会内
乙千二百乙號 水碓下 肆分柒厘伍毛
四百七十四號 过水坵 陸分伍厘壹毛 乙丑年冬月收本啚七甲吳黃戶付
四百二十九號 瀾坵門首 壹分伍厘陸毛陸系 庚午年收本啚七甲吳元亮戶吳阿程付
七百八十四號 汪宅塢頭 肆分柒毛
七百八十九號 汪宅溪边 壹分肆厘貳毛叁系捌忽
四百九十八號 下洪村長坵 貳分肆厘貳毛貳系伍忽
七百七十八號 下洪村坳裡 壹分玖厘貳毛貳系伍忽 已上四號辛巳年春月收本甲起枝戶邦基付

秋口镇里源 3-11 · 税粮实征册（含排目账若干页）·
吴世增户理观公股

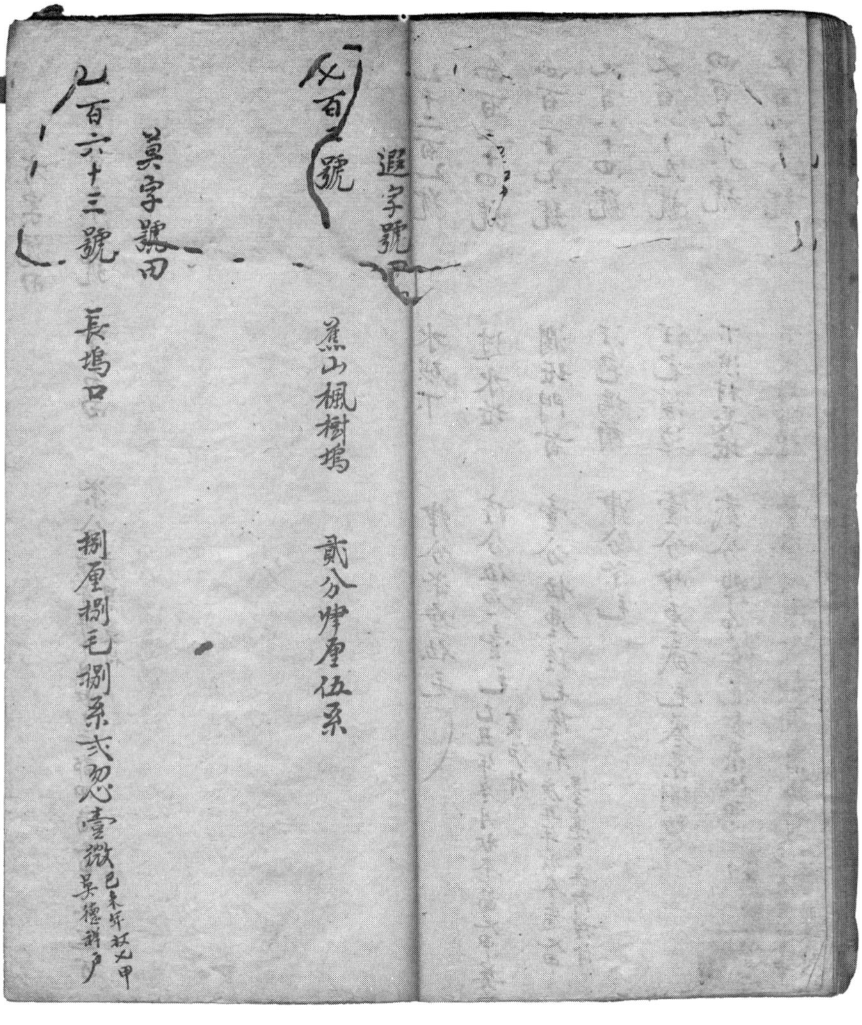

秋口镇里源 3-12 · 税粮实征册（含排目账若干页）·
吴世增户理观公股

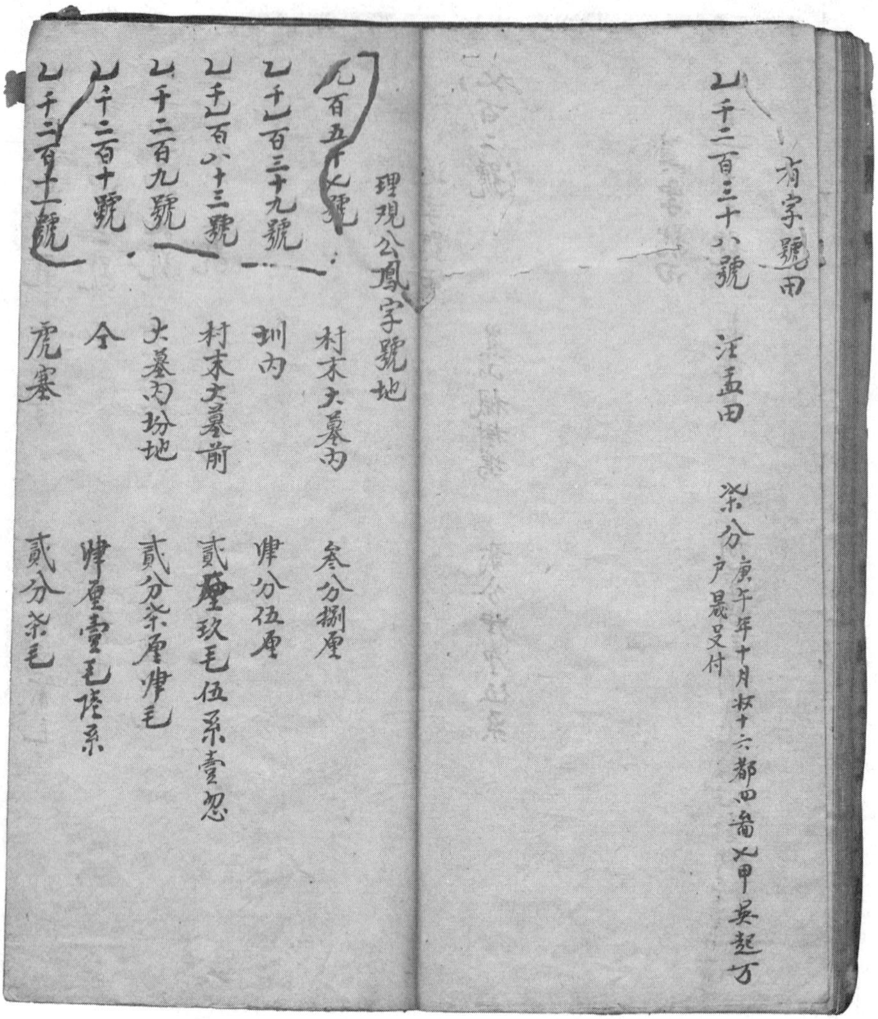
有字號田
乙千二百三十八號 汪孟田 柒分 庚午年十月廿十六都四啚乙甲吴起万户晟叉付

理現公鳳字號地
乙百五十七號 村末大墓内 叁分捌厘
乙千乙百三十九號 圳内 肆分伍厘
乙千乙百八十三號 村末大墓前 貳厘玖毛伍系壹忽
乙千二百九號 大墓内坋地 貳分柒厘肆毛
乙千二百十號 仝 肆厘壹毛陸系
乙千二百十七號 虎塞 貳分柒毛

秋口镇里源 3-13 · 税粮实征册（含排目账若干页）·
吴世增户理观公股

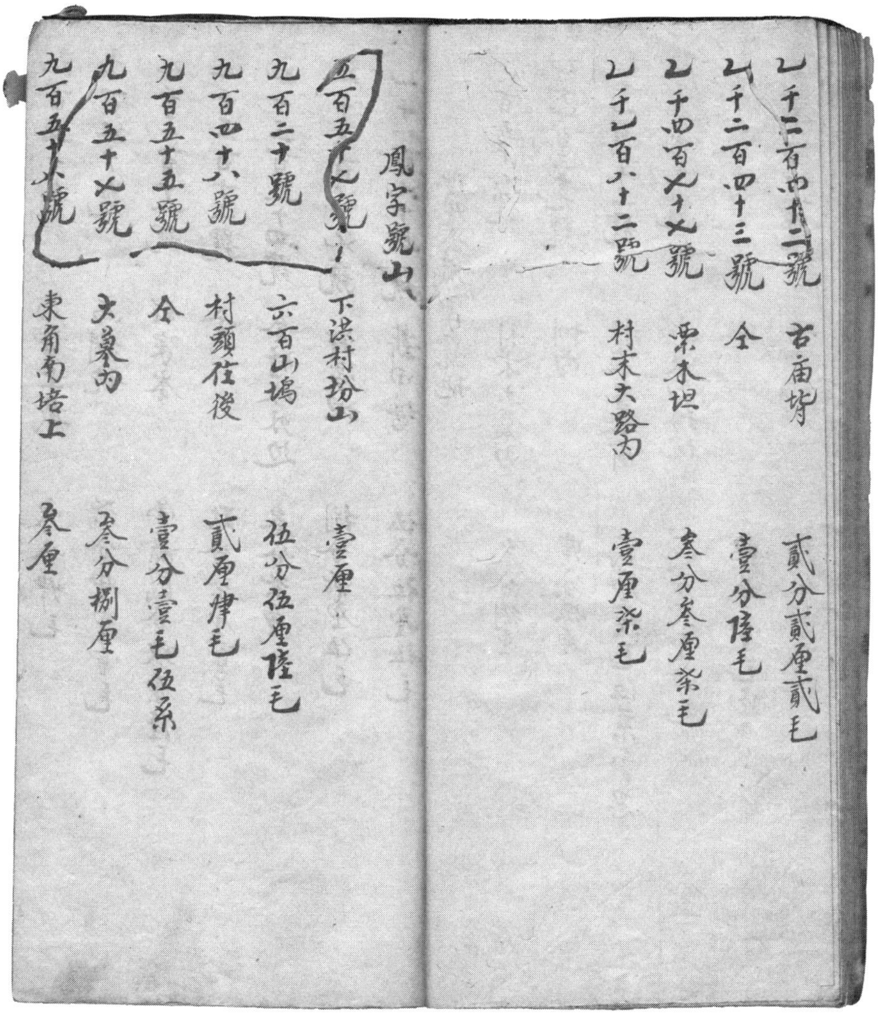

秋口镇里源 3-14 · 税粮实征册（含排目账若干页）·
吴世增户理观公股

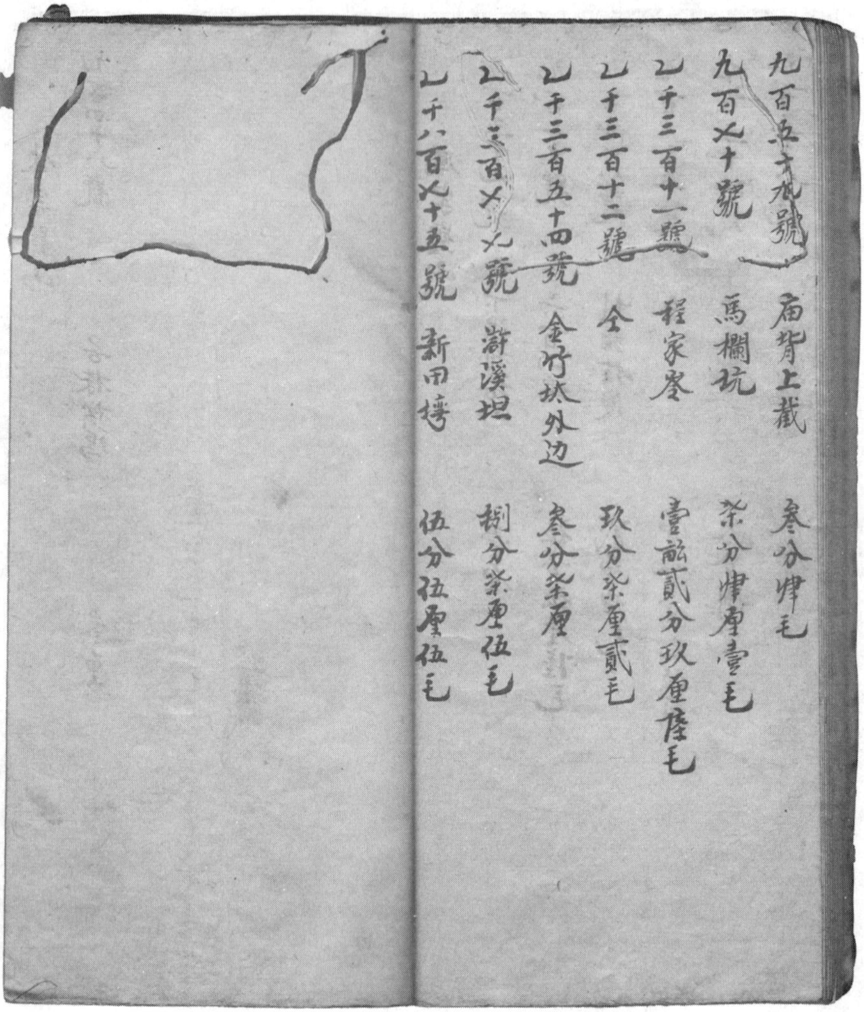

九百五十九號　庙背上截　叁分肆毛

九百七十號　馬欄坑　柒分肆厘壹毛

乙千三百十一號　程家塆　壹畝貳分玖厘叁毛

乙千三百十二號　仝　玖分柒厘貳毛

乙千三百五十四號　金竹坎外边　叁分柒厘

乙千三百七十七號　澌溪坦　捌分柒厘伍毛

乙千八百七十五號　新田塝　伍分伍厘伍毛

秋口镇里源 3-15 · 税粮实征册（含排目账若干页）·
吴世增户理观公股

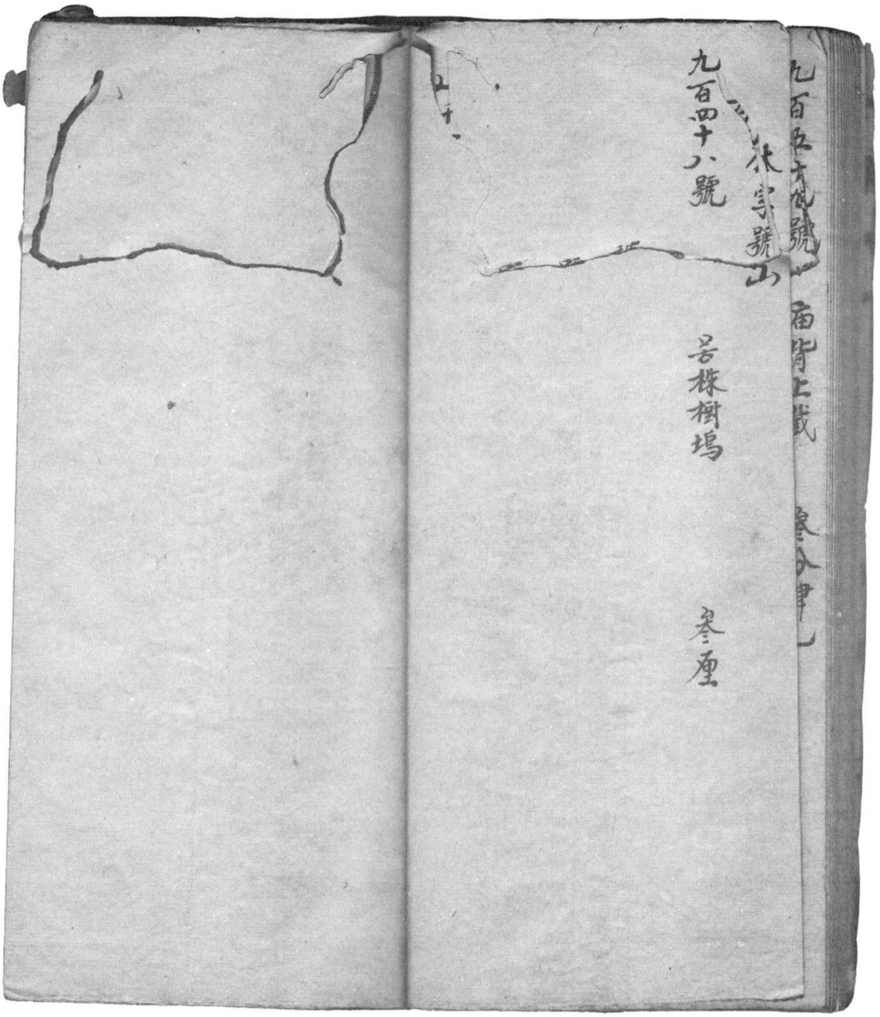

秋口镇里源 3-16 · 税粮实征册（含排目账若干页）·
吴世增户理观公股

秋口镇里源 3-17 · 税粮实征册（含排目账若干页）·
吴世增户理观公股

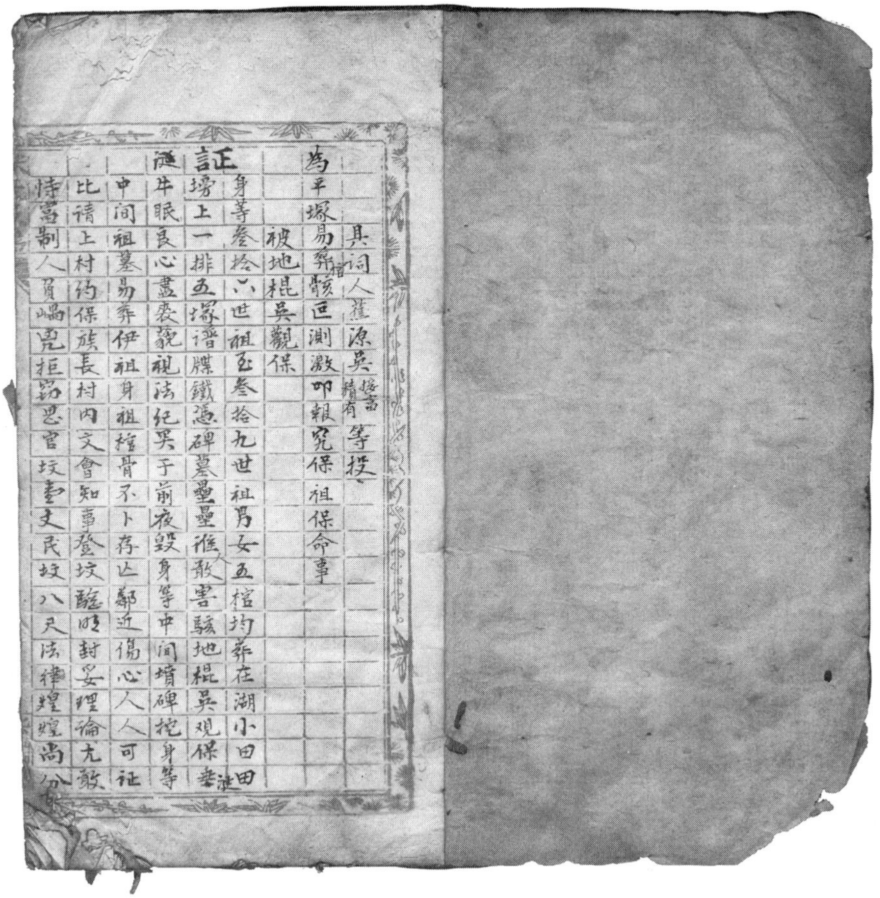
具词人里源吴接富
积有等投

为平塚易葬棺骸叵测激叩报究保祖保命事

被地棍吴观保

正

身等叁拾六世祖至叁拾九世祖男女五棺均葬在湖小田田

証

塝上一排五塚谱牒铁凭碑墓垒垒谁人敢害骇地棍吴观保垄注

涎

牛眠良心尽丧藐视法纪冥于前夜毁身等中间坟碑挖身等

中间祖墓易葬伊祖身祖棺骨不卜存亡邻近伤心人人可证

比请上村约保族长村内文会知事登坟验明封妥理论尤敢

恃富制人負嵎咒拒骂恶官坟壹丈民坟八尺法律煌煌尚分

秋口镇里源 4-1 · 具状词 · 吴接富、吴积有等

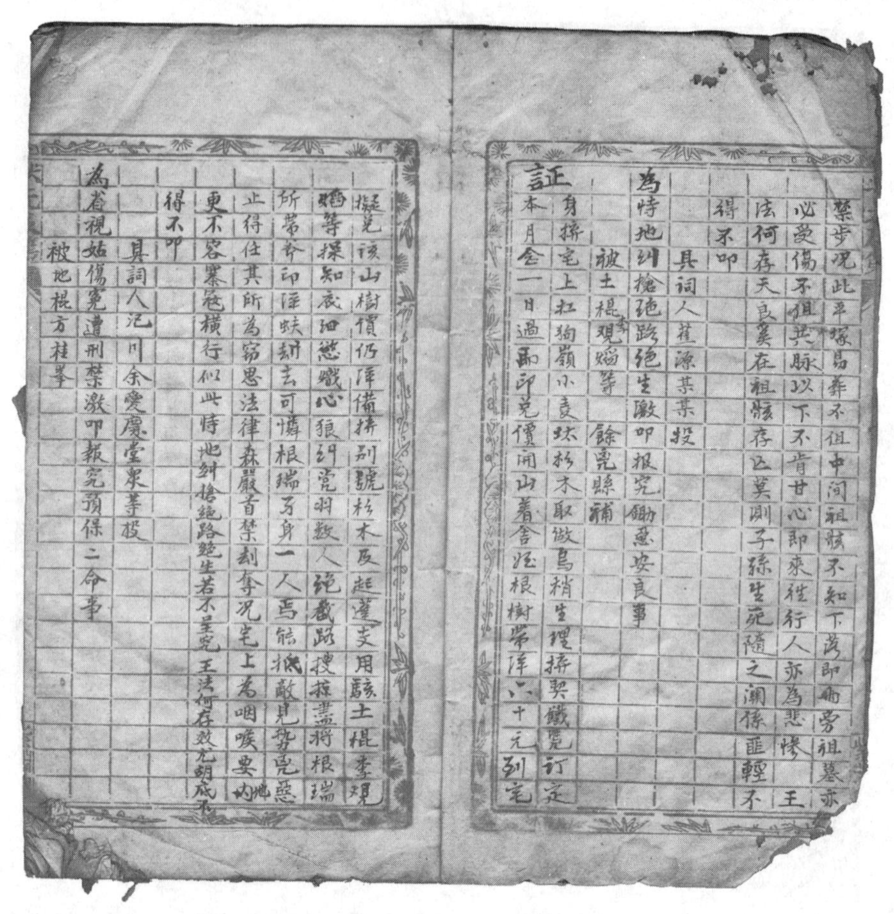

秋口镇里源 4-2 · 具状词 · 吴接富、吴积有等

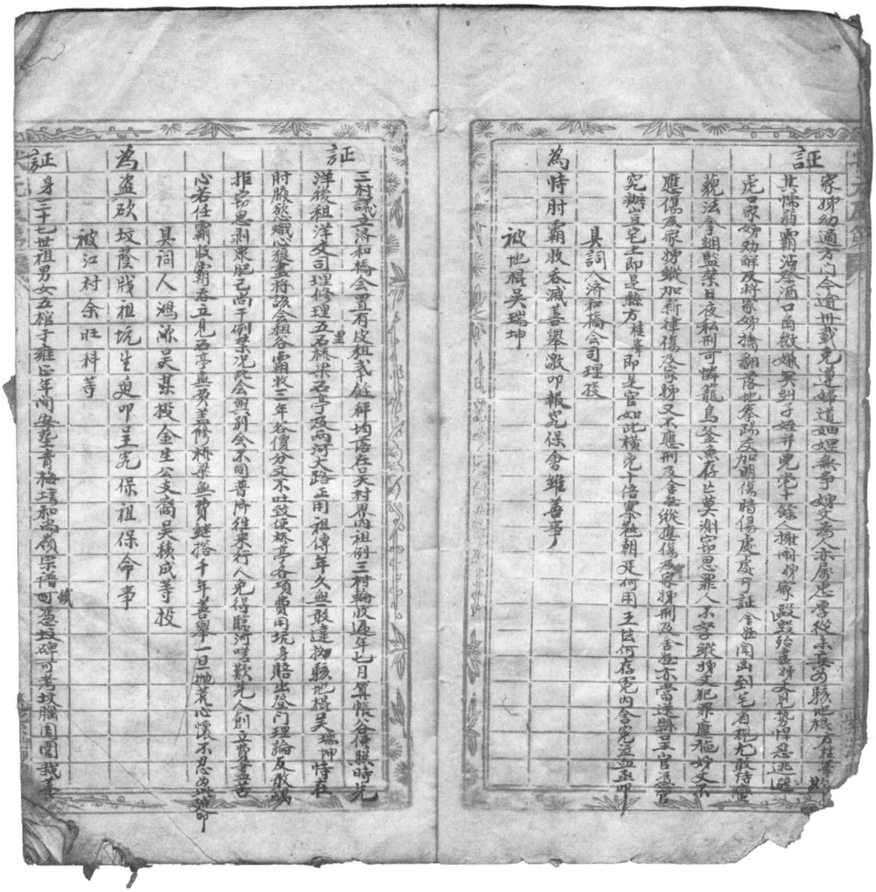

秋口镇里源 4-3 · 具状词 · 吴接富、吴积有等

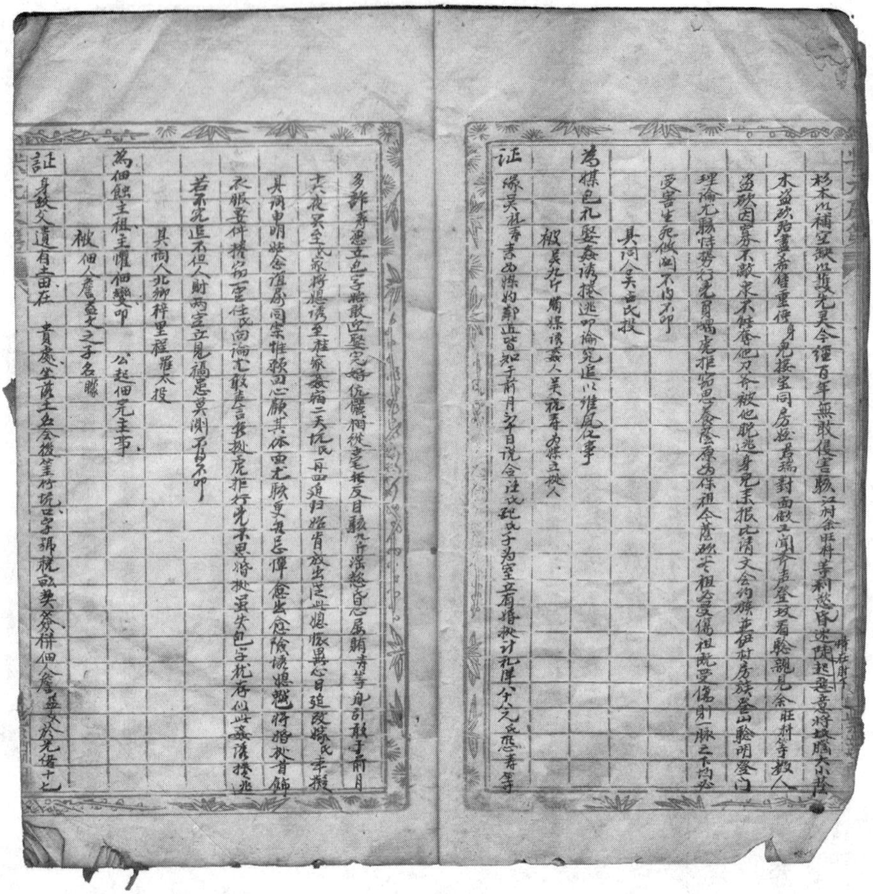

秋口镇里源 4-4 · 具状词 · 吴接富、吴积有等

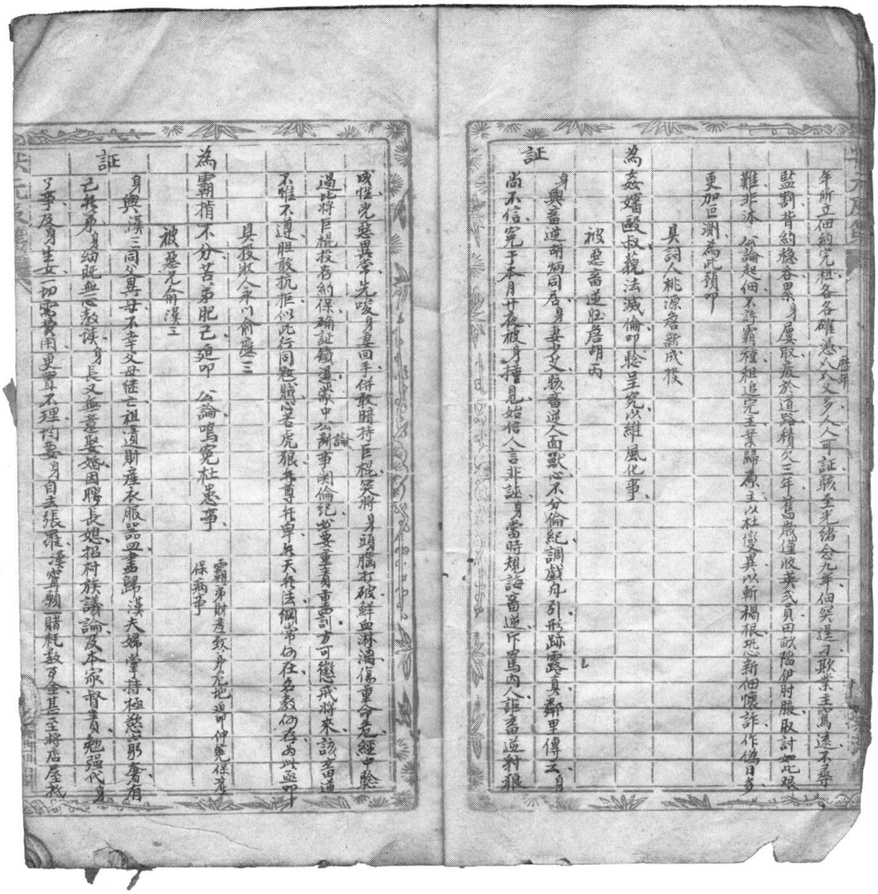

秋口镇里源 4-5 · 具状词 · 吴接富、吴积有等

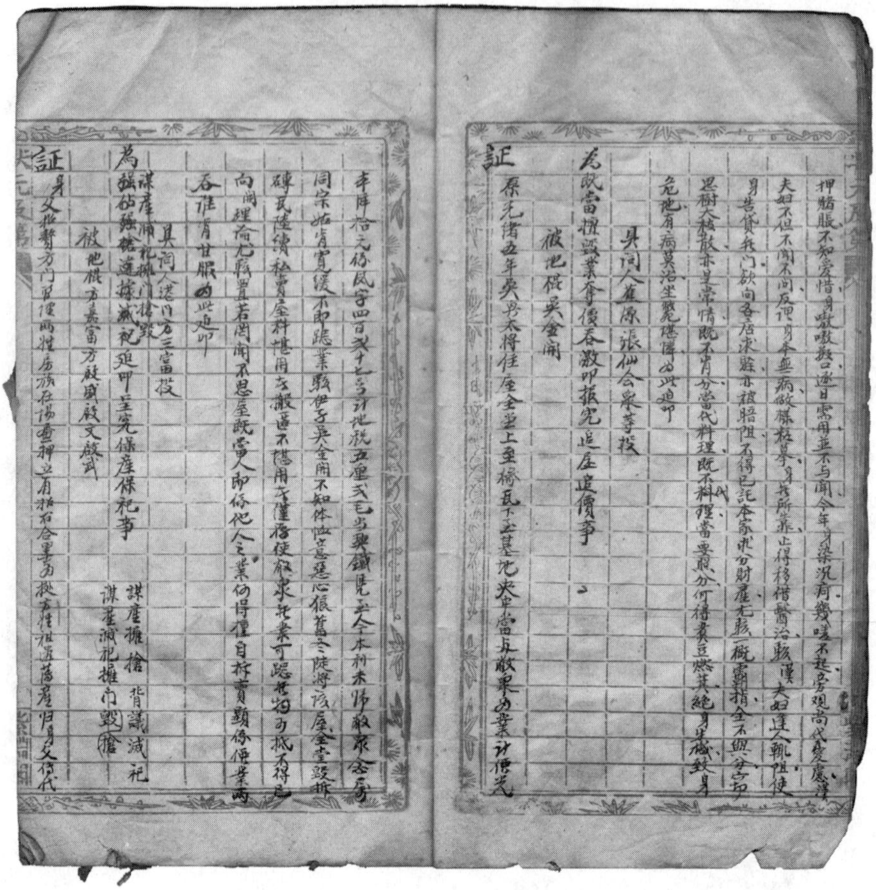

押賭賬，不知爱惜，身啟嗽無口，逐日需用並不与聞，今年身染況有幾咳不起，旁观尚代憂慮，
夫婦不但不聞不問，反使身本無病做樑柩事，身無所靠，止得移借醫治，豈漢夫婦遣人輒阻，使
身告貸無门，欲向各店求賒，亦被暗阻，不得已託本家求分財産，无厭一概霸捐，全不與分，以節
思樹大枝散，亦是常情，既不肯分，當代料理，既不料理，當要照分，何得萁豆燃萁，絶身生機，致身
危迫有病莫治，生死堪虞，為此迫叩

具詞人崔源、張仙、合衆等投

為敢當攙毀業奪價吞殿叩振究追屋追價事

被 他 係 吳金開

證 原光緒五年吳界不得住屋全堂，上至椽瓦，下至基地，夾年當與敢衆為要業，計價光

本降拾元，伍風字四百十七号，計地稅五厘弍毛，出典鐵見，至今本利未归，敢衆念係
同宗，姑肯寬緩，不即跐業，詎伊子吳金開不知体恤之意，起心狠毒，忿陡将該屋全堂毀拆，
磚瓦陸續私賣，屋料堆用之搬遷不堪用之，僅存椽木，若可跐者，均可抵，不得已
向關理論，尤敢置若罔聞，不思屋既當人，即係他人之業，何得擅自拆賣，顯係便業兩
吞，誰肯甘服，為此迫叩

具詞人吳門方三富投

為謀產滅祀攔门擒毆，強砍強橫擒滅祀，迫叩呈究保產保祀事

被 他 係 方嘉富 方敢威 敢文 敢武

謀產擁搶 背議滅祀
謀產滅祀擁門毆搶

證 身父批劈方门屋理，两姓房族在場畫押，立有批劈合墨為據，祖遺屋歸身父代

秋口镇里源 4-6 · 具状词 · 吴接富、吴积有等

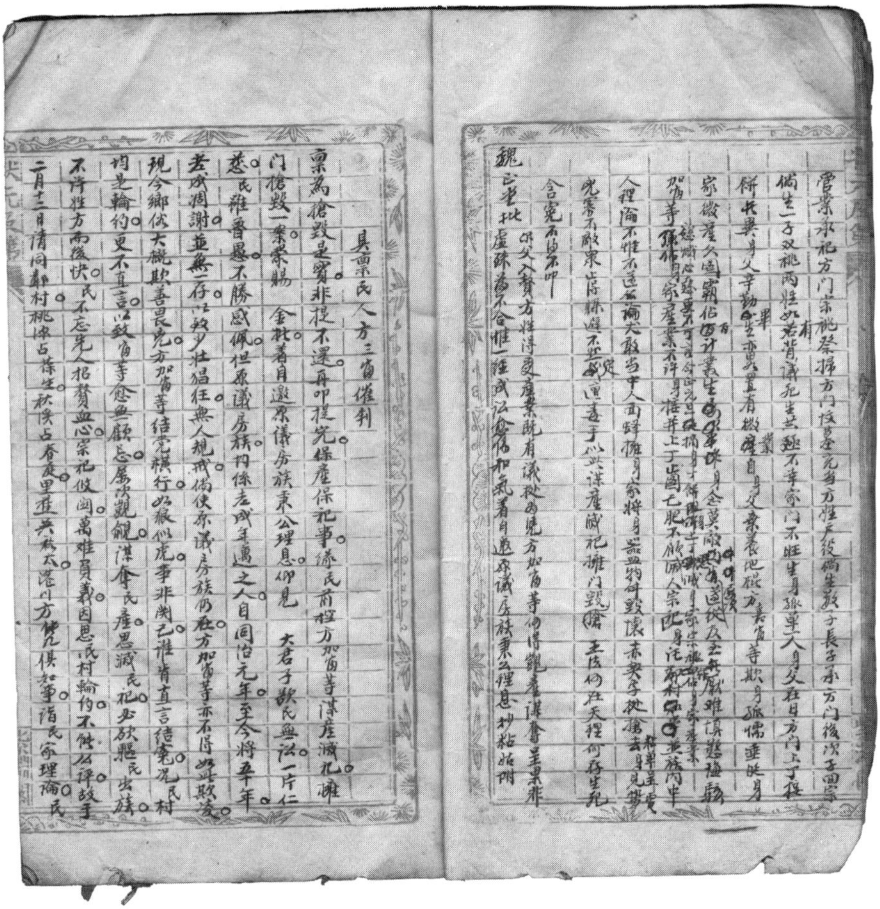

具稟民人方三省催判
稟為摃毁是實非捏不還再叩提究保產保祀事。緣民前控方加甫等謀產滅祀擁
門摃毁一案，業蒙 金批着自邀原議房族秉公理息，仰見 大君子欲民無訟一片仁
慈。民雖魯愚，不勝感佩。但原議房族均係老成年邁之人，自同治元年至今將五年
矣，凋謝並無一存，以致少壯猖狂，無人規戒。倘使原議之房族仍在，方加甫等亦不得如是欺凌。
現今鄉伏大概欺善畏兇，方加甫等結黨橫行，如狼似虎，事非閱己，誰肯直言結冤。況民村
均是輪約，更不直言，以致甫等愈無顧忌，屢次覬覦，謀奪民產，思滅民祀，必欲毙民出族，
不許姓方而後快。民不忘先人相贊無心，宗祀似闕，萬難負義。因思民村輪約不能公評，故尋
二月十三日清同都村桃源占旅生、秋保占春、庄里莊英義太、洪川方曦九俱知事。諸民家理論。民

秋口镇里源 4-7 · 具状词 · 吴接富、吴积有等

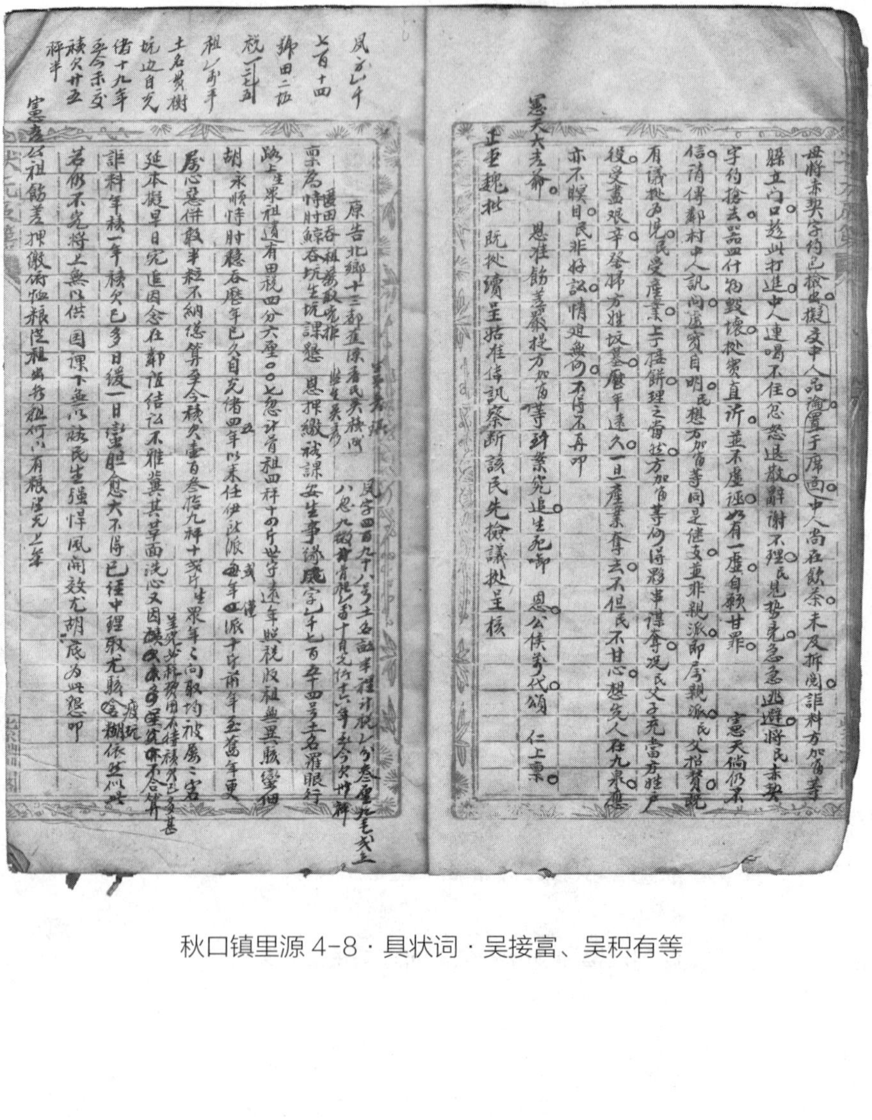

秋口镇里源 4–8 · 具状词 · 吴接富、吴积有等

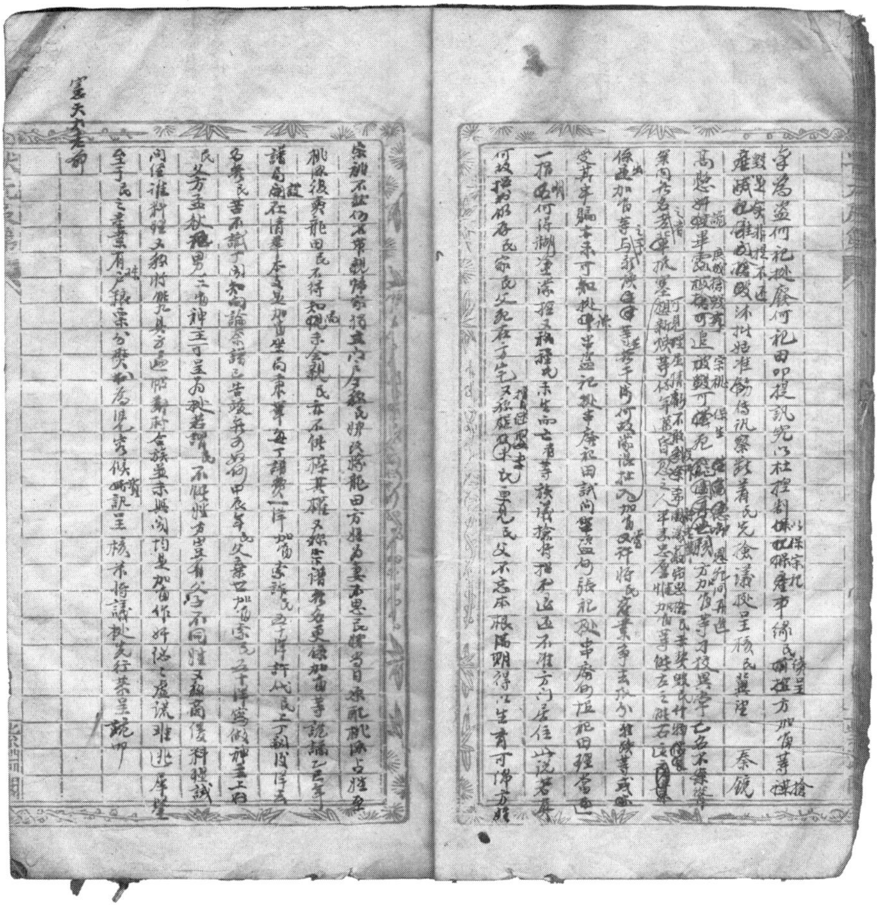

秋口镇里源 4-9 · 具状词 · 吴接富、吴积有等

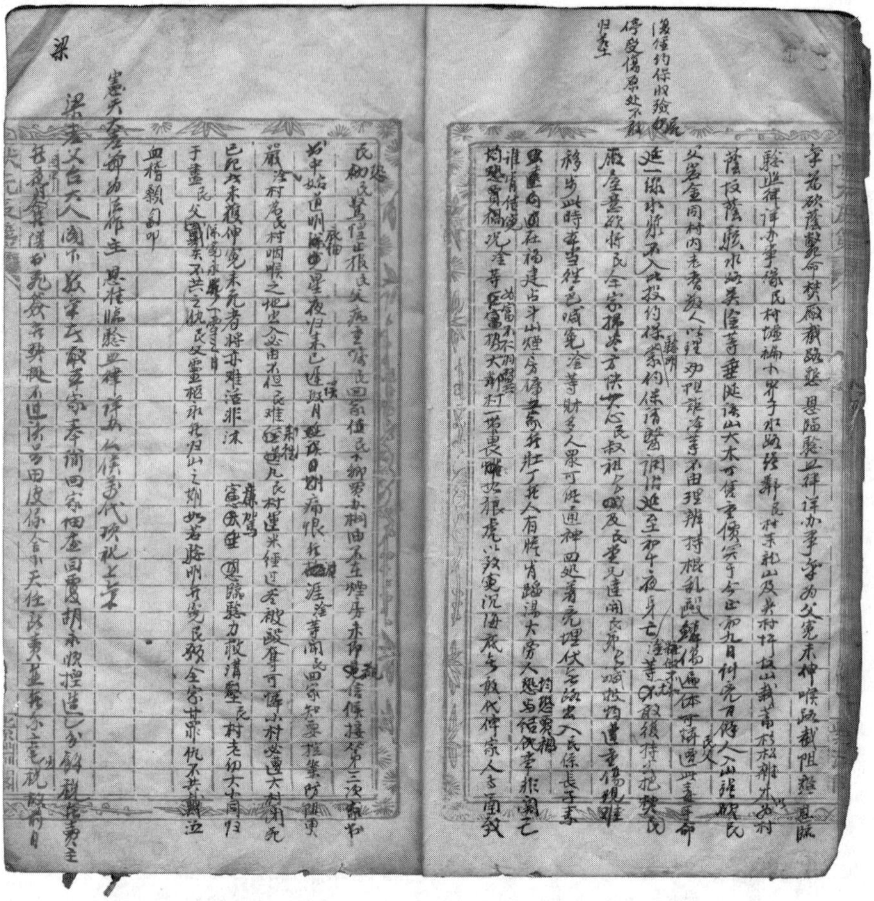

秋口镇里源 4-10 · 具状词 · 吴接富、吴积有等

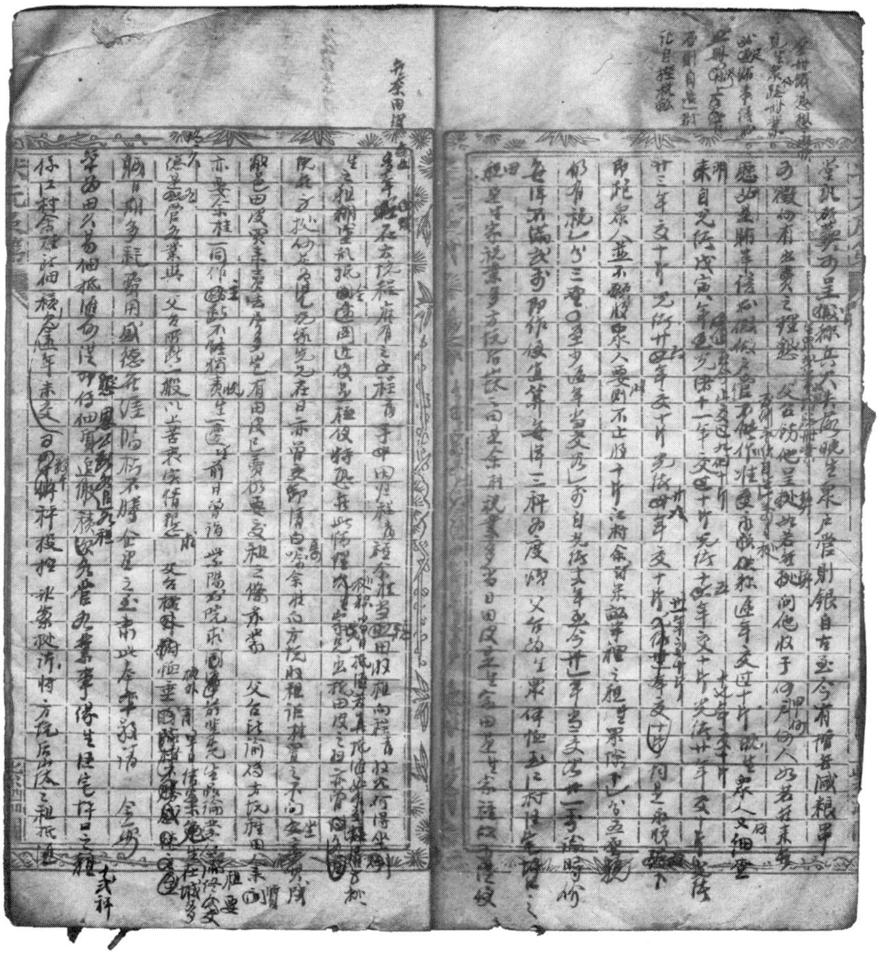

秋口镇里源 4-11 · 具状词 · 吴接富、吴积有等

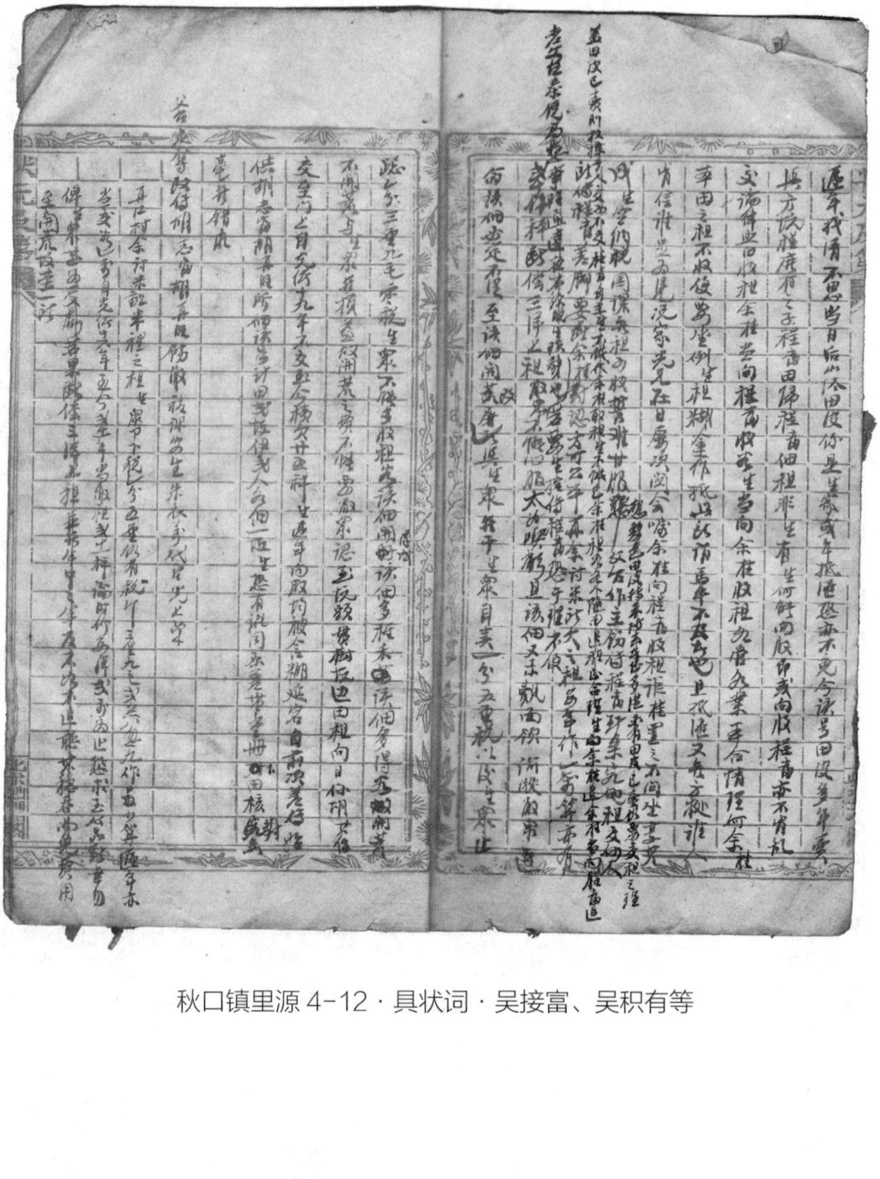

秋口镇里源 4-12 · 具状词 · 吴接富、吴积有等

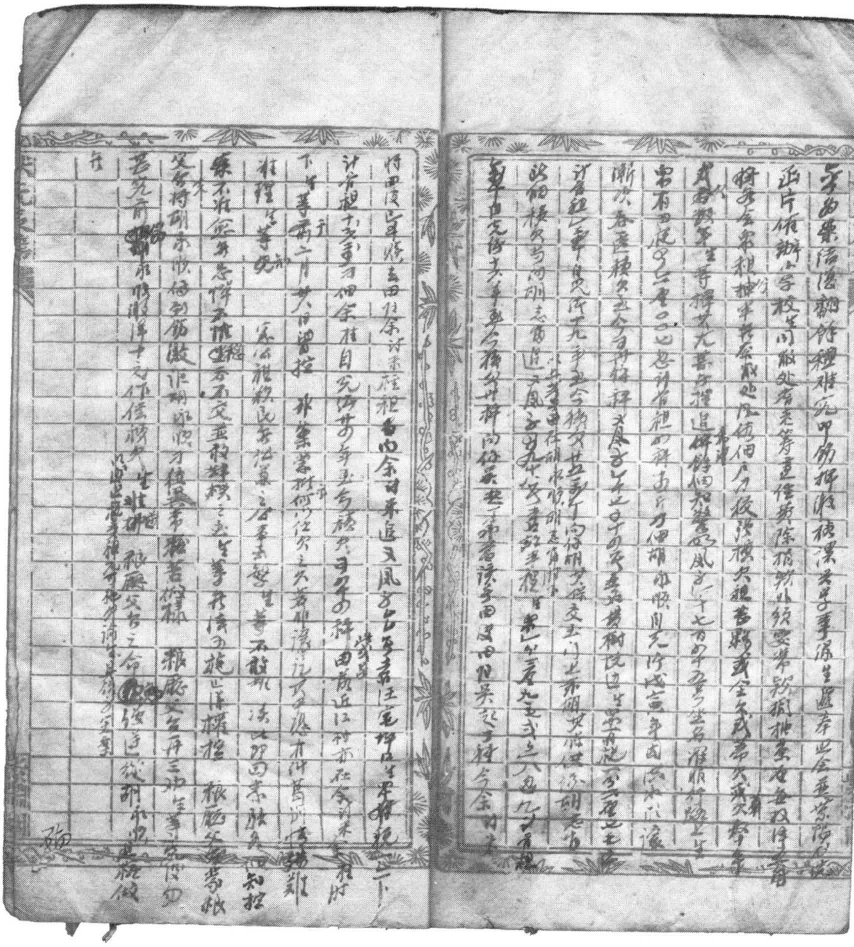

秋口镇里源 4-13 · 具状词 · 吴接富、吴积有等

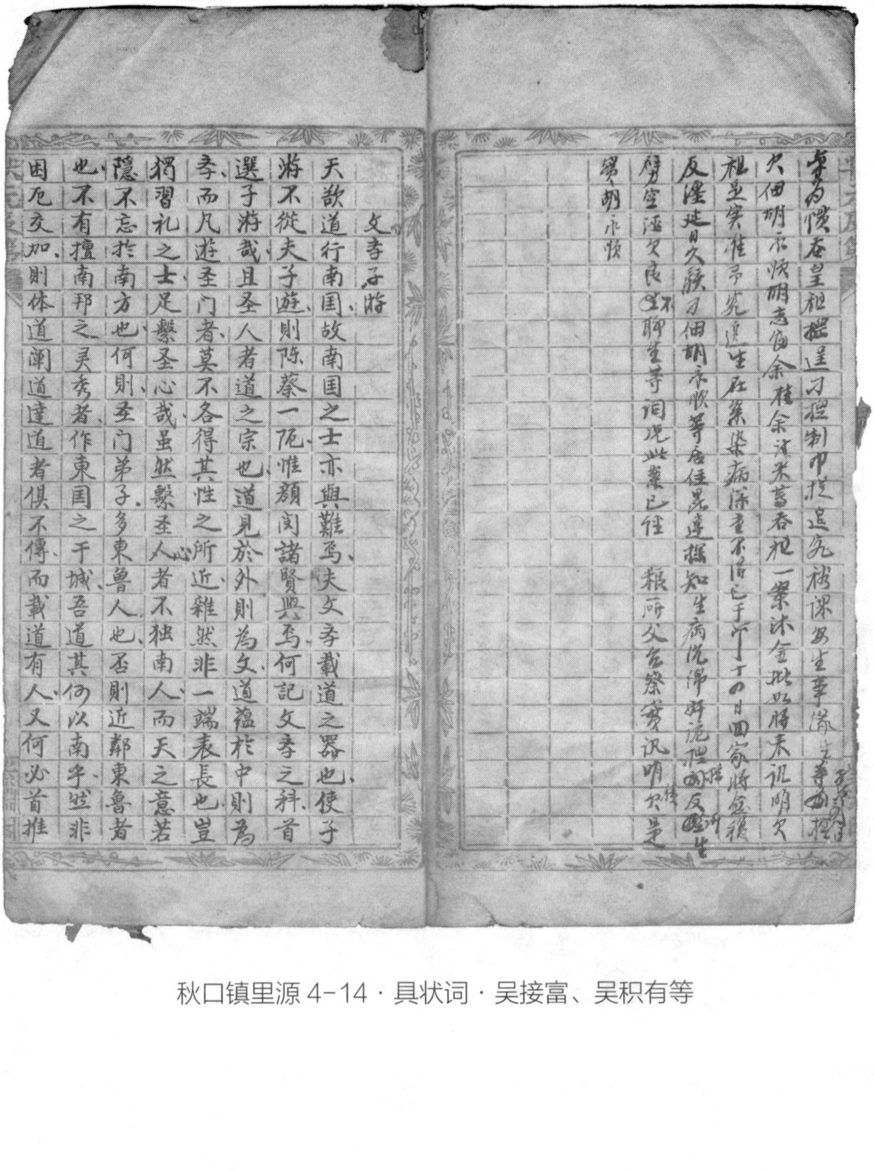

卑为懷吞皇祖擬逞刁捏制甲控追究被課□生事滿生等[illegible]
大佃明亦恢明惠宿余桂余诸米蓄香祀一業沐金批照勝來訊明究
祖息實推[illegible]究追生庇察娶病除查不留已于[illegible]十四日回家將盈稅
反[illegible]延日久額刁佃明亦恢等合任異違拠知生病洗淨[illegible]反[illegible]
[illegible]空誣良[illegible]不聊生等詞况此業已往　粮所父玄祭察讯明[illegible]是
[illegible]明亦恢

文斈子游
天欲道行南国、故南国之士亦與難焉、夫文斈載道之器也、使子
游不從夫子遊、則陈、蔡一厄、惟顏、閔諸賢與焉、何記文斈之科、首
選子游哉、且圣人者道之宗也、道見於外則為文、道蕴於中則為
斈、而凡遊圣门者、莫不各得其性之所近、雖然非一端表長也、豈
獨習礼之士、足繫圣心哉、虽然繫圣人心者不独南人、而天之意若
隱不忘於南方也、何則、圣门弟子、多東魯人也、否則近鄰東魯者
也、不有擅南邦之灵秀者、作東国之干城、吾道其何以南乎、然非
困厄交加、則体道闡道達道者俱不傳、而載道有人、又何必首推

秋口镇里源 4-14 · 具状词 · 吴接富、吴积有等

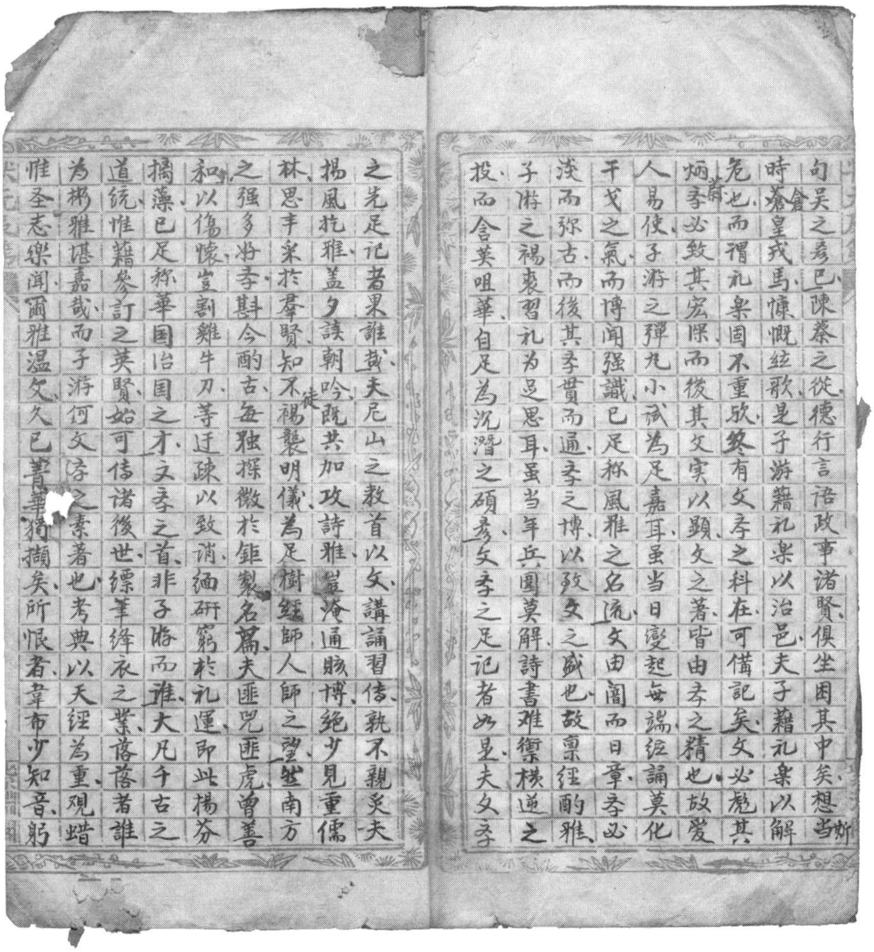
句吳之彥已、陳蔡之從、德行言語政事諸賢、俱坐困其中矣、想當
時蒼皇戎馬、慷慨絃歌、是子游藉礼樂以治邑、夫子藉礼樂以解
危也、而謂礼樂固不重歟、終有文學之科在、可備記矣、文必彪其
炳學必致其宏深、而後其文實以顯、文之著、皆由學之精也、故愛
人易使、子游之彈丸小試、為足嘉耳、雖當日變起無端、絃誦莫化
干戈之氣、而博聞強識、已足稱風雅之名流、文由闇而日章、學必
淡而彌古、而後其學貫而通、學之博、以致文之盛也、故稟經酌雅、
子游之裼裘習礼、為足思耳、雖當年兵圖莫解、詩書難禦橫逆之
投、而含英咀華、自足為沉潛之碩彥、文學之足記者如是、夫文學
之先足記者果誰哉、夫尼山之教、首以文、講誦習傳、孰不親炙、夫
揚風扢雅、蓋夕諷朝吟、既共加攻、詩雅、岂淹通賅博、絕少見重儒
林、思丰采於群賢、知不裼襲明儀、為足樹經師人師之望、並南方
之強、多將學、斟今酌古、每獨探微於鉅製名篇、夫匪兕匪虎、曾善
和、以傷懷、豈割雞牛刀、等迂疎以致誚、細研窮於礼運、即此揚芬
摛藻、已足稱華國治國之才、文學之首、非子游而誰、大凡千古之
道統、惟藉參訂之英賢、始可傳諸後世、縹筆緗衣之業、落落者誰
為郁雅堪嘉、哉而子游何文學之素著也、考典以天經為重、觀蜡
惟聖志樂聞、爾雅溫文、久已菁華獨擷矣、所恨者、韋布少知音、躬

秋口镇里源 4-15 · 具状词 · 吴接富、吴积有等

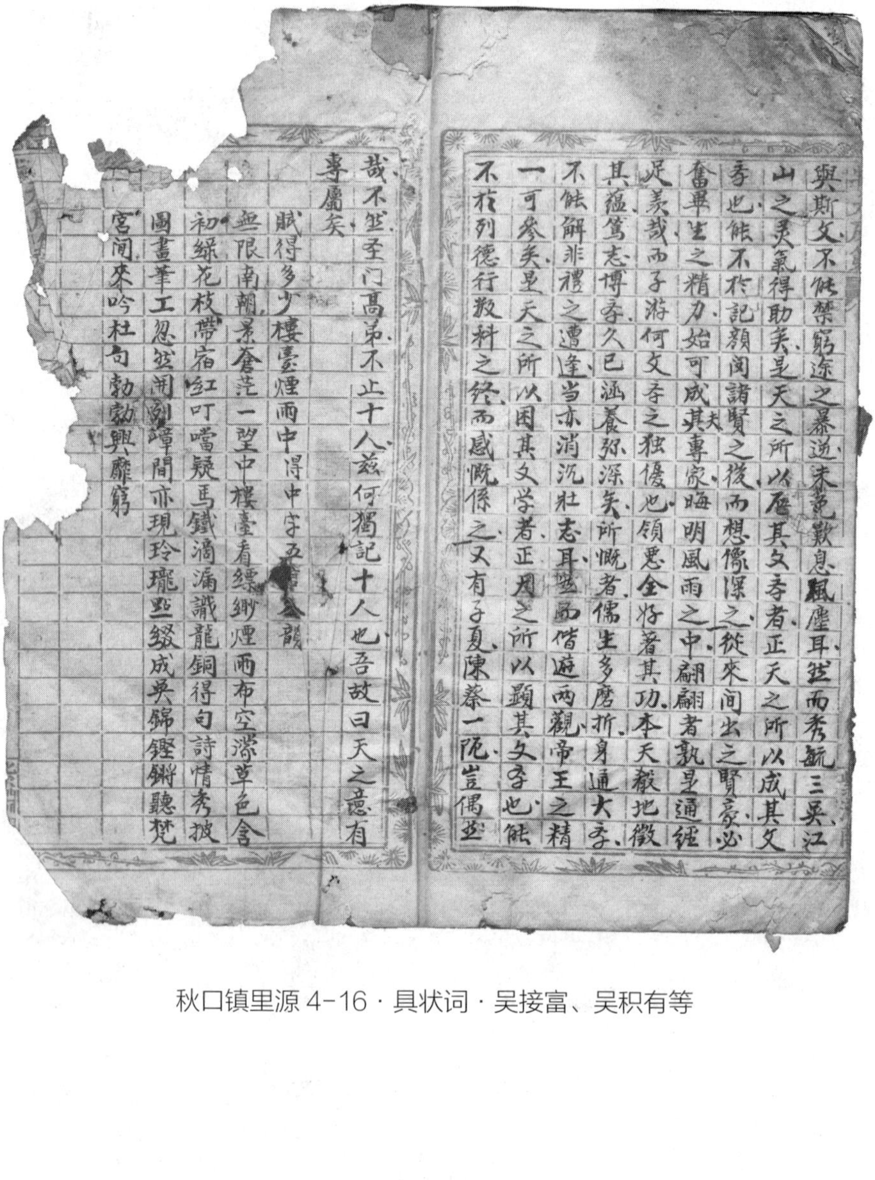
與斯文不能禁窮途之暴逆未免歎息風塵耳然而秀毓三吳江
山之靈氣得助矣是天之所以厄其文者正天之所以成其文
者也能不於記顏閔諸賢之後而想像深之從來間出之賢豪必
奮畢生之精力始可成其事家晦明風雨之中翩翩者孰是通經
足羨哉而子游何文者之獨優也領悉全恃著其功本天敏地徵
其蘊篤志博者久已涵養彌深矣所慨者儒生多磨折身通大者
不能解非禮之遭逢尚亦消沉壯志耳然而偕遊兩觀帝王之精
一可參矣是天之所以困其文學者正天之所以顯其文者也能
不於列德行數科之後而感慨係之又有子夏陳蔡一阨豈偶然
哉不然聖門高弟不止十人茲何獨記十人也吾故曰天之意有
專屬矣
賦得多少樓臺煙雨中 得中字五言八韻
無限南朝景蒼茫一望中樓臺看縹緲煙雨布空濛草色含
初綠花枝帶宿紅叮噹疑馬鐵滴漏識龍銅得句詩情秀披
圖畫筆工忽然開闕嶂間亦現玲瓏點綴成吳錦鏗鏘聽梵
宮閒來吟杜句勃勃興靡窮

秋口镇里源 4-16 · 具状词 · 吴接富、吴积有等

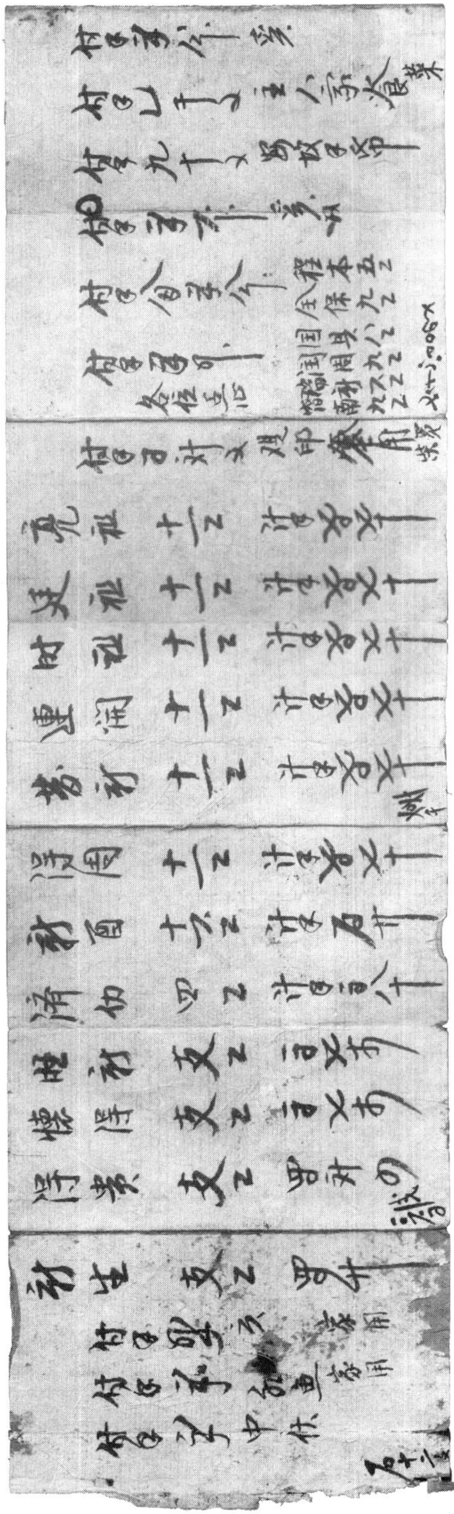

秋口镇里源 5-i · 流水帐

十二月初九日接記
付洋拾元 谢先生
付十二月廿二 煙一包 先生

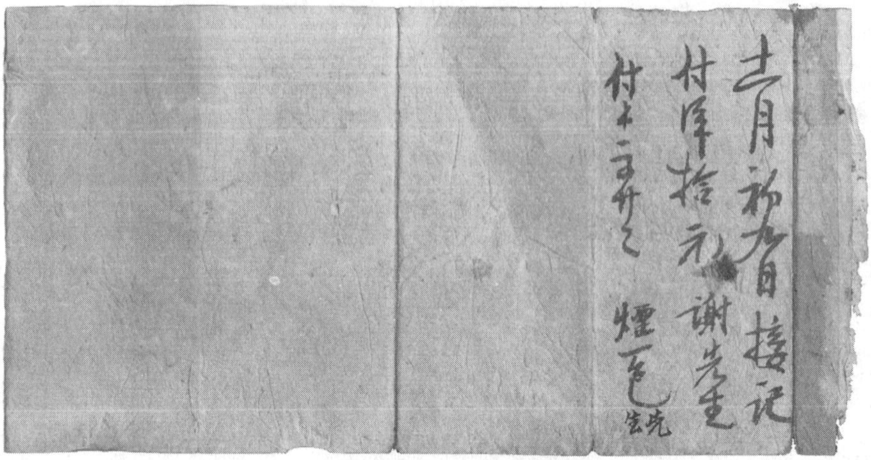

秋口镇里源 5-ii · 流水帐

前经莲源乡贵董事係四拾八年[illegible]所
造地址業已立石業據所是空地基係
貴[illegible]基[illegible]衆業[illegible][illegible][illegible][illegible]
訂立石碑樹存衆條[illegible]公詳[illegible]
據[illegible]此詳公均不回事今日經詳公
回題空地基我是鄉[illegible]不能動[illegible]
請詳公等為照
蓮源鄉貴董事均鑒
李文[illegible][illegible]

秋口镇里源 8 · 书信 · 季文

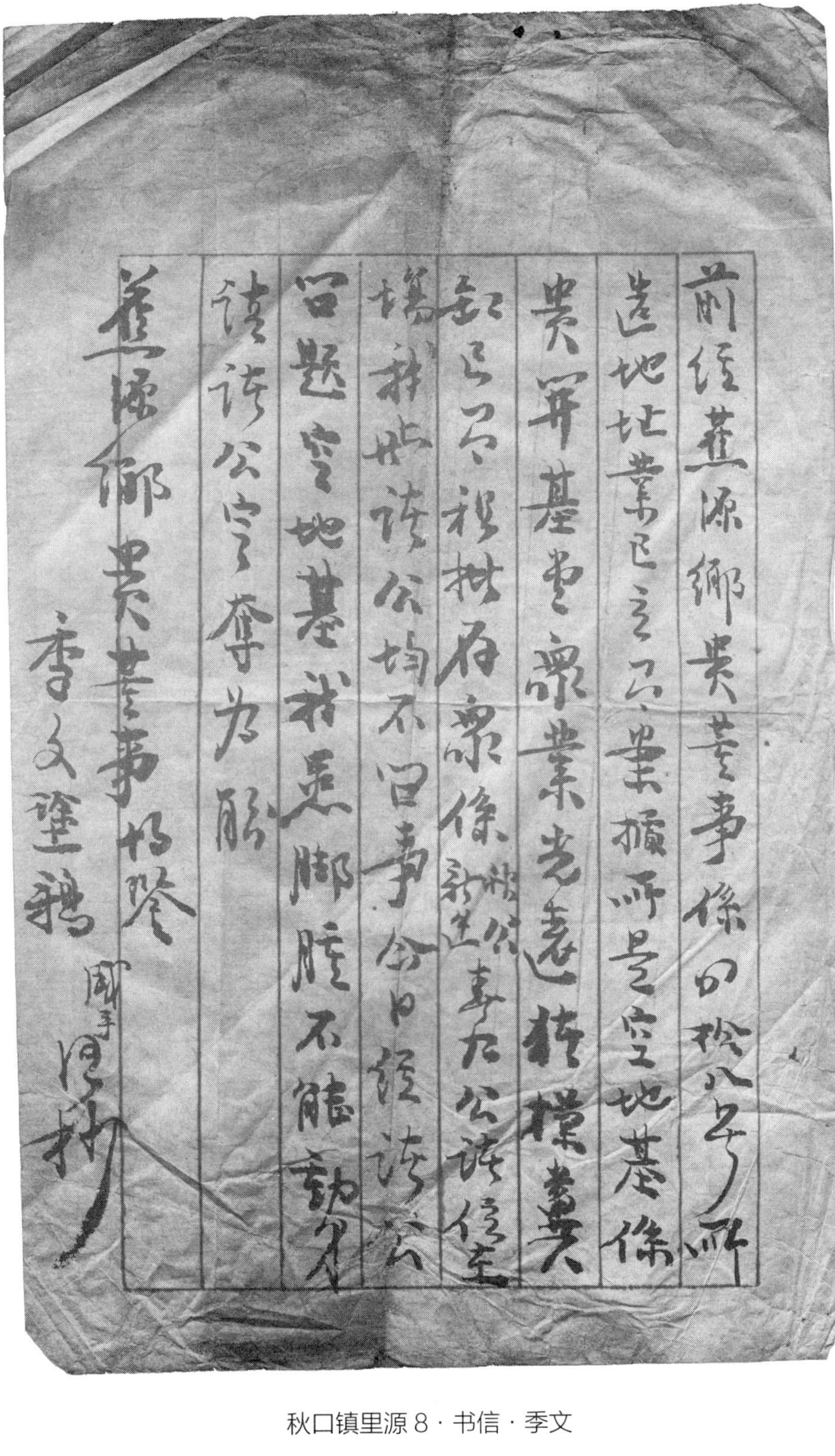

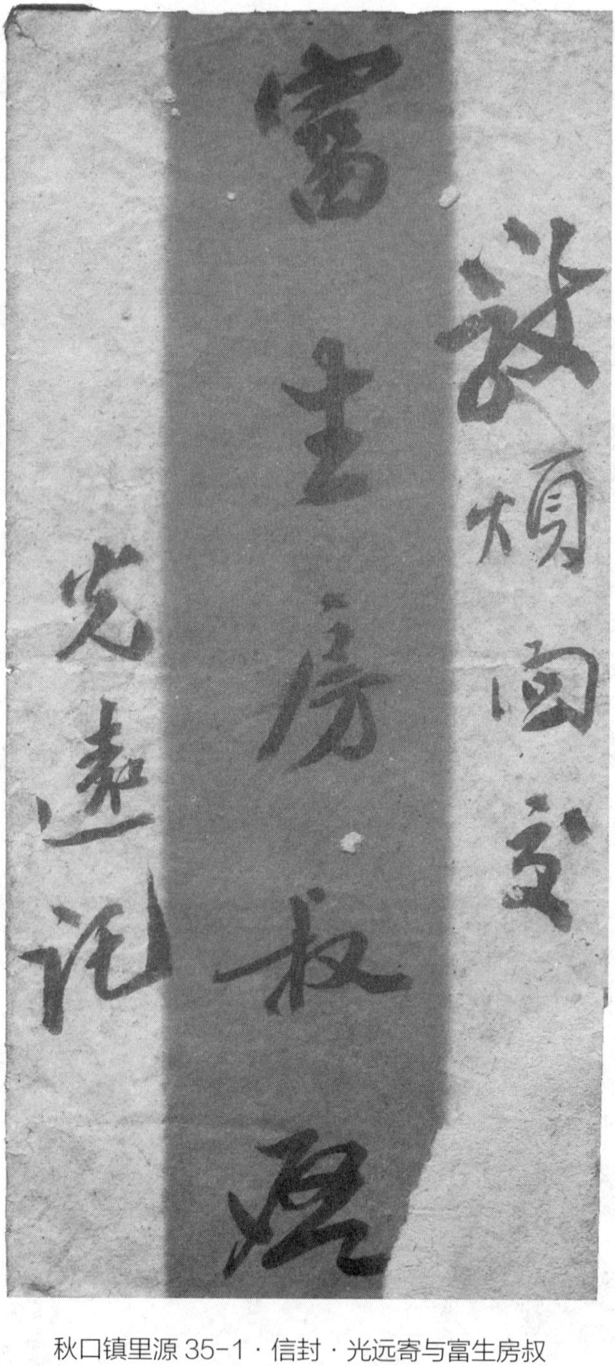

秋口镇里源 35-1 · 信封 · 光远寄与富生房叔

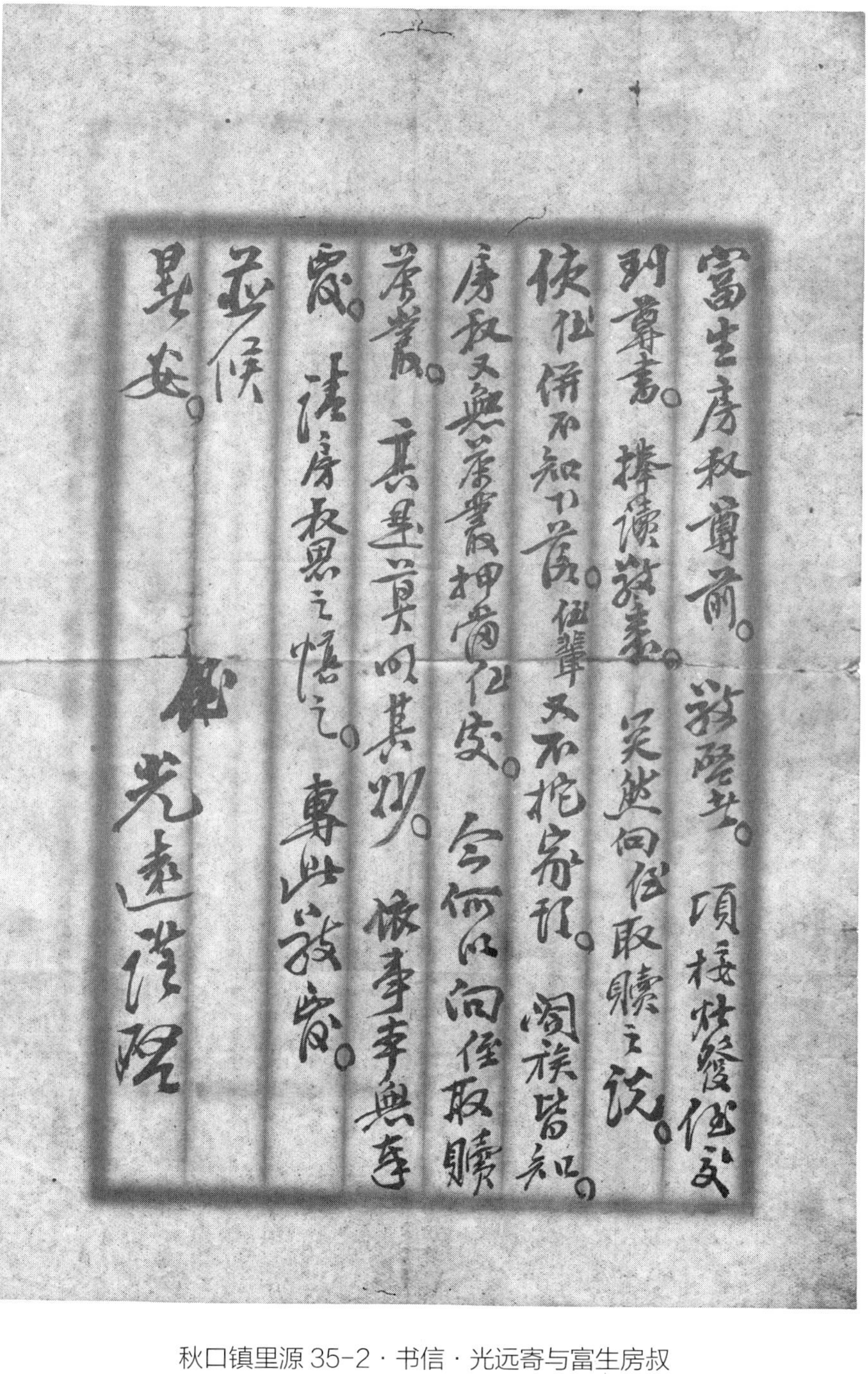
富生房叔尊前。敬啓者。頃接姪發侄友
到尊書。捧讀敬悉。突然向侄取贖之説。
侬侄併不知下落。侄輩又不抱寄訊。闔族皆知。
房叔又無以房業押當侄安。今何以向侄取贖
房業。真是莫明其妙。儻事事無奪
處。請房叔思之悟之。專此敬賀
並候
暑安。
侄 光遠謹呈

秋口镇里源 35-2 · 书信 · 光远寄与富生房叔

乙千五百五十二號 前山溪边

乙千五百弍十九號前山塢裡

秋口镇里源 36 · 田亩号码

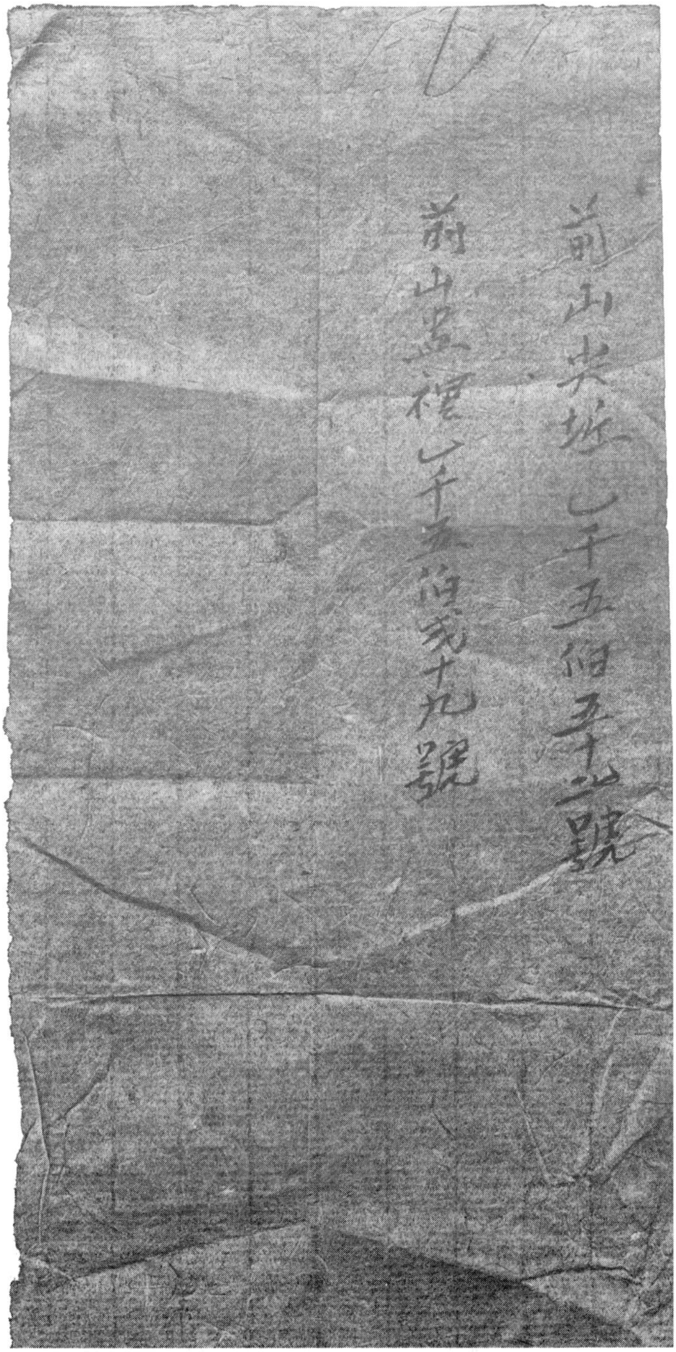
前山尖坡乙千五佰三十二號
前山塢裡乙千五佰弍十九號

秋口镇里源 37 · 田亩号码

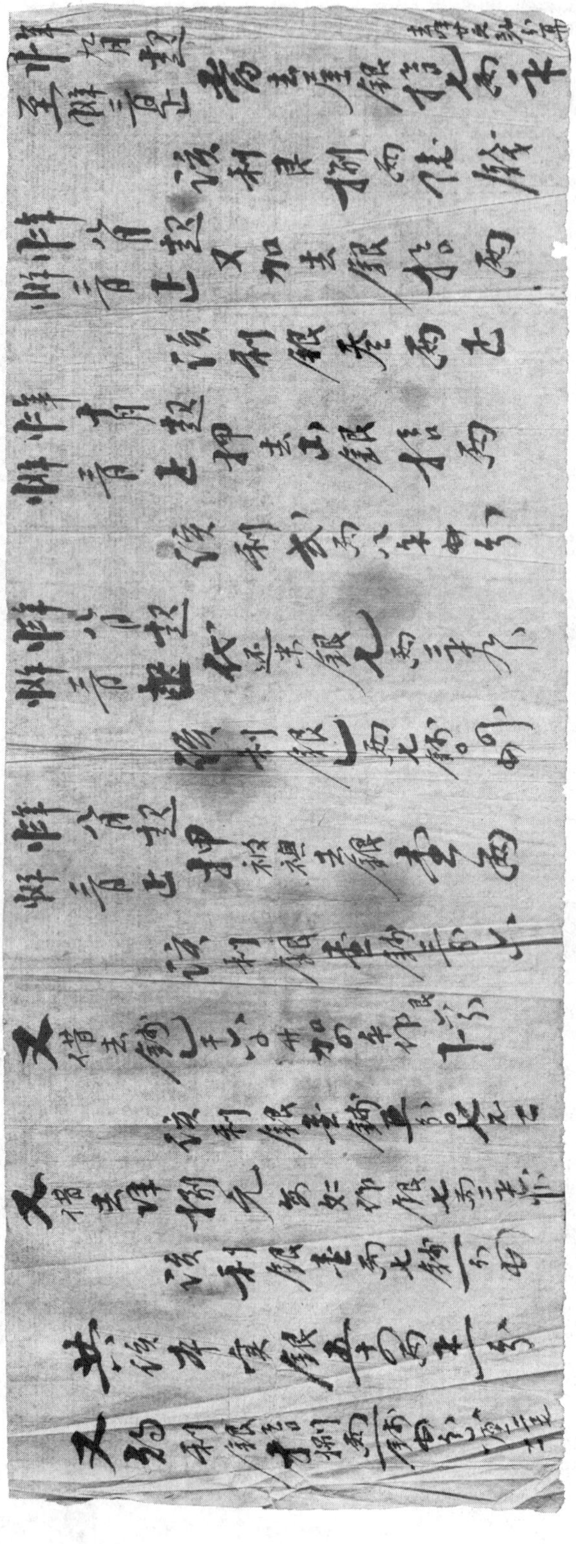

秋口镇里源 40 · 流水账

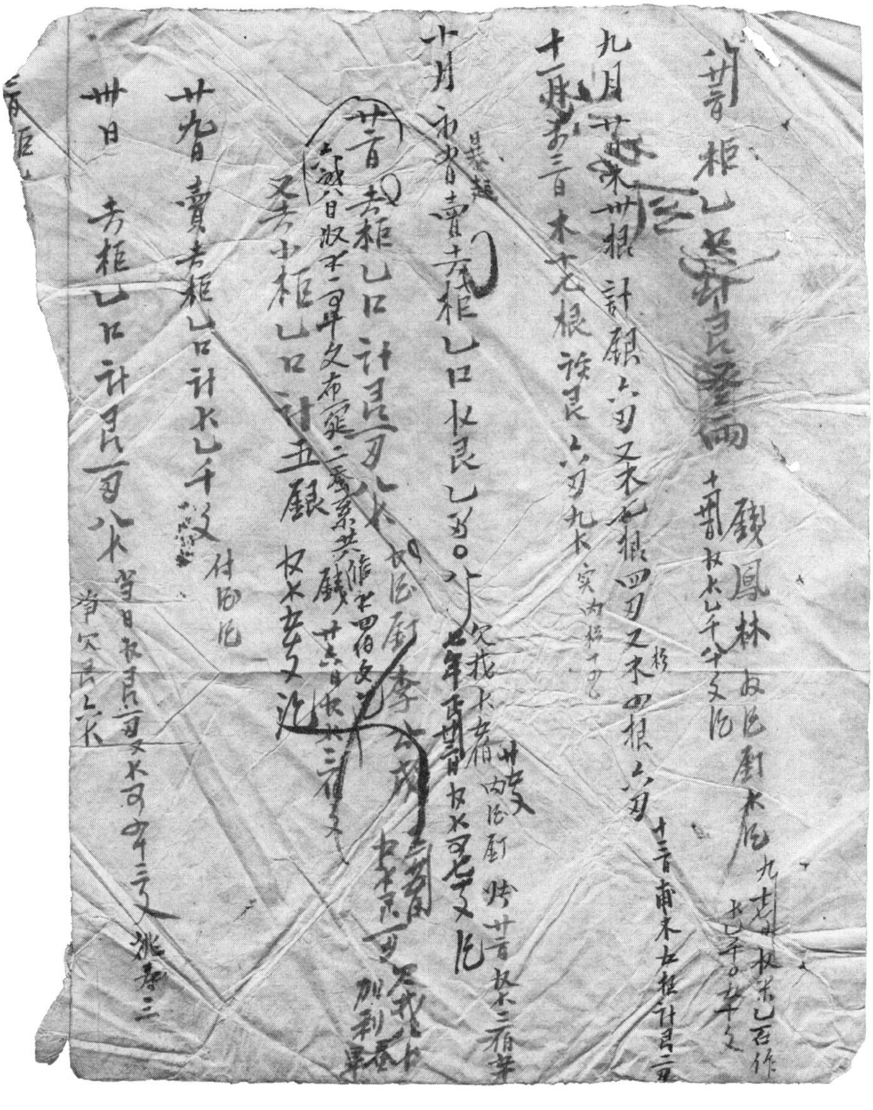

秋口镇里源 42 · 流水帐

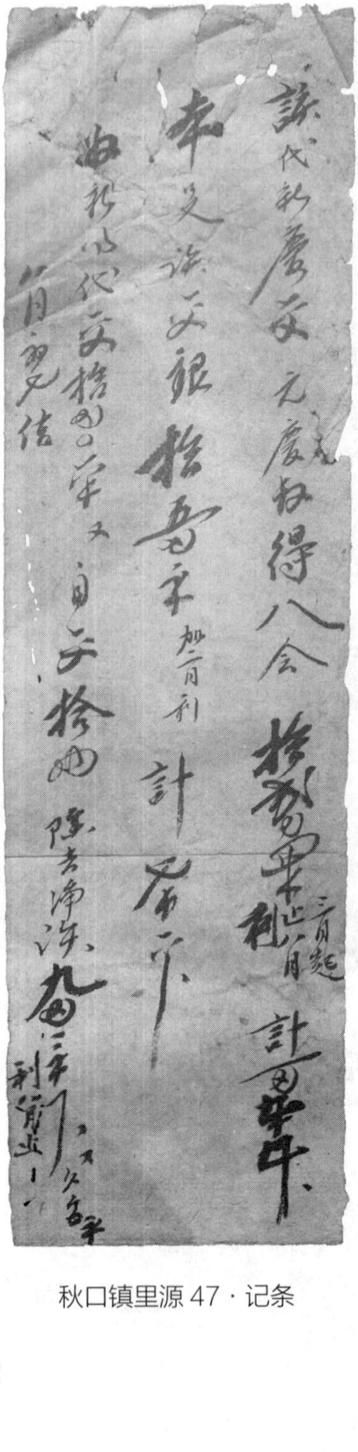

秋口镇里源 47 · 记条

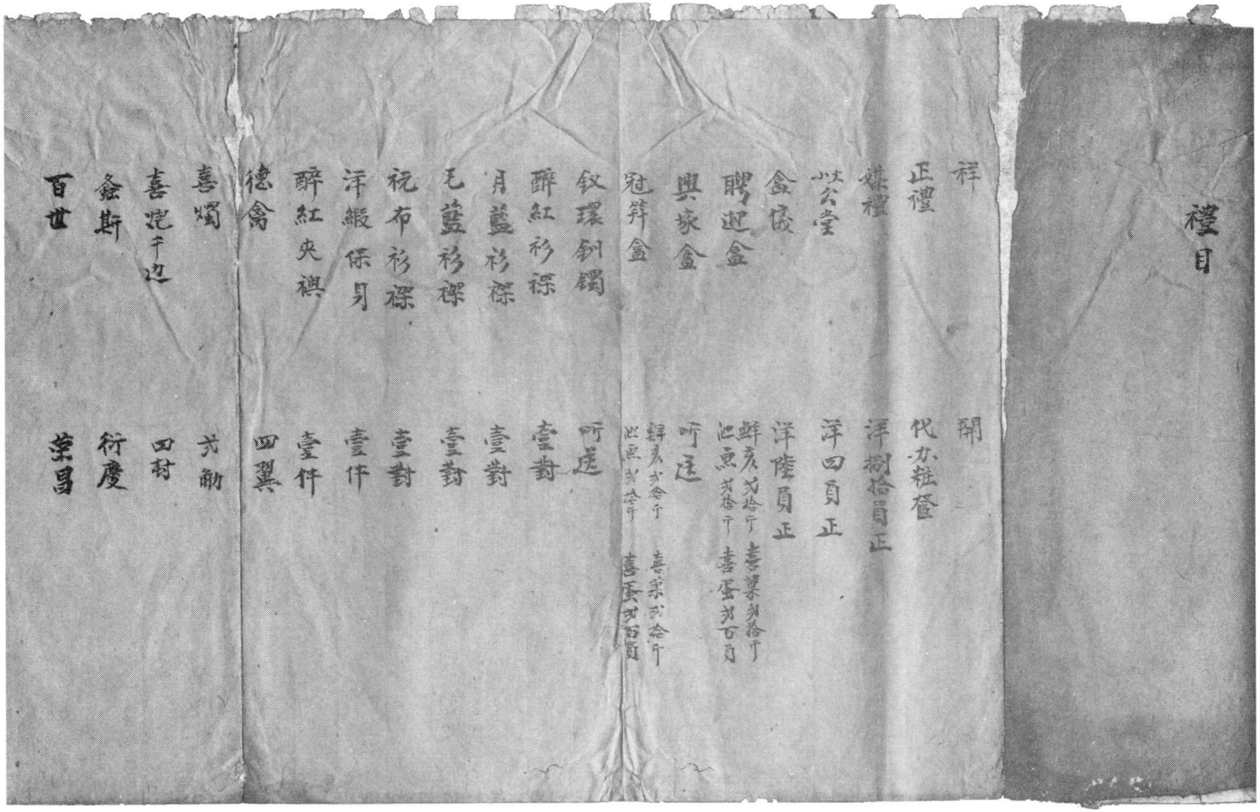
禮目
祥 開
正禮 代办粧奩
媒禮 洋捌拾員正
奩儀
聘迎盒
與嫁盒
冠笄盒
釵環釧鐲
醉紅衫裙 壹對
月藍衫裙 壹對
毛藍衫裙 壹對
花布衫裙 壹對
醉紅夾襖 壹件
德禽 四翼
喜燭 弍觔
喜炮千边 四封
螽斯 衍慶
百世 其昌

秋口镇里源 52 · 礼目

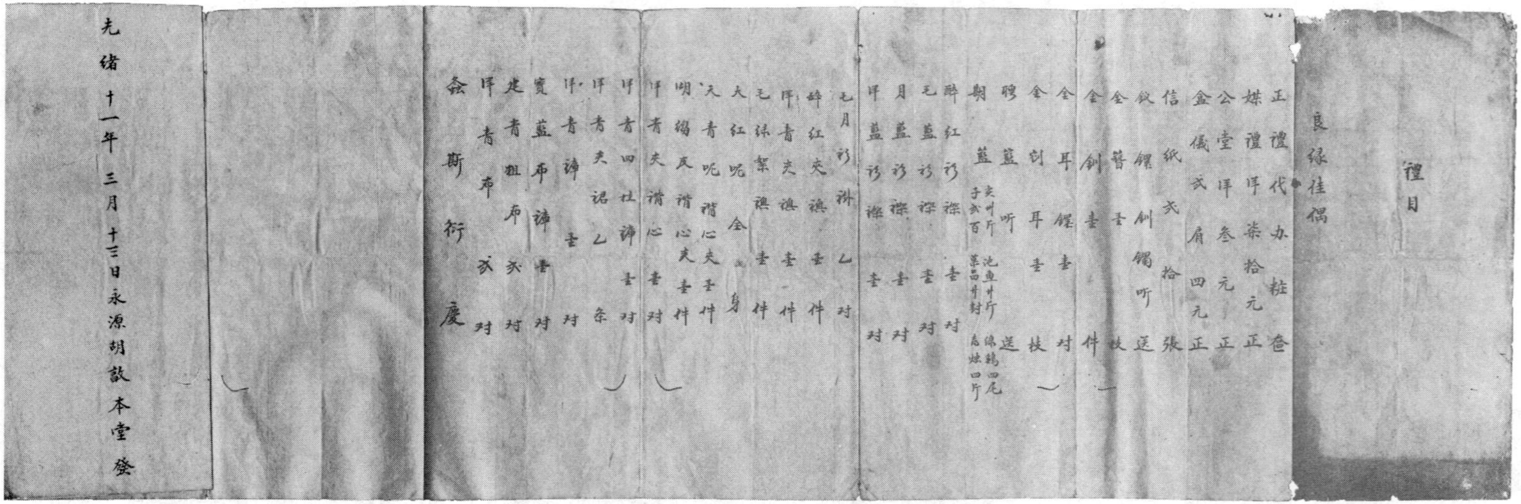
禮目

良缘佳偶

光绪十一年三月十三日永源胡啟本堂發

秋口镇里源 55 · 礼目

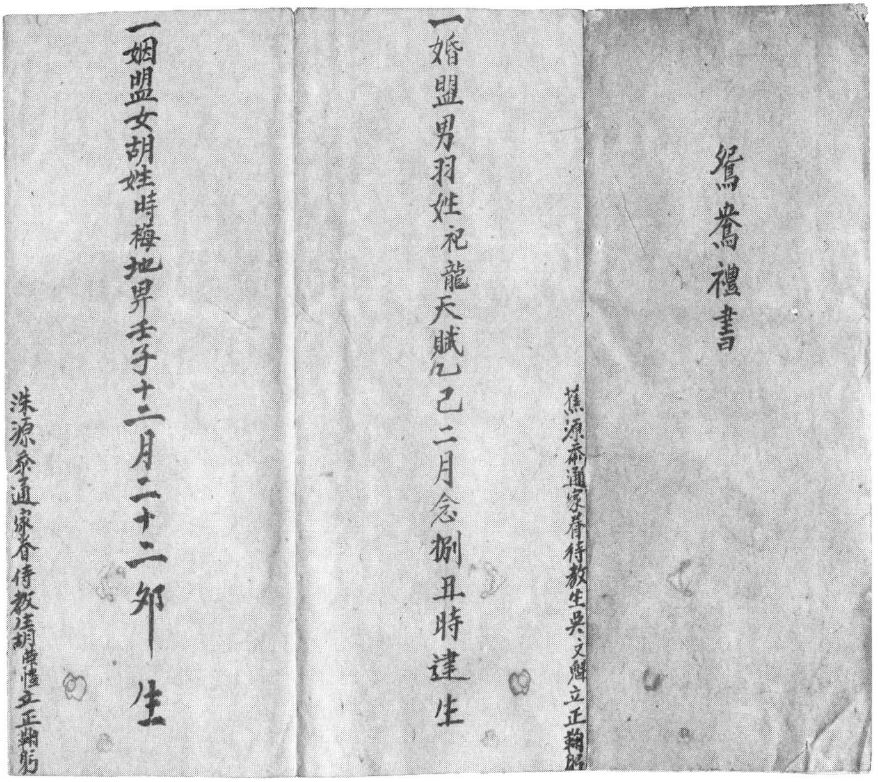

鴛鴦禮書

蕉源忝通家眷侍教生吳文彪立正鞠躬

一婚盟男羽姓祀龍天賦乙巳二月念捌丑時建生

一姻盟女胡姓時梅地昇壬子十二月二十二卯丨生

洙源忝通家眷侍教生胡[illegible]立正鞠躬

秋口镇里源 56 · 鸳鸯礼书

正
謹　送
吴加子適嫁禮物
人民幣　伍拾元
紅絮被　両件
花袱　乙件
[illegible]款　六斤
魚　弍斤
鸡子　弍拾夕
果子　四包
紅燭　壹对
奉　申
台端
蕉[illegible]　吴志樑　啓上
公元一九六伍年十二月十八日

秋口镇里源 57 · 一九六五年 · 聘礼礼单

體字号

[illegible]六十六号 核額 三分三厘八毛五系

秋口镇里源 59 · 流水账

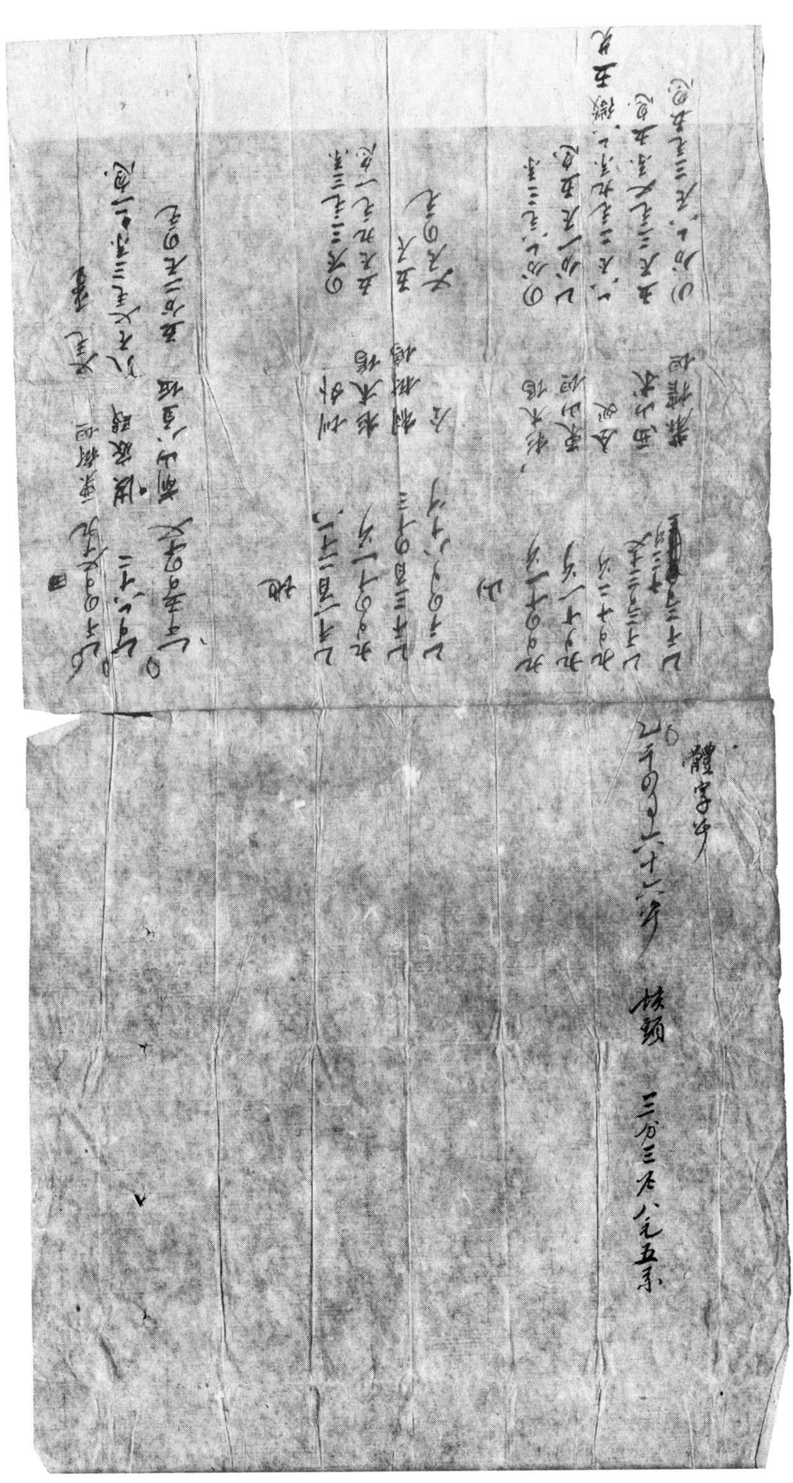

慶租額

一若竹鼻租六秤零七觔大
一下洪村三畝坵租二秤大
一溪湖租一秤十斤大
一汪澤租一秤〇五斤大
一青垓租十四秤十二斤半大
一青垓租四秤十二斤半大
一古寺下垓頭租十五斤大
一洪家段租一秤大
一碇下坑租三秤大
一白良山租十斤大
一汪澤租一秤大
一前山段租二秤十斤大
一前山溪邊租三秤大
一九楼坑租六秤大
一村木租十斤

元慶园[illegible]

一桐樹塢茶园一塊裡边
一村頭茶园一塊
一栗樹坦茶园一塊靠嶺裡边
一瓦瑶术茶园一塊裡边
一張家巷菜园上边一塊
一桐樹塢上截地一塊

秋口镇里源 60 · 租额 · 元庆

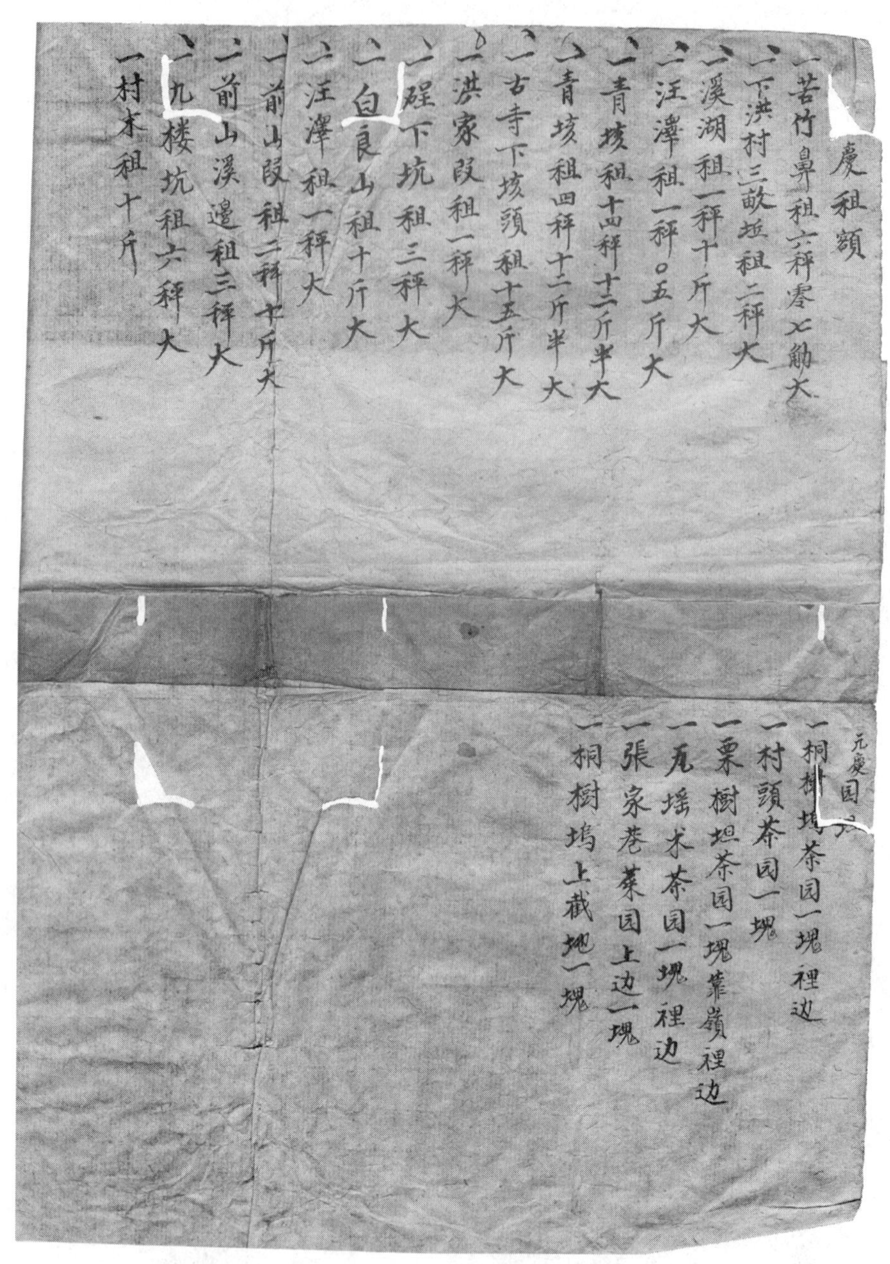

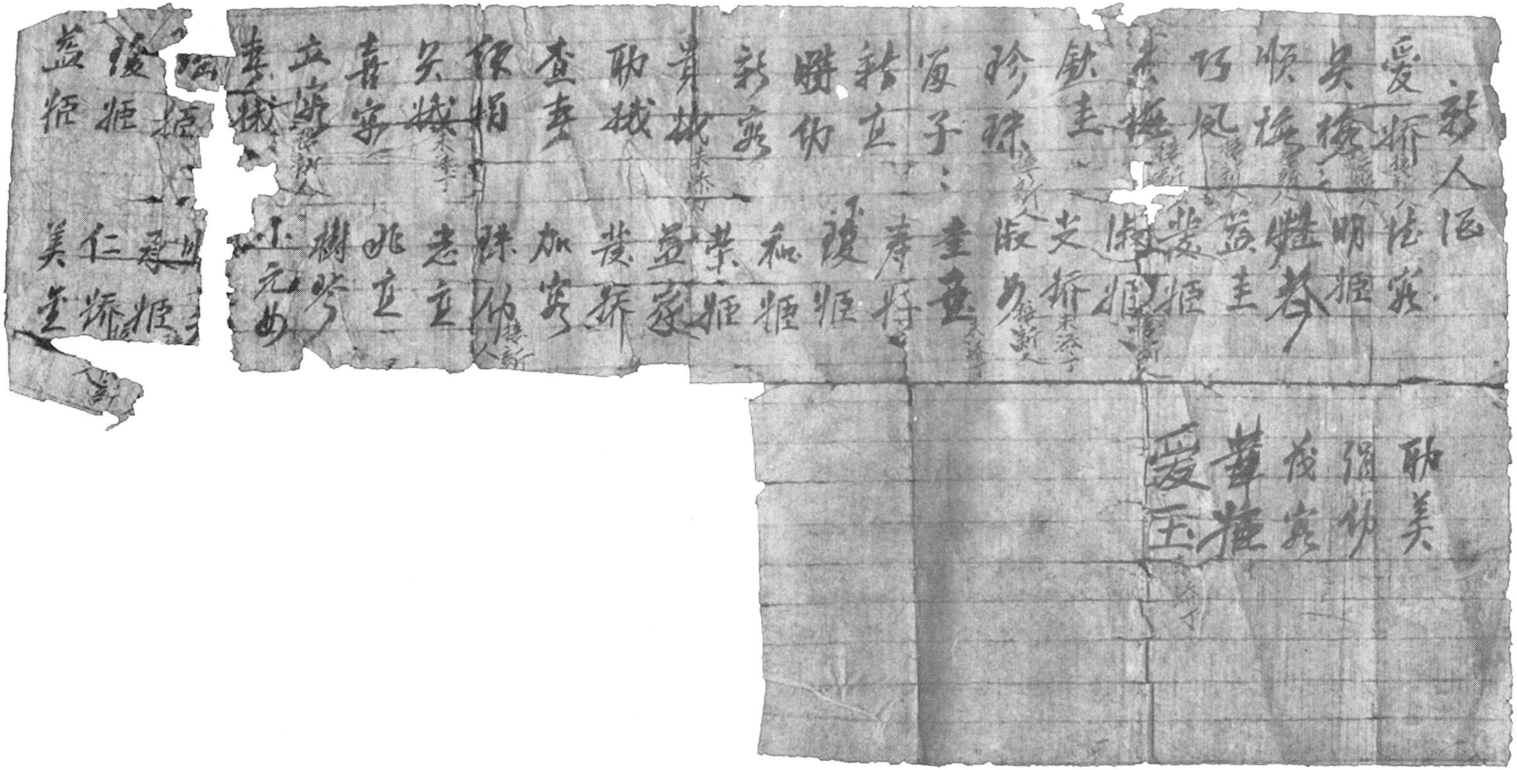

秋口镇里源 69 · 婚礼请客单

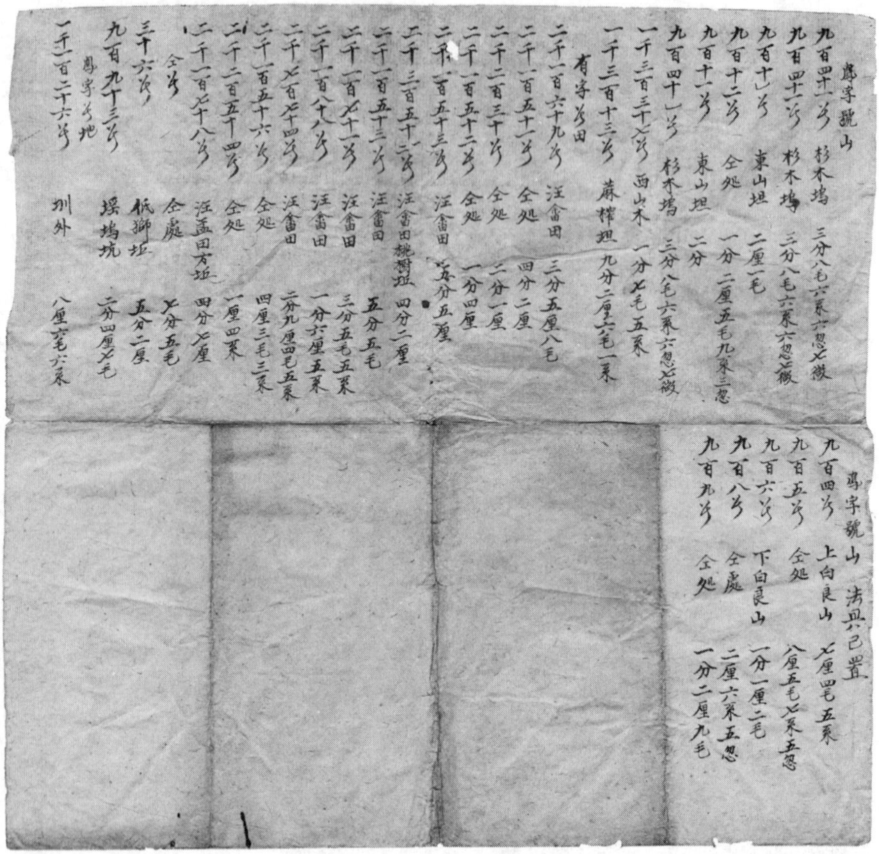

嵩字號山
九百四十二号 杉木塢 三分八毛六系六忽七微
九百四十一号 杉木塢 三分八毛六系六忽七微
九百十三号 東山坦 二厘一毛
九百十二号 全処 一分二厘五毛九系三忽
九百十一号 東山坦 二分
九百四十一号 杉木塢 三分八毛六系六忽七微
一千三百三十七号 西山木 一分七毛五系
一千三百十三号 蔴榨坦 九分二厘六毛一系
有字号田
二千一百六十九号 汪畬田 三分五厘八毛
二千一百五十一号 全処 四分二厘
二千二百三十号 全処 二分一厘
二千一百五十二号 全処 一分四厘
二千一百五十三号 汪畬田 六分五厘
二千三百五十二号 汪畬田桃樹坵 四分二厘
二千一百五十三号 汪畬田 五分五毛
二千一百七十一号 汪畬田 三分五毛五系
二千一百八十八号 汪畬田 一分六厘五系
二千七百七十四号 汪畬田 二分九厘四毛五系
二千一百五十六号 全処 四厘三毛三系
二千二百五十四号 全処 一厘四系
二千一百七十八号 汪孟田方坵 四分七厘
全号 全處 七分五毛
三千六百 柢獅坵 五分二厘
九百九十三号 塓塢坑 二分四厘七毛
嵩字号地
一千一百二十六号 圳外 八厘六毛六系

嵩字號山 法興已置
九百四号 上白良山 七厘四毛五系
九百五号 全処 八厘五毛七系五忽
九百六号 下白良山 一分一厘二毛
九百八号 全處 二厘六系五忽
九百九号 全処 一分二厘九毛

秋口镇里源 72 · 税粮清单

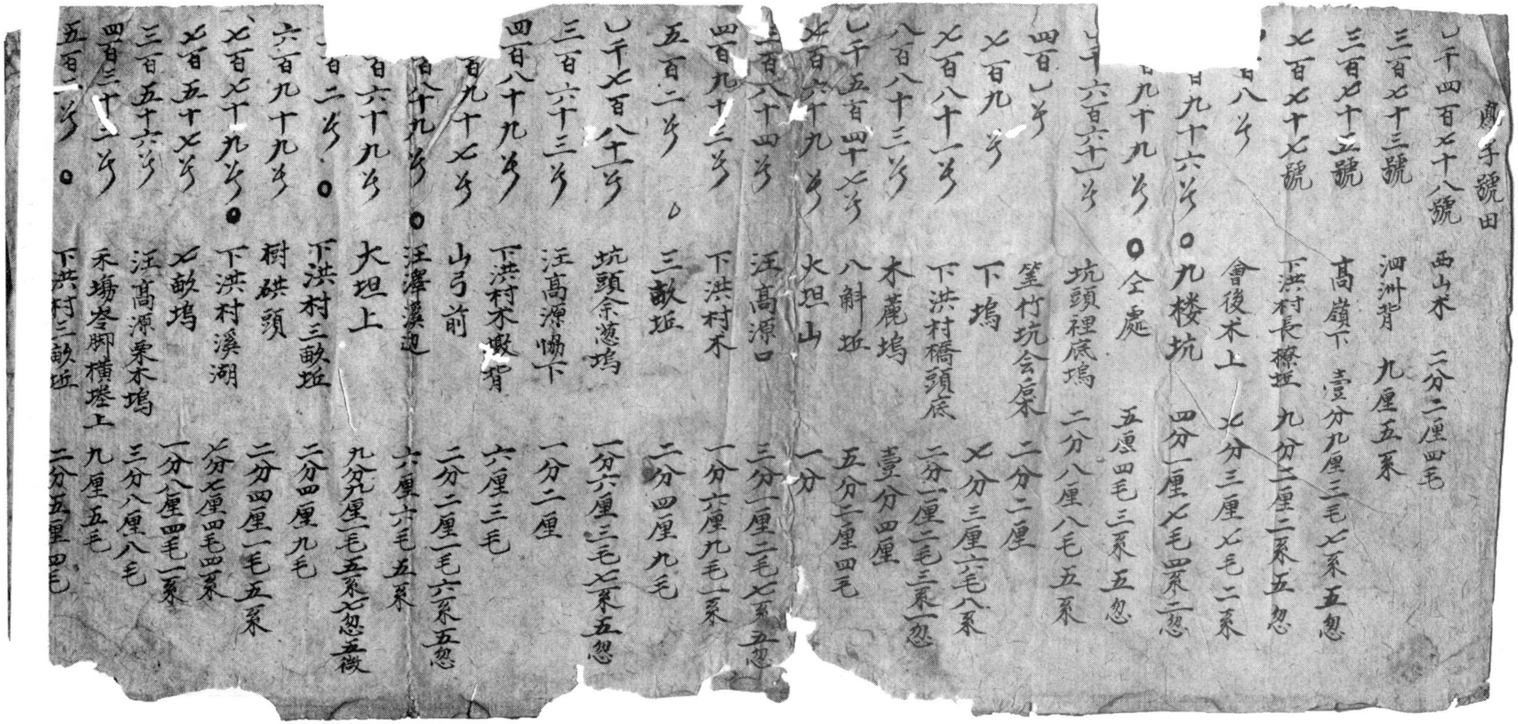
鳳字號田
一千四百七十八號 西山木 二分二厘四毛
三百七十三號 泗洲背 九厘五系
三百七十五號 高嶺下 壹分九厘三毛七系五忽
七百七十七號 下洪村長塝坵 九分二厘二系五忽
百八十号 會後术上 七分三厘七毛二系
百九十六号 ○ 九楼坑 四分一厘七毛四系二忽
百九十九号 ○ 仝處 五厘四毛三系五忽
一千六百六十一号 坑頭裡底塢 二分八厘八毛五系
四百一号 筀竹坑会原木 二分二厘
七百九号 下塢 七分三厘六毛八系
七百八十一号 下洪村橋頭底 二分一厘二毛三系一忽
八百八十三号 木麓塢 壹分四厘
一千五百四十七号 八斛坵 五分二厘四毛
七百六十九号 大坦山 一分
三百八十四号 汪高源口 三分一厘二毛七系五忽
四百九十三号 下洪村木 一分六厘九毛一系
五百二号 ○ 三畝坵 二分四厘九毛
一千七百八十一号 坑頭余葱塢 一分六厘三毛七系五忽
三百六十三号 汪高源惖下 一分二厘
四百八十九号 下洪村木嫩背 六厘三毛
百九十七号 山弓前 二分二厘一毛六系五忽
百八十九号 ○ 汪澤溪边 六厘六毛五系
百六十九号 大坦上 九分九厘一毛五系七忽五微
百二号 ○ 下洪村三畝坵 二分四厘九毛
六百九十九号 樹碳頭 二分四厘一毛五系
七百七十九号 ○ 下洪村溪湖 七分七厘四毛四系
七百五十七号 七畝塢 一分八厘四毛一系
三百五十六号 汪高源栗木塢 三分八厘八毛
四百三十一号 禾塲衾脚横塝上 九厘五毛
五百一号 ○ 下洪村三畝坵 二分五厘四毛

秋口镇里源 85-i · 税粮清单 · 凤字号田（右边部分）

九百八十八号 長灘磯 三分八厘四毛五系
七百八十一号 下洪村橋頭 二分□厘
五百八十四号 会後高梘 四分九厘九毛二系
一千六百九十四号〇山背坑 六分九厘八毛五系
一千六百九十七号〇全处 三分五厘四毛
一千七百二号〇青垓 四分五厘二毛九系五忽
一千二百六十七号 会背底經理 捌厘
一百四号〇 程下坑 三分八厘一毛
五百九十二号 塘下 三分六厘七毛
一千二百六十七号 会背底 四厘七毛
四百十八号 澗垅 三分二厘
七百六十九号 下洪村大坦 一分八厘八毛一系五忽
一千二百八十二号 馬欄坑 七厘九毛八系六忽
六百二十号 澌溪段末 二分八厘
一千七百号〇青垓 二分六厘三毛四系八忽
一千七百一号〇全处 一分一厘四毛
一千七百二号〇全处 四分五厘三毛
一千六百九十四号〇山背坑
一千六百九十七号〇全处 一畝六分二厘四毛二系五忽
一千六百九十八号〇全处
一千六百九十九号 全处 二厘四毛二系
一千五百七十七号〇前山𡶶 八斛坵 三分一厘八毛七系
七百六十九号 下洪村大坦 二分五厘
三百九十六号 後嶺下 四分正 冊註荒
一千二百六十五号 古廟下 三分四厘五毛六系
一千五号 村頭石木 五厘七毛
一千五百八十一号 前山方坵 二分一厘五毛
□百六十九号 大坦上 三分五厘三毛二系一忽二微五
□□号 筀竹坑 五分三厘五系
□八十一号 八畝段 四分五厘五毛
九十二号〇 白良山 八厘一毛三系七忽伍微

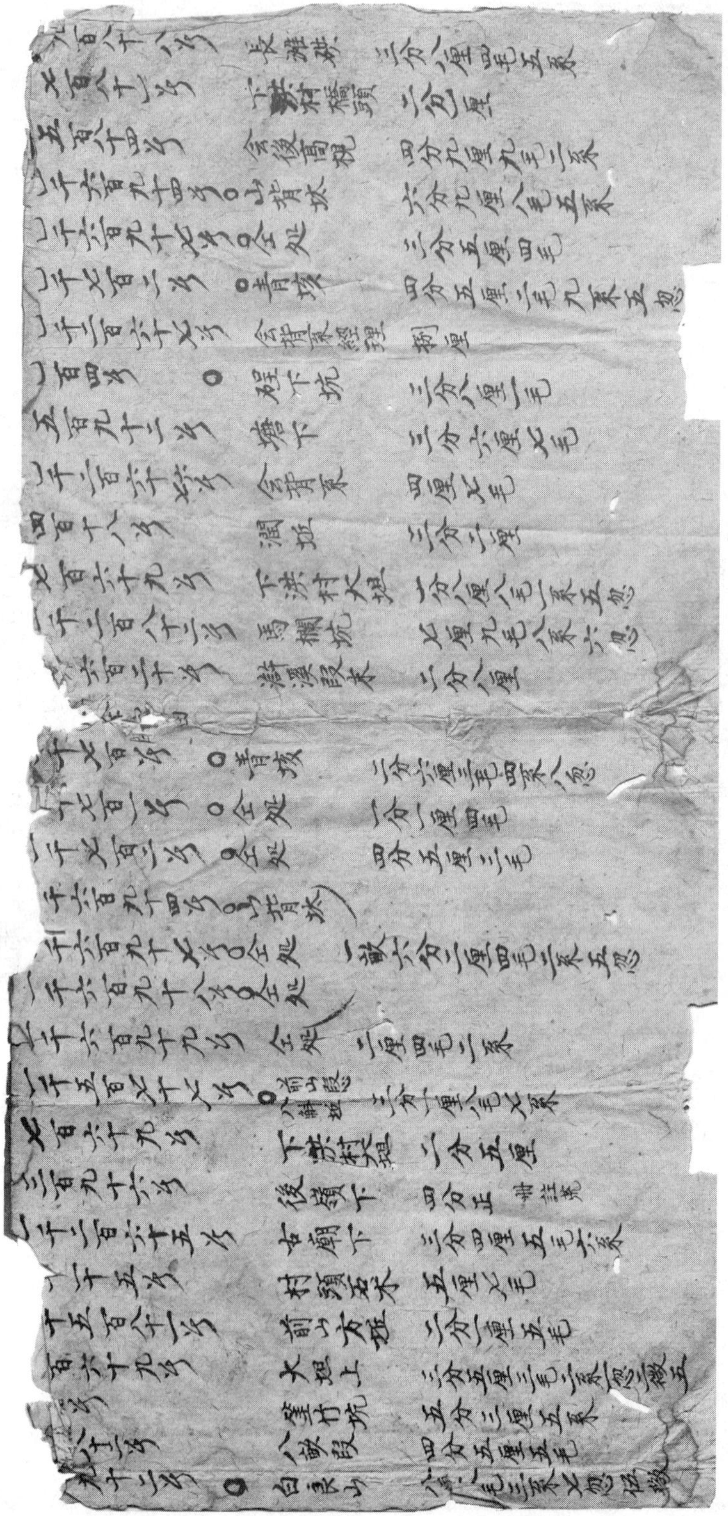

秋口镇里源 85-ii · 税粮清单 · 凤字号田（中间部分）

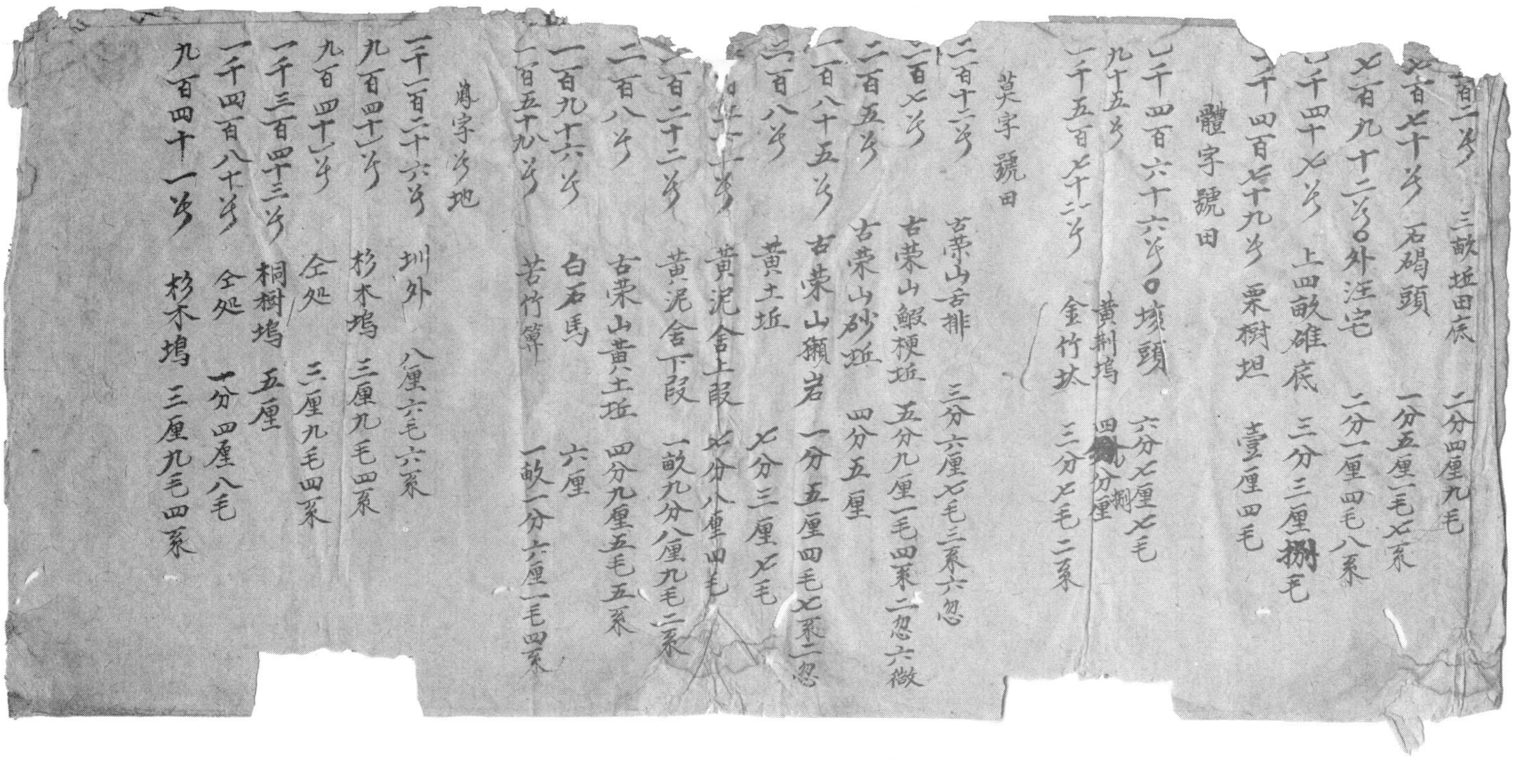

□百二步　三畝坵田底　二分四厘九毛
七百七十步　石碣頭　一分五厘一毛七系
七百九十二步　外洼宅　二分一厘四毛八系
一千四十七步　上四畝碓底　三分三厘捌毛
一千四百七十九步　栗樹坦　壹厘四毛
體字號田
一千四百六十六步　塓頭　六分七厘七毛
九十五步　黄荆塢　四□分厘
一千五百七十二步　金竹坑　三分七毛二系
莫字號田
二百十二步　古栗山舌排　三分六厘七毛三系六忽
二百七步　古栗山鰕梗坵　五分九厘一毛四系二忽六微
二百五步　古栗山砂坵　四分五厘
一百八十五步　古栗山獺岩　一分五厘四毛七系二忽
二百八步　黄土坵　七分三厘七毛
□百七十二步　黄泥舍上段　七分八厘四毛
二百二十二步　黄泥舍下段　一畝九分八厘九毛二系
二百八步　古栗山黄土坵　四分九厘五毛五系
一百九十六步　白石馬　六厘
一百五十九步　苦竹篛　一畝一分六厘一毛四系
鳳字號地
一千一百二十六步　圳外　八厘六毛六系
九百四十七步　杉木塢　三厘九毛四系
九百四十七步　仝処　三厘九毛四系
一千三百四十三步　桐樹塢　五厘
一千四百八十步　仝処　一分四厘八毛
九百四十一步　杉木塢　三厘九毛四系

秋口镇里源 85-iii · 税粮清单 · 凤字号田（左边部分）

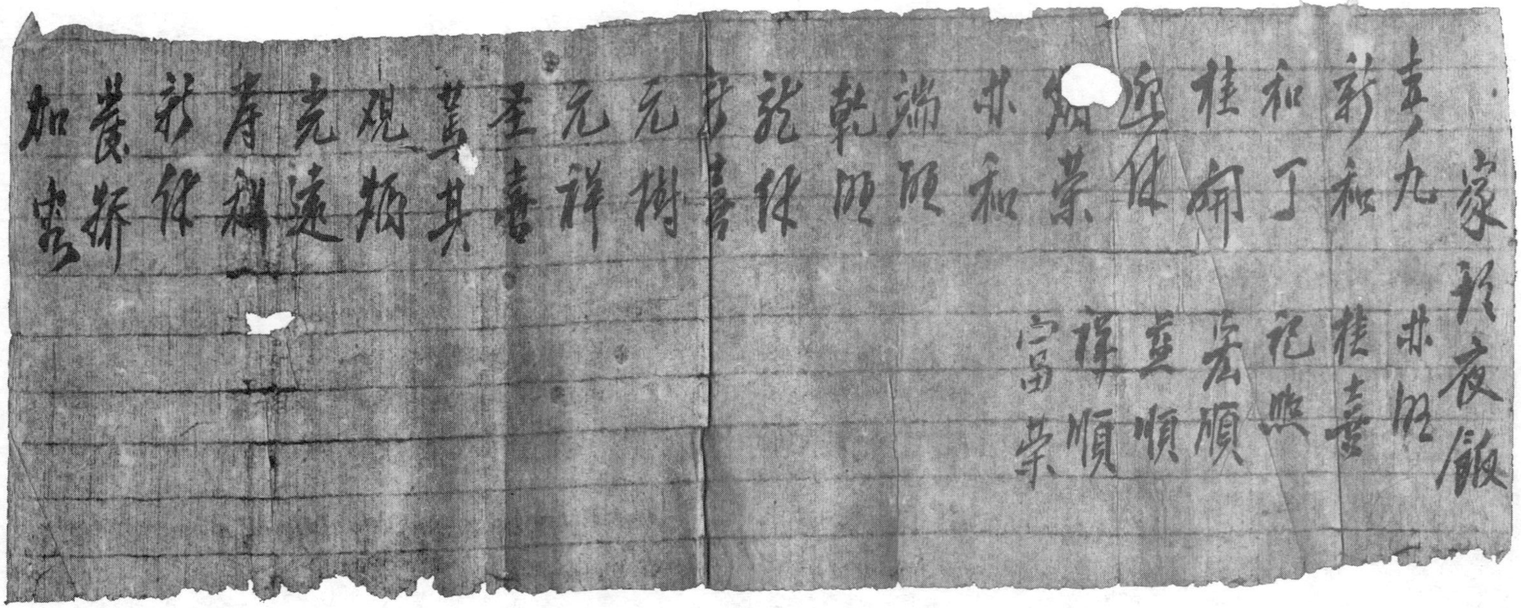

秋口镇里源 103 · 家族夜饭名单

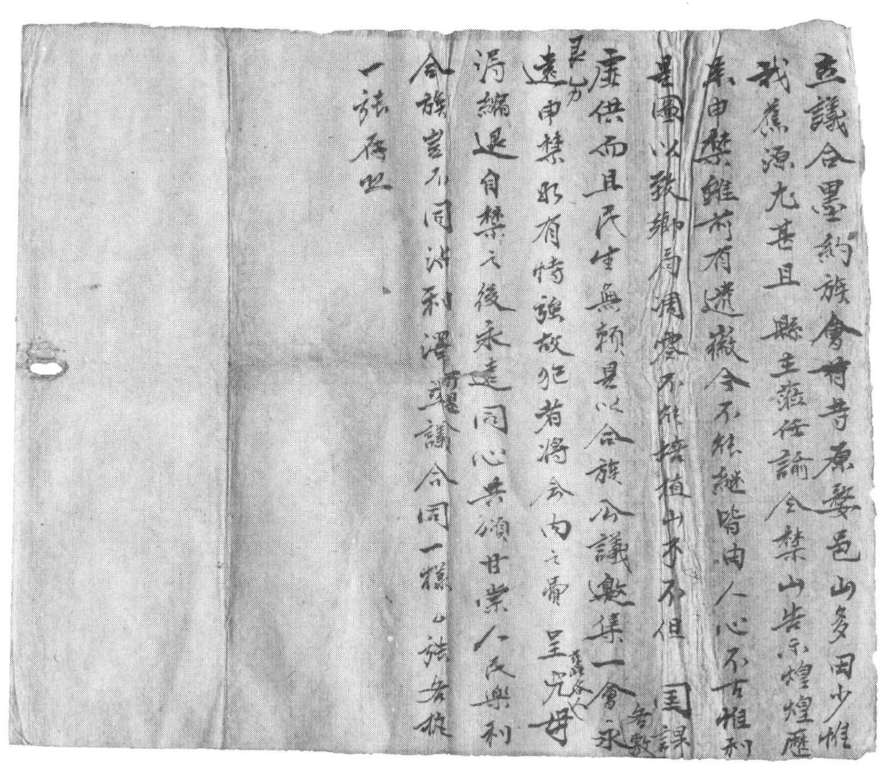

立議合墨約族會衿耆康婺邑山多田少惟
我蕉源尤甚且縣主嚴佐諭令禁山告示煌煌歷
來申禁雖有遺藏今不能越皆由人心不古惟利
是圖以致鄉局凋零不能培植山木不但國課各敷
虧供而且民生無賴是以合族公議邀集一會永
遠申禁如有恃強故犯者將會內之費呈究毋長力
得循退自禁之後永遠同心共須甘棠人民樂利
合族豈不同洪和澤斯思議合同一樣二紙各執
一紙存照

秋口镇里源 107 · 议合墨约 · 蕉源合族会首等

秋口镇里源 115 · 流水账

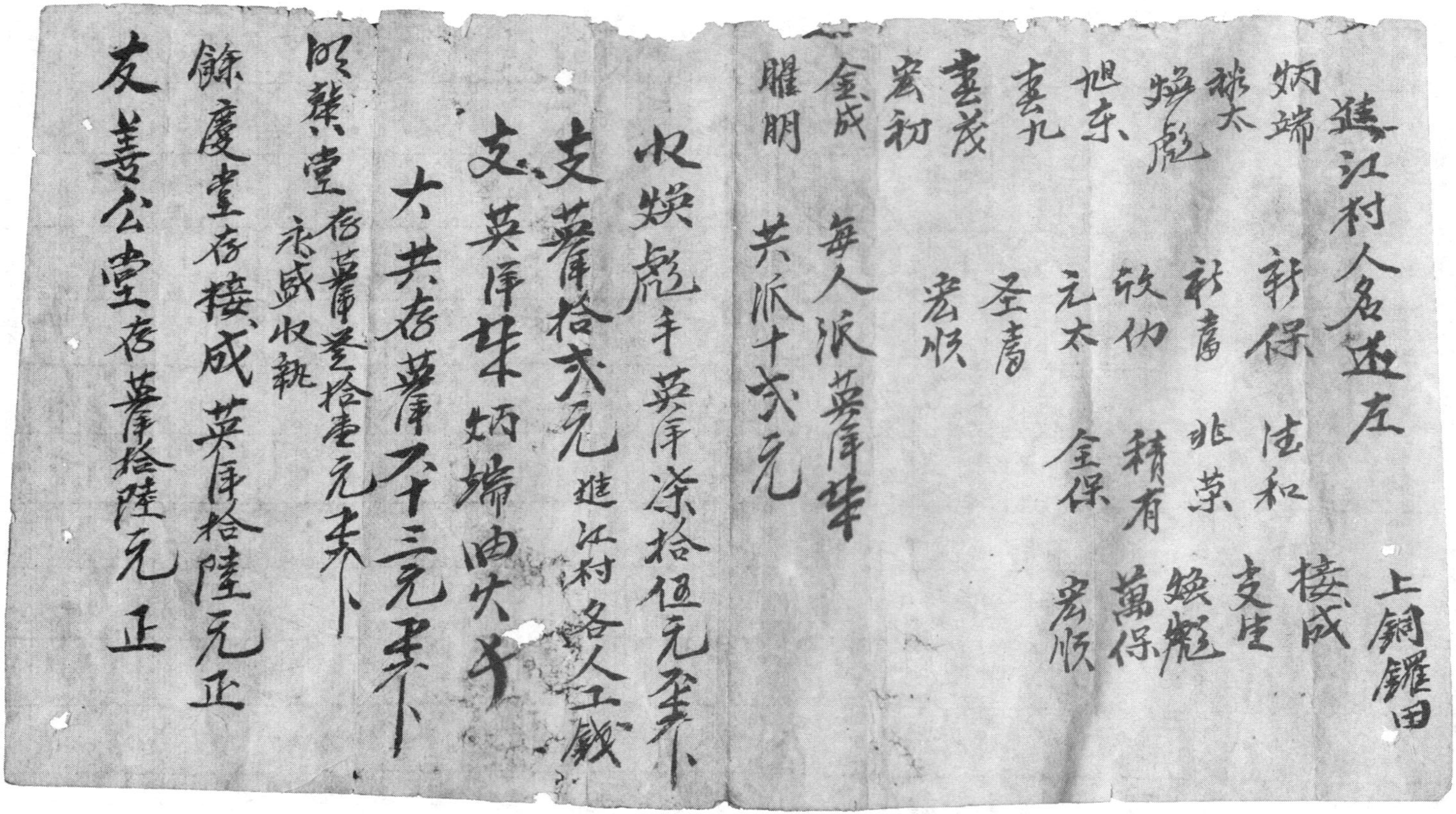

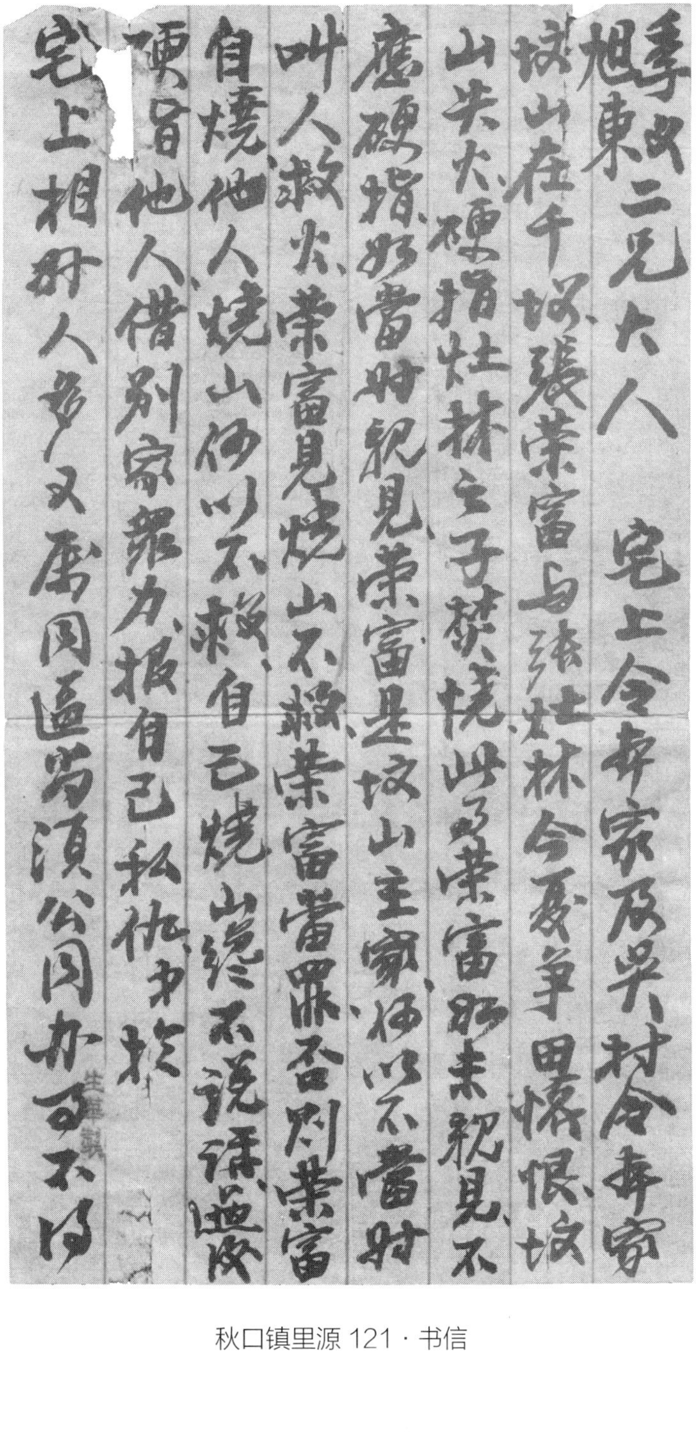

季叔

旭東二兄大人 宅上令弟家及吳村令弟家坟山在千坵張棠富与張灶林今夏爭田塝恨坟山失火硬指灶林之子焚燒此山棠富邀來親見不應硬指好當時親見棠富是坟山主家伊以不當時叫人救火棠富見燒山不救棠富當罪否則棠富自燒他人燒山伊以不救自己燒山總不說諉遮飾硬旨他人借別家羅力報自己私仇丹於

宅上相府人多又属同遍須公同办可不得

秋口镇里源 121 · 书信

再一言請
主出理勸　令弟家勿為干涉張業富所用令
已投詞如不回己至于经官控投案令弟家
宜先向業富要官司费，否则被千攸人騙。至于
敗衆。甚不合算。此案如果與訟，断不肯罢不一
言官司至于如何田地不能定也，弟布即頌
台祺　　兄夕江筆書　　十一日
灶林之子以果燒炭不過失火未尝不可向山主商情從輕议罚
亦又何必代為不平挾仇硬指風水而阻撤文社必伸此公忿也

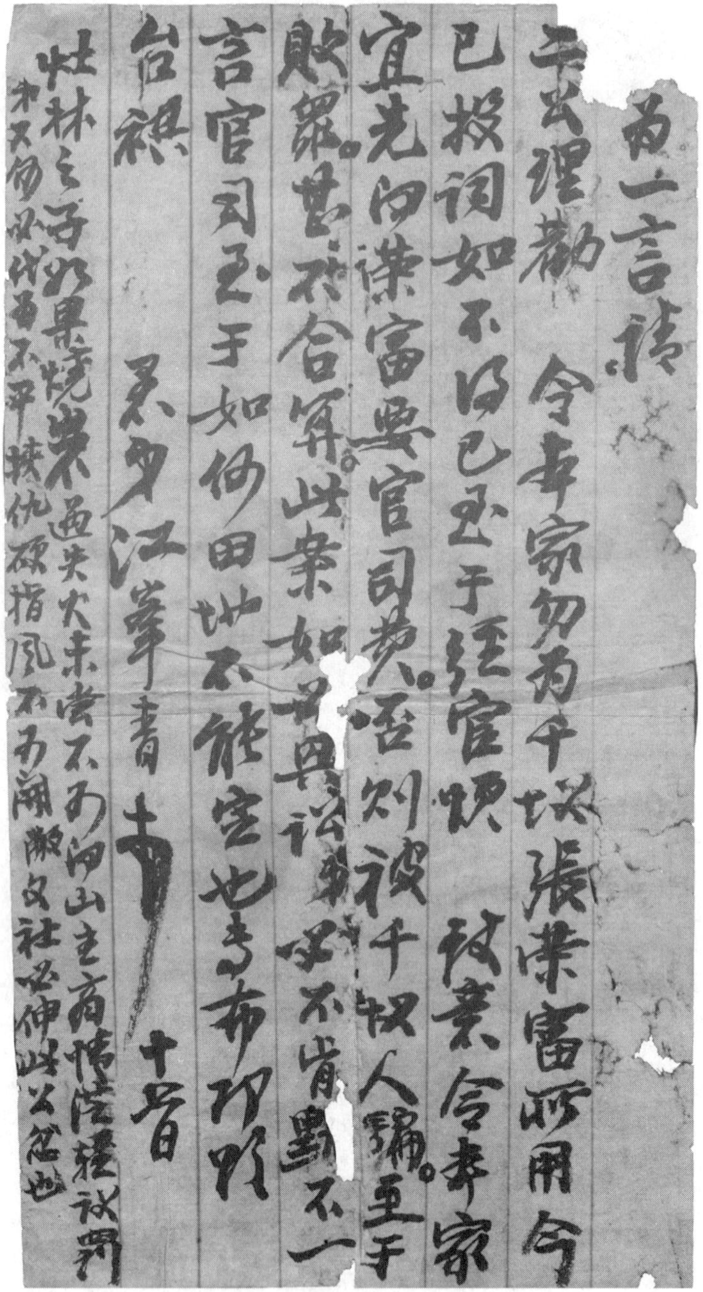

秋口镇里源 122 · 书信

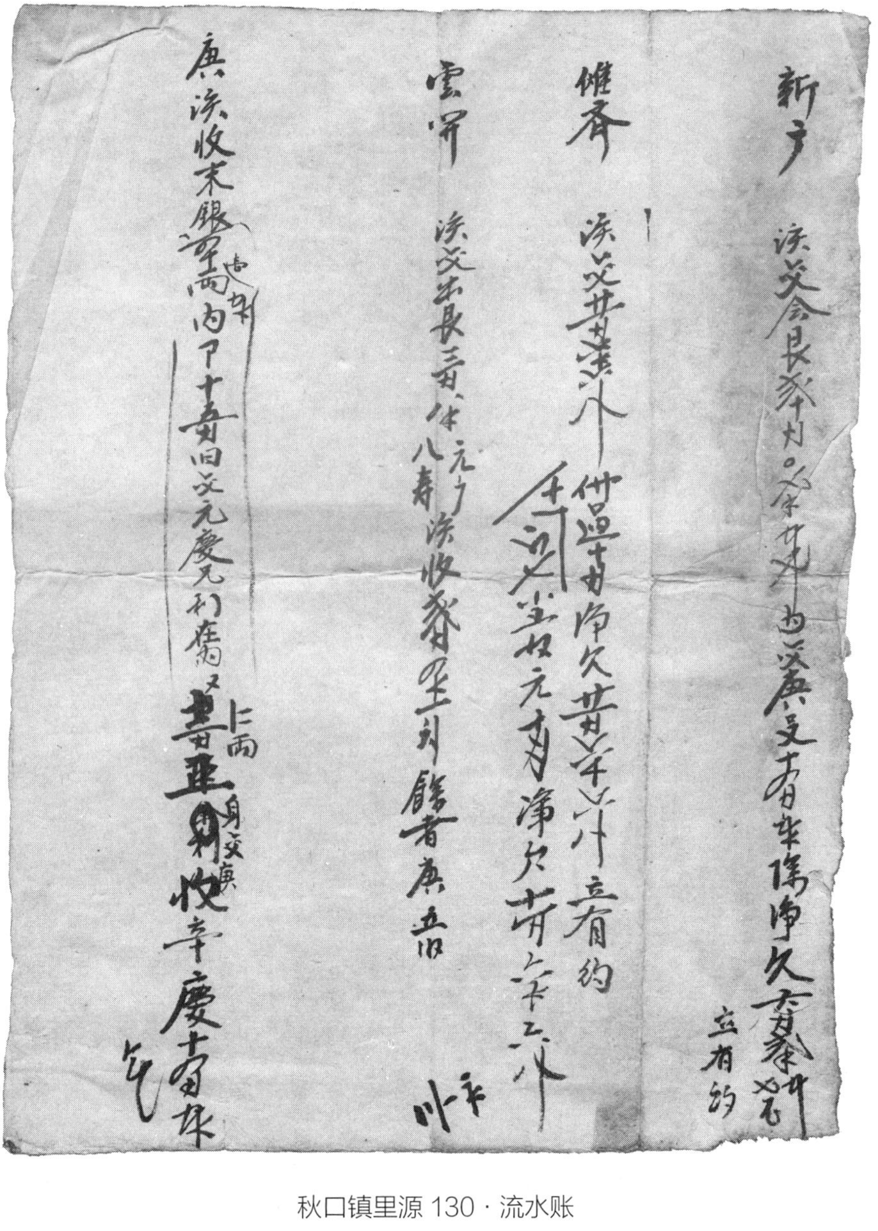

秋口镇里源 130 · 流水账

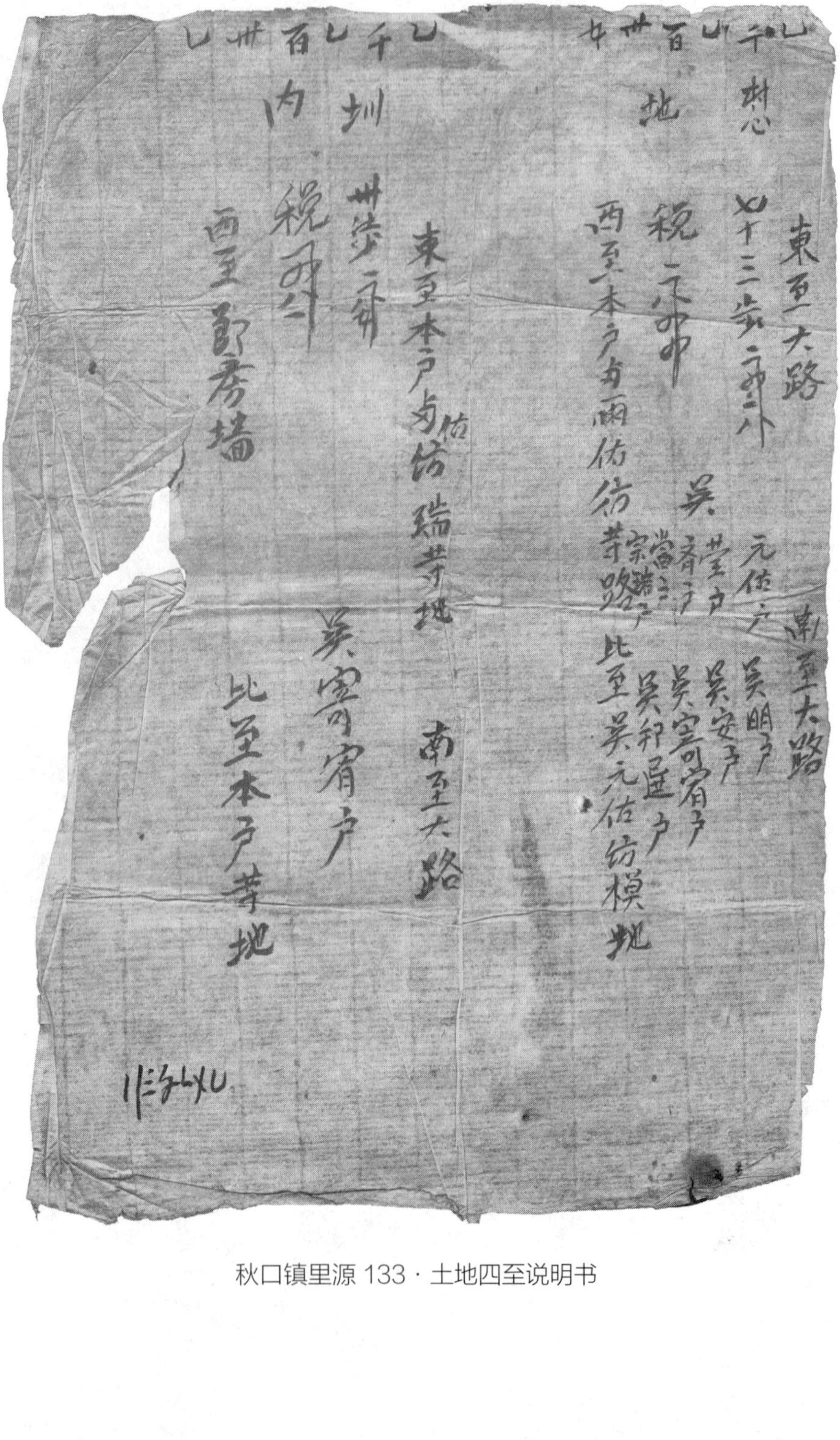

秋口镇里源 133 · 土地四至说明书

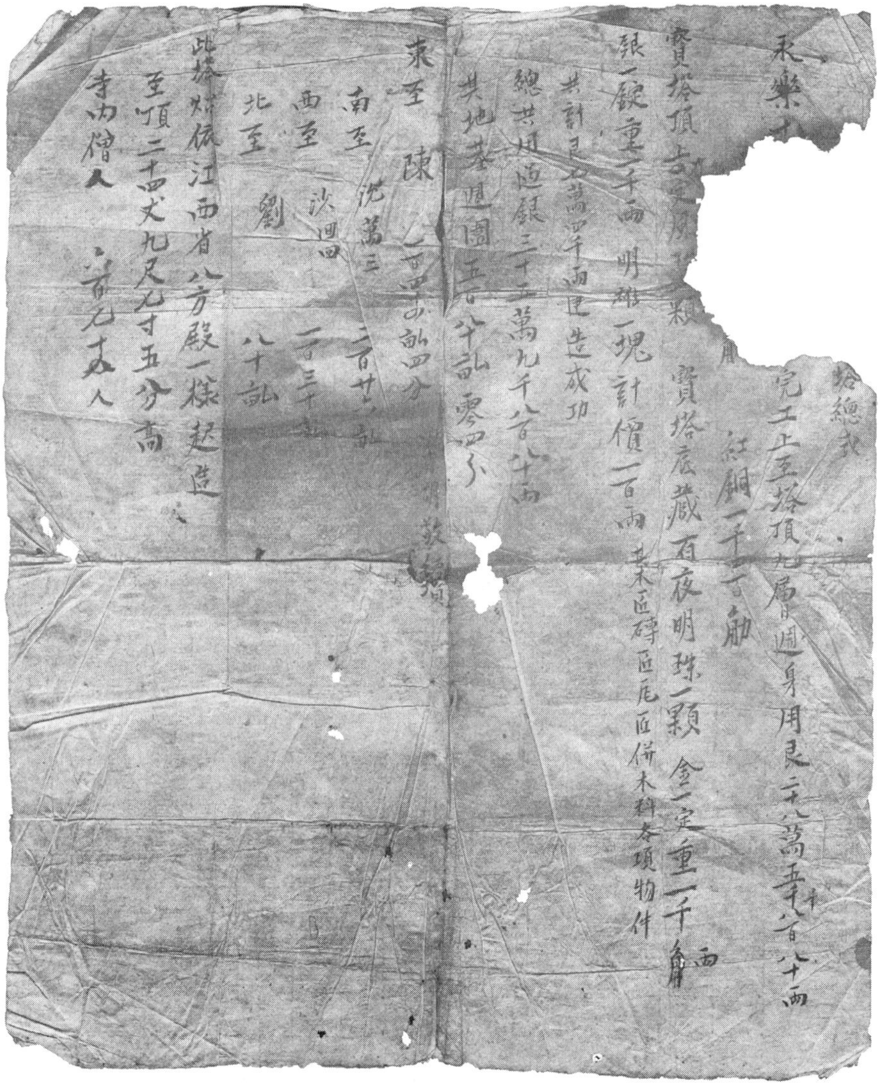
永樂十
寶塔頂[illegible]粒
給總共 完工上至塔頂九層週身用銀二十八萬五千八百八十兩
紅銅一千二百觔
用 寶塔底藏百夜明珠一顆 金一定重一千兩
銀一錠重一千兩 明珠一塊 計價一百兩 其木匠磚匠瓦匠併木料各項物件
共計銀七萬四千兩建造成功
總共用造銀三十五萬九千八百八十兩
共地基週圍五百八十弓零四分
東至陳 一百四十弓四分
南至沈萬三 二百廿一弓
西至汝四 一百三十弓
北至劉 八十弓
此塔照依江西省八方殿一樣起造
至頂二十四丈九尺九寸五分高
寺內僧人 一百九十九人

秋口镇里源 138 · 流水账

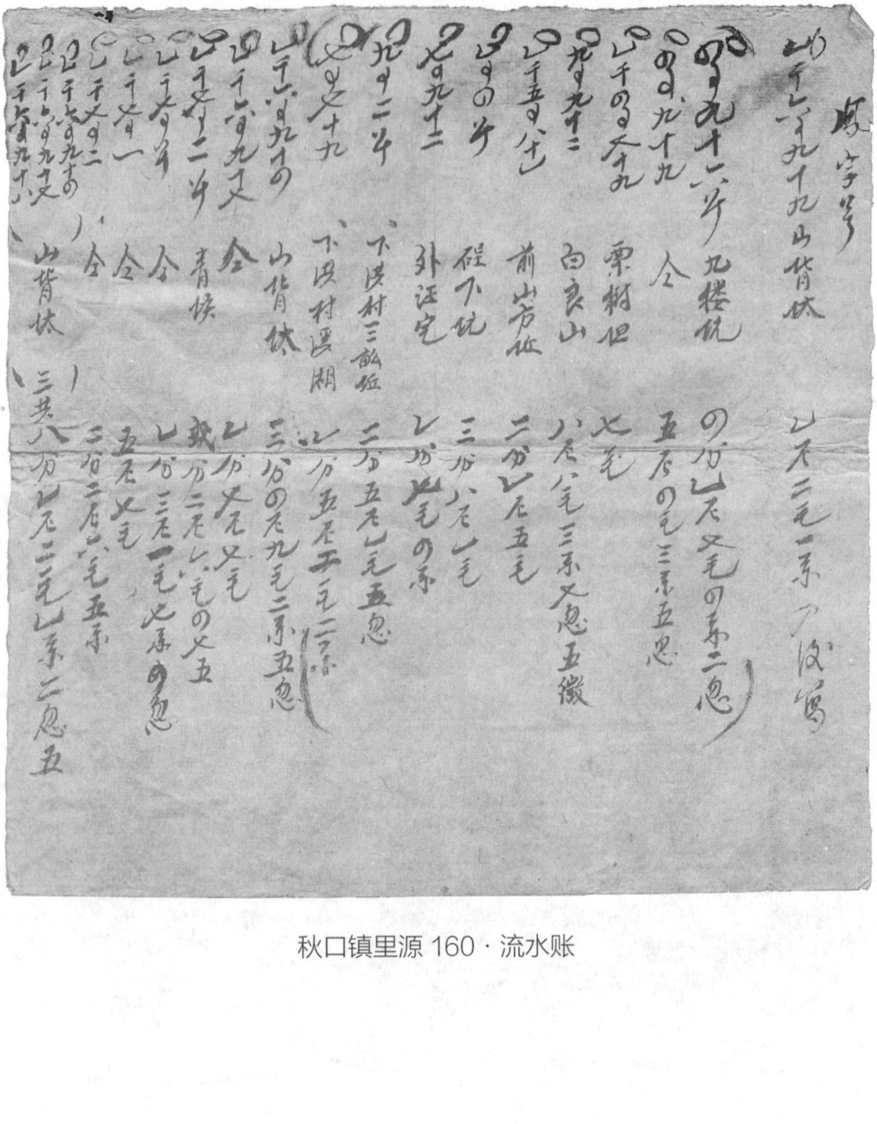

岗字号 [illegible] 山背坞 [illegible]
[illegible] 九楼坑 [illegible]
[illegible] 仝 [illegible]
[illegible] 栗树坦 [illegible]
[illegible] 白良山 [illegible]
[illegible] 前山方坵 [illegible]
[illegible] 碓下坑 [illegible]
[illegible] 外汪宅 [illegible]
[illegible] 下洪村三亩坵 [illegible]
[illegible] 下洪村澳湖 [illegible]
[illegible] 山背坞 [illegible]
[illegible] 仝 [illegible]
[illegible] 青坑 [illegible]
[illegible] 仝 [illegible]
[illegible] 仝 [illegible]
[illegible] 仝 [illegible]
[illegible] 山背坞 [illegible]

秋口镇里源 160 · 流水账

秋口镇里源 163 · 流水账

秋口镇毕家坑 1—117

立借约人孙国佳今因取赎佃皮田租应用自情愿托
中借到房兄　　名下本纹银壹两伍钱正其银三面言
定每一两递年秋收交硬租二秤廷不致欠少候奉还银
之日两缴一款有凭立此借约存照
因有佃皮契一纸押
雍正十一年十一月　日立借约人孙国佳
见人房弟孙国佐
信行

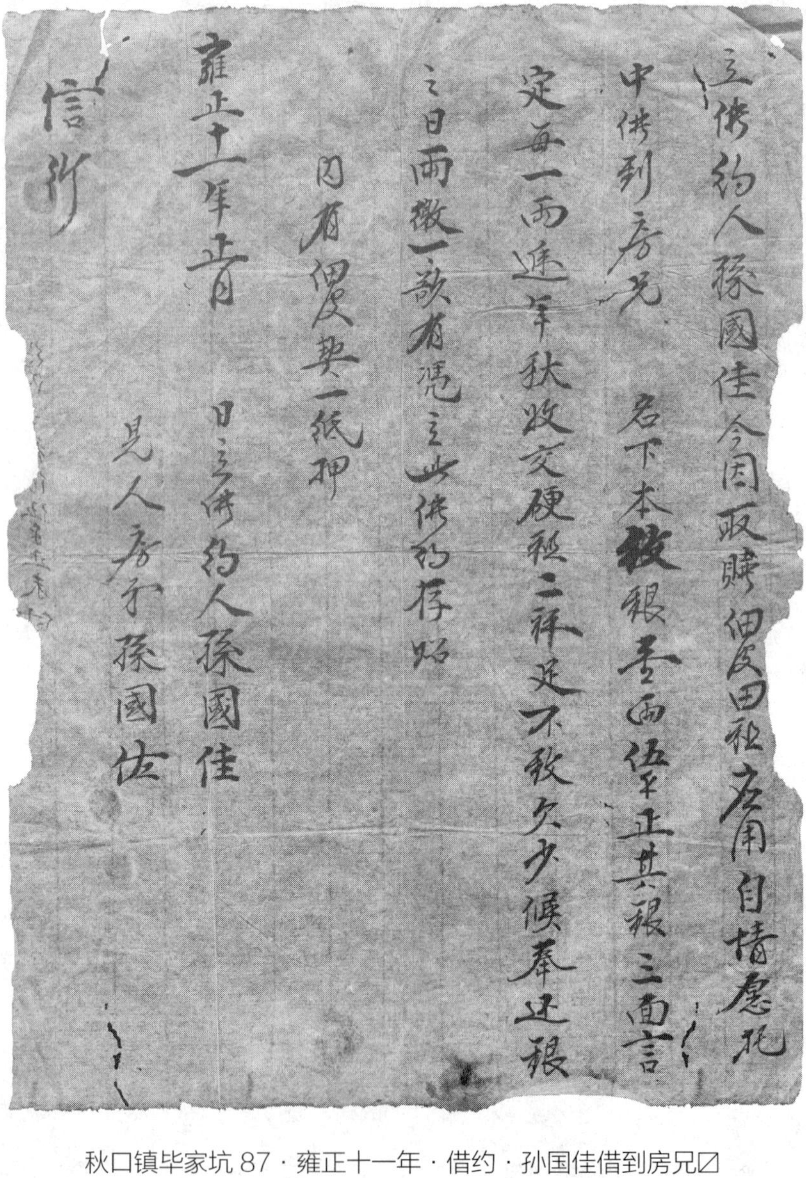

秋口镇毕家坑 87 · 雍正十一年 · 借约 · 孙国佳借到房兄☐

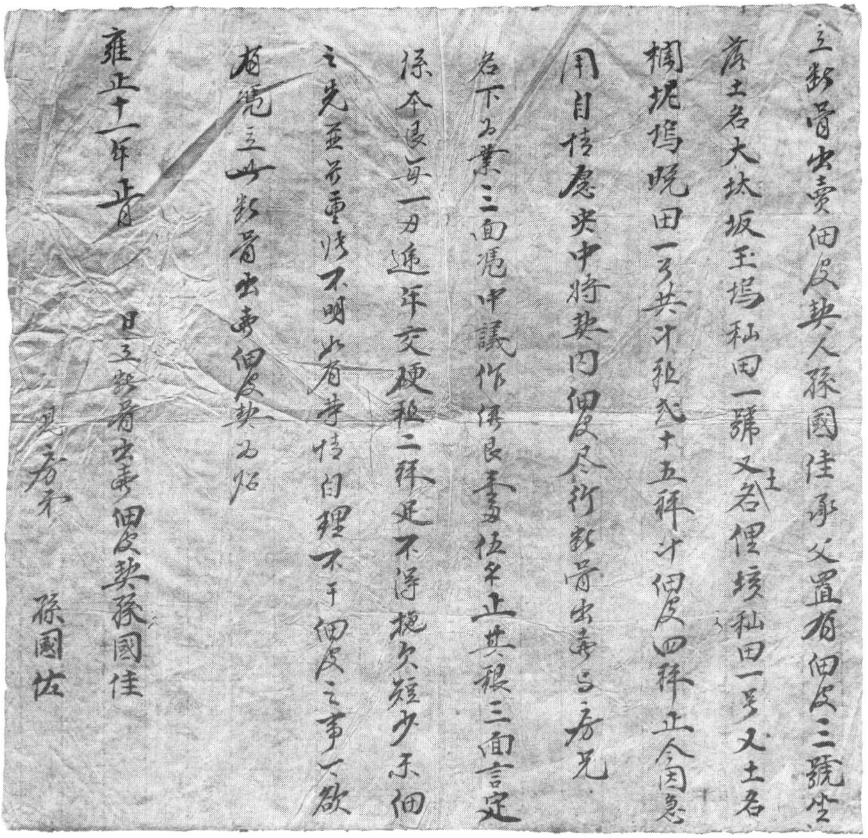
立斷骨出賣佃皮契人孫國佳承父置有佃皮二號坐
落土名大坋坂王塢私田一號又土名俚坑私田一號又土名
榈坭塢岘田一號共計租弍十五秤計佃皮四秤正今因急
用自情愿央中將契內佃皮盡行斷骨出賣與房兄
名下為業三面憑中議作價銀壹兩伍錢正其銀三面言定
係本銀每一兩逐年交硬租二秤足不得拖欠短少如佃
主先並無重複不明如有等情自理不干佃皮之事今欲
有憑立此斷骨出賣佃皮契為照
雍正十一年十月 日立斷骨出賣佃皮契孫國佳
見房叔 孫國佐

秋口镇毕家坑 89 · 雍正十一年 · 断骨出卖佃皮契 · 孙国佳卖与房兄☑

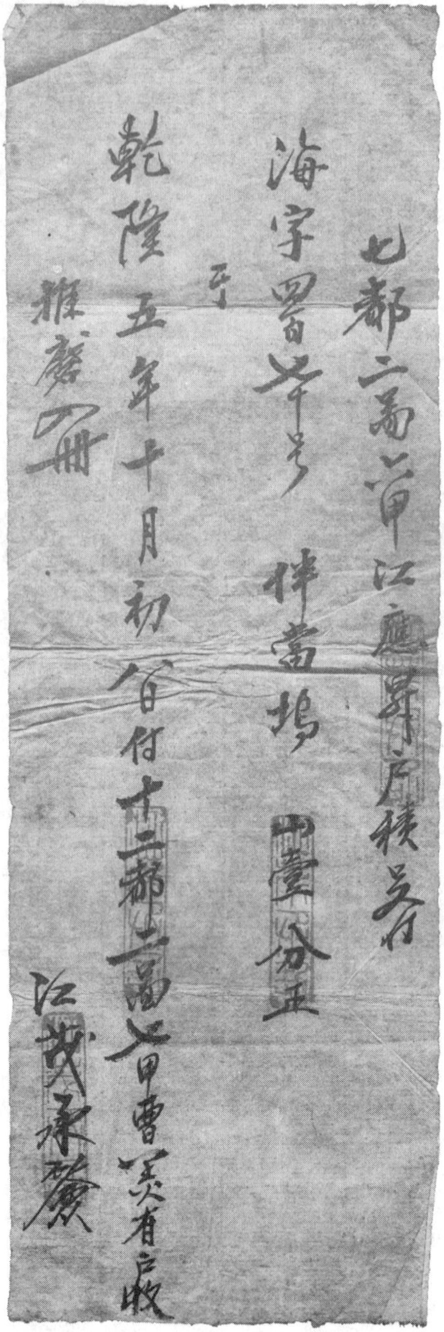
七都二啚一甲江應昇户[illegible]
海字四百八十七号 伴當塢 山壹分五
乾隆五年十月初八日付十二都二啚八甲曹美有户收
推單
江承發

秋口镇毕家坑 14 · 乾隆五年 · 推单 · 江应昇户付与曹美有户

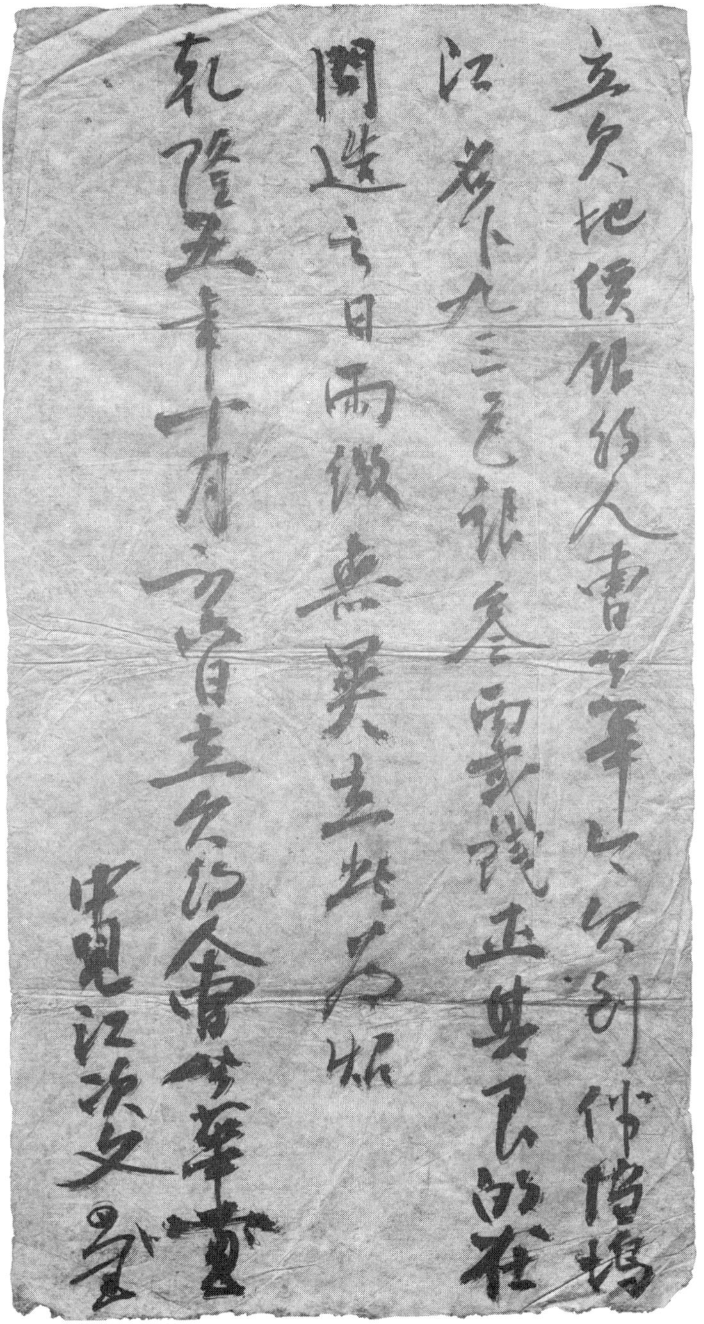
立欠地價銀約人曹公筆今欠到 仲偕鳩
江名下九三色銀叁兩貳錢正其艮的在
開造之日兩繳無異立此為炤
乾隆五年十月初八日立欠約人曹公筆畫
中見江汝文畫

秋口镇毕家坑 82 · 乾隆五年 · 欠地价银约 · 曹公笔欠到☐

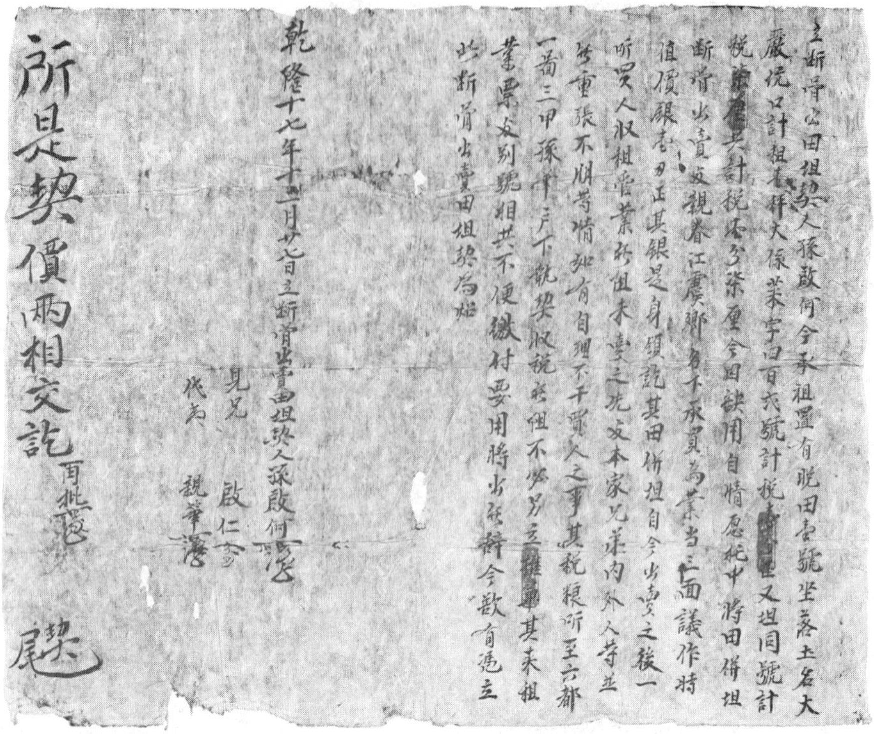
立断骨出田坦契人孫啟何，今承祖置有晚田壹號，坐落土名大巖坑口，計租叁秤大，係茉字四百六號，計税[illegible]，又坦同號，計税[illegible]，共計税叁分叁釐。今因缺用，自情愿托中將田併坦断骨出賣與親眷江虞鄉名下承買為業，当三面議作時值價銀壹兩五錢正，其銀是身領訖。其田併坦自今出賣之後，一听買人收租管業。於伍未賣之先，與本家兄弟内外人等並無重張不明等情，如有，自理，不干買人之事。其税粮所至六都一啚三甲孫[illegible]戶下，就契收税，本伍不必另立推单。其来祖業票與別號相共，不便繳付，要用將出，不辞。今欲有憑，立此断骨出賣田坦契為始。

乾隆十七年十二月廿七日立断骨出賣田坦契人孫啟何（押）

見兄 啟仁（押）

代书 親筆（押）

所是契價兩相交訖，再批（押）

契尾

秋口镇毕家坑 92 · 乾隆十七年 · 断骨出卖田坦契 · 孙启何卖与江虞乡

秋口镇毕家坑 113 · 乾隆二十七年 · 断骨出卖山契 ·
光远堂支孙启横卖与光远堂

立自情愿断骨出俵佃皮约人江元澍，今承伯父茂稻分浮該身股晚田皮贰段，坐落土名梧桐樹坵王九坑，佃皮贰號，計皇租肆秤大，其佃皮八至分明。一因茂稻之女名德弟亡故，並無費用，身情愿央中將佃皮尽行断骨出俵與親眷孫啟何名下承買為業，憑中議作時值價銀　　正，其銀是身當即收訖，其佃皮自今出俵之后，一听買人前去耕種管業無阻。未賣之先，与本家內外人等並無生情異說，如有生端，是身自理，不干買人之事。今恐無憑，立此断骨出俵佃皮约存照。

其佃皮實典九四足宪叁兩正，內延良肆伍担沙。

其佃皮三面言定五年內備原價取贖，兩無異說。再批。押

乾隆贰拾九年十二月廿六日立自情愿断骨出俵佃皮约人江元澍（押）

知見父　茂程（押）

見伯　茂秋（押）

叔　茂稔（押）

兄　元澤（押）

中

孫禮元（書）

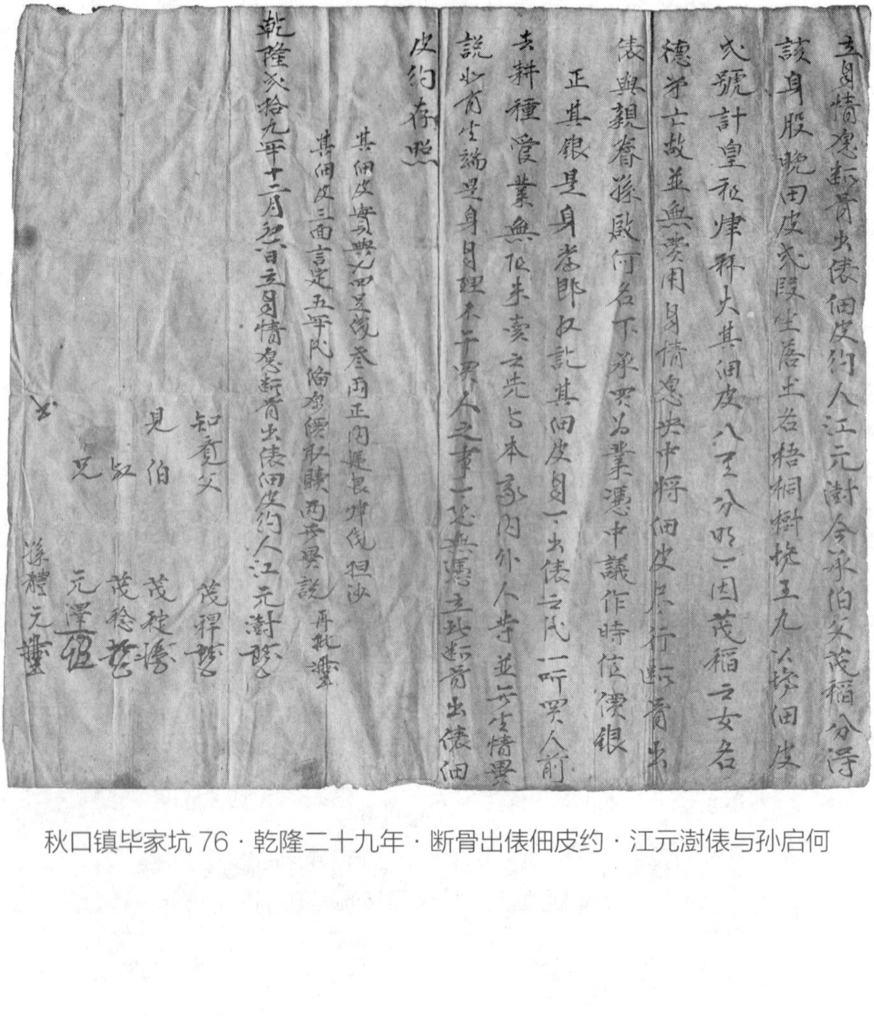

秋口镇毕家坑 76 · 乾隆二十九年 · 断骨出俵佃皮约 · 江元澍俵与孙启何

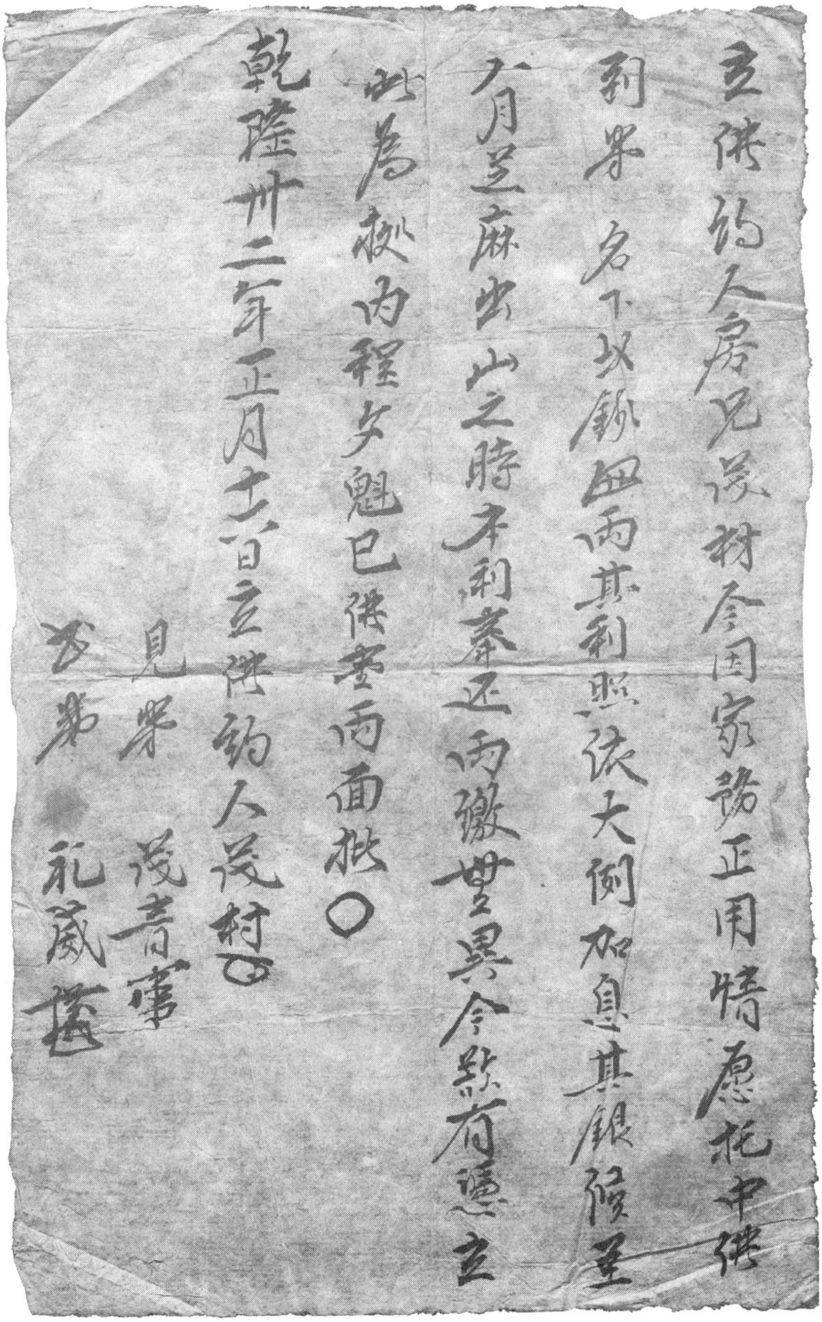
立借約人房兄茂材今因家務正用情愿托中借
到眾名下坟銀四兩其利照依大例加息其銀限至
六月苧麻出山之時本利齊還兩繳無異今欲有憑立
此為據內程文魁巳借壹兩面批〇
乾隆卅二年正月十六日立借約人茂材
見眾 茂青
代筆 禾嵗

秋口镇毕家坑83·乾隆三十二年·借约·茂材借到☐

秋口镇毕家坑 95 · 乾隆三十六年 · 断骨绝卖荒山契 · 李弘陛卖与孙☐

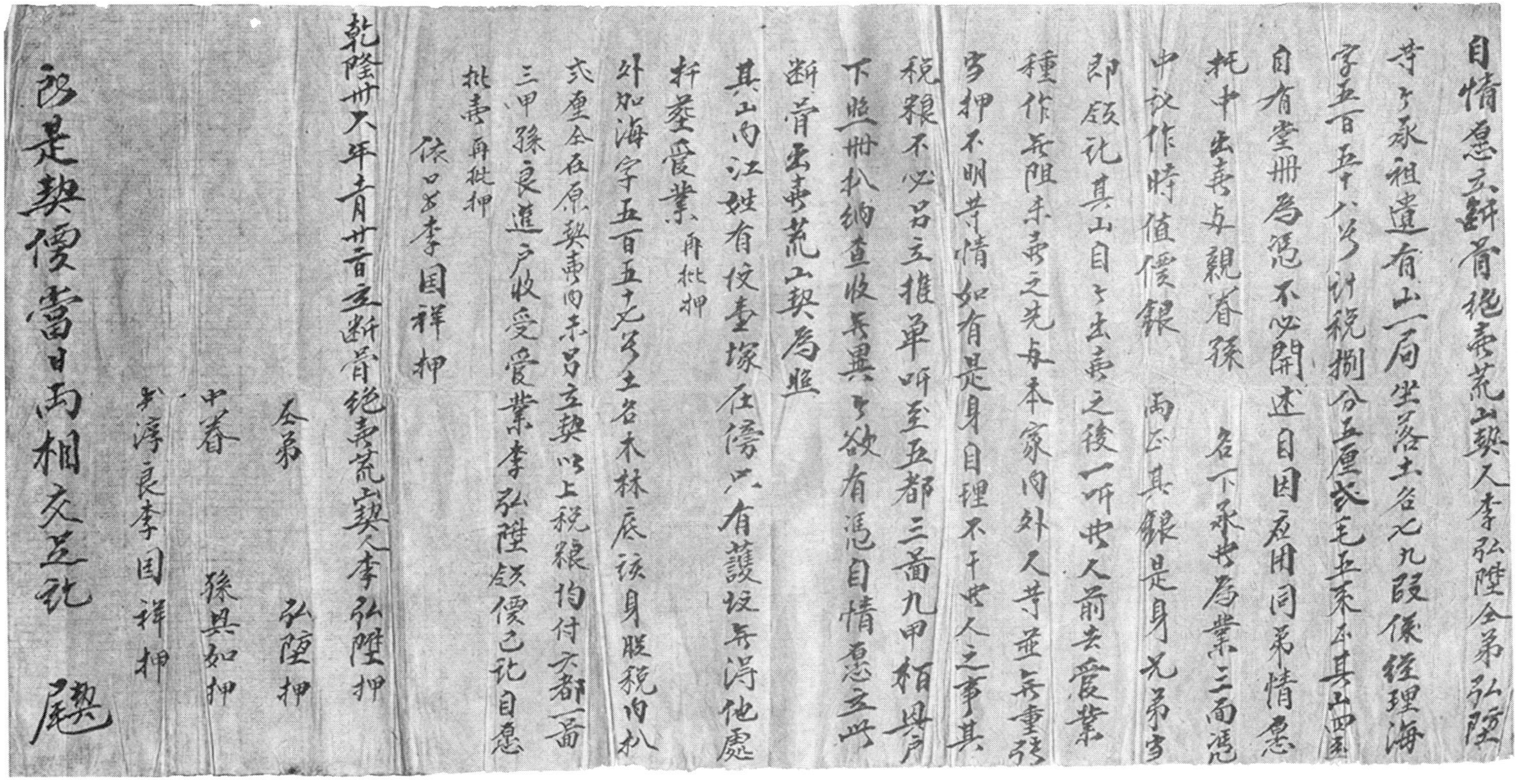

秋口镇毕家坑 107 · 乾隆三十六年 · 断骨绝卖荒山契 · 李弘升同弟弘陞绝卖与亲眷孙☐

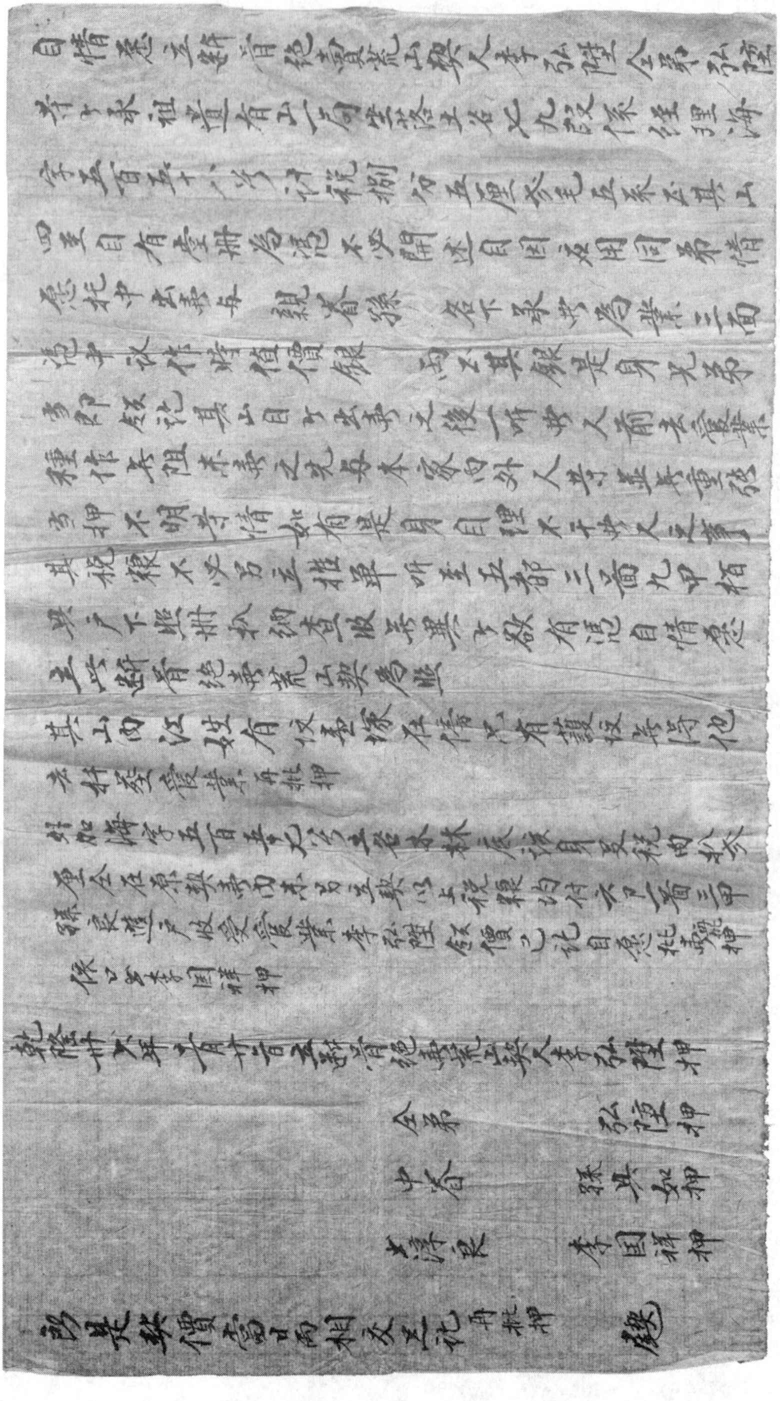

秋口镇毕家坑 108 · 乾隆三十六年 · 绝卖荒山契 · 李弘升同弟弘陞断骨绝卖与亲眷孙☒

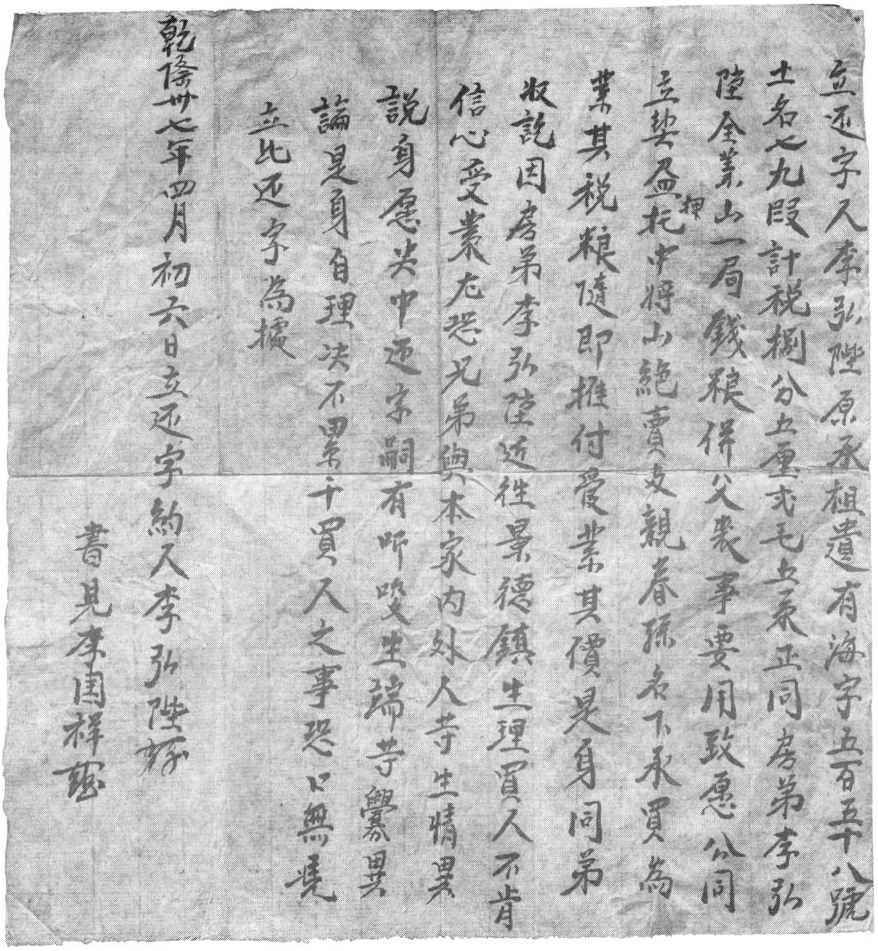
立还字人李弘陞原承祖遺有海字五百五十八號
土名乜九段計稅捌分五厘弍毛五系正同房弟李弘
陞仝業山一局錢粮併父喪事要用致愿公同
立契盈押托中將山絕賣支親眷孫名下承買為
業其稅粮隨即推付買業其價是身同弟
收訖因房弟李弘陞近往景德鎮生理買人不肯
信心受業左恐兄弟與本家內外人等生情異
說身愿央中还字嗣有听吵生端等釁異
論是身自理决不累于買人之事恐口無凴
立此还字為據
乾隆卅七年四月初六日立还字約人李弘陞（押）
書見李囯祥（押）

秋口镇毕家坑 80 · 乾隆三十七年 · 还字 · 李弘升绝卖与亲眷孙

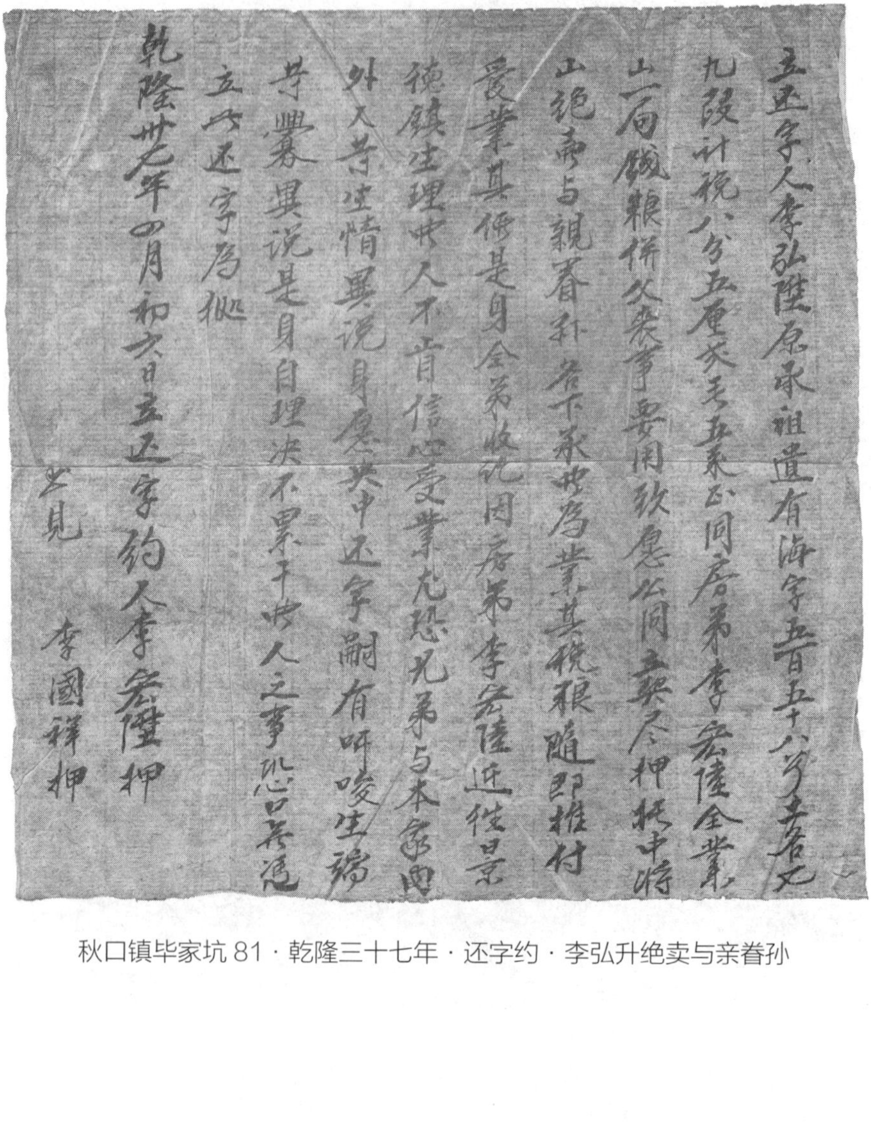
立还字人李弘陞原承祖遗有海字五百五十八号土名丈
九段计税八分五厘又土名□同房弟李宏陞全业
山一局钱粮併父丧事要用致恳公同立契尽押抵中将
山绝卖与亲眷孙名下承业为业其税粮随即推付
受业其价是身全弟收讫因房弟李宏陞迁往景
德镇生理中人不肯信从受业尤恐兄弟与本家内
外人等生情异说身愿与中还字嗣有呼唆生端
等弊异说是身自理决不累于受人之事恐口无凭
立此还字为据
乾隆卅七年四月初六日立还字约人李宏陞押
中见 李国祥押

秋口镇毕家坑 81 · 乾隆三十七年 · 还字约 · 李弘升绝卖与亲眷孙

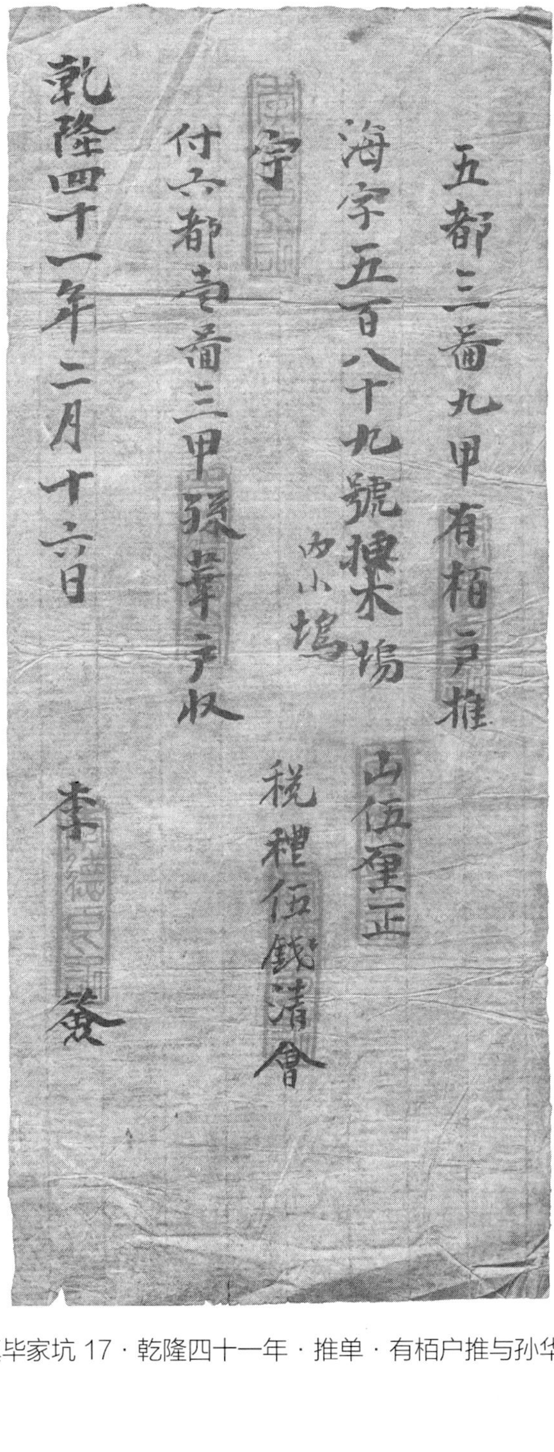

五都三啚九甲有栢户推
海字五百八十九號棟木塲 西小塢
山伍厘正
税粮伍錢清會
字
付六都壹啚三甲孫華户收
乾隆四十一年二月十六日
李 簽

秋口镇毕家坑 17 · 乾隆四十一年 · 推单 · 有栢户推与孙华户

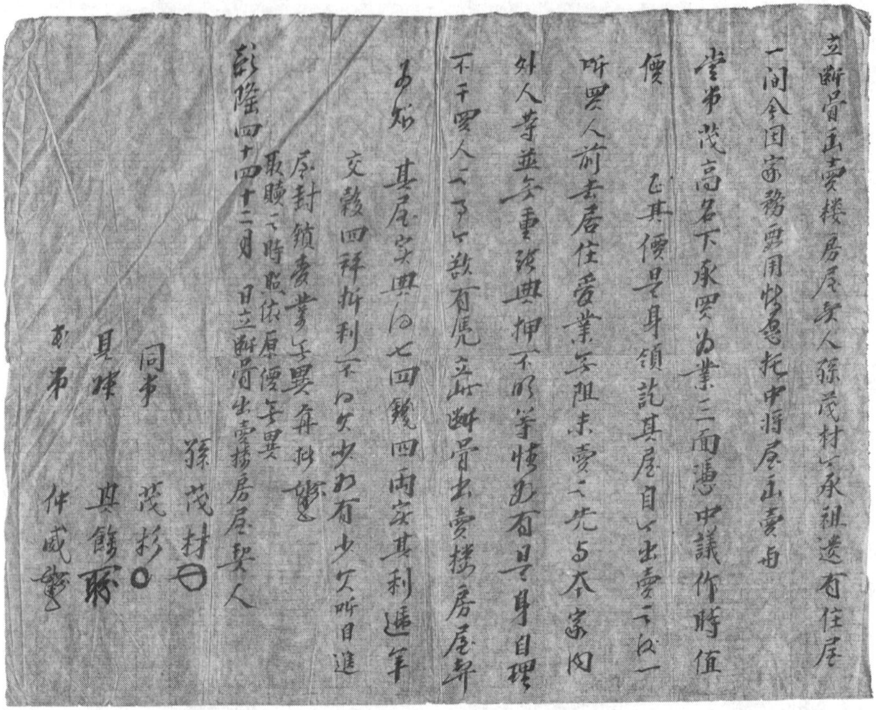
立断骨出卖楼房屋契人孙茂材，今承祖遗有住屋
一间，今因家务要用，情愿托中将屋出卖与
堂弟茂高名下承买为业，三面凭中议作时值
便　足其便是身领讫，其屋自今出卖之后，一
听买人前去居住管业，无阻。未卖之先与本家内
外人等并无重张典押、不明等情，如有，是身自理，
不干买人之事。今欲有凭，立此断骨出卖楼房屋契
存照。其屋实典得七四钱四两，其利递年
交谷四秤折利，不得欠少，如有少欠，听日进
屋封锁管业，无异。再批（押）
取赎之时照依原便无异
乾隆四十四年十二月　日立断骨出卖楼房屋契人　孙茂材（押）
同弟　茂杉（押）
见嫂　典馀（押）
书弟　仲威（押）

秋口镇毕家坑 88 · 乾隆四十四年 · 断骨出卖楼房契 · 孙茂材卖与堂弟茂高

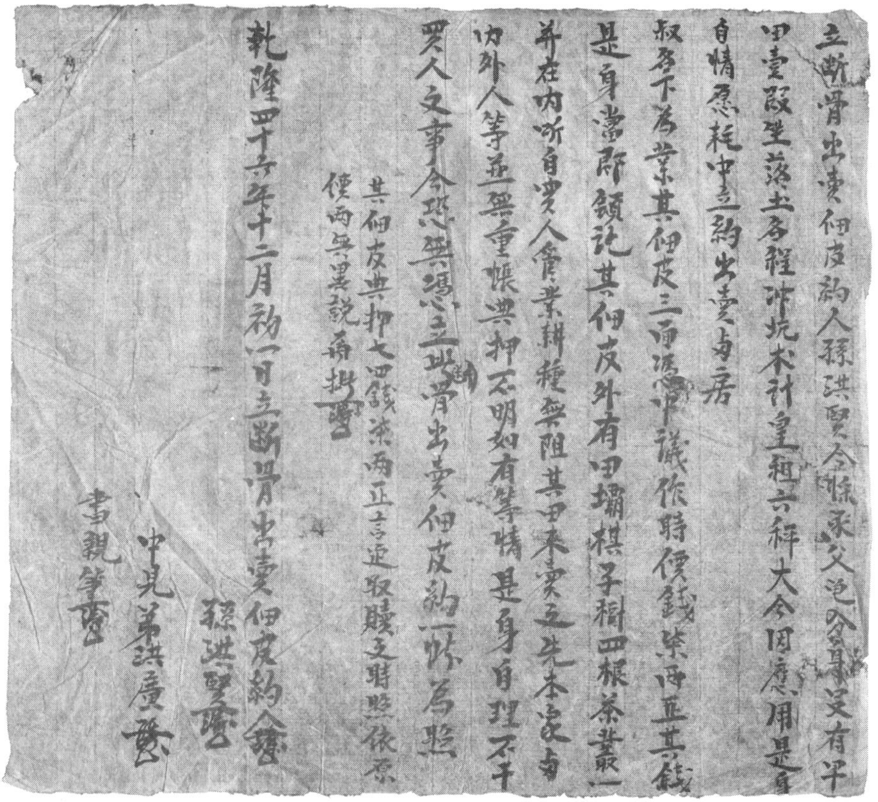
立断骨出卖佃皮约人孙洪贤今缘承父遗分身受有田
田壹段坐落土名程冲坑本计皇租六秤大今因应用是身
自情愿托中立约出卖与房
叔名下为业其佃皮三面凭中议作时价钱柒两正其钱
是身当即领讫其佃皮外有田塝棋子树四根茶丛一
并在内听自买人管业耕种无阻其田未卖之先本家与
内外人等并无重张典押不明如有等情是身自理不干
买人之事今恐无凭立此断骨出卖佃皮约一纸为照
其佃皮典押七四钱柒两正言定取赎之时照依原
便两无异说 再批
乾隆四十六年十二月初一日立断骨出卖佃皮约人孙洪贤
中见弟洪广
书亲笔

秋口镇毕家坑 85 · 乾隆四十六年 · 断骨出卖佃皮约 · 孙洪贤卖与房叔

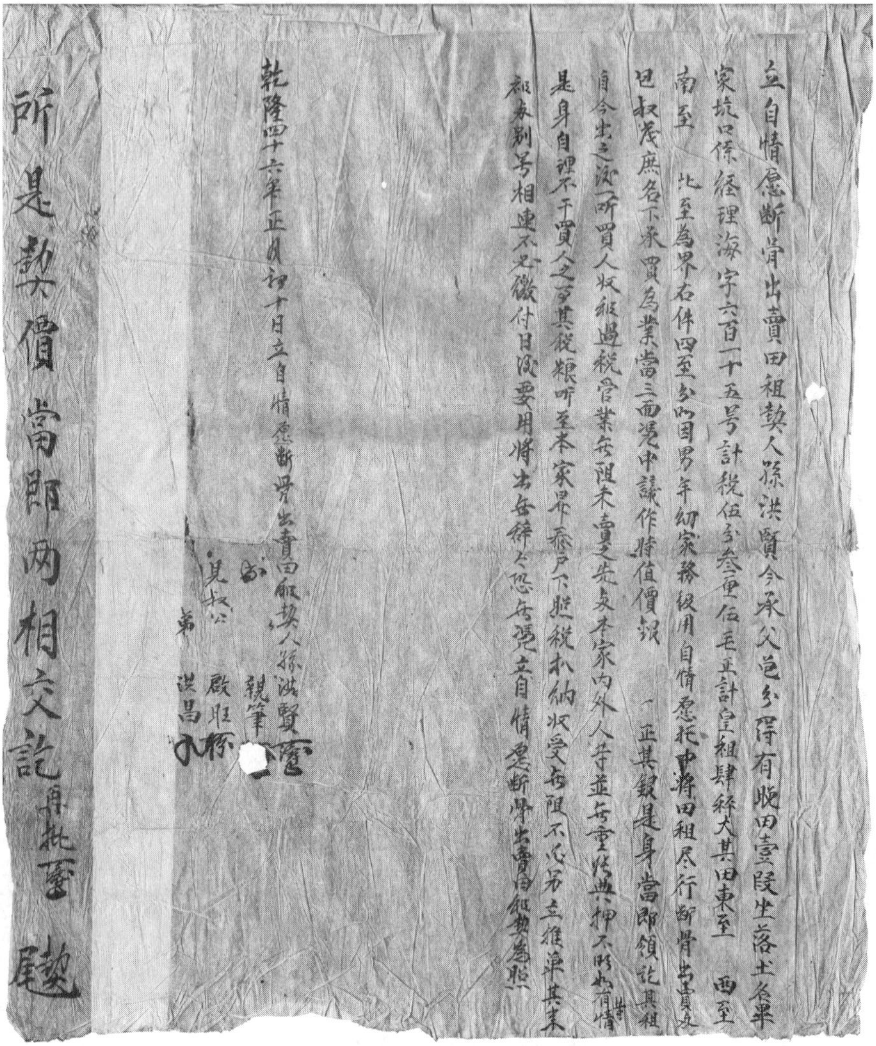

秋口镇毕家坑 98 · 乾隆四十六年 · 断骨出卖田租契 · 孙洪贤卖与包叔茂庶

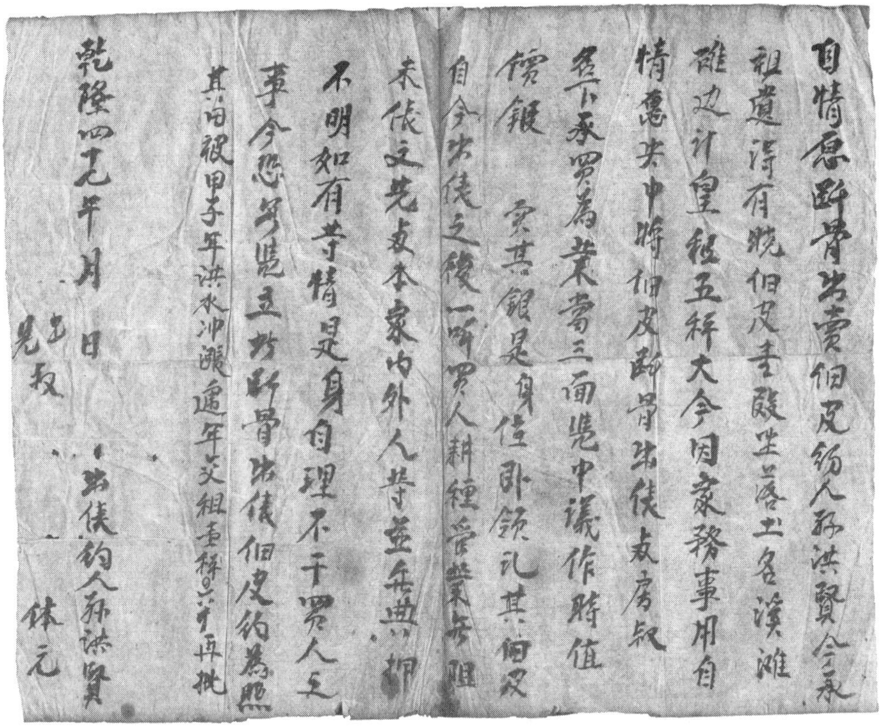
自情愿断骨出賣佃皮約人孫洪賢今承
祖遺得有晚佃皮壹號坐落土名漢灘
碓边計皇糧五秤大今因家務事用自
情愿央中將佃皮断骨出賣與房叔
名下承買爲業當三面憑中議作時值
價銀
實其銀是身隨即領訖其佃皮
自今出賣之後一聽買人耕種管業無阻
未賣之先與本家內外人等並無典押
不明如有等情是身自理不干買人之
事今恐無憑立此断骨出賣佃皮約爲照
其田被甲子年洪水沖壞遞年交租壹秤六斤再批
乾隆四十七年 月 日 出賣佃皮約人孫洪賢
中見叔 鉢元

秋口镇毕家坑 72 · 乾隆四十七年 · 断骨出卖佃皮约 · 孙洪贤卖与房叔☐

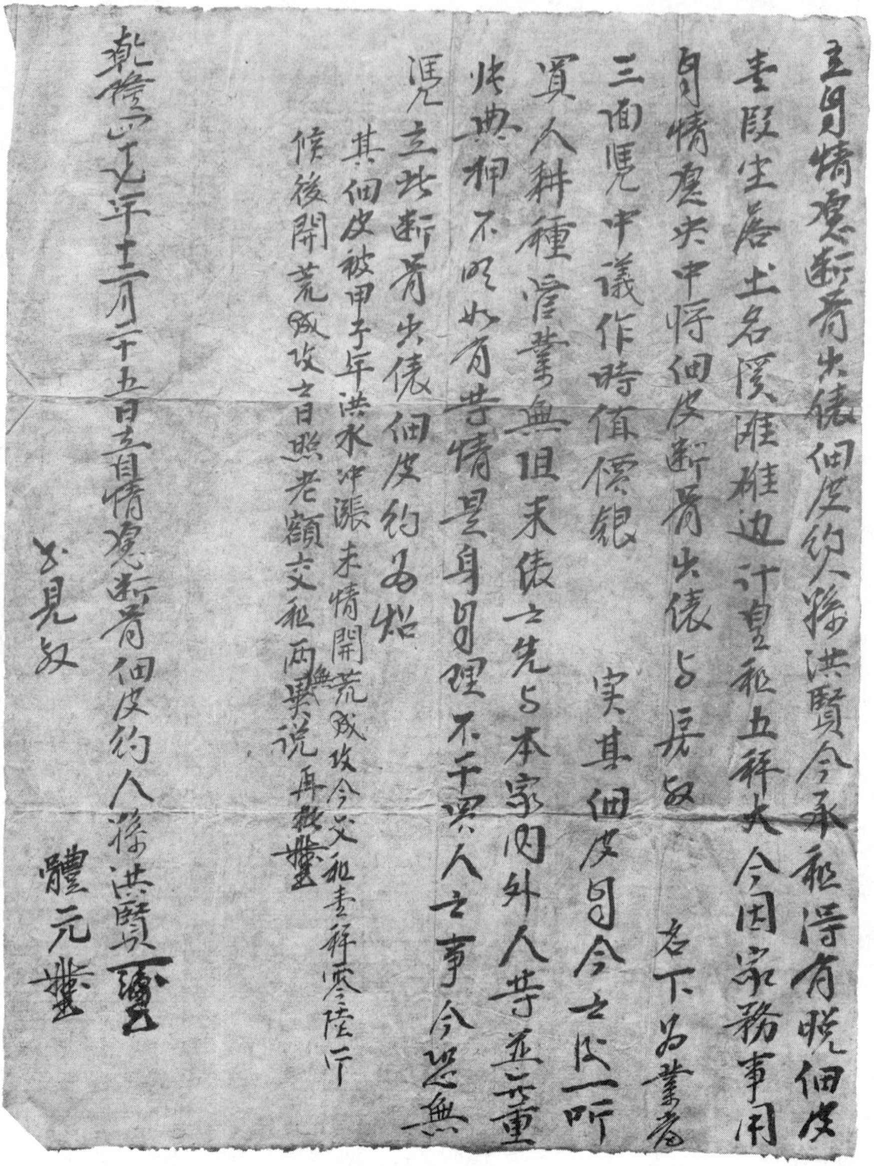
立自情愿斷骨出俵佃皮约人孫洪賢，今承祖得有晓佃皮
壹段，坐落土名溪灘碓边，计皇租五秤大。今因家務事用，
自情愿央中將佃皮斷骨出俵與房叔　　名下為業。
三面憑中議作時值價銀　　实其佃皮自今之後一听
買人耕種管業無阻。未俵之先，與本家内外人等並無重
張典押不明。如有等情，是身自理，不干買人之事。今恐無
憑，立此斷骨出俵佃皮约為照。
其佃皮被甲子年洪水冲漲，未情開荒成坵，今又租壹秤零陸斤。
倘後開荒成坵，言照老額交租，两無異说，再批。押
乾隆四十七年十二月二十五日立自情愿斷骨佃皮约人孫洪賢　押
中見叔　體元　押

秋口镇毕家坑 79 · 乾隆四十七年 · 断骨出俵佃皮约 · 孙洪贤出俵与房叔☐

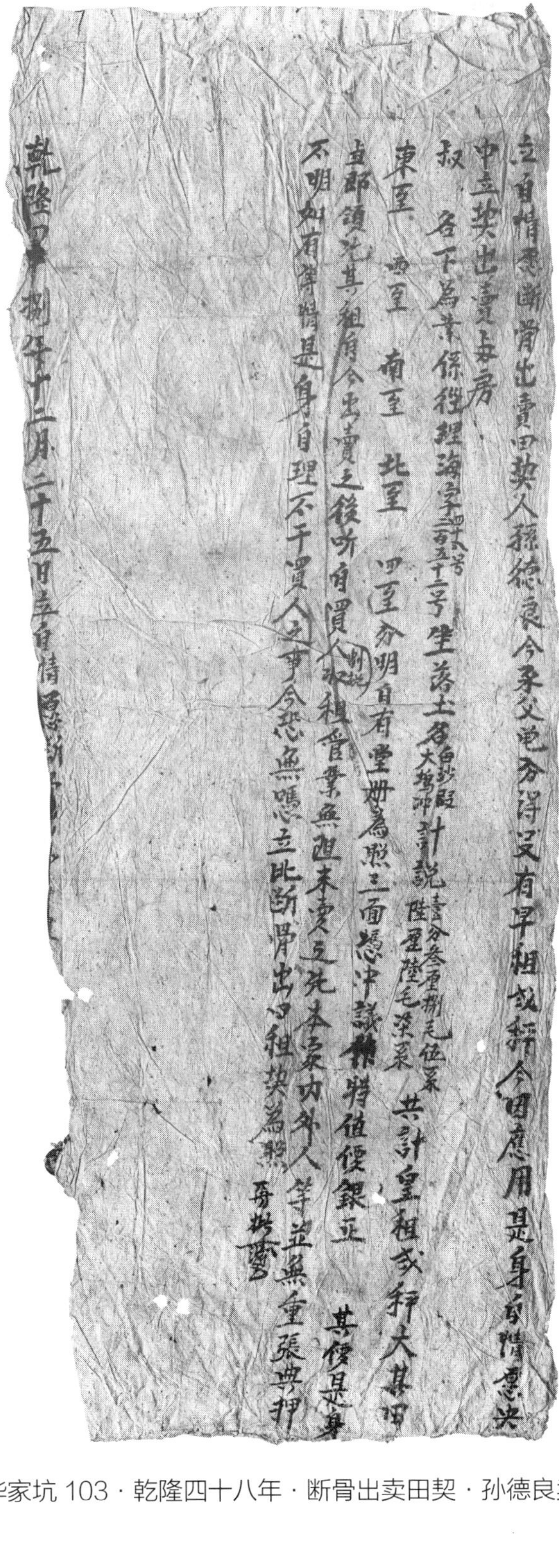

立自情愿断骨出賣田契人孫德良今承父邑分得又有早祖設耕今因應用是身自情愿央
中立契出賣与房
叔 名下為業係經理海字二百四十八号、二百五十二号坐落土名白沙段、大塢冲計税壹分叁厘捌毛伍系、陸厘陸毛柒系共計皇租弍秤大 其田
東至 西至 南至 北至 四至分明自有堂冊為照三面憑中議作時值價銀 正 其價是身
当即領訖其祖自今出賣之後听自買人收租管業無阻未賣之先本家内外人等並無重張典押
不明如有等情是身自理不干買人之事今恐無憑立此断骨出田租契為照 房姪□
乾隆四拾捌年十二月二十五日立自情愿断骨……

秋口镇毕家坑 103 · 乾隆四十八年 · 断骨出卖田契 · 孙德良卖与房叔☒

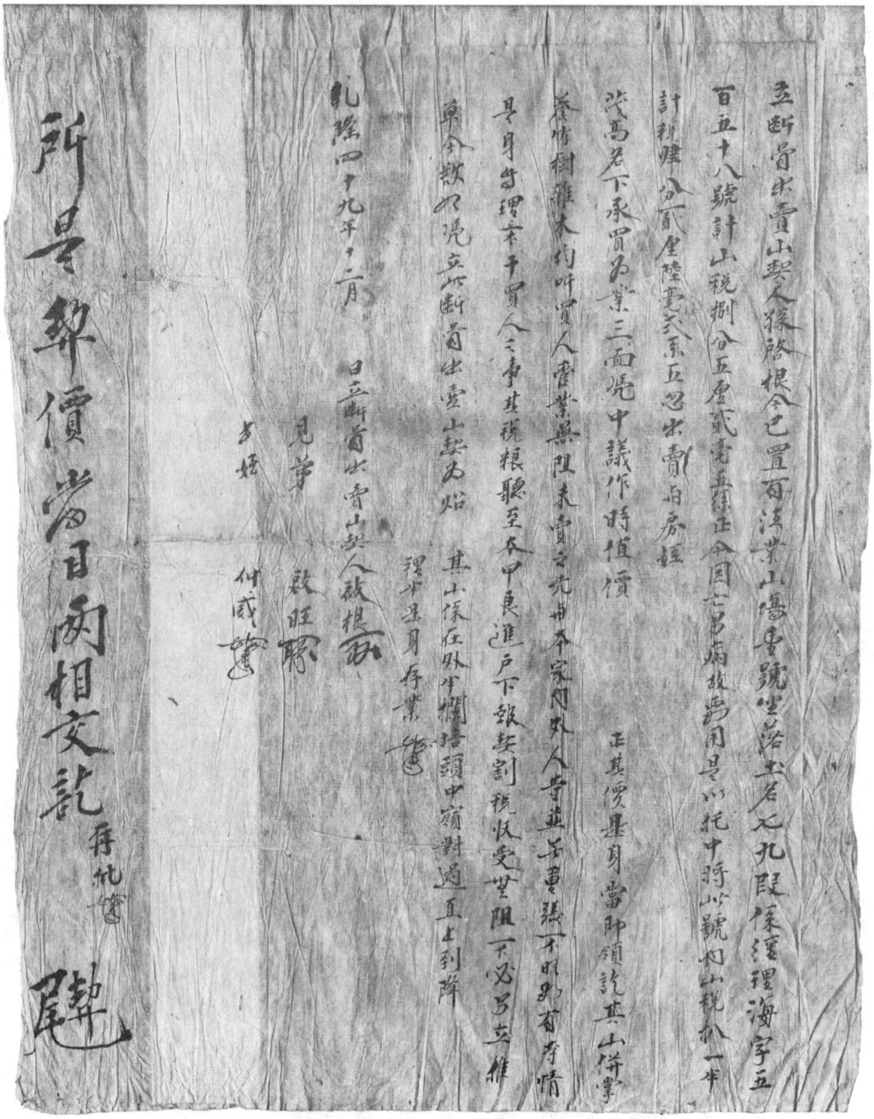
立斷骨出賣山契人孫啓根，今已置有溪業山塢壹號，坐落土名乜九段，係經理海字五百五十八號，計山稅捌分五厘貳毫五絲正。今因亡男病故無用，是以托中將此號內山稅扒一半，計稅肆分貳厘陸毫貳系五忽，出賣與房侄茂高名下承買為業。三面憑中議作時值價　　正，其價是身當即領訖。其山併棠養惜樹雜木，均聽買人管業無阻。未賣之先，與本家內外人等並無重張不明，如有等情，是身自理，不干買人之事。其稅根聽至本甲良進戶下起割稅收受無阻，一不必另立推單。今欲有憑，立此斷骨出賣山契為炤。

其山係在外牛欄塔頭中嶺對過直上到降

理中丑月　存業（押）

乾隆四十九年十二月　　日立斷骨出賣山契人啓根（押）

見弟　啓旺（押）

中姪　仲盛（押）

所是契價當日兩相交訖　存杭（押）

（押）

秋口镇毕家坑 97 · 乾隆四十九年 · 断骨出卖山契 · 孙启根卖与房侄茂高

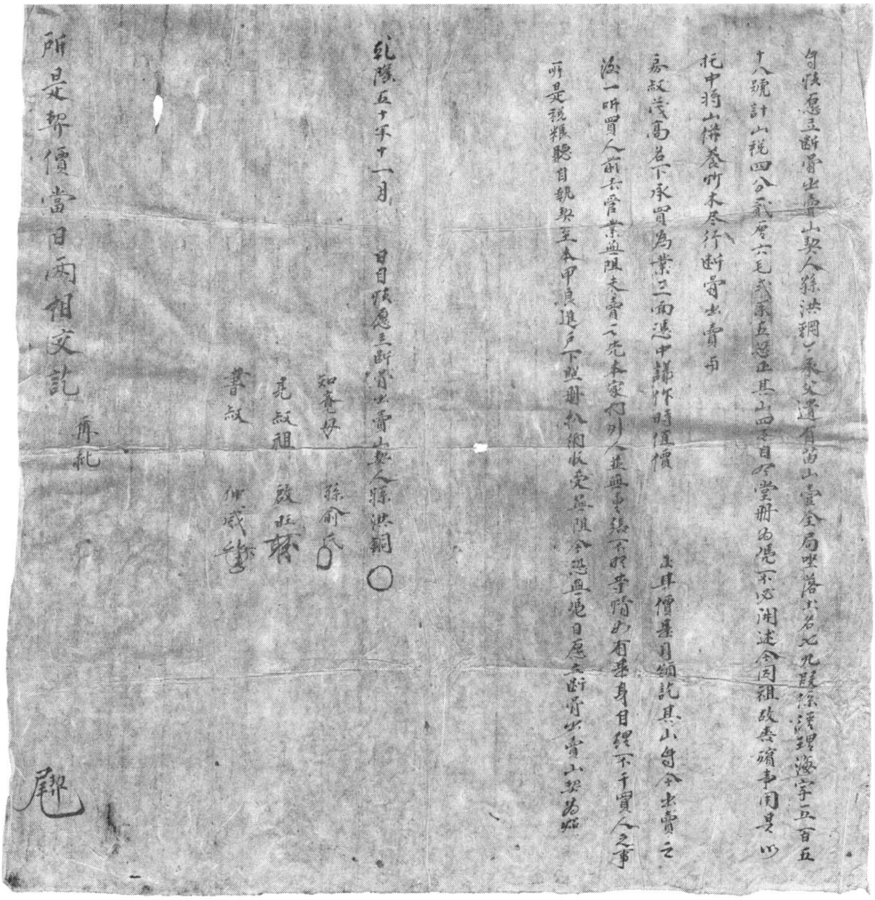

今情愿立斷骨出賣山契人孫洪銅，今承父遺有苗山壹全局，坐落土名九陇，係經理海字五百五
十八號，計山稅四分貳厘六毛貳系五忽正，其山四至自有堂冊可憑，不必開述。今因祖故喪殯事用，是以
托中將山併養竹木盡行斷骨出賣與
房叔茂高名下承買為業，三面憑中議作時值價
（立）其價是日領訖，其山自今出賣之
後，一听買人前去管業無阻。未賣之先，本家內外人並無重張交易不明等情，如有，本身自理，不干買人之事。
所是稅糧聽自執契至本甲孫進戶下起割扒納收受無阻。今恐無憑，自愿立斷骨出賣山契為照。
乾隆五十年十一月　日自情願立斷骨出賣山契人孫洪銅（押）
知見嬸　孫俞氏（押）
亮叔祖　政旺（押）
書叔　伯成（押）
所是契價當日兩相交訖　再批

秋口镇毕家坑 115 · 乾隆五十年 · 断骨出卖山契 · 孙洪铜卖与房叔茂高

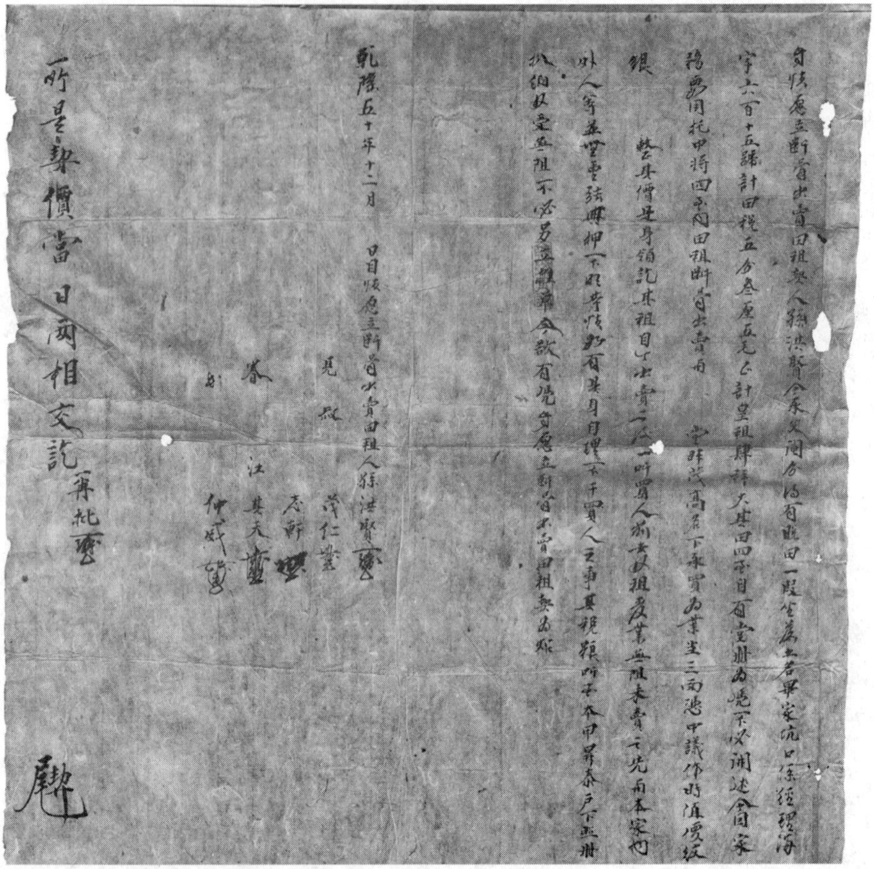

自情愿立断骨出卖田租契人孙洪贤，今承父阄分得有熟田一段，坐落土名毕家坑口，系经理海字六百十五号，计田税五分叁厘五毛七系，计实租肆秤大，其田四至自有堂册为凭，不必开述。今因家务要用，托中将四至内田租断骨出卖与堂弟茂高名下承买为业，当三面凭中议作时值价纹银　整，其价是身领讫。其租自今出卖之后，一听买人前去收租管业，无阻。未卖之先，与本家内外人等并无重张典押、不明等情，如有，是身自理，不干买人之事。其税粮听本甲孙泰户下照册扒纳收受，无阻，不必另立推单。今欲有凭，自愿立断骨出卖田租契为照。

乾隆五十年十二月　日自情愿立断骨出卖田租人孙洪贤（押）

见叔　茂仁（押）

志新（押）

中　江其元（押）

书　仲斌（押）

一所是契价当日两相交讫。再批（押）

秋口镇毕家坑 116 · 乾隆五十年 · 断骨出卖田租契 · 孙洪贤卖与茂高

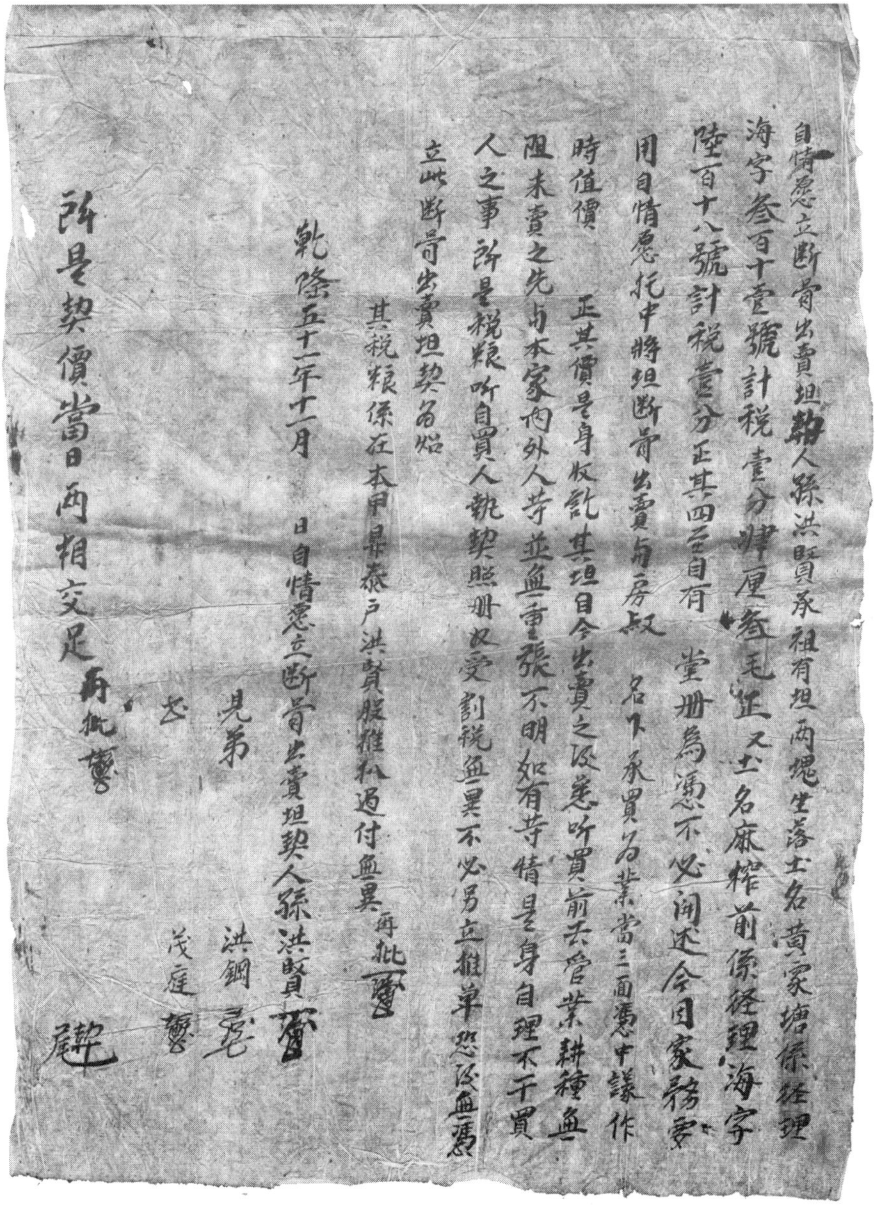
自情愿立断骨出賣坦契人孫洪賢承祖有坦兩塊坐落土名黄家塘係經理
海字叁百十壹號計稅壹分肆厘叁毛正又土名麻榨前係經理海字
陸百十八號計稅壹分正其四至自有堂冊爲憑不必開述今因家務要
用自情愿托中將坦断骨出賣与房叔 名下承買爲業當三面憑中議作
時值價 正其價是身收訖其坦自今出賣之後意听買人前去管業耕種無
阻未賣之先与本家内外人等並無重張不明如有等情是身自理不干買
人之事所是稅粮听自買人執契照冊收受割稅無異不必另立推单恐後無憑
立此断骨出賣坦契爲炤
其稅粮係在本甲畢春戶洪賢脫推私過付無異 再批(押)
乾隆五十一年十一月 日自情愿立断骨出賣坦契人孫洪賢(押)
見弟 洪鋼(押)
太 茂庭(押)
所是契價當日兩相交足 再批(押)

秋口镇毕家坑 104 · 乾隆五十一年 · 断骨出卖坦契 · 孙洪贤卖与房叔☐

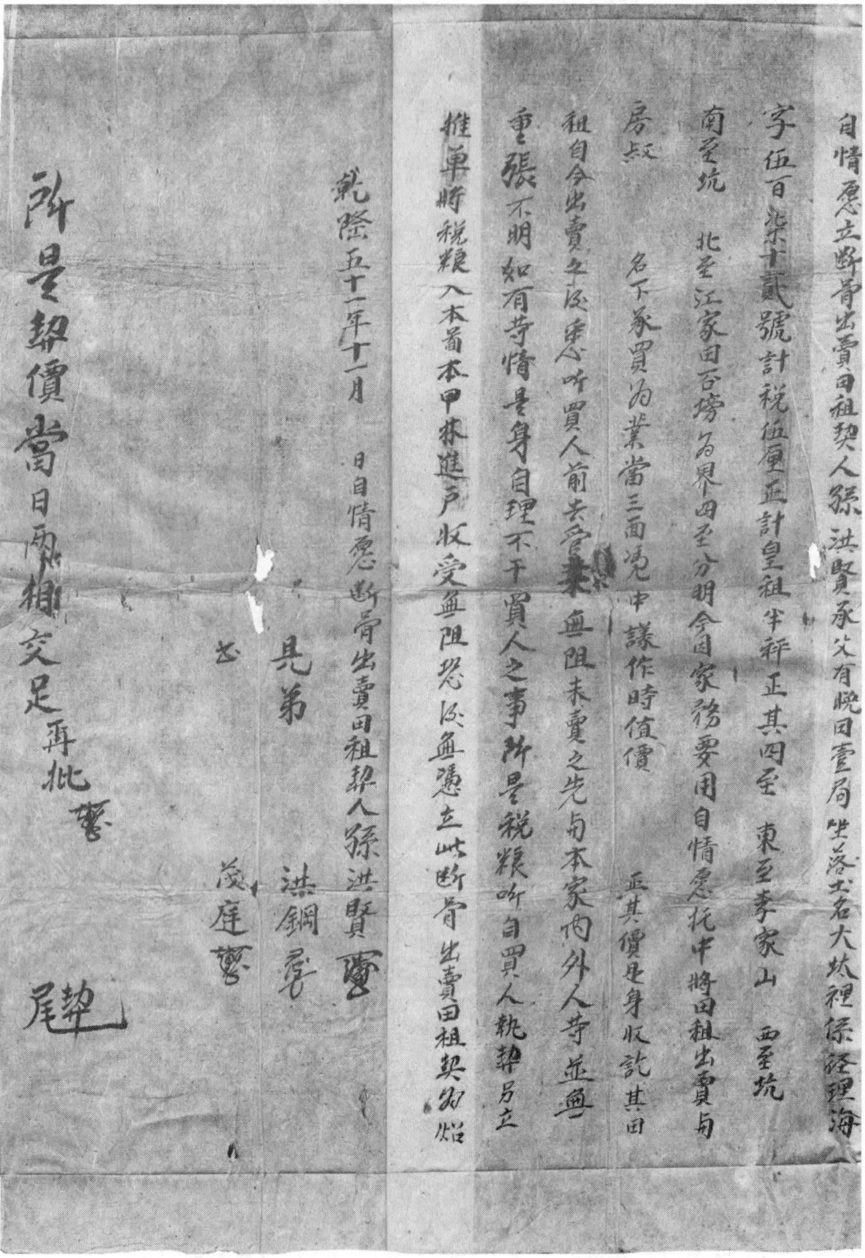
自情愿立断骨出賣田租契人孫洪賢，承父有晚田壹局，坐落土名大坑裡，係經理海
字伍百柒十貳號，計稅伍厘正，計皇租半秤正。其四至：東至李家山，西至坑，
南至坑，北至江家田石塝為界。四至分明。今因家務要用，自情愿托中將田租出賣与
房叔　名下承買為業。當三面憑中議作時值價　正。其價是身收訖。其田
租自今出賣之後，悉听買人前去管業，無阻。未賣之先，与本家內外人等並無
重張不明。如有等情，是身自理，不干買人之事。所是稅粮，听自買人執契另立
推單，時稅粮入本畨本甲孫進户收受，無阻。恐後無憑，立此斷骨出賣田租契為照。
乾隆五十一年十一月　日自情愿斷骨出賣田租契人孫洪賢（押）
見弟　洪鋼（押）
书　茂庭（押）
所是契價當日兩相交足。再批（押）
尾契

秋口镇毕家坑 117 · 乾隆五十一年 · 断骨出卖田租契 · 孙洪贤卖与房叔☐

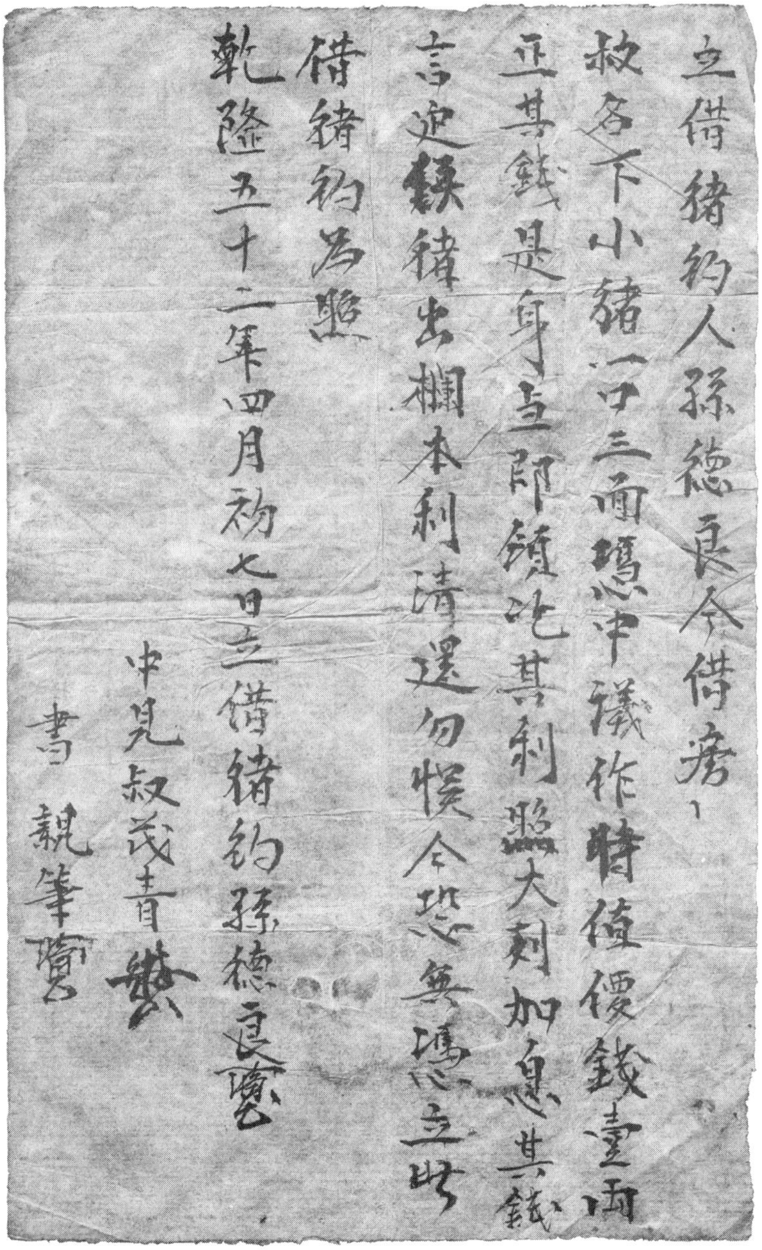
立借豬約人孫德良今借房
叔名下小豬一口三面憑中議作時值價錢壹兩
正其錢是身當即領訖其利照大例加息其錢
言定錄豬出欄本利清還勿悞今恐無憑立此
借豬約為照
乾隆五十二年四月初七日立借豬約孫德良（押）
中見叔茂青（押）
書 親筆（押）

秋口镇毕家坑 86 · 乾隆五十二年 · 借约 · 孙德良借房叔

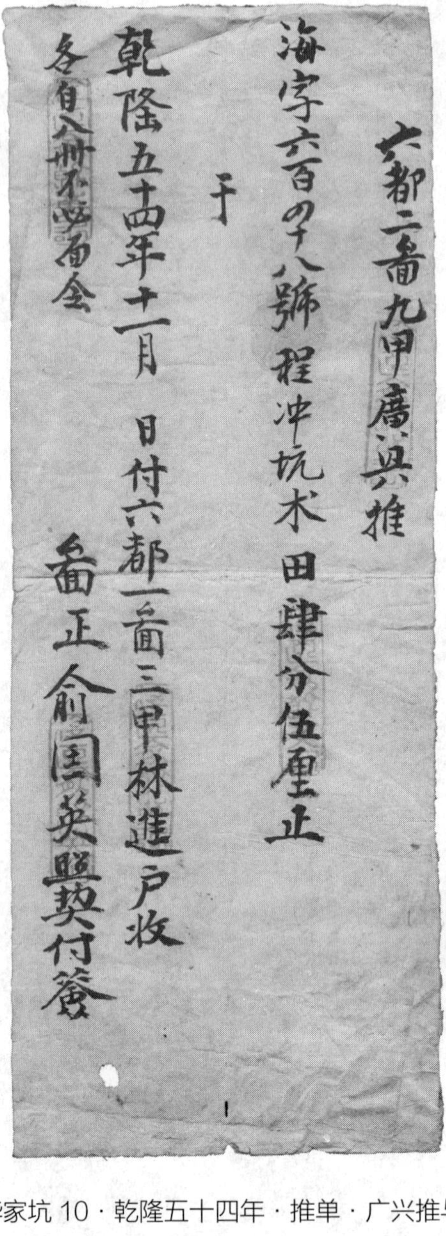

六都二啚九甲廣興推
海字六百四十八號程冲坑朮田肆分伍厘正
于
乾隆五十四年十一月　日付六都一啚三甲林進户收
啚正俞国英照契付發
各自入册不必面会

秋口镇毕家坑 10 · 乾隆五十四年 · 推单 · 广兴推与林进户

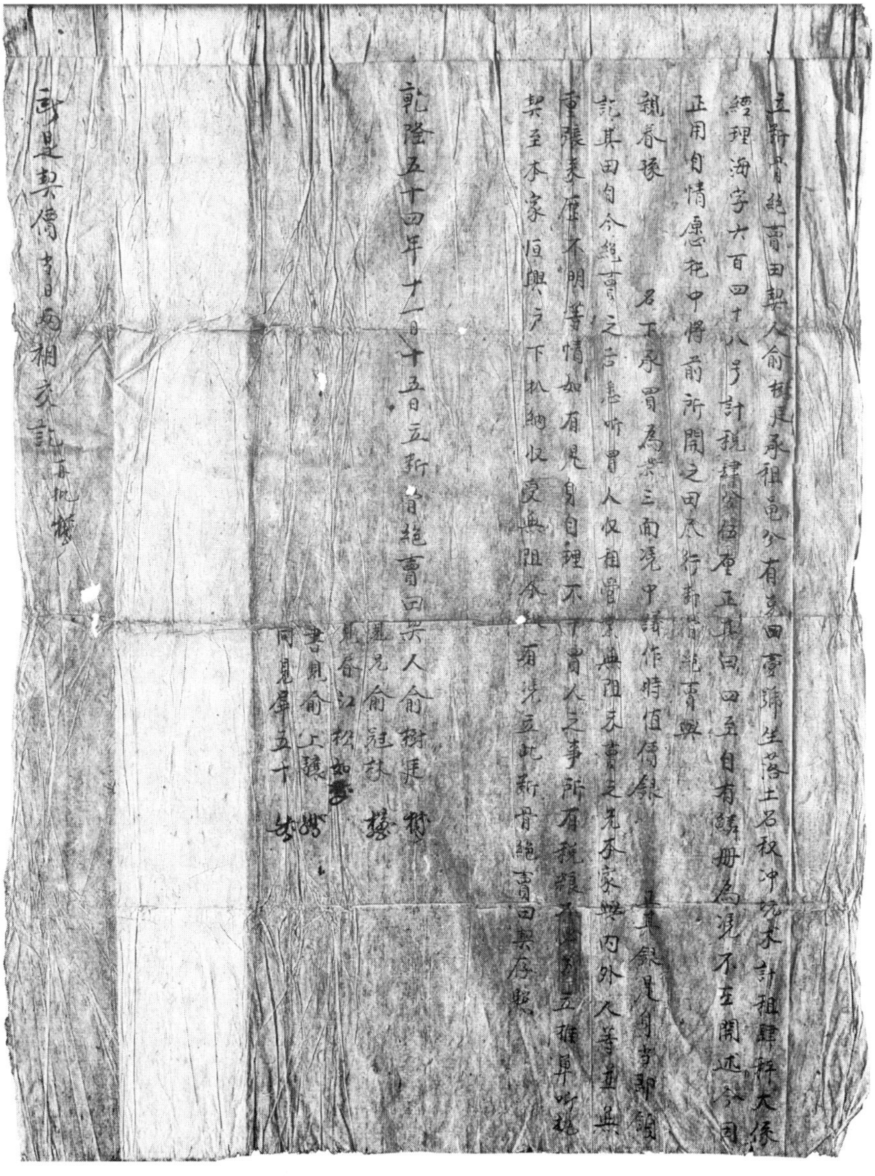

秋口镇毕家坑 96 · 乾隆五十四年 · 断骨绝卖田契 · 俞树廷卖与孙☐

秋口镇毕家坑 2-1 · 嘉庆四年 · 税粮实征册 · 孙林进户

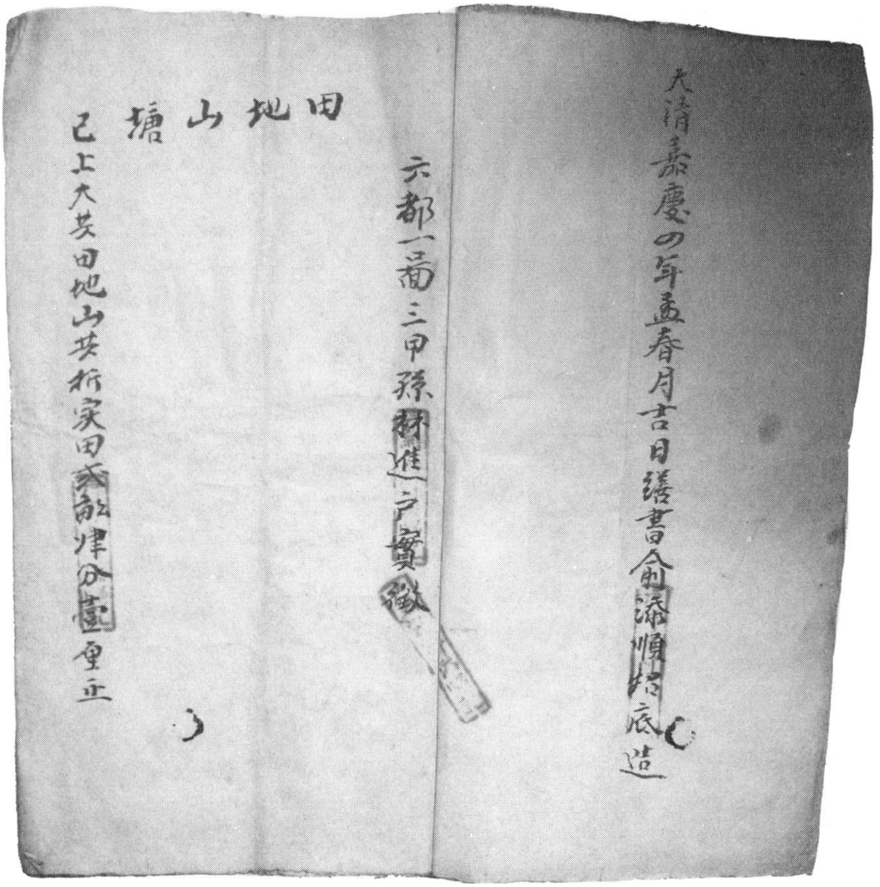

秋口镇毕家坑 2-2 · 嘉庆四年 · 税粮实征册 · 孙林进户

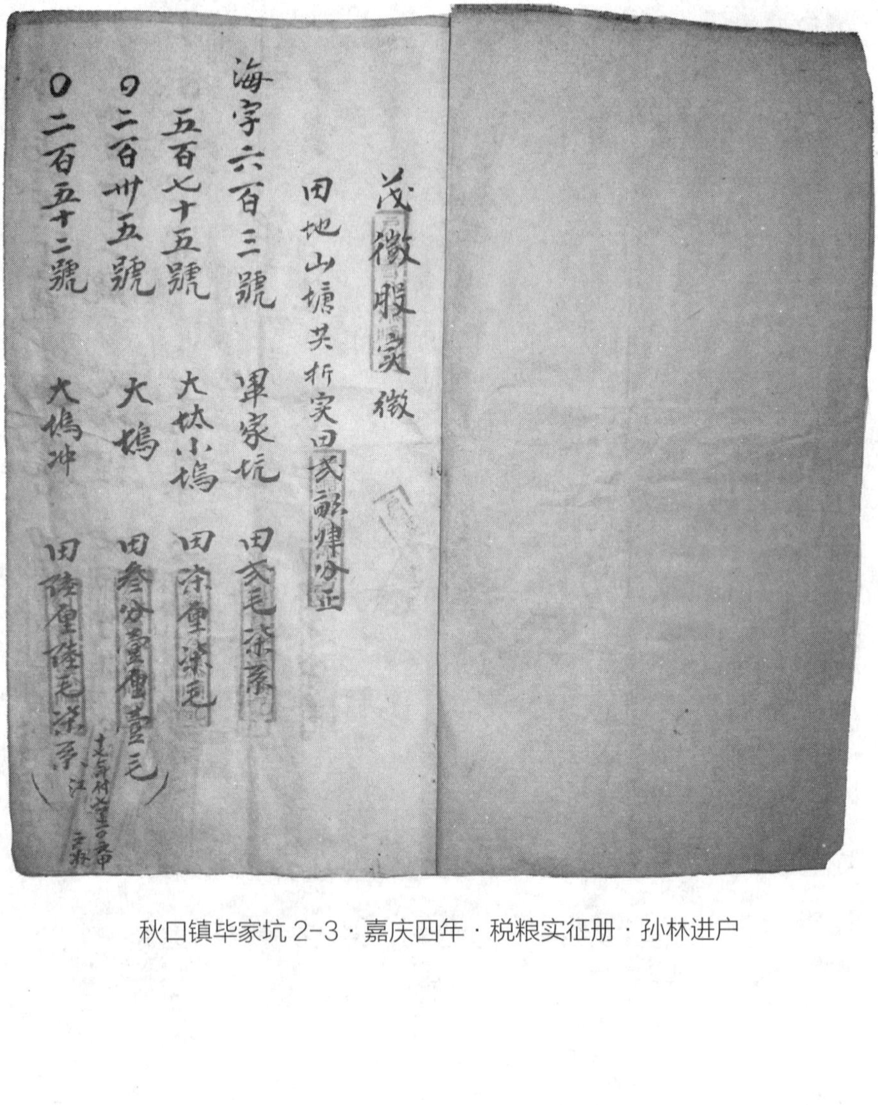

茂徵收實徵

田地山塘共折實田貳畝肆分正

海字六百三號　畢家坑　田貳毛柒絲

五百七十五號　大坛小塢　田柒釐柒毛

〇二百卅五號　大塢　田叁分壹釐壹毛

〇二百五十二號　大塢冲　田陸釐陸毛柒絲

秋口镇毕家坑 2-3 · 嘉庆四年 · 税粮实征册 · 孙林进户

秋口镇毕家坑 2-4 · 嘉庆四年 · 税粮实征册 · 孙林进户

地
坐字二千二百十三號 中州 地柒厘玖毛叁系肆忽
海字六百二號 住基 地貳厘肆毛壹系叁忽微貳
五百六十七號 苦株樹塢口 地叁分貳厘捌毛捌系
三百十一號 黃家塘 地壹分肆厘叁毛
六百十八號 麻榨前 地壹分正

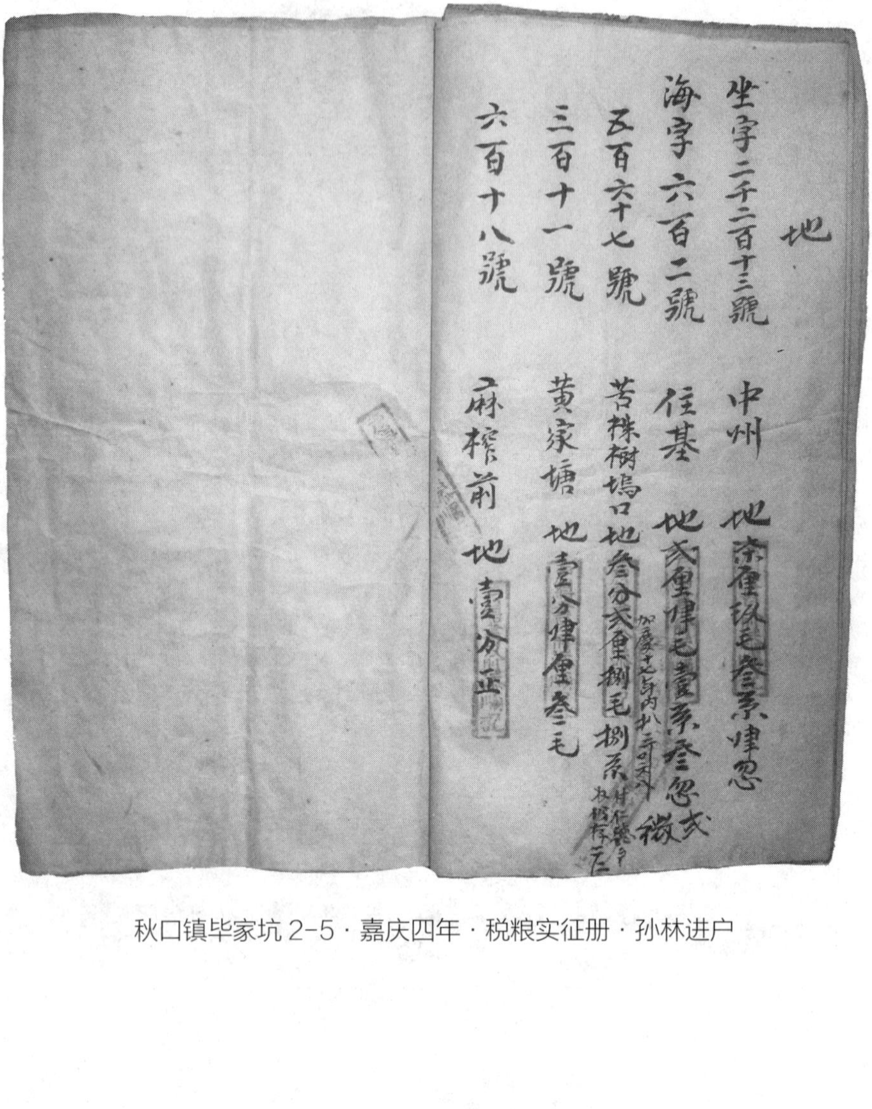

秋口镇毕家坑 2-5 · 嘉庆四年 · 税粮实征册 · 孙林进户

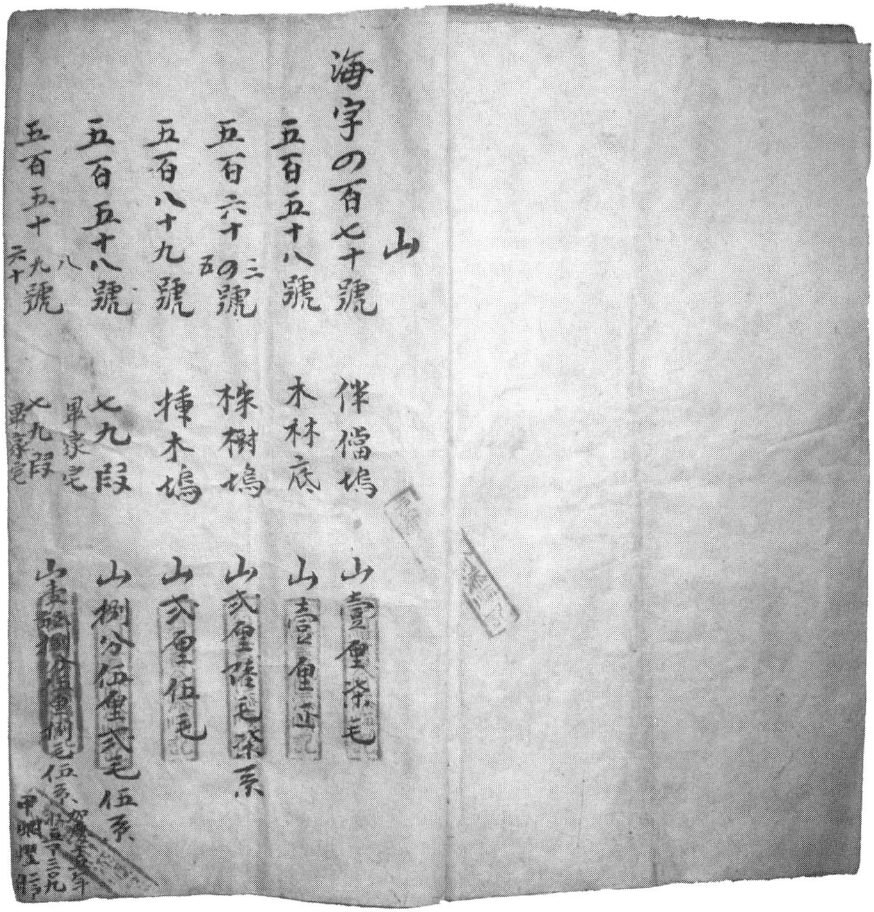
山
海字四百七十號 伴儅塢 山壹厘柒毛
五百五十八號 木林底 山壹厘正
五百六十二號 株樹塢 山弍厘陸毛柒系
五百八十九號 棒木塢 山弍厘伍毛
五百五十八號 七九段 畢家宅 山樹分伍厘弍毛伍系
五百五十九號 七九段 畢家宅 山樹分伍厘樹毛伍系

秋口镇毕家坑 2-6 · 嘉庆四年 · 税粮实征册 · 孙林进户

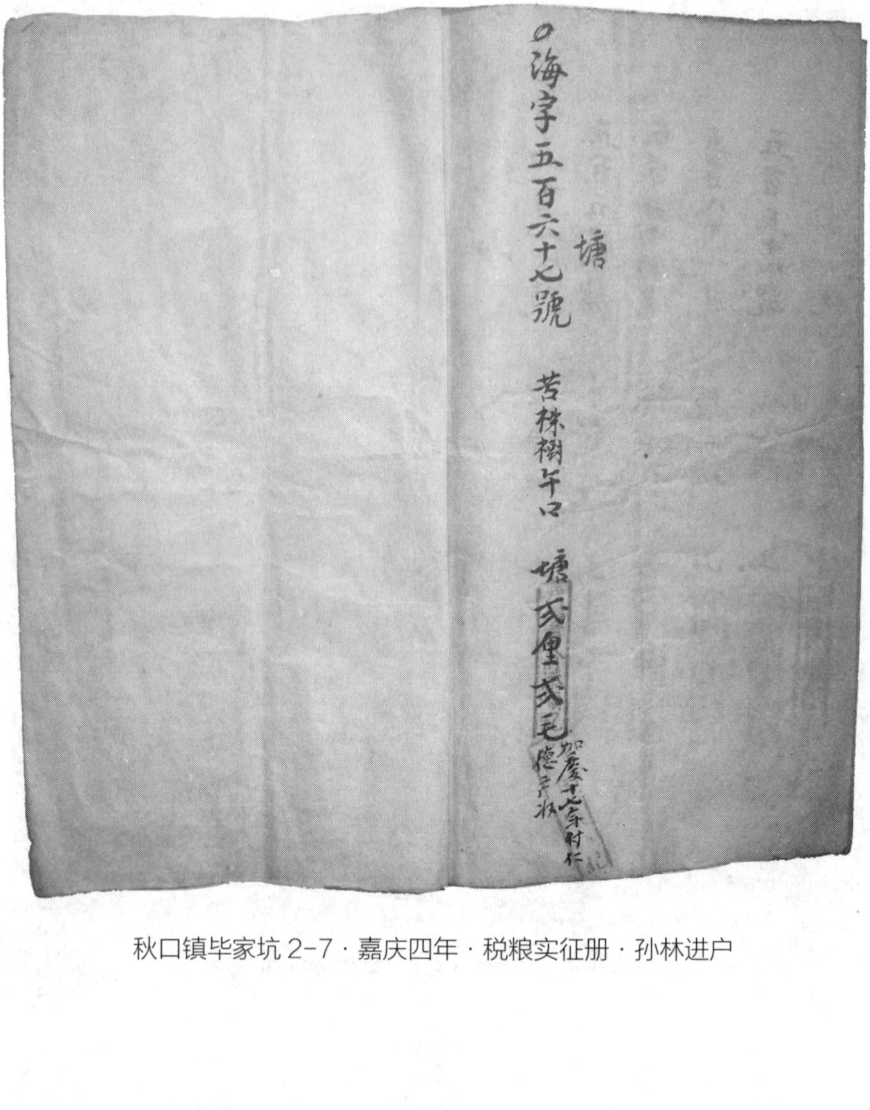

海字五百六十七號 塘
若株樹午口 塘弍厘弍毛
嘉慶十七年村仁 德户收

秋口镇毕家坑 2-7 · 嘉庆四年 · 税粮实征册 · 孙林进户

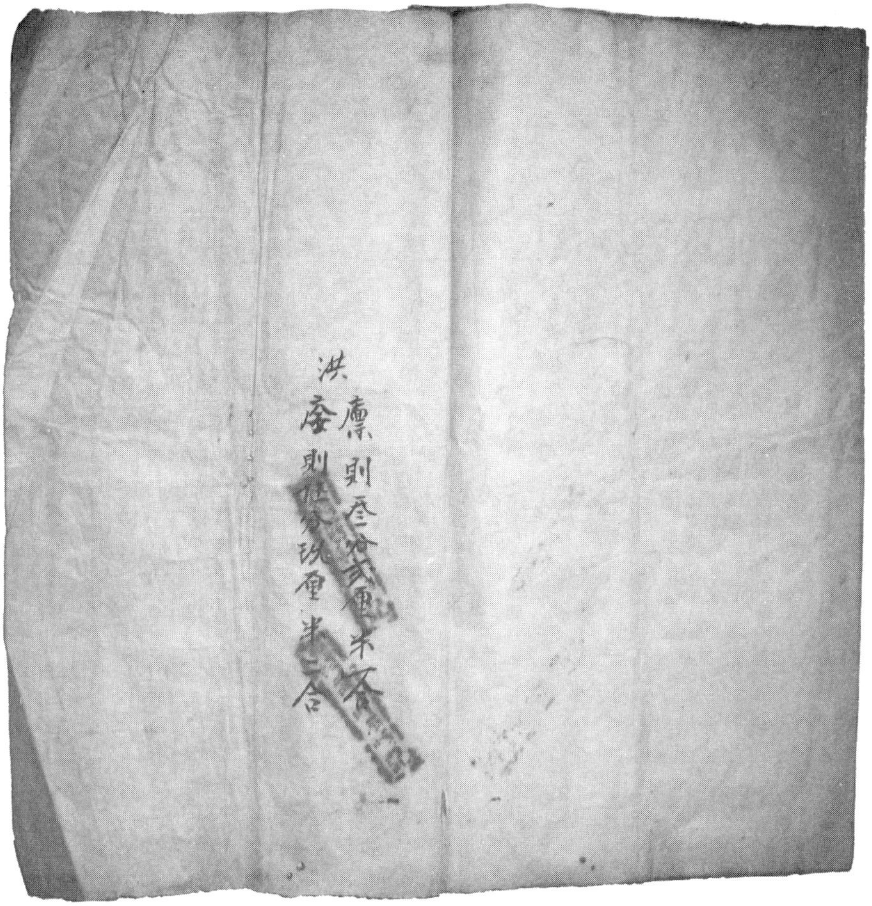

秋口镇毕家坑 2-8 · 嘉庆四年 · 税粮实征册 · 孙林进户

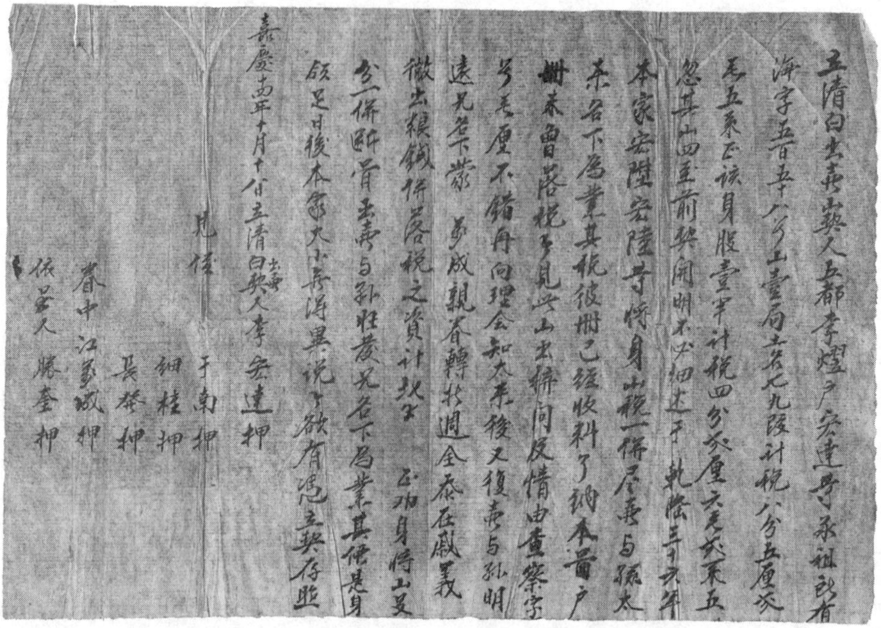
立清白出卖山契人五都李燈户宏达等承祖买有
海字五百五十八号山壹局土名七九段计税八分五厘六
毛五系正该身股壹半计税四分贰厘六毛贰系五
忽其山四至前契开明不必细述于乾隆三十六年
本家宏陞宏陆等将身山税一併尽卖与孙太
来名下为业其税彼册已经收科了纳本图户
册未曾落税今见此山出拚向反情由查察字
号毛厘不错再向理会知太来后又复卖与孙明
远兄名下管业今成亲眷转托週全泰在戚义
激出银钱并落税之资计[illegible]文 正加身将山契
字一併断骨出卖与孙旺发兄名下为业其価是身
领足日后本家大小再无异说今欲有凭立契存照
嘉庆十四年十月十八日立清白契人李宏达押
见侄 于南押
细桂押
長發押
眷中 江象城押
依笔人 胜奎押

秋口镇毕家坑 70 · 嘉庆十四年 · 清白出卖山契 · 五都李燈户宏达等卖与孙太来

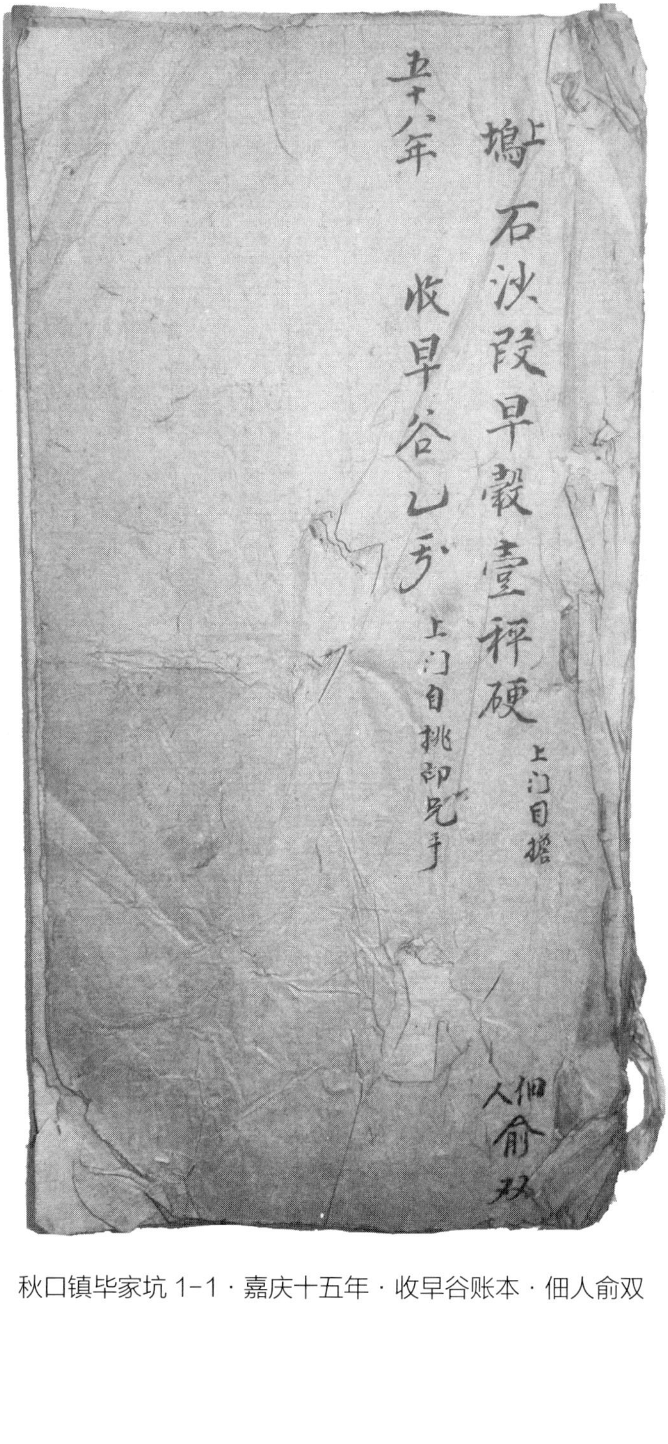

秋口镇毕家坑 1-1 · 嘉庆十五年 · 收早谷账本 · 佃人俞双

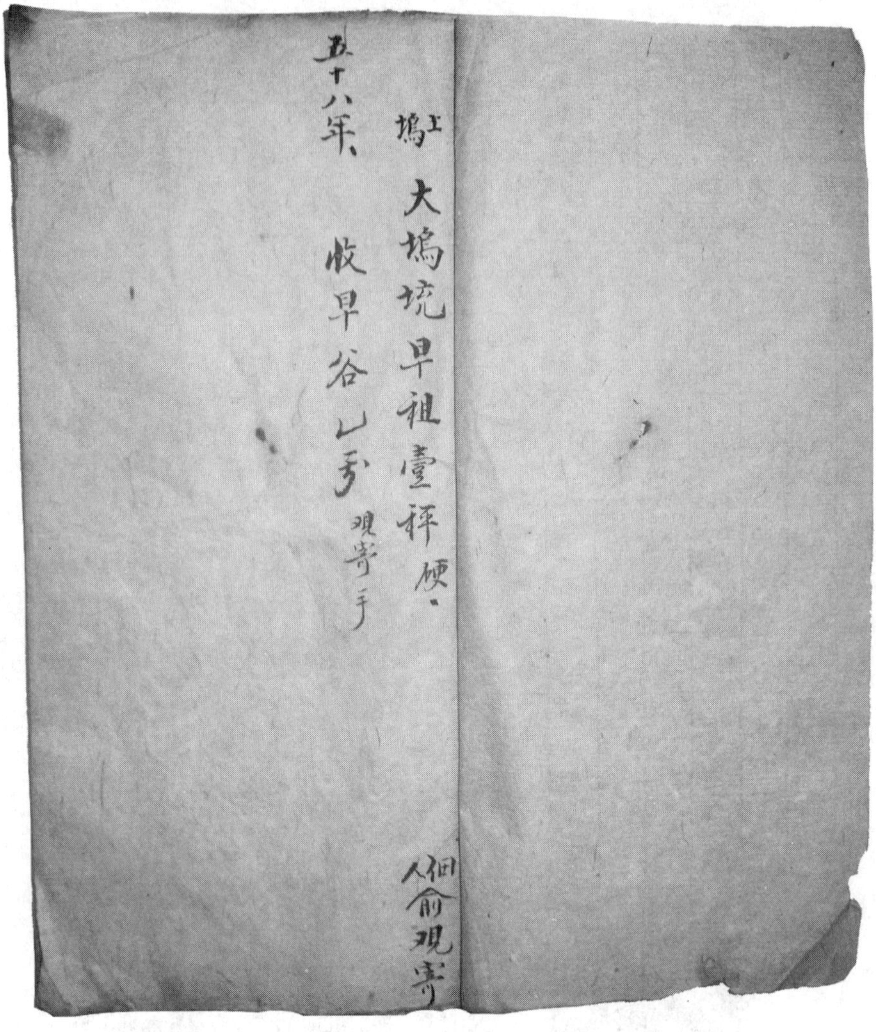

秋口镇毕家坑 1-2 · 嘉庆十五年 · 收早谷账本 · 佃人俞双

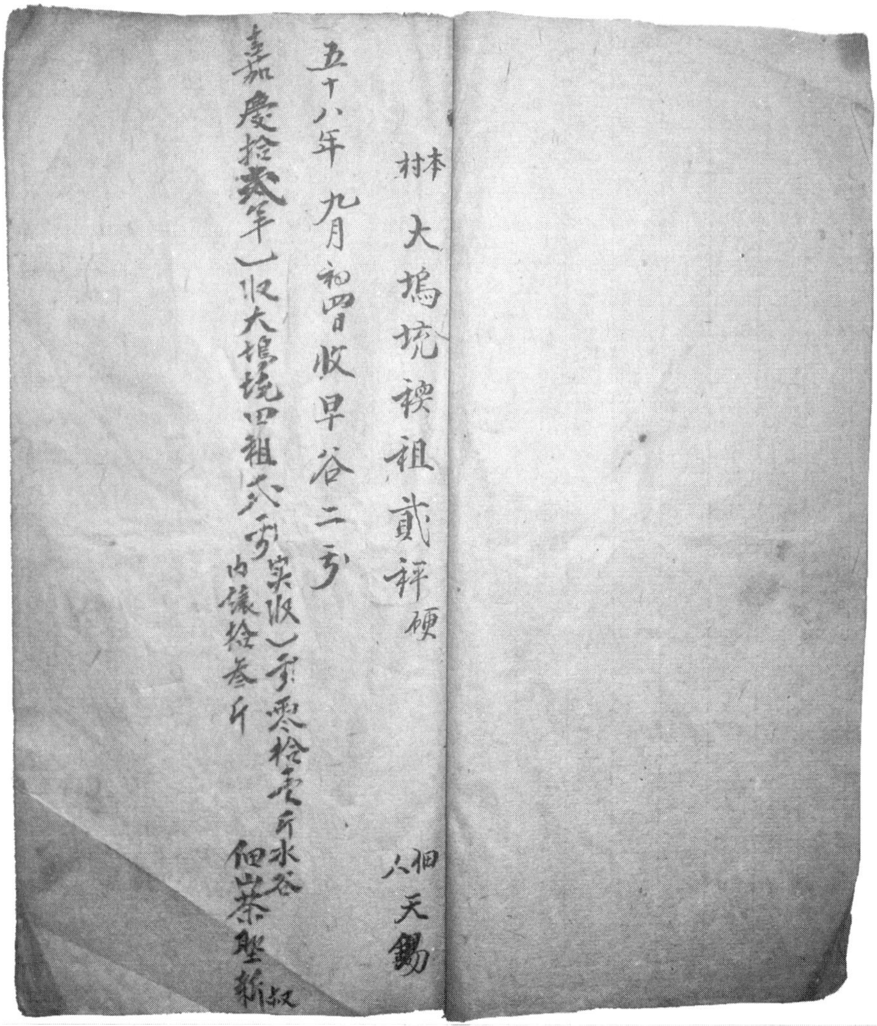
林本大塢坑稞祖貳秤硬
佃人天錫
五十八年九月初四日收早谷二秤
嘉慶拾叁年一收大塢坑田祖六秤
实收一秤零拾壹斤水谷
内讓拾叁斤
佃人茶聖新叔

秋口镇毕家坑 1-3 · 嘉庆十五年 · 收早谷账本 · 佃人俞双

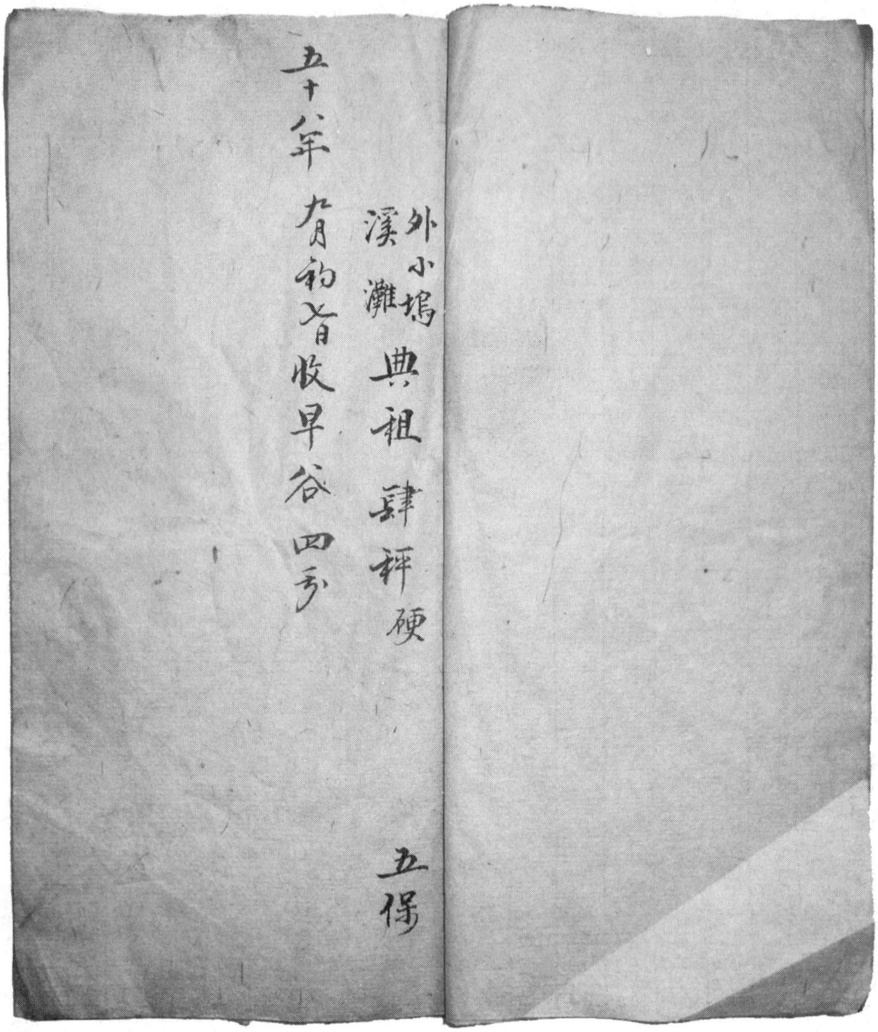

秋口镇毕家坑 1-4 · 嘉庆十五年 · 收早谷账本 · 佃人俞双

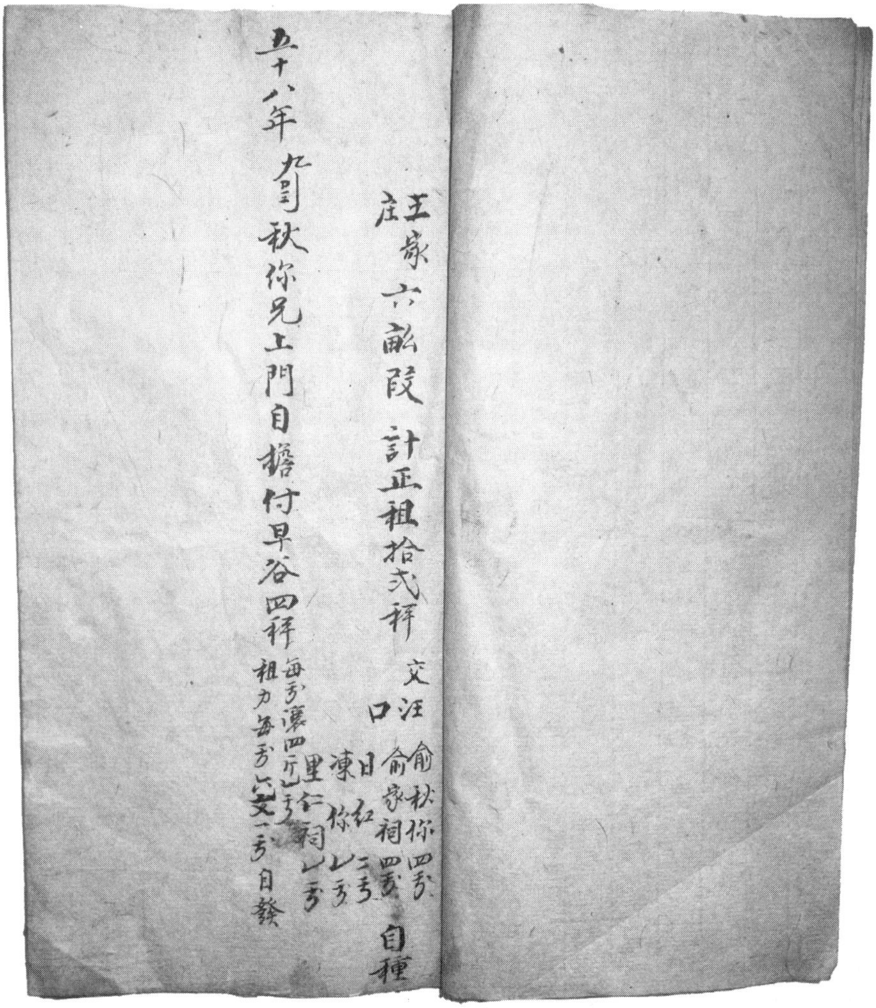
王家庄 六畝段 計正租拾弍秤
文汪口
俞秋你四秤
俞家祠四弍 自種
日红二秤
凍你山秤
里仁祠山秤
五十八年九月秋你兄上門自擔付早谷四秤
每秤讓四斤
祖力每秤六文一秤 自發

秋口镇毕家坑 1-5 · 嘉庆十五年 · 收早谷账本 · 佃人俞双

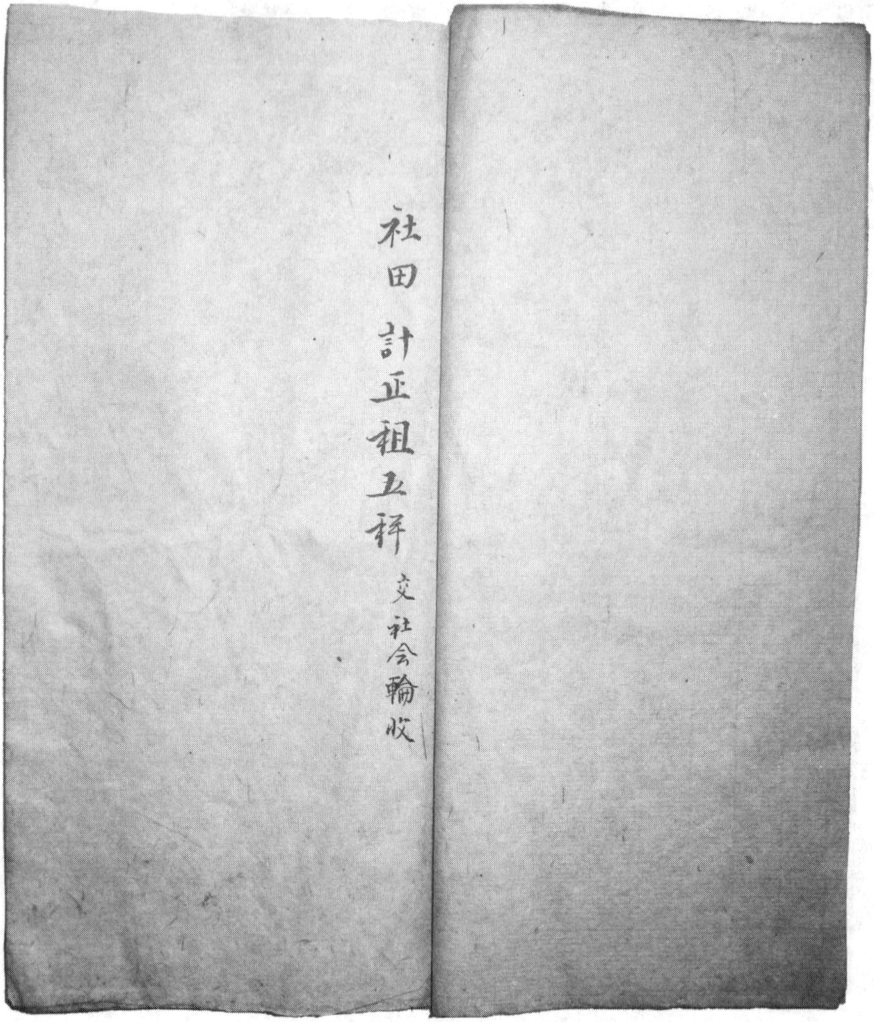

秋口镇毕家坑 1-6 · 嘉庆十五年 · 收早谷账本 · 佃人俞双

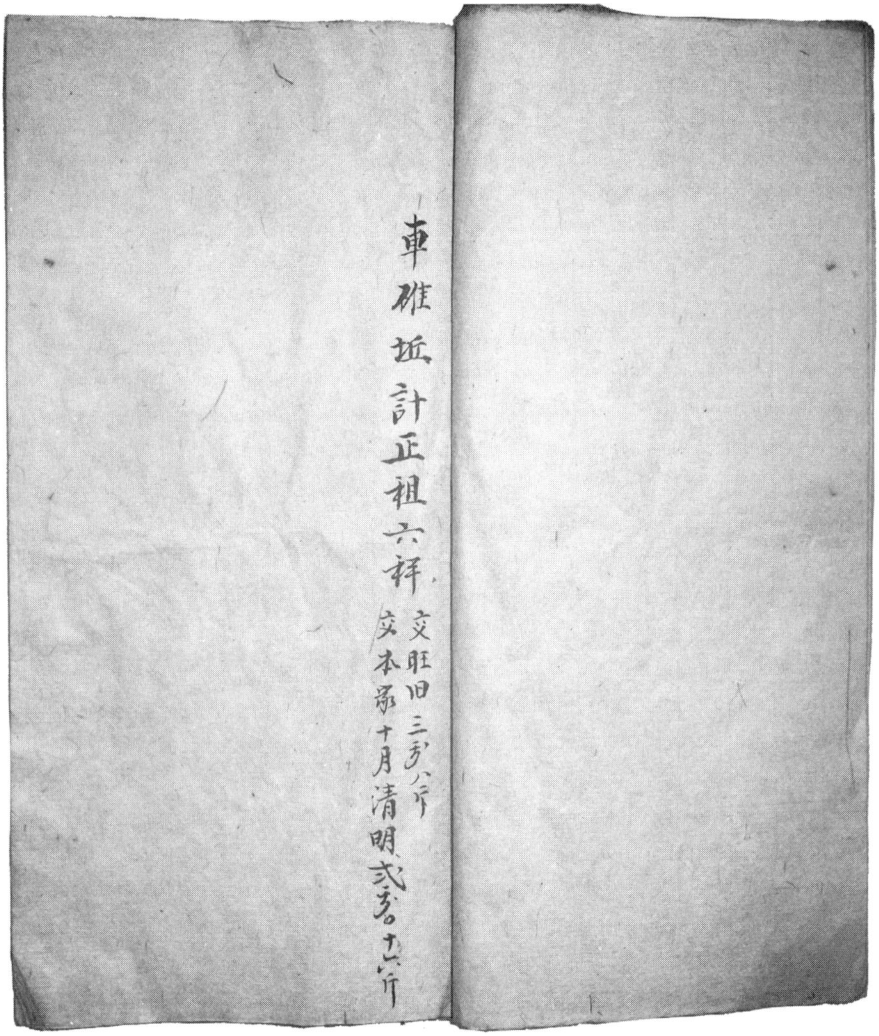

秋口镇毕家坑 1-7 · 嘉庆十五年 · 收早谷账本 · 佃人俞双

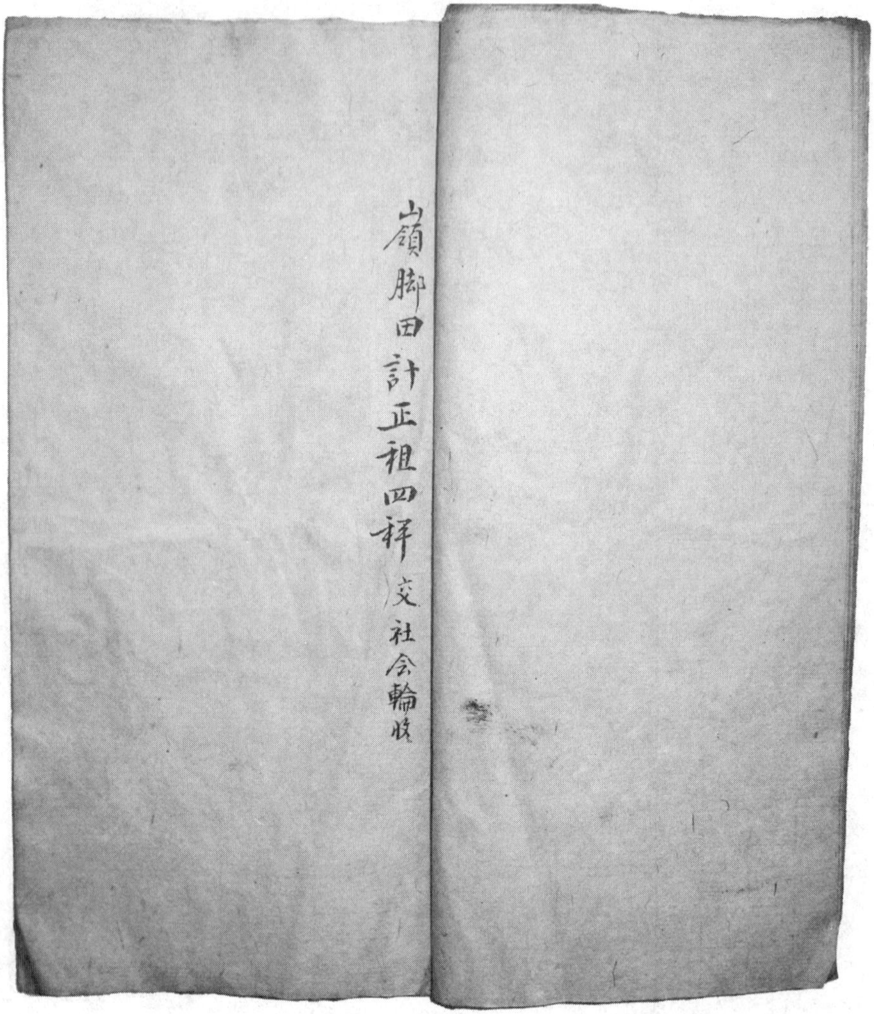

秋口镇毕家坑 1-8 · 嘉庆十五年 · 收早谷账本 · 佃人俞双

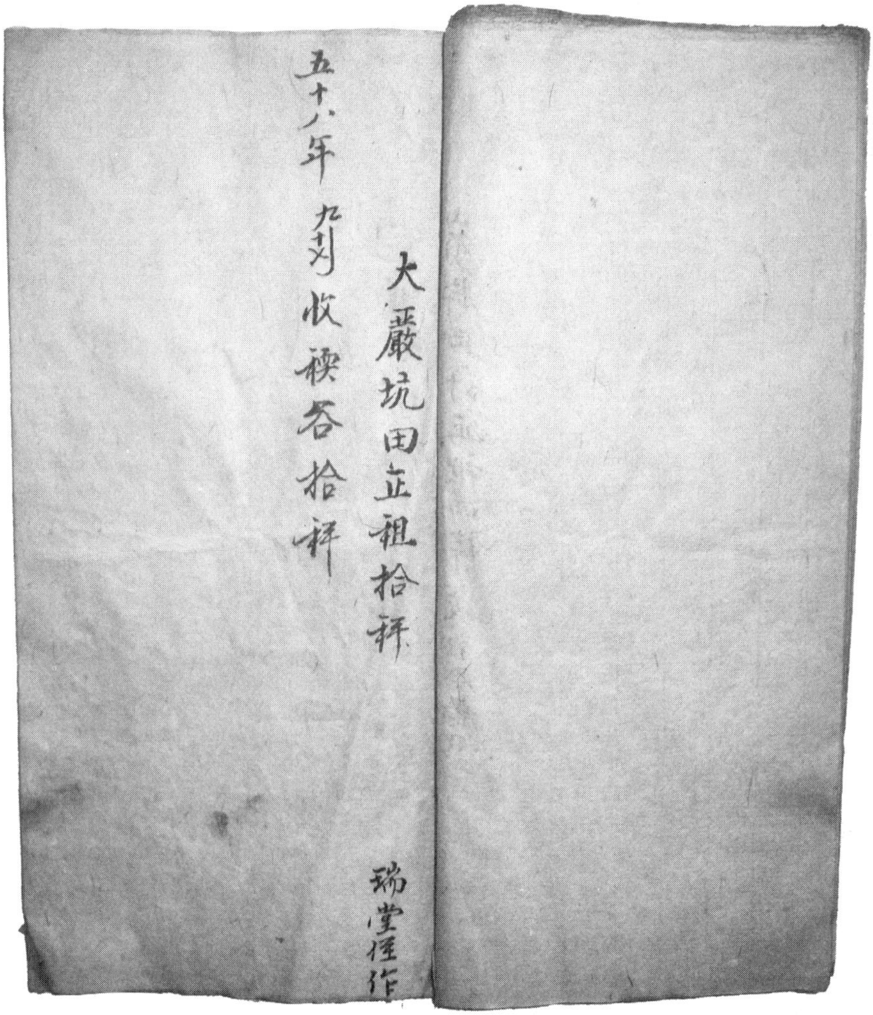

秋口镇毕家坑 1-9 · 嘉庆十五年 · 收早谷账本 · 佃人俞双

秋口镇毕家坑 1-10 · 嘉庆十五年 · 收早谷账本 · 佃人俞双

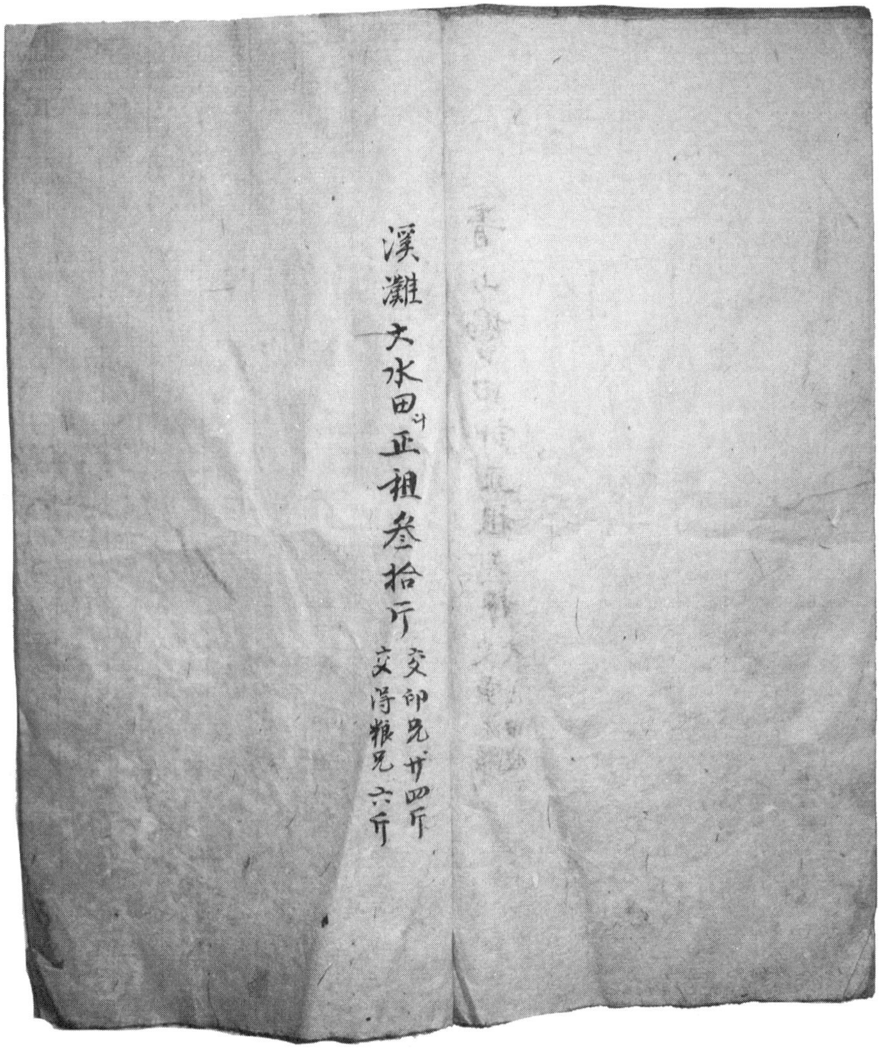
溪灘大水田廿正租叁拾斤
交卯兄廿四斤
交得粮兄六斤

秋口镇毕家坑 1-11 · 嘉庆十五年 · 收早谷账本 · 佃人俞双

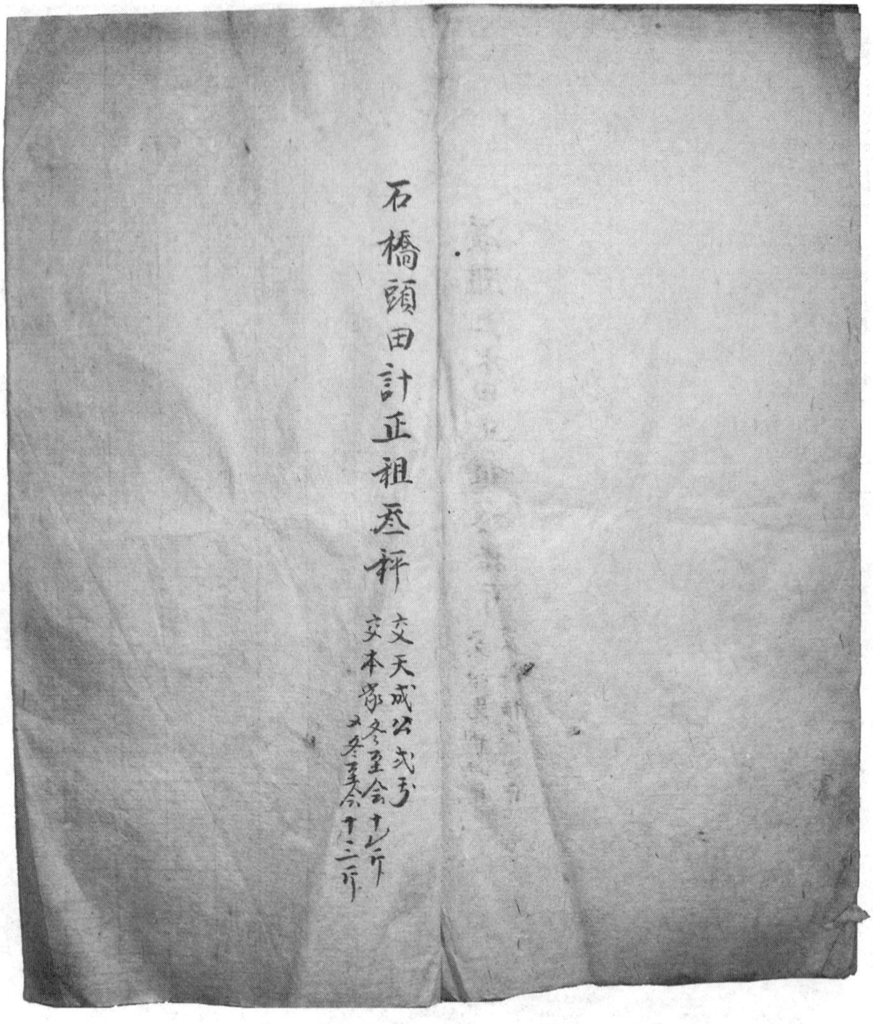

秋口镇毕家坑 1-12 · 嘉庆十五年 · 收早谷账本 · 佃人俞双

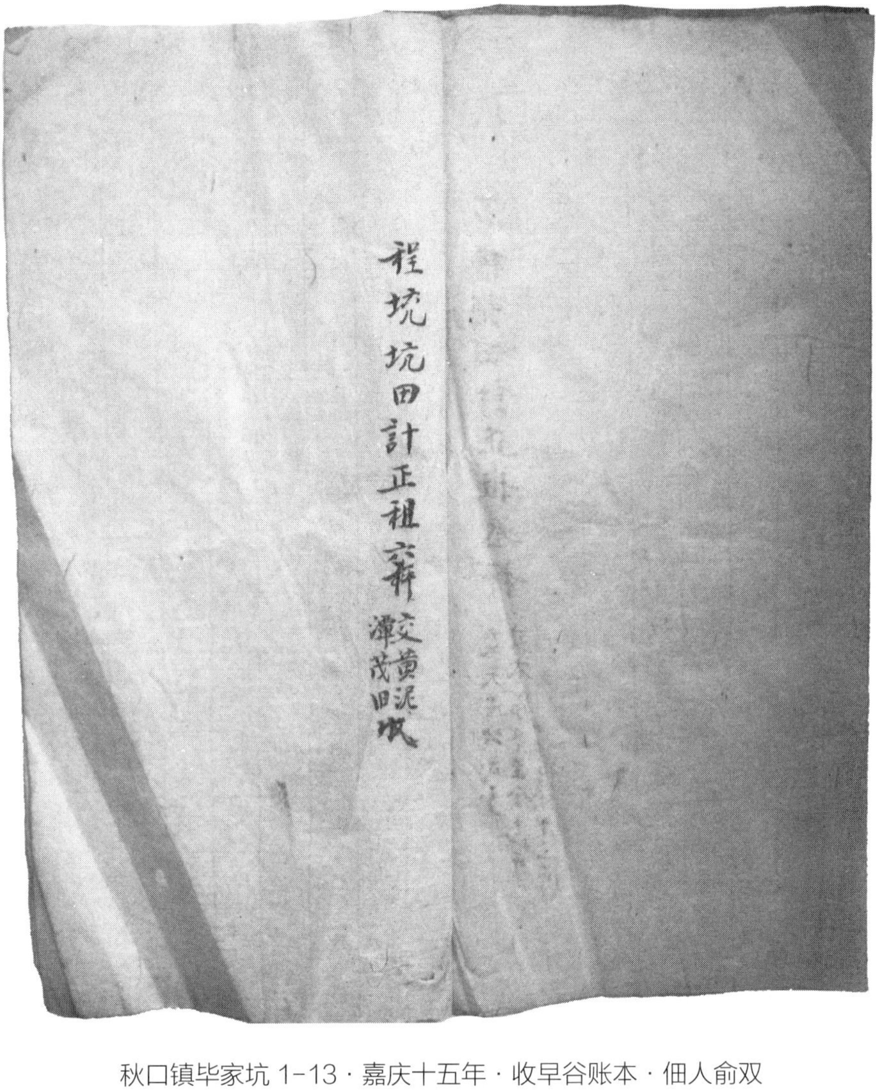
程坑坑田計正租簿
交黄泥墩
潭茂田

秋口镇毕家坑 1-13 · 嘉庆十五年 · 收早谷账本 · 佃人俞双

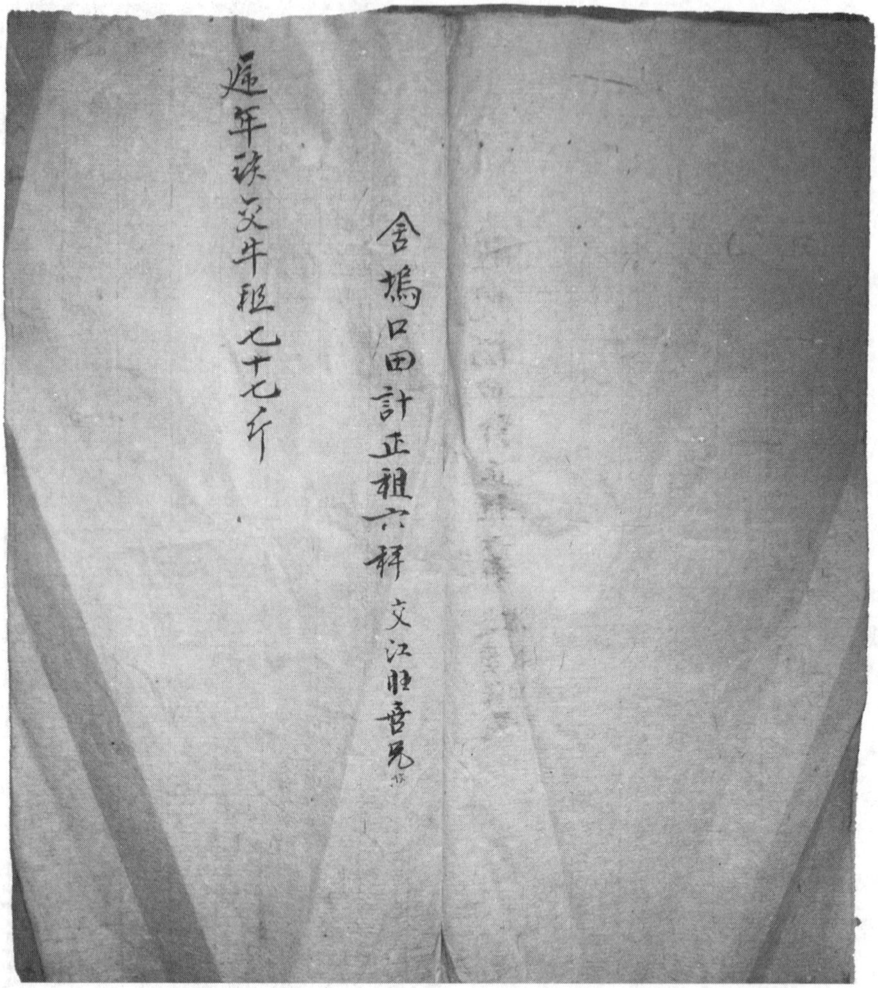

秋口镇毕家坑 1-14 · 嘉庆十五年 · 收早谷账本 · 佃人俞双

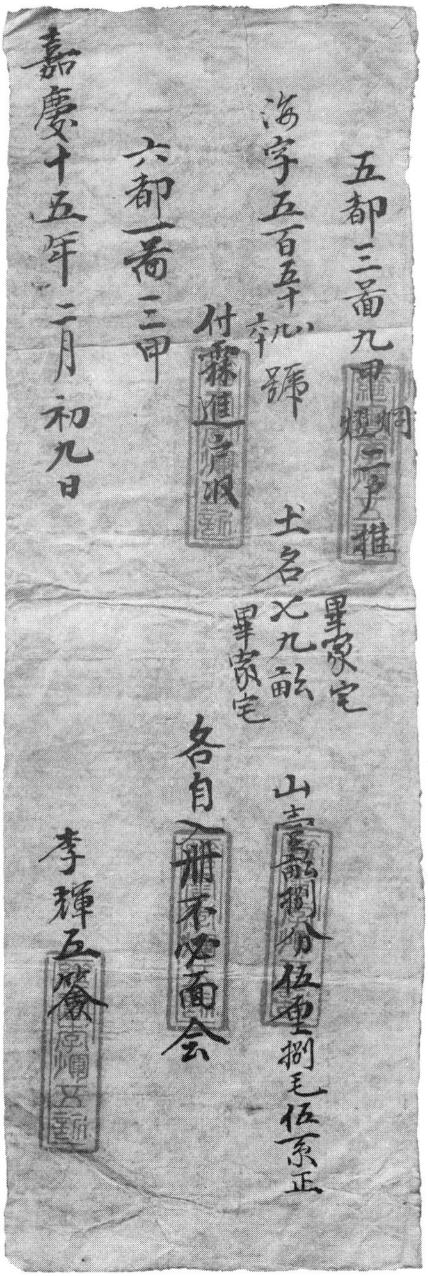
五都三啚九甲炯熤二户推
海字五百五十九號
土名乂九畝 畢家宅 畢貴宅
山壹畝捌分伍厘捌毛伍系正
付霖進户收
六都一啚三甲
各自入册不必面会
嘉慶十五年二月初九日
李輝五

秋口镇毕家坑 15 · 嘉庆十五年 · 推单 · 炯、熤二户推与霖进户

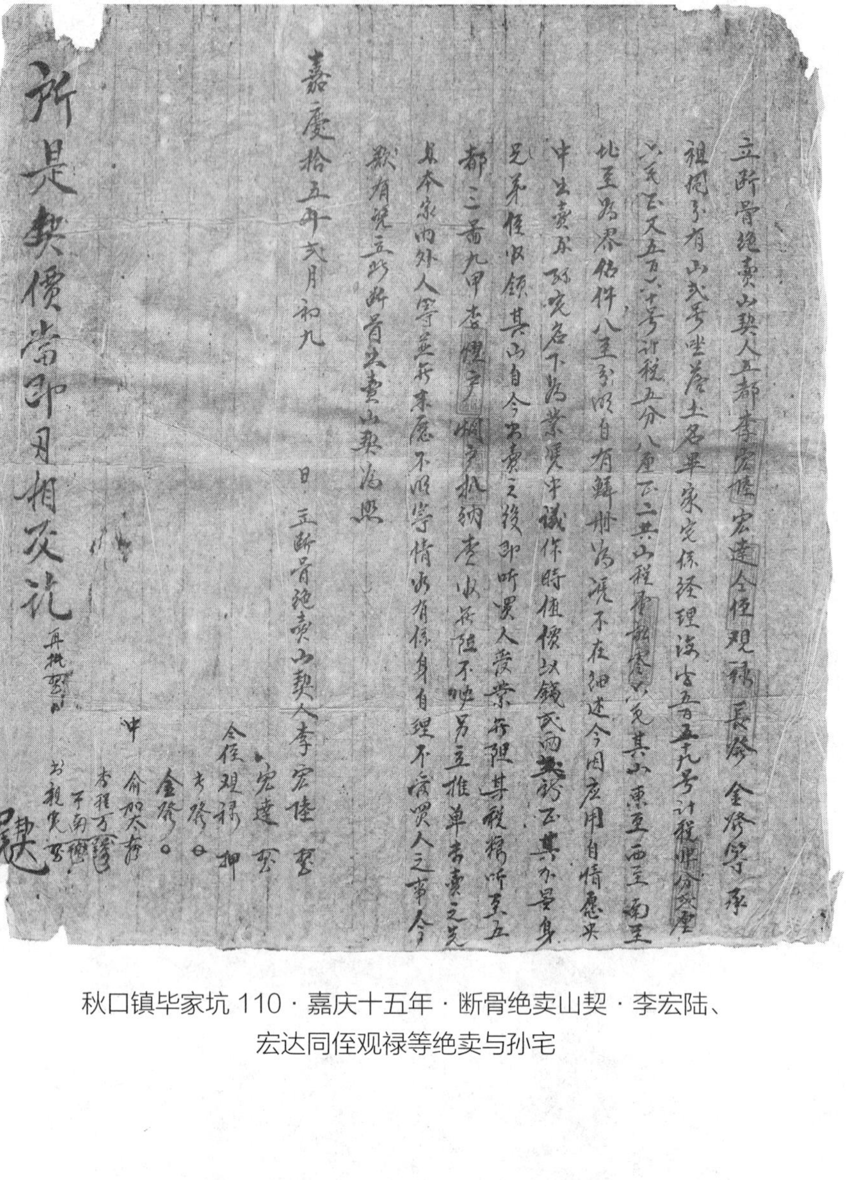

立断骨绝卖山契人五都李宏陆、宏达仝侄观禄、长发、金发等承
祖阄分有山弍号，坐落土名毕家坑，係经理淡字五百五十九号，计税四分弍厘
八毛五丝，又五百六十号，计税五分八厘五毛，二共山税壹亩○八毛。其山东至 西至 南至
北至为界，所件八至字号自有鳞册为凭，不在细述。今因应用，自情愿央
中出卖与孙宅名下为业，三面议作时值价以钱弍两，其钱是身
兄弟侄收领。其山自今出卖之后，即听买人管业无阻。其税粮听其五
都二图九甲李健户内起纳，本家无阻，不必另立推单。未卖之先
与本家内外人等并无来历不明等情，如有，係身自理，不涉买人之事。今
欲有凭，立此断骨绝卖山契为照。
嘉庆拾五年弍月初九 日 立断骨绝卖山契人李宏陆 押
宏达 押
仝侄观禄 押
长发 押
金发 押
中 俞加秀 李祖万

所是契价当即月相交讫

秋口镇毕家坑 110 · 嘉庆十五年 · 断骨绝卖山契 · 李宏陆、宏达同侄观禄等绝卖与孙宅

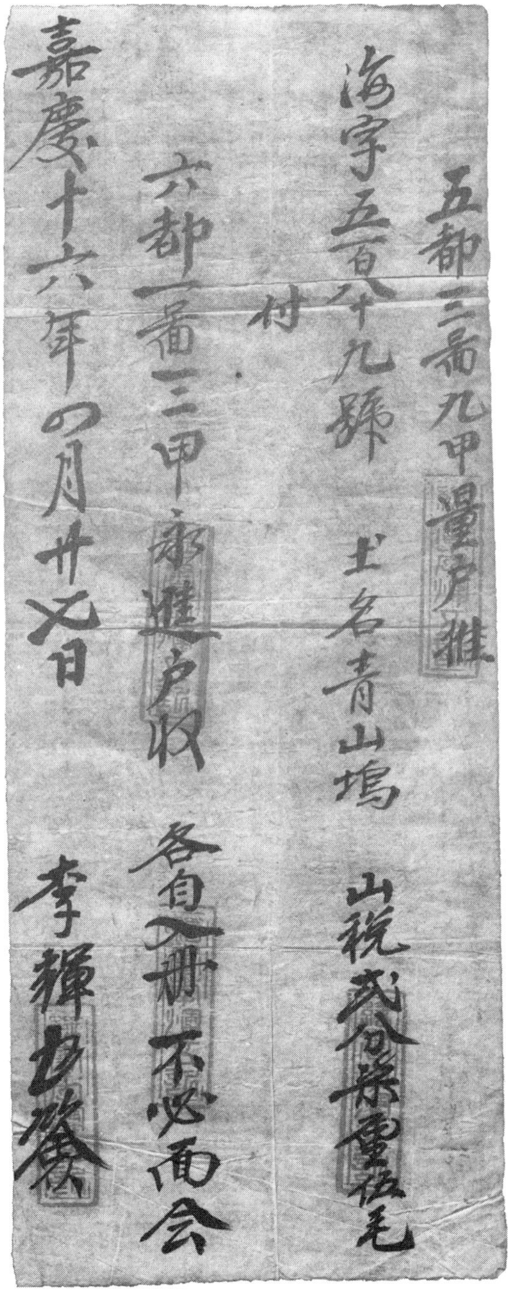
五都三啚九甲量户推
海字五百六十九號　土名青山塢　山税贰分柒厘伍毛
付　六都一啚三甲永進户收　各自入册不必面会
嘉慶十六年四月廿七日　李輝九簽

秋口镇毕家坑 19 · 嘉庆十六年 · 推单 · 量户付与永进户

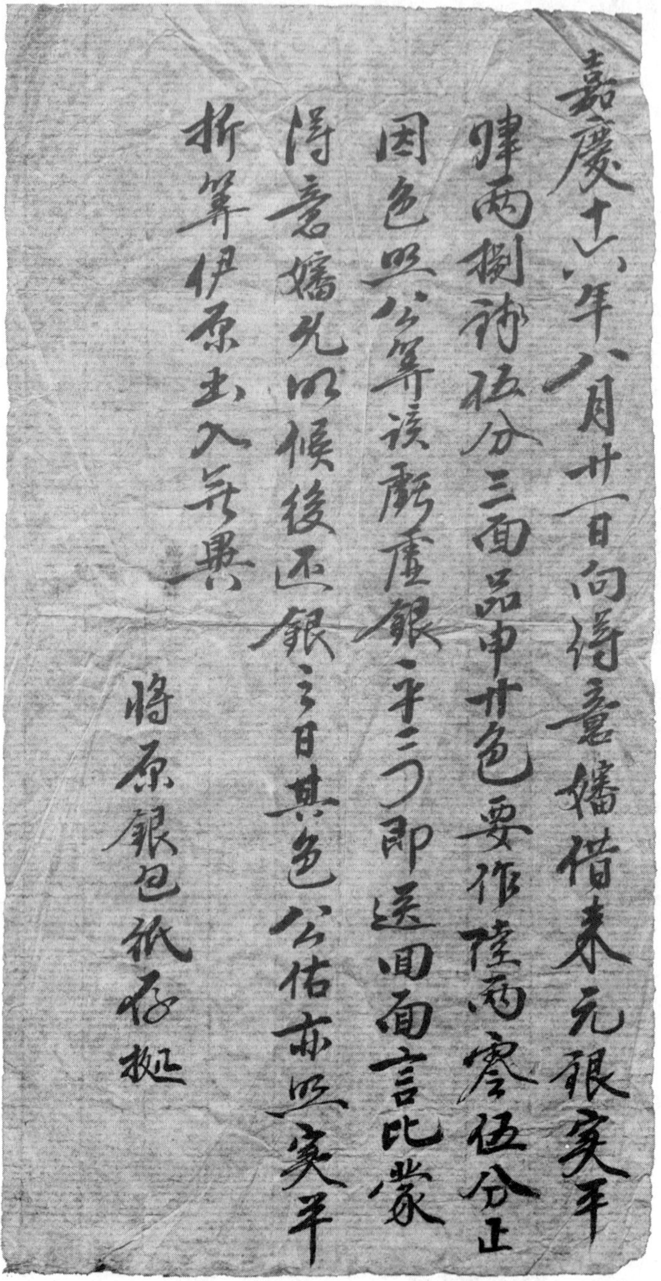
嘉慶十六年八月廿一日向得意嬸借来元銀實平
肆兩捌錢伍分三面品串廿色要作陸兩零伍分正
因色照公算該虧厘銀一平二ㄋ即送回面言此蒙
得意嬸允以候後還銀之日其色公估亦照實平
折算伊原出入無異
將原銀包紙存據

秋口镇毕家坑 61 · 嘉庆十六年 · 借条 · 㘝借得意婶

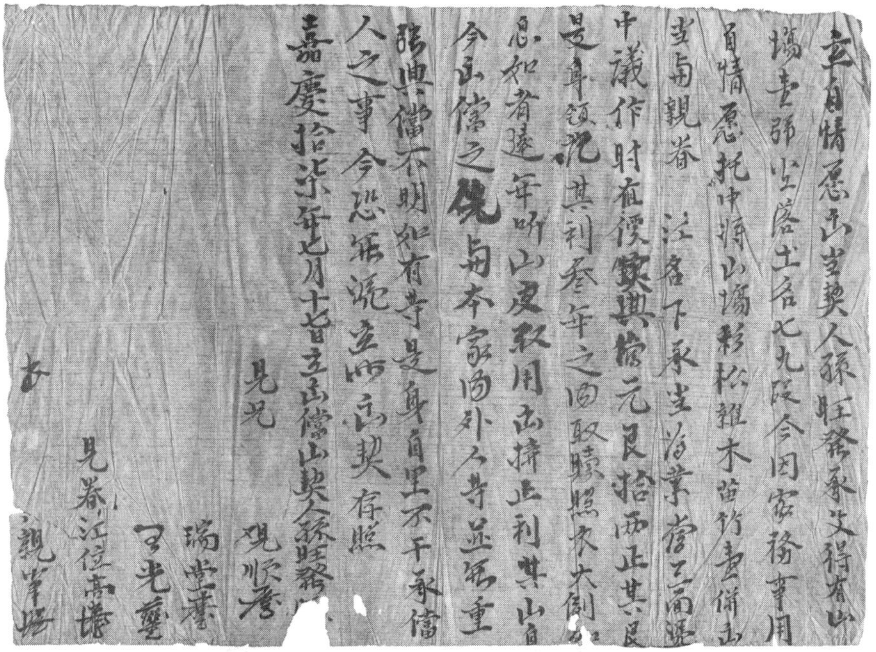

立自情愿出当契人孫旺發承父得有山
塝壹號坐落土名七九段今因家務事用
自情愿托中將山塝彩松雜木苗竹尽行出
当与親眷　江名下承当為業當三面憑
中議作时值價錢典價元艮拾两正其艮
是身領訖其利叁年之内取贖照依大例
息如有遠年听山皮取用出拚正利其山自
今出當之後与本家内外人等並無重
張典當不明如有等是身自理不干承當
人之事今恐無憑立此出契存照
嘉慶拾柒年七月十七日立出當山契人孫旺發
見兄　現順
瑞堂
旦光璧
見眷江位高
親筆

秋口镇毕家坑 66 · 嘉庆十七年 · 出当山契 · 孙旺发当与亲眷江

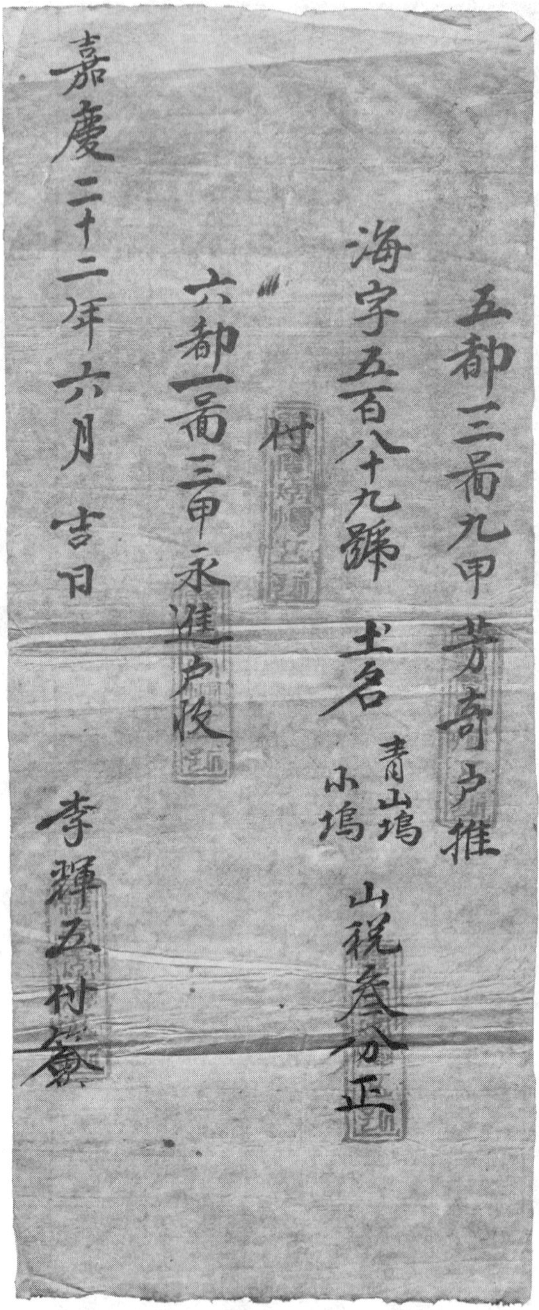

五都三啚九甲芳奇户推
海字五百八十九號 土名 青山塢 小塢 山税叁分正
付
六都一啚三甲永進户收
嘉慶二十二年六月 吉日
李輝五付簽

秋口镇毕家坑 18 · 嘉庆二十二年 · 推单 · 芳奇户付与永进户

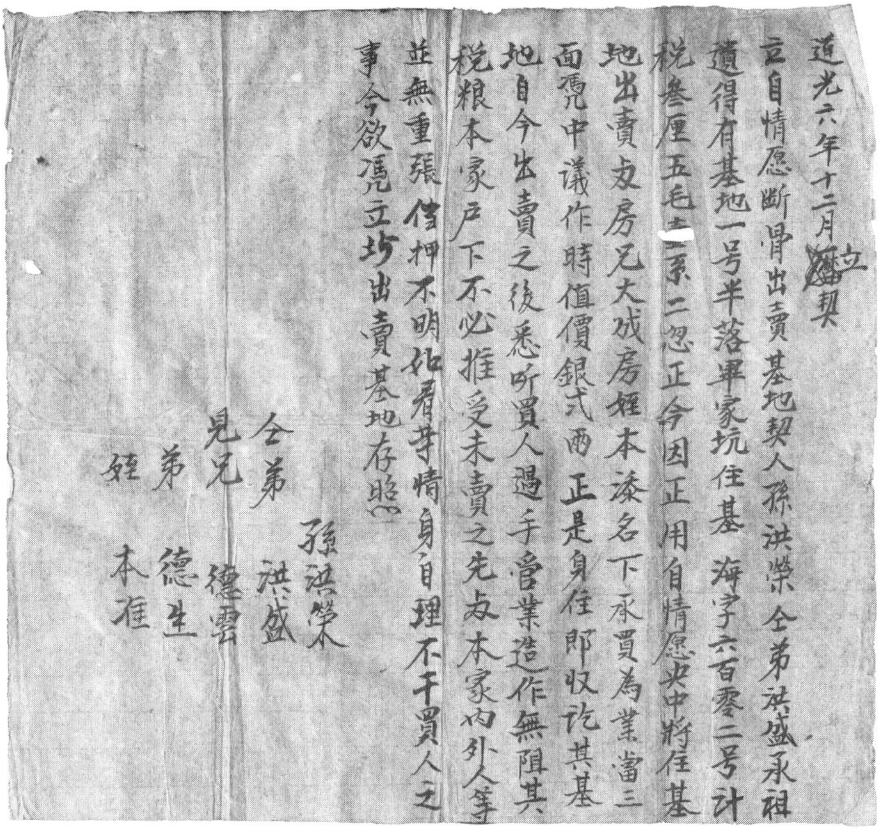
道光六年十二月 日立契
立自情愿断骨出賣基地契人孫洪榮仝弟洪盛承祖
遺得有基地一号半落畢家坑住基 海字六百零二号計
稅叁厘五毛[illegible]系二忽正今因正用自情愿央中將住基
地出賣與房兄大成房侄本添名下承買為業當三
面凴中議作時值價銀弍两 正是身任即收訖其基
地自今出賣之後悉听買人過手管業造作無阻其
稅粮本家户下不必推受未賣之先與本家内外人等
並無重張 信押不明如有等情身自理不干買人之
事今欲凴立此出賣基地存照
孫洪榮
仝弟 洪盛
見兄 德雲
弟 德生
侄 本在

秋口镇毕家坑 90 · 道光六年 · 断骨出卖基地契 · 孙洪荣同弟洪盛卖与房兄大成、房侄本添

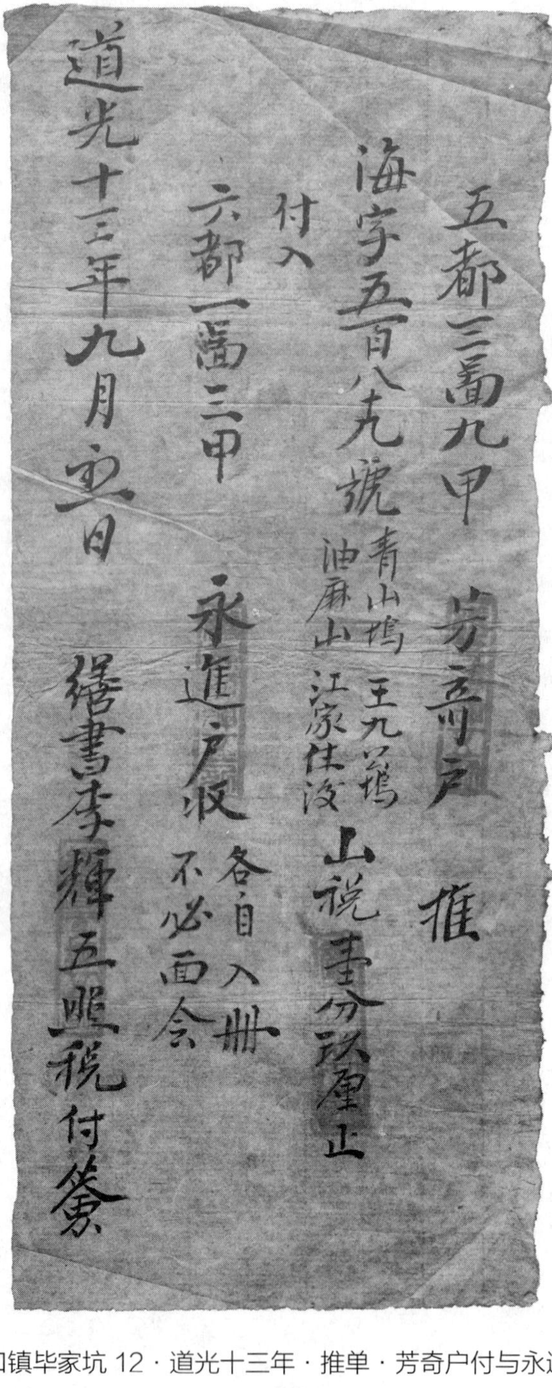

五都三啚九甲　芳奇户　推
海字五百八十九號 青山塢 王九公塢 油麻山 江家住後 山税壹分玖厘正
付入
六都一啚三甲　永進户收　各自入册 不必面会
道光十三年九月[illegible]日　繕書李輝五照税付簽

秋口镇毕家坑 12 · 道光十三年 · 推单 · 芳奇户付与永进户

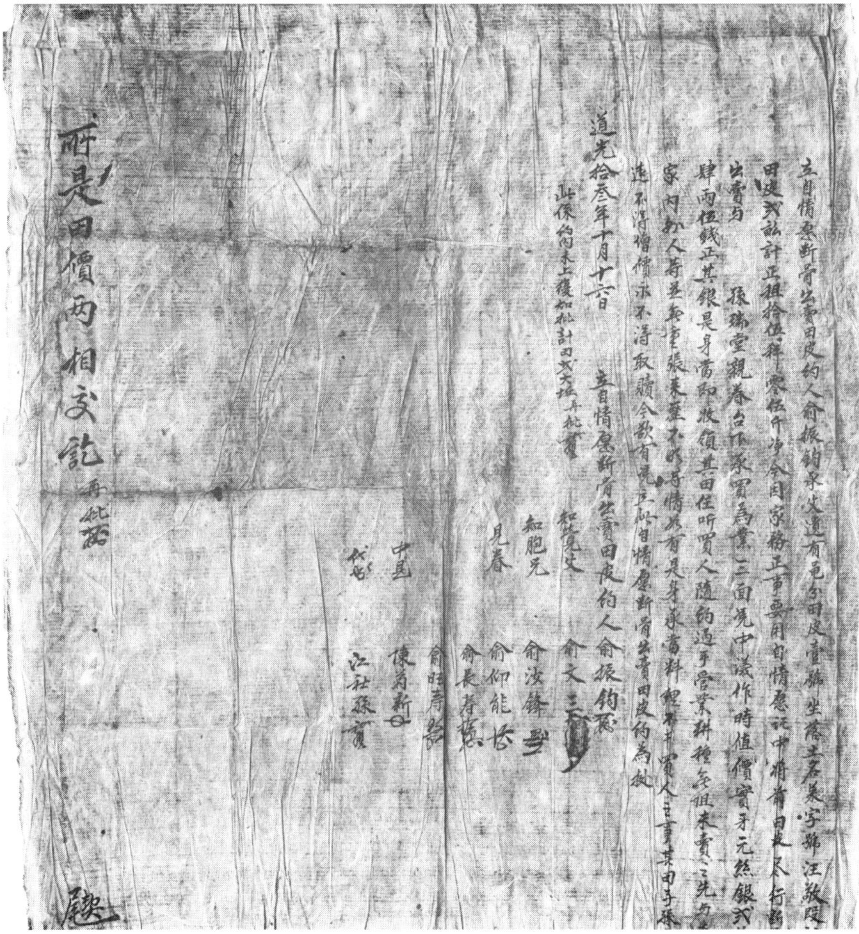
立自情愿斷骨出賣田皮約人俞振鈞，承父遺有已分田皮壹備，坐落土名□字號汪敬段□
田皮弍畝，計正租拾伍秤零伍斤，今因家務正事要用，自情愿託中將前田皮尽行斷
出賣与
孫瑞堂親眷名下承買為業，三面凴中議作時值價實牙元絲銀弍
肆兩伍錢正。其銀是身當即收領，其田任听買人隨約過手管業耕種，無阻。未賣之先，與
家內外人等并無重張來歷不明等情，如有，是身承當料理，不干買人之事。其田子孫
進不得增價，永不得取贖。今欲有凴，立此自情愿斷骨出賣田皮約為拠。

道光拾叁年十月十六日 立自情愿斷骨出賣田皮約人俞振鈞

此係約內未上，復加批：計田弍大坵。再批。

知見叔 俞文三
知胞兄 俞汝鋒
見眷 俞仰能
俞長春
俞旺壽
中見 陳肖新
代筆 江社孫

所是田價兩相交訖 再批

秋口镇毕家坑 93 · 道光十三年 · 断骨出卖田皮约 · 俞振钧卖与孙瑞堂

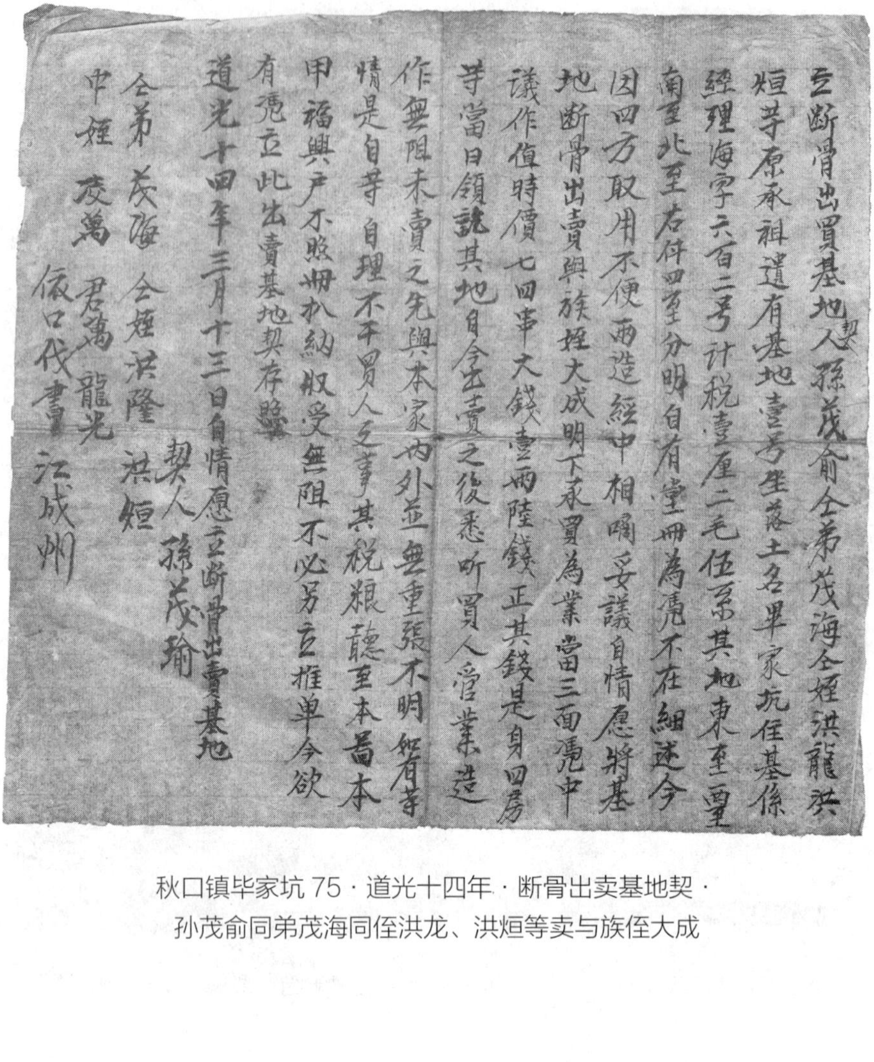
立断骨出買基地契人孫茂俞仝弟茂海仝姪洪龍洪
烜等原承祖遺有基地壹号坐落土名畢家坑住基係
經理海字六百二号計稅壹厘二毛伍系其地東至墨(?)
南至北至右件四至分明自有登(?)冊為憑不在細述今
因四方取用不便兩造經中相嘱妥議自情愿將基
地断骨出賣與族姪大成明下承買為業當三面憑中
議作價時價七四串大錢壹兩陸錢正其錢是身四房
等當日領訖其地自今出賣之後悉听買人管業造
作無阻未賣之先與本家內外並無重張不明如有等
情是自等自理不干買人之事其稅粮聽至本啚本
甲福興戶下照冊扒納收受無阻不必另立推單今欲
有憑立此出賣基地契存照
道光十四年三月十三日自情愿立断骨出賣基地
契人 孫茂瑜
仝弟 茂海 仝姪 洪隆 洪烜
中姪 茂萬 君萬 龍光
依口代書 江成州

秋口镇毕家坑 75 · 道光十四年 · 断骨出卖基地契 ·
孙茂俞同弟茂海同侄洪龙、洪烜等卖与族侄大成

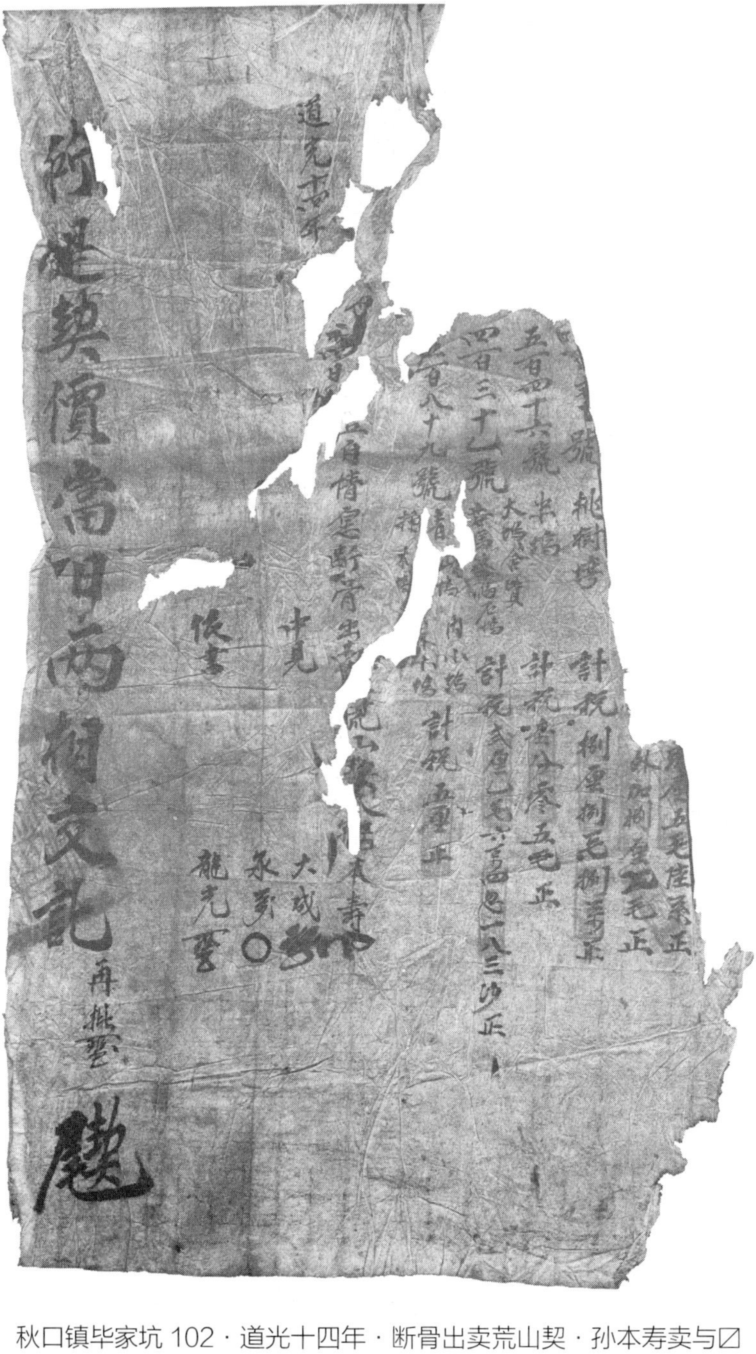

秋口镇毕家坑 102 · 道光十四年 · 断骨出卖荒山契 · 孙本寿卖与☒

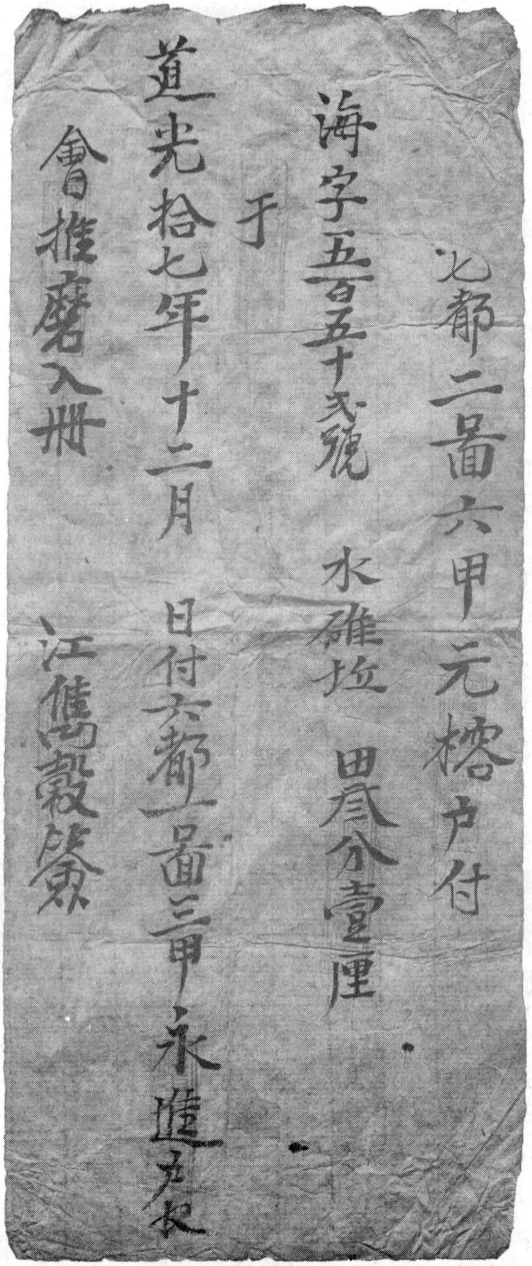
七都二啚六甲元榕户付
海字五百五十弍號　水碓坵　田叁分壹厘
于
道光拾七年十二月　日付六都二啚三甲永進户收
會推磨入册　江儁穀簽

秋口镇毕家坑 71 · 道光十七年 · 推单 · 元榕户付与永进户

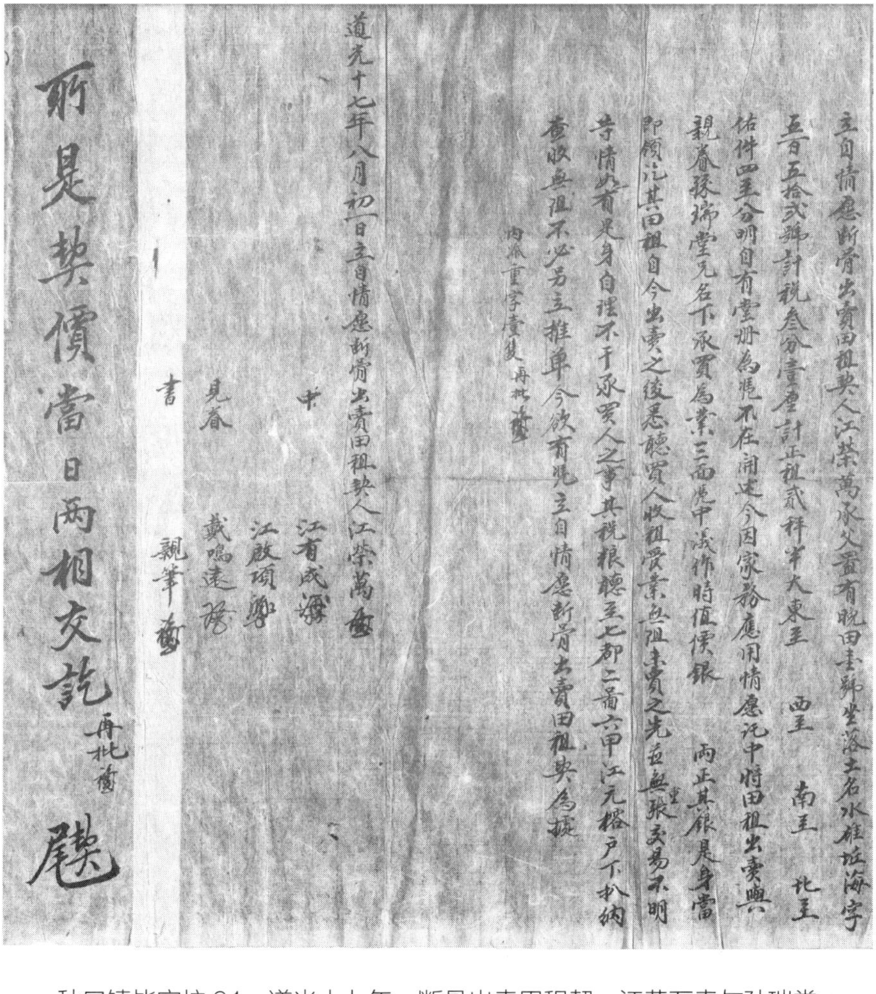

立自情愿断骨出賣田租契人江榮萬承父置有晚田壹號坐落土名水碓坵海字五百五拾弍號計税叁分壹厘計正租貳秤半大東至　西至　南至　北至佑件四至分明自有堂冊為凭不在開述今因家務應用情愿托中將田租出賣與親眷孫瑞堂兄名下承買為業三面憑中議作時值價銀　兩正其銀是身當即領訖其田租自今出賣之後悉聽買人收租管業無阻未賣之先並無重張交易不明等情如有是身自理不干承買人之事其税粮聽至七都二啚六甲江元榕戶下扒納並收無阻不必另立推單今欲有憑立自情愿断骨出賣田租契為據

内添重字壹隻　再批

道光十七年八月初一日立自情愿断骨出賣田租契人江榮萬

中　江有成

見眷　江啟頌　戴鳴遠

書　親筆

所是契價當日兩相交訖　再批

秋口镇毕家坑 91 · 道光十七年 · 断骨出卖田租契 · 江荣万卖与孙瑞堂

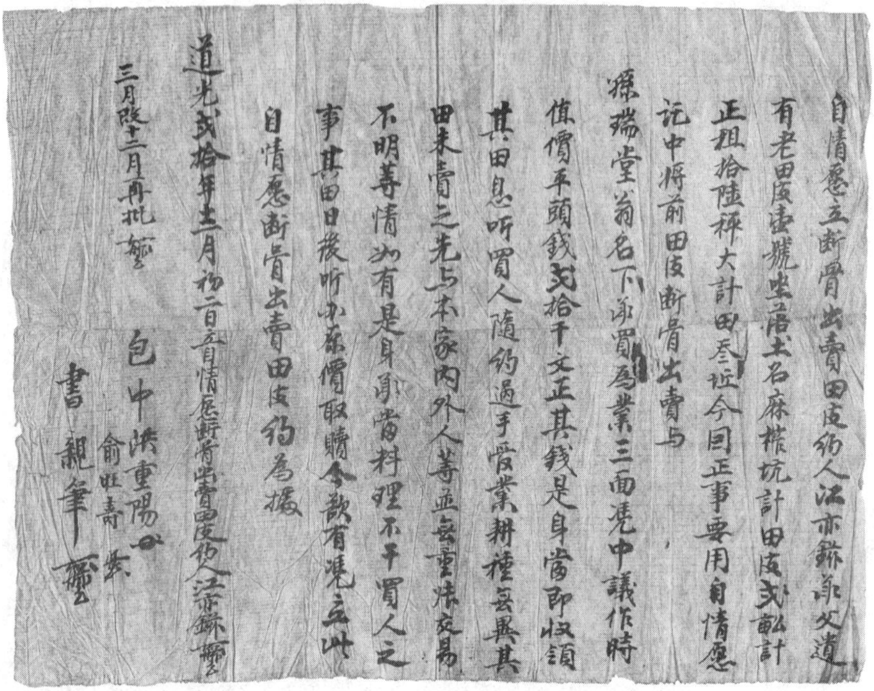

秋口镇毕家坑 69 · 道光二十年 · 断骨出卖田皮约 · 江亦镃卖与孙瑞堂翁

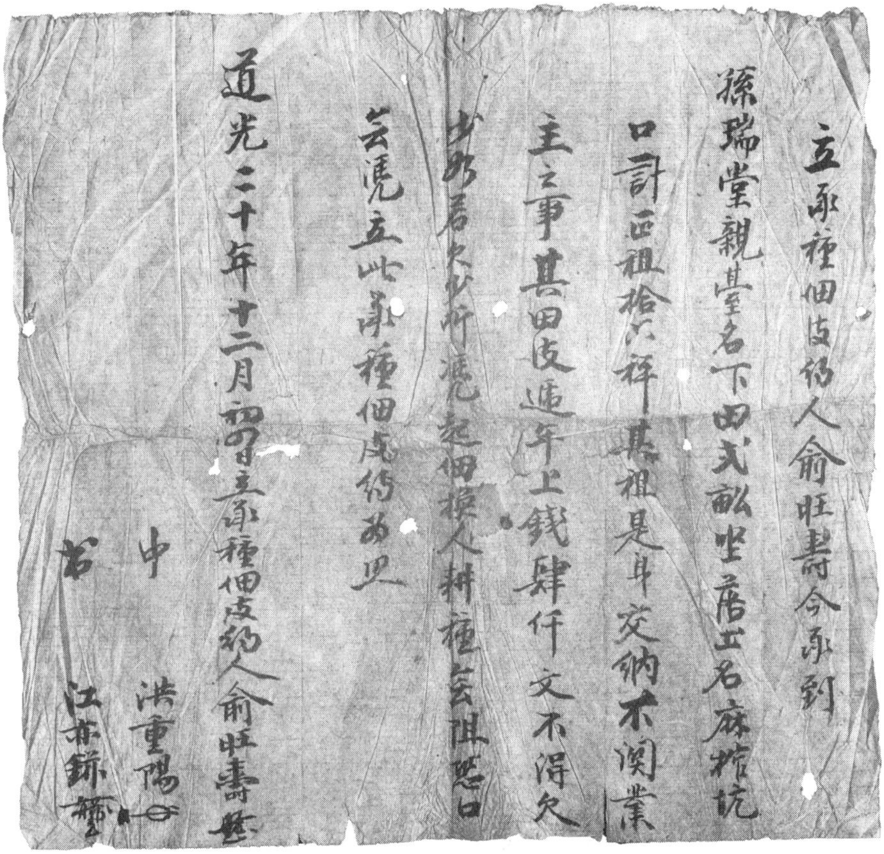

立承種佃皮約人俞旺壽今承到

孫瑞堂親台名下田弍畝坐落土名麻榨坑

口計田租拾八秤其租是身交納不涉業

主之事其田皮逐年上錢肆仟文不得欠

少如若欠少听憑起佃撥人耕種無阻恐口

無憑立此承種佃皮約為照

道光二十年十二月初四日立承種佃皮約人俞旺壽

中 洪重陽

书 江亦錦

秋口镇毕家坑 84 · 道光二十年 · 承种佃皮约 · 俞旺寿承到孙瑞堂亲台

秋口镇毕家坑 3-1 · 道光二十三年 · 税粮实征册 · 永进户新升兴进户

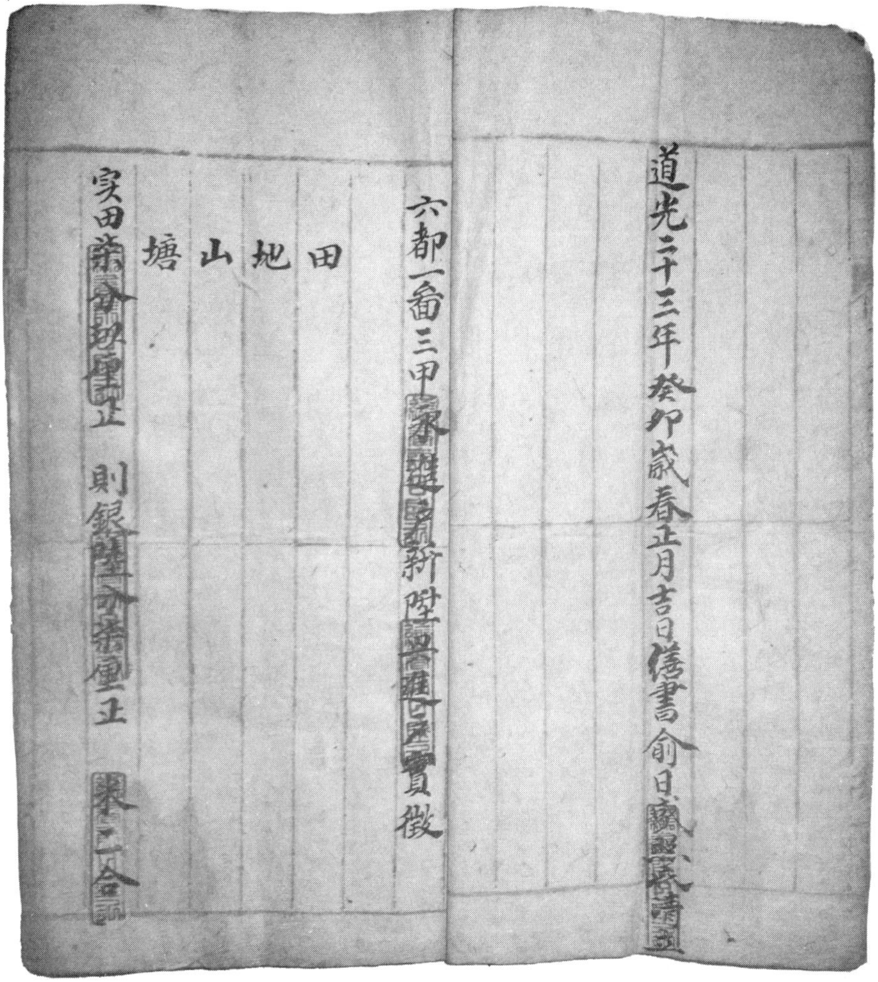

秋口镇毕家坑 3-2 · 道光二十三年 · 税粮实征册 · 永进户新升兴进户

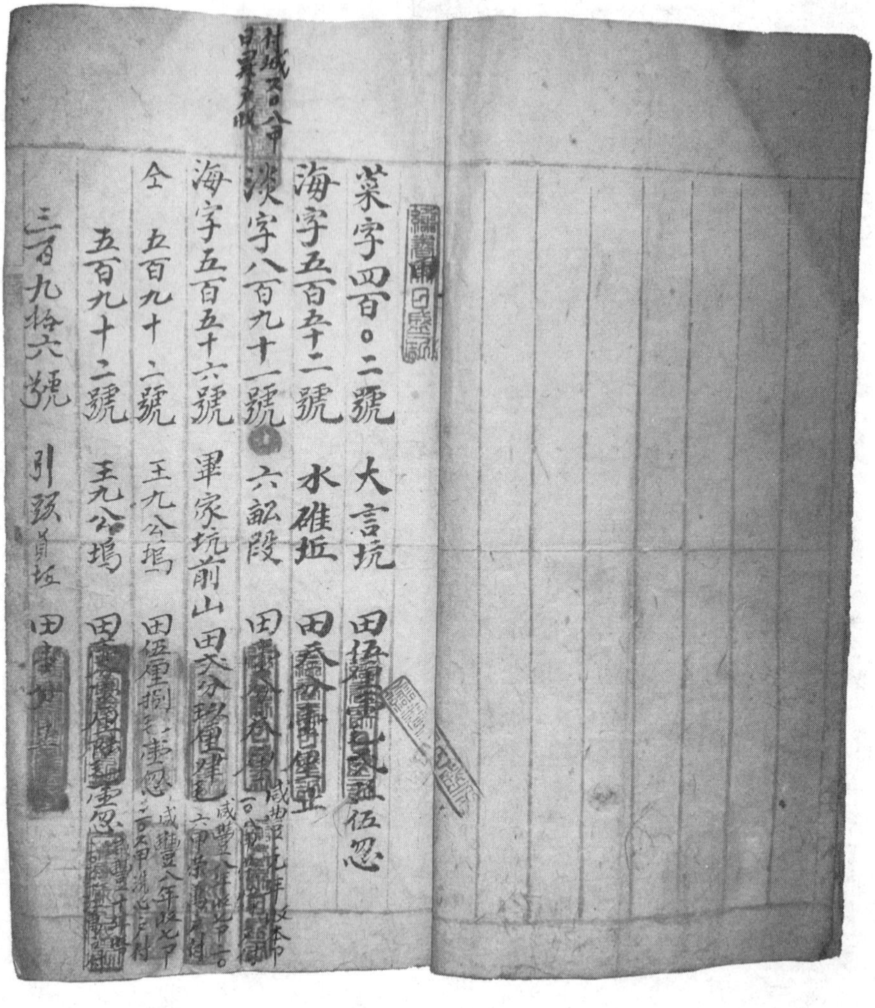
菜字四百〇二號 大言坑 田伍

海字五百念二號 水碓坵 田叁

淡字八百九十一號 六畝段 田

海字五百五十六號 畢家坑前山 田叁分

仝 五百九十二號 王九公塢 田伍厘捌毛重忽

五百九十二號 王九公塢 田

三百九拾六號 引跖首坵 田

秋口镇毕家坑 3-3 · 道光二十三年 · 税粮实征册 · 永进户新升兴进户

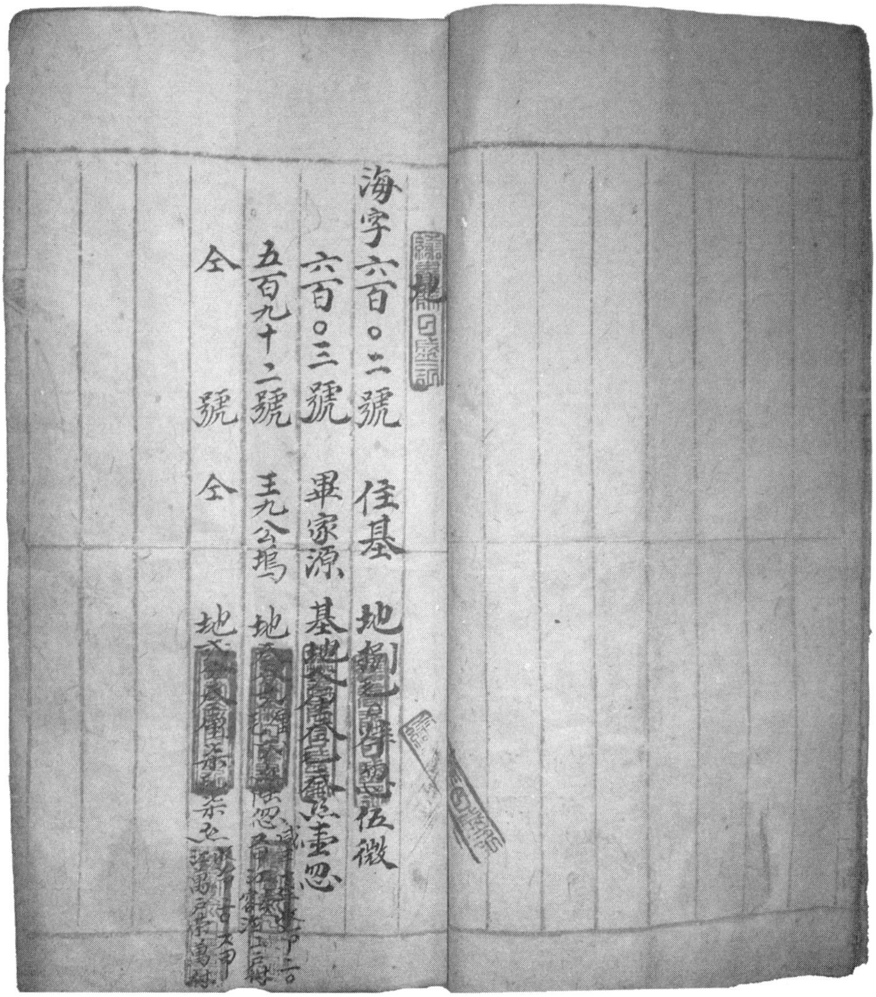
海字六百〇二號　任基　地
六百〇三號　畢家源　基地
五百九十二號　王九公塢　地
仝　號　仝　地

秋口镇毕家坑 3-4 · 道光二十三年 · 税粮实征册 · 永进户新升兴进户

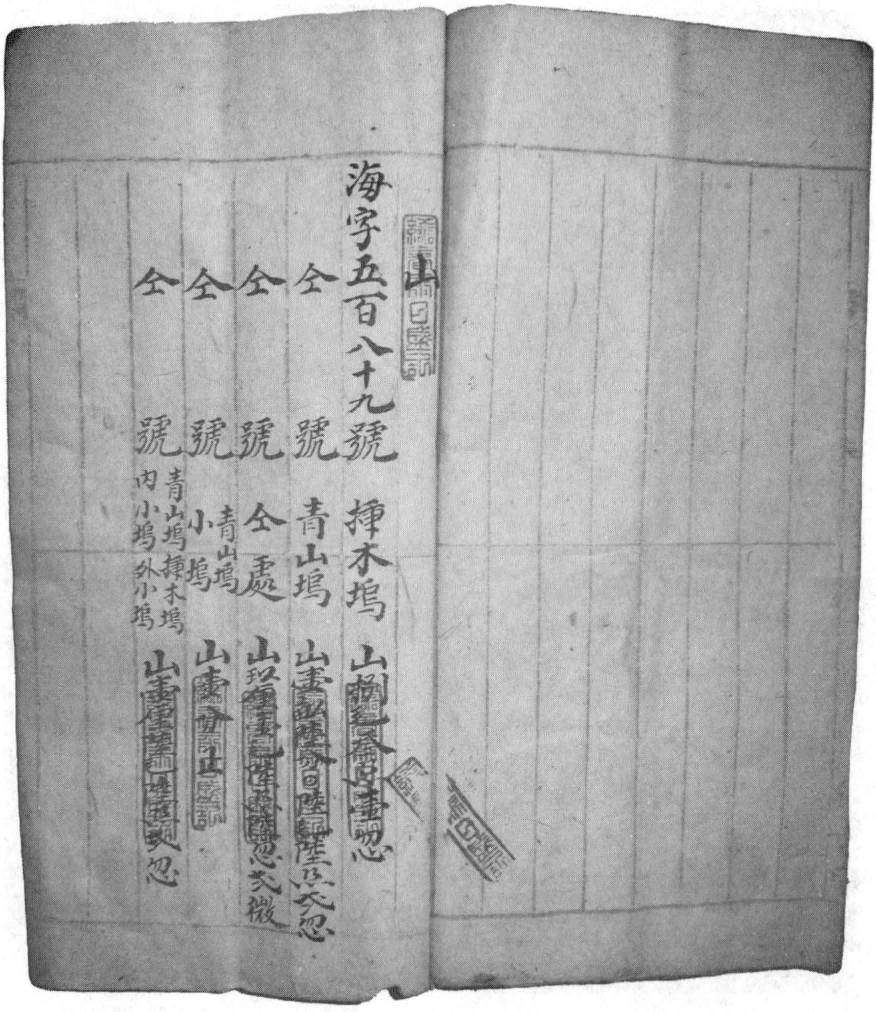

海字五百八十九號　摔木塢　山捌[illegible]忽
仝號　青山塢　山壹[illegible]忽
仝號　仝處　山玖[illegible]忽[illegible]微
仝號　青山塢小塢　山壹[illegible]
仝號　青山塢內小塢摔木塢外小塢　山壹[illegible]忽

秋口镇毕家坑 3-5 · 道光二十三年 · 税粮实征册 · 永进户新升兴进户

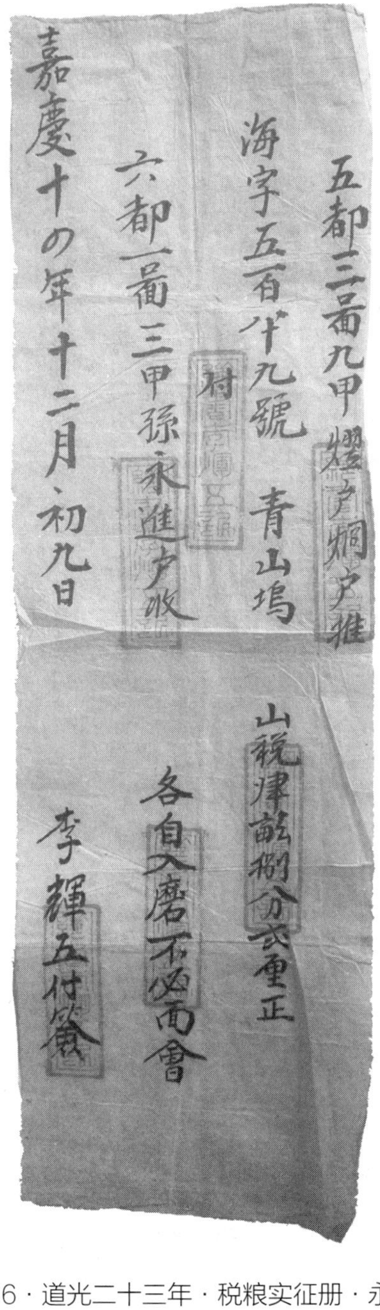

五都三啚九甲燈户炯户推

海字五百廿九號 青山塢

六都一啚三甲孫永進户收

山税肆毫捌分弍重正

各自入册不必面會

嘉慶十の年十二月初九日

李輝五付簽

秋口镇毕家坑 3-6 · 道光二十三年 · 税粮实征册 · 永进户新升兴进户

孫廣田

海字、ス百三号 畢家坑田 田 弍毛七絲

〃〃 四百七十五号 大坑小塢 田 柒厘正

〃〃 四陸百卅四号 荒田塢 田 玖厘五毛

淡字、八百四十ス号 四畝段 田 壹分正

菜字、貳百弍号 大言坑口 田 伍厘壹毛二絲三忽

孫廣地

坐字、二千二百一十三号 中州地 柒厘ス毛

海字、ス百二号 住基地 弍厘肆毛一絲三忽

〃〃 五百五十八号ス百二号 住基地 壹厘二毛五絲

孫廣山 海字、四百七十号 伴當塢山 壹厘七毛

〃〃 五百五十八号 木林底山 壹厘正

〃〃 五百ス十四号 株樹塢山 弍厘三毛三絲三忽

〃〃 ス百四十七号 程坑坑术山 伍厘ス毛

〃〃 四百三十一号 大塢舍背山 八毛

〃〃 四百一十八号 任家塢長岺山 壹厘七毛

〃〃 四百七十ス号 旃坑大山 壹分四厘

〃〃 四百七十七号 棧山 柒厘正

〃〃 五百四十ス号 排年山 壹毛七絲

〃〃 ス百三十号 荒田塢 壹厘三毛

〃〃 三百五十二号 汪山坦山 八毛

薜字

〃〃 五百八十三号 王九公塢山 弍畝零二厘ス毛三絲

〃〃 五百八十七号 〃 〃 弍畝四分二厘壹毛

菜字、四百一号 扁頭坑山 伍厘正

秋口镇毕家坑 3-7 · 道光二十三年 · 税粮实征册 · 永进户新升兴进户

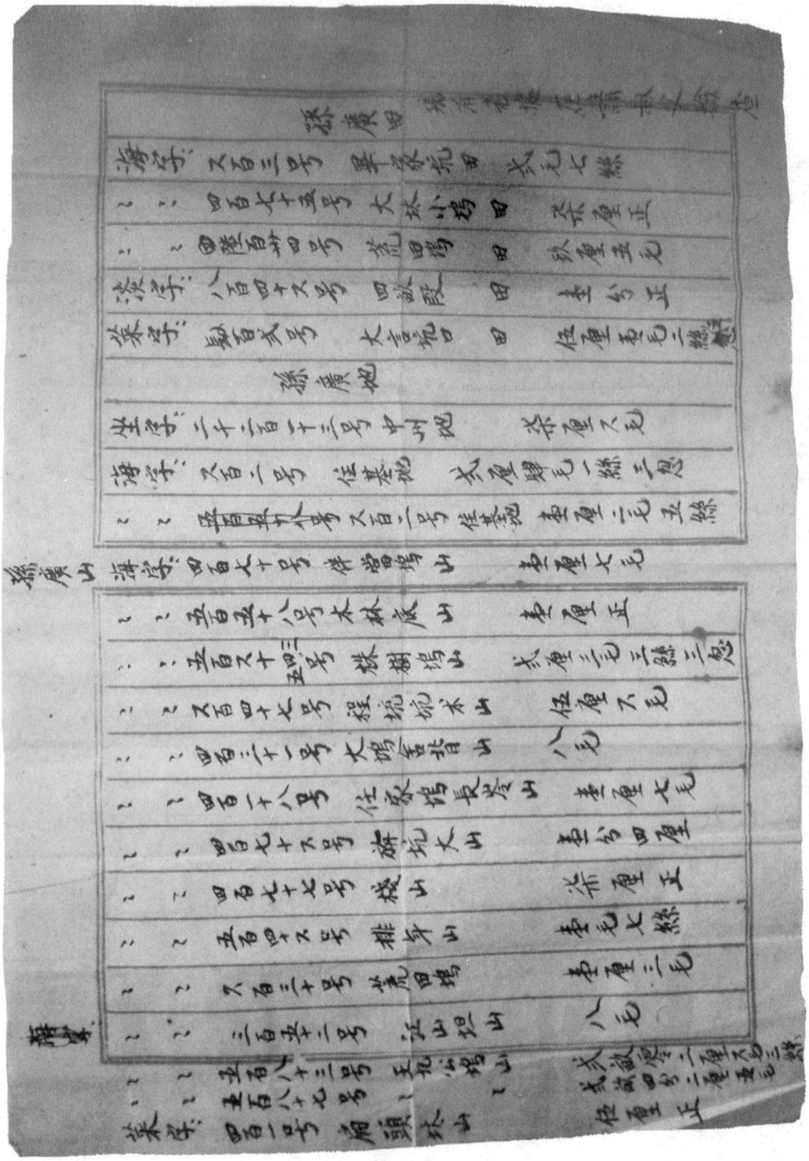

秋口镇毕家坑 4-1 · 道光二十三年至同治七年 · 税粮实征册 · 永进户

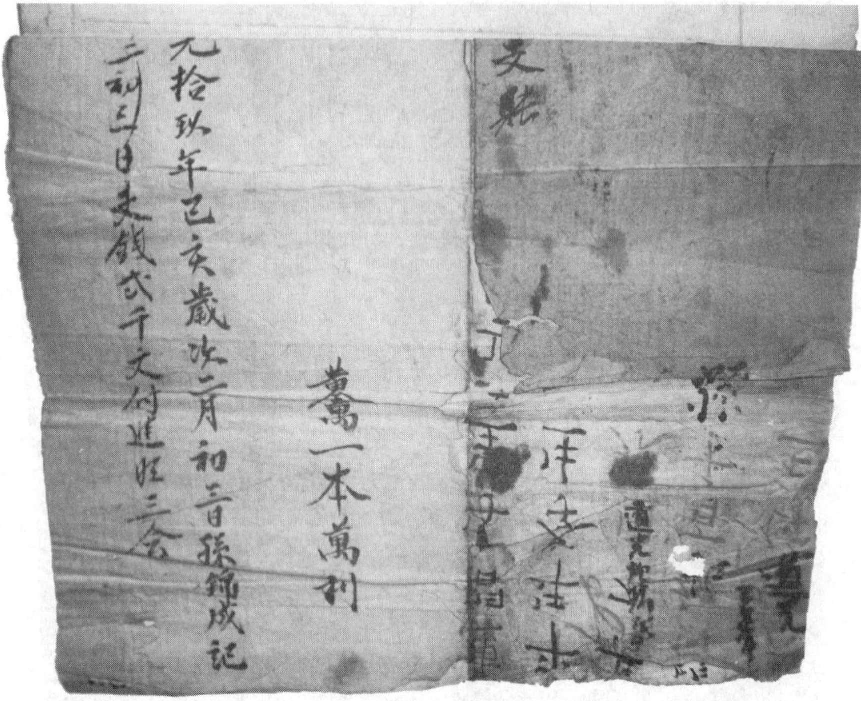

秋口镇毕家坑 4-2 · 道光二十三年至同治七年 · 税粮实征册 · 永进户

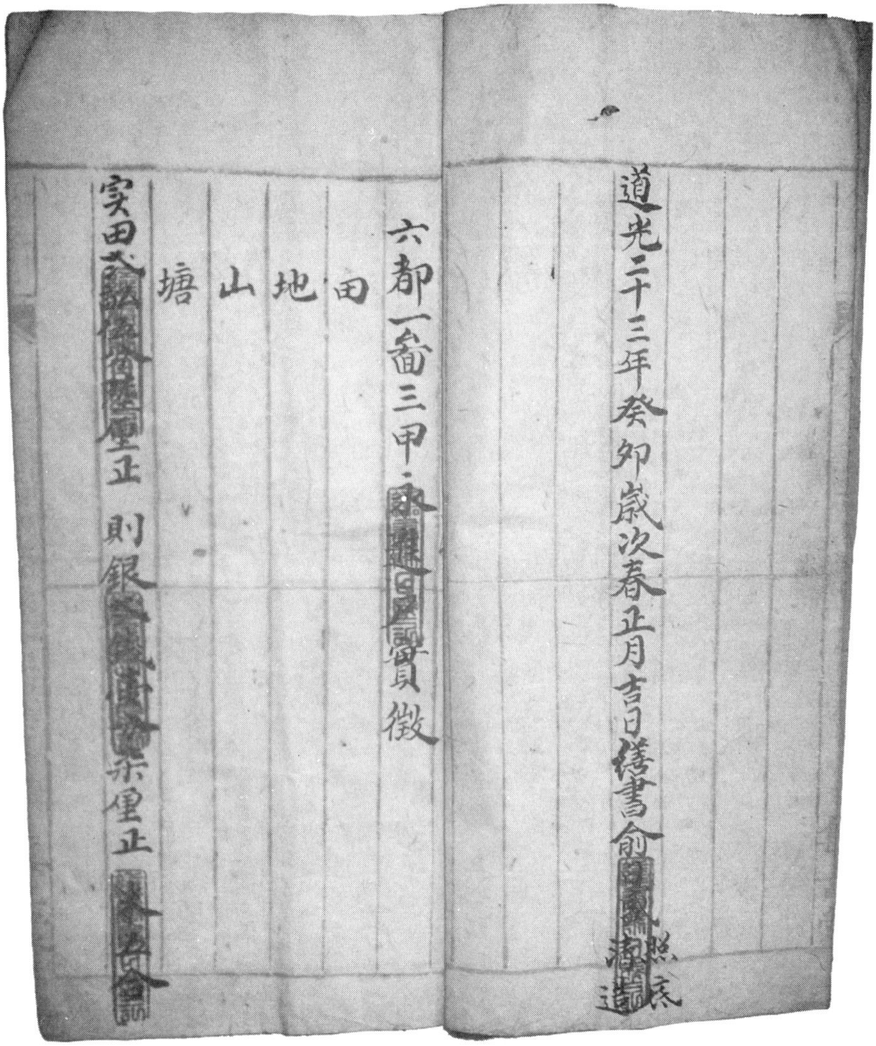
道光二十三年癸卯歲次春正月吉日繕書俞

照底

造

六都一畨三甲·永

實徵

田

地

山

塘

實田

釐正　則銀

釐正

秋口镇毕家坑 4-3 · 道光二十三年至同治七年 · 税粮实征册 · 永进户

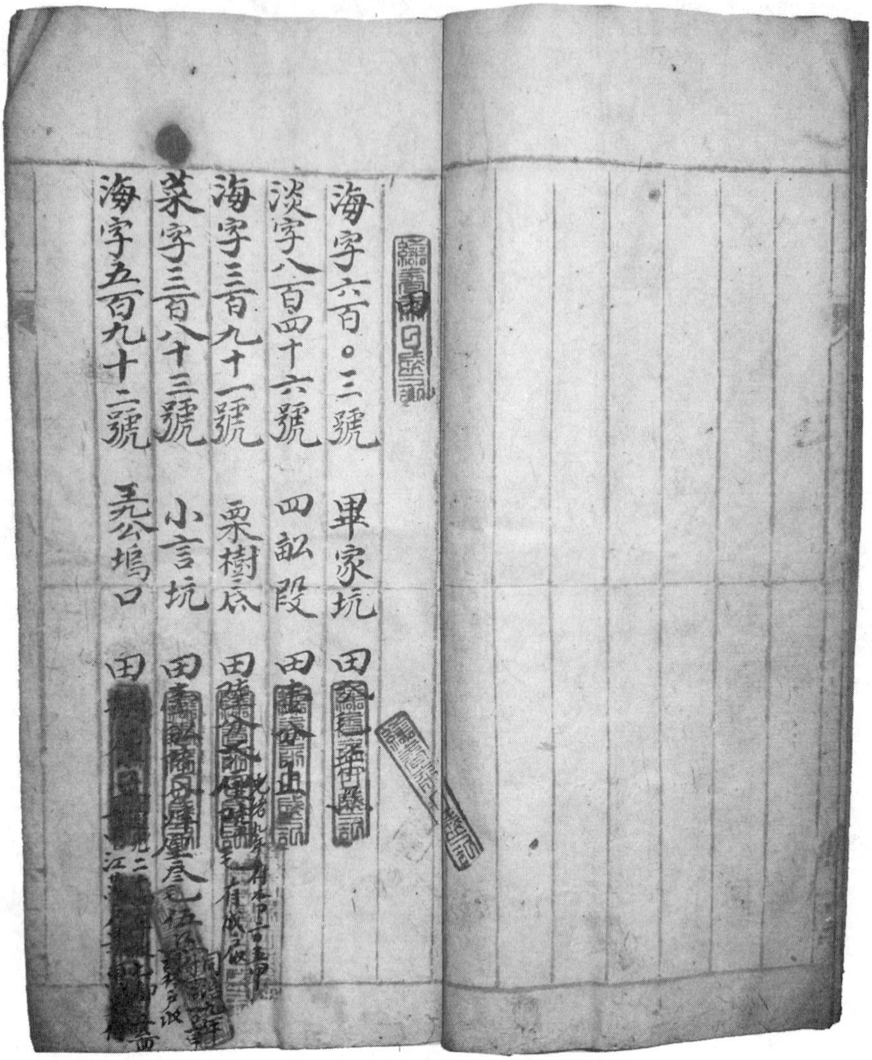

海字六百〇三號 畢家坑 田

淡字八百四十六號 四畝段 田

海字三百九十一號 栗樹底 田

菜字三百八十三號 小言坑 田

海字五百九十二號 [illegible]公塢口 田

秋口镇毕家坑 4-4 · 道光二十三年至同治七年 · 税粮实征册 · 永进户

秋口镇毕家坑 4-5 · 道光二十三年至同治七年 · 税粮实征册 · 永进户

海字五百八十九號 青山塢內外小塢

秋口镇毕家坑 4-6 · 道光二十三年至同治七年 · 税粮实征册 · 永进户

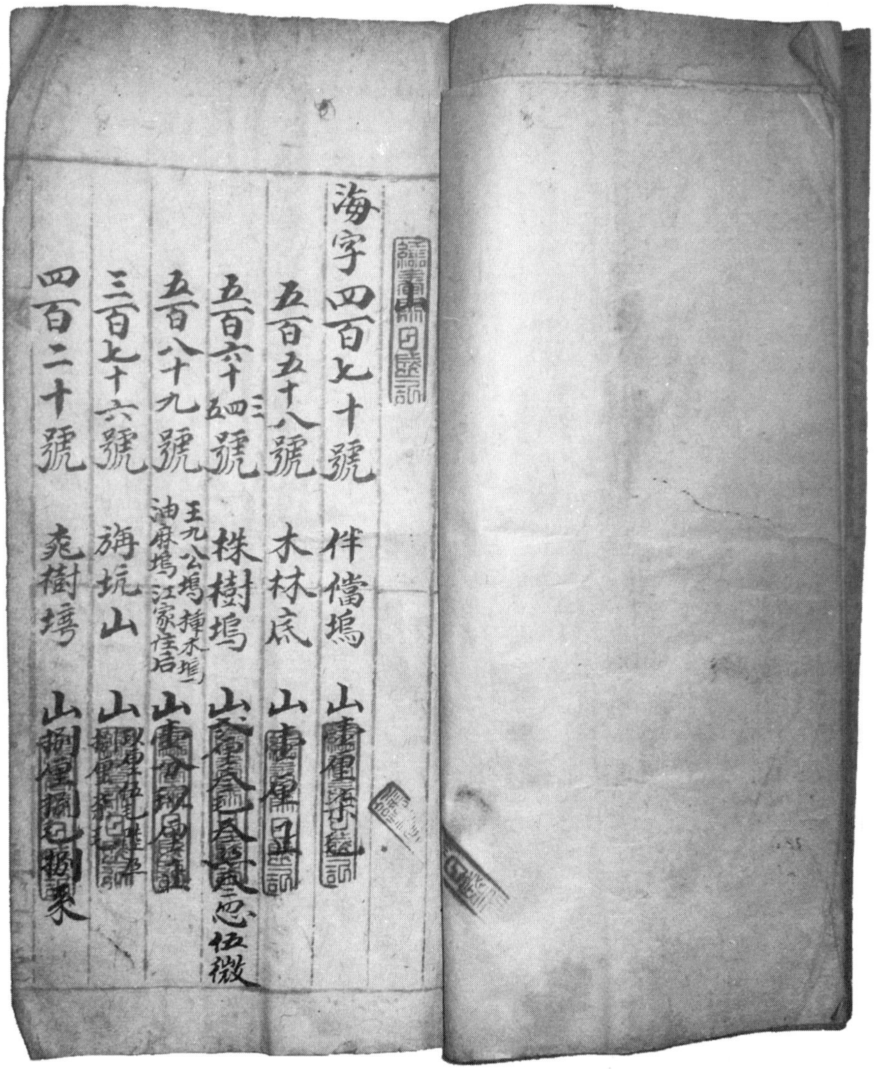
海字四百七十號　伴儅塢　山
五百五十八號　木林底　山
五百六十四號　株樹塢　山
五百八十九號　山
三百七十六號　旃坑　山
四百二十號　山

秋口镇毕家坑 4-7 · 道光二十三年至同治七年 · 税粮实征册 · 永进户

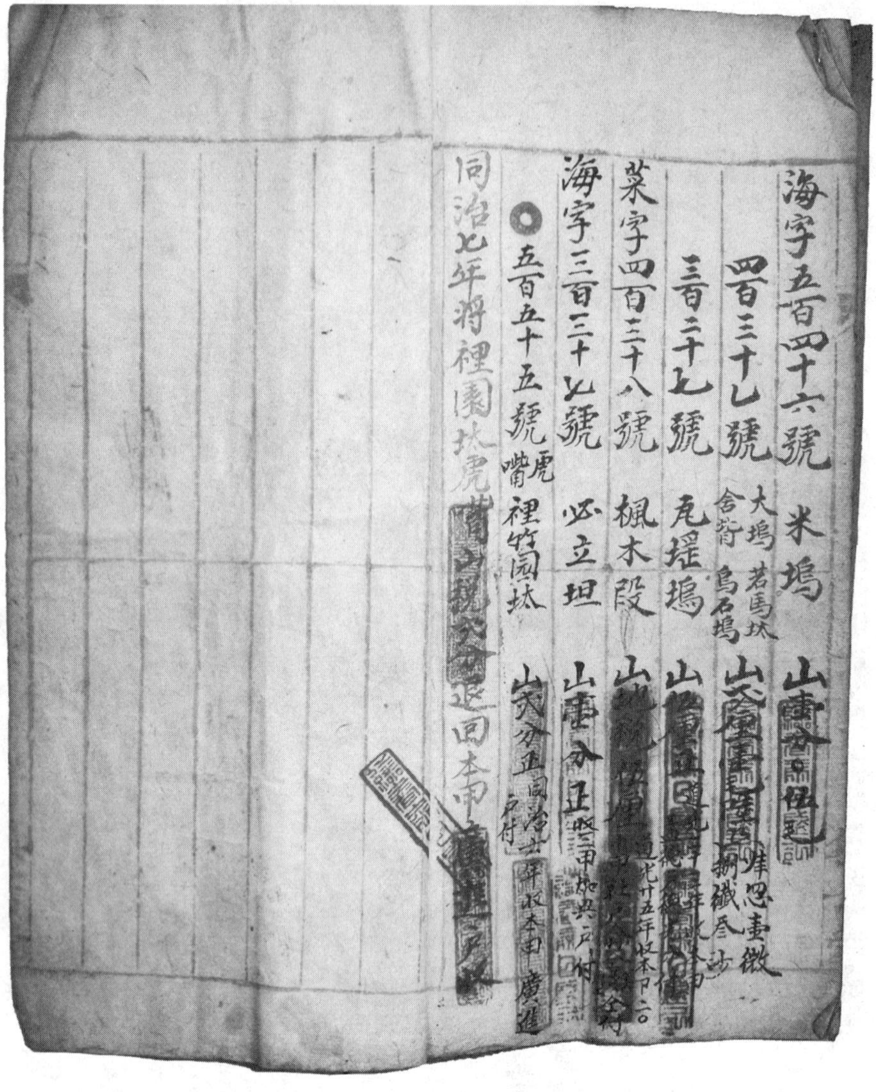

秋口镇毕家坑 4-8 · 道光二十三年至同治七年 · 税粮实征册 · 永进户

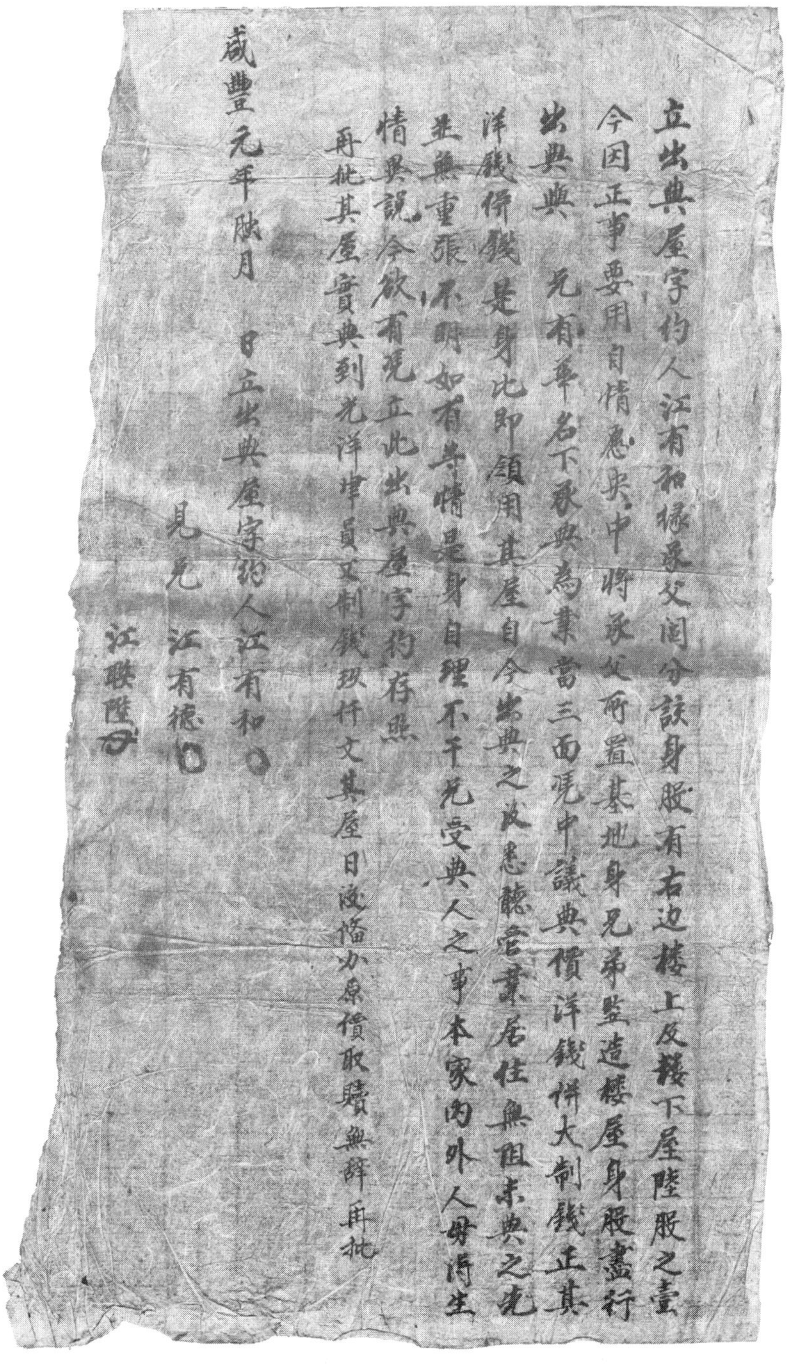

立出典屋字约人江有和緣承父阄分該身股有右边楼上及楼下屋陛股之壹
今因正事要用自情愿央中將承父所置基地身兄弟監造楼屋身股盡行
出典與 兄有華名下承典為業當三面凴中議典價洋錢并大制錢正其
洋錢併錢是身比即領用其屋自今出典之後悉聽管業居住無阻未典之先
並無重張不明如有此情是身自理不干兄受典人之事本家內外人毋得生
情異說今欲有凴立此出典屋字约存照
再批其屋實典到兄洋肆員文制錢玖仟文其屋日後備办原價取贖無辞 再批
咸豐元年臘月 日立出典屋字约人江有和
見兄 江有德
江聯陞

秋口镇毕家坑 109 · 咸丰元年 · 出典屋字约 · 江有和典与兄有华

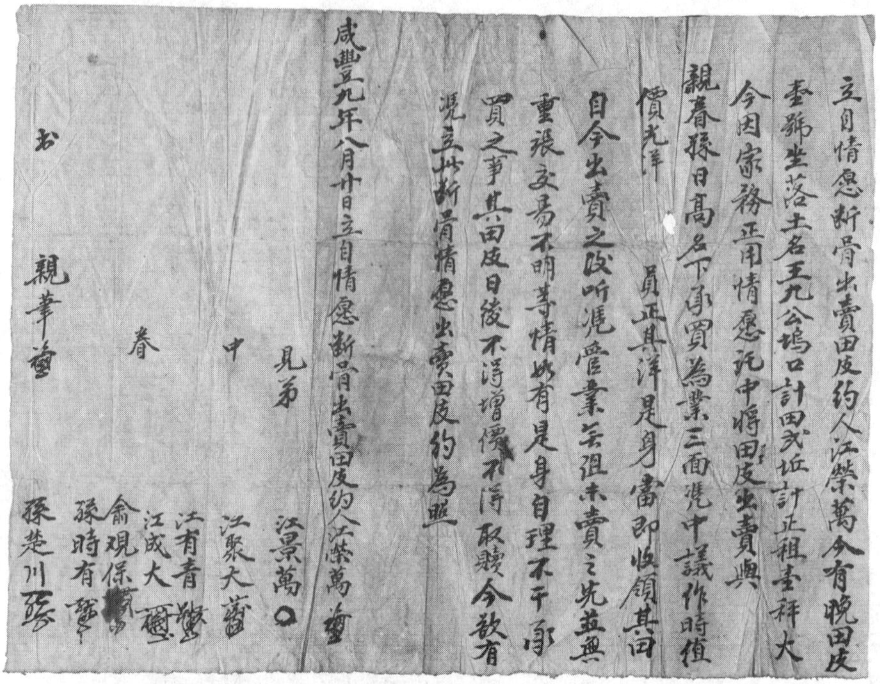

立自情愿断骨出卖田皮约人江荣万，今有晚田皮
壹号，坐落土名王九公坞口，计田贰坵，计正租壹秤大
今因家务正用，情愿托中将田皮出卖与
亲眷孙日高名下承买为业，三面凭中议作时值
价光洋　员正，其洋是身当即收领，其田
自今出卖之后，听凭管业无阻。未卖之先，并无
重张交易不明等情，如有，是身自理，不干承
买之事。其田皮日后不得增价，不得取赎。今欲有
凭，立此断骨情愿出卖田皮约为照。
咸丰九年八月廿日立自情愿断骨出卖田皮约人江荣万（押）
见弟　江景万（押）
中　江聚大（押）
江有青（押）
江成大（押）
俞观保（押）
眷　孙时有（押）
亲笔（押）
孙楚川（押）
书

秋口镇毕家坑 65 · 咸丰九年 · 断骨出卖田皮契 · 江荣万卖与孙日高

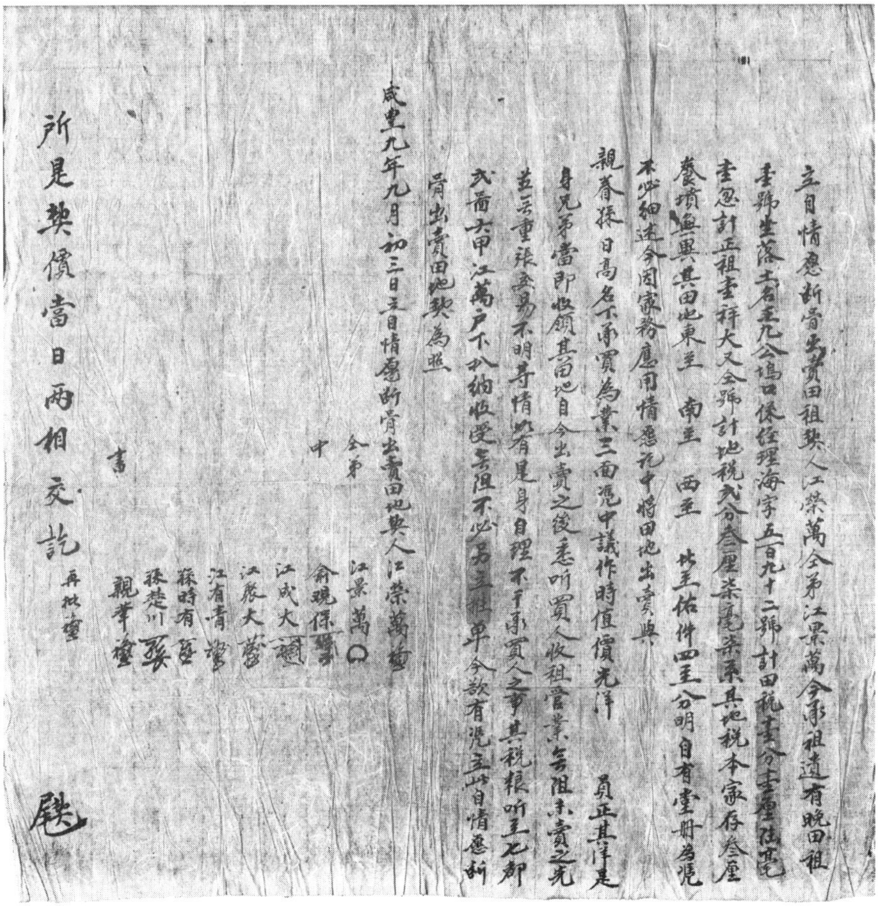

立自情愿断骨出賣田祖契人江荣萬仝弟江景萬今承祖遗有晚田祖壹號坐落土名王九公塢口保經理海字五百九十二號計田稅壹分壹厘陸毫壹忽計正祖壹秤大又仝號計地稅弍分叁厘柒毫柒系其地稅本家存叁厘養墳無異其田地東至　南至　西至　北至佑件四至分明自有壹册為凭本業細述今因家務應用情愿托中將田地出賣與

親眷孫日高名下承買為業三面凭中議作時值價光洋　員正其洋是身兄弟當即收領其田地自今出賣之後悉听買人收租管業無阻未賣之先並無重張交易不明等情如有是身自理不干承買人之事其稅粮听至乙鄉弍甫六甲江萬户下扒納收受無阻不必另立推单今欲有凭立此自情愿断骨出賣田地契為照

咸豐九年九月初三日立自情愿断骨出賣田地契人江荣萬（押）

仝弟　江景萬（押）

中　俞觀保（押）
江成大（押）
江辰大（押）
江有清（押）
孫時有（押）
孫楚川（押）

書　親筆（押）

所是契價當日兩相交訖　再批（押）

秋口镇毕家坑 94 · 咸丰九年 · 断骨出卖田地契 · 江荣万卖与孙日高

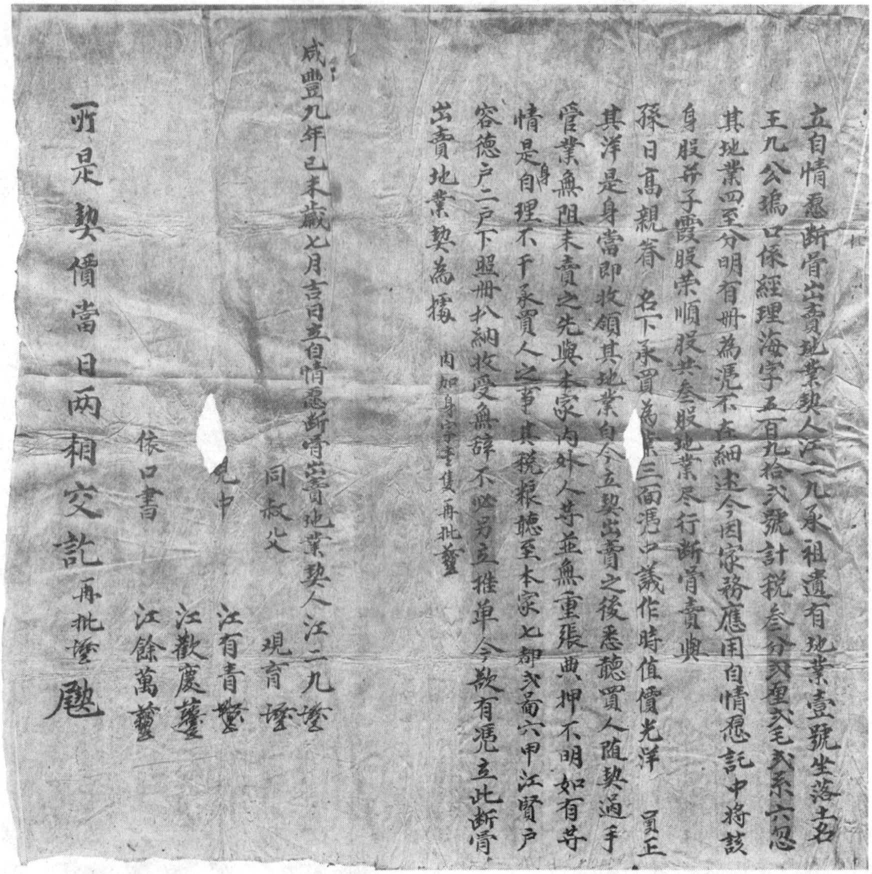
立自情愿斷骨出賣地業契人江二九承祖遺有地業壹號坐落土名
王九公塢口係經理海字五百九拾弍號計稅叁分弍厘弍毛弍系六忽
其地業四至分明有冊為凭不在細述今因家務應用自情愿託中將該
身股并子霞股榮順股共叁股地業尽行斷骨賣與
孫日高親眷名下承買為業三面凭中議作時值價光洋　員正
其洋是身當即收領其地業自今立契出賣之後悉聽買人隨契過手
管業無阻未賣之先與本家內外人等並無重張典押不明如有等
情是身自理不干承買人之事其稅粮聽至本家七都弍啚六甲江賢戶
容德戶二戶下照冊扒納收受無辞不必另立推單今欲有凭立此斷骨
出賣地業契為據　內加身字壹隻再批（押）
咸豐九年己未歲七月吉日立自情愿斷骨出賣地業契人江二九（押）
同叔父　觀育（押）
見中　江有青（押）
江歡慶（押）
依口書　江餘萬（押）
所是契價當日兩相交訖再批（押）

秋口镇毕家坑 112 · 咸丰九年 · 断骨出卖地业契 · 江二九卖与孙日高

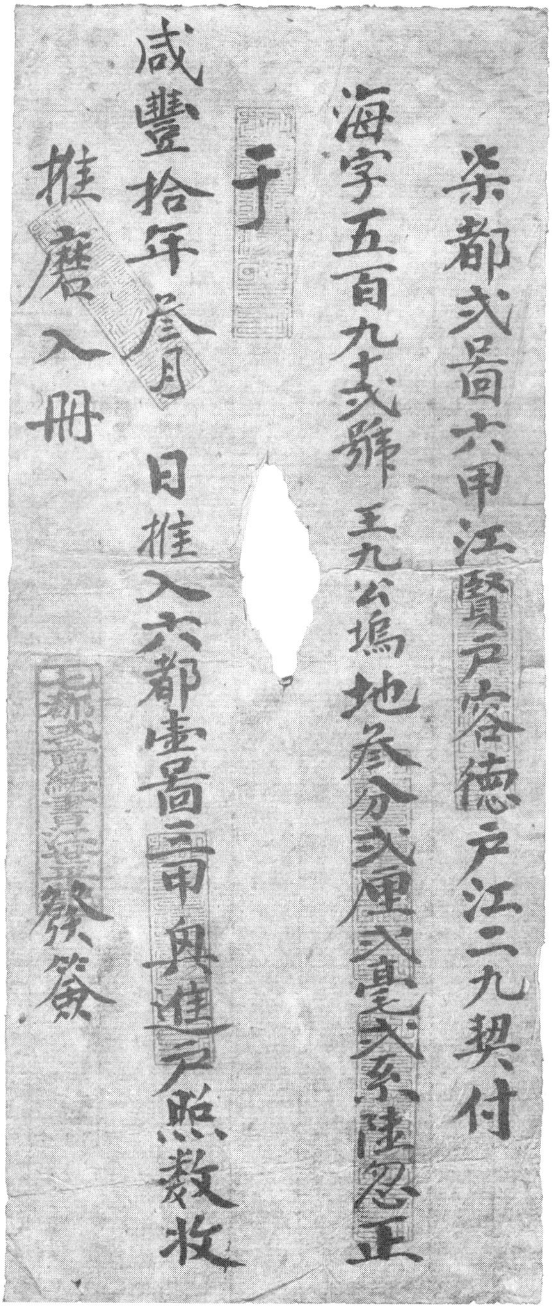

柒都弍啚六甲江賢户容德户江二九契付
海字五百九十弍號 王九公塢 地叁分弍厘弍毫弍系陸忽正
于
咸豐拾年叁月 日推入六都壹啚三甲與進户照數收
推磨入册
發簽

秋口镇毕家坑 13 · 咸丰十年 · 推单 · 江贤户容德户江二九付与兴进户

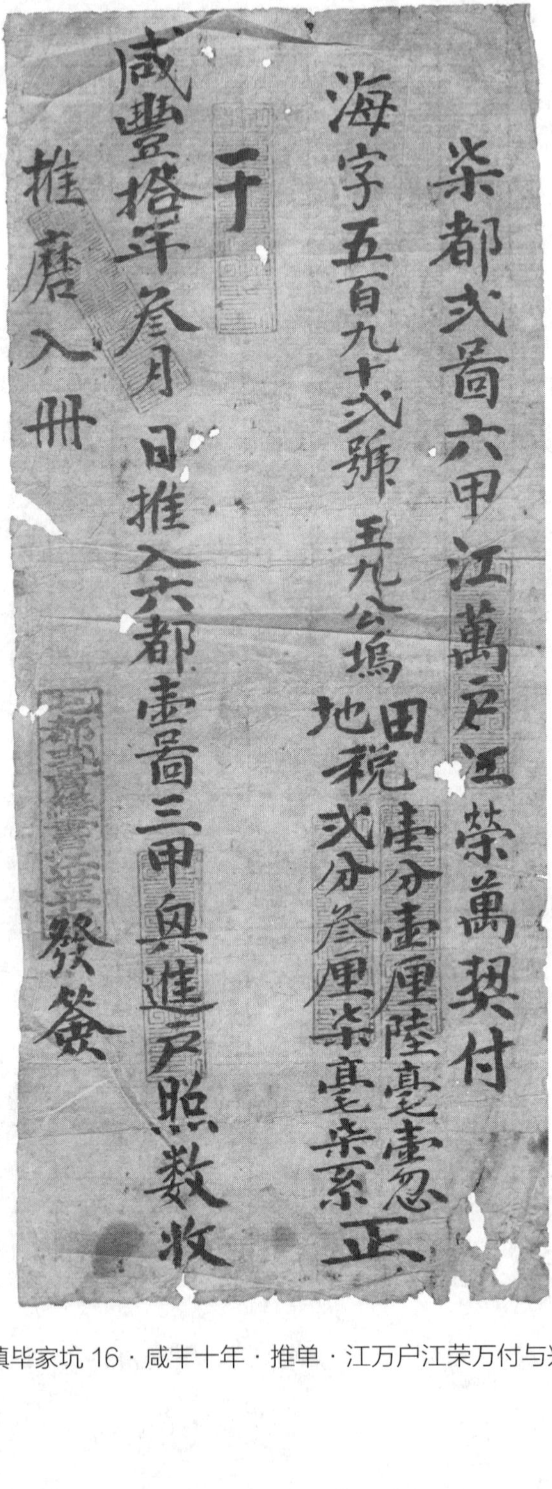
柒都弍啚六甲江萬户江榮萬契付

海字五百九十弍號　王九公塢　田税壹分壹厘陸毫壹忽

地税弍分叁厘柒毫柒系正

于

咸豐拾年叁月　日推入六都壹啚三甲與進户照数收

推磨入册　發簽

秋口镇毕家坑 16 · 咸丰十年 · 推单 · 江万户江荣万付与兴进户

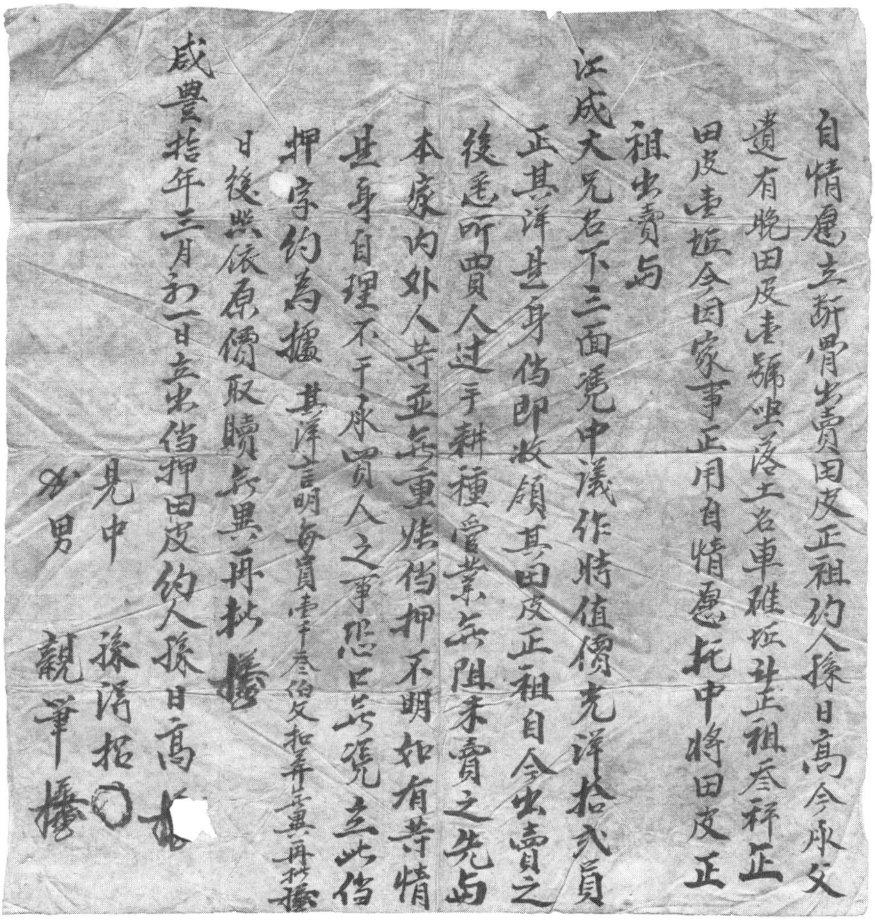
自情愿立断骨出賣田皮正租約人孫日高今承父
遺有晚田皮壹號坐落土名東碓坵計正租叁秤正
田皮壹坵今因家事正用自情愿托中將田皮正
租出賣与
江成大兄名下三面凭中議作時值價光洋拾弍員
正其洋是身当即收領其田皮正租自今出賣之
後憑所買人过手耕種管業無阻未賣之先与
本家内外人等並無重張出押不明如有等情
是身自理不干承買人之事恐口無凭立此出
押字約為據　其洋言明每員壹千叁伯文扣算無異再批據
日後照依原價取贖無異再批據
咸豐拾年三月初一日立出押田皮約人孫日高 押
見中　孫渭招 ○
代男　親筆 據

秋口镇毕家坑 77 · 咸丰十年 · 断骨出卖田皮正租约 · 孙日高卖与江成大兄

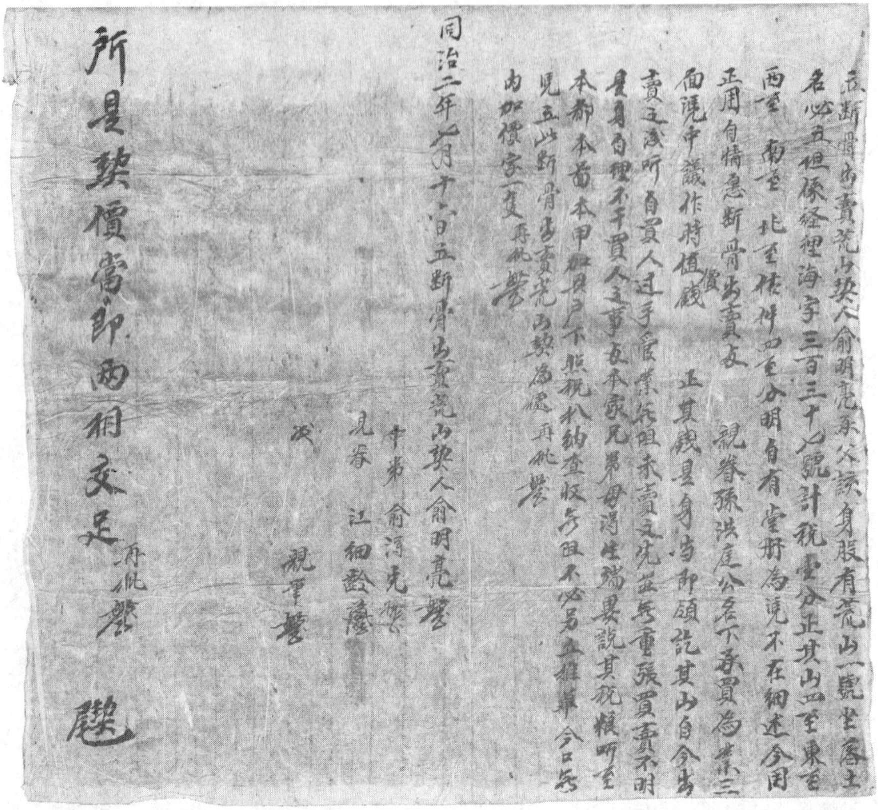

立斷骨出賣荒山契人俞明亮承父鬮身服有荒山一號坐落土
名必立坦係經理海字三百三十七號計稅壹分正其山四至東至
西至　南至　北至依守四至分明自有堂册為憑不在細述今因
正用自情愿斷骨出賣與　親眷孫洪庭公名下承買為業三
面憑中議作時值價錢　正其錢是身當即領訖其山自今出
賣之後所自買人过手管業無阻未賣之先並無重張買賣不明
是身自理不干買人之事及本家兄弟毋得生端異說其稅粮所至
本都本圖本甲加長戶下照稅扒納查收無阻不必另立推單今口無
憑立此斷骨出賣荒山契為據再批（押）
內加價字一隻再批（押）

同治二年七月十六日立斷骨出賣荒山契人俞明亮（押）
中弟　俞河先（押）
見眷　江細齡（押）
代　親筆（押）

所是契價當即兩相交足　再批（押）

（押）

秋口镇毕家坑 114 · 同治二年 · 断骨出卖荒山契 · 俞明亮卖与孙洪庭

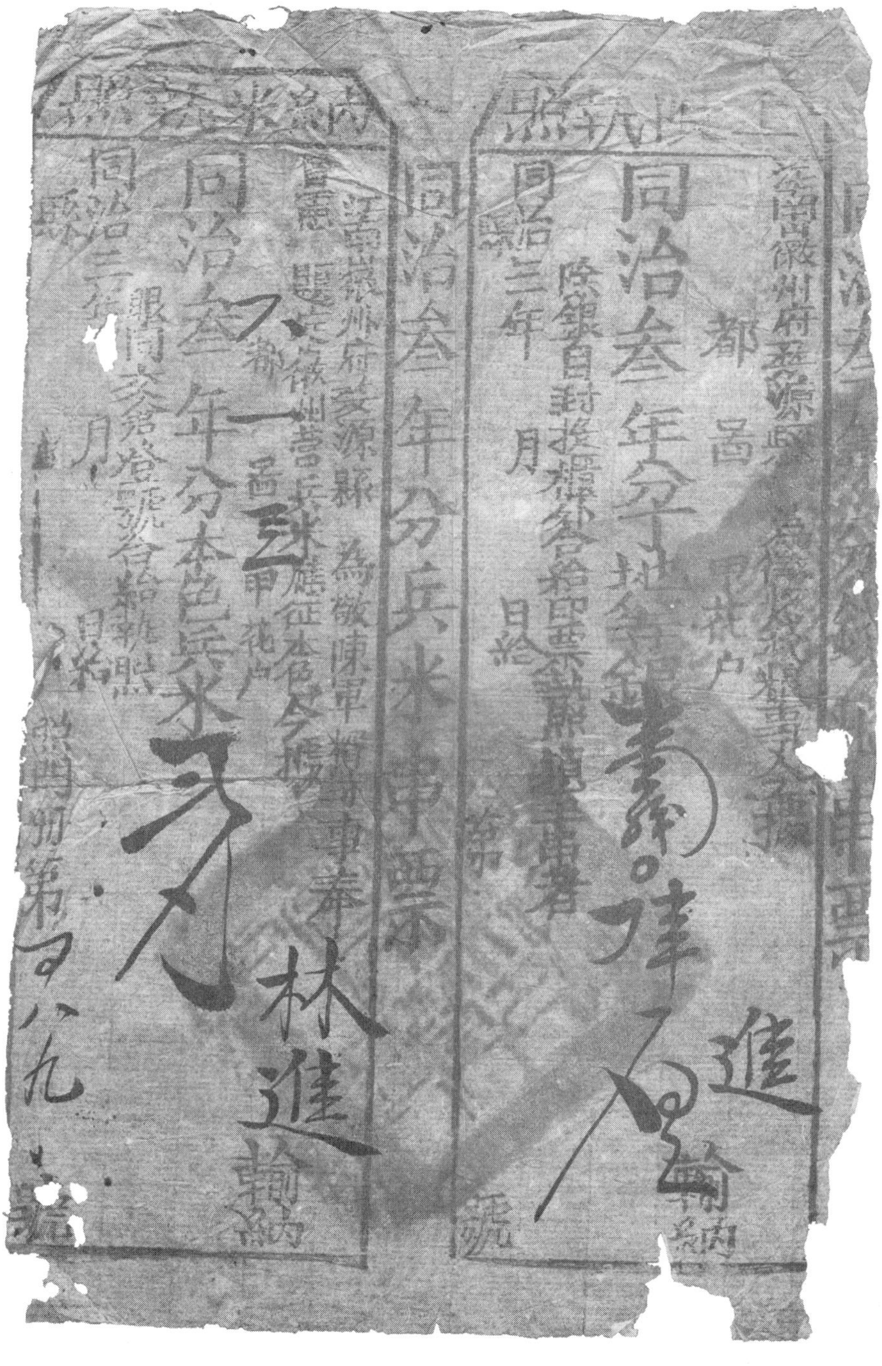

秋口镇毕家坑 37 · 同治三年 · 纳米执照 · 林进

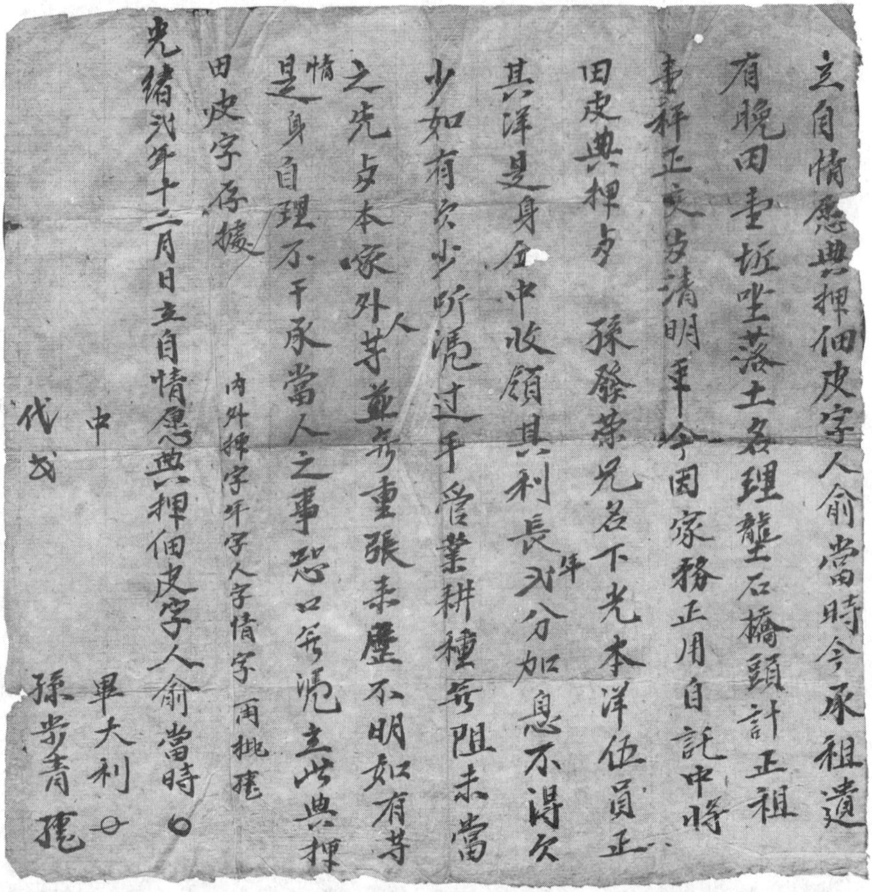

立自情愿典押佃皮字人俞當時今承祖遺
有晚田壹坵坐落土名理壟石橋頭計正租
壹秤正交步清明年今因家務正用自託中將
田皮典押与 孫發榮兄名下光本洋伍員正
其洋是身仝中收領其利長年弍分加息不得欠
少如有欠少所憑过手管業耕種無阻未當
之先与本家內外人等並無重張未歷不明如有等
情是身自理不干承當人之事恐口無憑立此典押
田皮字存據
內外押字平字人字情字 再批押
光緒弍年十二月日立自情愿典押佃皮字人俞當時
中 畢大利
代书 孫步青 押

秋口镇毕家坑 78 · 光绪二年 · 典押佃皮字 · 俞当时典押与孙发荣

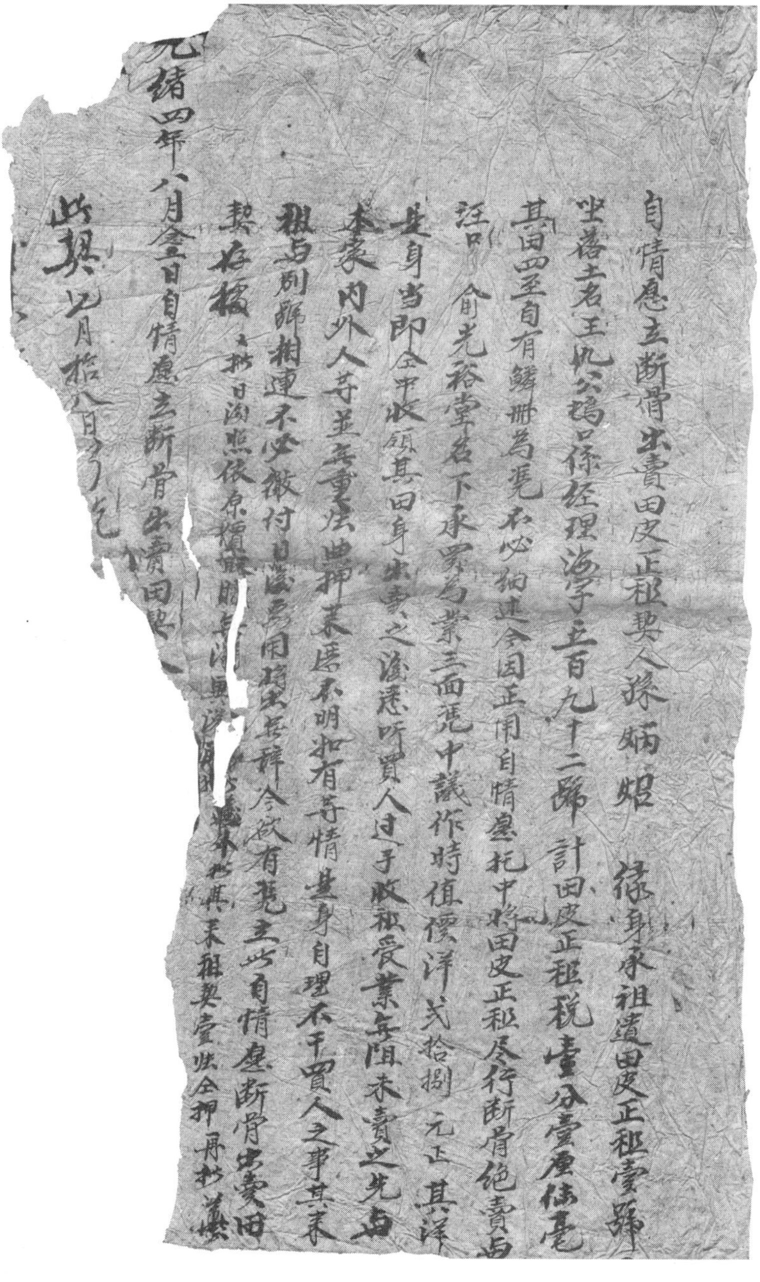
自情愿立断骨出卖田皮正租契人孙炳炤，缘身承祖遗田皮正租壹号，
坐落土名王坑公碣，系经理海字五百九十二号，计田皮正租税壹分壹厘伍毫。
其田四至自有鳞册为凭，不必细述。今因正用，自情愿托中将田皮正租尽行断骨绝卖与
汪[illegible] 俞光裕堂名下承买为业，三面凭中议作时值价洋弍拾捌元正。其洋
业身当即仝中收领，其田身出卖之后，悉听买人过手收租受业，无阻。未卖之先，与
本家内外人等并无重复典押来历不明，如有等情，尽身自理，不干买人之事。其来
租与别号相连，不便缴付，日后要用，将出无辞。今欲有凭，立此自情愿断骨出卖田
契存据。
又批：日后照依原价[illegible]其来租契壹纸仝押再批。
光绪四年八月廿三日自情愿立断骨出卖田契[illegible]
此契七月拾八日[illegible]

秋口镇毕家坑 106 · 光绪四年 · 断骨出卖田皮正租契 · 孙炳炤卖与俞光裕堂

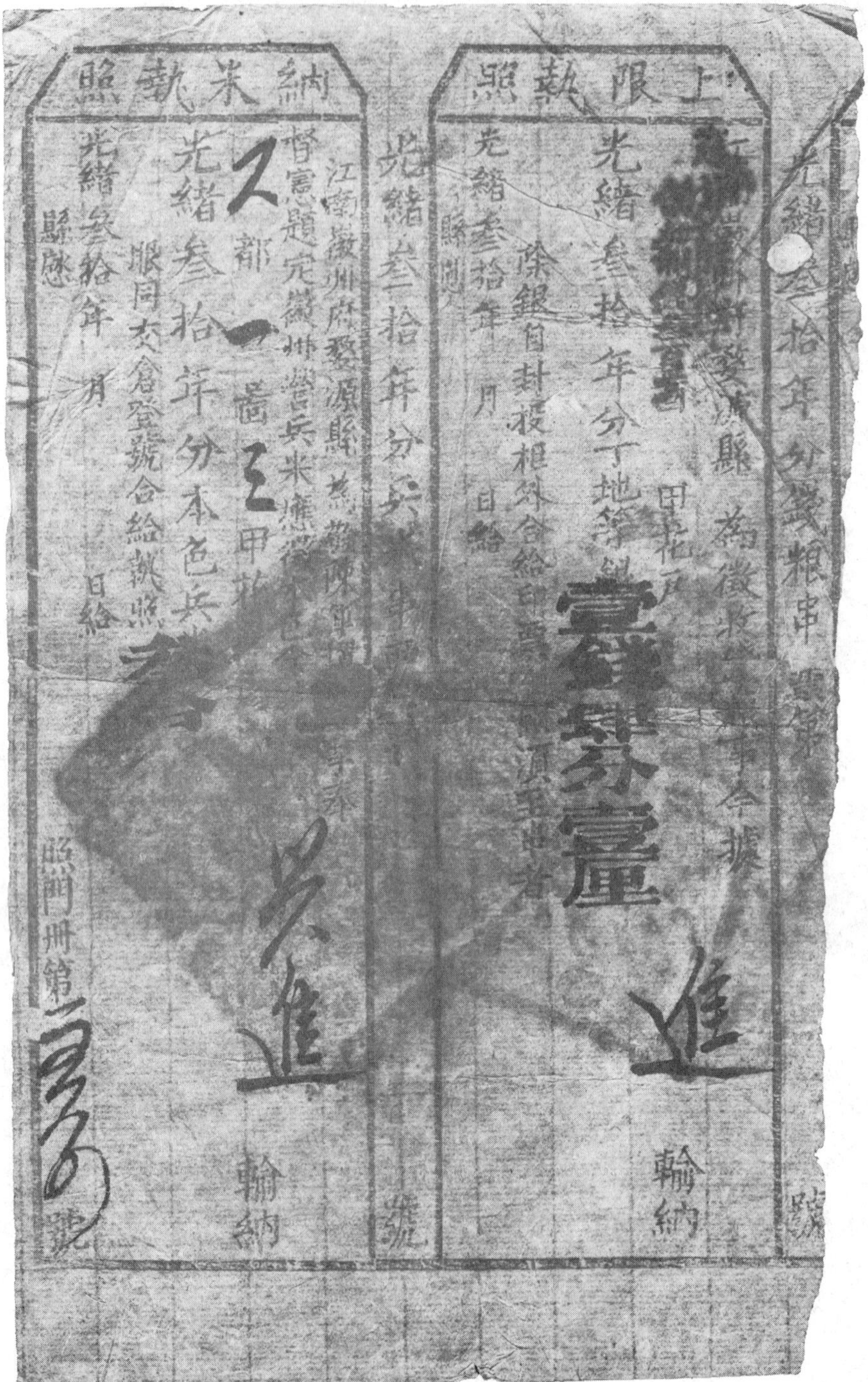

秋口镇毕家坑 30 · 光绪三十年 · 纳米执照 · 兴进

上限執照

江南徽州府婺源縣

光緒叁拾年分

光緒叁拾年　月　日給

輸納

納米執照

江南徽州府婺源縣

光緒叁拾年分兵米

又都一啚

甲花户

光緒叁拾年分本色兵

孫廣

光緒叁拾年　月　日給

輸納

秋口镇毕家坑 32 · 光绪三十年 · 纳米执照 · 孙广

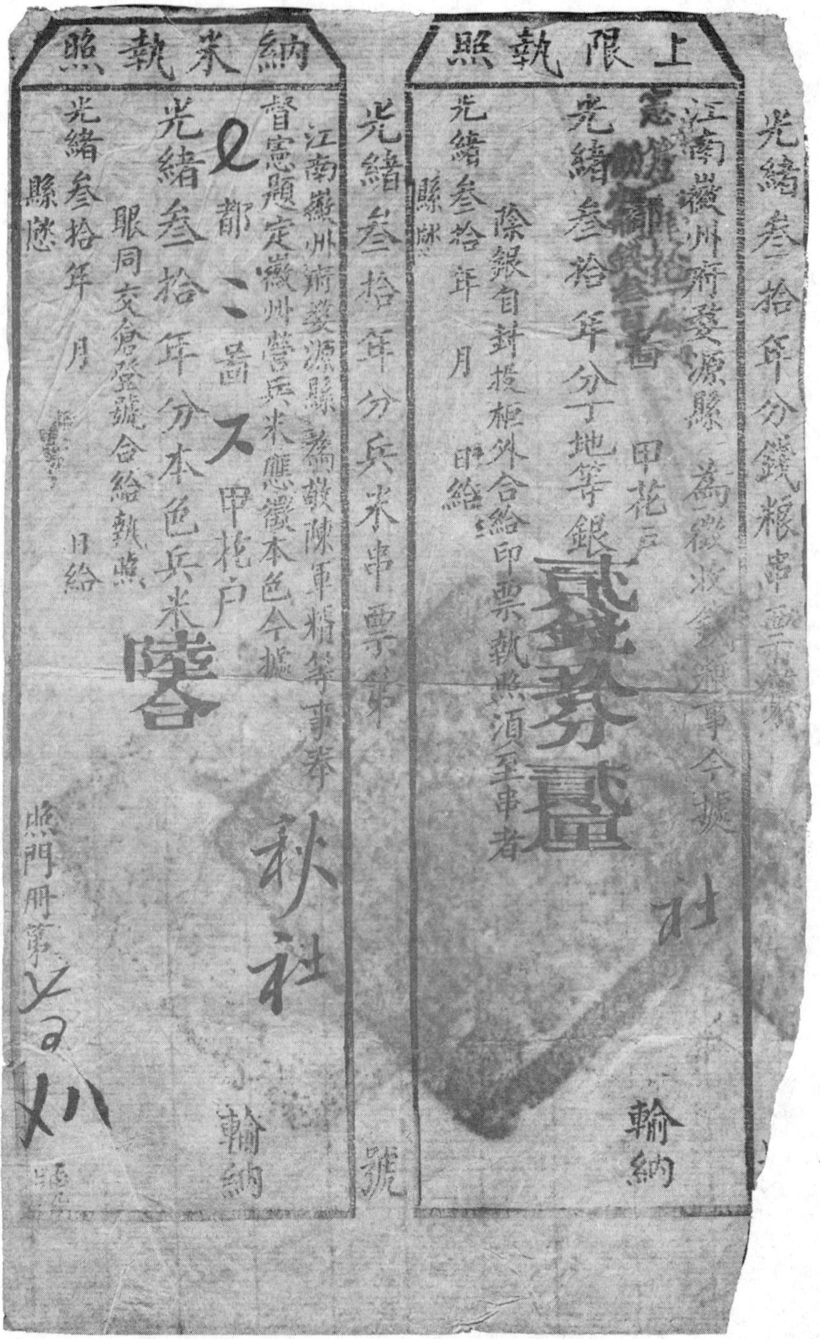

光緒叁拾年分錢糧串票

上限執照

江南徽州府婺源縣 為徵收錢糧事今據 社

甲花户

光緒叁拾年分丁地等銀

除銀自封投櫃外合給印票執照須至串者

光緒叁拾年 月 日給

縣

輸納

光緒叁拾年分兵米串票第 號

納米執照

江南徽州府婺源縣 為敬陳軍糈等事奉

督憲題定徽州營兵米應徵本色今據 秋社

乙都二啚 甲花户 輸納

光緒叁拾年分本色兵米

眼同交倉登號合給執照

光緒叁拾年 月 日給

縣

照門冊第 號

秋口镇毕家坑 33 · 光绪三十年 · 纳米执照 · 秋社

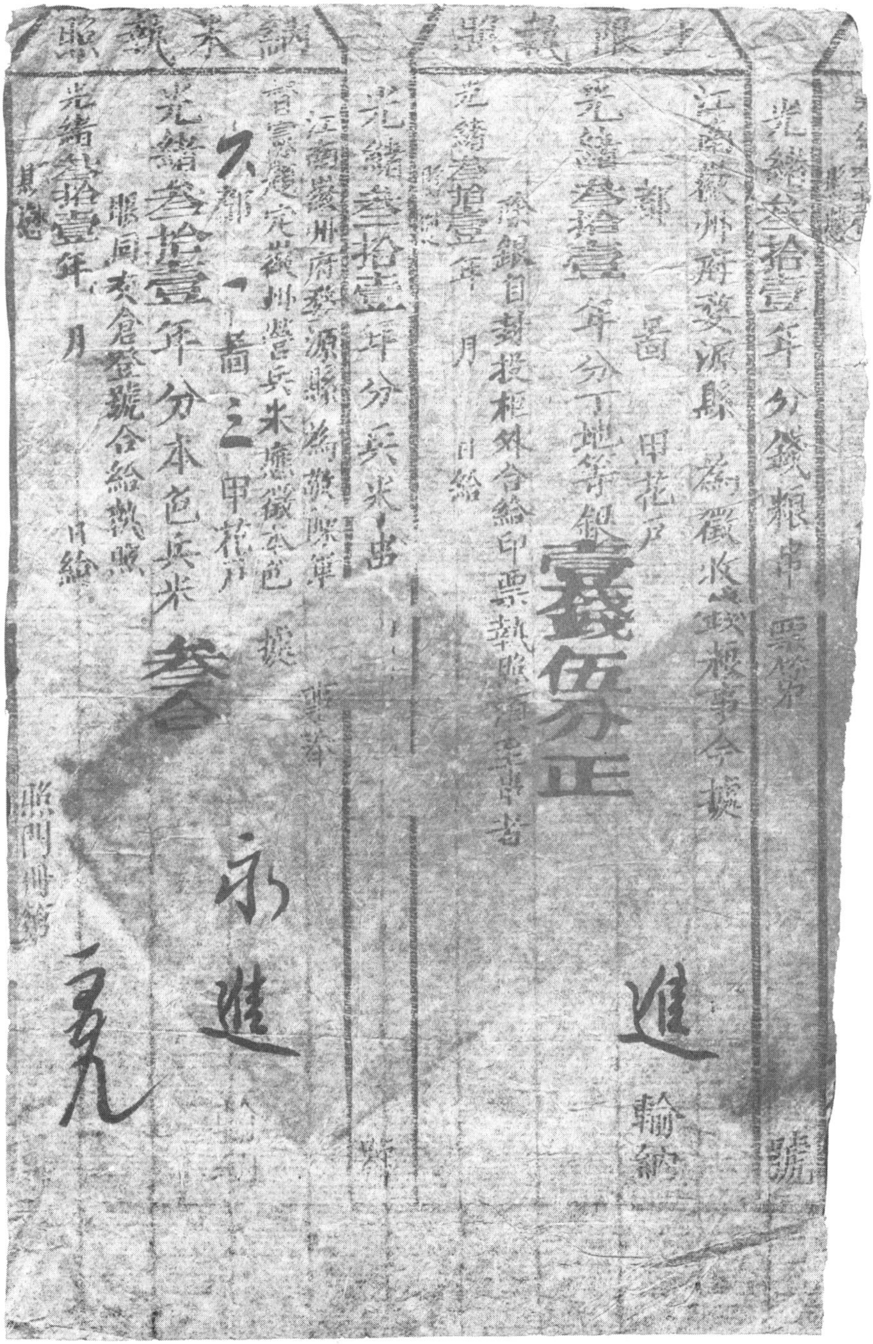
光緒叁拾壹年分錢粮串票第 號
江南徽州府婺源縣為徵收錢粮事今據
都 啚 甲花户
光緒叁拾壹年分丁地等銀
除銀自封投櫃外合給印票執照須至票者
光緒叁拾壹年 月 日給
進
輸納
光緒叁拾壹年分兵米串
江南徽州府婺源縣為徵收兵米事今據
奉憲飭定徽州營兵米應徵本色
不都一啚三甲花户
光緒叁拾壹年分本色兵米 叁合
照同交倉登號合給執照
光緒叁拾壹年 月 日給
永進

秋口镇毕家坑 38 · 光绪三十一年 · 纳米执照 · 永进

納米執照

大都一圖三甲花户

光緒叁拾壹年分本色兵米叁合

光緒叁拾壹年 一月 日給

兴进

秋口镇毕家坑 58 · 光绪三十一年 · 纳米执照 · 兴进

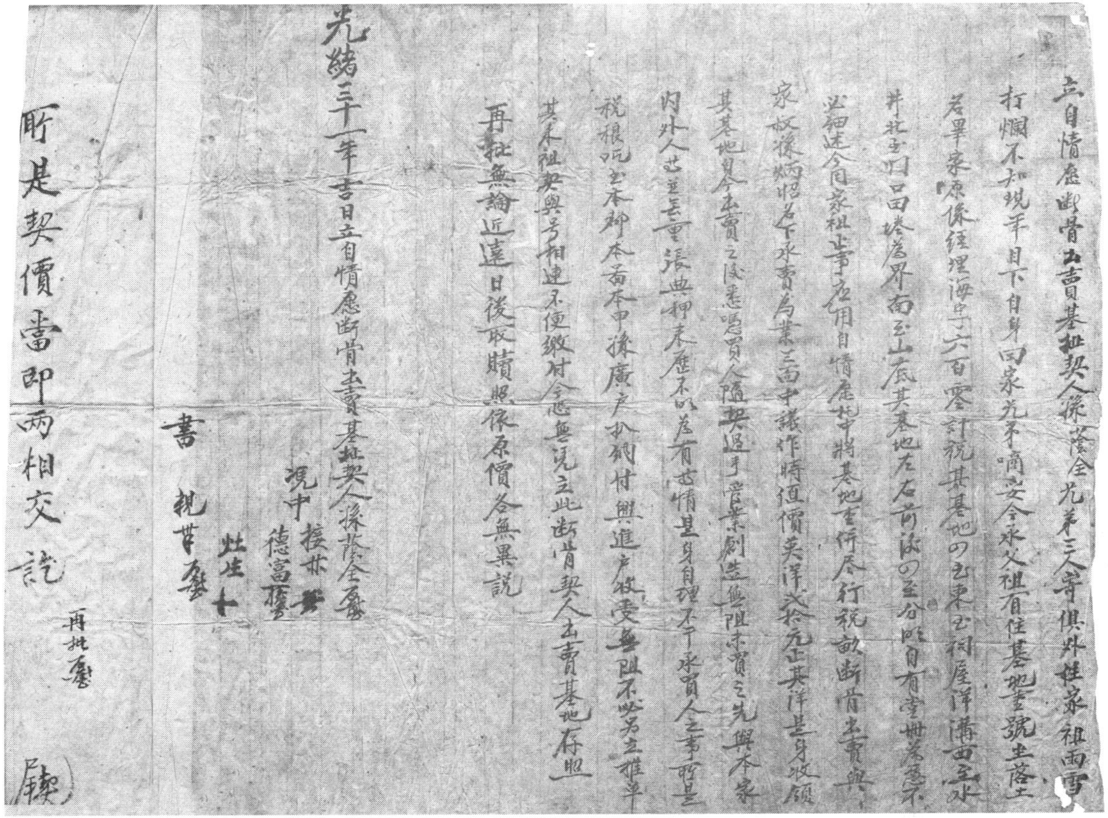

秋口镇毕家坑 101 · 光绪三十一年 · 断骨出卖基址契 · 孙荫全卖与家叔孙炳昭

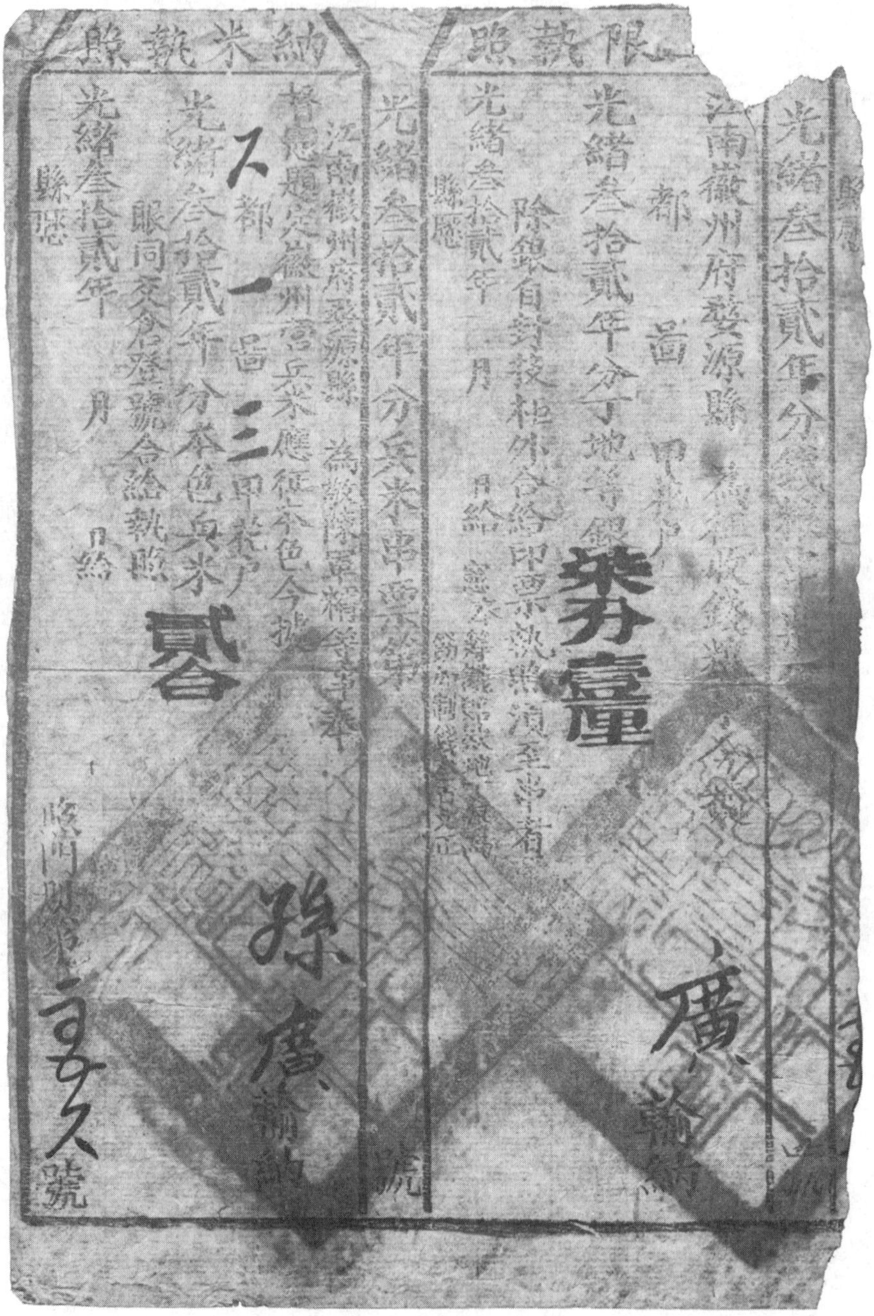
限執照

光緒叁拾貳年分錢糧

江南徽州府婺源縣 徵收錢糧

都 啚 甲花戶 孫廣輸納

光緒叁拾貳年分守地等銀 錢

除銀自封投櫃外合給印票執照須至串者

光緒叁拾貳年 月 日給

縣廳

光緒叁拾貳年分兵米串票 號

納米執照

江南徽州府婺源縣 為

督憲題定徽州營兵米應徵本色今據

不都一啚三甲花戶 孫廣輸納

光緒叁拾貳年分本色兵米 貳合

眼同交斛登號合給執照

光緒叁拾貳年 月 日給

縣廳

號

秋口镇毕家坑 31 · 光绪三十二年 · 纳米执照 · 孙广

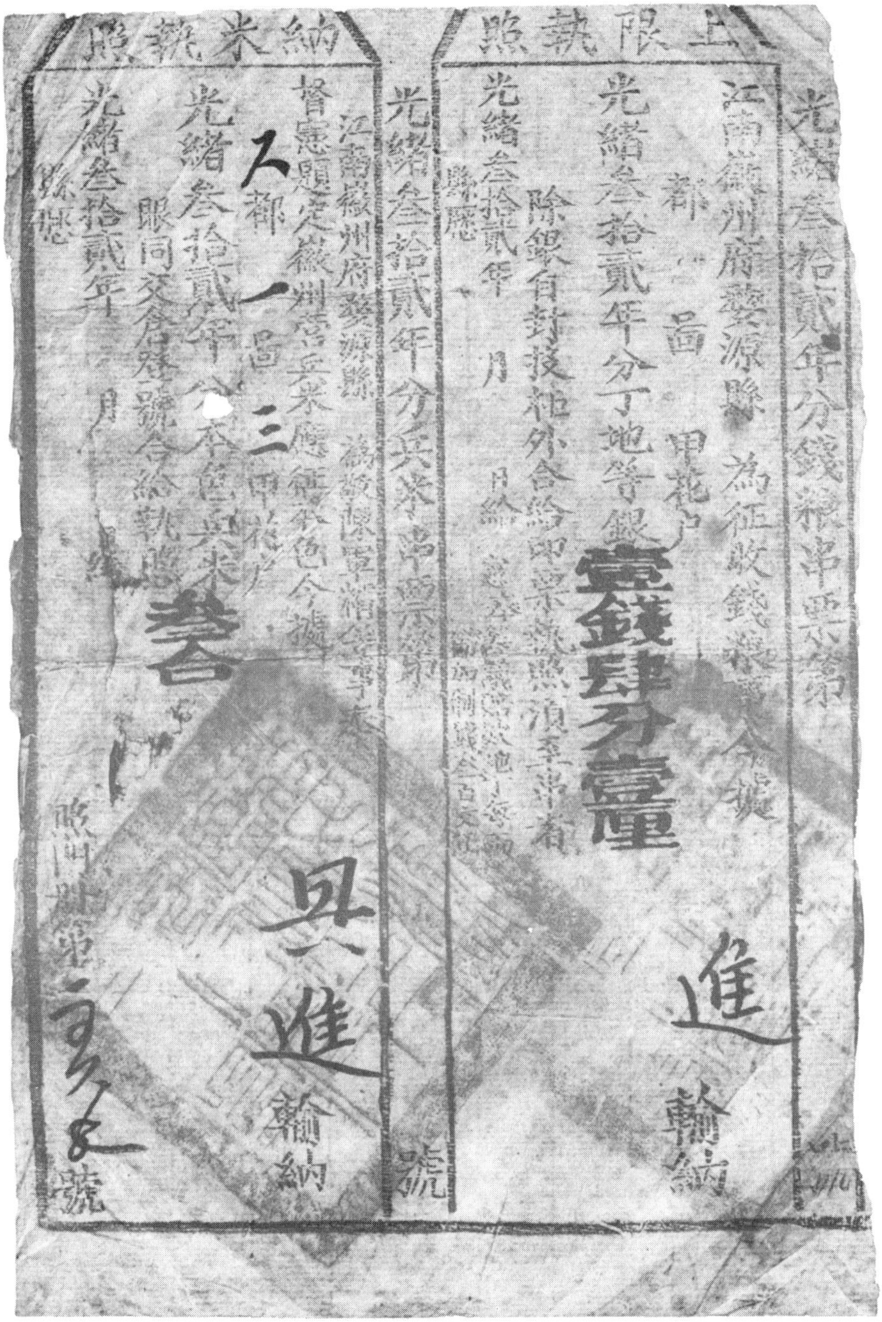

秋口镇毕家坑 39 · 光绪三十二年 · 纳米执照 · 兴进

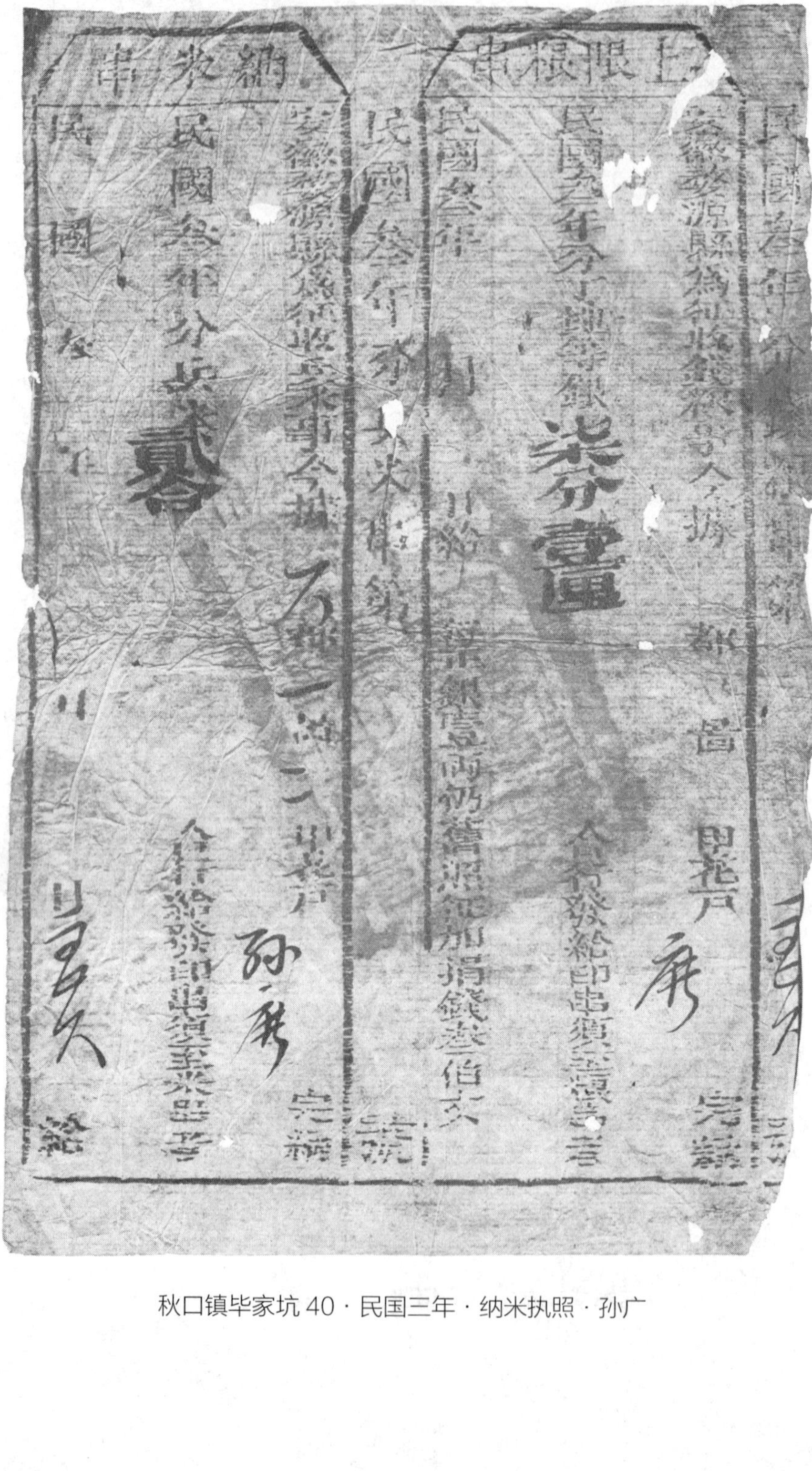

秋口镇毕家坑 40 · 民国三年 · 纳米执照 · 孙广

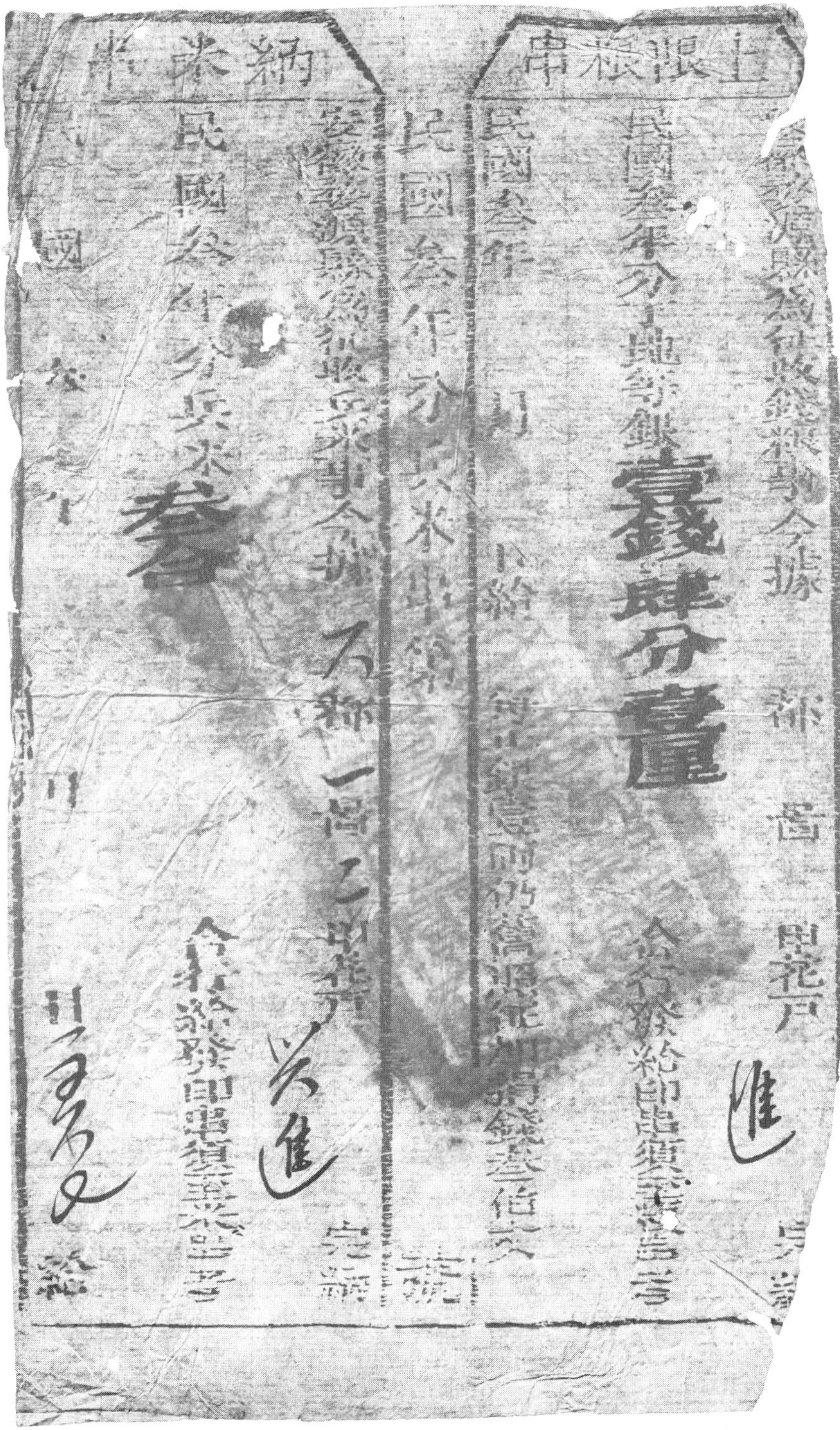
上银粮串
安徽婺源县为征收钱粮事今据 都 图 甲花户 进
民国叁年分上地丁银壹钱肆分壹厘
民国叁年 月 日给
纳米执照
安徽婺源县为征收兵米事今据 都 图 甲花户
民国叁年分兵米叁
民国叁年 月 日给

秋口镇毕家坑 41 · 民国三年 · 纳米执照 · 兴进

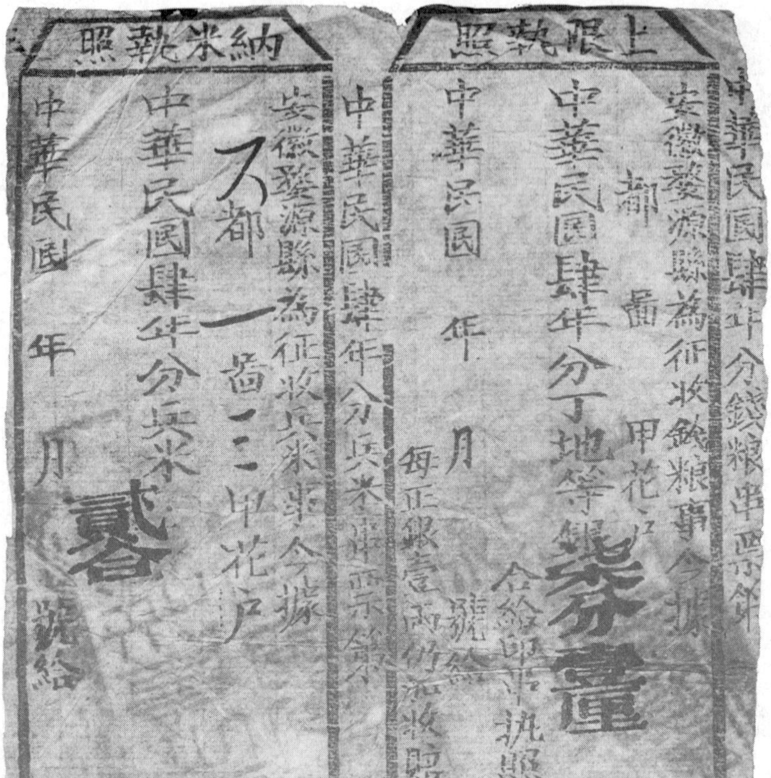
上限執照

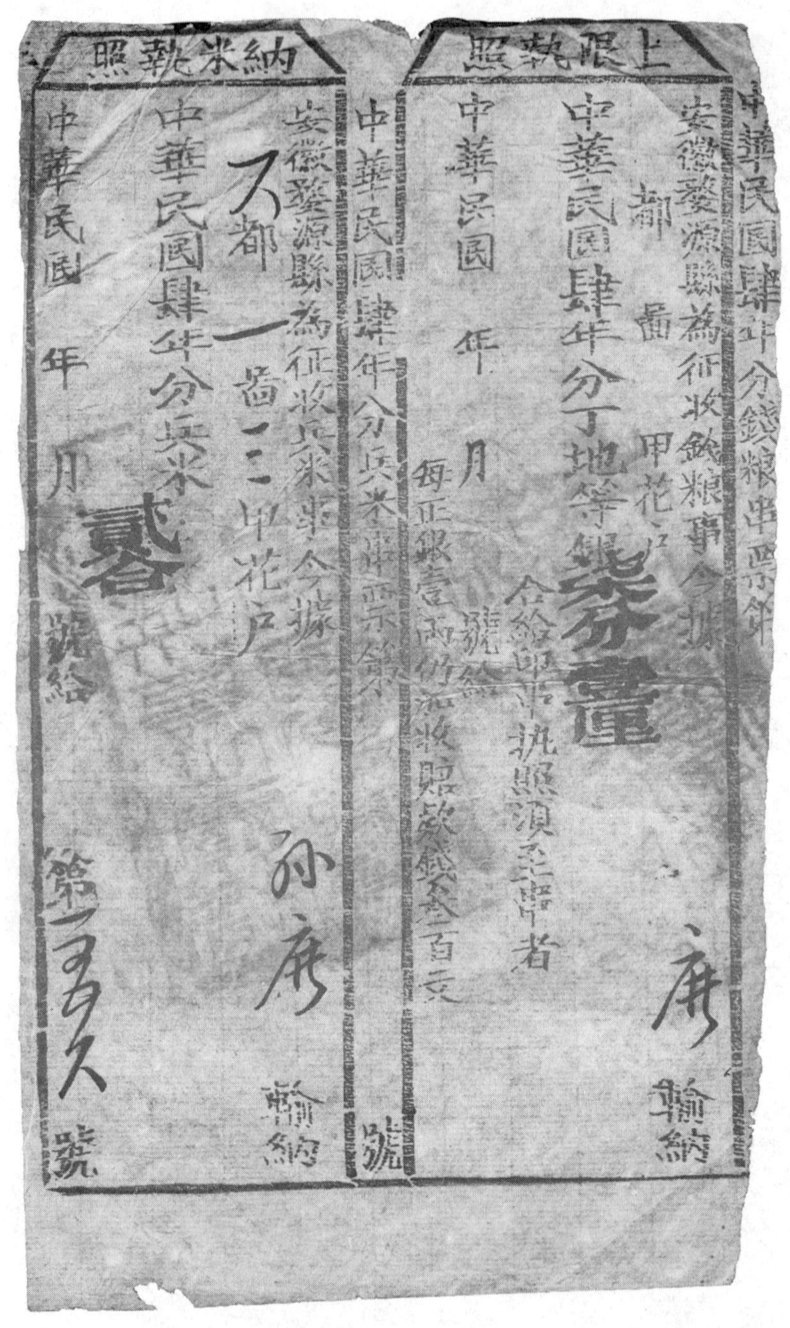

中華民國肆年分錢糧串票第

安徽婺源縣為征收錢糧事今據

都 啚 甲花户 廣 輸納

中華民國肆年分丁地等銀 叁分壹

合給串票執照須至串票者

中華民國 年 月 號給

每正銀壹兩帶徵收賠款錢叁百文

中華民國肆年分兵米串票第 號

納米執照

安徽婺源縣為征收兵米事今據

不都一啚三甲花户 孫廣 輸納

中華民國肆年分兵米 貳合

中華民國 年 月 號給

第一三五八號

秋口镇毕家坑 46 · 民国四年 · 纳米执照 · 孙广

秋口镇毕家坑 47 · 民国四年 · 纳米执照 · 兴进

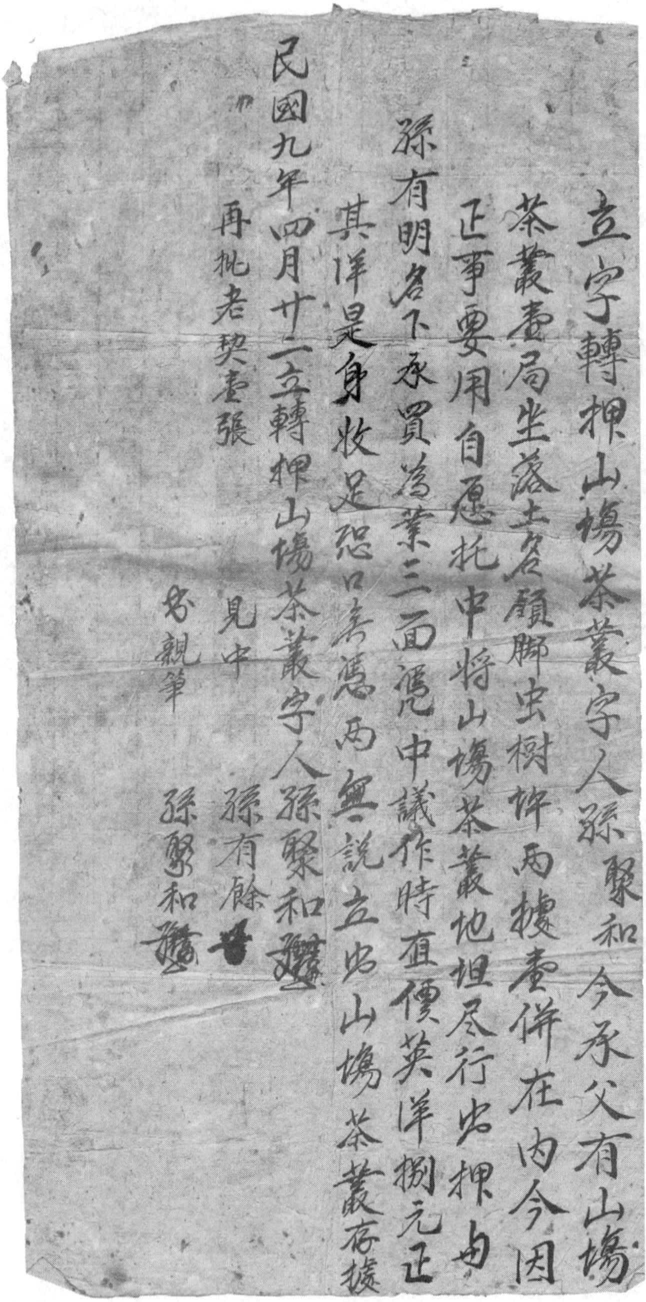

立字轉押山塲茶叢字人孫聚和今承父有山塲
茶叢壹局坐落土名嶺脚出樹坪兩摟壹併在內今因
正事要用自愿托中将山塲茶叢地坦尽行出押与
孫有明名下承買爲業三面凴中議作時值價英洋捌元正
其洋是身收足恐口無憑兩無說立出山塲茶叢存據
民國九年四月廿二立轉押山塲茶叢字人孫聚和（押）
見中 孫有餘（押）
再批老契壹張
親筆 孫聚和（押）

秋口镇毕家坑 105 · 民国九年 · 转押山场茶丛字 · 孙聚和转押与孙有明

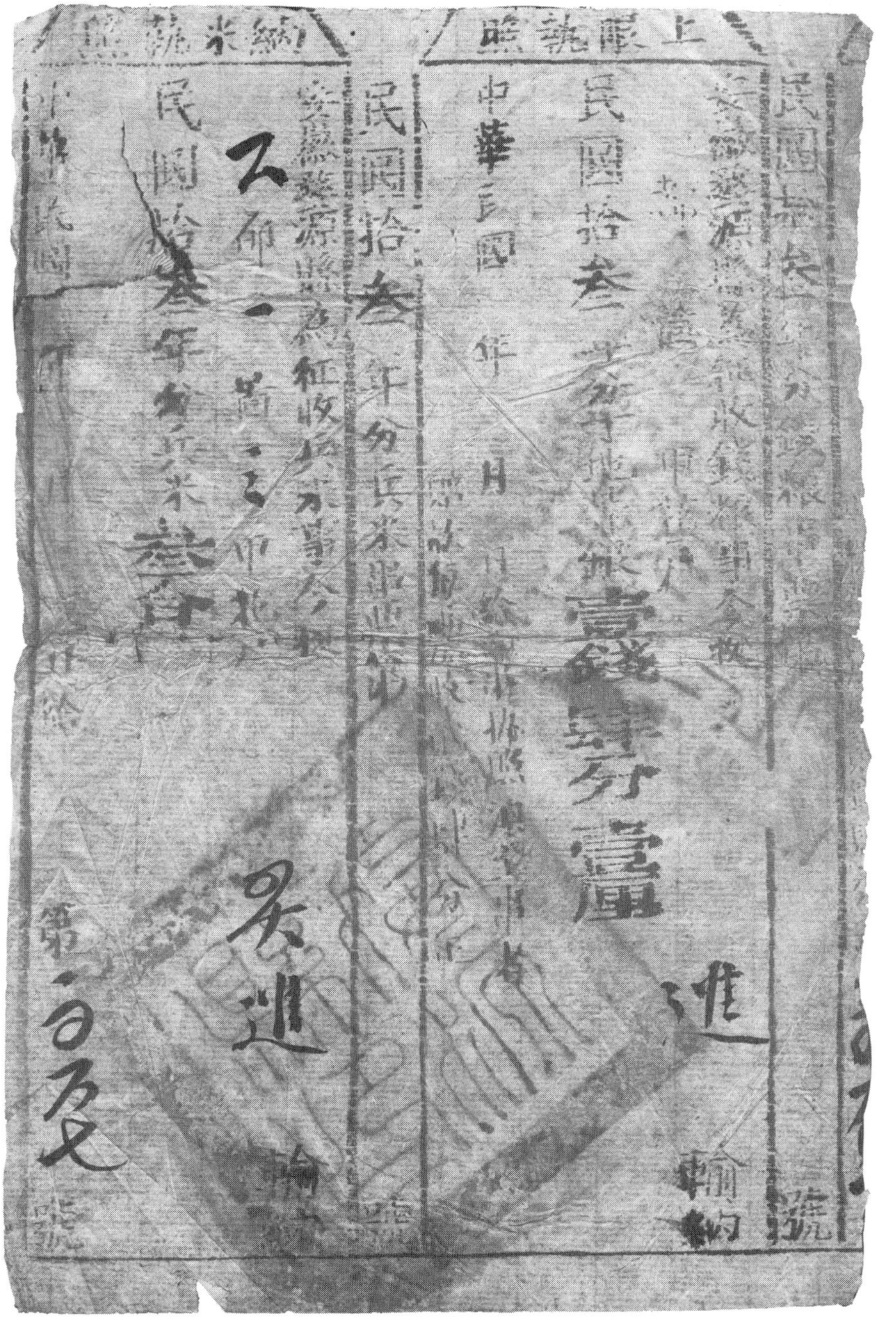

秋口镇毕家坑 28 · 民国十三年 · 纳米执照 · 兴进

納米執照

民國拾叁年分丁地漕銀 壹錢伍分正

中華民國 年 月

進

輸納

民國拾叁年分兵米

永進

民國拾叁年分兵米

號

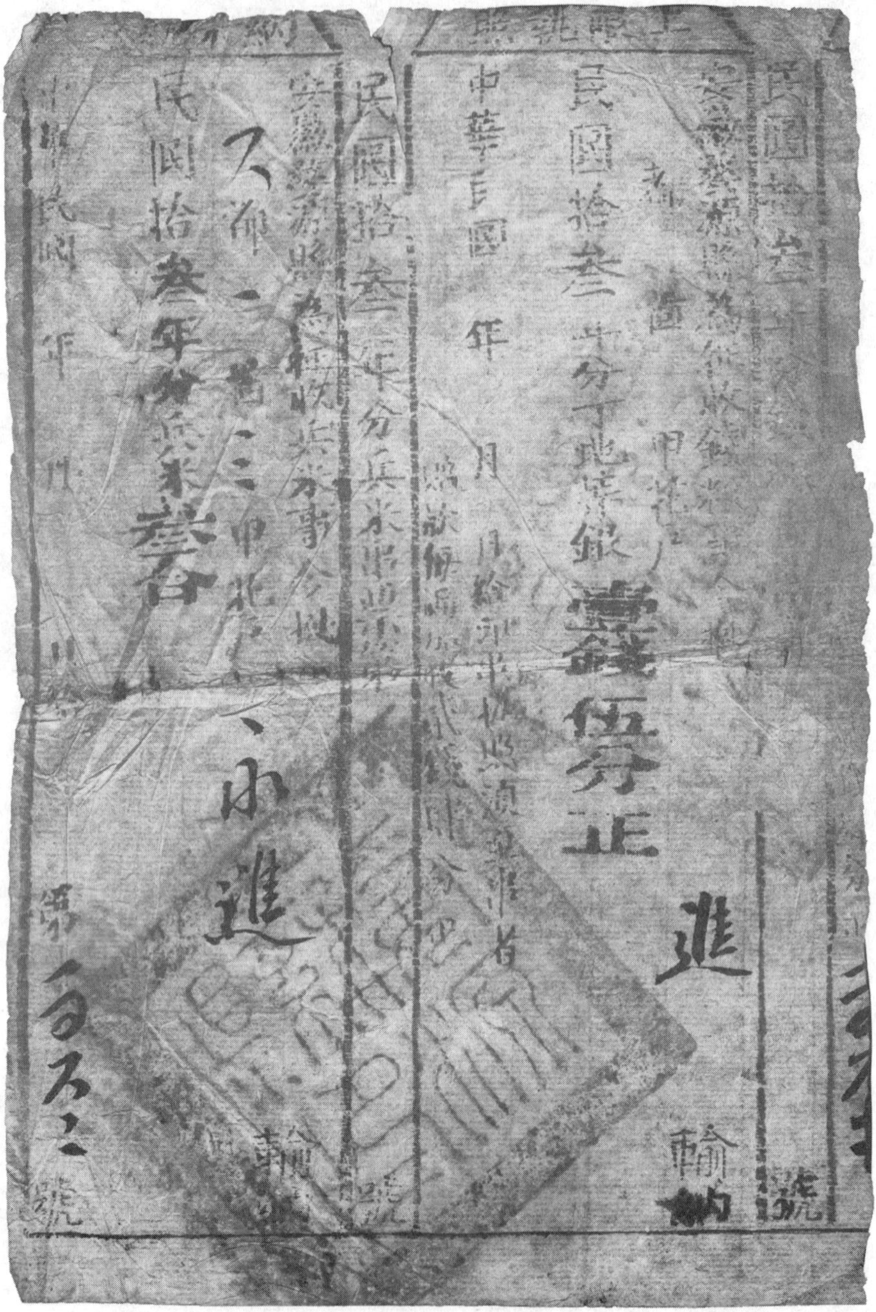

秋口镇毕家坑 29 · 民国十三年 · 纳米执照 · 永进

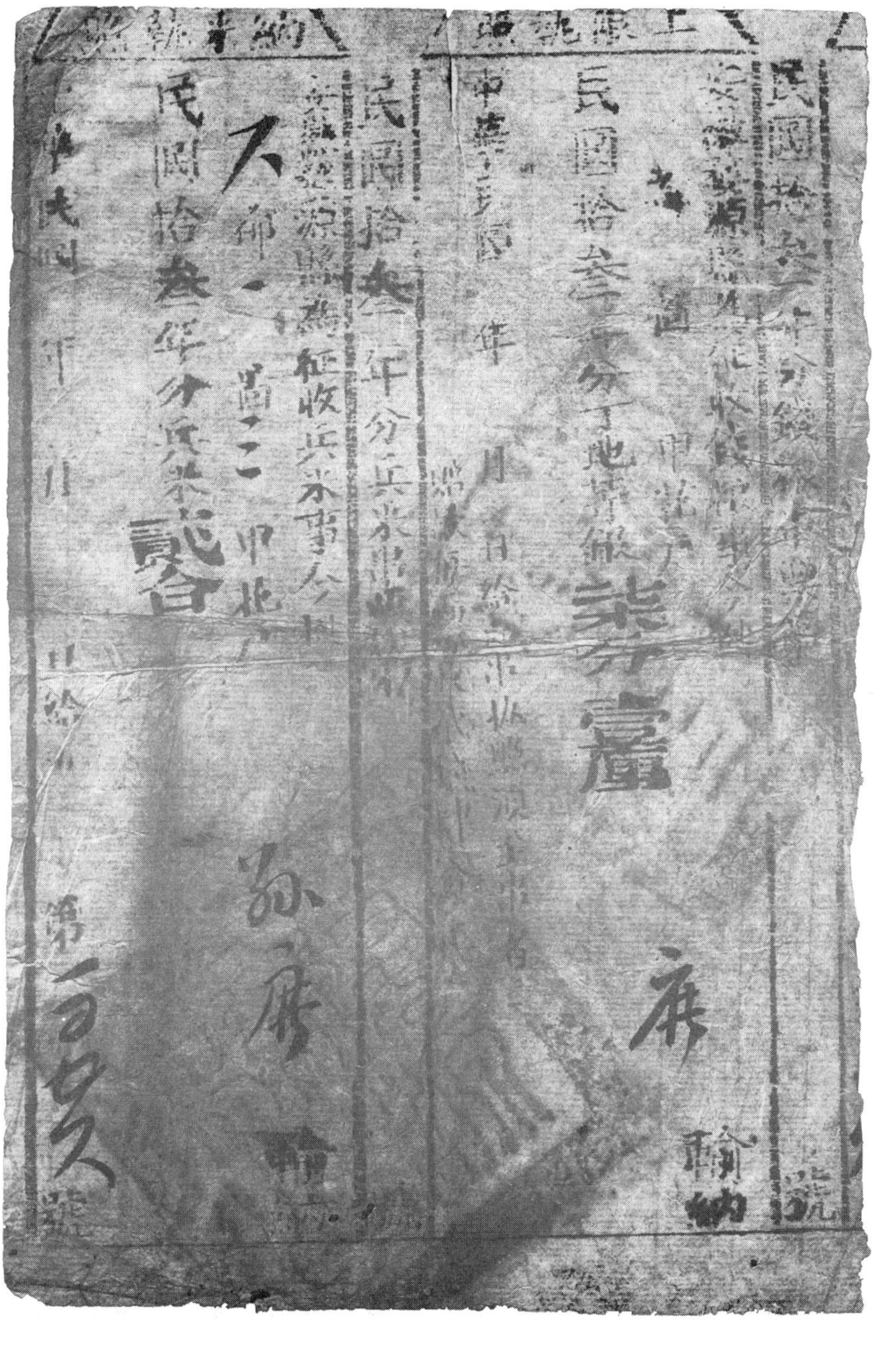

秋口镇毕家坑 43 · 民国十三年 · 纳米执照 · 孙广

秋口镇毕家坑 44 · 民国十四年 · 纳米执照 · 孙广

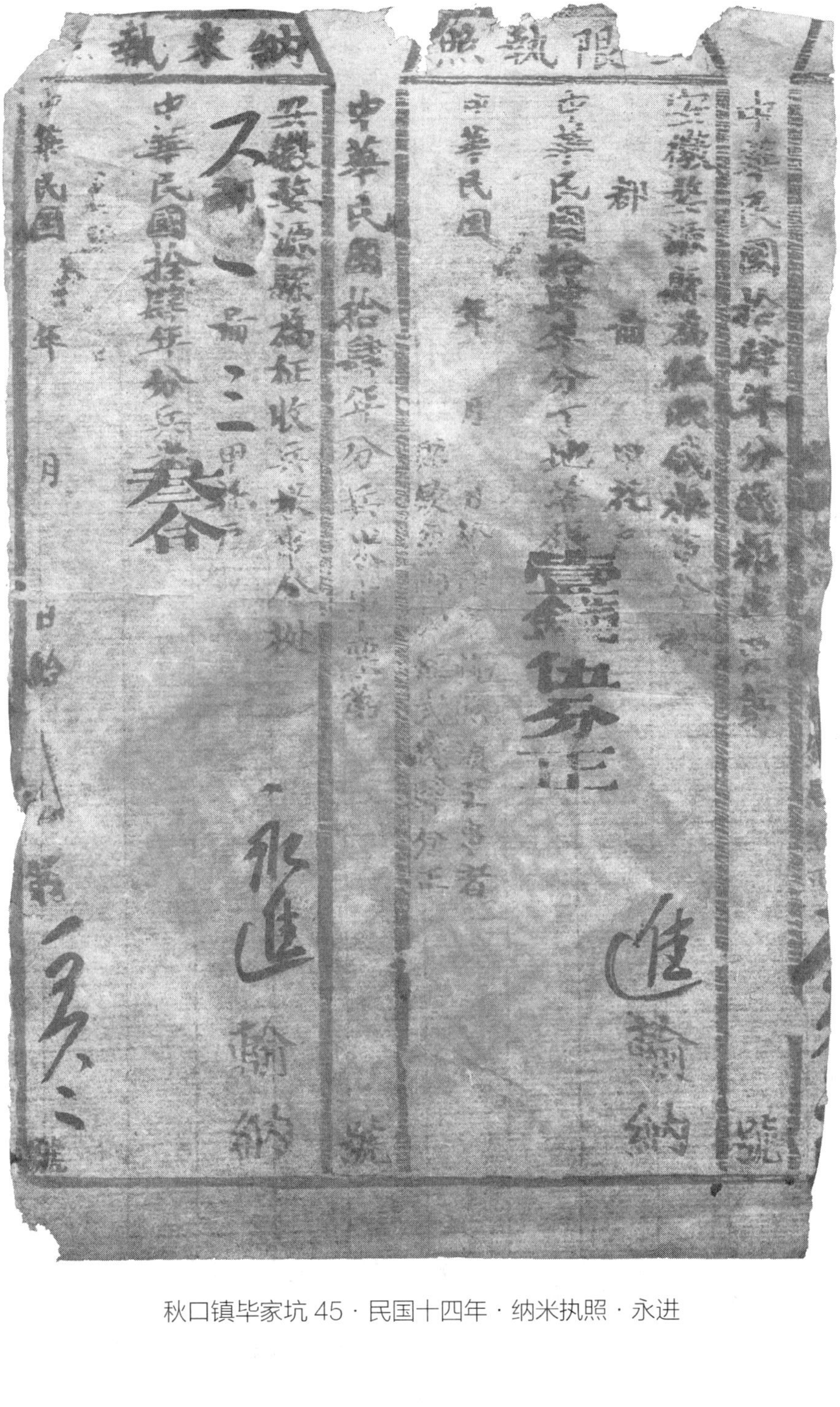

秋口镇毕家坑 45 · 民国十四年 · 纳米执照 · 永进

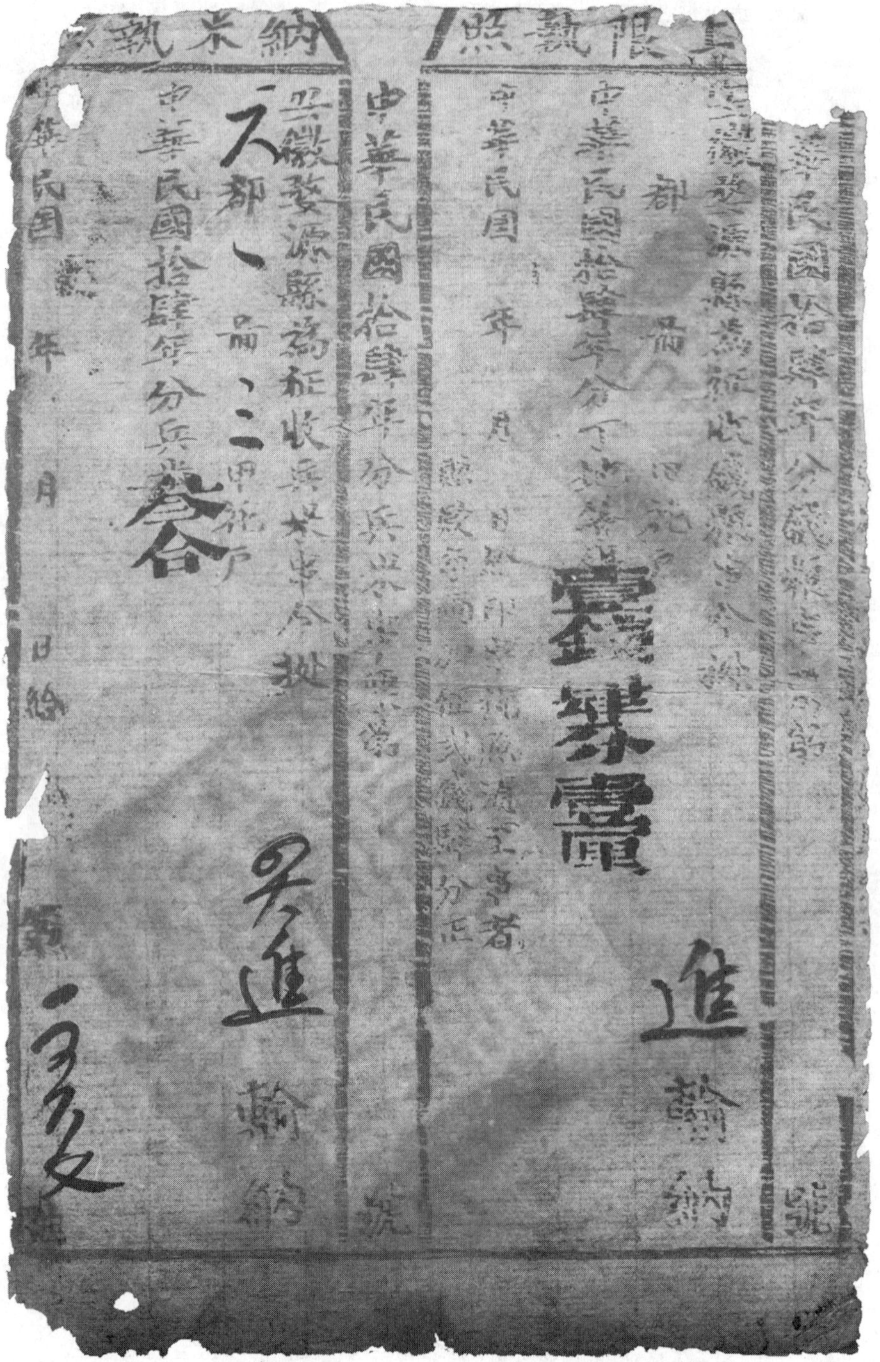

秋口镇毕家坑 48 · 民国十四年 · 纳米执照 · 兴进

秋口镇毕家坑 99 · 民国十四年 · 会书 · 孙养生

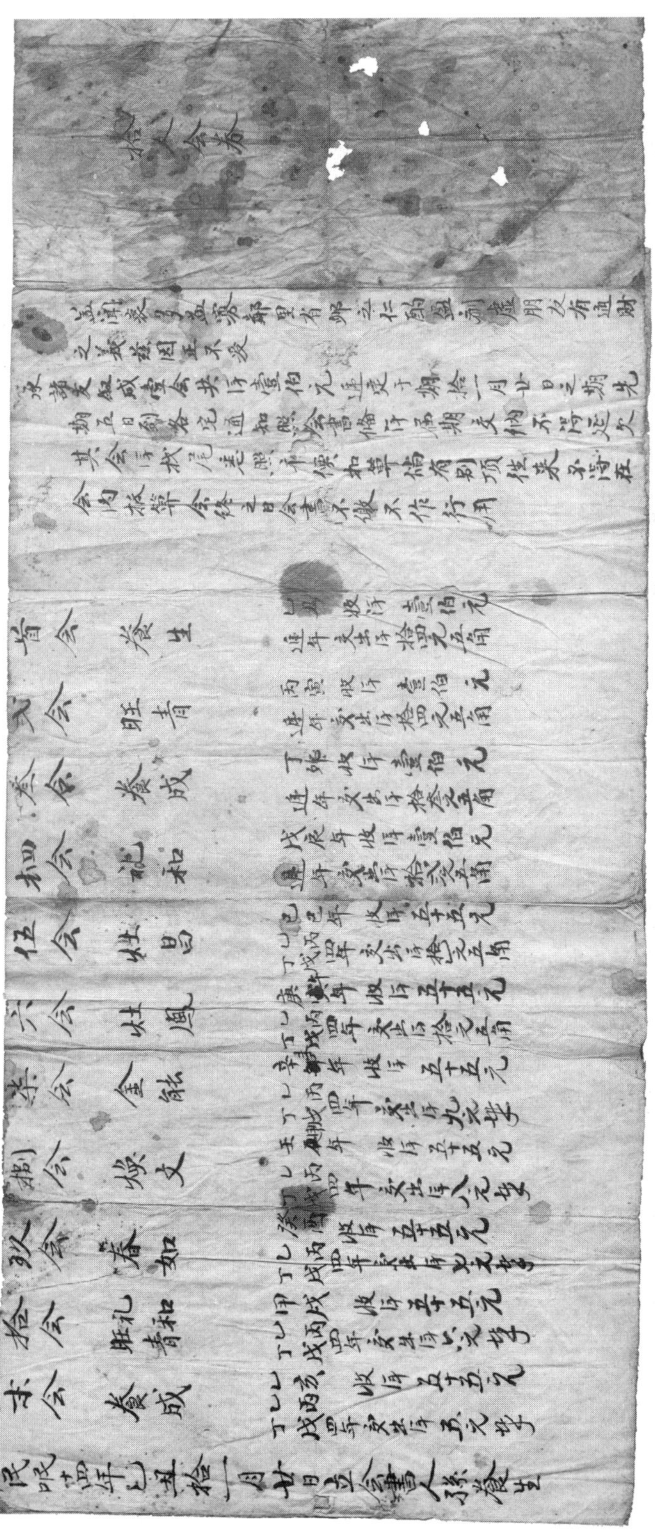

秋口镇毕家坑 36 · 民国十五年 · 纳米执照 · 承进

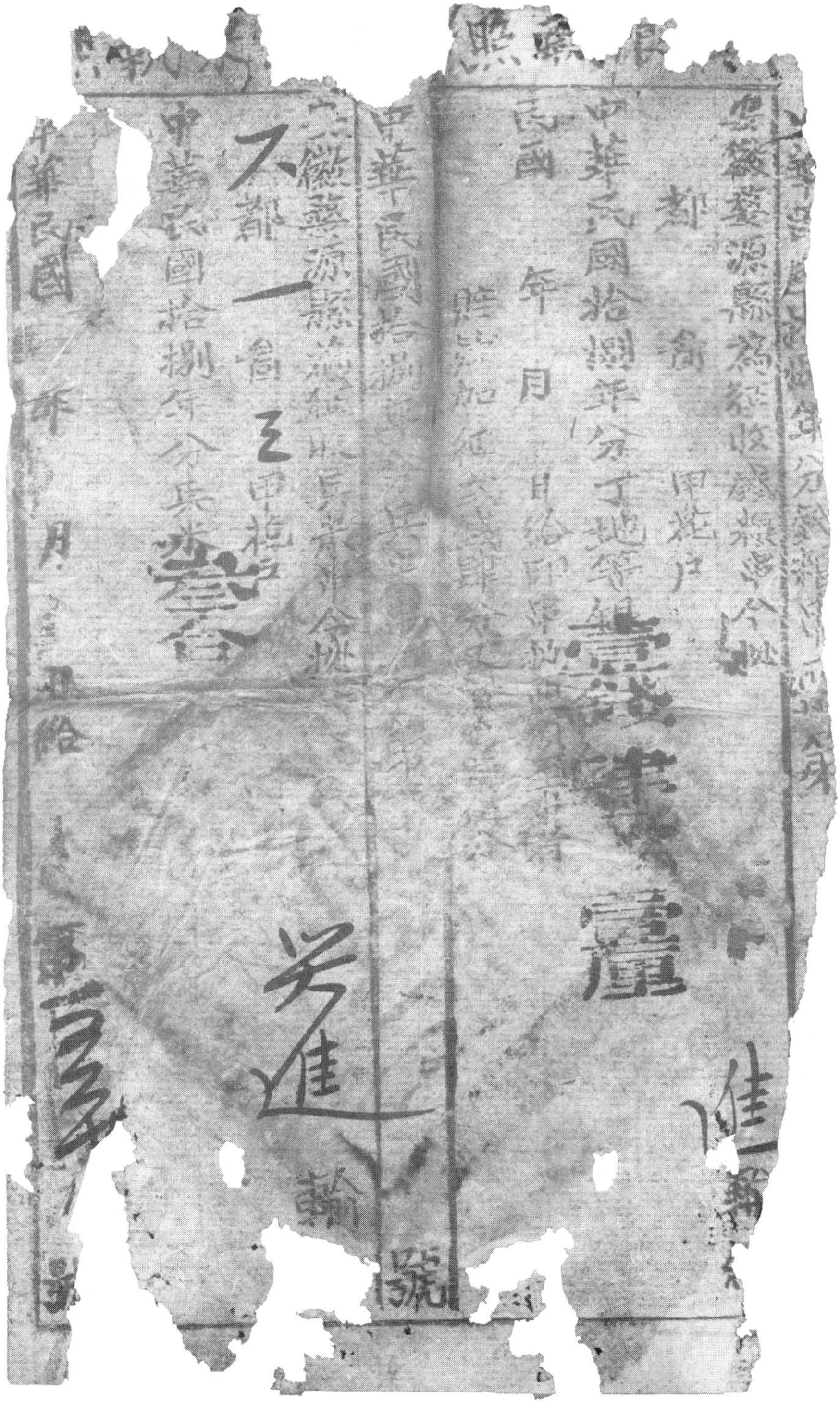
安徽婺源縣
中華民國拾捌年
都 圖 甲
中華民國拾捌年分兵米
都 一 圖 三 甲
興進

秋口镇毕家坑 34 · 民国十八年 · 纳米执照 · 兴进

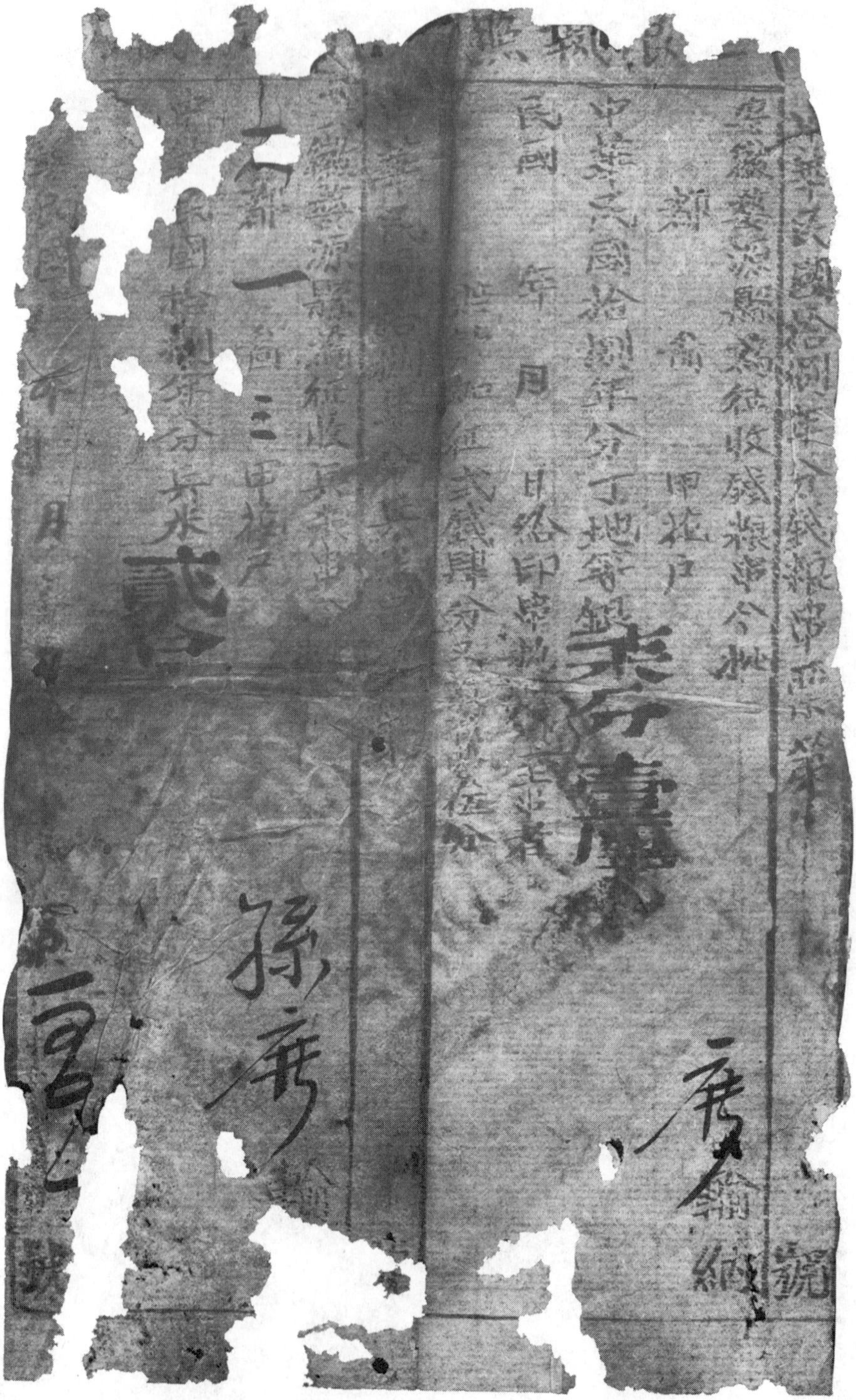

秋口镇毕家坑 35 · 民国十八年 · 纳米执照 · 孙广

秋口镇毕家坑 42 · 民国十八年 · 纳米执照 · 永进

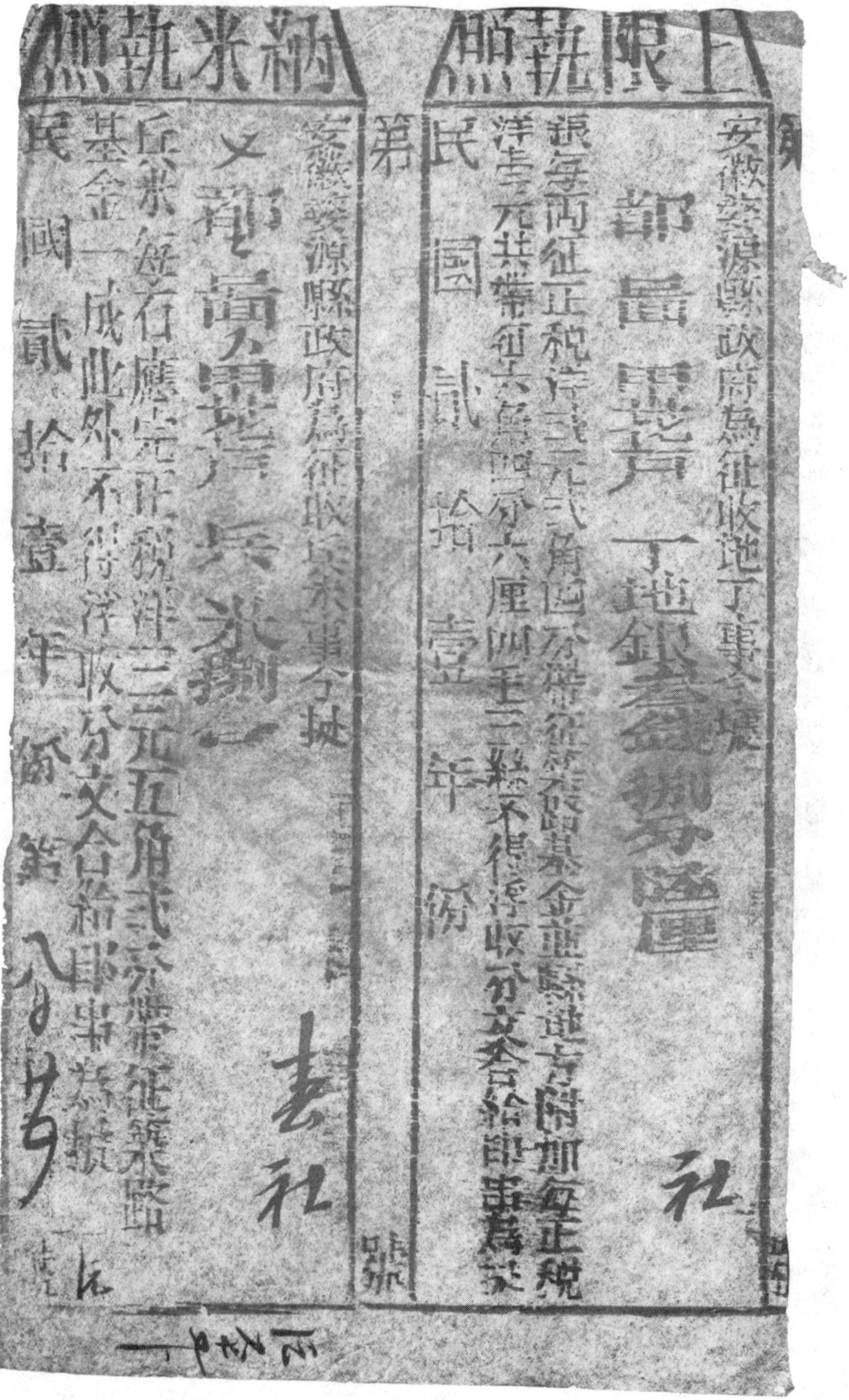

上限執照

安徽婺源縣政府為征收地丁事今據

都　圖　甲　戶　丁地銀叁錢捌分　釐

銀每兩征正稅洋弍元弍角四分帶征建設路基金並縣地方附加每正稅洋壹元共帶征六角四分六厘四毛二絲不得浮收分文合給串票為據

民國貳拾壹年份　社

第　號

納米執照

安徽婺源縣政府為征收兵米事今據

都　圖　甲　戶　兵米　斗

兵米每石應完正稅洋二元五角弍分帶征建設路基金二成此外不得浮收分文合給串票為據

民國貳拾壹年份第　號　春社

秋口镇毕家坑 54 · 民国二十一年 · 纳米执照 · 春社

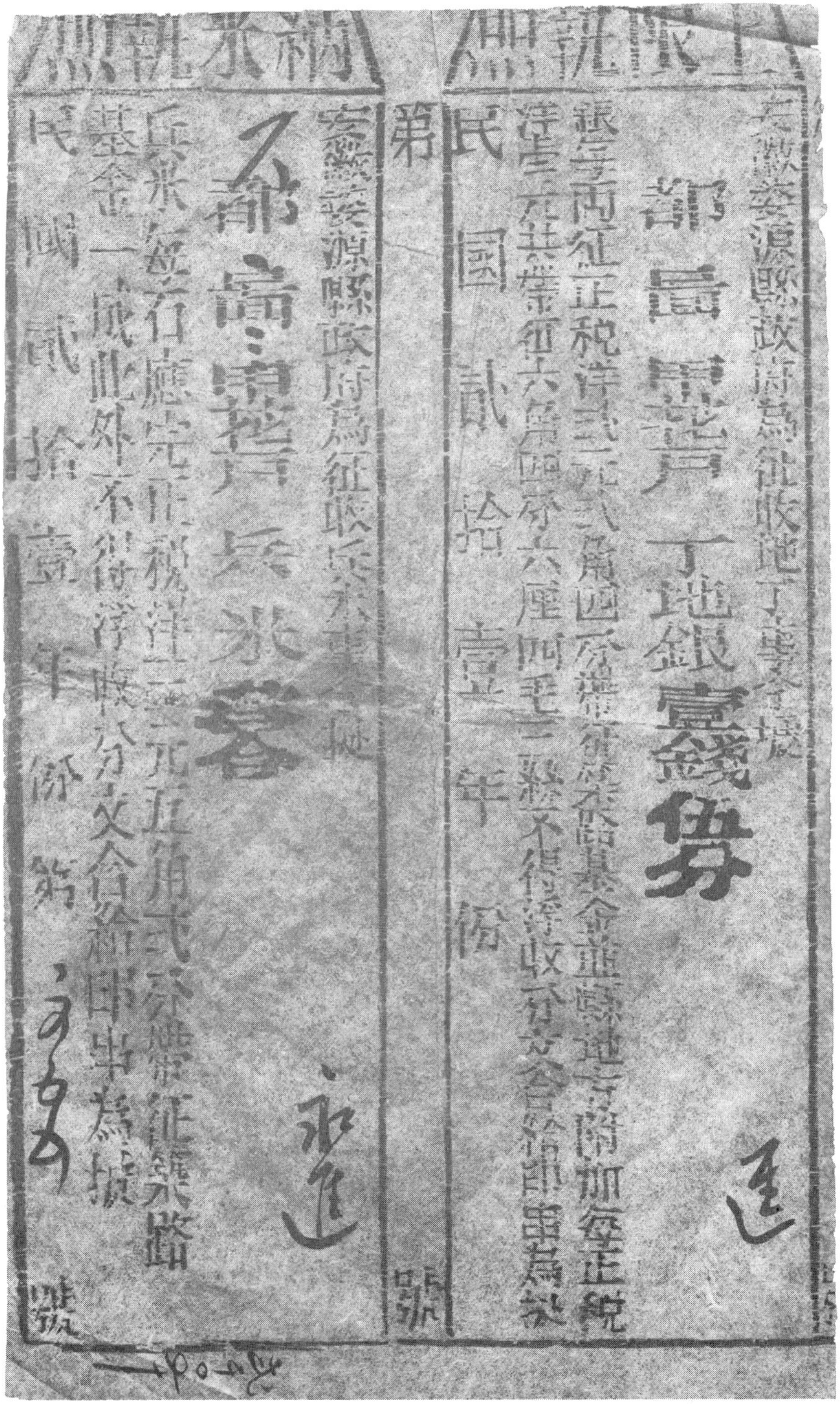

納米執照

安徽婺源縣政府為征收兵米事今據

都 圖 甲 户 兵米 合

民國貳拾壹年 月 日

永進

安徽婺源縣政府為征收地丁事今據

都 圖 甲 户 丁地銀壹錢伍

民國貳拾壹年 月 日

永進

秋口镇毕家坑 55 · 民国二十一年 · 纳米执照 · 永进

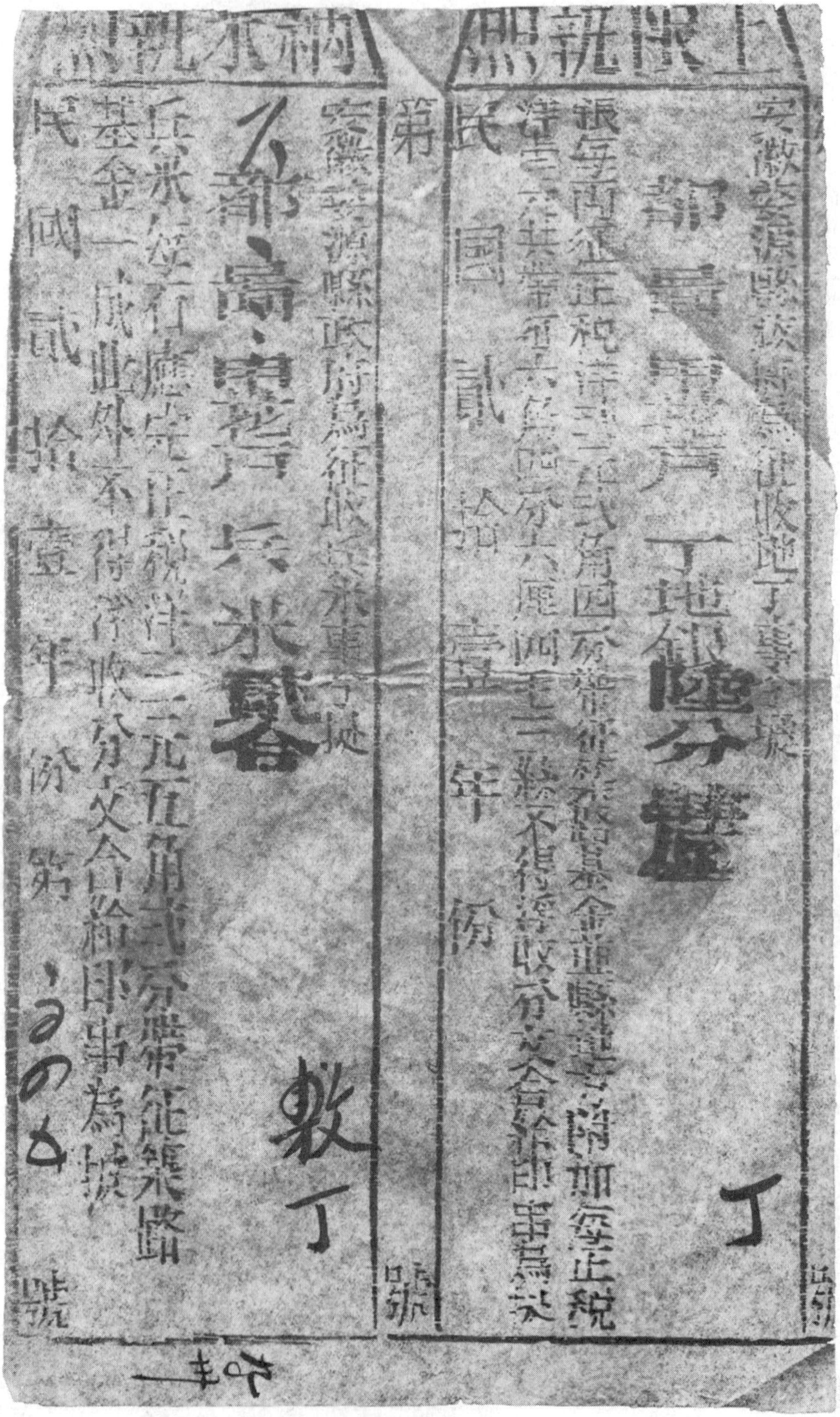

上限執照

安徽省婺源縣政府為征收地丁事給據

都　啚　戶　丁地銀　陸分　　　丁

銀每兩征正稅洋壹元[illegible]角國幣附帶征[illegible]基金並驗[illegible]附加[illegible]正稅

洋[illegible]分[illegible]不得浮收分文合給串票為據

民國貳拾壹年　份

第　號

納米執照

安徽省婺源縣政府為征收兵米事給據

五都高嵩戶　兵米貳合　敷丁

兵米每石應完正稅洋[illegible]元五角貳分帶征[illegible]

基金一成此外不得浮收分文合給串票為據

民國貳拾壹年　份　第　號

秋口镇毕家坑 56 · 民国二十一年 · 纳米执照 · 敷丁

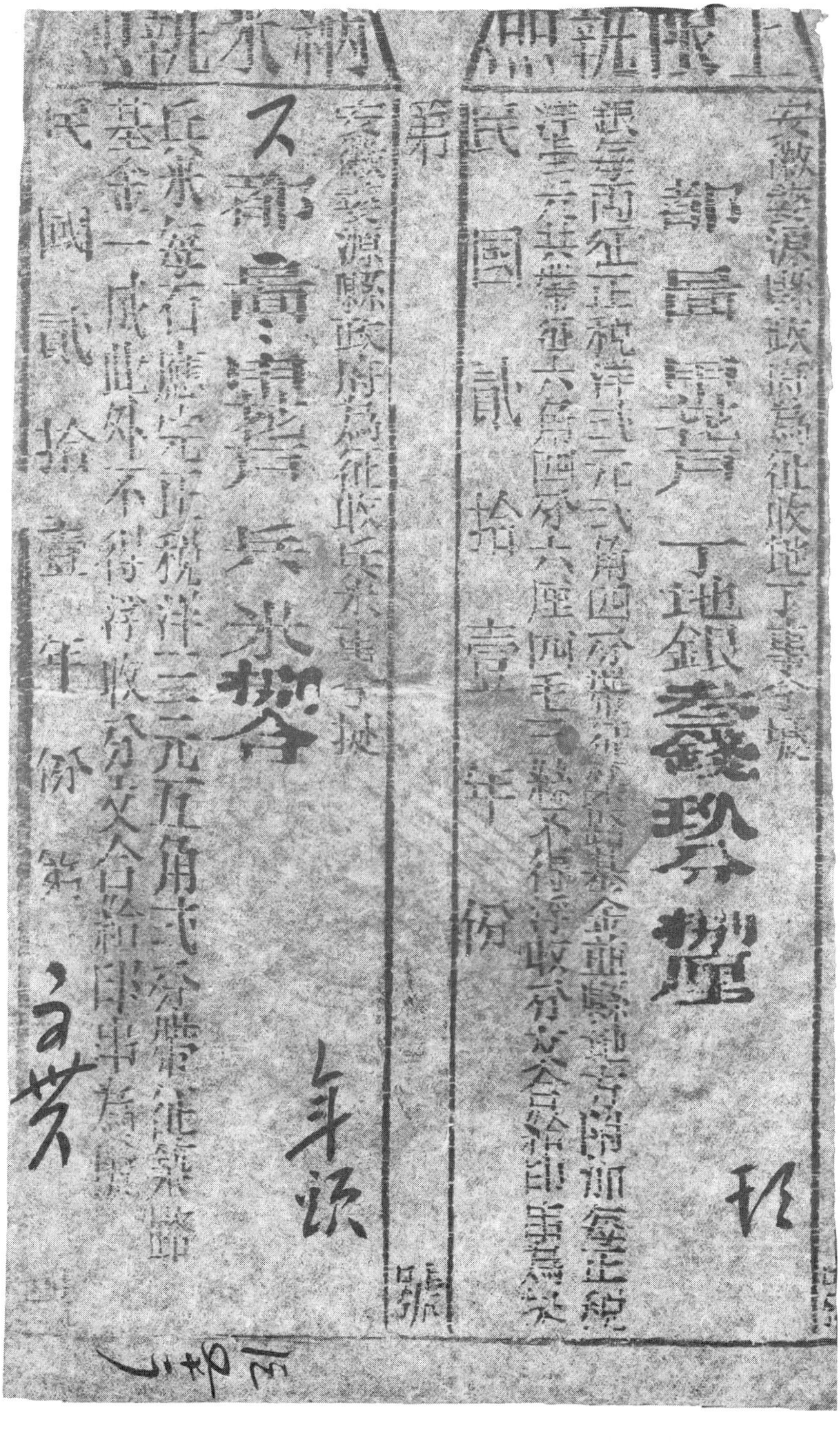

上限執照

安徽婺源縣政府為征收地丁事今據

都壹圖肆甲戶 丁地銀叁錢肆分捌厘

銀每兩征正税洋貳元貳角四分[illegible]基金並縣地方附加每兩正税

洋壹元[illegible]六角四分六厘四毛一絲不得浮收分文合給印串為照

民國貳拾壹年份

第 號

納米執照

安徽婺源縣政府為征收兵米事今據

又都壹圖肆甲戶 兵米捌合

兵米每石應完正税洋三元五角貳分帶征[illegible]

基金一成此外不得浮收分文合給印串為照

民國貳拾壹年份 第 號

秋口镇毕家坑 57 · 民国二十一年 · 纳米执照 · 年头

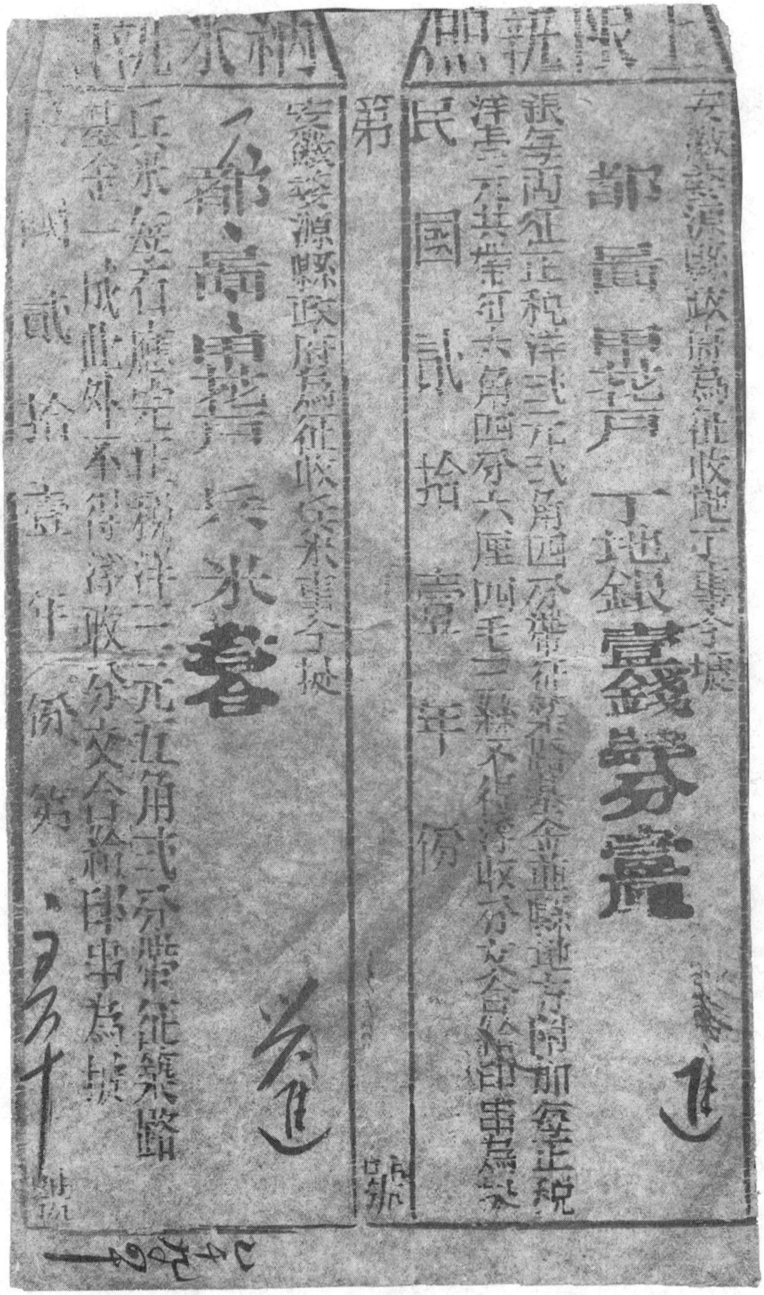

上联执照

安徽婺源县政府为征收地丁事今据

都 图 甲 户 丁地银

银每两征正税洋贰元贰角四分带征教育费县金并县地方附加每正税洋壹元征其带征六角四分六厘四毛二丝不得浮收分文合给印串为据

民国贰拾壹年 月 日

第 号

纳米执照

安徽婺源县政府为征收兵米事今据

都 图 甲 户 兵米

兵米每石应完正税洋二元五角贰分带征建筑路基金一成此外不得浮收分文合给印串为据

民国贰拾壹年 月 日

第 号

秋口镇毕家坑 59 · 民国二十一年 · 纳米执照 · 兴进

上限执照

都 图 甲 户 丁地银 叁 壹 [illegible]

民 国 贰 拾 壹 年 份

第 号

广

纳米执照

[illegible]

不 都 图 甲 户 米 叁

民 国 贰 拾 壹 年 份

第 号

孙广

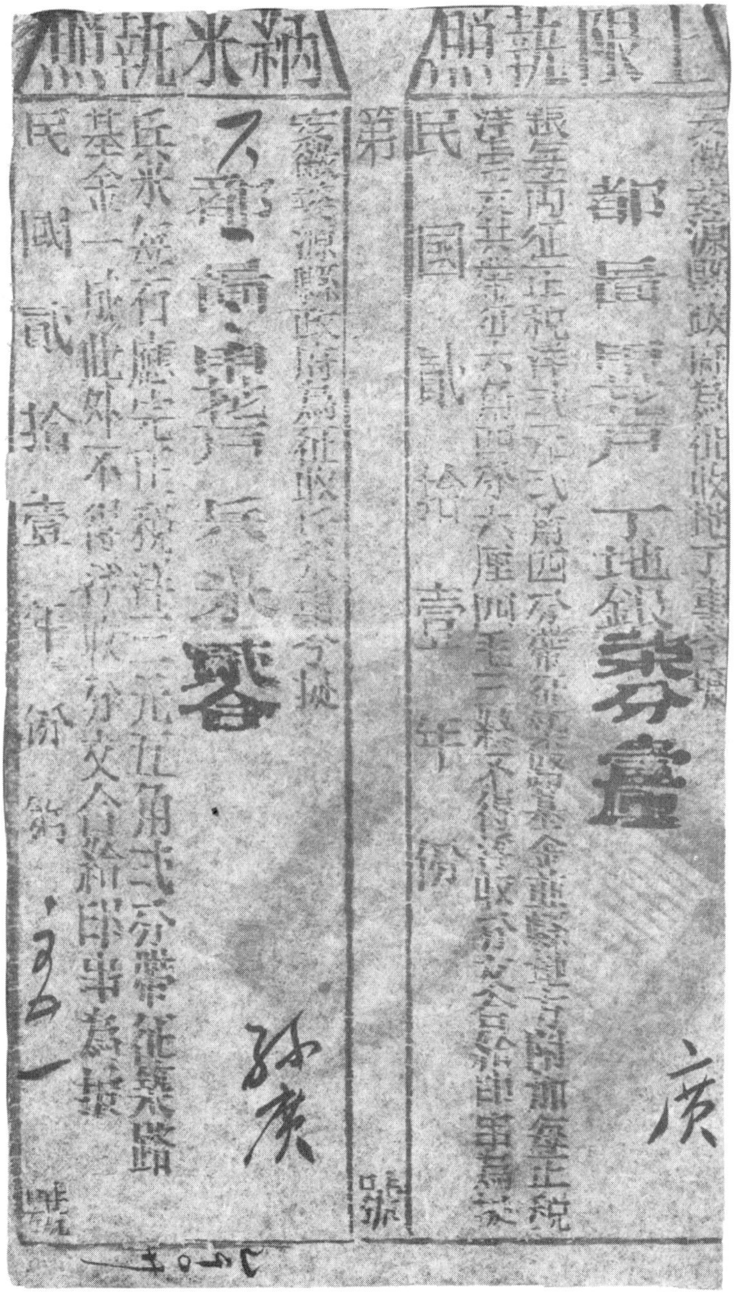

秋口镇毕家坑 60 · 民国二十一年 · 纳米执照 · 孙广

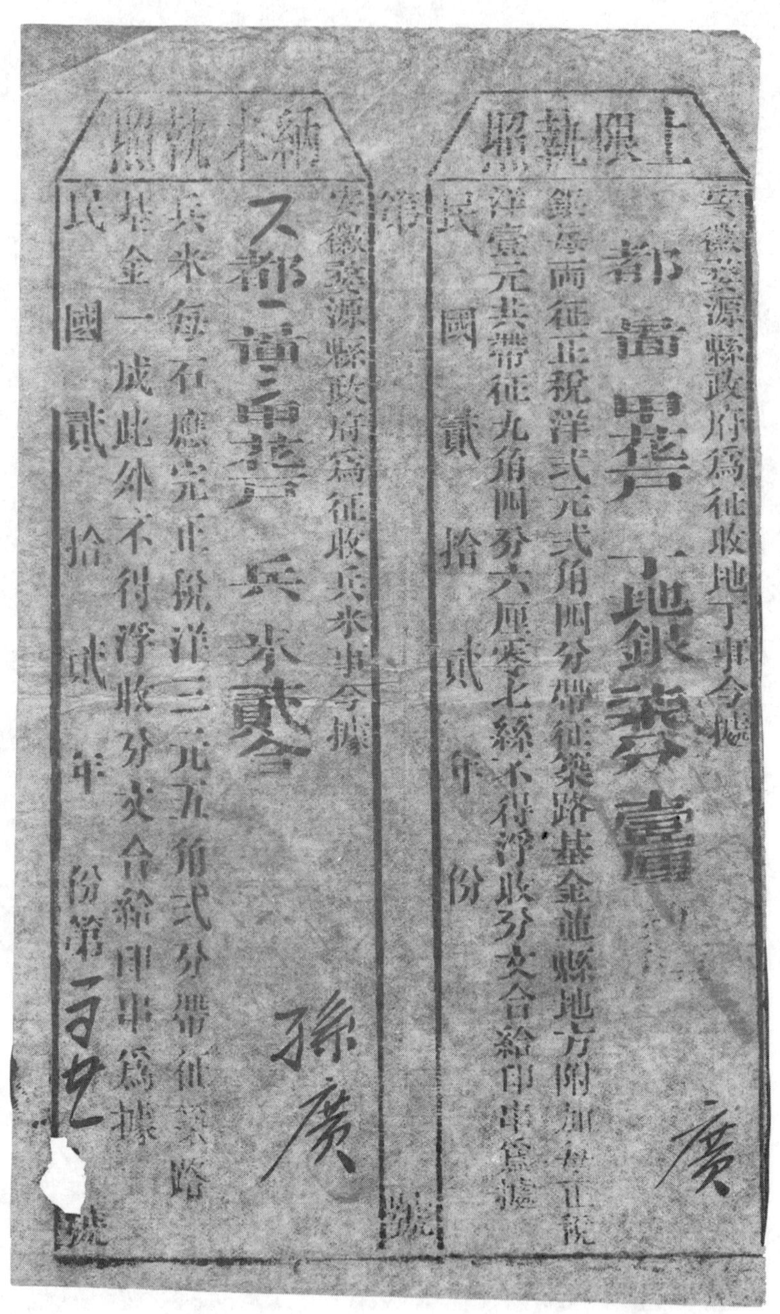

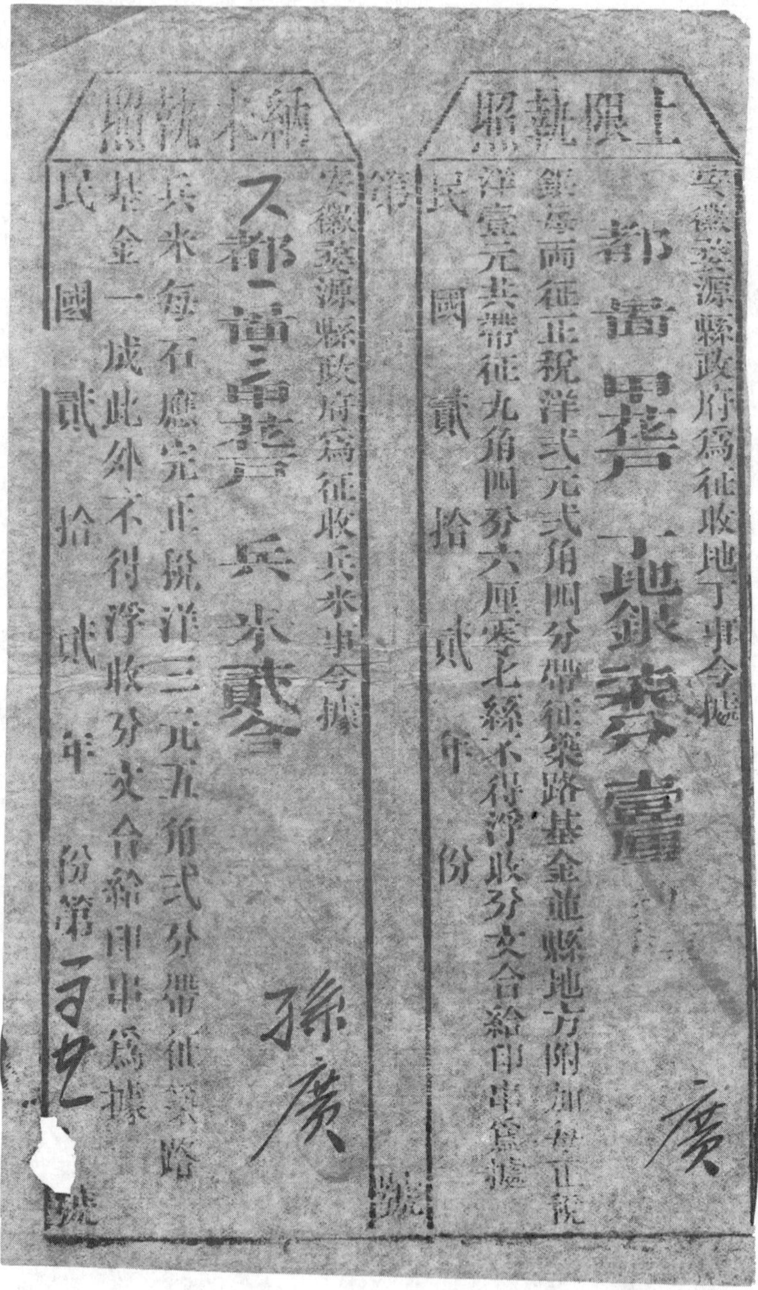

上限执照

安徽婺源县政府为征收地丁事今据

都 啚 甲 户 地银

银每两征正税洋贰元贰角四分带征筑路基金并县地方附加每正税

洋壹元共带征九角四分六厘零七丝不得浮收分文合给印串为据

民 国 贰 拾 贰 年 份

第 号

广

纳米执照

安徽婺源县政府为征收兵米事今据

都 啚 甲 户 兵米

兵米每石应完正税洋三元五角贰分带征筑路

基金一成此外不得浮收分文合给印串为据

民 国 贰 拾 贰 年 份第 号

孙广

秋口镇毕家坑 49 · 民国二十二年 · 纳米执照 · 孙广

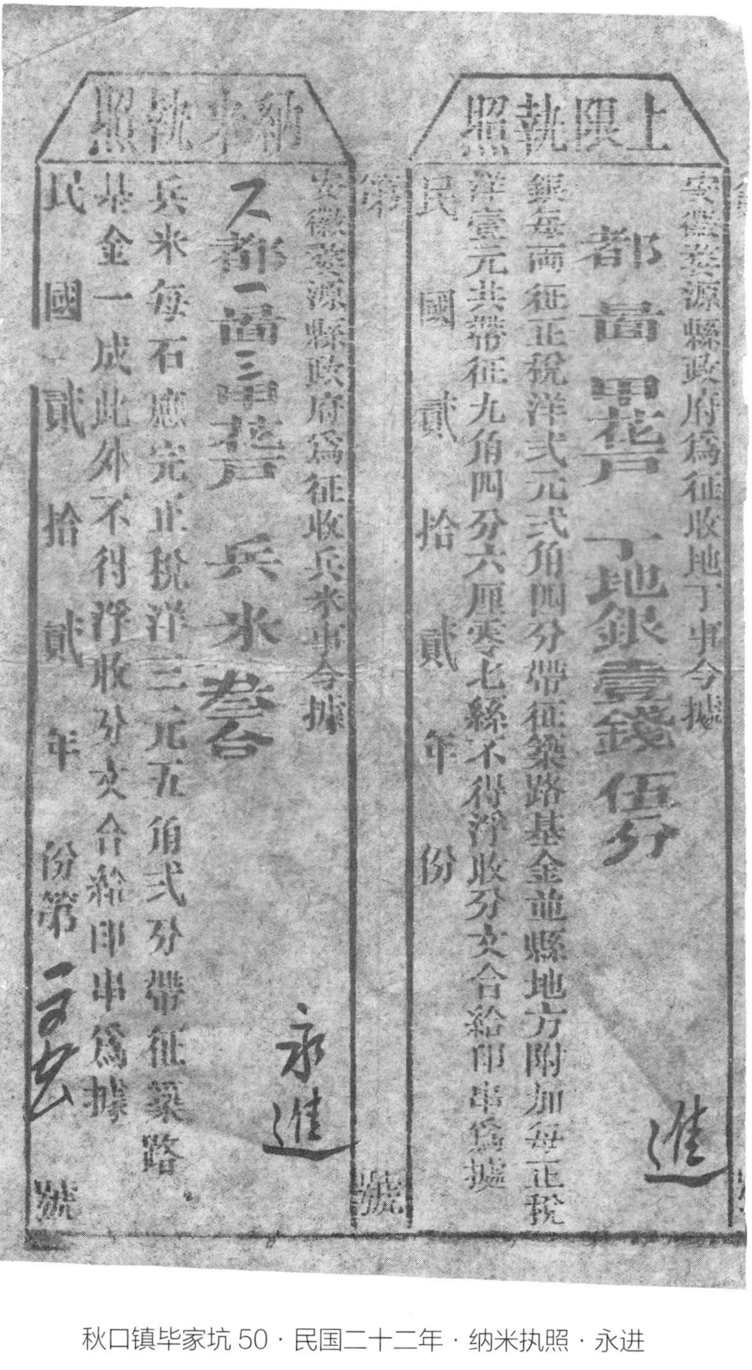

上限執照
安徽婺源縣政府爲征收地丁串令據
都　圖　戶　地銀壹錢伍分
額每兩征正稅洋弍元弍角四分帶征築路基金並縣地方附加每正稅
洋壹元共帶征九角四分六厘零七絲不得浮收分文合給印串爲據
民國貳拾貳年份
第　號
進

納串執照
安徽婺源縣政府爲征收兵米串令據
都二圖三甲　戶　兵米叁
兵米每石應完正稅洋三元五角弍分帶征築路
基金一成此外不得浮收分文合給印串爲據
民國貳拾貳年份第　號
永進

秋口镇毕家坑 50 · 民国二十二年 · 纳米执照 · 永进

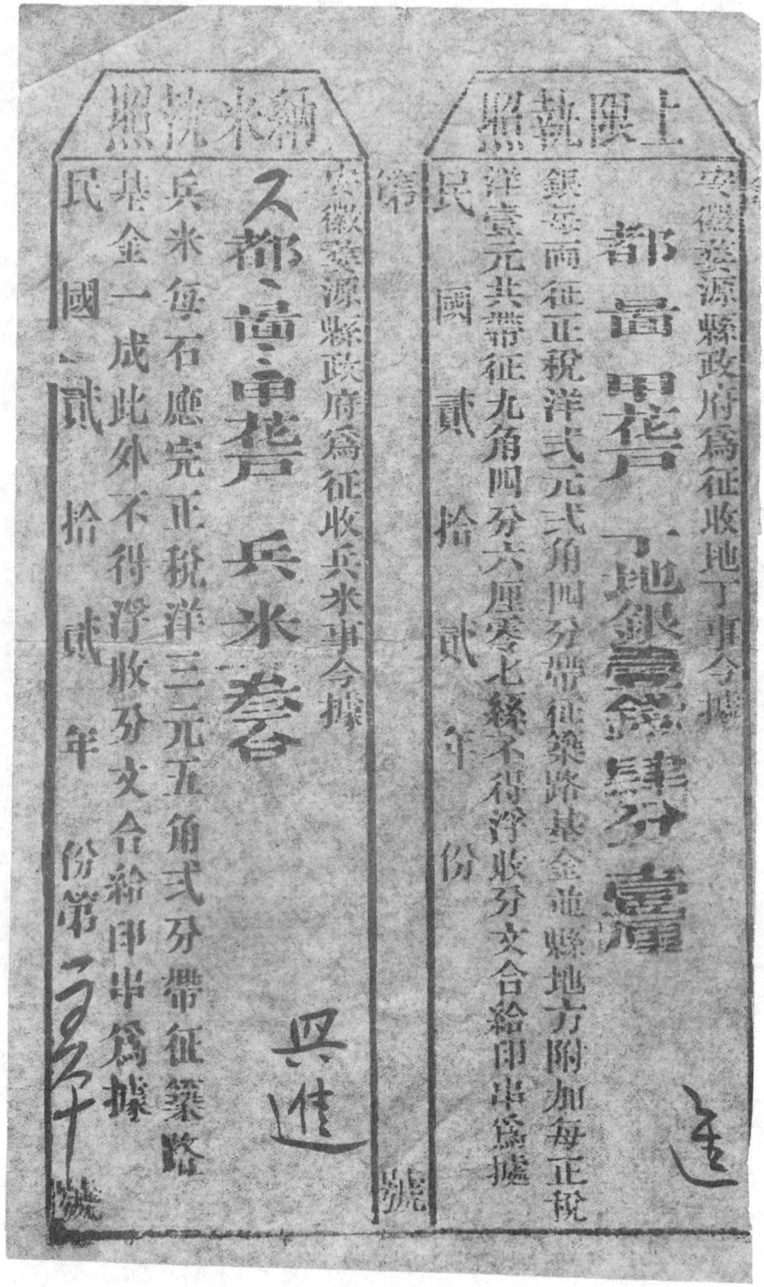
上限執照

安徽婺源縣政府為征收地丁事今據

都 圖 甲 戶 丁地銀壹錢肆分壹

銀每兩征正稅洋弍元弍角四分帶征築路基金並縣地方附加每正稅

洋壹元共帶征九角四分六厘零七絲不得浮收分文合給印串為據

民國貳拾貳年份

第 號

進

納米執照

安徽婺源縣政府為征收兵米事今據

久都一圖三甲 戶 兵米叁

兵米每石應完正稅洋三元五角弍分帶征築路

基金一成此外不得浮收分文合給印串為據

民國貳拾貳年份第 號

興進

秋口镇毕家坑 51 · 民国二十二年 · 纳米执照 · 兴进

民國貳拾肆年
第二期田賦串票
戶主
執管　都　圖　甲
每畝應完正稅銀幣玖分肆厘伍毫
附稅銀幣壹角貳分伍厘
本期完正附稅銀幣　捌分肆厘
民國貳拾肆年　月　日經征員
如數收訖
字第　號

民國貳拾肆年
第一期田賦串票
戶主
執管　乙都一圖　甲
每畝應完正稅銀幣玖分肆厘伍毫
附稅銀幣壹角貳分伍厘
本期完正附稅銀幣
每畝應完兵米正稅銀幣伍厘柒毫附稅銀幣伍毫柒絲
共完兵米正附稅銀幣
民國貳拾肆年　月　日經征員
如數收訖
第　號

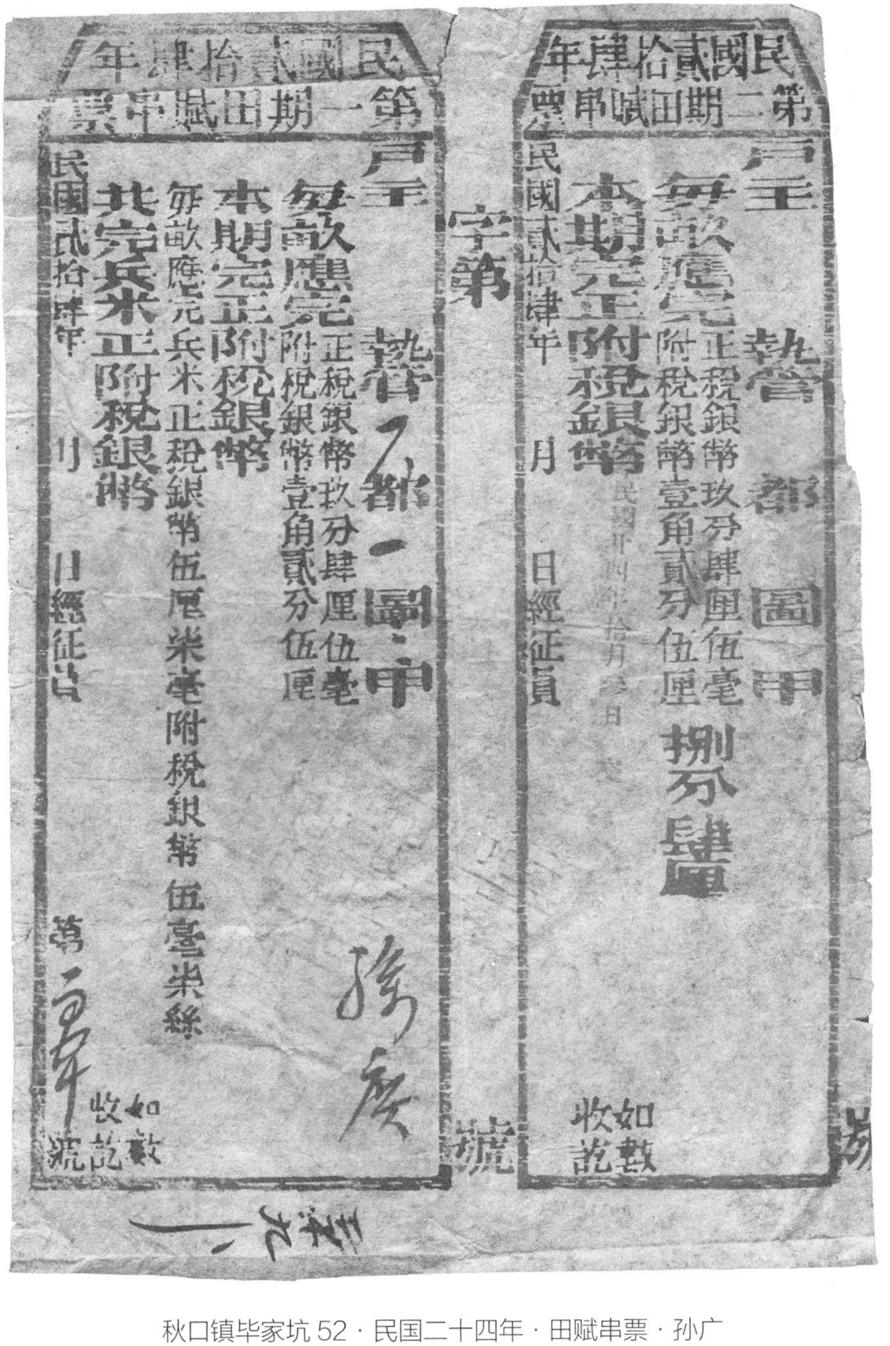

秋口镇毕家坑 52 · 民国二十四年 · 田赋串票 · 孙广

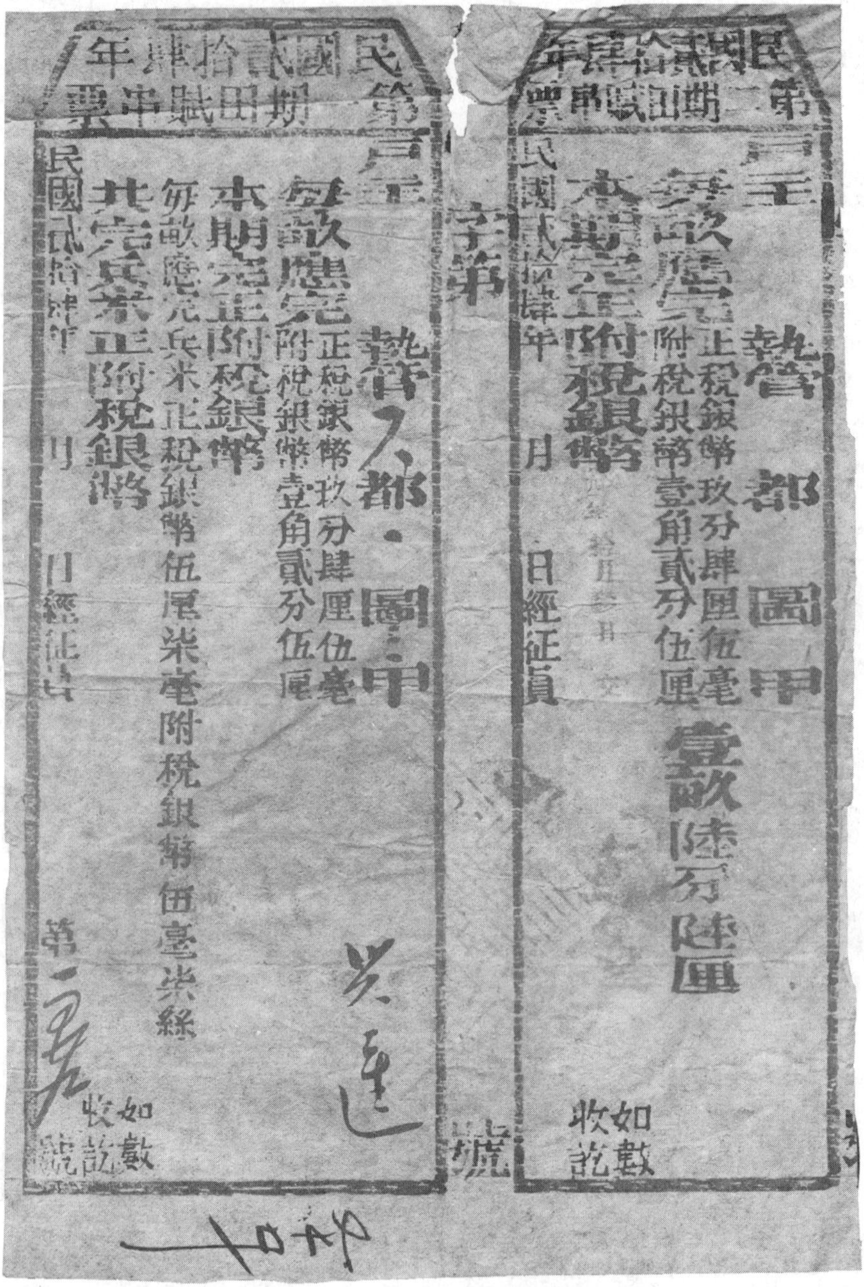

秋口镇毕家坑 53 · 民国二十四年 · 田赋串票 · 兴进

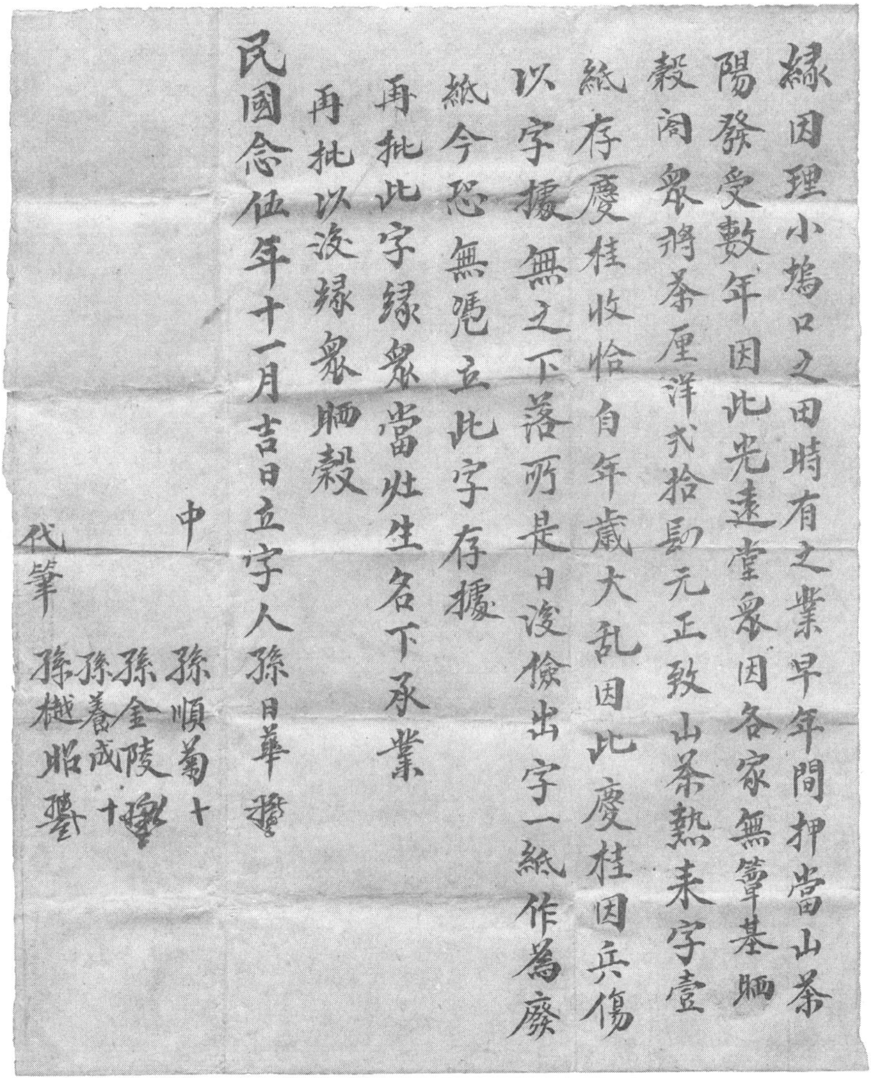

緣因理小塢口之田時有之業早年間押當山茶
陽發受數年因此光遠堂衆因各家無管基晒
穀閣衆將茶厘洋弍拾肆元正致山茶熟耒字壹
紙存慶桂收恰自年歲大乱因此慶桂因兵傷
以字據無之下落所是日後偷出字一紙作爲廢
紙今恐無憑立此字存據
再批此字緣衆當灶生名下承業
再批以後緣衆晒穀
民國念伍年十一月吉日立字人孫日華（押）
中 孫順蜀 十
孫金陵（押）十
孫養成
代筆 孫樾昭（押）

秋口镇毕家坑 62 · 民国二十五年 · 字据 · 孙日华

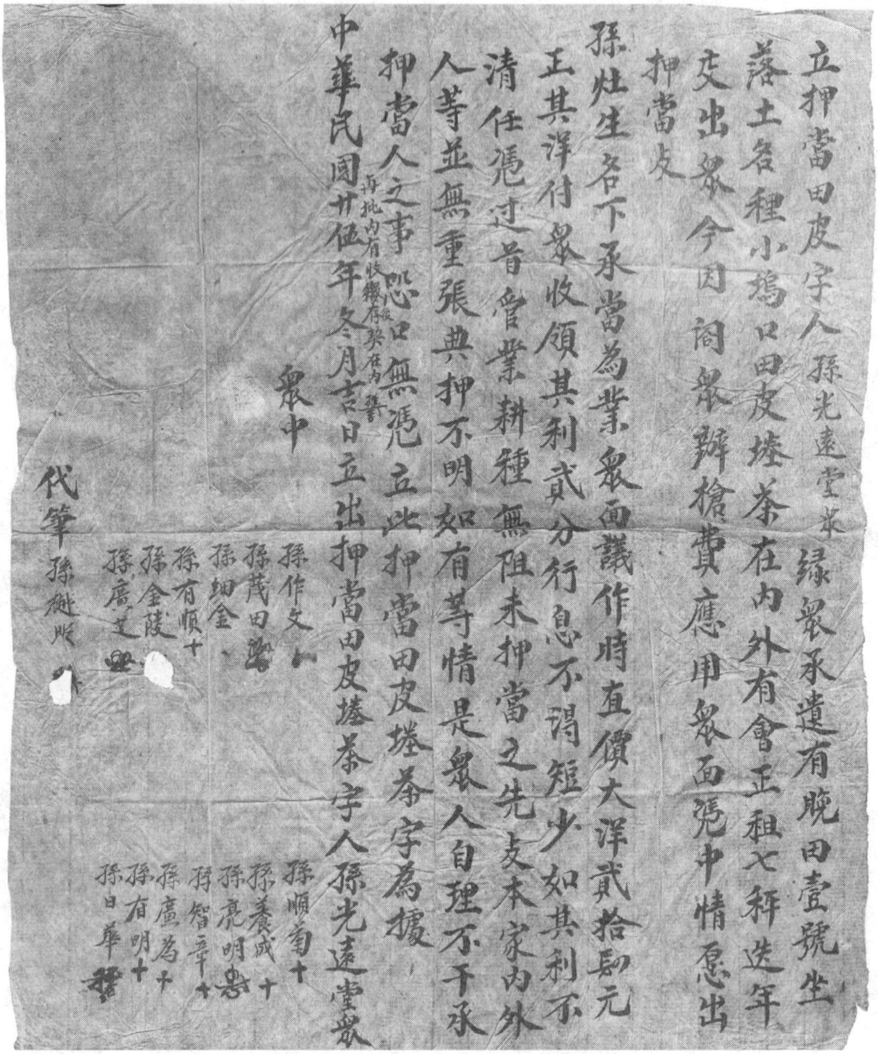

立押當田皮字人孫光遠堂眾緣眾承遺有晚田壹號坐
落土名種小塢口田皮墘茶在內外有會正租七秤迭年
交出眾今因閤眾辦檜費應用眾面憑中情愿出
押當皮
孫灶生名下承當為業眾面議作時值價大洋貳拾肆元
正其洋付眾收領其利貳分行息不得短少如其利不
清任憑过晉會業耕種無阻未押當之先支本家內外
人等並無重張典押不明如有等情是眾人自理不干承
押當人之事恐口無憑立此押當田皮墘茶字為據
再批內有收粮存根契在內 批
中華民國廿伍年冬月吉日立出押當田皮墘茶字人孫光遠堂眾
眾中
孫作文
孫茂田
孫細金
孫有順十
孫金陵
孫廣芝
孫順蘭十
孫養成十
孫亮明
孫智章十
孫盧爲十
孫有明十
孫日華
代筆孫樾照

秋口镇毕家坑 111 · 民国二十五年 · 押当田皮契 ·
孙光远堂众押当与孙灶生

秋口镇毕家坑 5 · 民国二十七年 · 征收田赋收据 · 林进

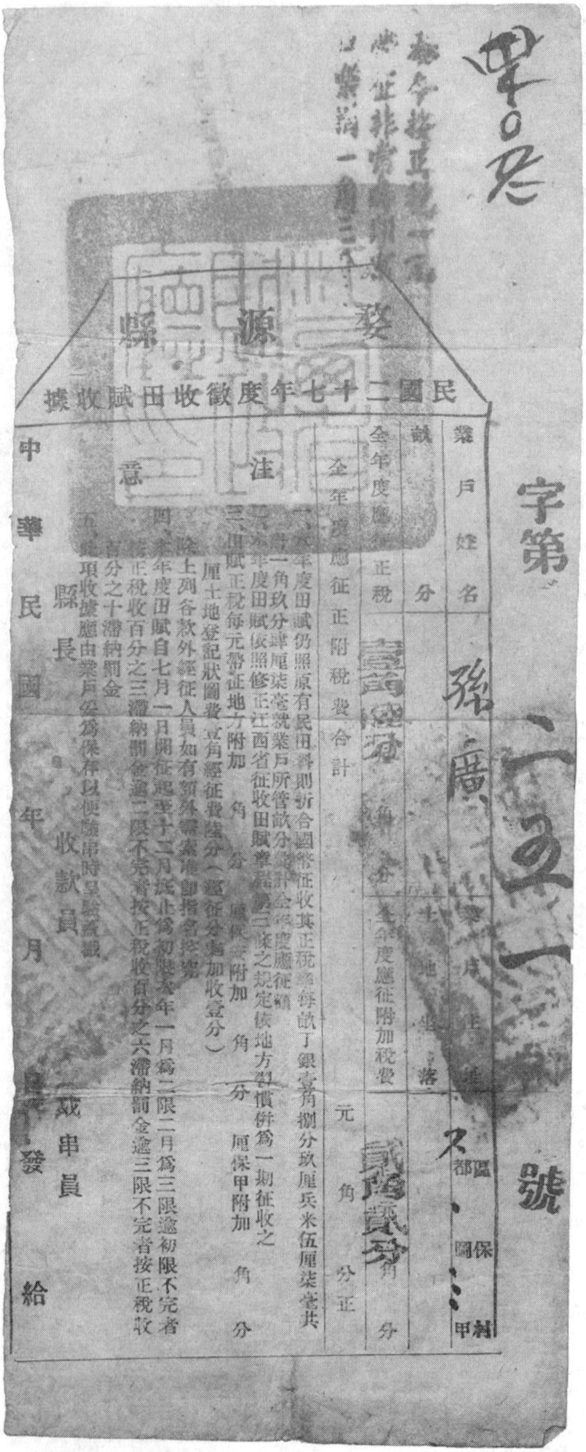

民國二十七年度徵收田賦收據

婺源縣

字第　號

業戶姓名	張廣
畝分	
全年度應征正稅	角　分
土地坐落	區　都　圖　保　村　甲
全年度應征附加稅費	角　分
全年度應征正附稅費合計	元　角　分正

注意

一、本年度田賦仍照原有民田科則折合國幣征收其正稅每畝丁銀壹角捌分玖厘兵米伍厘柒毫共計一角玖分肆厘柒毫就業戶所管畝分計全年度應征額

二、本年度田賦依照修正江西省征收田賦章程第三條之規定依地方習慣併為一期征收之

三、田賦正稅每元帶征地方附加　角　分　鄉保附加　角　分　區保甲附加　角　分　厘土地登記狀圖費壹角經征費陸分（區征分處加收壹分）

除上列各款外經征人員如有額外需索准即指名控究

四、本年度田賦自七月一日開征起至十二月底止為初限次年一月為二限二月為三限逾初限不完者按正稅收百分之三滯納罰金逾二限不完者按正稅收百分之六滯納罰金逾三限不完者按正稅收百分之十滯納罰金

五、此項收據應由業戶妥為保存以便隨時呈驗蓋戳

縣長　收款員　截串員

中華民國　年　月　日發給

秋口镇毕家坑 20 · 民国二十七年 · 征收田赋收据 · 孙广

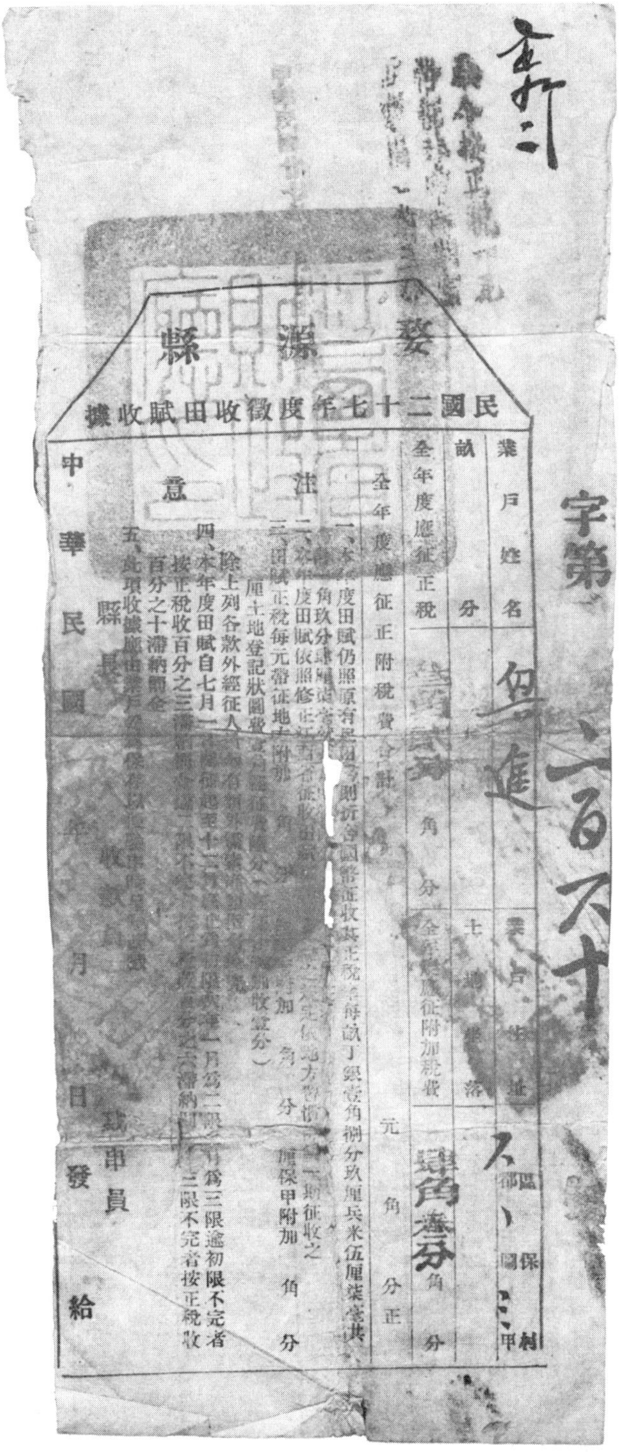

秋口镇毕家坑 23 · 民国二十七年 · 征收田赋收据 · 兴进

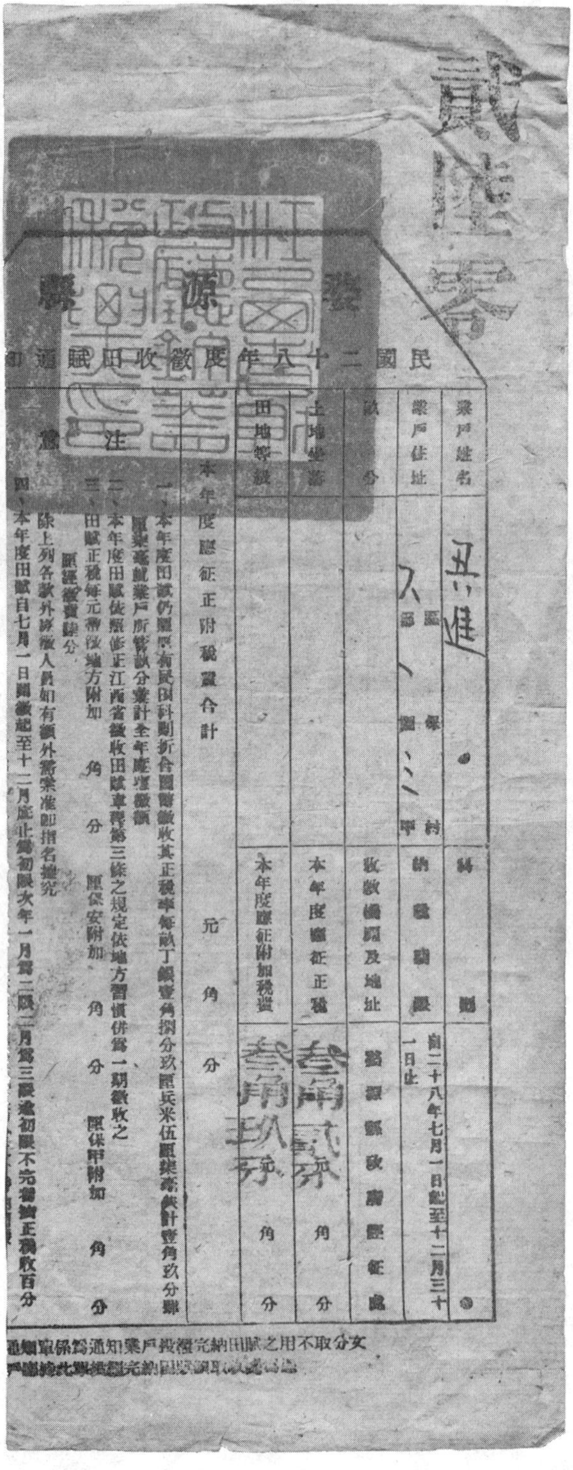

婺源縣

民國二十八年度徵收田賦通知

業戶姓名	兴进	科則	
業戶住址	區 鄉 保 村 甲	納稅期限	自二十八年七月一日起至十二月三十一日止
畝分		徵收機關及地址	婺源縣政府經征處
土地坐落		本年度應征正稅	叁角贰分
田地等級		本年度應征附加稅額	叁角玖分

本年度應征正附稅額合計 元 角 分

注意

一、本年度田賦仍照原有民國科則折合國幣徵收其正稅率每畝丁銀壹角捌分玖厘兵米伍厘柒毫共計壹角玖分肆厘照業戶所管畝分彙計全年應理額
二、本年度田賦依照修正江西省徵收田賦章程第三條之規定依地方習慣併為一期徵收之
三、田賦正稅每元帶徵地方附加 角 分 區保安附加 角 分 區保甲附加 角 分 區經徵費肆分
除上列各款外該徵人員如有額外需索准即指名控究
四、本年度田賦自七月一日開徵起至十二月底止為初限次年一月為二限二月為三限逾初限不完者按正稅收百分

通知單係為通知業戶投櫃完納田賦之用不取分文

秋口镇毕家坑 11 · 民国二十八年 · 征收田赋收据 · 兴进

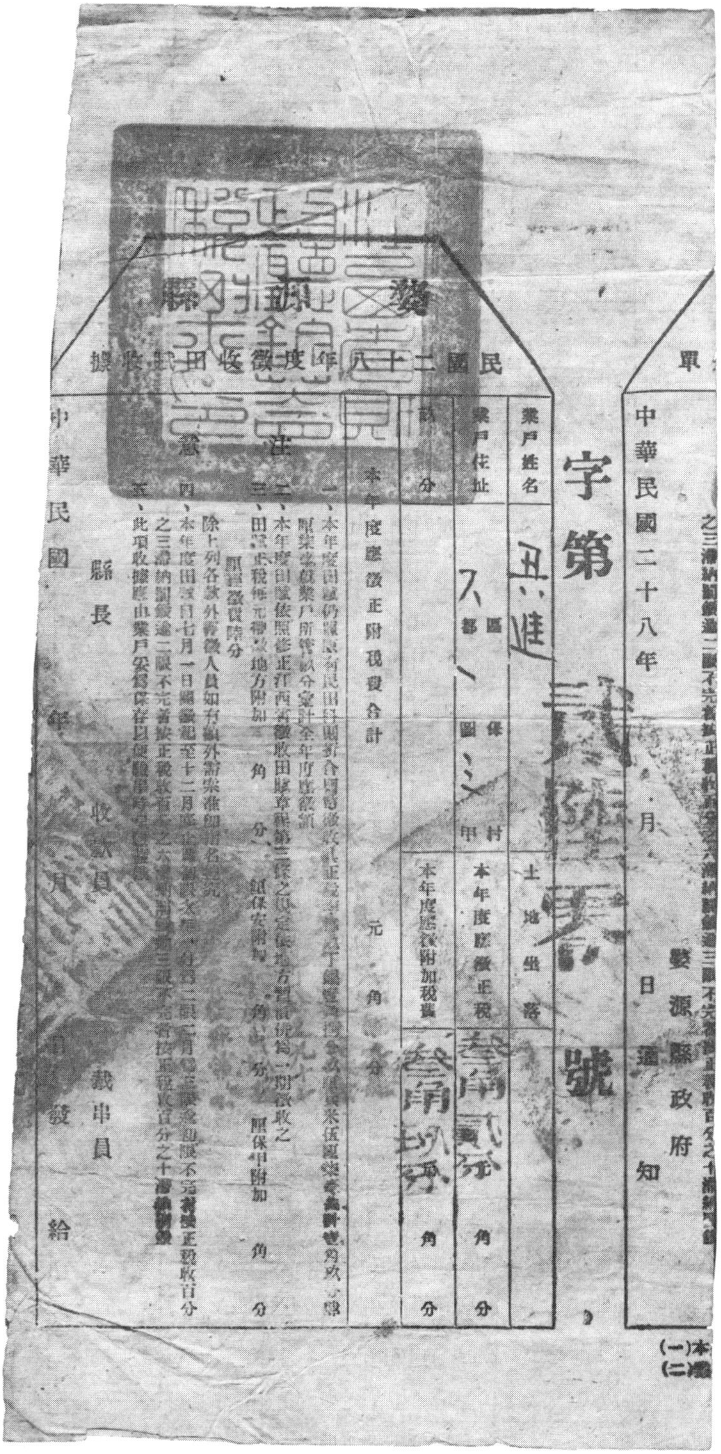

單

中華民國二十八年　月　日通知

婺源縣政府

民國二十八年度徵收田賦收據

婺源縣

字第　號

業戶姓名

業戶住址　區　都　圖　保　村　甲

土地坐落

本年度應徵正稅　角　分

本年度應徵附加稅費　角　分

畝　分

本年度應徵正附稅費合計　元　角　分

注意

一、本年度田賦仍照原有民田……

二、本年度田賦依照修正江西省徵收田賦章程第三條之規定……

三、田賦正稅每元帶徵地方附加　角　分　區保安附加　角　分　區保甲附加　角　分

除上列各款外……

四、本年度田賦自七月一日開徵起至十二月底止……

五、此項收據應由業戶妥為保存以便……

中華民國　年　月　日發給

縣長　收款員　裁串員

秋口镇毕家坑 21 · 民国二十八年 · 征收田赋收据 · 兴进

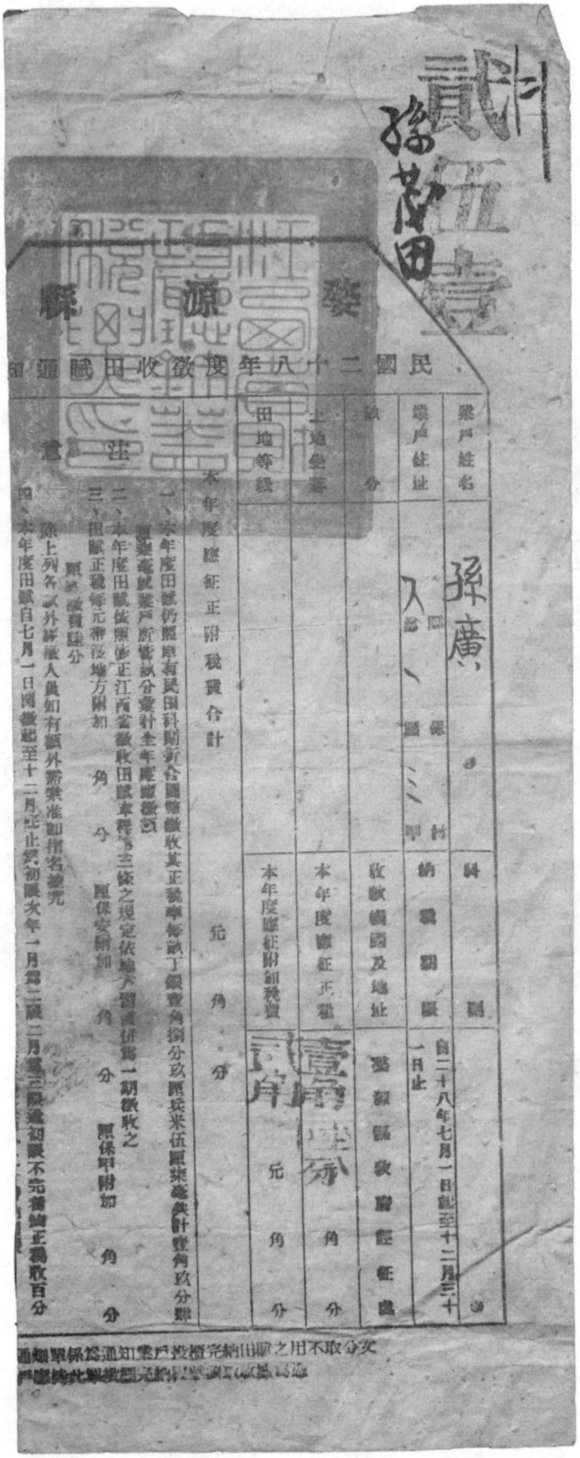

秋口镇毕家坑 22 · 民国二十八年 · 征收田赋收据 · 孙广

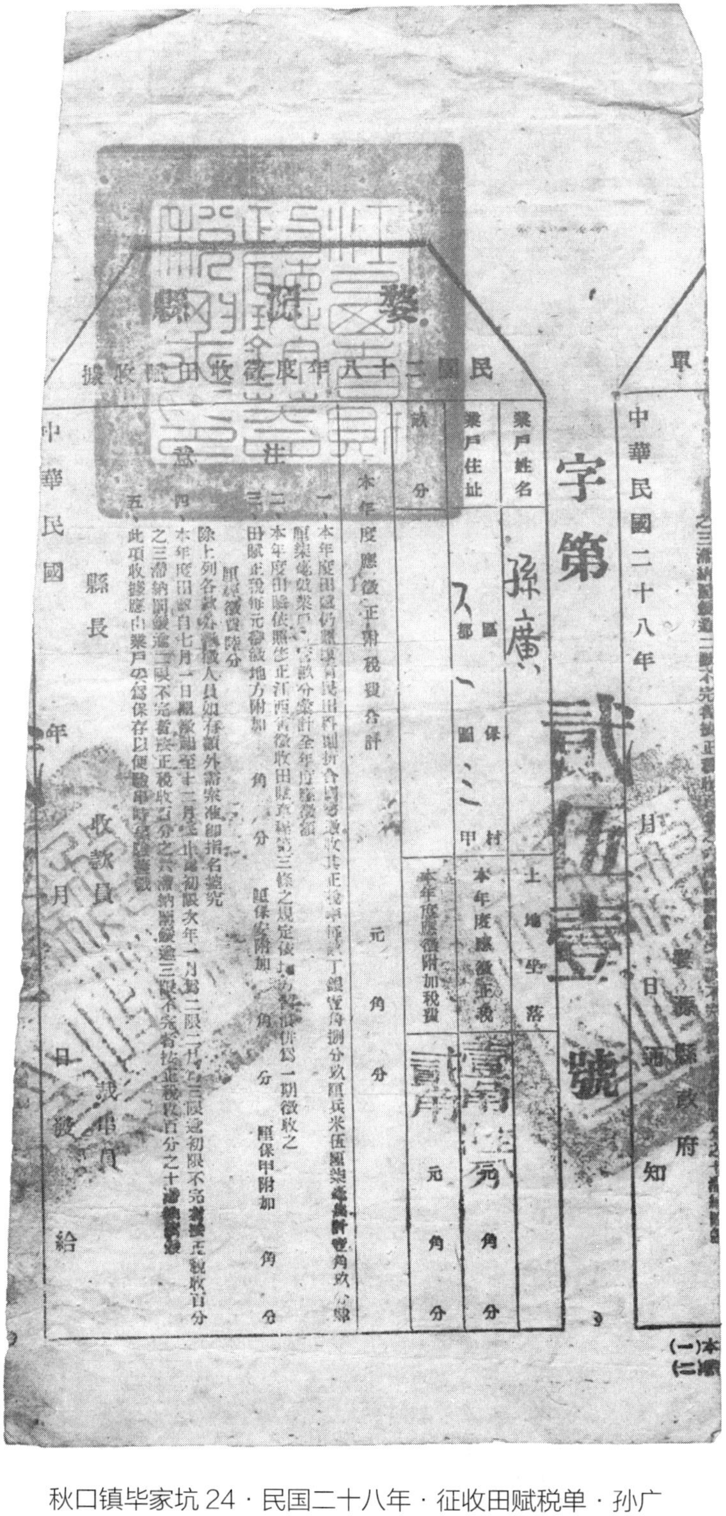

單

中華民國二十八年 月 日 婺源縣政府 通知

字第 貳伍壹號

(一)本[illegible]
(二)[illegible]

民國二十八年度徵收田賦收據

婺源縣

業戶姓名	孫廣
業戶住址	[illegible]區 [illegible]保 [illegible]村 [illegible]都 [illegible]圖 [illegible]甲
土地坐落	
本年度應徵正稅	壹角[illegible]分
本年度應徵附加稅費	元 角 分
畝分	
本年度應徵正附稅費合計	元 角 分

附註

一、本年度田賦仍照現行民田科則折合國幣徵收，其正稅每[illegible]丁銀壹兩捌分改徵兵米伍[illegible]壹角玖分[illegible]
匯築[illegible]業戶[illegible]欵分彙計全年應徵額
二、本年度田賦依照修正江西省徵收田賦章程第三條之規定[illegible]併為一期徵收之
三、田賦正稅每元帶徵地方附加 角 分 區保安附加 角 分 區保甲附加 角 分
匯保徵費陸分
四、除上列各款外徵收人員如有額外需索准即指名控究
本年度田賦自七月一日起徵至十二月止為初限，次年一月為二限，二月[illegible]三限，逾初限不完者按正稅收百分之三滯納罰金，逾二限不完者按正稅收百分之六滯納罰金，逾三限不完者按正稅收百分之十滯納罰金
五、此項收據應由業戶妥為保存以便[illegible]

縣長 收款員 裁串員

中華民國 年 月 日 發給

秋口镇毕家坑 24 · 民国二十八年 · 征收田赋税单 · 孙广

隆枝 會書

會友芳名列左

今承諸友雅愛集成一會名曰七賢共計國幣壹伯
元正會期定于逓年七月廿日首會先期通知各友
備办現幣上棹拈鬮輪搖点多者得會同点保先
不保後賽点不賽色倘有往来不得在此會内照算
所有戎尾悉照時價扣算會終之日書不繳回作為
廢紙今立會書一樣七本各執壹本存照

龍枝 富仂 福姜
揚伯 兆美
俊娥 龐枝 生歡

己卯年 陸友交出國幣拾六元甫不 共成壹伯元正付首會
庚辰年 首會交出國幣二十元 五友各交出國幣拾六元 共成壹伯元正付弍會
辛巳年 首弍會各交出國幣廿元 四友各交出國幣拾五元 共成壹伯元正付叁會
寅午年 首弍叁各交出國幣二十元 叁友各交出國幣拾三元三角 共成壹伯元正付四會
癸未年 首弍叁肆各交出國幣二十元 二友各交出國幣拾元 共成壹伯元正付五會
甲申年 首弍叁肆伍交出國幣二十元 末會不交 共成壹伯元正付六會
乙酉年 首弍友交出國幣廿元 叁肆會友交出國幣拾六元 伍陸友交出國幣拾四元 共成壹伯元正付末會

民國念八年己卯七月廿日立會書人俞松栢

秋口镇毕家坑 100 · 民国二十八年 · 会书 · 隆枝七贤会

婺源縣政府

民國三十年度

徵收田賦收據

業戶姓名 林進

本年度應徵正稅 元 角 分

本年度應徵正附稅費合計 元 角 分

業戶住址 第 區 鄉 保 甲

本年度應徵附加稅費 元 角 分

注意

一、本年度田賦仍照原有民田科則折合國幣徵收其正稅率每畝丁銀一角八分九厘兵米五厘七毫共計一角九分

中華民國 年 月 日 縣長 裁串員

秋口镇毕家坑6 · 民国三十年 · 征收田赋收据 · 林进

婺源縣政府

民國三十年度

徵收田賦收據

業戶姓名 永進

本年度應徵正稅 元 角 分

業戶住址 第 區 鄉 保 圖 甲

本年度應徵附加稅費 元 角 分

本年度應徵正附稅費合計 元 角 分

注意

一、本年度田賦仍照原有民田科則折合國幣徵收其正稅每畝丁銀一角八分九厘兵米五厘七毫共計一角九分四厘七毫就業戶所管畝分核計全年度應徵額

二、本年度田賦按照修正江西省徵收田賦章程第三條之規定依地方習慣併為一期徵收之

三、民田每畝帶徵附加稅二角二分六釐八毫另徵正稅每元帶徵經費六分如有額外需索准即控究

四、本年度田賦於三月一日開徵起至十二月底止為初限次年一月為二限二月為三限凡在三四月內完納者按正稅九折實收五月內完納者按正稅九四折實收六月內完納者按正稅九七折實收其逾初限不完者按正稅收百分之三滯納罰鍰逾二限不完者按正稅收百分之六滯納罰鍰逾三限不完者按正稅收百分之十滯納罰鍰

五、此項收據聽由業戶妥為保存以便驗串時呈驗蓋戳

中華民國 年 月 日 縣長 裁串員

字第 號

秋口镇毕家坑 7 · 民国三十年 · 征收田赋收据 · 永进

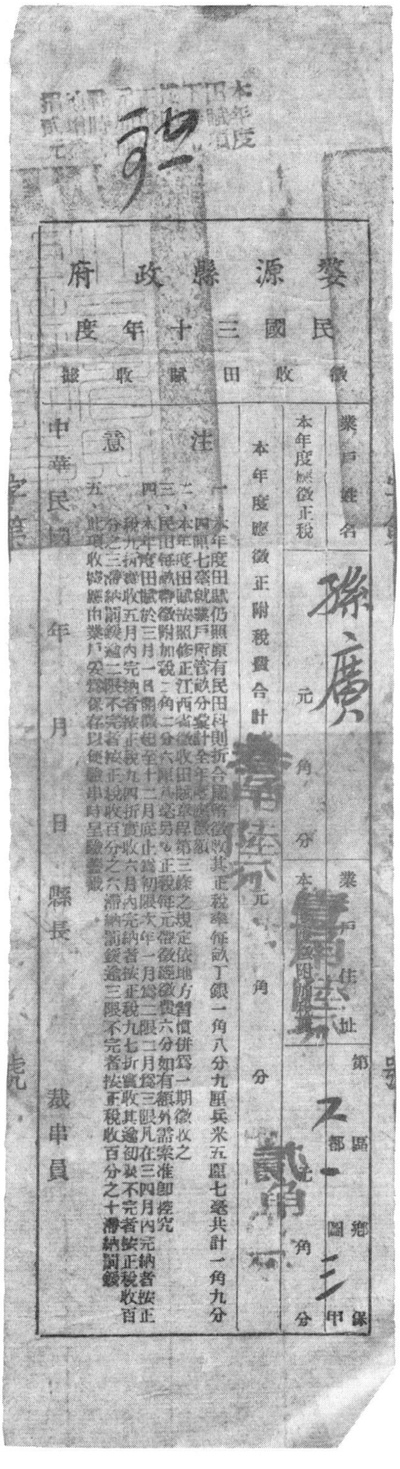

秋口镇毕家坑 8 · 民国三十年 · 征收田赋收据 · 孙广

婺源縣政府

民國三十年度

徵收田賦收據

業戶姓名 興進

本年度應徵正附稅費合計 元 角 分

注意

一、本年度田賦仍照原有民田科則折合國幣徵收其正稅每畝下錢一角八分九厘兵米五厘七毫共計一角九分

中華民國 年 月 日 縣長

秋口镇毕家坑 9 · 民国三十年 · 征收田赋收据 · 兴进

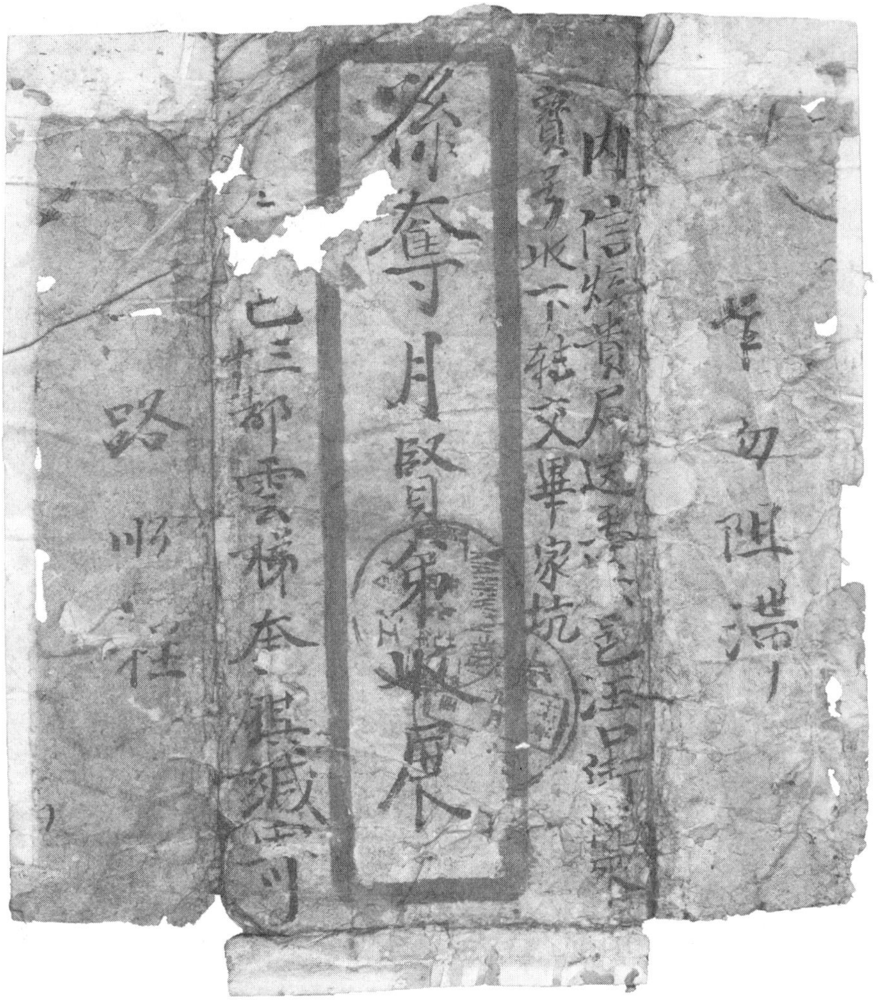

秋口镇毕家坑 26 · 信封 · 孙夺镇寄与孙夺月

秋口镇毕家坑 27 · 包封 · 宁邑十三都云梯交元茂昌宝号交孙观松

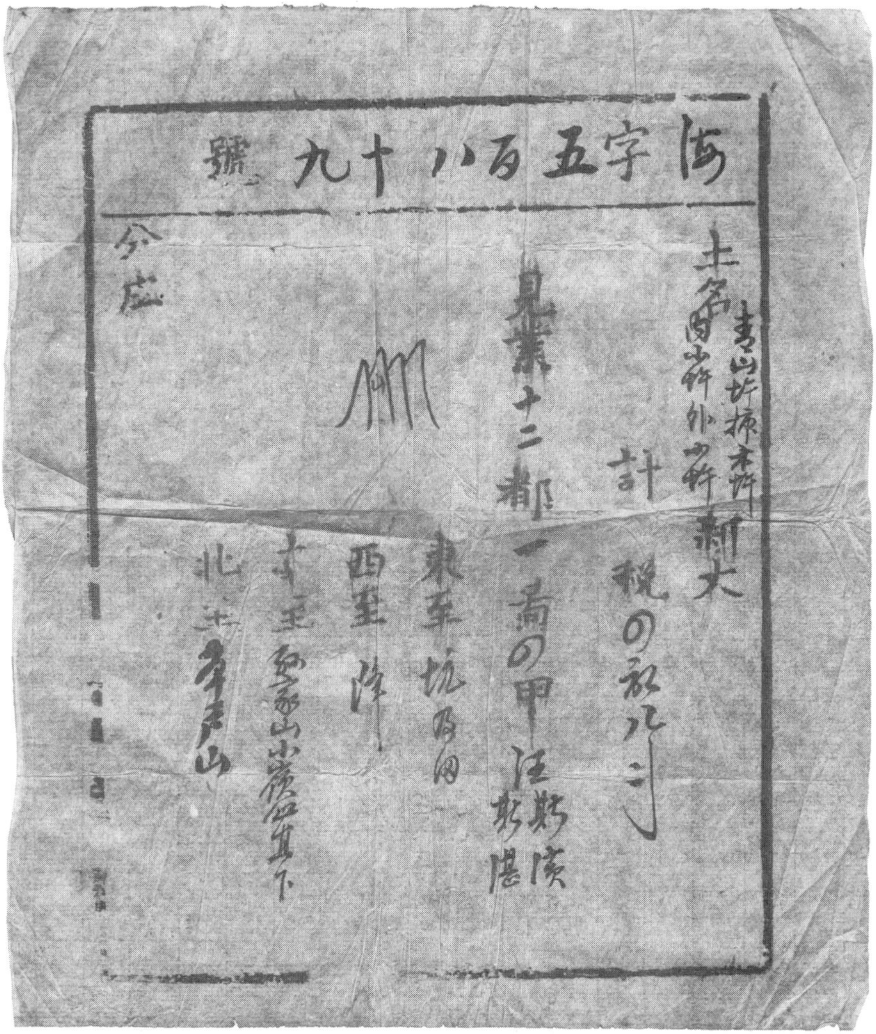
海字五百八十九號
土名青山坵柿木坵田少坵外少坵新大
計稅〇畝八二
見業十二都一啚〇甲汪斯濆
汪斯湛
東至坑及田
西至降
南至□家山小坑□其下
北至本户山
公庄

秋口镇毕家坑 63 · 土地四至说明书 · 汪斯渍、汪斯湛

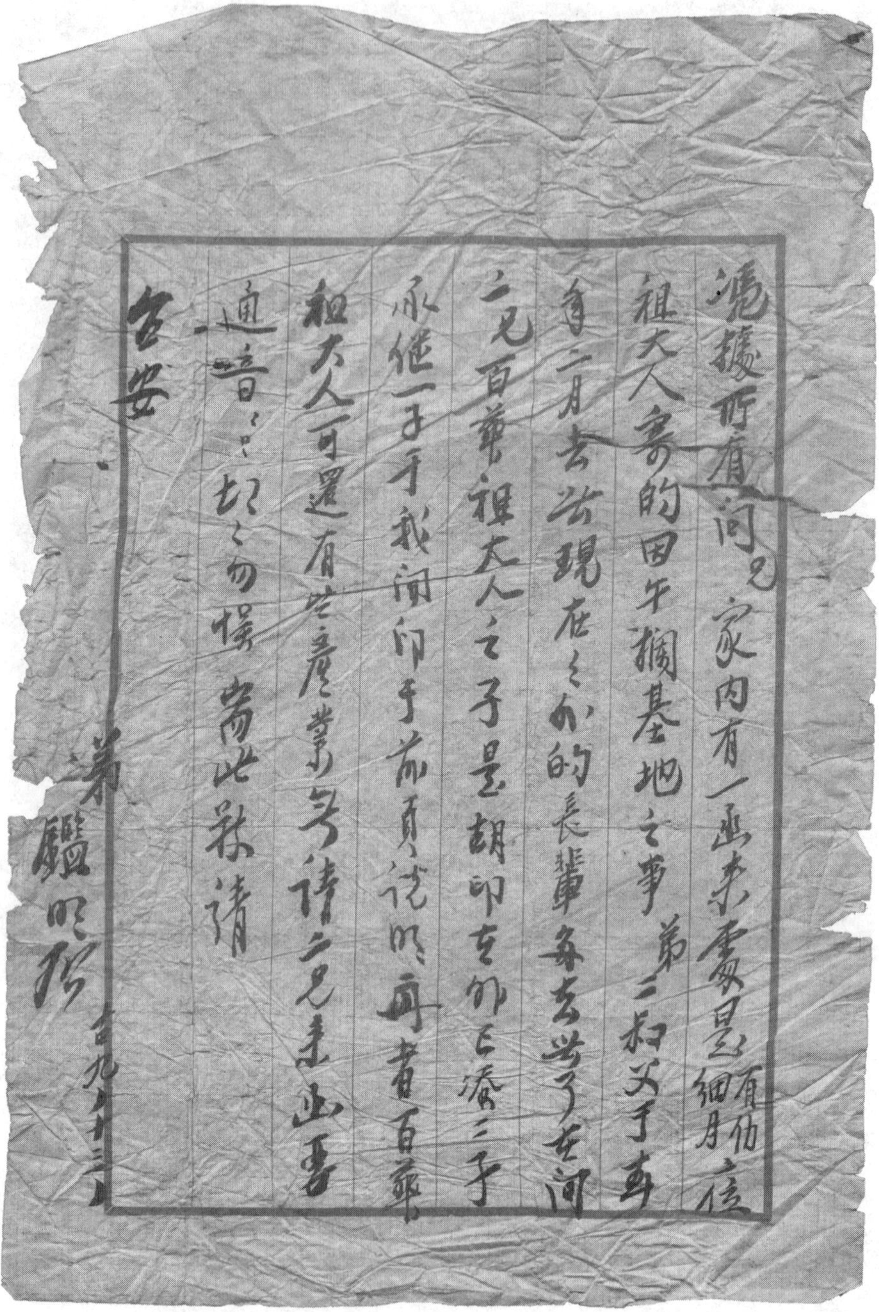

滬鏸所有問已 家內有一函來處是細月信有仍
祖大人寄的田午擱基地之事 第三叔父于本
年二月去世 現在之的長輩無去世了在問
二兄百葉祖大人之子是胡印去外已婚三子
承繼一子 我細印于前頁說明 再者百葉
祖大人可還有田產業否 請二兄來函寄
通達音 切切勿悞 耑此敬請
台安
弟 鑑明 頓
一月九日十三日

秋口镇毕家坑 64 · 书信 · 鉴明

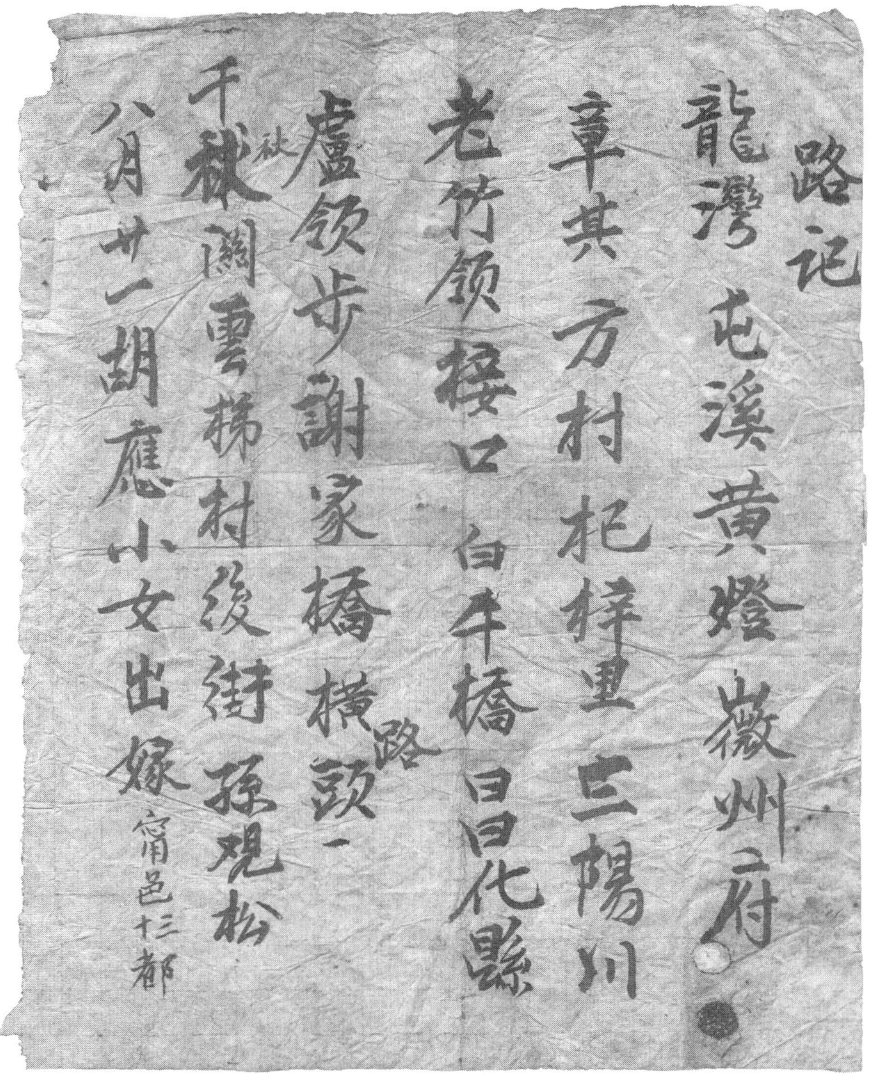

路记

龍灣 屯溪 黄燈 徽州府

章其方村杞梓里 三陽川

老竹領 樓口 白牛橋 昌化縣

盧領步 謝家橋 横頭路 一

千秋（秋）關雲梯村後街 孫观松

八月廿一胡應小女出嫁 甯邑十三都

秋口镇毕家坑 67 · 路记

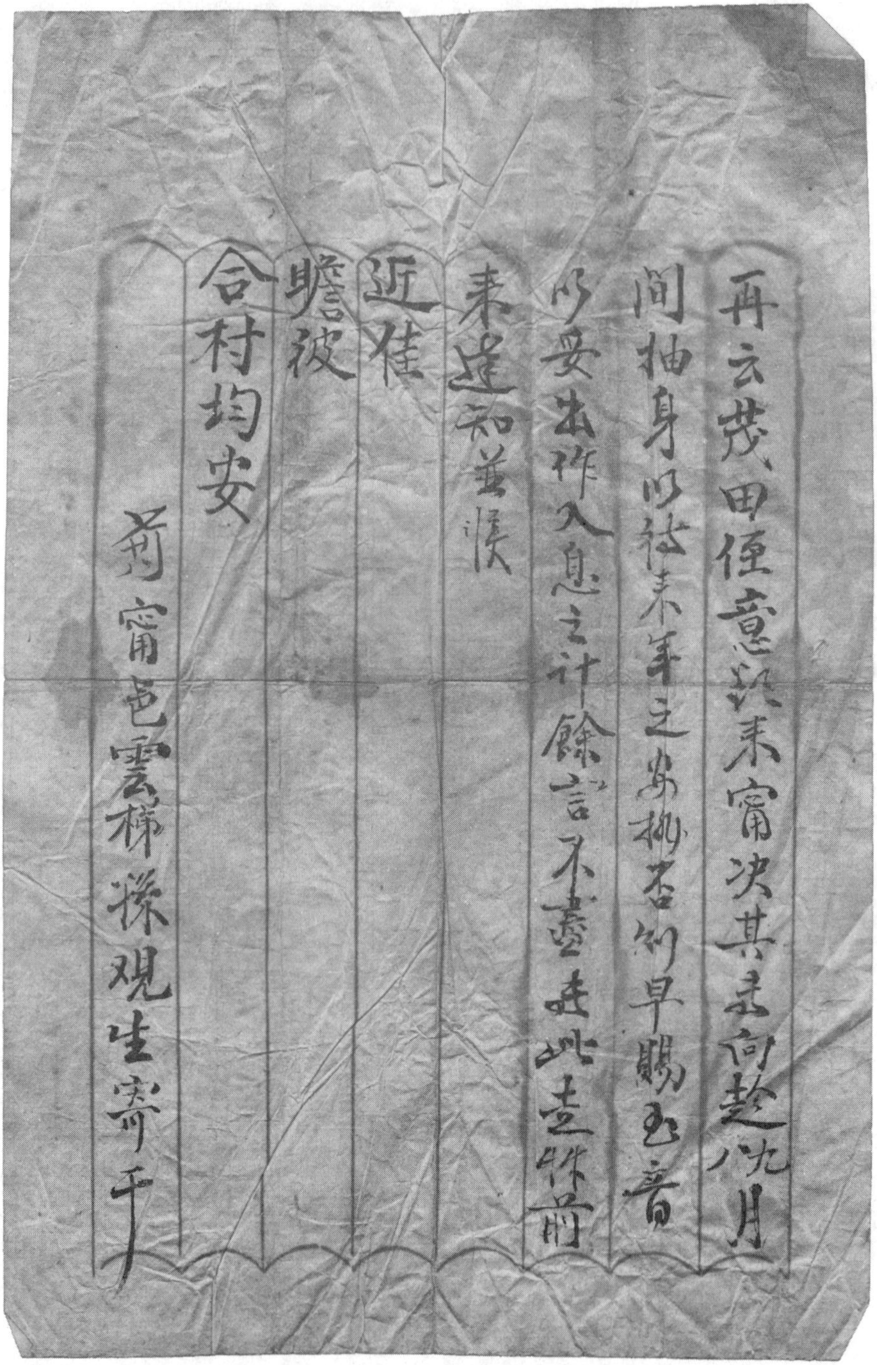
再云茂田侄意欲来甯决其去向趁八九月
間抽身所以積来年之安排否何早賜玉音
所要出作入息之計餘言不盡書此達併問
来途知兼候
近佳
瞻彼
合村均安
前甯邑雲梯孫观生寄于

秋口镇毕家坑 68 · 书信 · 孙观生寄

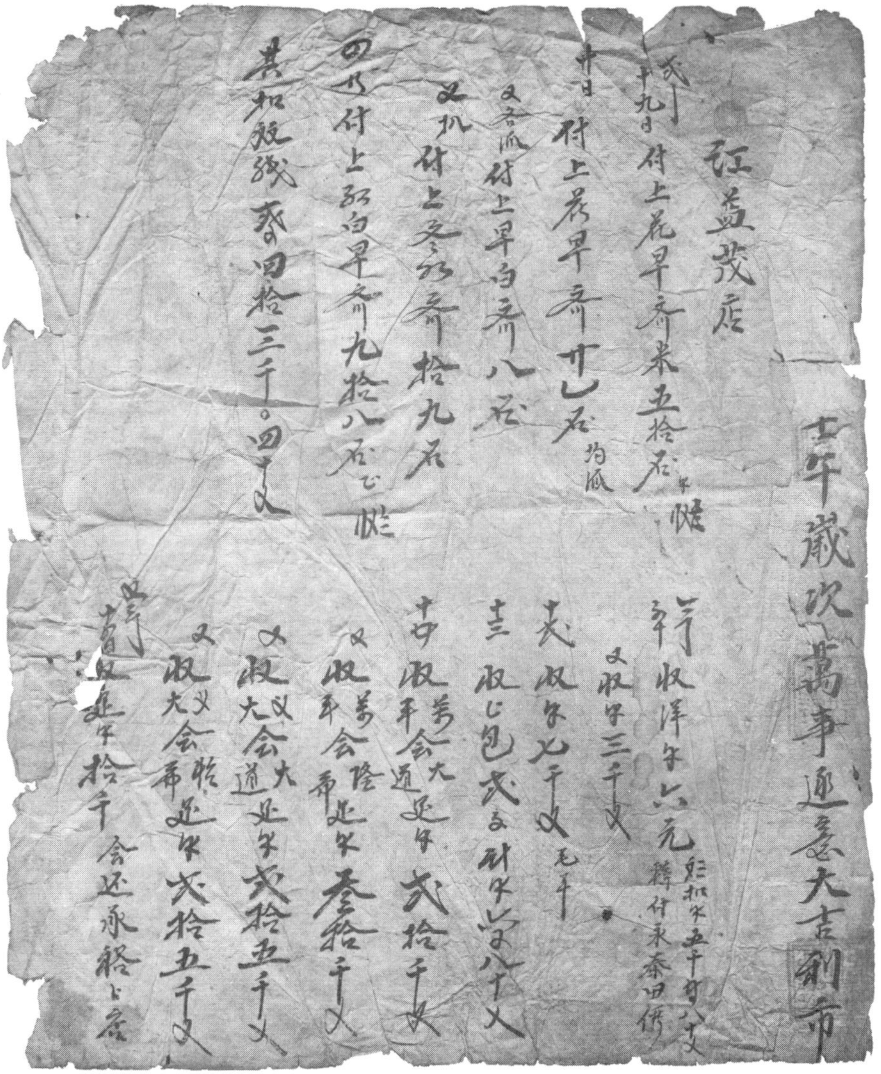

秋口镇毕家坑 73 · 流水账 · 江益茂店

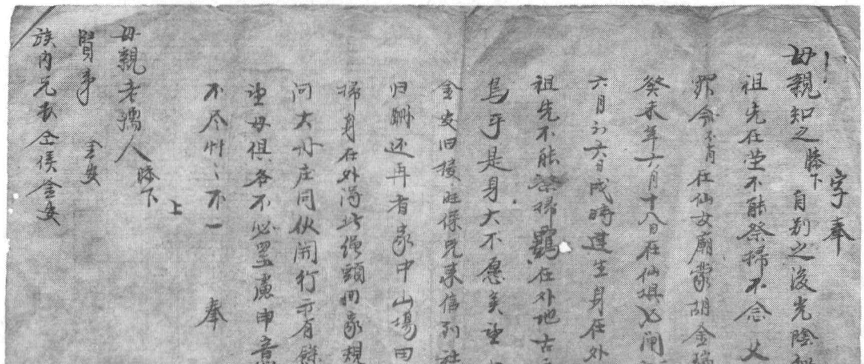
字奉
母親知之膝下 自别之後光陰似箭不覺十餘數載 母親在堂不能奉養
祖先在堂不能祭掃不念 父母養育之恩是小青大不孝也望 母寬恕之
罪今小青在仙女廟當胡金瑞兄錢之住朋友串說事念之昔代媒說合
癸未年六月十八日在仙[illegible]聞河西將沈氏成百年婚配許年庚壬子年
六月初六日戌時建生身在外我[illegible]其家不能歸鄉奉養兄弟不能和合
祖先不能祭掃鷄在外地古云烏雀亦有歸巢烏鴉亦有報恩人不如
鳥乎是身大不愿矣望 母自保身体為上 免不肖之憂小媳俱奉
金安旧接旺保兄來信列社公尊神告許蜈蚣旗一对候至秋間努力寄
归鄉还再有家中山場田地房屋俱交注生弟掌管祖先亦望祭
掃身在外得此纔顧兩家規不負心今當親眷看故代為借本往下
河大小庄同伙開行亦有餘利即回家料理但旺發弟在堪托天年安
望母俱各不必罣慮申意族內兄長未另奉候金安望各恕罪餘言
不尽草草不一 奉
再者注生弟五弟在家必要同心和氣方先父已光
母親年老各事言語孝敬順意謹言在心思在外心中[illegible]
懷意了
不肖
孫媳順頓首百拜
小媳取名瑞美全拜
母親老孺人膝下 上
賢弟 全安
族內兄长全侯金安

秋口镇毕家坑 74 · 字奉

秋口镇港头村方家 1—97

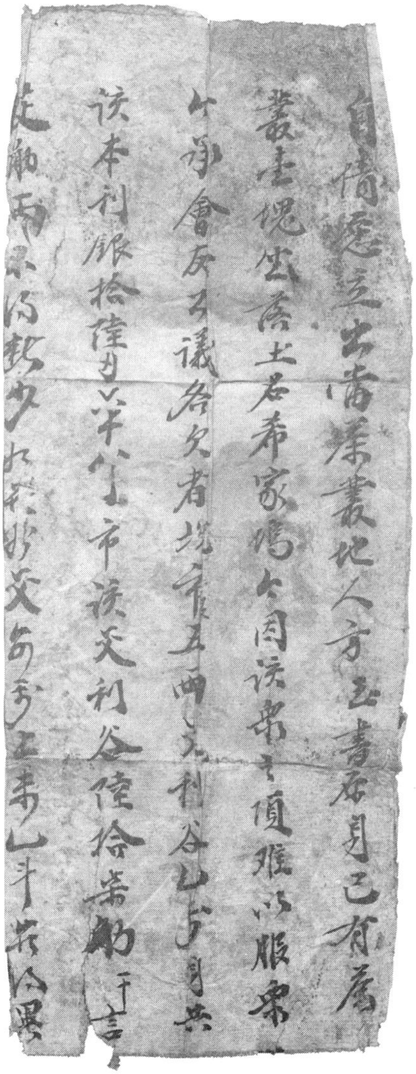

秋口镇港头村方家 4-i · 道光九年 · 出当茶丛地约 ·
方玉书当与众会友（右半部分）

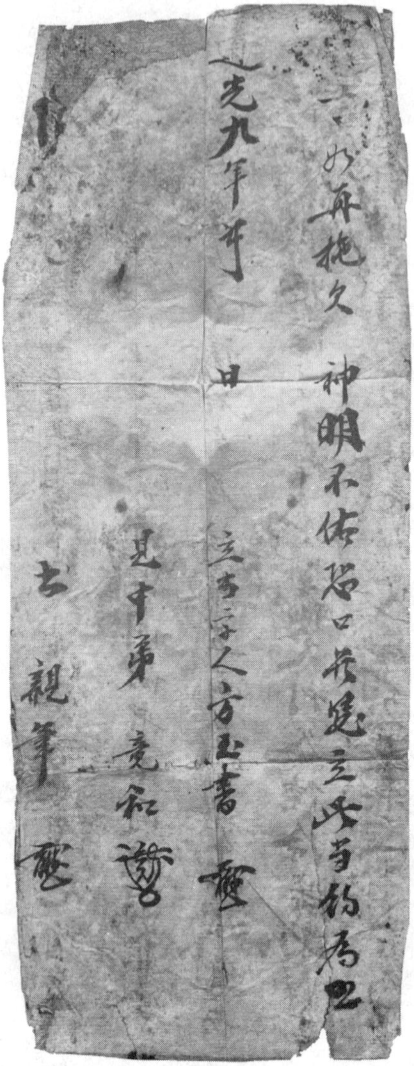
如再拖欠神明不佑恐口無憑立此當約為照
道光九年 月 日
立當字人方玉書 押
見中弟 竟和 押
書 親筆 押

秋口镇港头村方家 4-ii · 道光九年 · 出当茶丛地约 ·
方玉书当与众会友（左半部分）

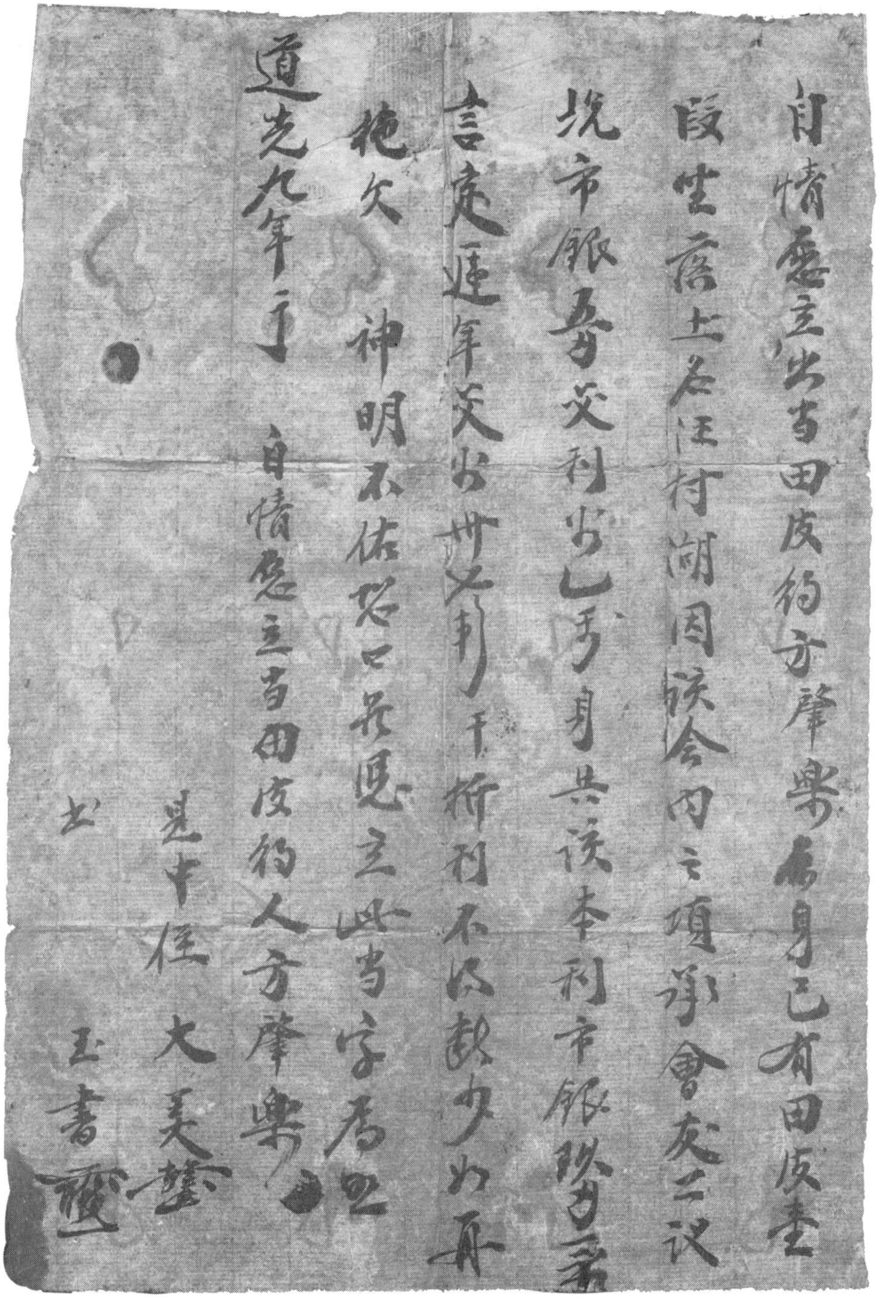

自情愿立出当田皮约方肇乐，为身已有田皮壹
段，坐落土名汪村湖，因缺会内之项，承会友三议
洗市银叁交利，当已五月共该本利市银陆两
言定递年交当廿又利，干折利不及数少如再
拖欠，神明不佑，恐口无凭，立此当字为照。
道光九年　月　日　自情愿立当田皮约人方肇乐
见中侄　大美
出　玉书

秋口镇港头村方家 5 · 道光九年 · 出当田皮约 · 方肇乐当与众会友

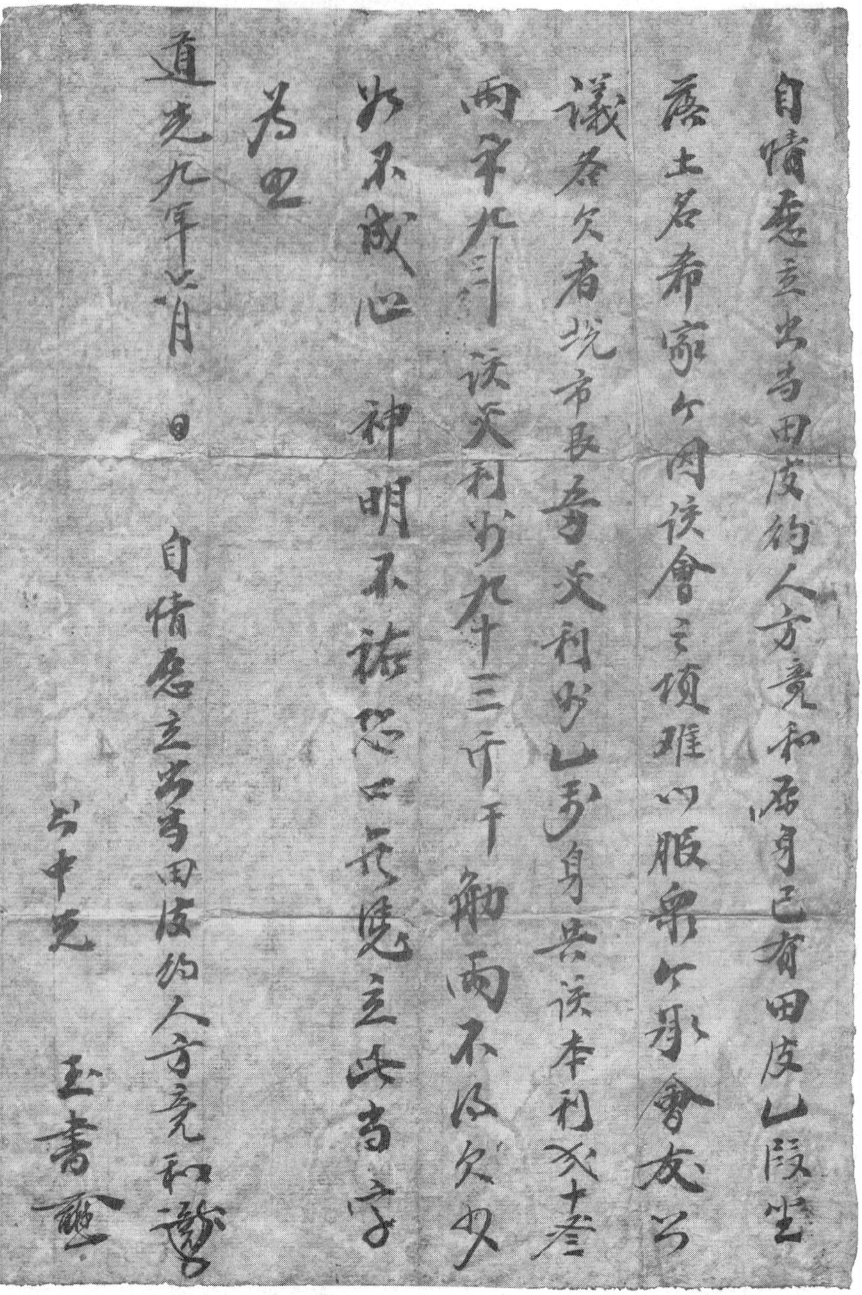

自情愿立出当田皮约人方竟和原身已有田皮山段坐
落土名希家坞内该会之项难以服众众会友公
议各欠者照市长算交利另山步身其该本利贰十叁
两其九月该交利谷九十三斤干觔两不及欠少
如不成心　神明不许恐口无凭立此当字
为照
道光九年六月　日　自情愿立出当田皮约人方竟和
凭中见　玉书

秋口镇港头村方家 6 · 道光九年 · 出当田皮约 · 方竟和当与众会友

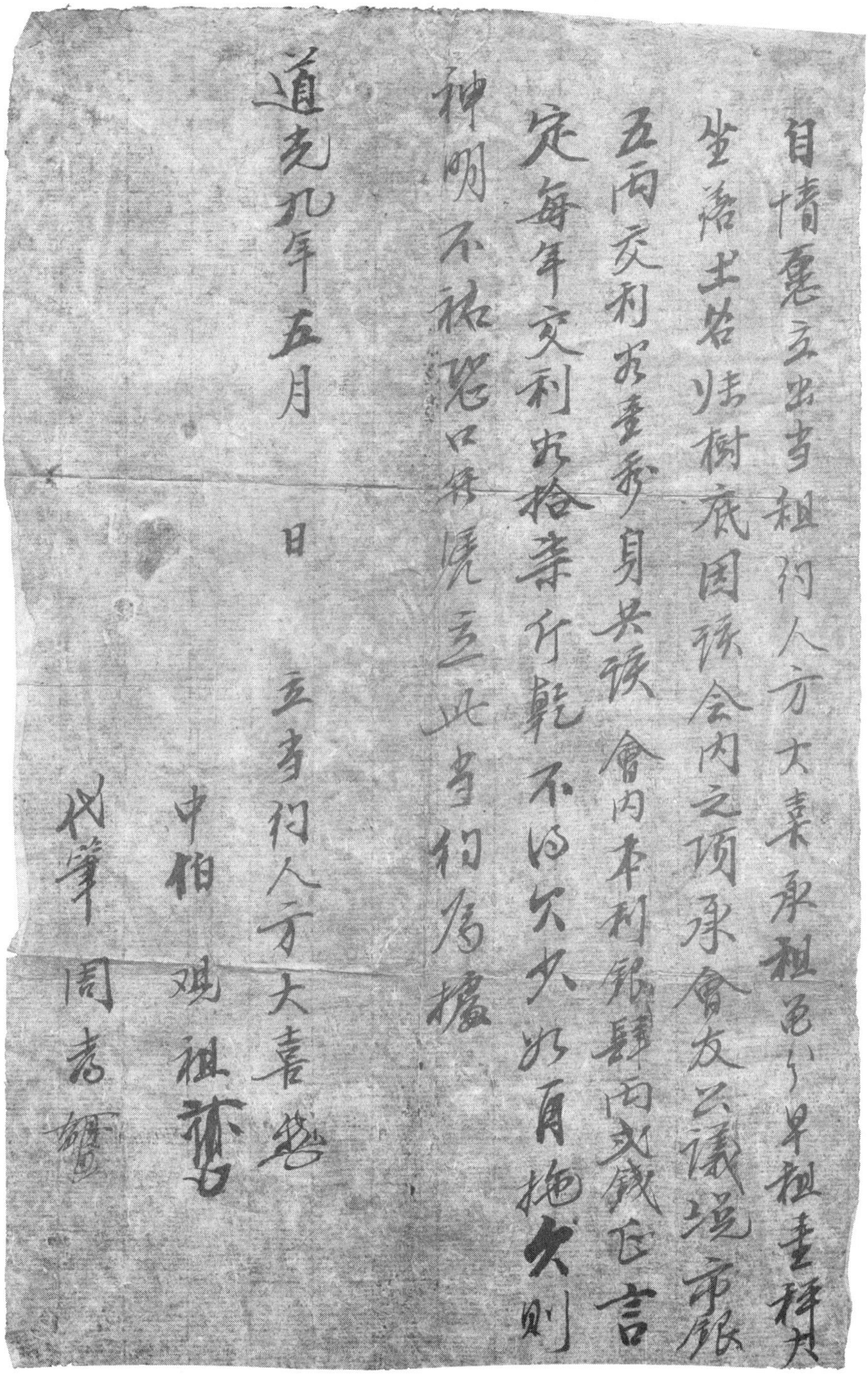
自情愿立出当租约人方大喜承祖已分早租壹秤大
坐落土名佳树底因该会内之项承会友公议递市银
五两交利谷壹秤身共该会内本利钱肆两式钱正言
定每年交利谷拾叁斤乾不得欠少如有拖欠则
神明不祐恐口无凭立此当约为据
道光九年五月　日　立当约人方大喜（押）
中伯　观祖（押）
代笔　周寿（押）

秋口镇港头村方家 10 · 道光九年 · 出当租约 · 方大喜当与众会友

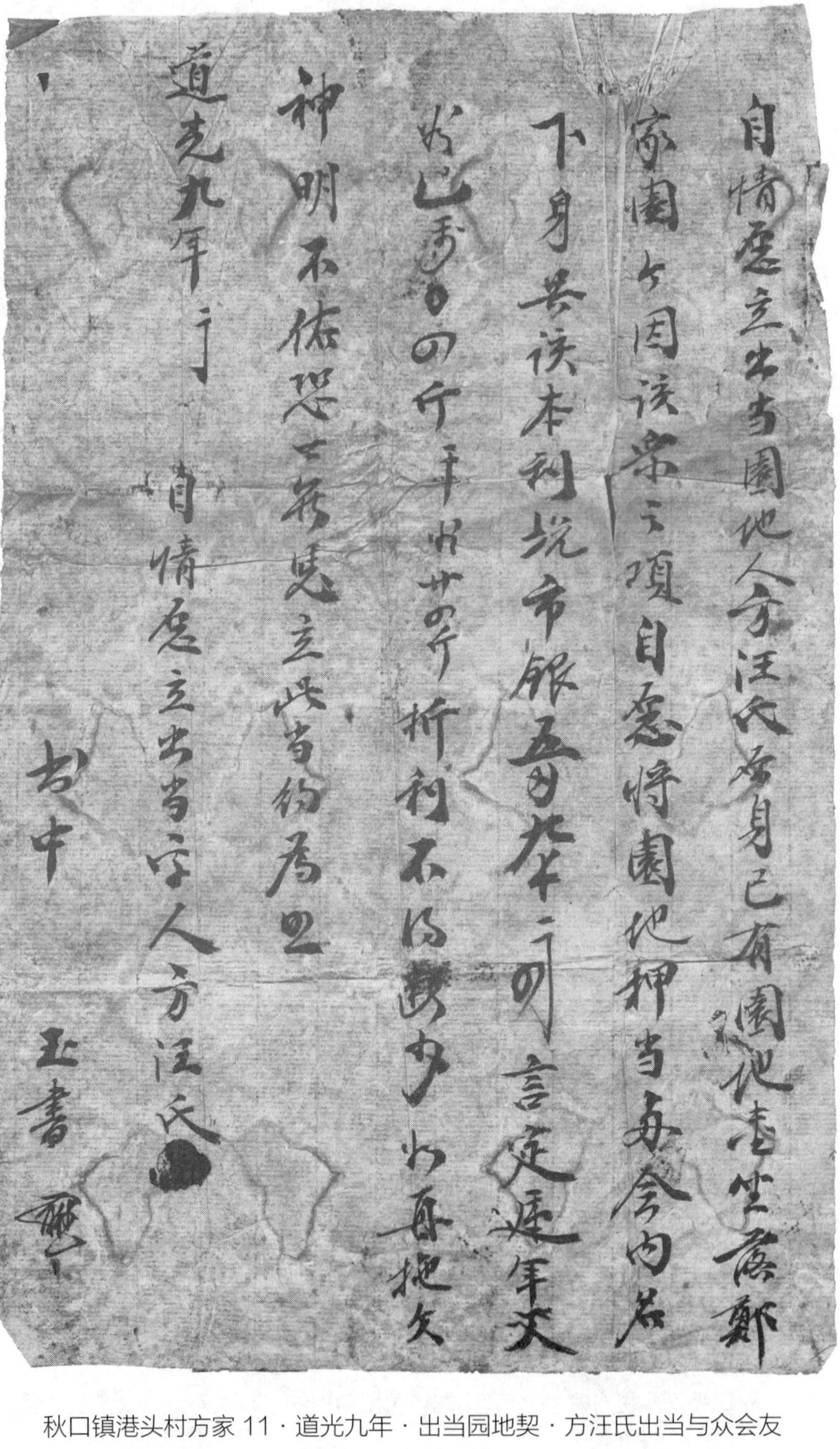
自情愿立出当園地人方汪氏，今身已有園地壹坐落鄭
家園，今因該衆之項，自愿將園地抑当与會内名
下，身共該本利坑市銀五両，本年正月言定逐年交
納己秀谷四斤，平出廿四斤，折利不得欠少，如有拖欠
神明不依，恐亡無憑，立此当約爲照。
道光九年 月 日 自情愿立出当字人方汪氏
中
玉書

秋口镇港头村方家 11 · 道光九年 · 出当园地契 · 方汪氏出当与众会友

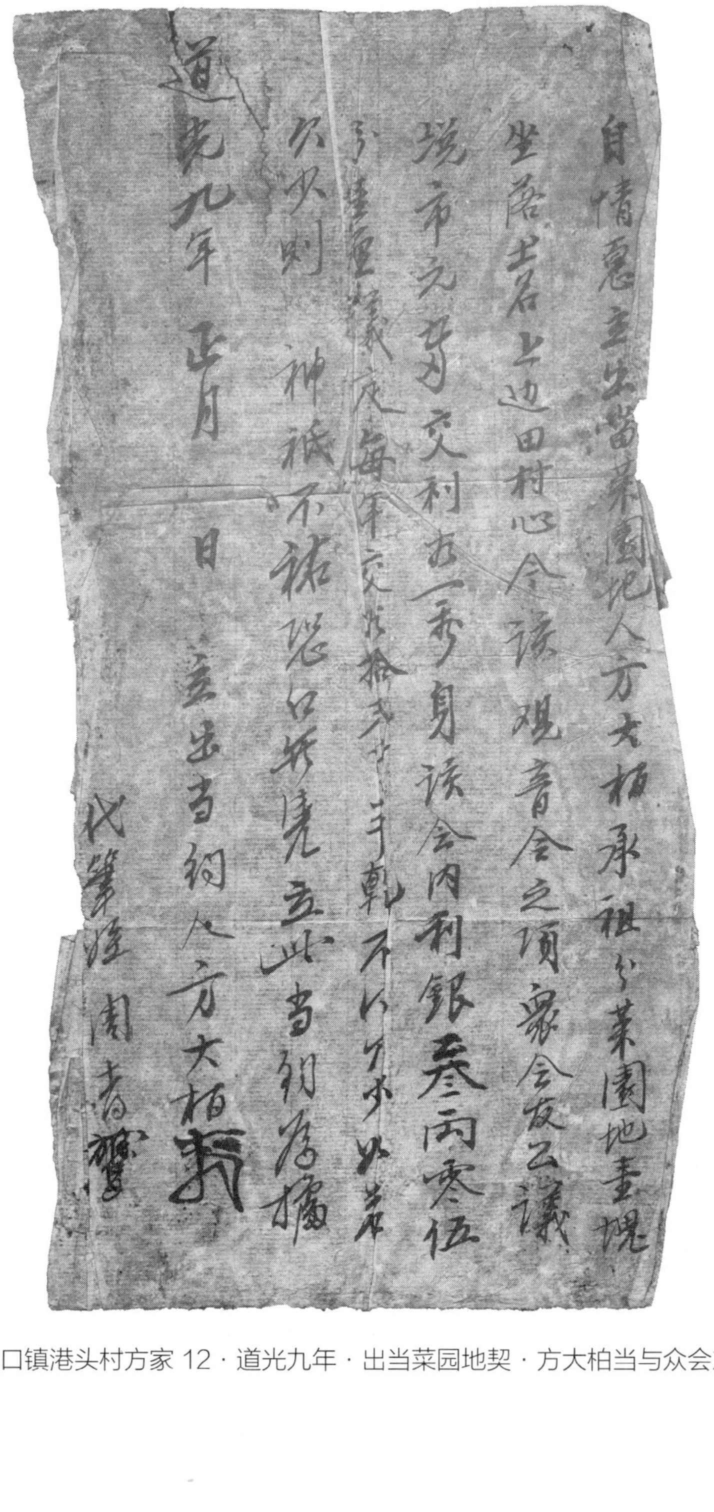

自情愿立出當菜園地人方大柏承祖分菜園地壹塊
坐落土名上边田村心今該觀音会之項衆会友公議
坑市元勇交利在一秀身該会內利銀叁兩零伍
分壹厘議定每年交谷拾弍斤干乾不得少欠如若
欠少則神祇不諾恐口無憑立此當約為據
道光九年正月　日立出当約人方大柏
代筆姪　周春聲

秋口镇港头村方家 12 · 道光九年 · 出当菜园地契 · 方大柏当与众会友

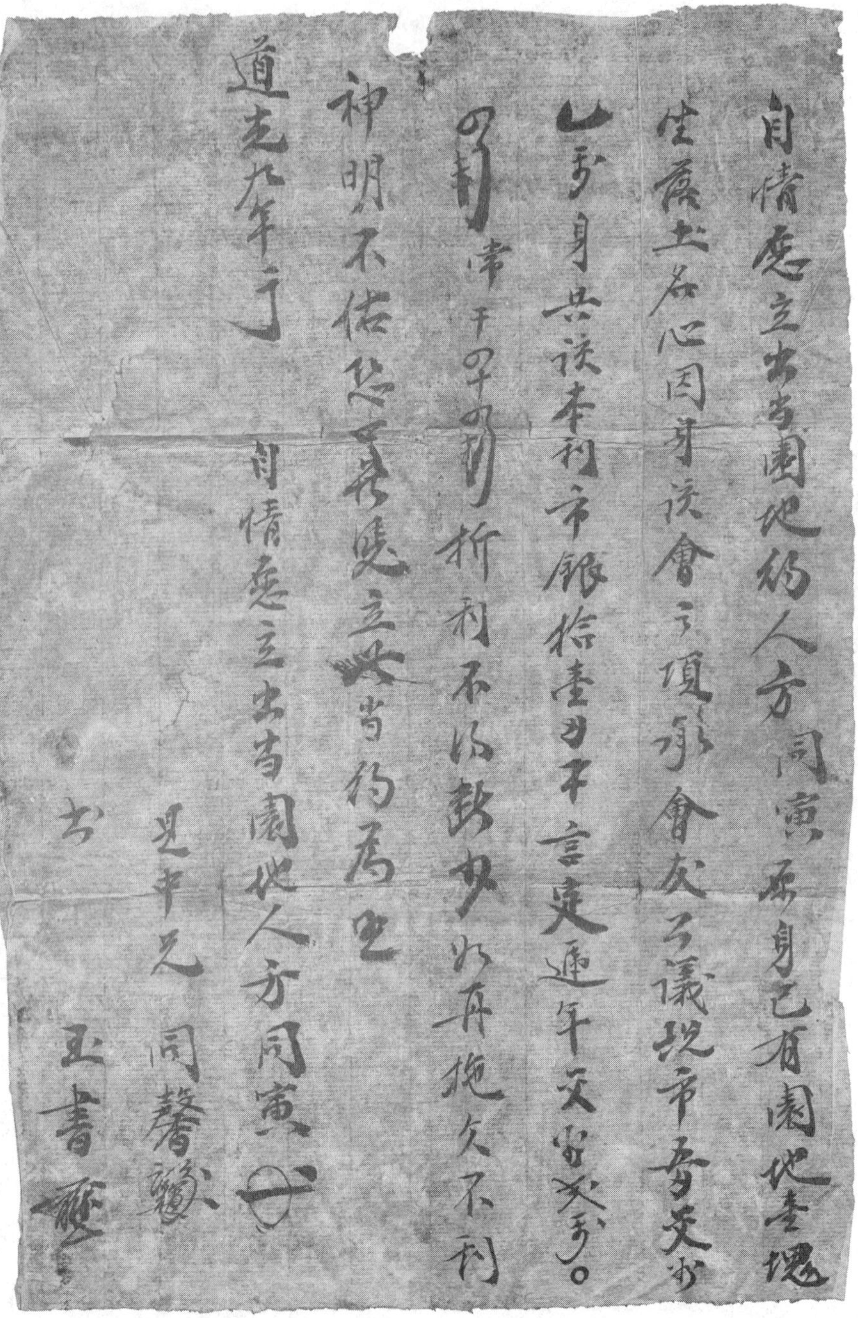
自情愿立出當園地約人方同寅，原身己有園地壹塊，
坐落土名心田，因身該會之項，承會友公議，投市番交少
出當，身共該本利市銀拾壹两正，言定遞年交當[illegible]利
[illegible]常千四[illegible]折利不得欠少，如再拖欠不利
神明不佑，恐口無憑，立此當約爲照。
自情愿立出當園地人方同寅（押）
見中兄　同馨（押）
書　王書[illegible]
道光九年二月

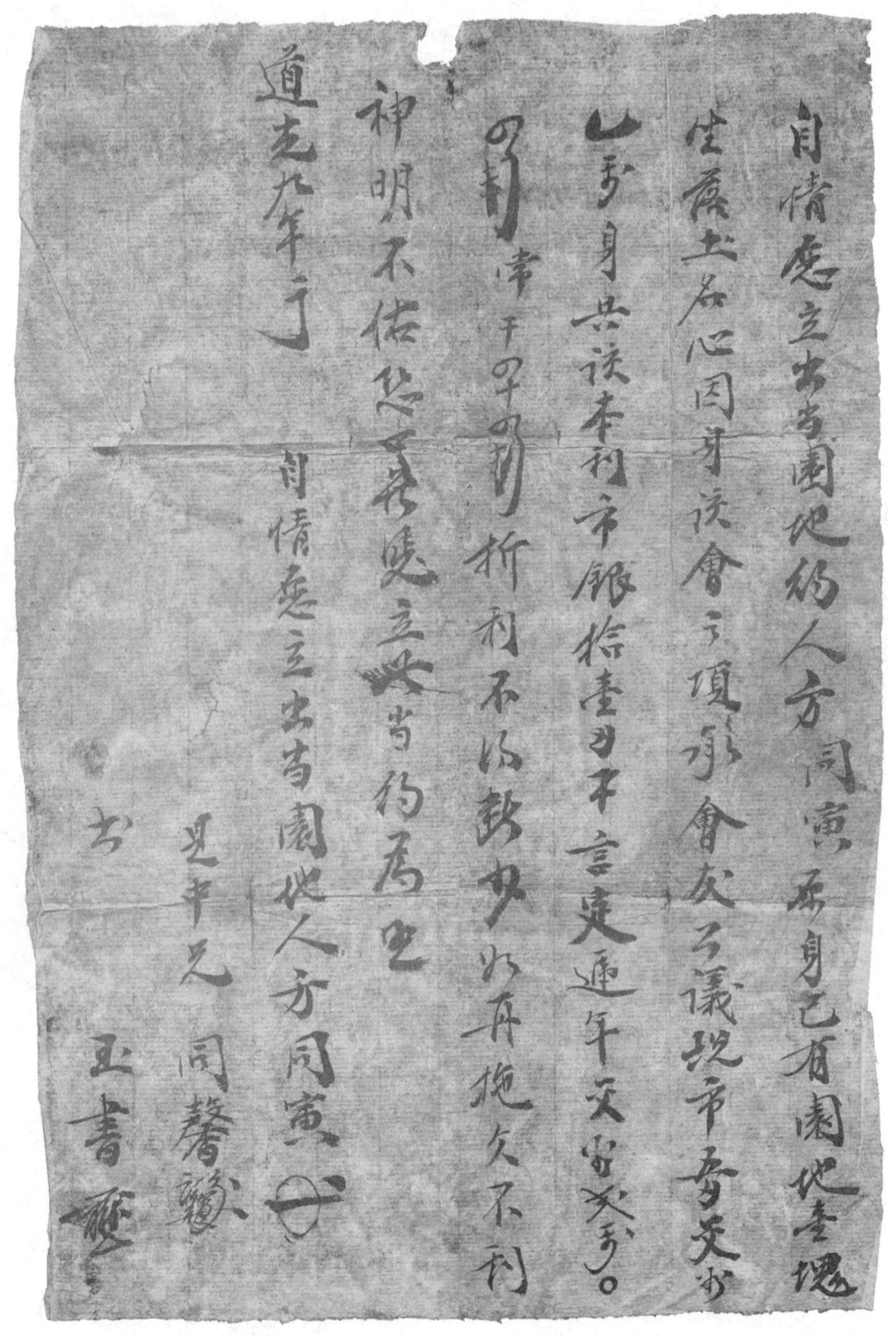

秋口镇港头村方家 13 · 道光九年 · 出当园地约 · 方同寅当与众会友

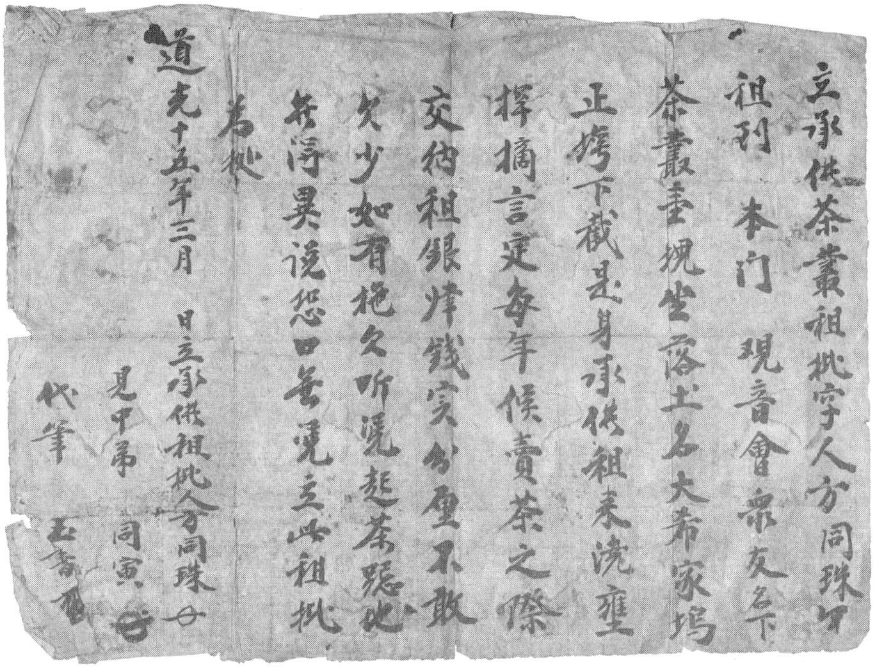

秋口镇港头村方家 18 · 道光十五年 · 承借茶丛租批字 · 方同珠租到观音会

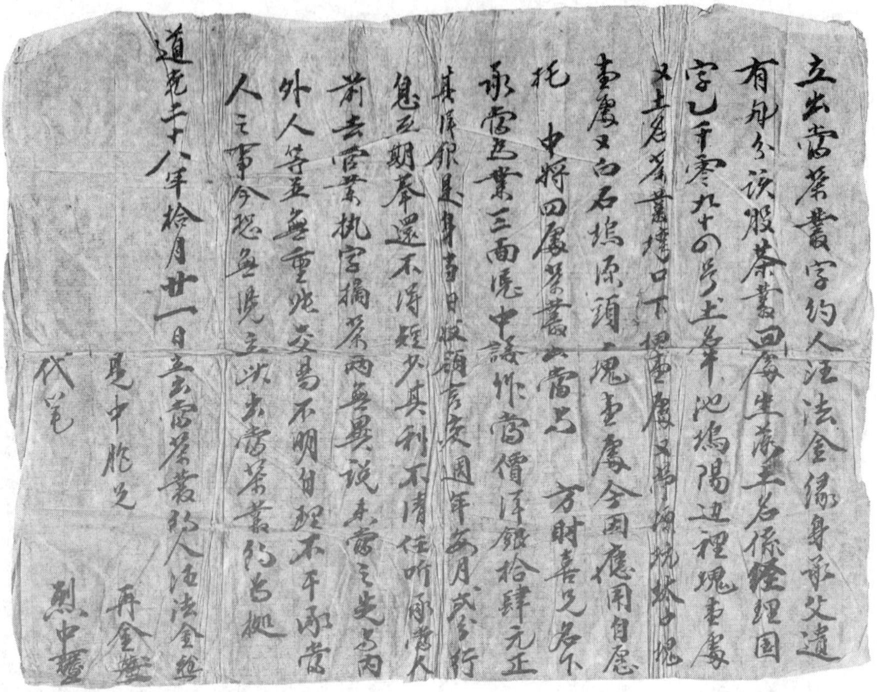

秋口镇港头村方家 17 · 道光二十八年 · 出当茶丛约 · 汪法金当与方才喜

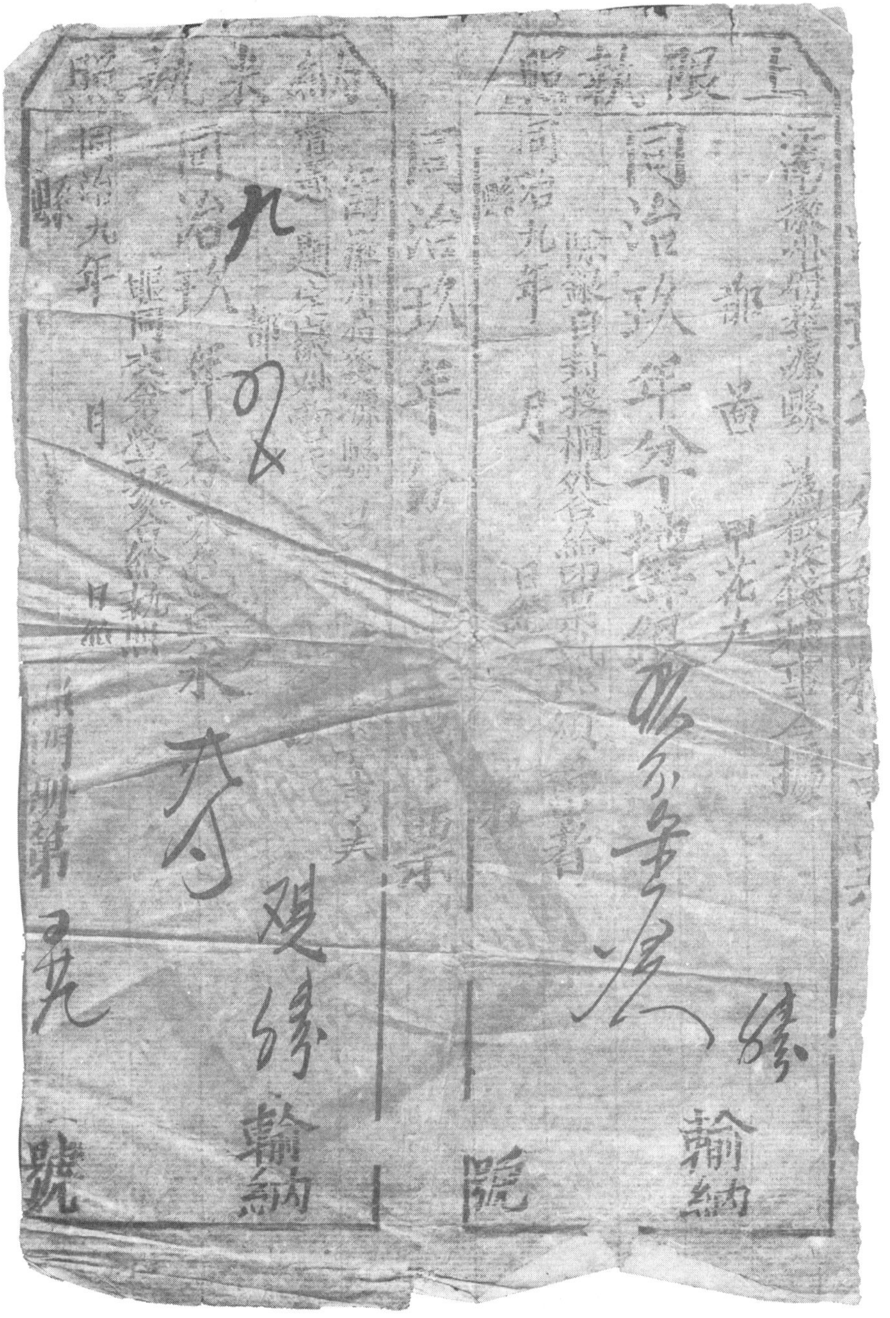

秋口镇港头村方家 70 · 同治九年 · 纳米执照 · 观胜

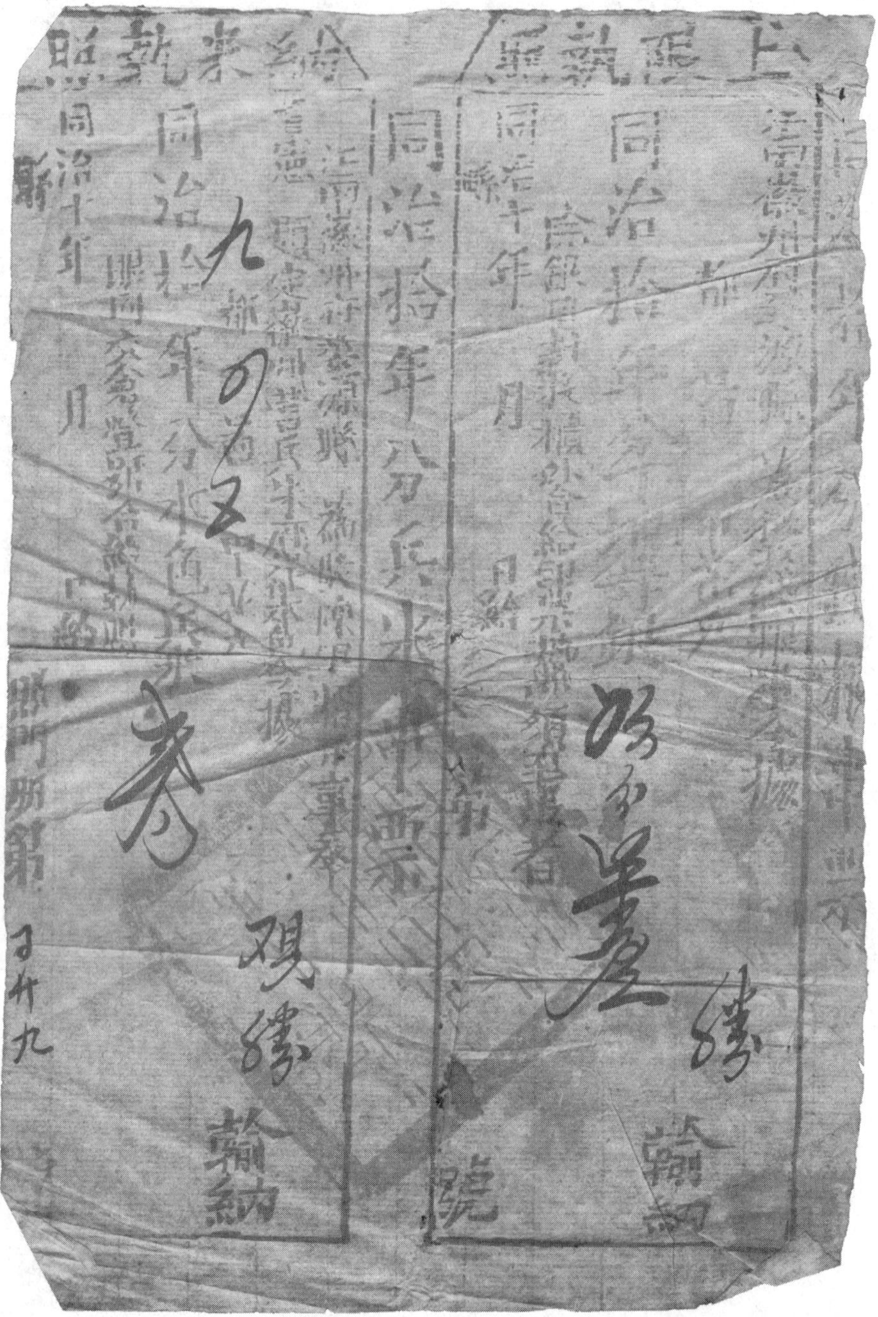

秋口镇港头村方家 71 · 同治十年 · 纳米执照 · 观胜

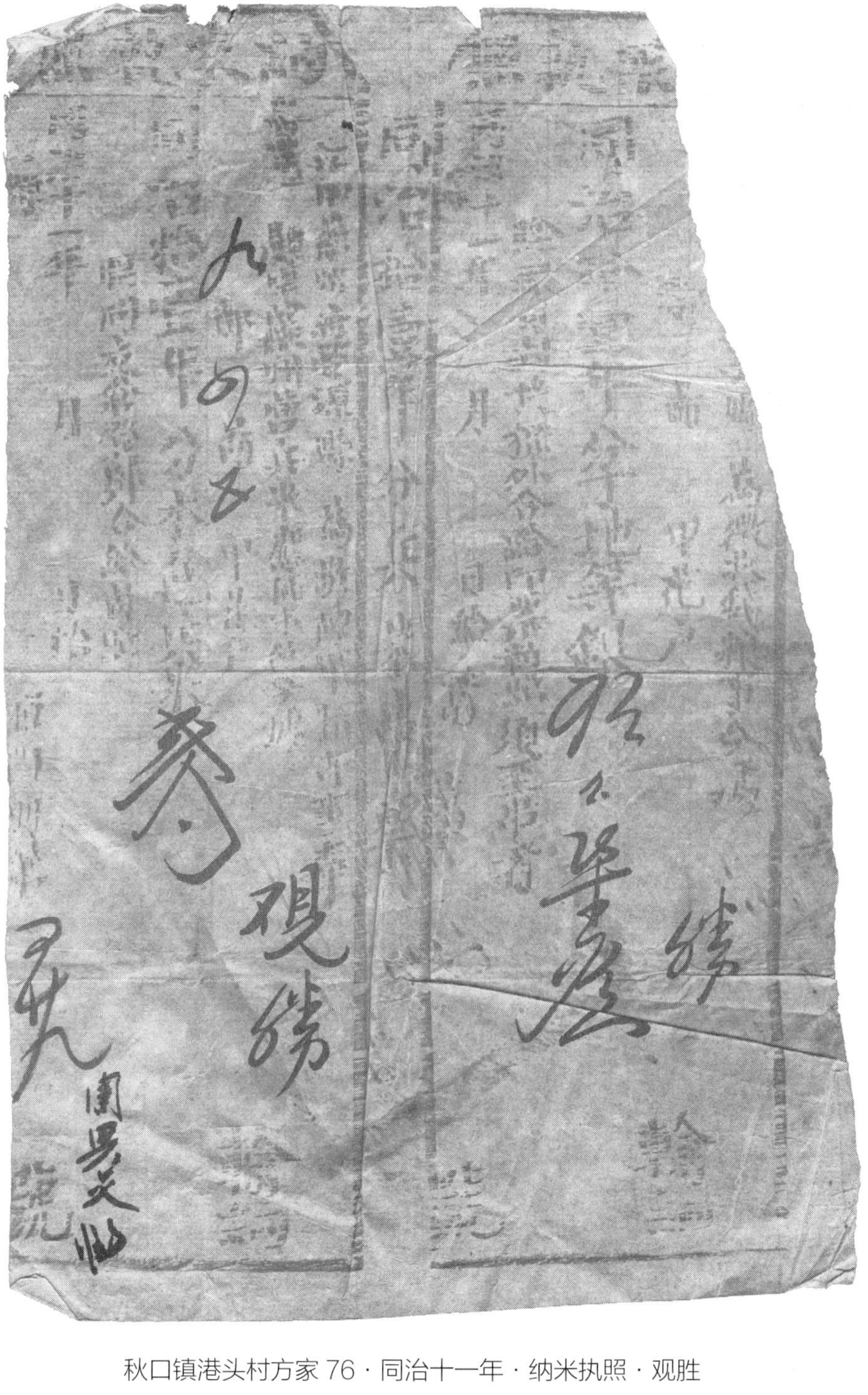

秋口镇港头村方家 76 · 同治十一年 · 纳米执照 · 观胜

上忙執照

江南徽州府婺源縣　為徵收錢糧事

同治拾貳年分丁地等銀

納米執照

同治拾貳年分本色兵米

觀勝

秋口镇港头村方家 73 · 同治十二年 · 纳米执照 · 观胜

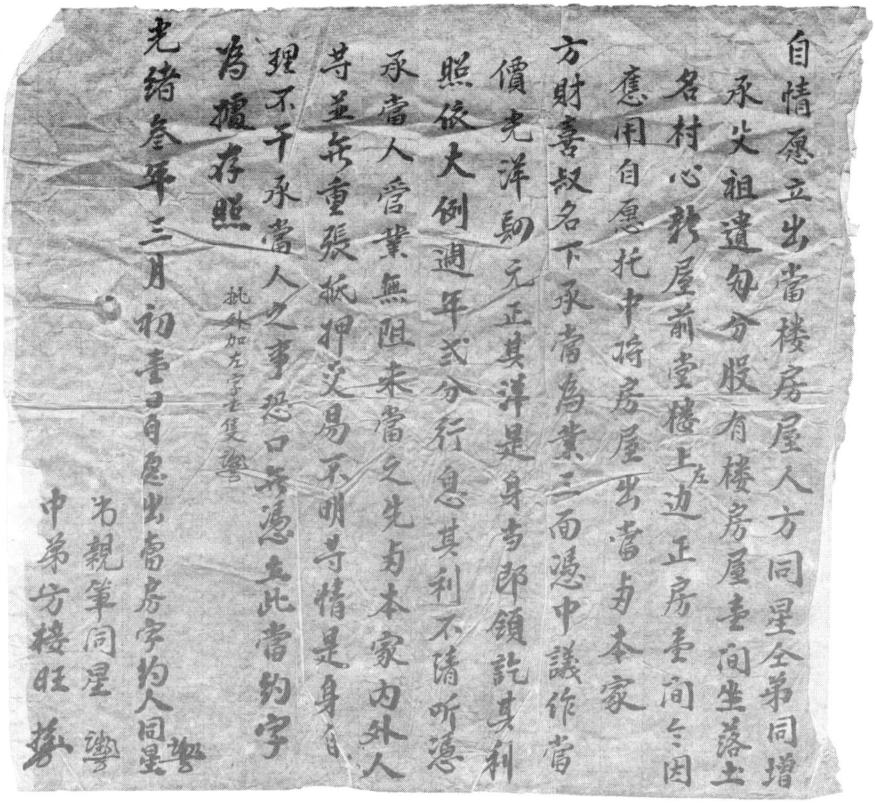

自情愿立出當楼房屋人方同星仝弟同增
承父祖遺匃分股有楼房屋壹间坐落土
名村心新屋前堂楼上左边正房壹间今因
應用自愿托中将房屋出當与本家
方財喜叔名下承當為業三面憑中議作當
價光洋駒元正其洋是身当即領訖其利
照依大例週年弍分行息其利不請听憑
承當人管業無阻未當之先与本家内外人
等並無重張抵押交易不明等情是身自
理不干承當人之事恐口無憑立此當約字
為據存照
批外加左字壹隻 押
光绪叁年三月初壹日立出當房字約人同星 押
书親筆同星 押
中弟方楼旺 押

秋口镇港头村方家 20 · 光绪三年 · 出当房楼屋契 ·
方同星、方同增卖与方财喜叔

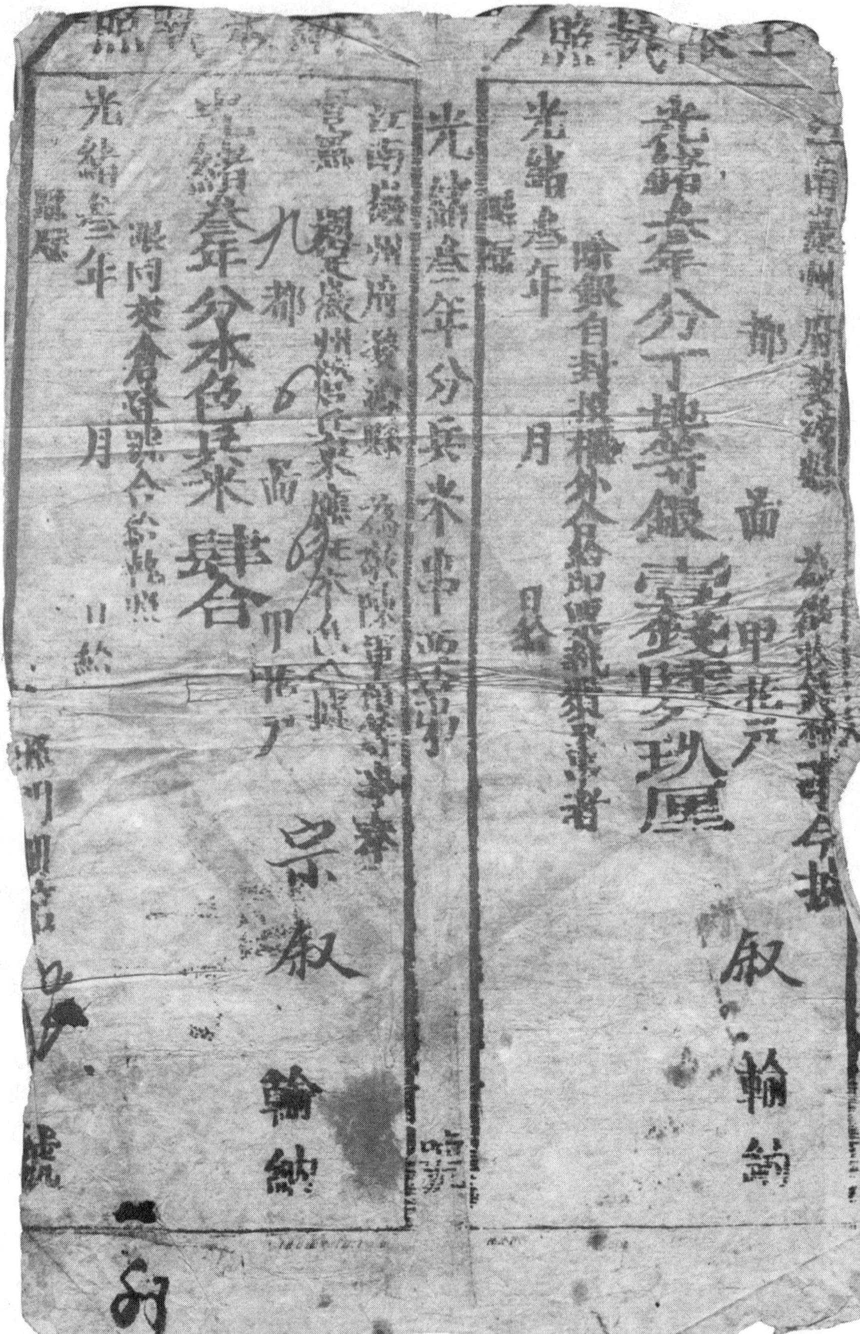

秋口镇港头村方家 95 · 光绪三年 · 纳米执照 · 宗叙

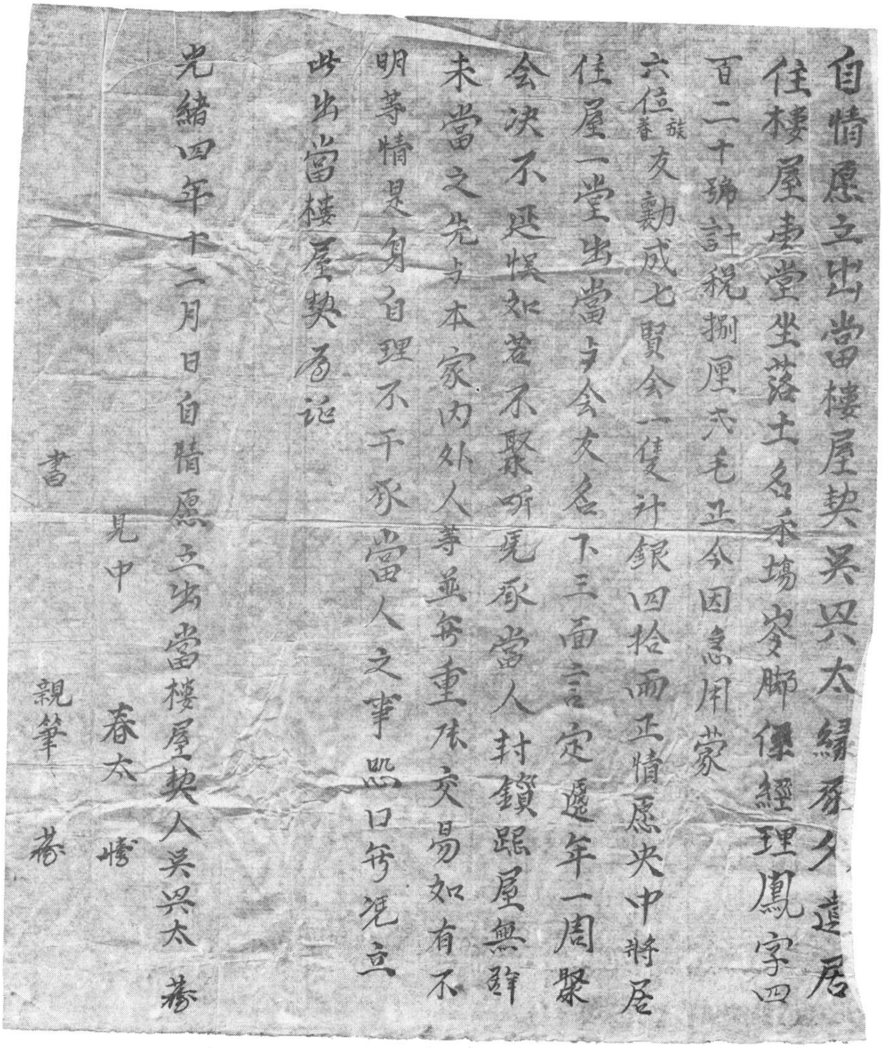
自情愿立出當樓屋契吴兴太缘承父遗居
住樓屋壹堂坐落土名禾場麥脚係經理鳯字四
百二十號計税捌厘弍毛五糸因急用蒙
六位族春友勸成士賢会一隻計銀四拾兩正情愿央中將居
住屋一堂出當与会友名下三面言定逐年一周聚
会決不延悞如若不聚听凭承當人封鎖跟屋無辭
未當之先与本家内外人等並無重張交易如有不
明等情是身自理不干承當人之事恐口無凭立
此出當樓屋契為証
光緒四年十二月日自情愿立出當樓屋契人吴兴太 押
見中 春太 押
書 親筆 押

秋口镇港头村方家 21 · 光绪四年 · 出当楼屋契 · 吴兴太当与士贤会会友

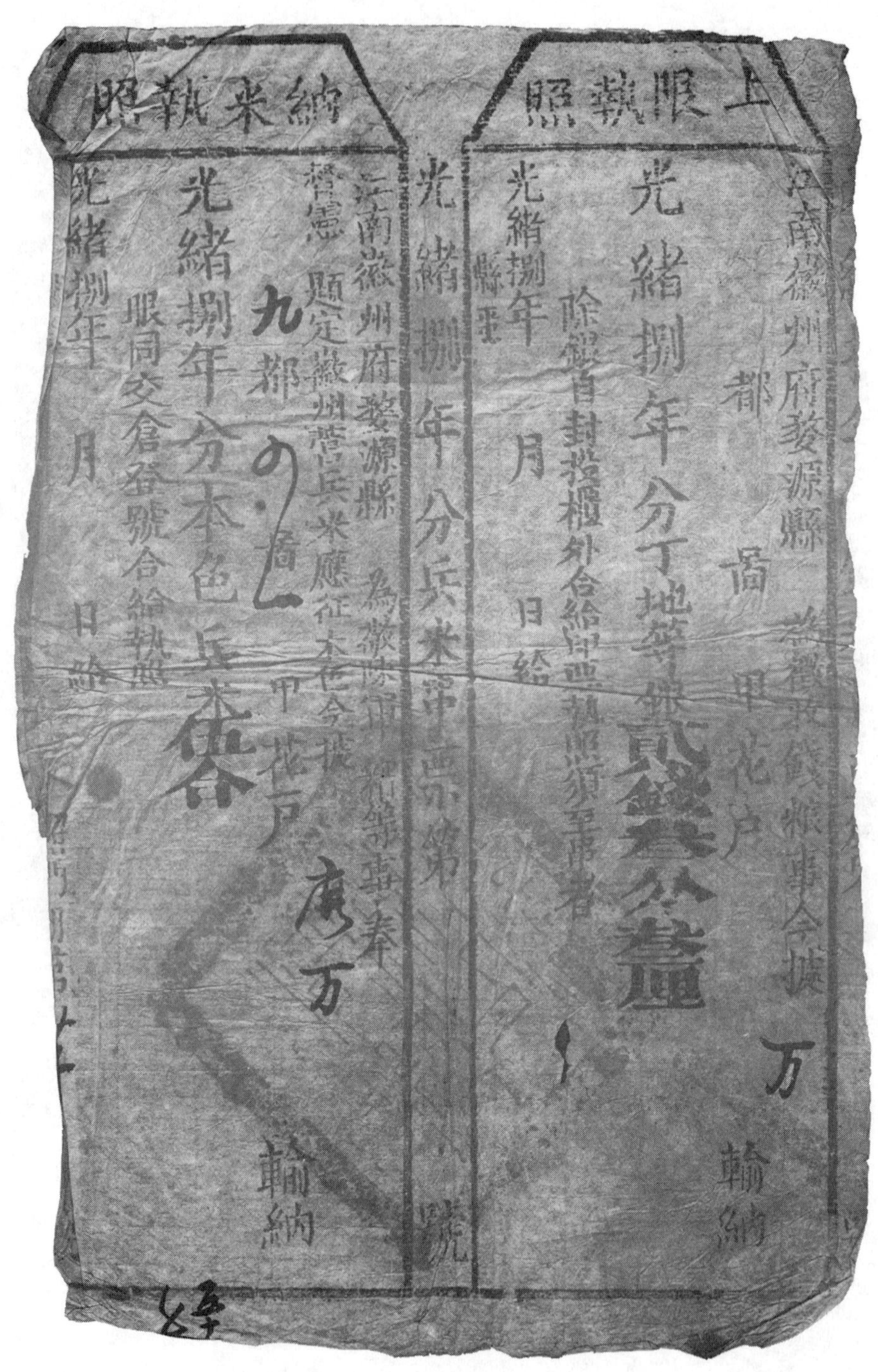

秋口镇港头村方家 94 · 光绪八年 · 纳米执照 · 广万

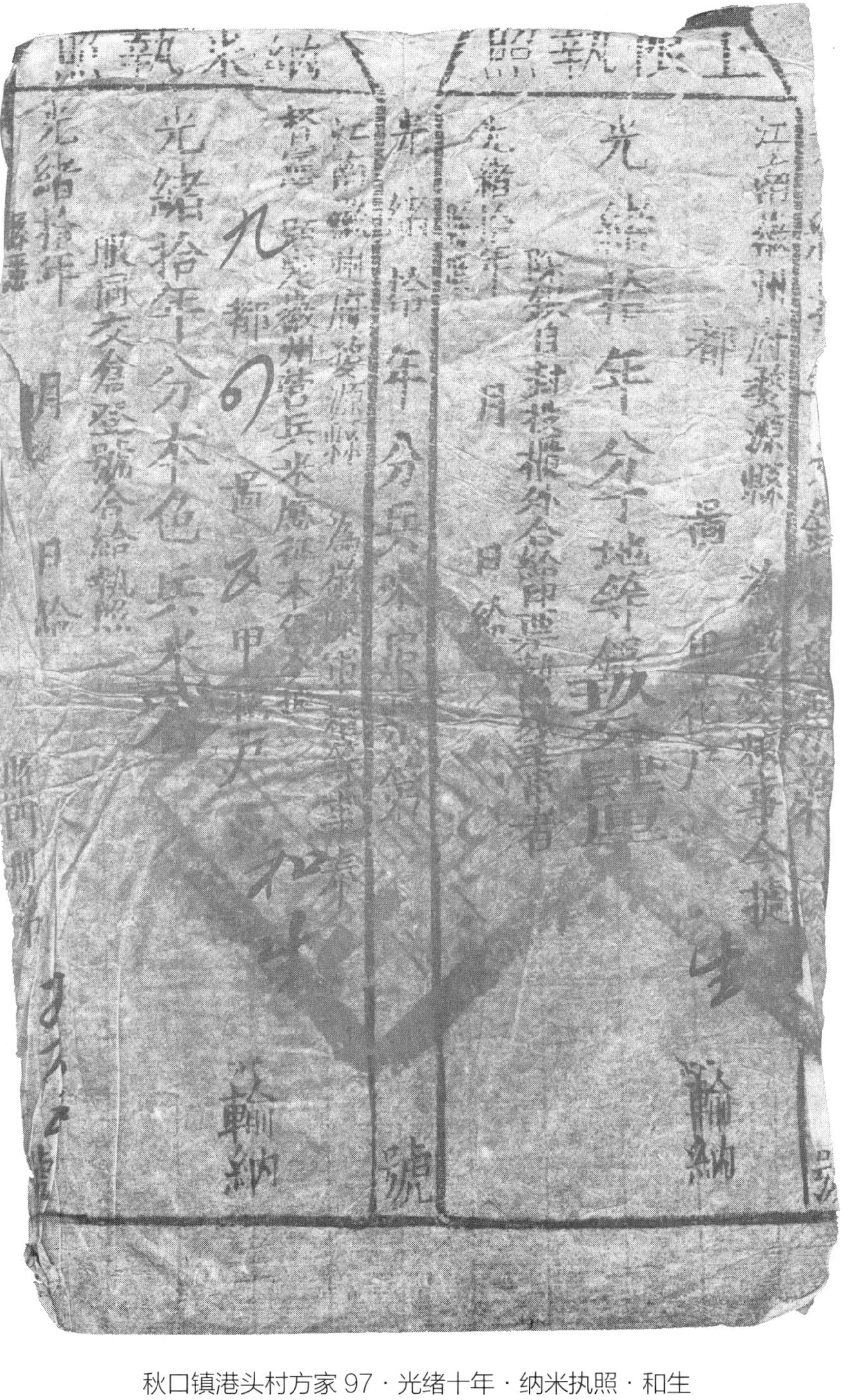

上限執照

江南徽州府婺源縣 都 啚 甲花户 生

光緒拾年分地丁銀

照奉自封投櫃分合給印票執照 者

光緒拾年 月 日給

輸納

納米執照

江南徽州府婺源縣為

督憲題奉徽州營兵米應征本色

九都 啚 甲

光緒拾年分本色兵米

照例交倉登號合給執照

光緒拾年 月 日給

輸納

秋口镇港头村方家 97 · 光绪十年 · 纳米执照 · 和生

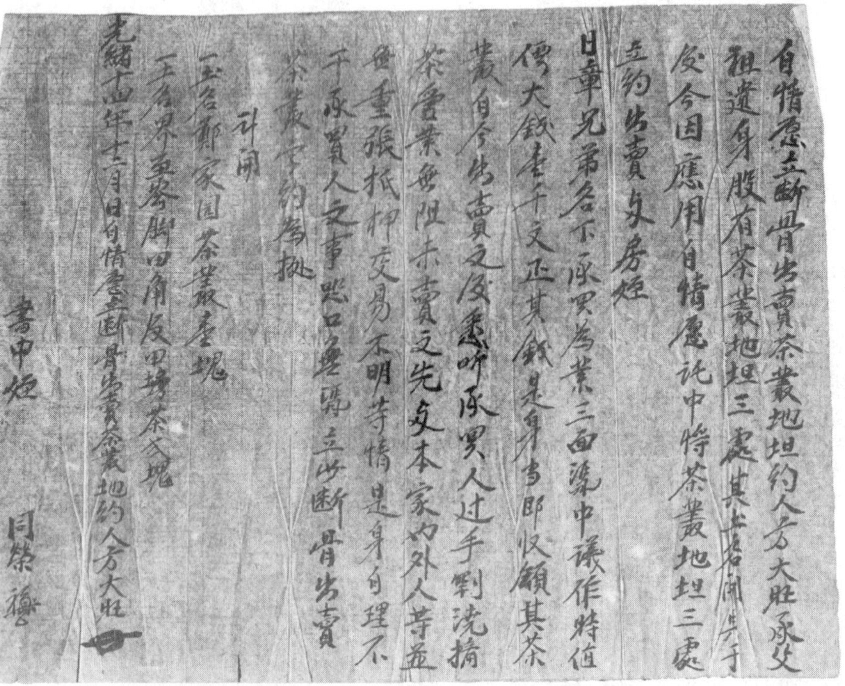
自情愿立斷骨出賣茶叢地坦約人方大旺承父
祖遺身股有茶叢地坦三處其土名開于
后今因應用自情愿託中將茶叢地坦三處
立約出賣與房侄
日章兄弟名下承買為業三面憑中議作時值
價大錢壹千文正其錢是身當即收領其茶
叢自今出賣之後悉聽承買人過手劉澆摘
茶管業無阻未賣之先與本家內外人等並
無重張抵押交易不明等情是身自理不
干承買人之事恐口無憑立此斷骨出賣
茶叢地約為據
計開
一土名鄭家園茶叢壹塊
一土名界岡腳田角友田塝茶弍塊
光緒十四年十二月日自情愿立斷骨出賣茶叢地約人方大旺
書中侄
同榮穆

秋口镇港头村方家 19 · 光绪十四年 · 断骨出卖茶丛地坦约 ·
方大旺卖与房侄日章兄弟

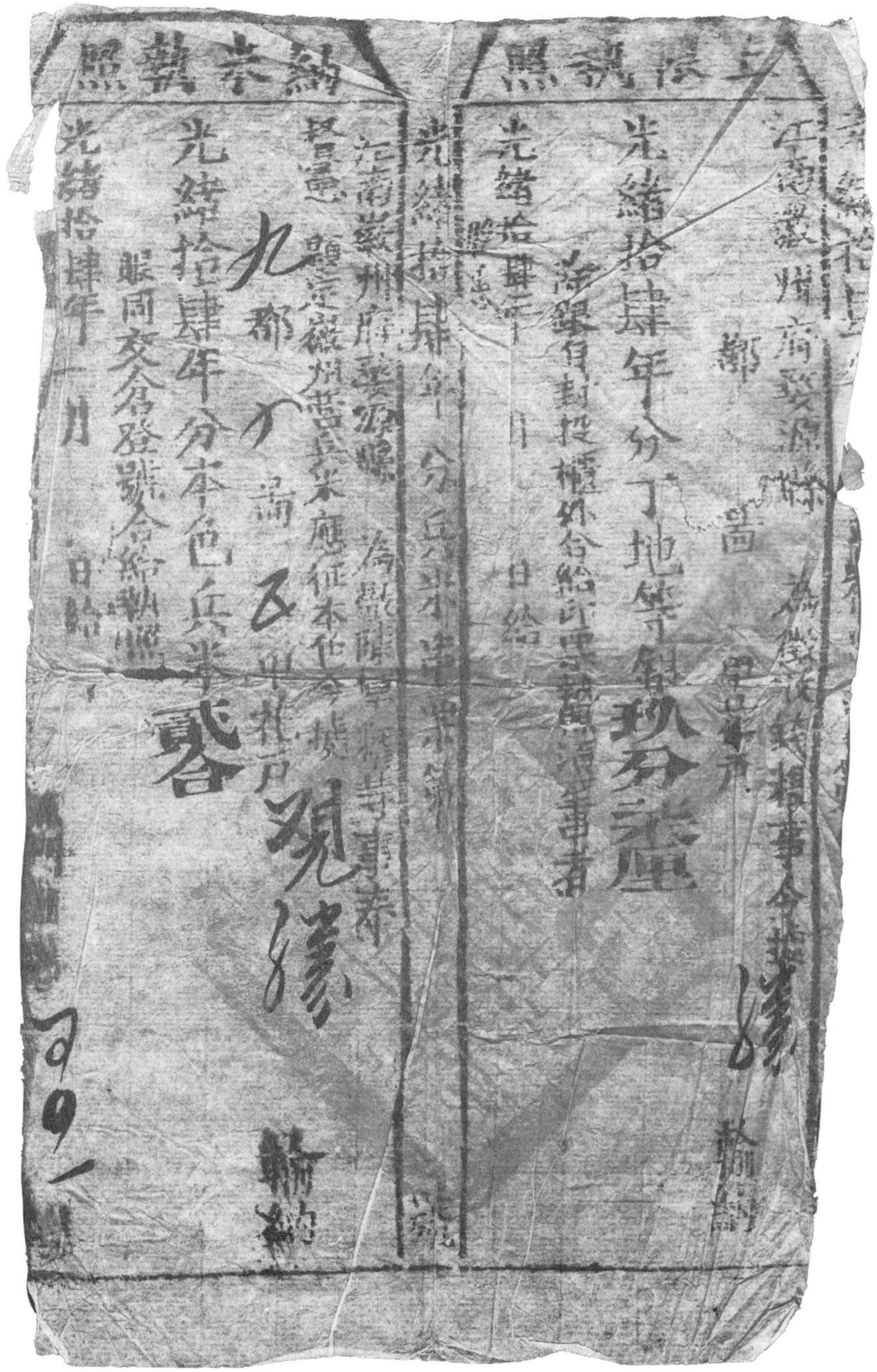

秋口镇港头村方家 74 · 光绪十四年 · 纳米执照 · 观胜

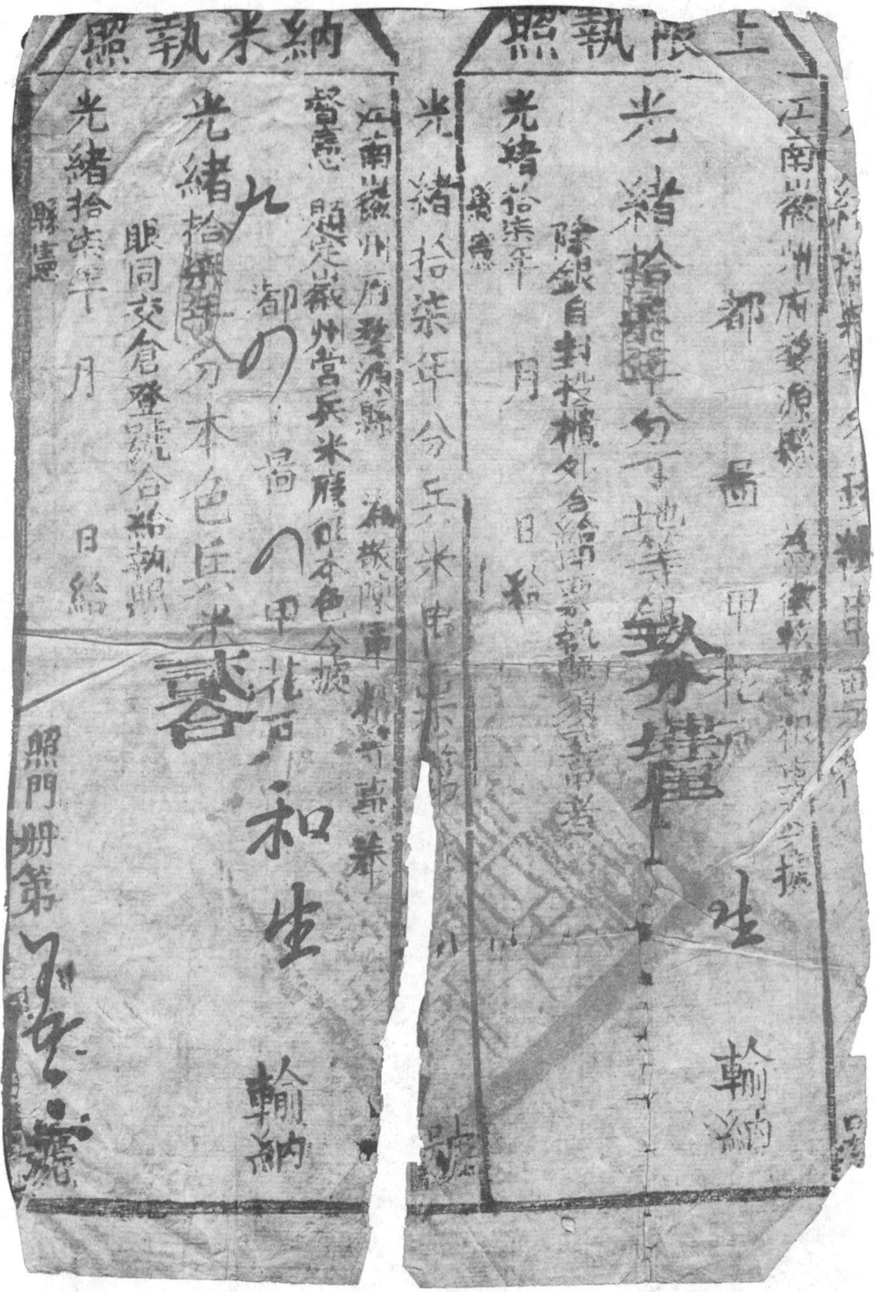

上限執照

江南徽州府婺源縣

光緒拾柒年分

光緒拾柒年 月 日給

輸納

納米執照

江南徽州府婺源縣

光緒拾柒年分本色兵米

和生

輸納

眼同交倉登號合給執照

光緒拾柒年 月 日給

秋口镇港头村方家 91 · 光绪十七年 · 纳米执照 · 和生

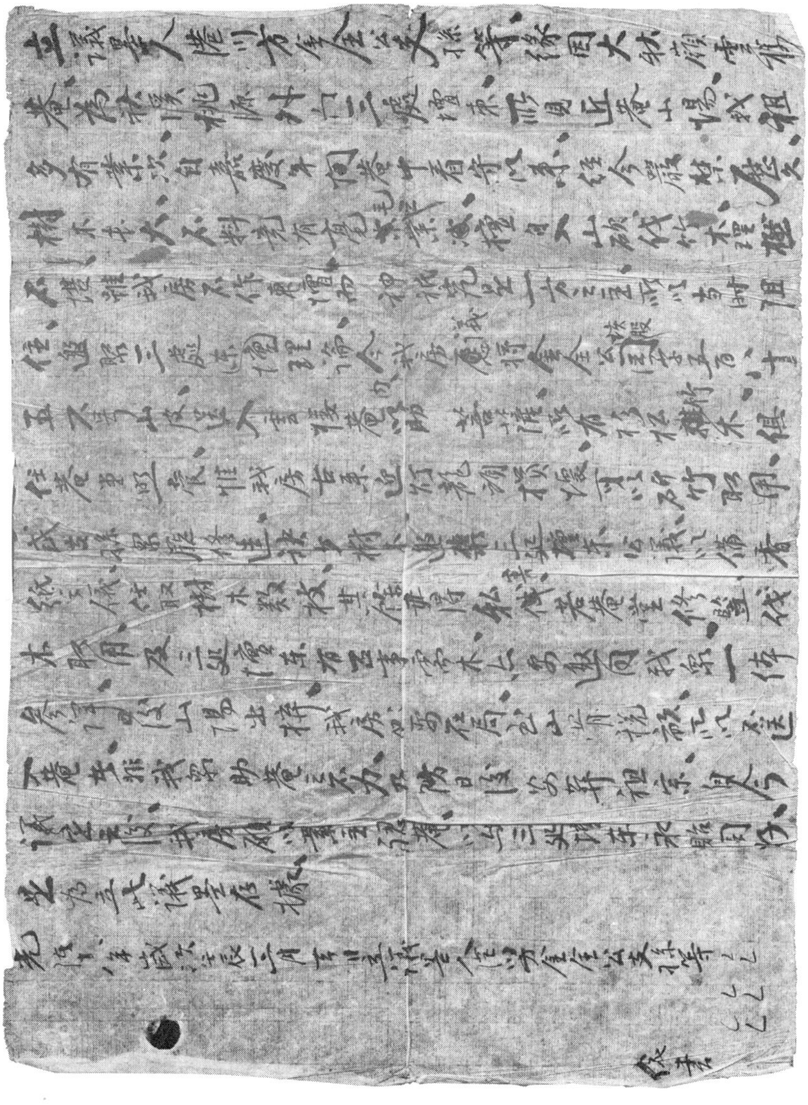

秋口镇港头村方家 22 · 光绪十八年 · 议墨 · 方金全公支孙等

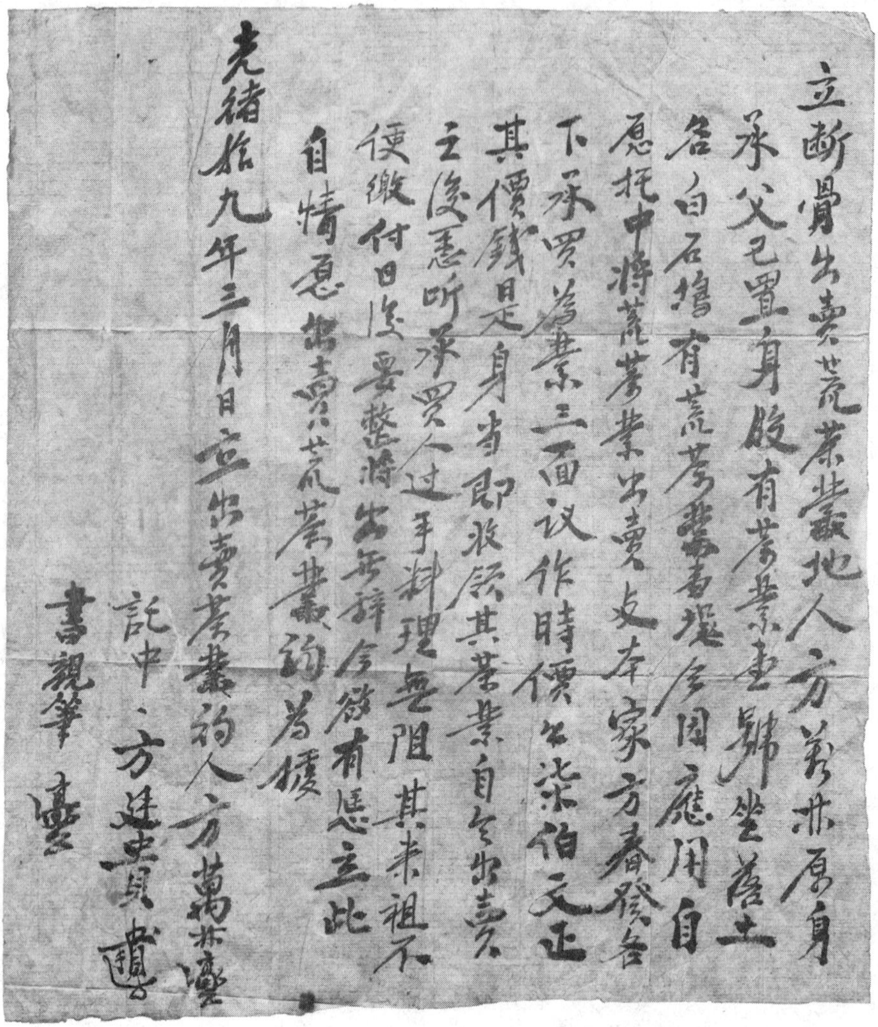
立断骨出卖荒茶丛地人方万林原身
承父已置身股有茶丛壹号坐落土
名白石坞有荒茶丛壹塊今因应用自
愿托中将荒茶丛出卖支本家方春发名
下承买为业三面议作时价钱柒佰文正
其价钱是身当即收讫其茶丛自今出卖
主后恁听承买人过手料理无阻其来祖不
便缴付日后要整将出无辞今欲有凭立此
自情愿出卖荒茶丛约为据
光绪拾九年三月日立出卖茶丛约人方万林（押）
托中方廷贵（押）
书亲笔（押）

秋口镇港头村方家 2 · 光绪十九年 · 断骨出卖荒茶丛地约 · 方万林卖与方春发

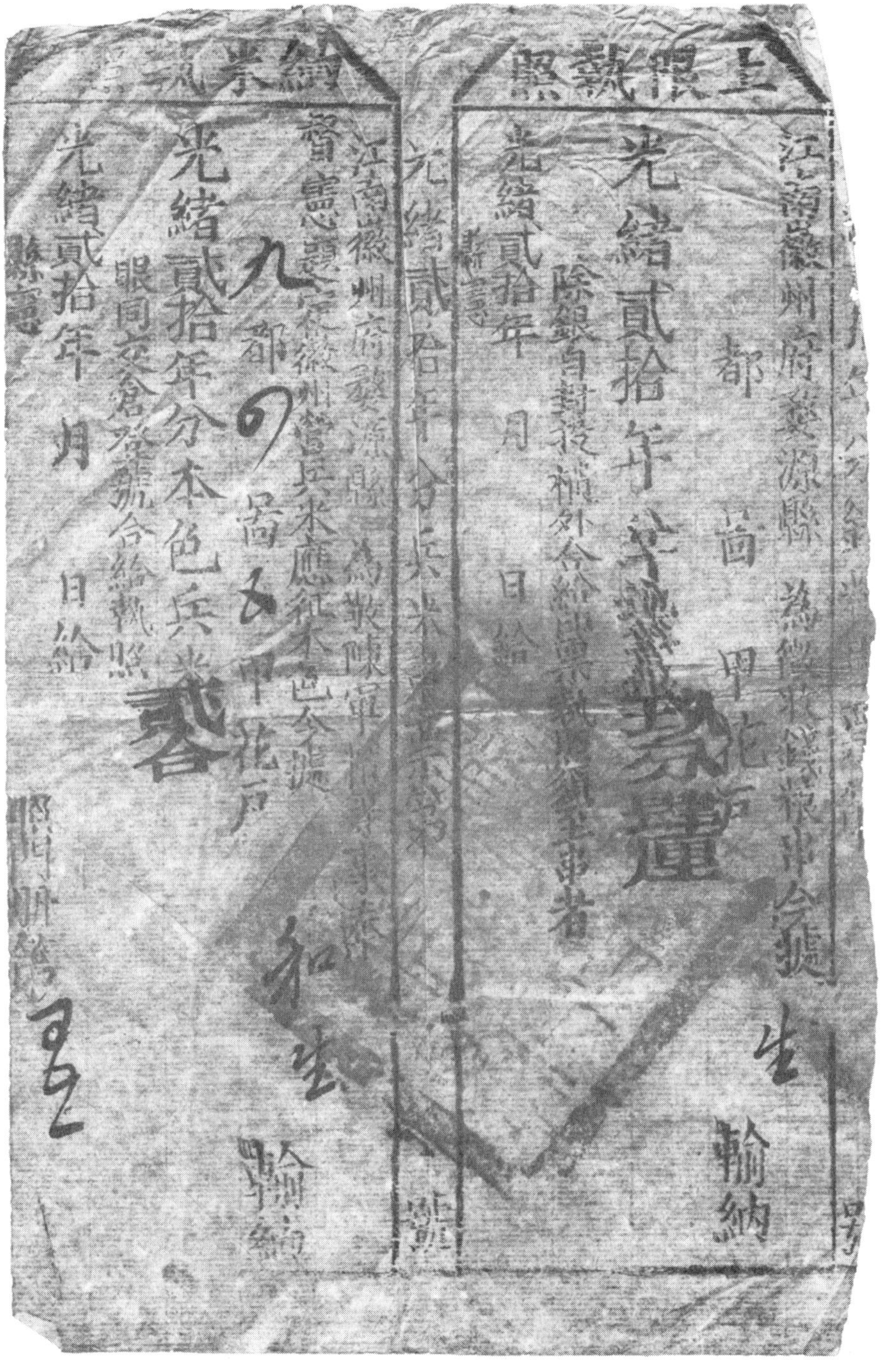

秋口镇港头村方家 90 · 光绪二十年 · 纳米执照 · 和生

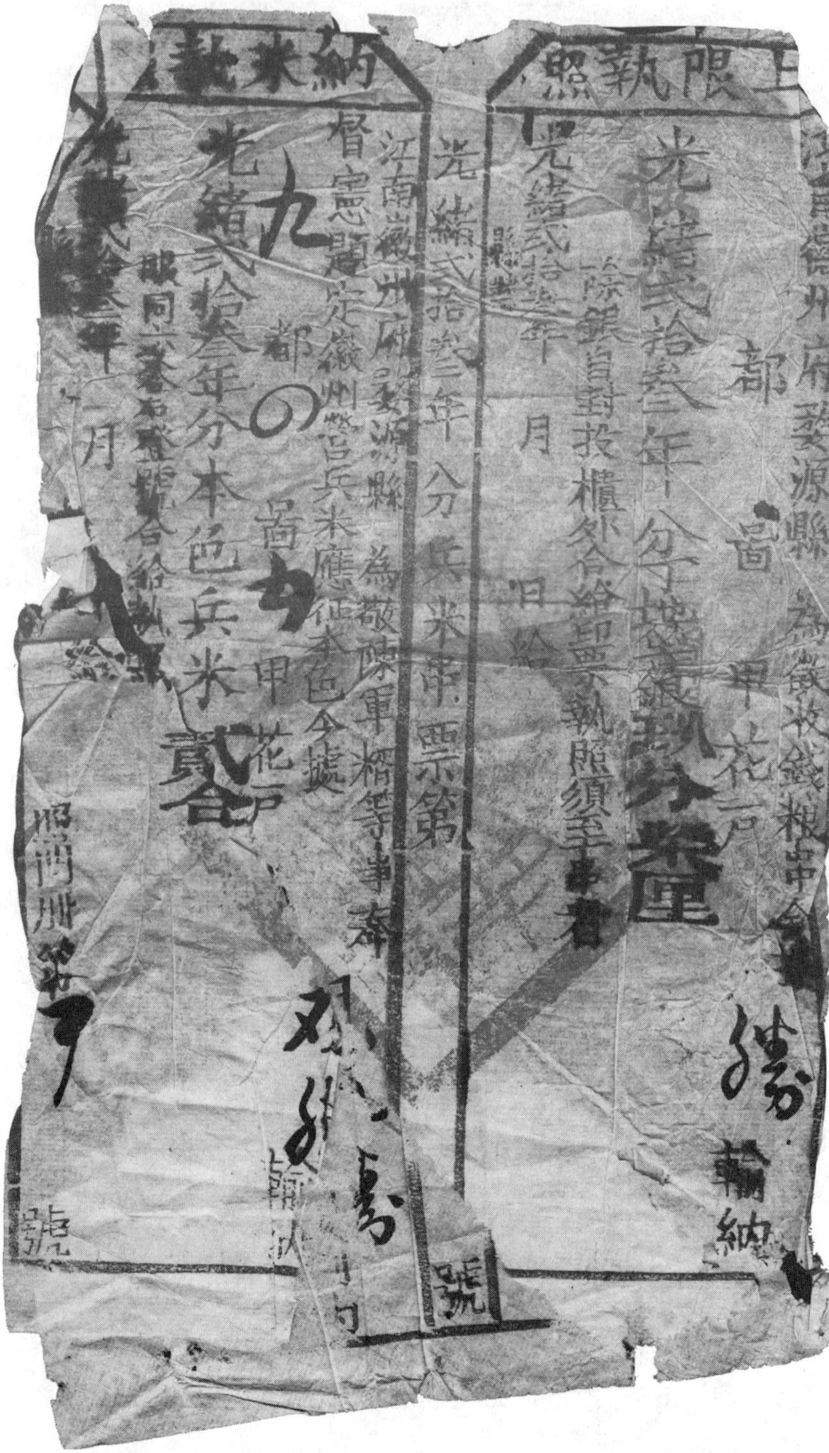

秋口镇港头村方家 82 · 光绪二十三年 · 纳米执照 · 观胜

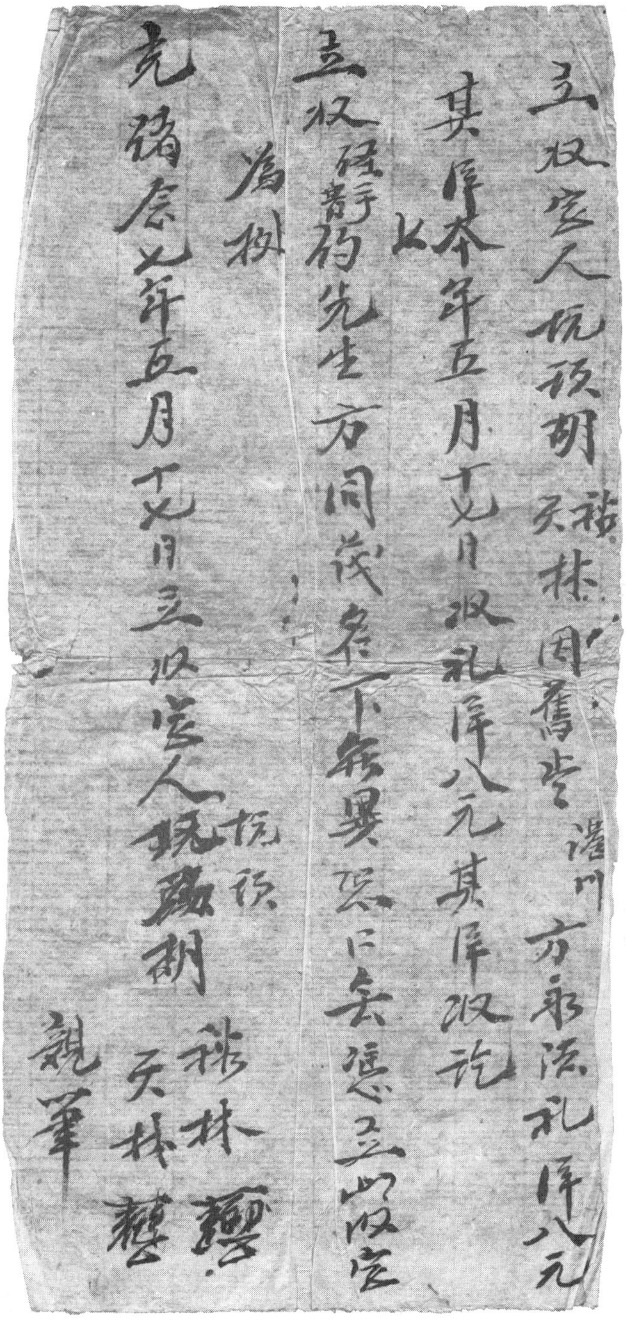

立收字人坑頭胡禎林天林因舊歲港川方永法礼洋八元
其洋本年五月十九日收礼洋八元其洋收訖
以
立收經手書衍先生方同發名下無異恐口無憑立此收字
為據
光緒辛丑年五月十九日立收字人坑頭胡禎林天林
親筆

秋口镇港头村方家 7 · 光绪二十七年 · 收字 · 胡祯林、胡天林收方永法洋元

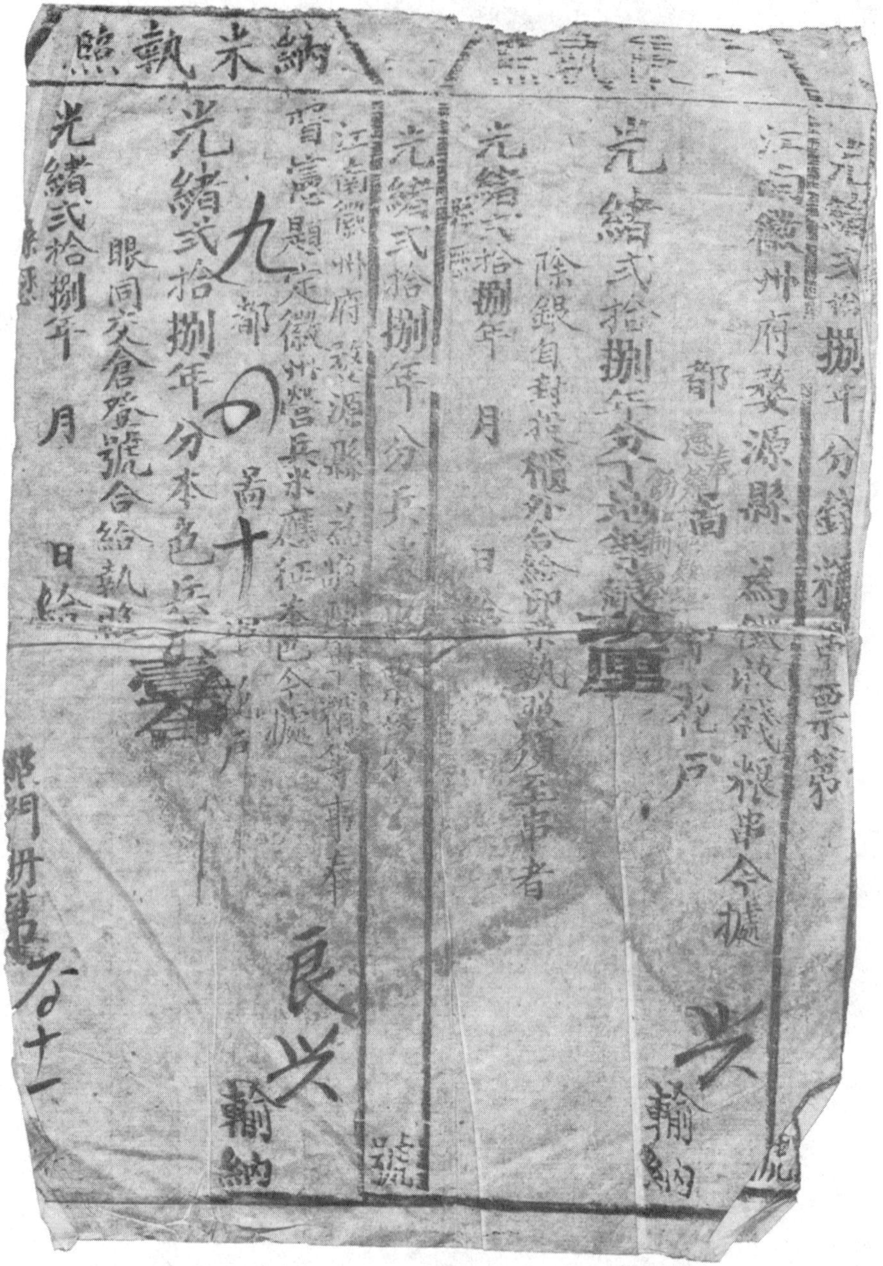
納米執照
江南徽州府婺源縣為遵憲題定徽州營兵米應征本色令據
九都 圖 十 甲 戶
光緒貳拾捌年分本色兵米
眼同交倉登號合給執照
光緒貳拾捌年 月 日給
良兴 輸納

秋口镇港头村方家 96 · 光绪二十八年 · 纳米执照 · 良兴

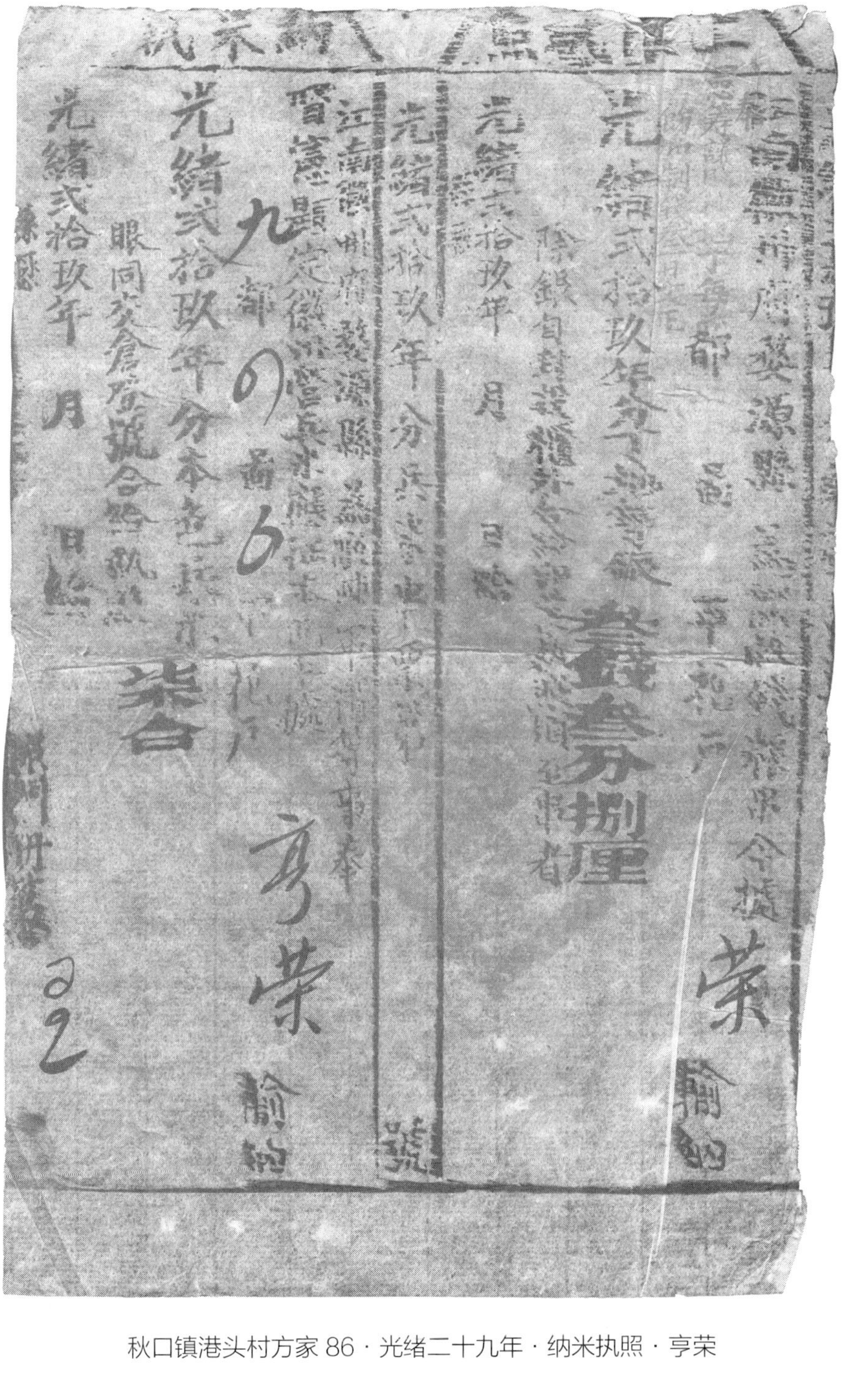

光绪贰拾玖年分

光绪贰拾玖年 月 日给

九都の图6甲

亨荣 输纳

光绪贰拾玖年 月 日给

秋口镇港头村方家 86 · 光绪二十九年 · 纳米执照 · 亨荣

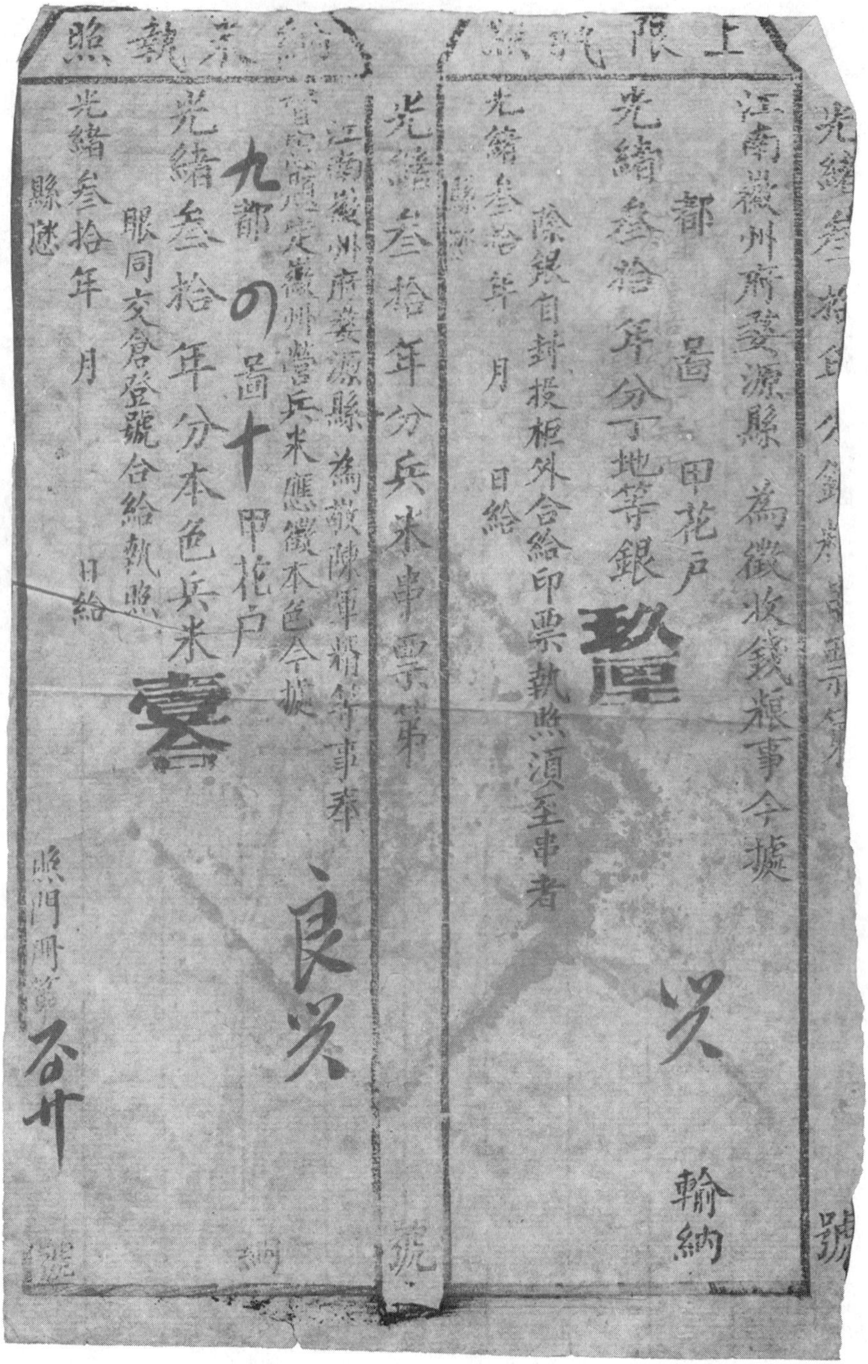

上限執照

江南徽州府婺源縣 為徵收錢糧事今據
都 啚 甲花戶
光緒叁拾年分丁地等銀
除銀自封投櫃外合給印票執照須至串者
光緒叁拾年 月 日給

光緒叁拾年分兵米串票第 號

給米執照

江南徽州府婺源縣 為徵陳軍糈等事奉
督院頒定徽州營兵米應徵本色今據
九都 啚 十 甲花戶 良兴
光緒叁拾年分本色兵米壹
照同交倉登號合給執照
光緒叁拾年 月 日給

秋口镇港头村方家 92 · 光绪三十年 · 纳米执照 · 良兴

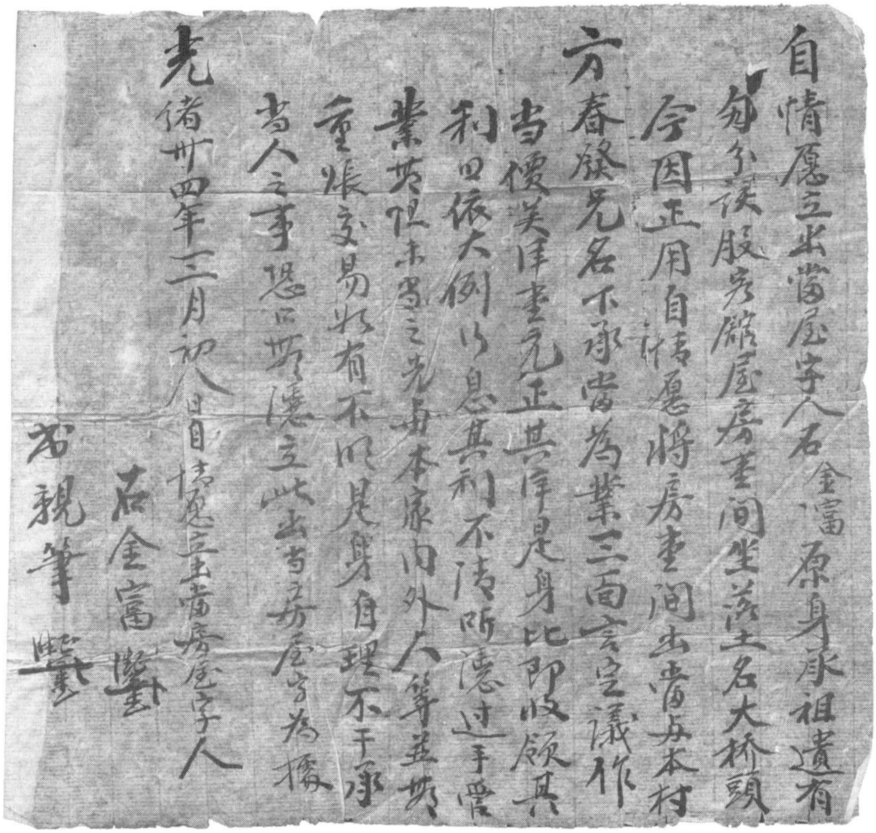

秋口镇港头村方家 9 · 光绪三十四年 · 出当屋字 · 石金富当与方春发

中華民國肆年分丁地銀
中華民國 年 月 日
每正銀壹兩加收
中華民國肆年 收米 號
安徽婺源縣為征收米事
壹都一啚一甲花戶
中華民國肆年分 壹
趙廣
輸納
中華民國 年 月

秋口镇港头村方家 83 · 民国四年 · 纳米执照 · 赵广

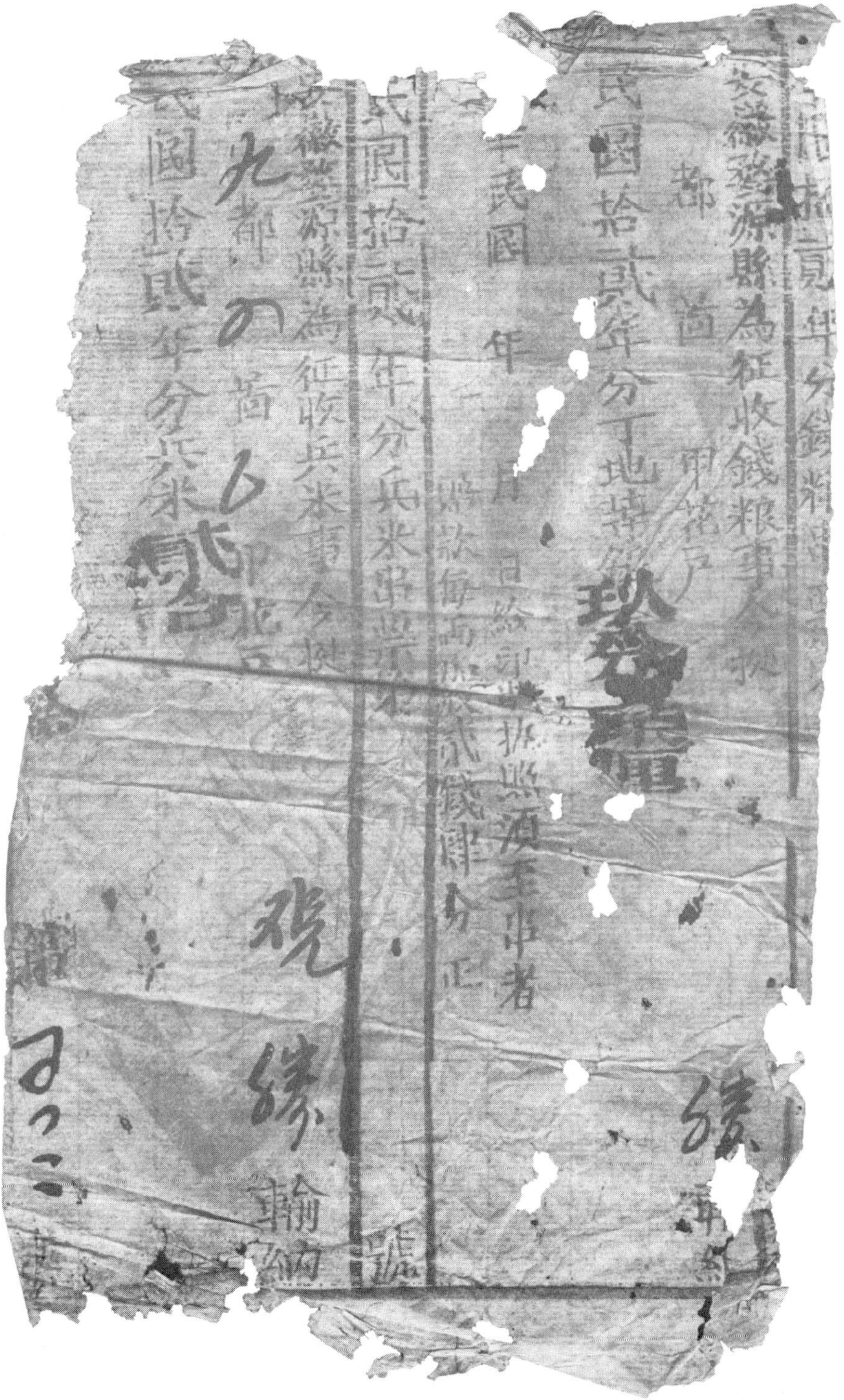

安徽婺源縣為征收錢粮事今據
都 啚 甲名戶
民國拾貳年分丁地等銀 玖分貳厘
民國 年 月 日給執照須至串者

民國拾貳年分兵米照票
安徽婺源縣為征收兵米事今據
九都 乃 啚 乙 甲

民國拾貳年分兵米

秋口镇港头村方家 79 · 民国十二年 · 纳米执照 · 观胜

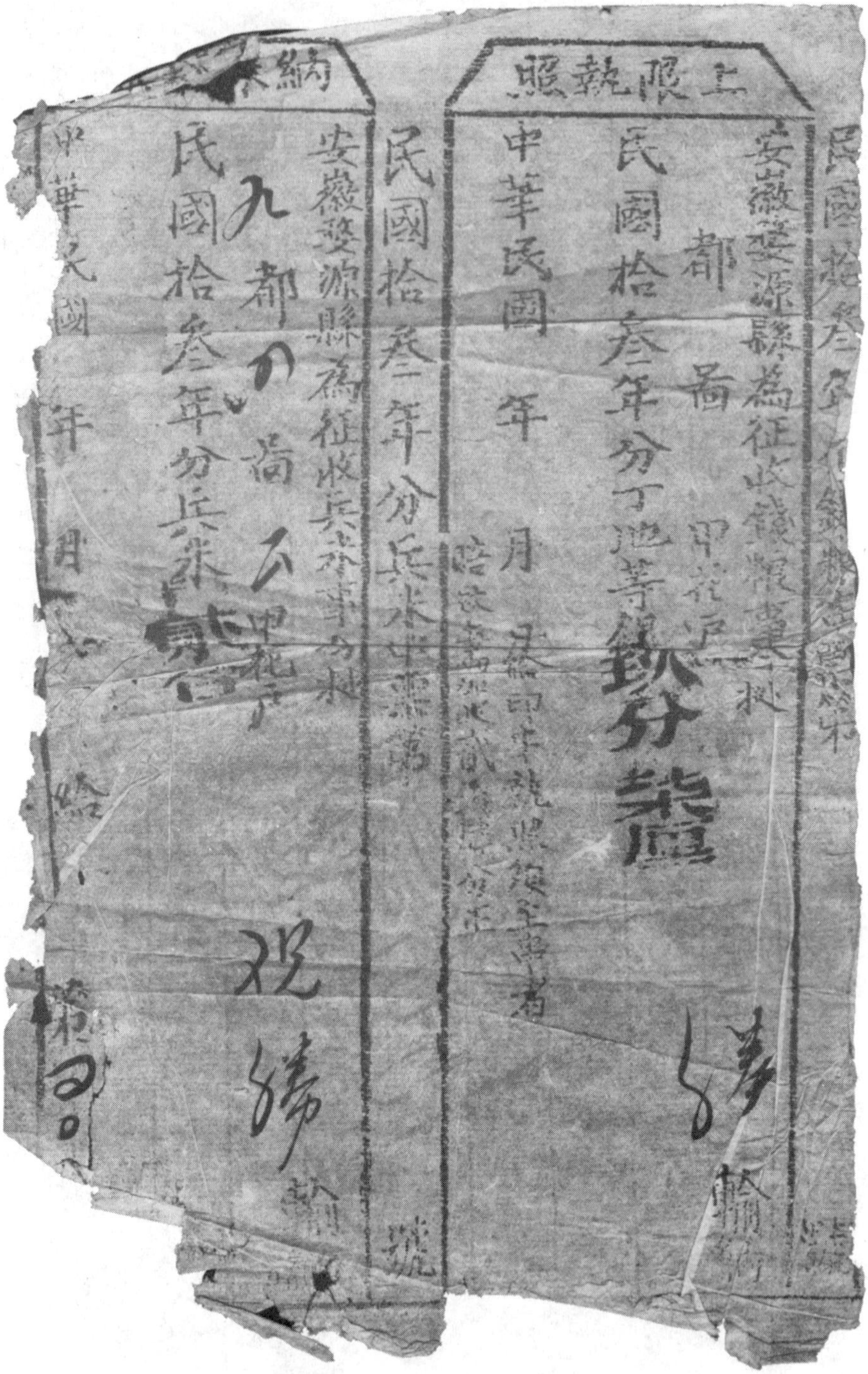

秋口镇港头村方家 80 · 民国十三年 · 纳米执照 · 观胜

秋口镇港头村方家 78 · 民国十四年 · 纳米执照 · 观胜

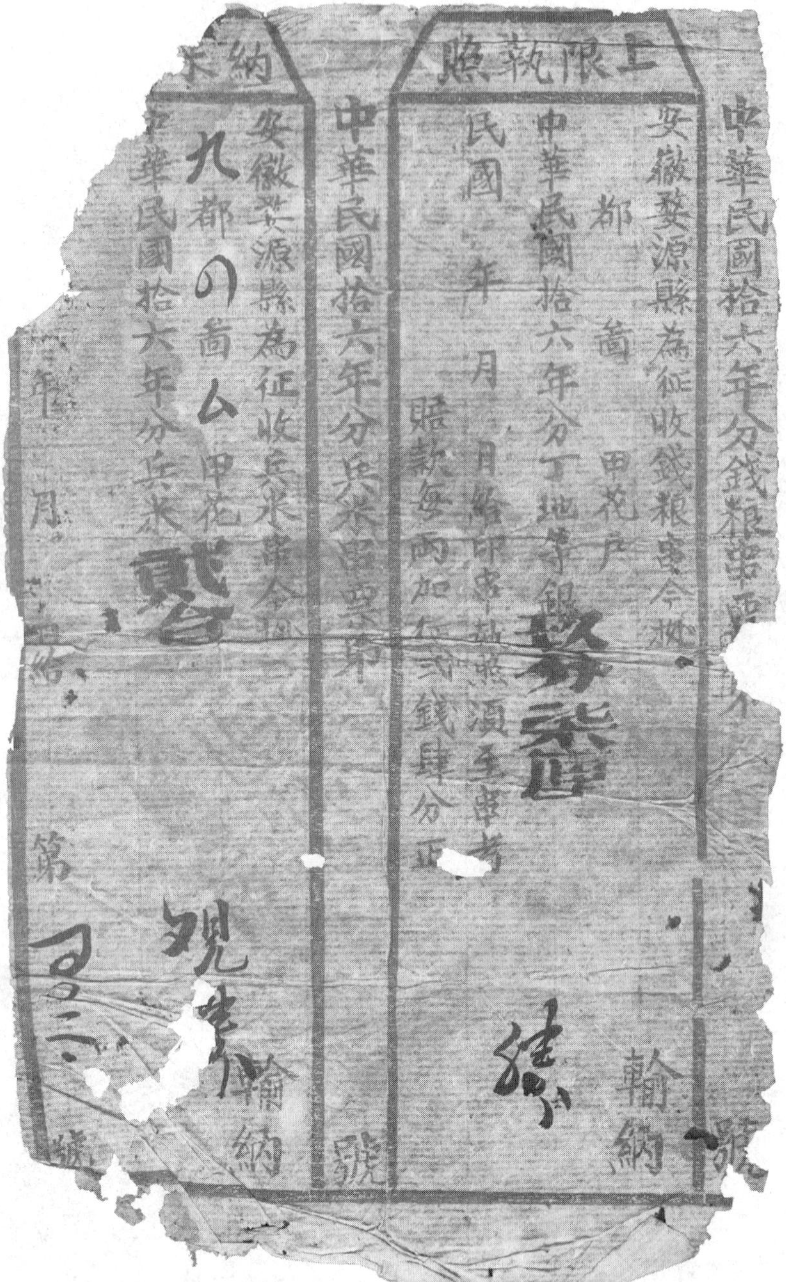

秋口镇港头村方家 75 · 民国十六年 · 纳米执照 · 观胜

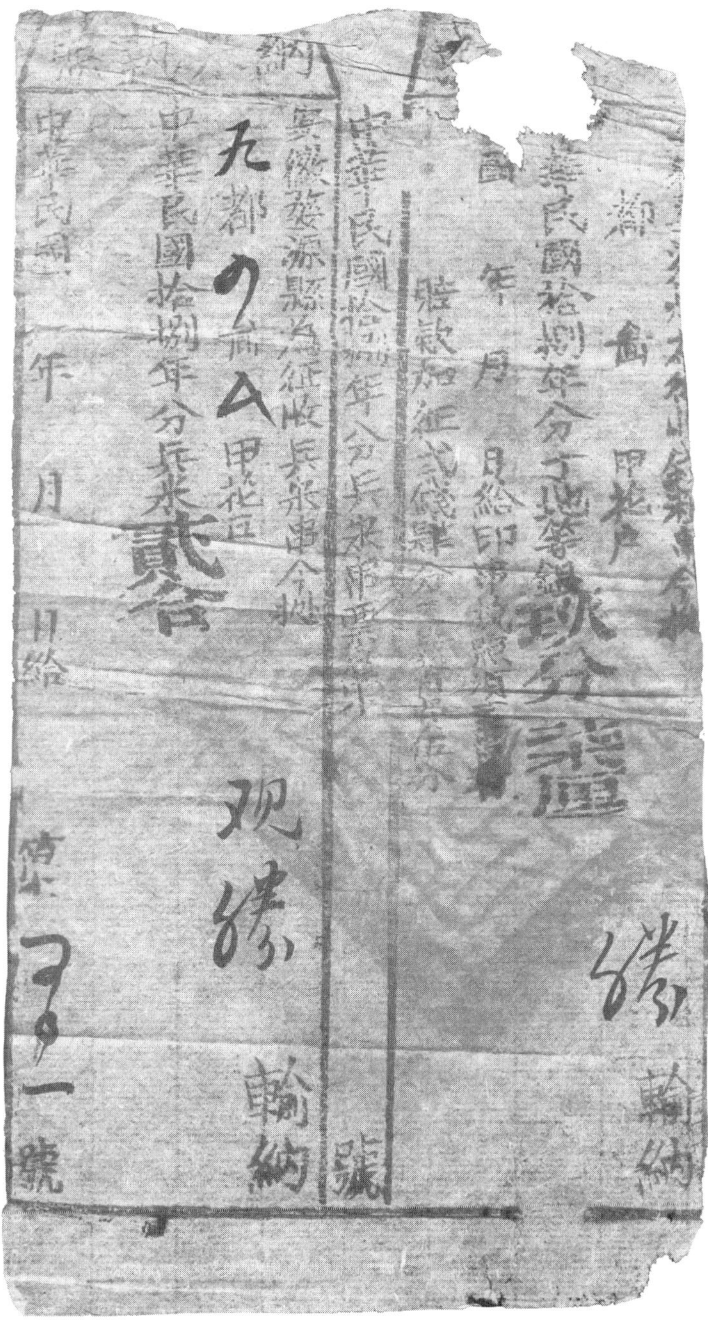

中華民國拾捌年分丁地等銀

實徵婺源縣為征收兵米串今收

九都〇〇甲花戶 观勝

中華民國拾捌年分兵米貳合

輸納

秋口镇港头村方家 77 · 民国十八年 · 纳米执照 · 观胜

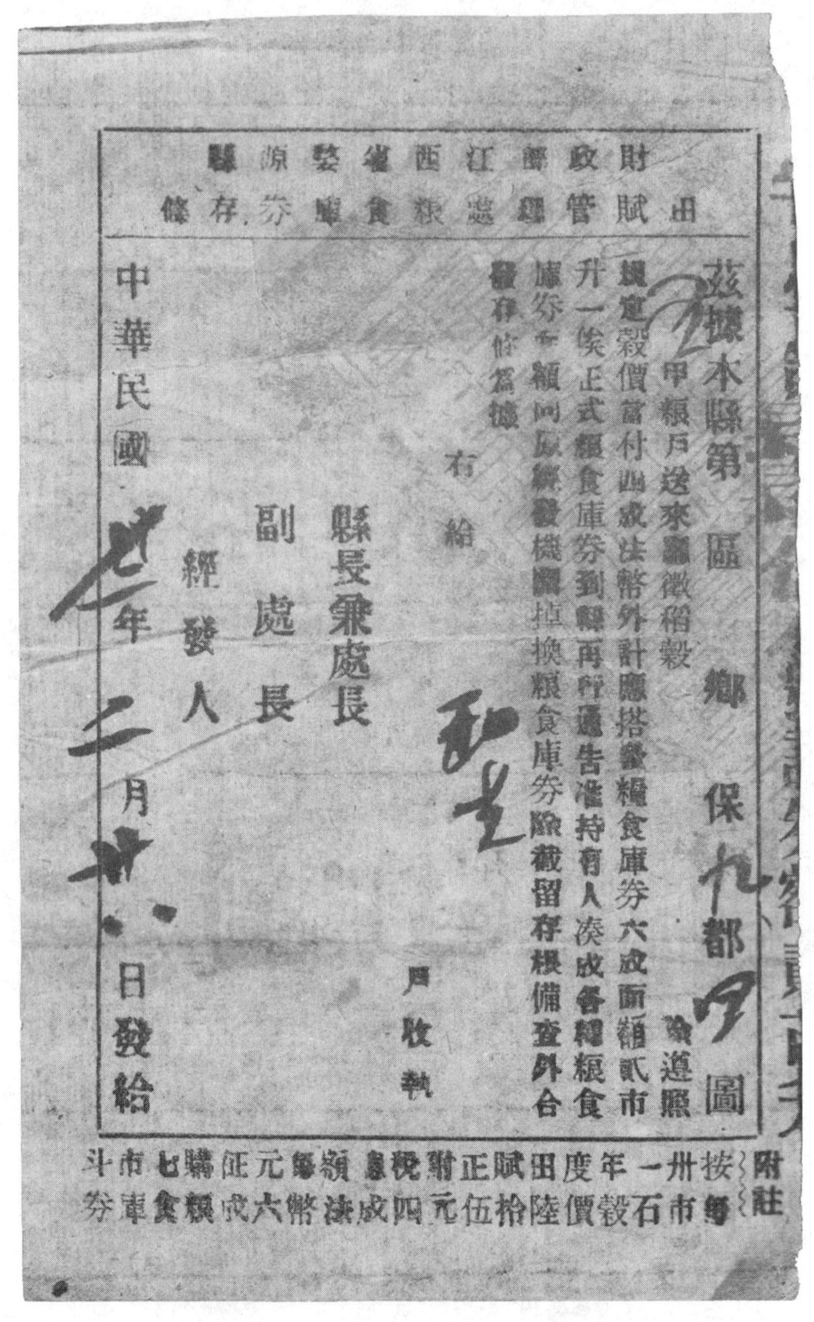

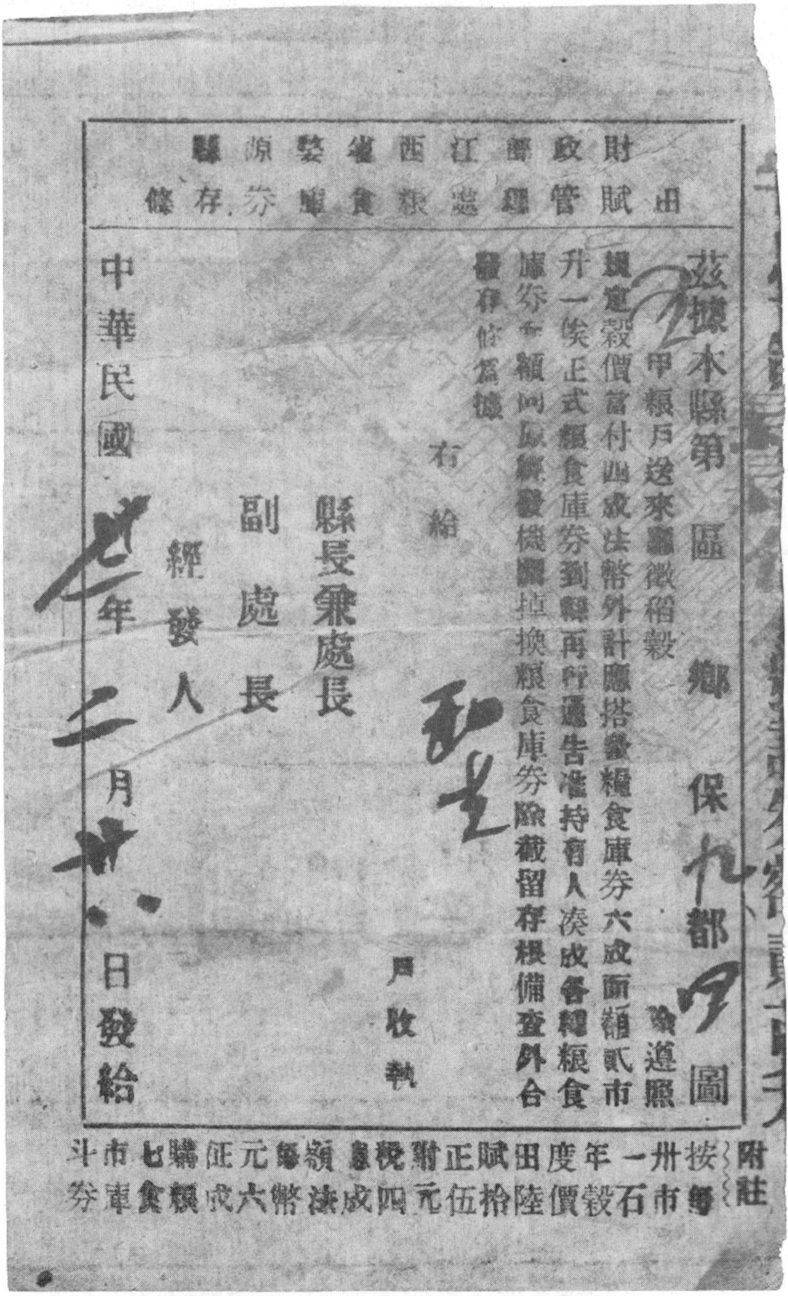

財政部江西省婺源縣
田賦管理處糧食庫券存條

茲據本縣第 區 鄉 保 都 圖
甲糧戶送來應徵稻穀 除遵照
規定穀價當付四成法幣外計應搭發糧食庫券六成面額貳市
升一俟正式糧食庫券到縣再行通告准持有人湊成整額轉糧食
庫券合額向原經發機關掉換糧食庫券除截留存根備查外合
發存條為據

右給 和生 戶收執

縣長兼處長

副處長

經發人

中華民國 年 二月 日發給

附註：按卅一年度田賦正附稅總額每元征購七市斗
每市石穀價陸拾伍元四成法幣六成糧食庫券

秋口镇港头村方家 46 · 民国二十一年 · 田赋征收存根 · 和生

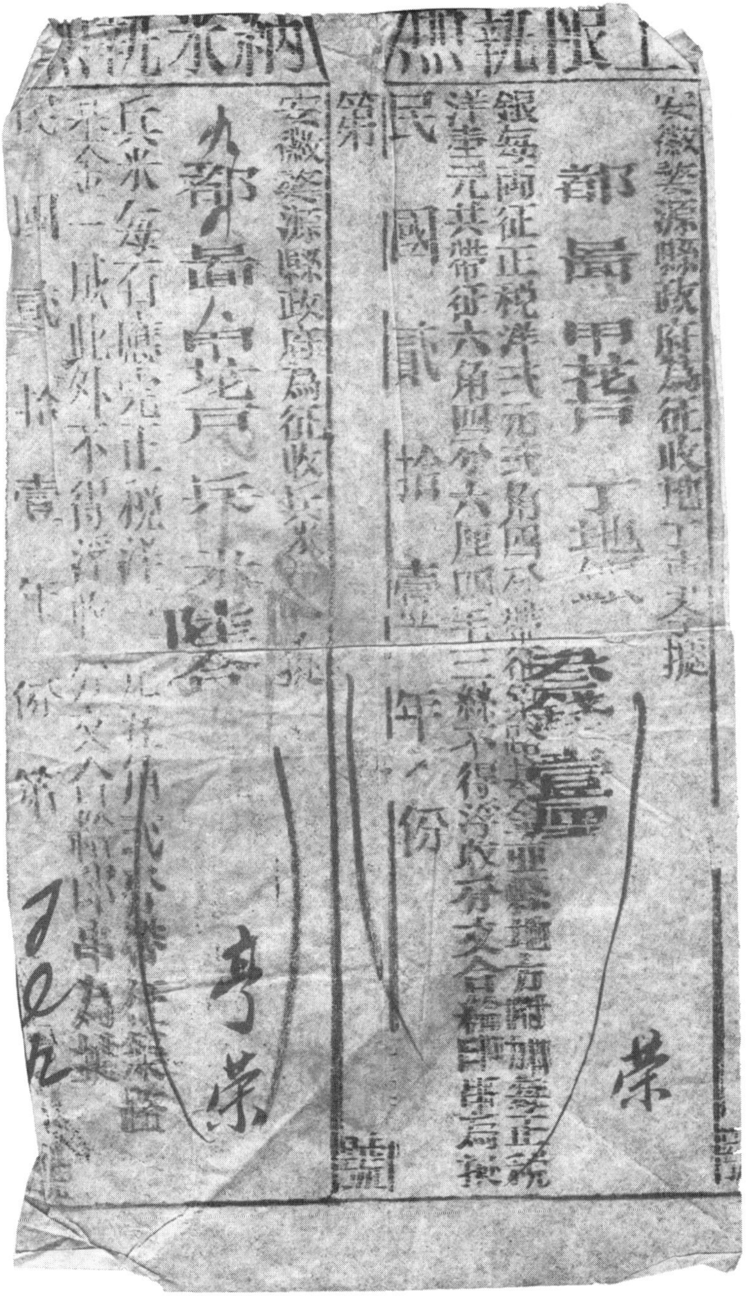

秋口镇港头村方家 81 · 民国二十一年 · 纳米执照 · 亨荣

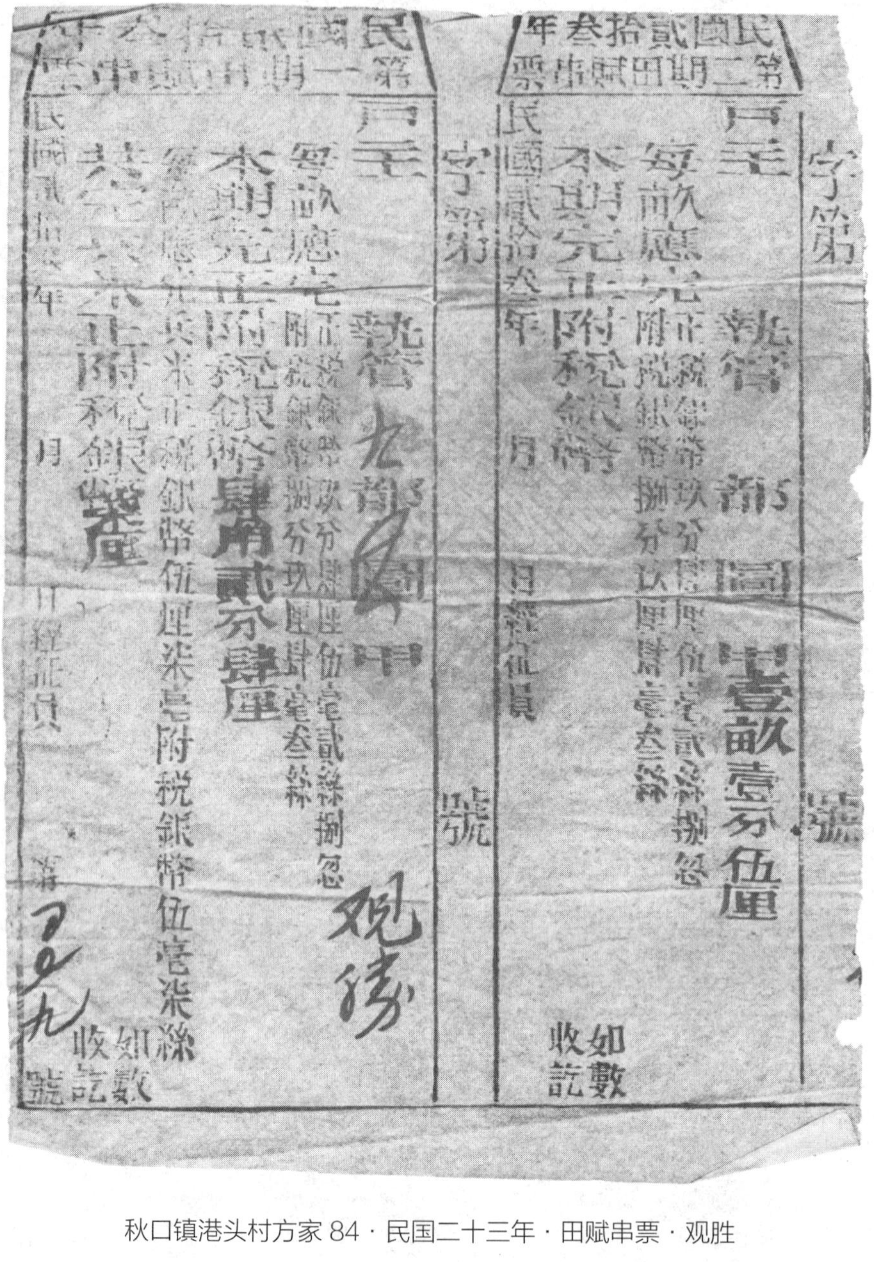

秋口镇港头村方家 84 · 民国二十三年 · 田赋串票 · 观胜

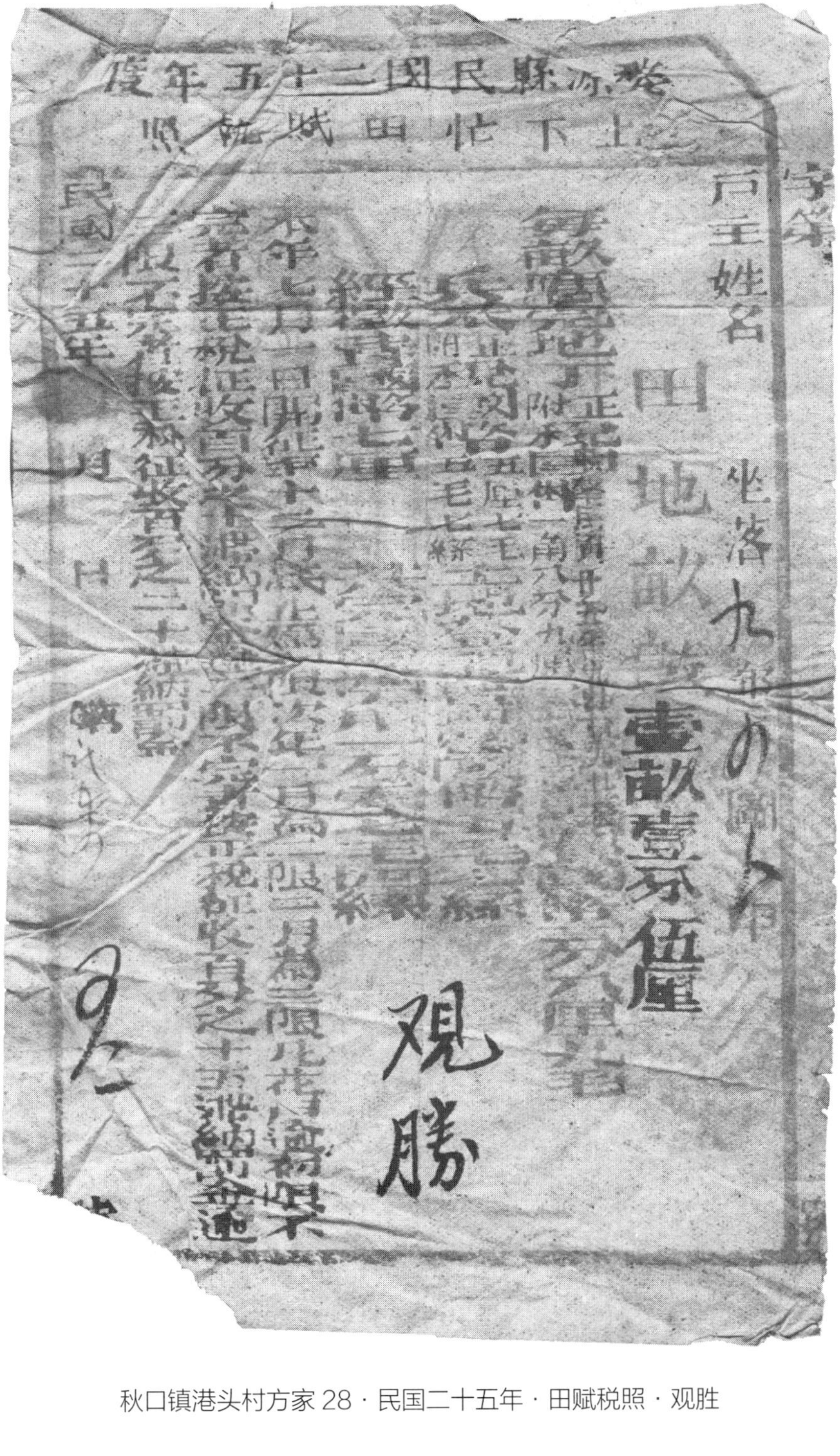

婺源縣民國二十五年度

上下忙田賦執照

户主姓名 觀勝

坐落

田地畝 壹畝壹分伍釐

民國二十五年 月 日

秋口镇港头村方家 28 · 民国二十五年 · 田赋税照 · 观胜

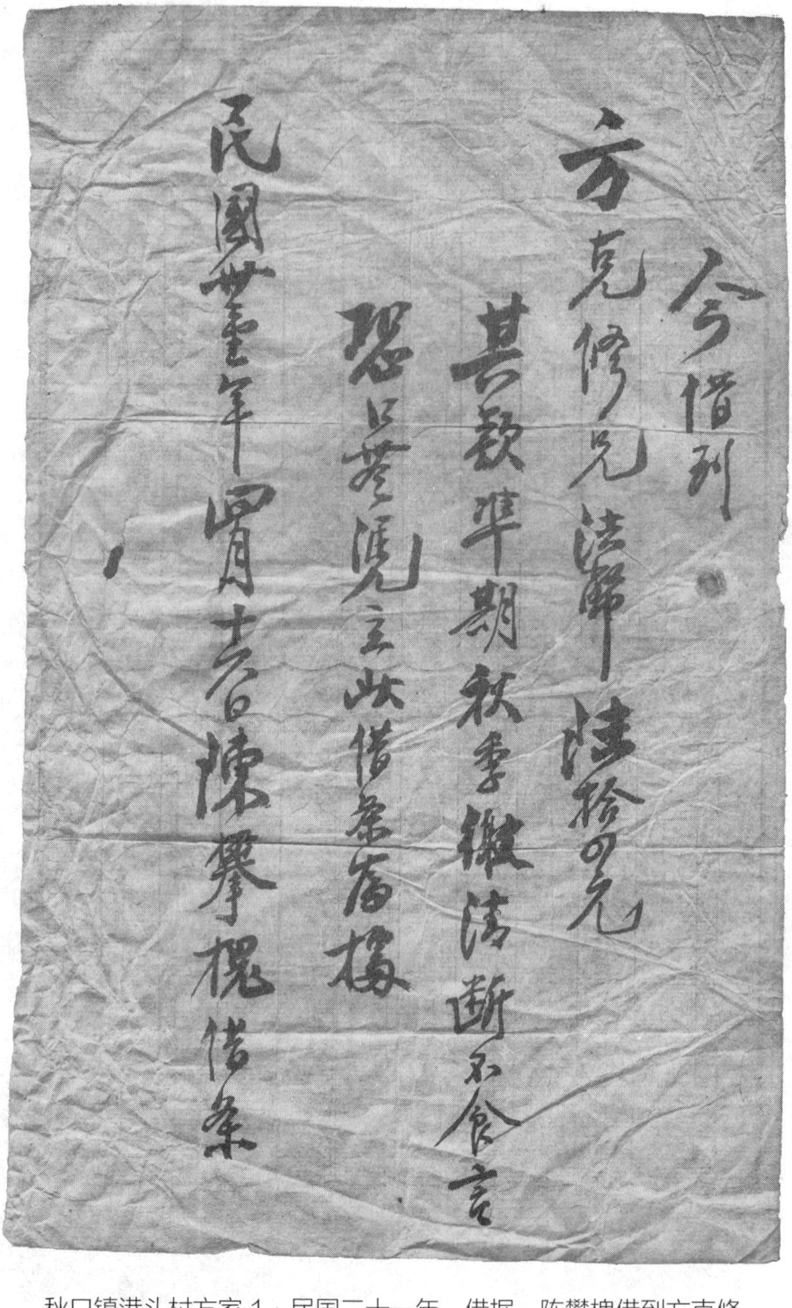

今借到
方克修兄法幣陸拾四元
其款準期秋季繳清斷不食言
恐口無憑立此借條為據
民國卅壹年四月十二日陳攀槐借條

秋口镇港头村方家 1 · 民国三十一年 · 借据 · 陈攀槐借到方克修

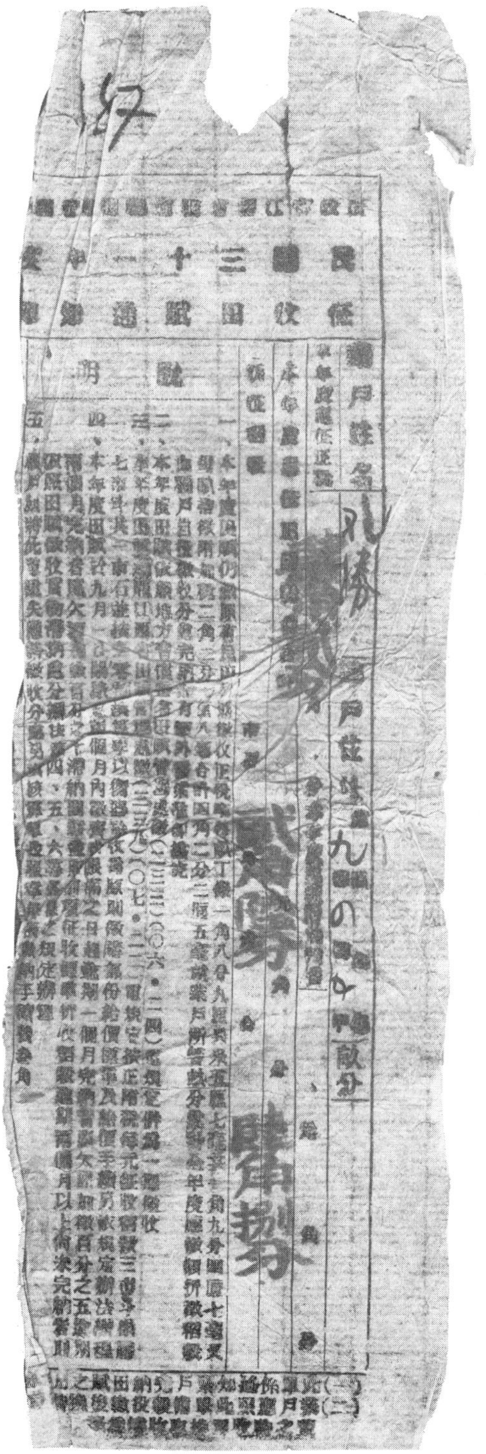

秋口镇港头村方家 30 · 民国三十一年 · 征收田赋通知单 · 观胜

220

民國三十一年度

征收田賦收據

招吉

中華民國三十一年 月 日

秋口镇港头村方家 36 · 民国三十一年 · 赋税征收收据 · 招吉

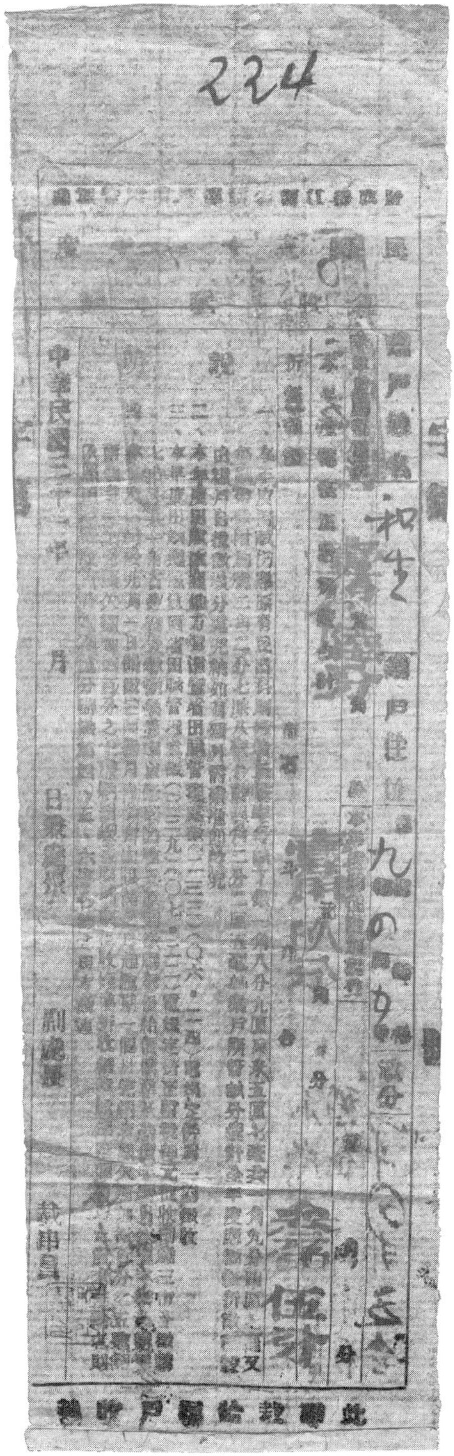

224

中華民國三十一年　月　日

秋口镇港头村方家 55 · 民国三十一年 · 田赋征收收据 · 和生

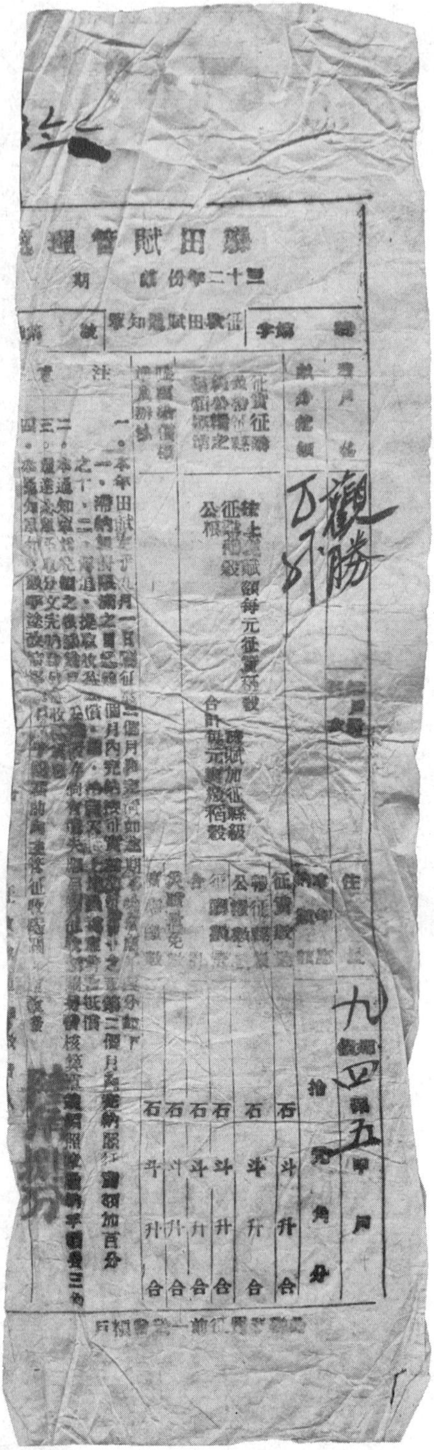

秋口镇港头村方家 29 · 民国三十二年 · 征收田赋通知单 · 观胜

財政部江西省婺源縣
田賦管理處糧食庫券存條

茲據本縣第 區 鄉 保 九 都 四 圖
甲糧戶送來應徵稻穀 遵照
規定穀價當付四成法幣外計應搭發糧食庫券六成面額貳市
升一俟正式糧食庫券到縣再行通告准持有人湊成各種糧食
庫券面額向原經發機關掉換糧食庫券除截留存根備查外合
發存條為據

右給 戶收執

縣長兼處長
副處長
經發人

中華民國 卅二 年 三 月 廿六 日發給

附註：按卅一年度田賦正附稅息額每元征購七市斗
每市石穀價陸拾伍元四成法幣六成糧食庫券

秋口镇港头村方家 31 · 民国三十二年 · 田赋征收存根 · 和生

財政部江西省婺源縣
田賦管理處糧食庫券存根

庫券

縣長兼處長

副處長

經發人

收執

中華民國卅二年二月廿八日發給

秋口镇港头村方家 32 · 民国三十二年 · 田赋征收存根 · 招吉

財政部江西省婺源縣
田賦管理處糧食庫券存條

茲據本縣第 區 鄉 保 部 圖
甲糧戶 送來應徵稻穀 除遵照
規定穀價會付四成法幣外計應搭發糧食庫券六成面額壹市
斗一俟正式糧食庫券到縣再行通告准持有人湊成各種糧食
庫券面額向原經發機關掉換糧食庫券除截留存根備查外合
發存條為據

右給 招吉 戶收執

縣長兼處長

副處長

經發人

中華民國卅二年 月 日給發

附註 按卅一年度田賦正附稅總額每元征購七市斗
角市石穀價陸拾伍元四成法幣六成糧食庫券

秋口镇港头村方家 33 · 民国三十二年 · 田赋征收存根 · 招吉

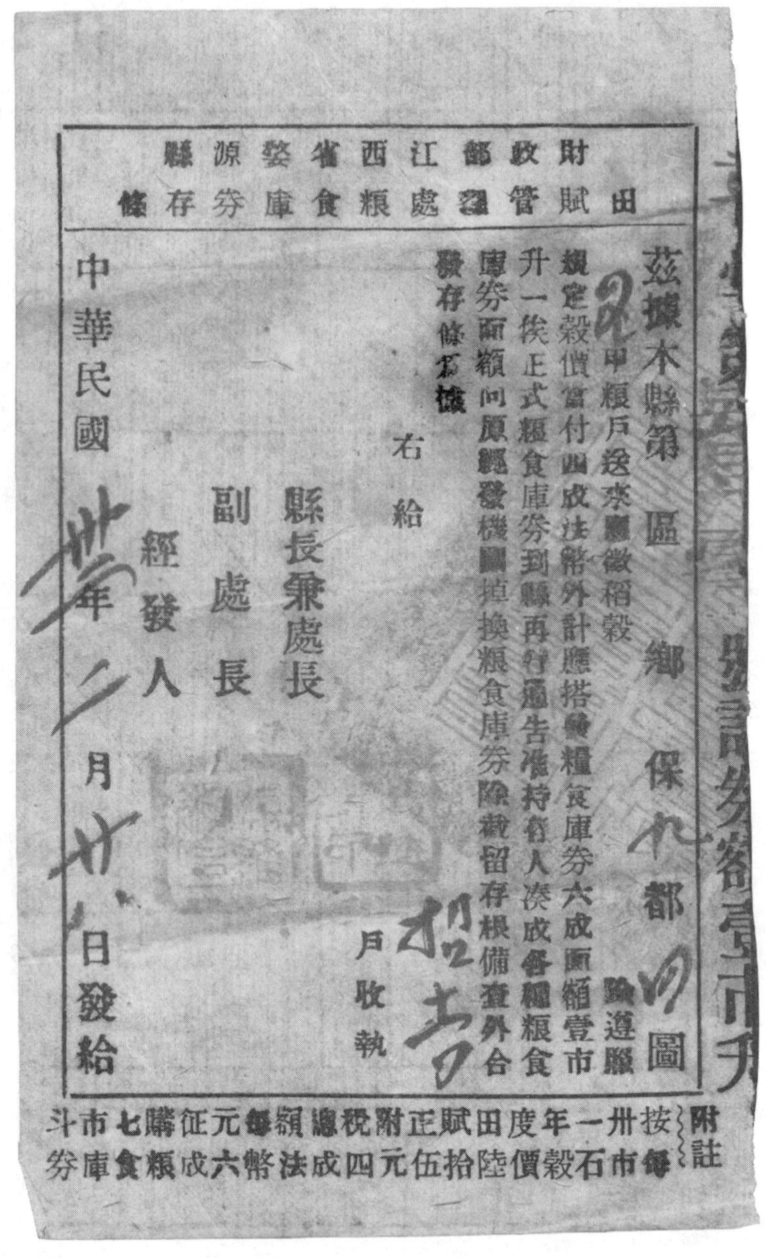

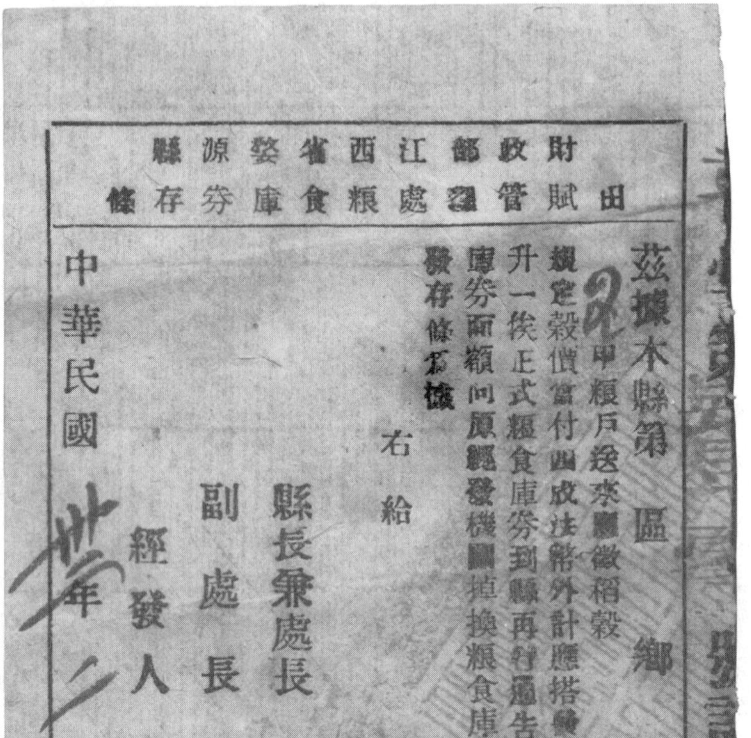

財政部江西省婺源縣

田賦管理處糧食庫券存條

茲據本縣第　區　鄉　保九都四圖

甲糧戶送來應徵稻穀　　　除遵照

規定穀價當付四成法幣外計應搭發糧食庫券六成面額壹市

升一俟正式糧食庫券到縣再行通告准持有人湊成每糧糧食

庫券面額向原經發機關掉換糧食庫券除截留存根備查外合

發存條為據

右給　招吉　戶收執

縣長兼處長

副處長

經發人

中華民國卅二年二月廿日發給

附註：按卅一年度田賦正附稅總額每元征購七市斗

每市石穀價陸拾伍元四成法幣六成糧食庫券

秋口镇港头村方家 34 · 民国三十二年 · 田赋征收存根 · 招吉

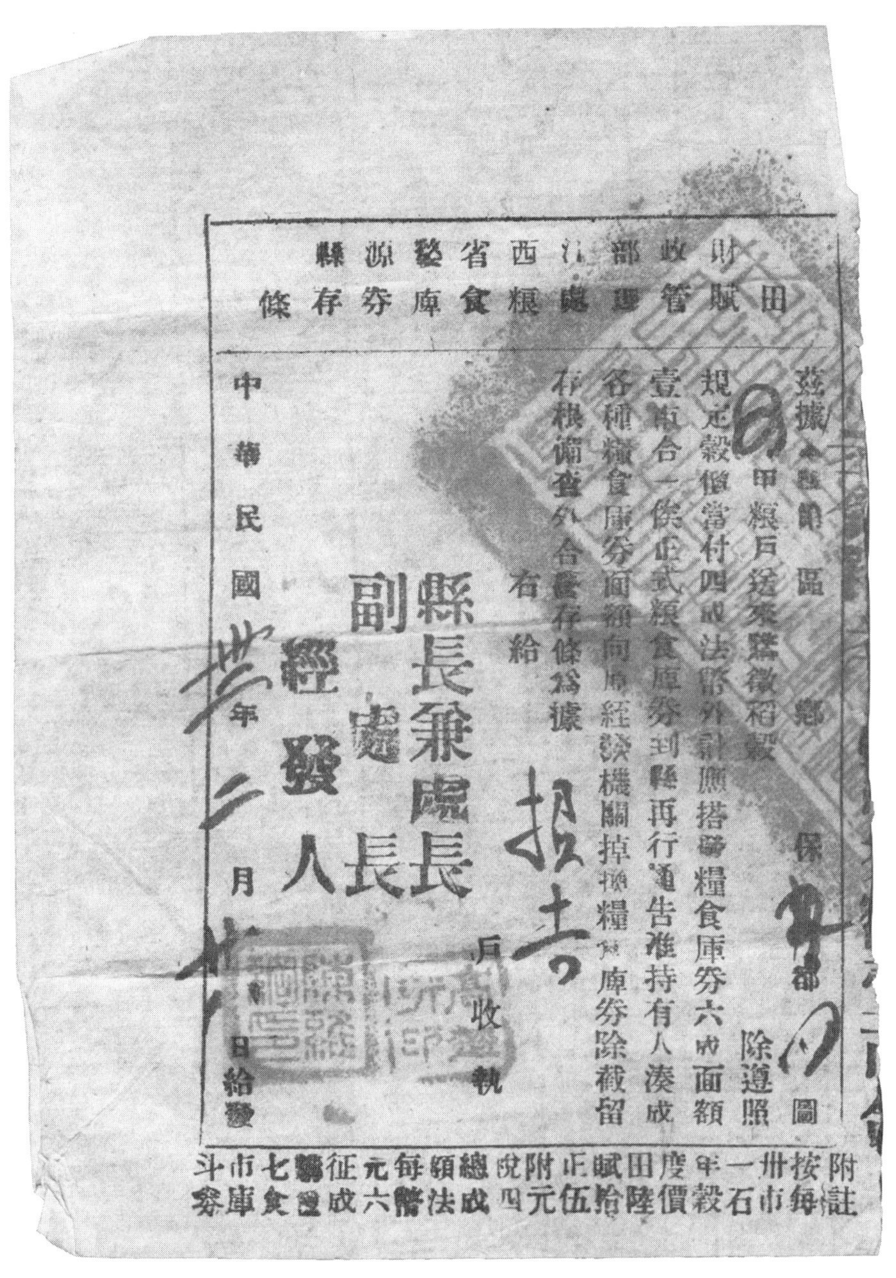

秋口镇港头村方家 35 · 民国三十二年 · 田赋征收存根 · 招吉

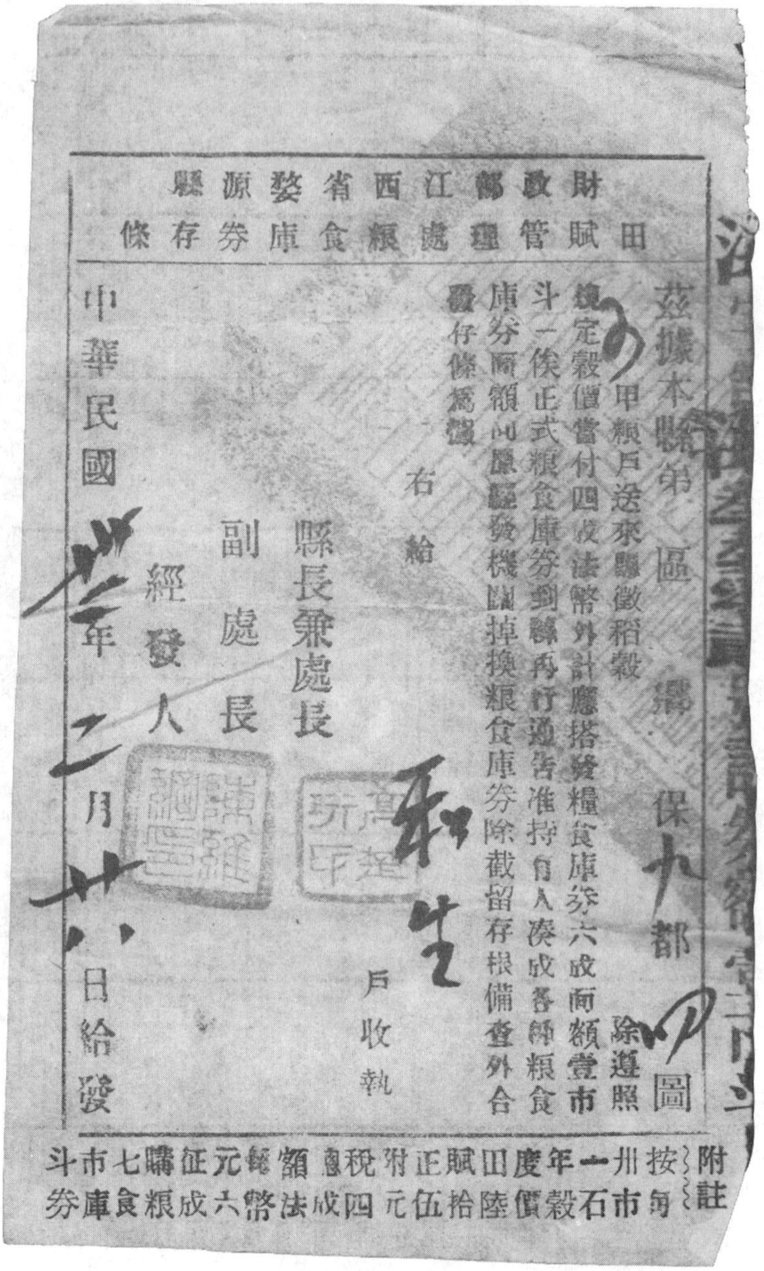

財政部江西省婺源縣
田賦管理處糧食庫券存條

茲據本縣第 區 鄉 保九都 圖
甲糧戶 送來縣徵稻穀 除遵照
規定穀價當付四成法幣外計應搭發糧食庫券六成面額壹市
斗一俟正式糧食庫券到縣再行通告准持有人湊成整數糧食
庫券向原領發機關掉換糧食庫券除截留存根備查外合
發存條爲證

右給 和生 戶收執

縣長兼處長
副處長
經發人

中華民國卅二年二月廿六日給發

附註：按卅一年度田賦正附稅總額每元征購七市斗
每市石穀價陸拾伍元四成法幣六成糧食庫券

秋口镇港头村方家 48 · 民国三十二年 · 田赋征收存根 · 和生

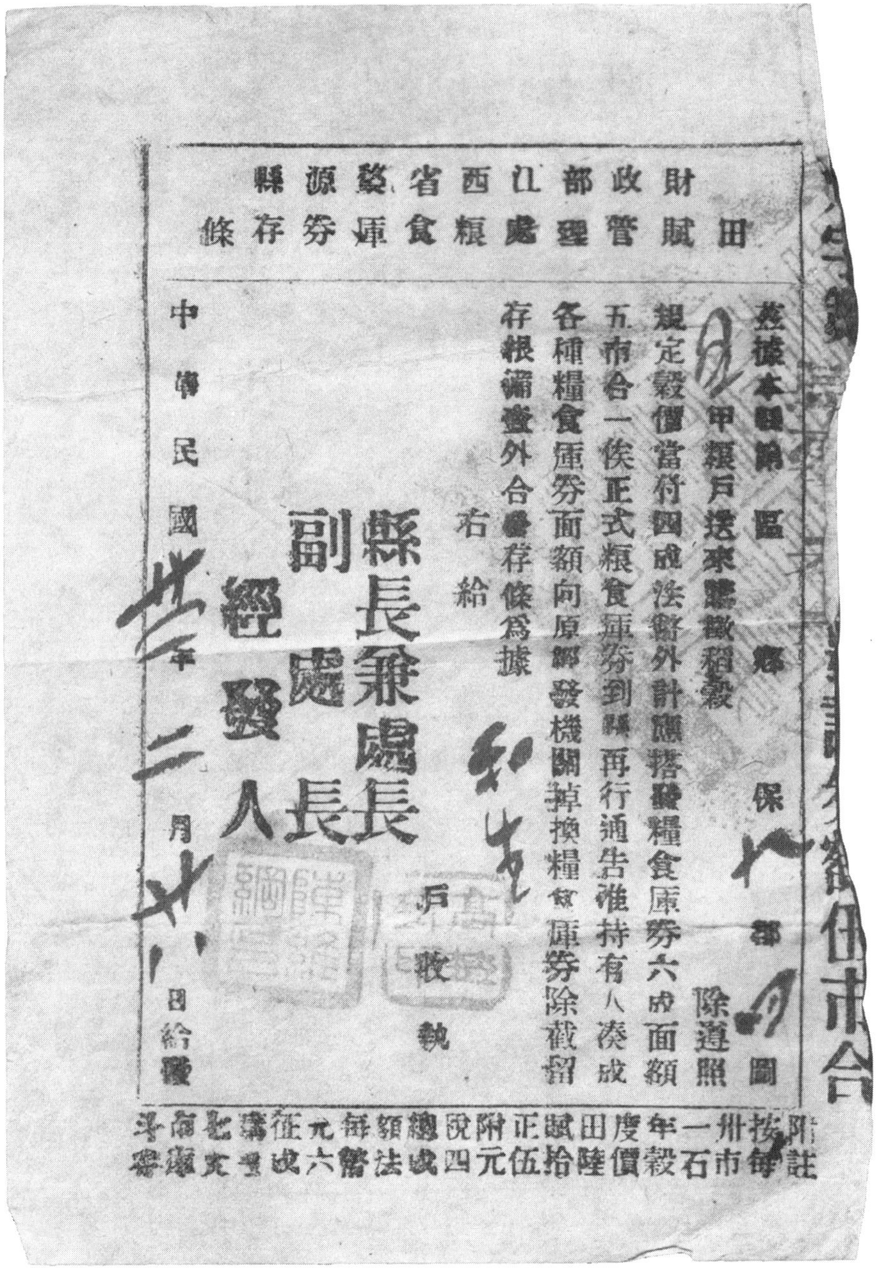
財政部江西省婺源縣
田賦管理處糧食庫券存條

茲據本縣第　區　鄉　保　部　圖
甲糧戶送來應徵稻穀　　除遵照
規定穀價當付四成法幣外計應搭發糧食庫券六成面額
五市合一俟正式糧食庫券到縣再行通告准持有人湊成
各種糧食庫券面額向原經發機關掉換糧食庫券除截留
存根備查外合發存條為據
右給　和生　戶收執
縣長兼處長
副處長
經發人
中華民國卅二年二月廿日給發

附註　按卅一年度田賦正附稅總額每元征實穀貳市斗
每市石穀價陸拾伍元四成法幣六成糧食庫券

秋口镇港头村方家 56 · 民国三十二年 · 田赋征收存根 · 和生

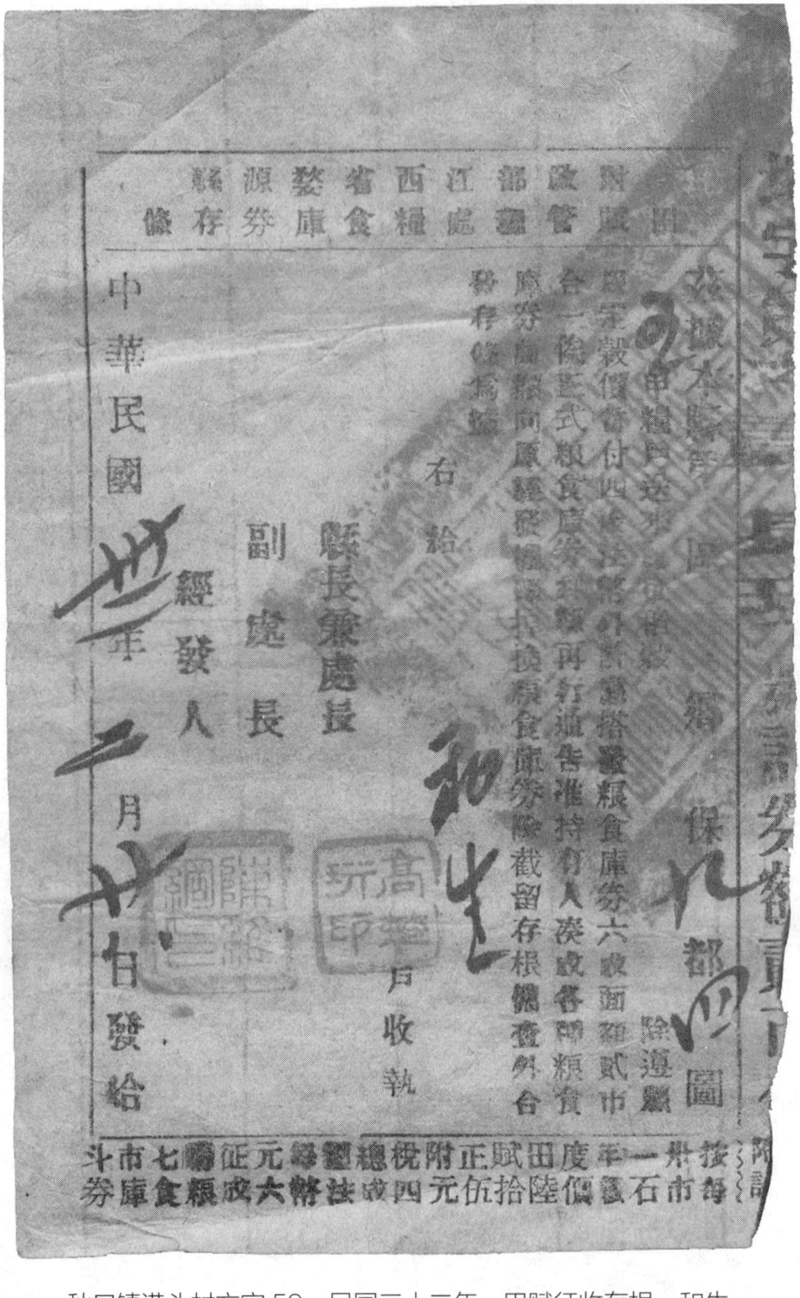

秋口镇港头村方家 59 · 民国三十二年 · 田赋征收存根 · 和生

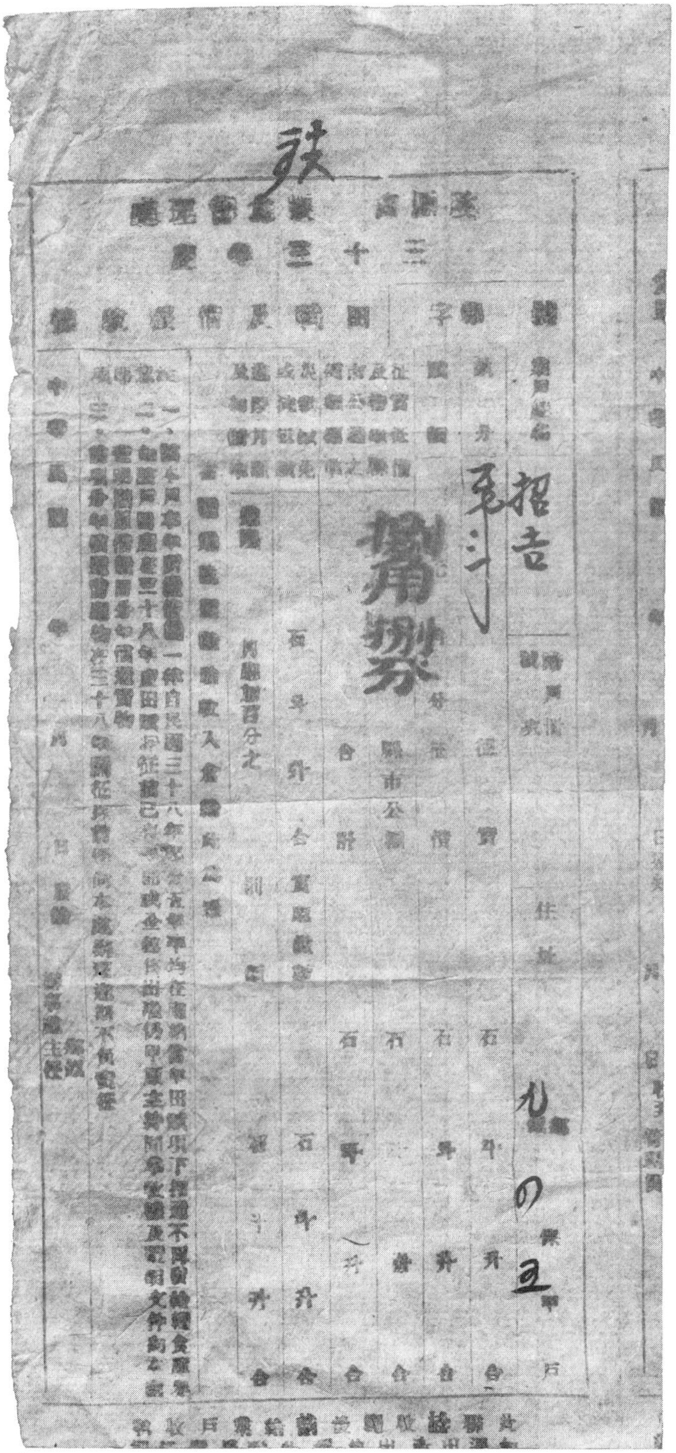

秋口镇港头村方家 57 · 民国三十三年 · 田赋及借粮收据 · 招吉

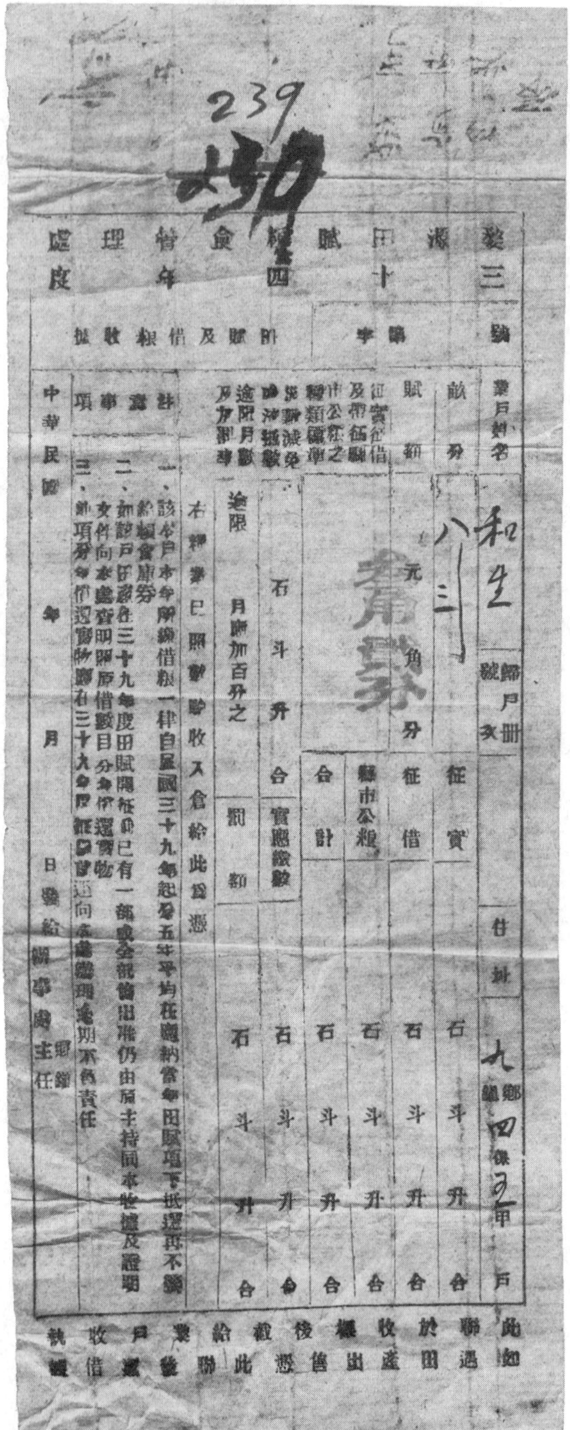

婺源田賦糧食管理處

三十四年度

聯字第　號

附賦及借粮收據

業戶姓名：和生

畝分：八三

賦額：　元　角　分

征實　石　斗　升　合

征借　石　斗　升　合

縣市公粮　石　斗　升　合

合計　石　斗　升　合

實應繳數　石　斗　升　合

逾限罰額　石　斗　升　合

歸戶冊號次：

住址：九鄉四保三甲　戶

右列款已照數驗收入倉給此為憑

注意事項：

一、該戶本年所繳借粮一律自民國三十九年起分五年平均在應納當年田賦項下抵還再不另給糧食庫券

二、如該戶在三十九年度田賦開征前已有一部或全部出賣仍由原主持同本收據及證明文件向本處查明原借數目分年抵還實物

三、前項分年抵還實物應在三十九年度開征以前逕向本處辦理逾期不負責任

中華民國　年　月　日發給

鄉鎮辦事處主任

此聯於收糧後截給業戶收執

如遇田產出售憑此聯發還借糧

秋口镇港头村方家 38 · 民国三十四年 · 田赋及借粮收据 · 和生

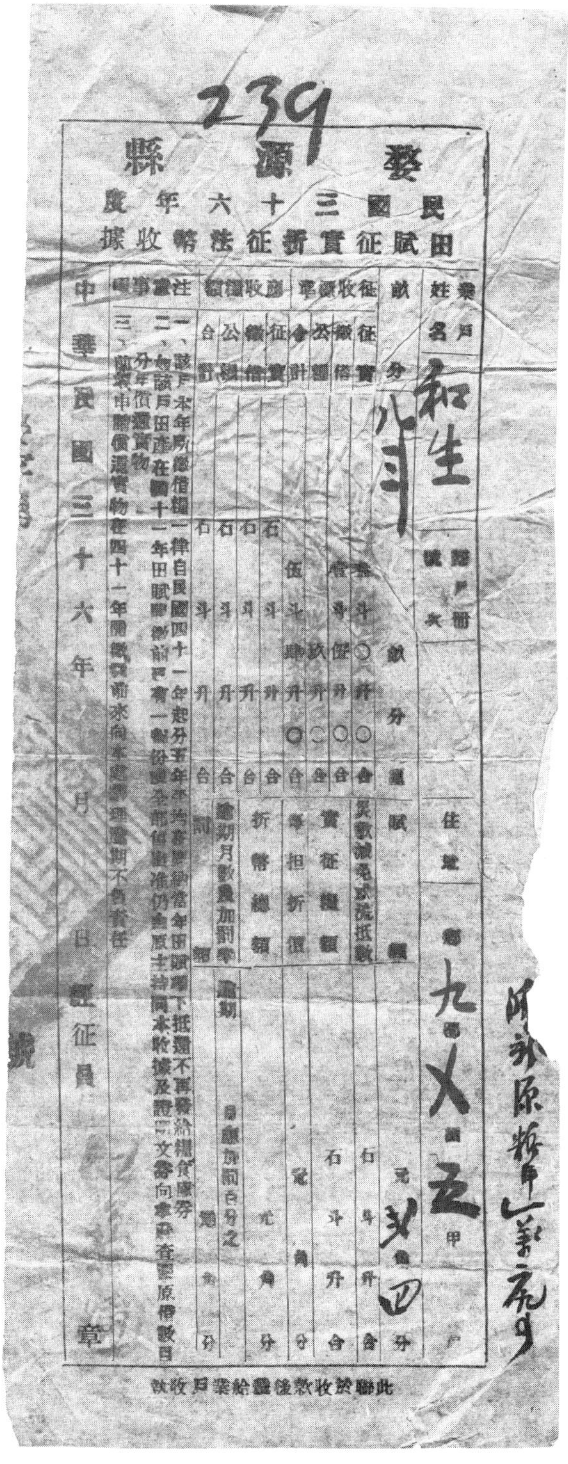

秋口镇港头村方家 39 · 民国三十六年 · 田赋征收收据 · 和生

婺源縣

民國三十六年度

田賦征實折征法幣收據

業戶姓名 克成

中華民國三十六年 月 日 經征員 章

此聯於收款後當給業戶收執

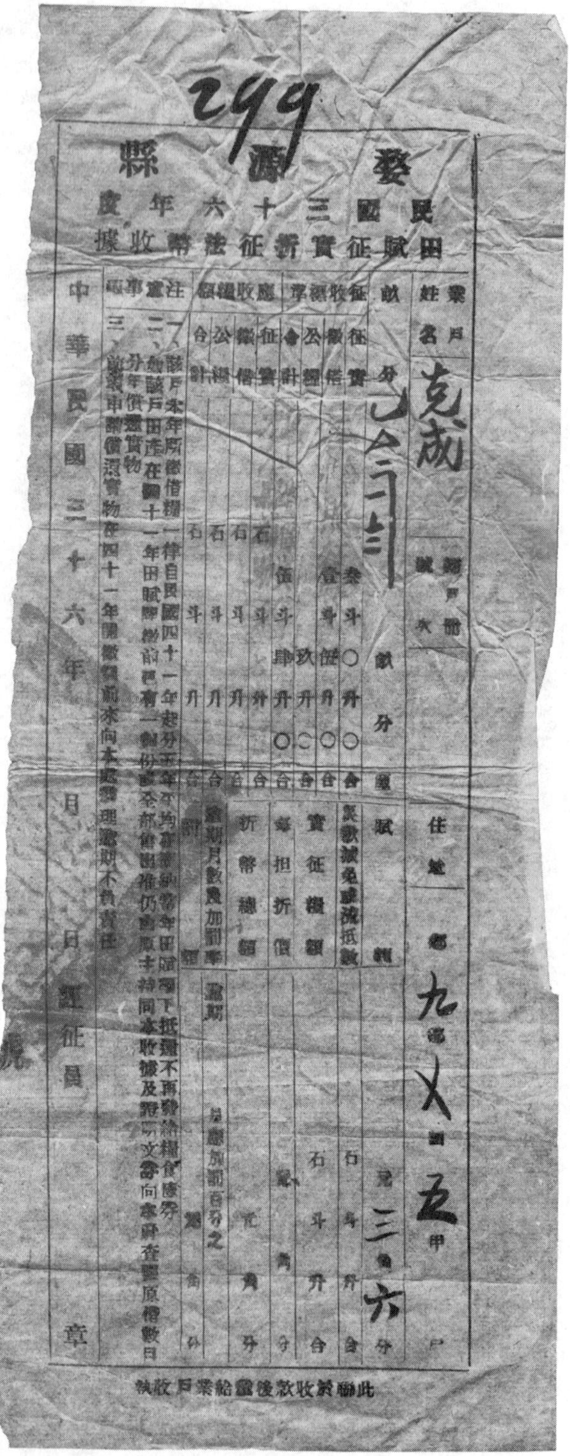

秋口镇港头村方家 47 · 民国三十六年 · 田赋征收收据 · 克成

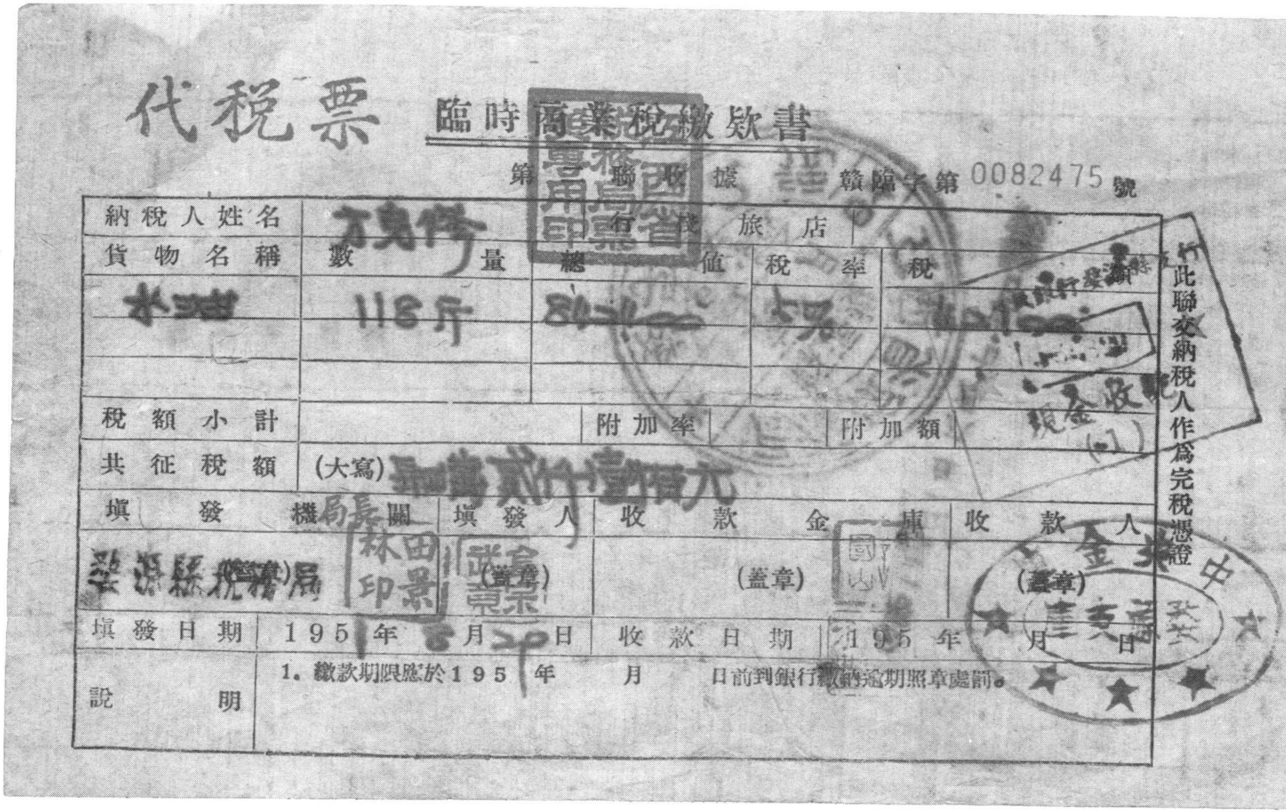

代稅票　臨時商業稅繳款書

第　聯　收據　贛臨字第 0082475 號

納稅人姓名	方克修	行棧旅店			
貨物名稱	數量	總值	稅率	稅	
木料	118斤				
稅額小計		附加率		附加額	
共征稅額	(大寫)				
填發機關	填發人	收款金庫		收款人	
(蓋章)	(蓋章)	(蓋章)		(蓋章)	
填發日期	195　年　月　日	收款日期	195　年　月　日		
說明	1. 繳款期限應於195　年　月　日前到銀行繳納逾期照章處罰。				

此聯交納稅人作為完稅憑證

秋口镇港头村方家 24 · 一九五一年 · 代税票 · 方克修

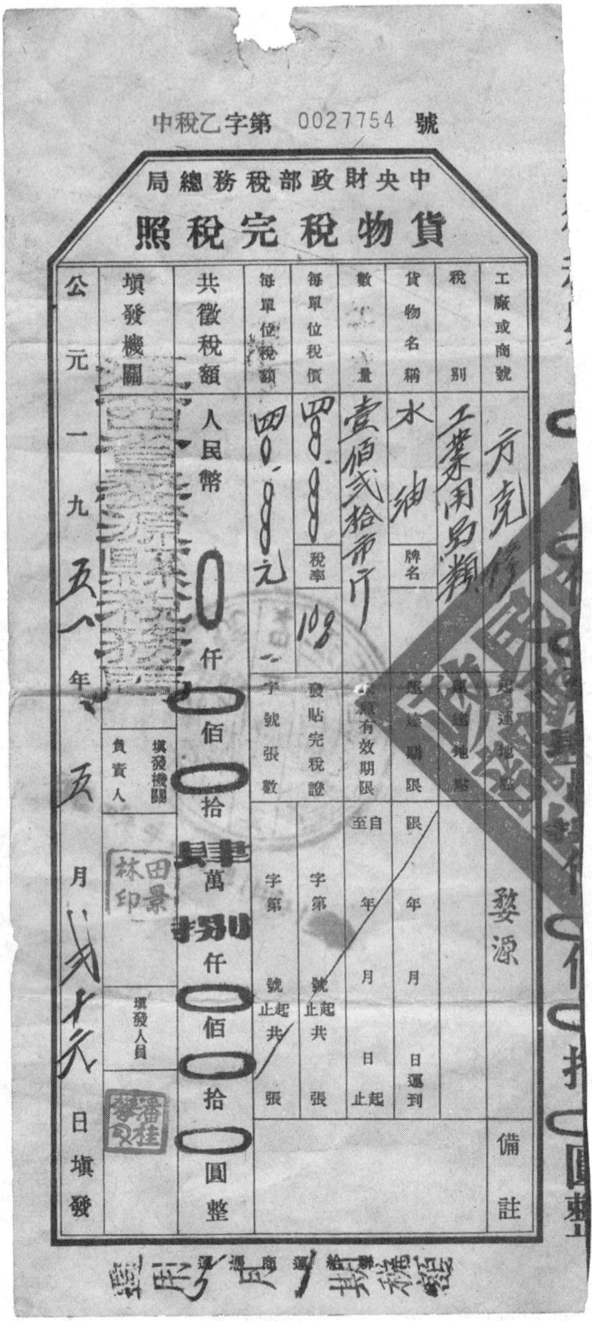
中稅乙字第 0027754 號

中央財政部稅務總局

貨物稅完稅照

工廠或商號	方克修
稅別	工業用品類
貨物名稱	水油
牌名	
數量	壹佰弍拾市斤
每單位稅價	四.88
稅率	10%
每單位稅額	四.88元
共徵稅額	人民幣〇仟〇佰〇拾肆萬捌仟〇佰〇拾〇圓整
填發機關	
起運地點	
運達地點	婺源
運達期限	年 月 日運到
准照有效期限	自 年 月 日起至 年 月 日止
發貼完稅證字號張數	字第 號起 號止 共 張
填發機關負責人	田景林印
填發人員	
備註	

公元一九五一年五月廿九日填發

秋口镇港头村方家27 · 一九五一年 · 货物税完税照 · 方克修

秋口镇港头村方家 43 · 一九五一年 · 收条 · 方克修

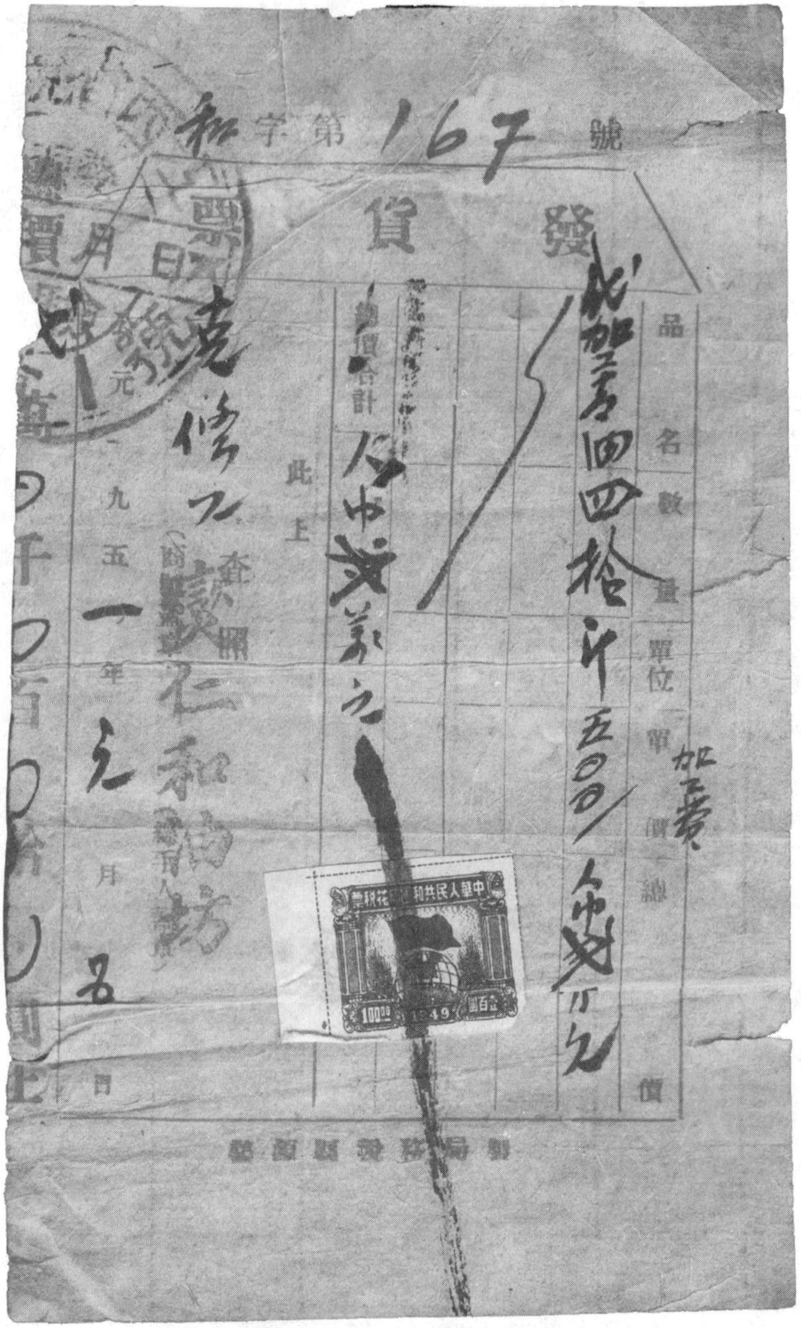
秋字第167號

發貨

品名 數量 單位 單價 總價

總價合計

此上

查照

一九五一年 月 日

秋口镇港头村方家 45 · 一九五一年 · 发货票 · 方克修

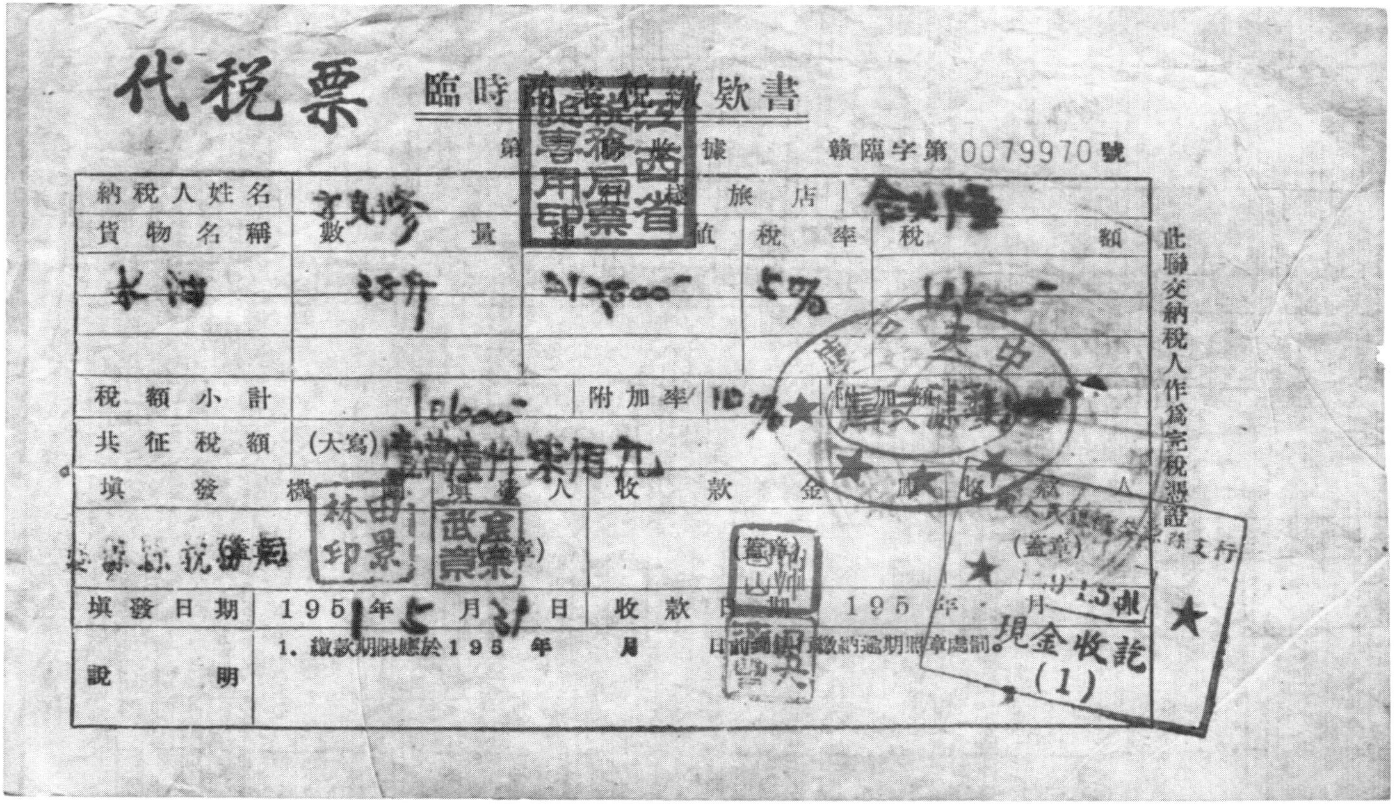

代税票 臨時商業稅繳款書

贛臨字第 0079970 號

納稅人姓名	方克修		旅店		
貨物名稱	數量	價值	稅率	稅額	
茶油	28斤	212800	5%	10640	
稅額小計	10640	附加率			
共征稅額	(大寫)				
填發機關	填發人	收款金庫			
稅務局	(蓋章)	(蓋章)			
填發日期	195 年 5 月 31 日	收款日期	195 年 月 日		
說明	1. 繳款期限應於195 年 月 日前繳納逾期照章處罰。				

此聯交納稅人作為完稅憑證

現金收訖 (1)

秋口镇港头村方家 49 · 一九五一年 · 代税票 · 方克修

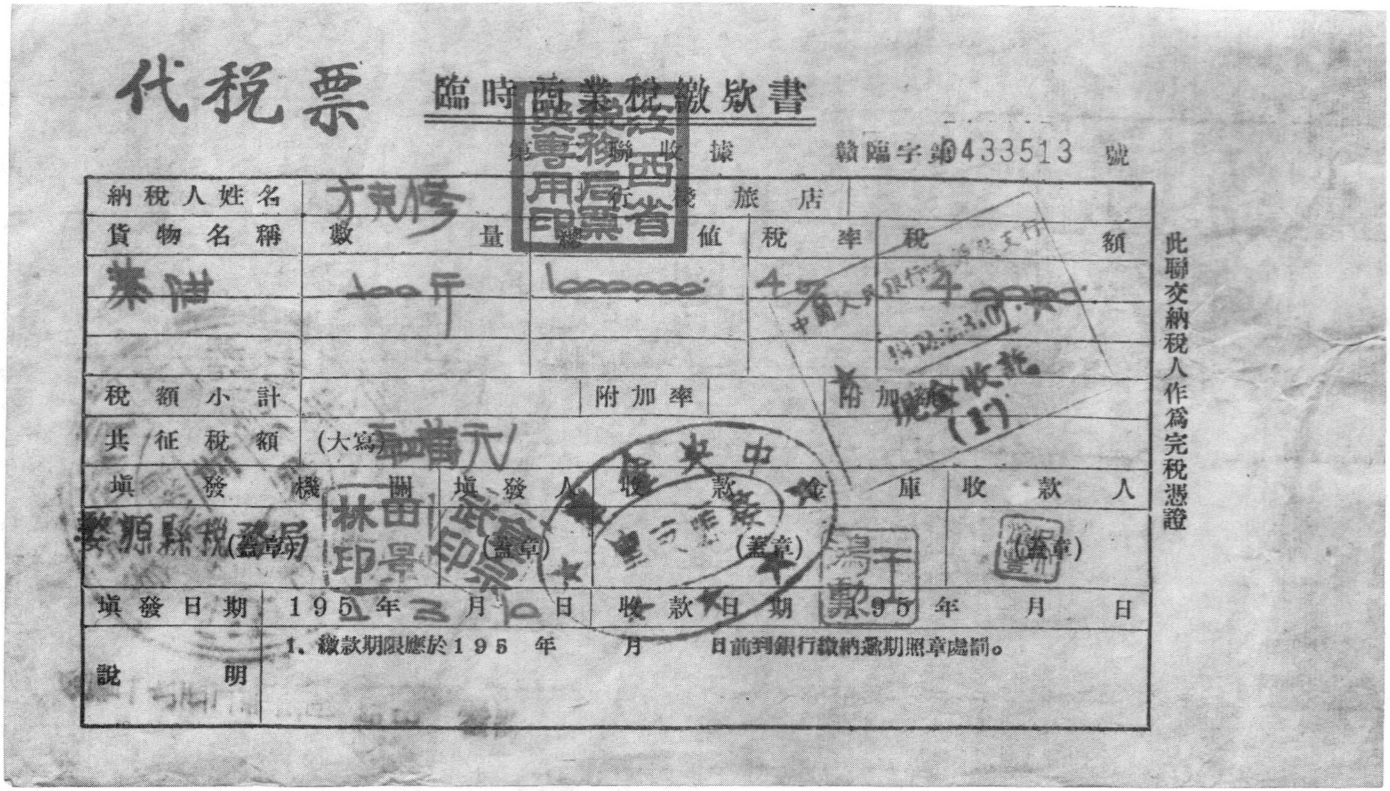
代税票　臨時商業税繳欵書

第　聯　收　據　　贛臨字第0433513號

納税人姓名	方克修	行棧旅店			
貨物名稱	數量	總值	税率	税額	
茶(?)	100斤	1000000	4%	40000	
税額小計		附加率		附加額	
共征税額	(大寫)				
填發機關		填發人	收款金庫		收款人
(蓋章)		(蓋章)	(蓋章)		(蓋章)
填發日期	195　年　月　日		收款日期	195　年　月　日	
説明	1. 繳款期限應於195　年　月　日前到銀行繳納逾期照章處罰。				

此聯交納税人作爲完税憑證

秋口镇港头村方家 50 · 一九五一年 · 代税票 · 方克修

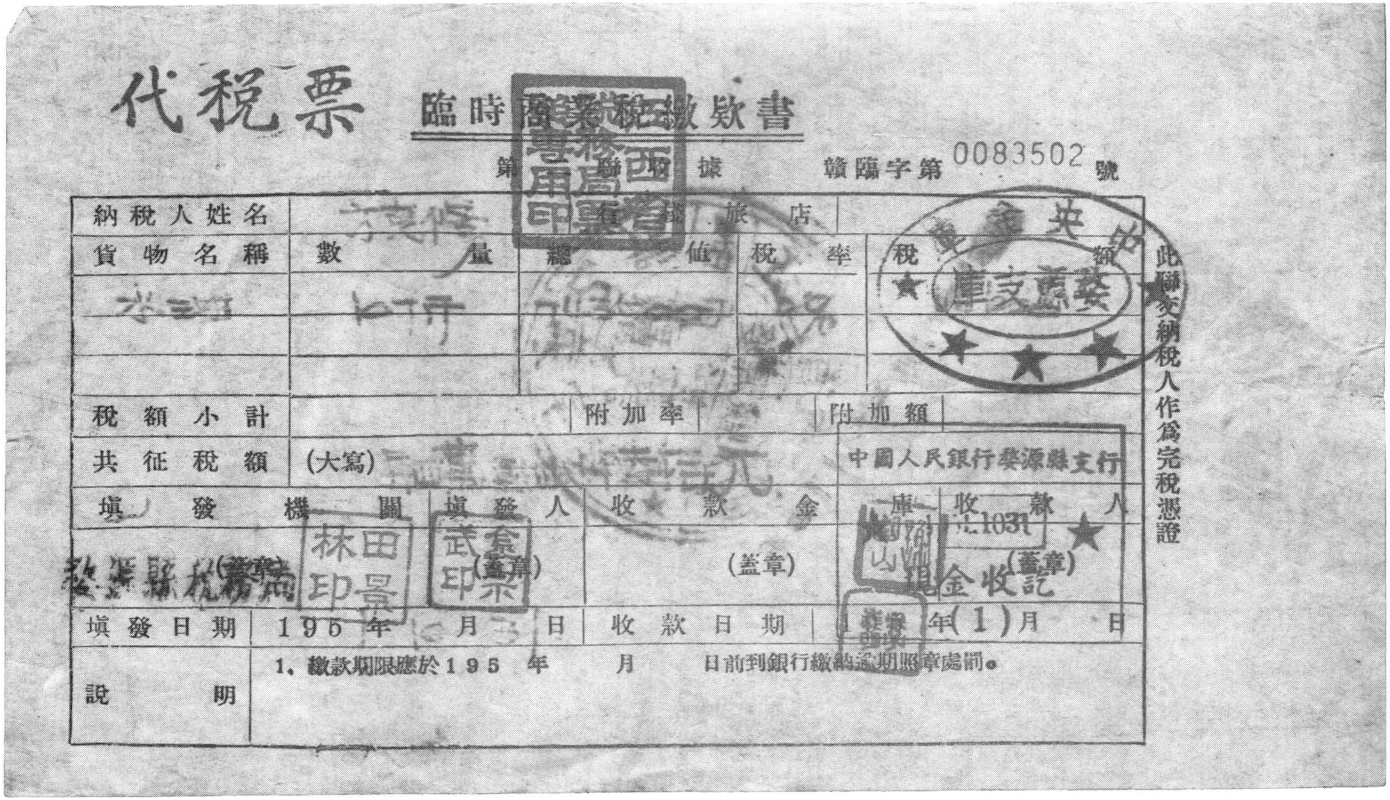

代税票 臨時商業税繳款書

第　聯　收　據　　贛臨字第 0083502 號

納税人姓名	方克修		旅店		
貨物名稱	數量	總值	税率	税額	
税額小計		附加率		附加額	
共征税額	(大寫)			中國人民銀行婺源縣支行	
填發機關	填發人	收款金		庫	收款人
婺源縣税務局(蓋章)	(蓋章)	(蓋章)			(蓋章)
填發日期	195　年　月　日	收款日期		年(1)月　日	
説明	1、繳款期限應於195　年　月　日前到銀行繳納逾期照章處罰。				

此聯交納税人作爲完税憑證

秋口镇港头村方家 51 · 一九五一年 · 代税票 · 方克修

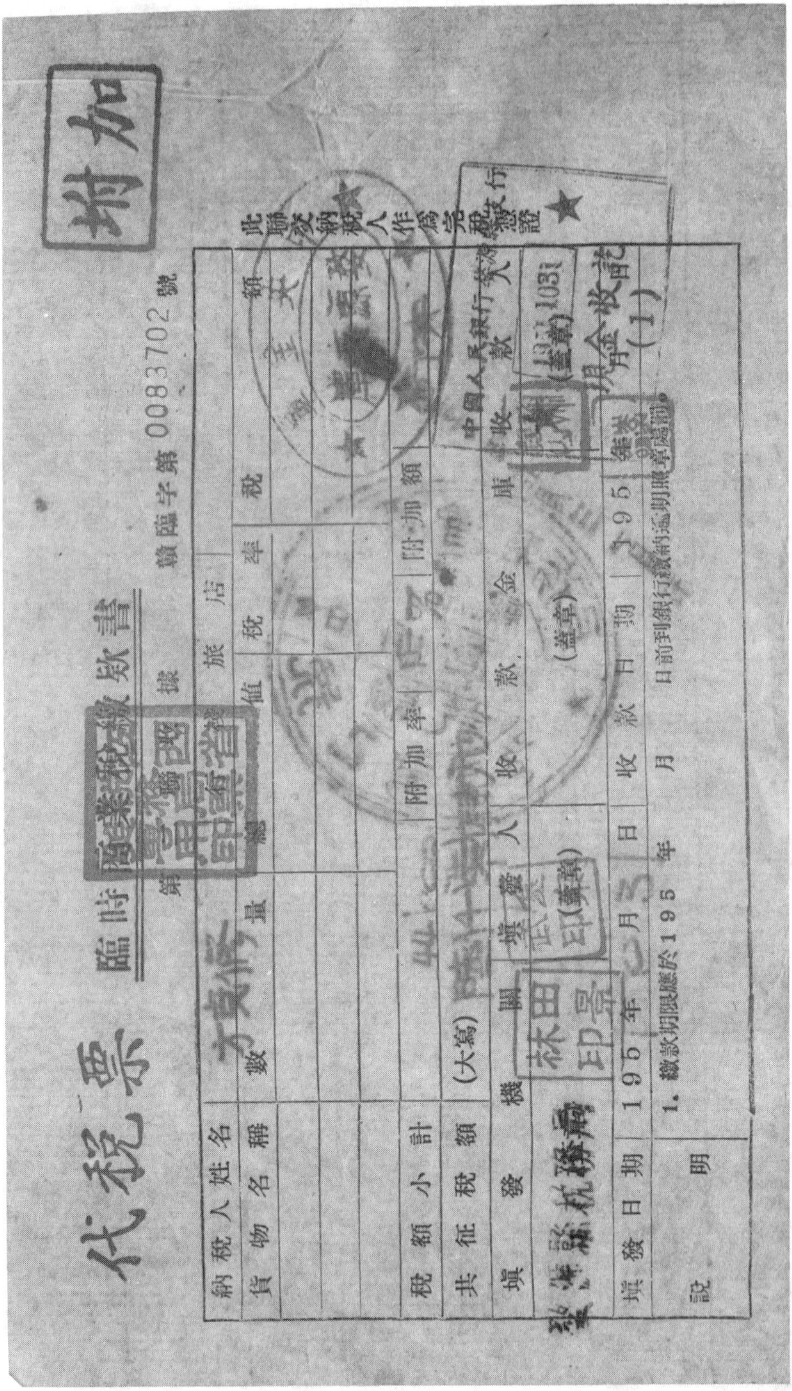

秋口镇港头村方家 52 · 一九五一年 · 代税票 · 方克修

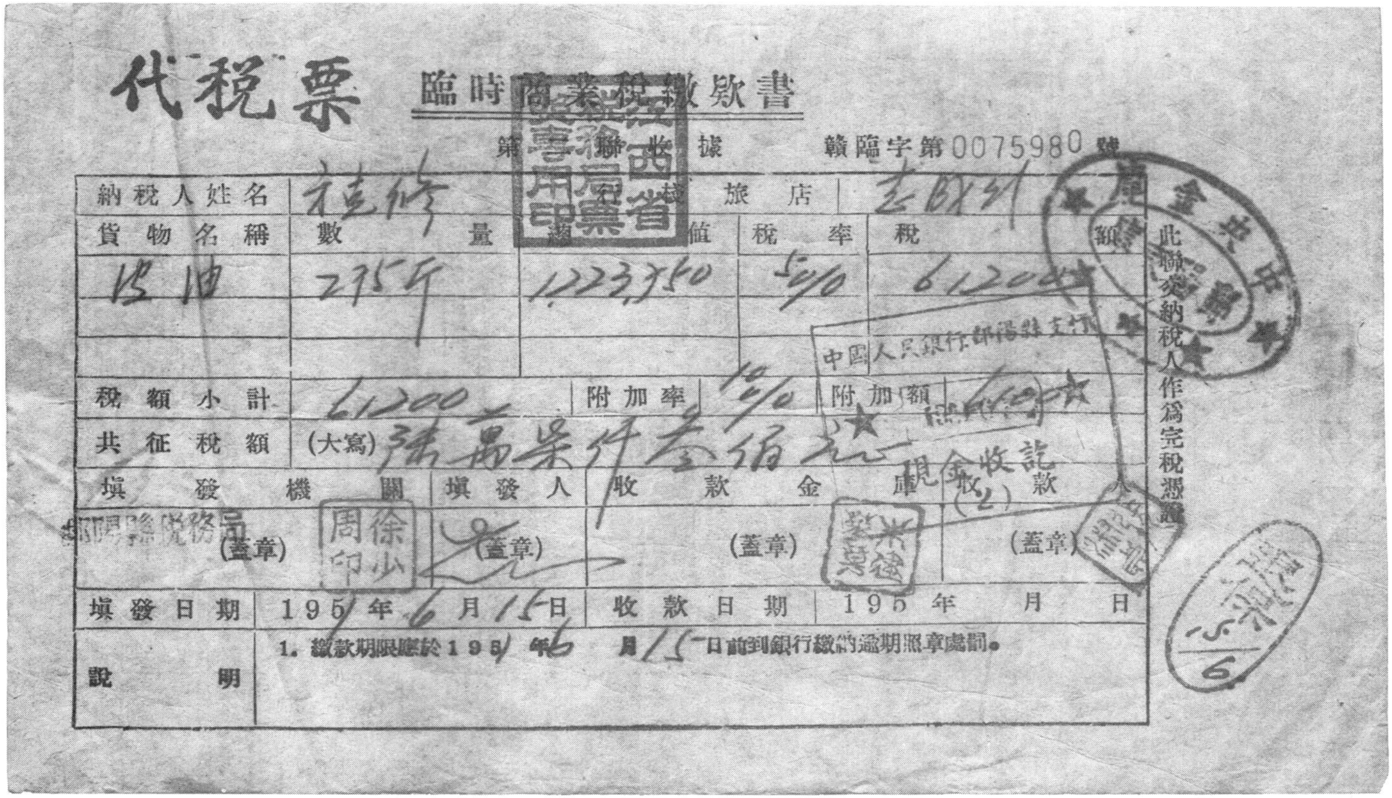

代稅票

臨時商業稅繳歀書

第 聯 收據 贛臨字第0075980號

納稅人姓名			旅店		
貨物名稱	數量	總 值	稅率	稅 額	
稅額小計		附加率		附加額	
共征稅額	(大寫)				
填發機關		填發人	收款金庫		收款
(蓋章)		(蓋章)	(蓋章)		(蓋章)
填發日期	195 年 月 日		收款日期	195 年 月 日	
說明	1. 繳款期限應於195 年 月 日前到銀行繳納逾期照章處罰。				

此聯交納稅人作為完稅憑證

江西省稅務局專用印

中國人民銀行

現金收訖

秋口镇港头村方家53 · 一九五一年 · 代税票 · 方克修

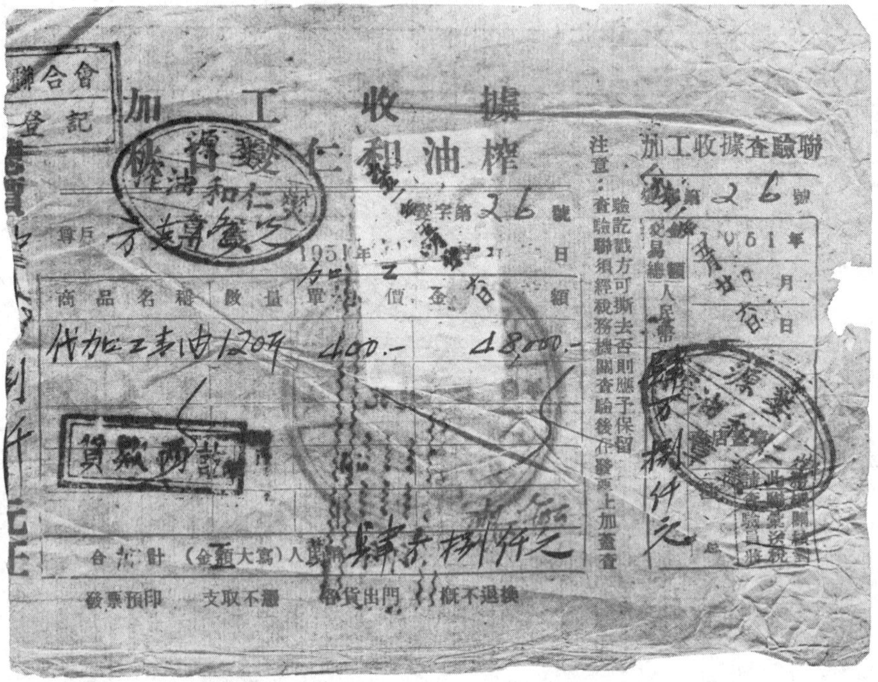

加工收據

榨油和仁

1951年

商品名稱	數量	單價	金額
代加工青油	120斤	400.-	48,000.-

合計（金額大寫）人民幣

發票預印 支取不應 貨出門 概不退換

注意：驗訖方可撕去否則應予保留
查驗聯須經稅務機關查驗後在騎縫上加蓋查

加工收據查驗聯

1951年 月 日

秋口镇港头村方家 60 · 一九五一年 · 榨油记录单 · 方克修

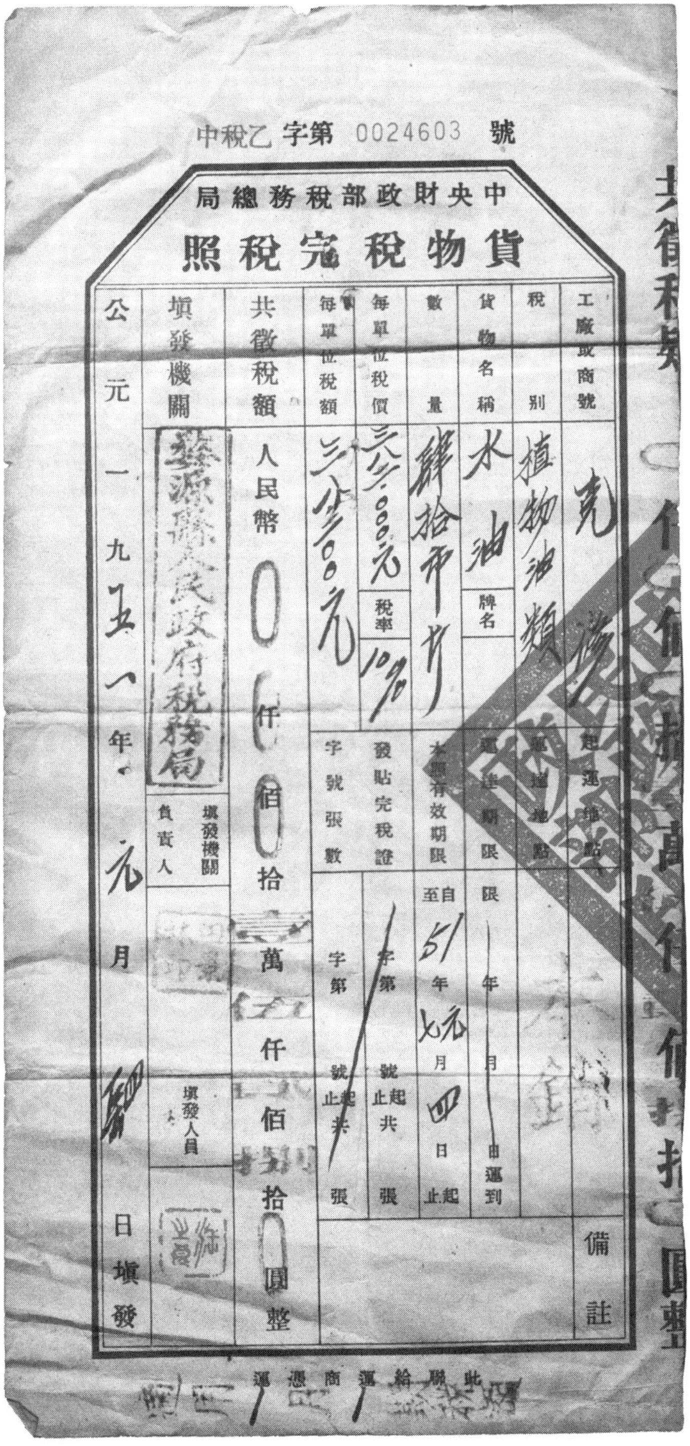

秋口镇港头村方家 62 · 一九五一年 · 货物税完税照 · 方克修

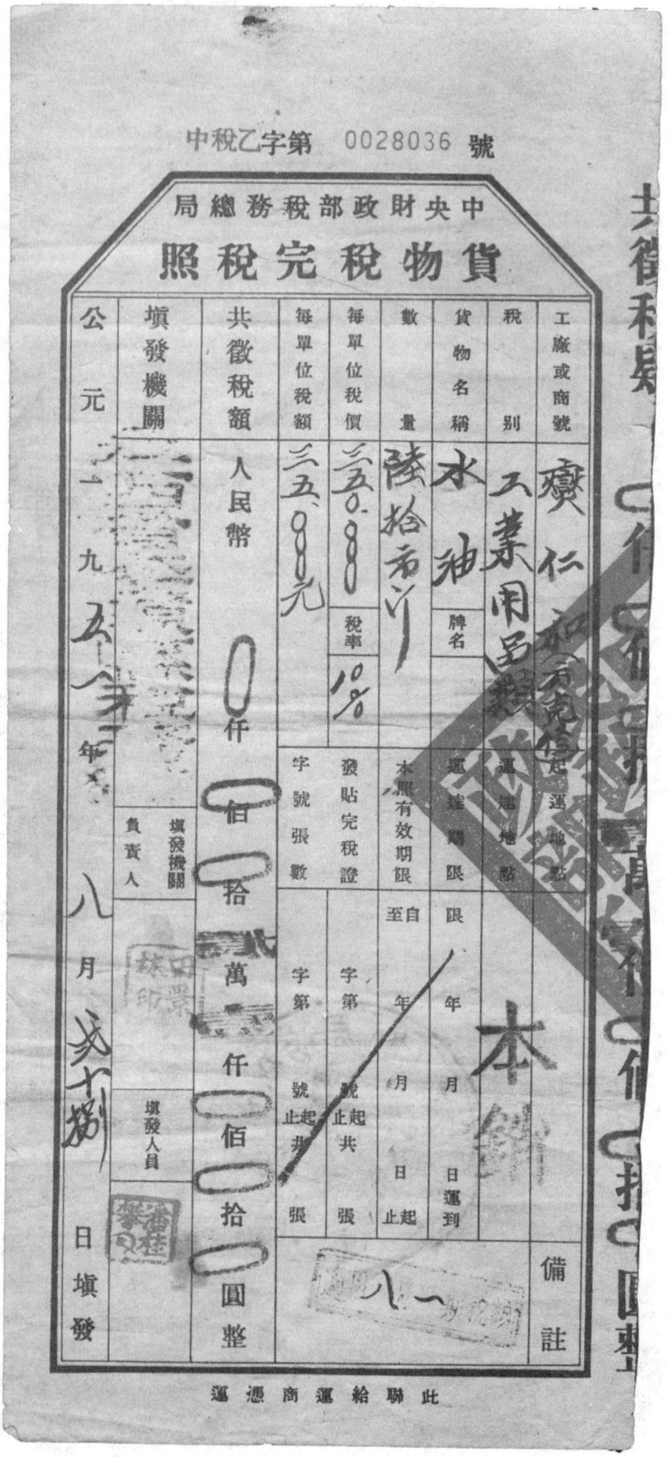

中稅乙字第 0028036 號

中央財政部稅務總局

貨物稅完稅照

工廠或商號

稅別：工業用品類

貨物名稱：水油

牌名

數量：陸拾市斤

每單位稅價

稅率：10%

每單位稅額：三五〇〇元

共徵稅額：人民幣 仟 佰 拾 萬 仟 佰 拾 圓整

填發機關

起運地點

運達地點

運達期限 自 年 月 日起運 至 年 月 日到

本照有效期限 自 年 月 日起 至 年 月 日止

發貼完稅證 字第 號起 號止 共 張

字號張數 字第 號起 號止 共 張

填發機關負責人

填發人員

備註

公元一九五一年八月 日填發

此聯給運商憑運

秋口镇港头村方家 63 · 一九五一年 · 货物税完税照 · 方克修

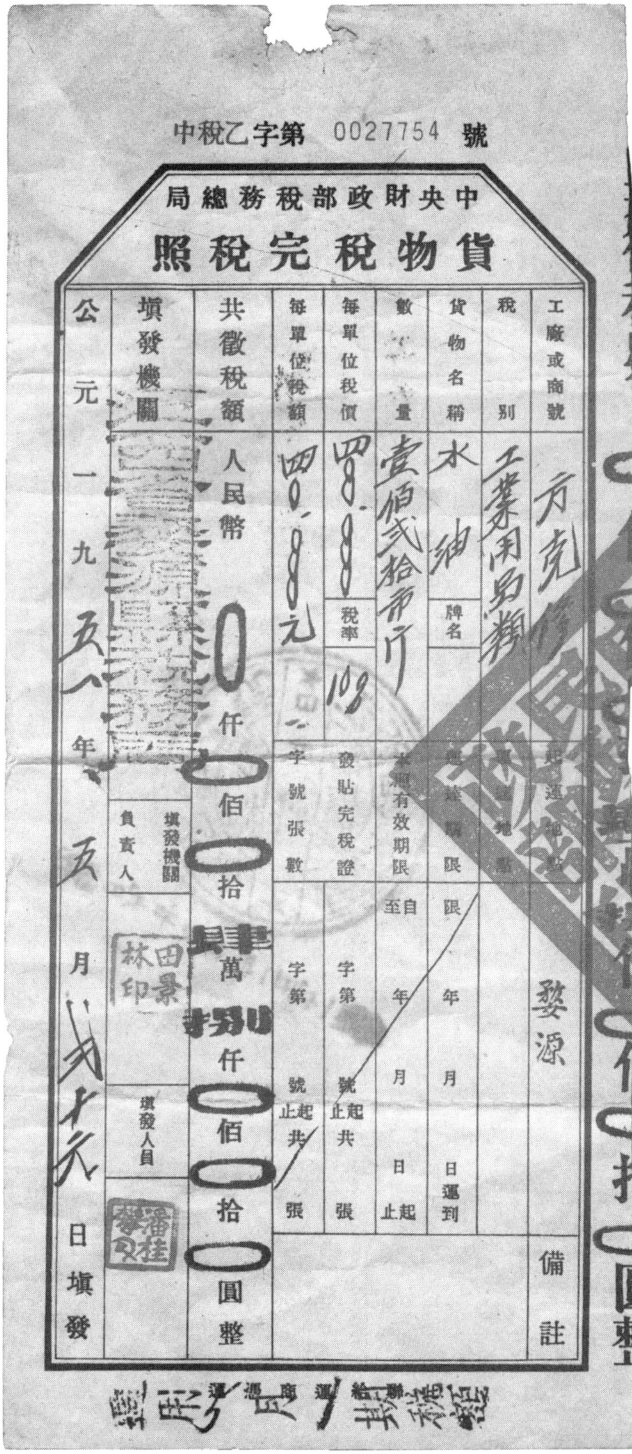

中稅乙字第 0027754 號

中央財政部稅務總局

貨物稅完稅照

工廠或商號：方克修

稅別：工業用另類

貨物名稱：水油

牌名：

數量：壹佰弍拾市斤

每單位稅價：四.八八

稅率：10%

每單位稅額：四.八八元

共徵稅額：人民幣 0 仟 0 佰 0 拾 肆萬 捌仟 0 佰 0 拾 0 圓整

填發機關

填發機關負責人：田景林印

填發人員

起運地點

運達地點

運達期限　限　年　月　日到

本照有效期限　自　年　月　日起　至　年　月　日止

發貼完稅證　字第　號起　號止　共　張

字號張數　字第　號起　號止　共　張

備註：婺源

公元一九五一年五月十六日填發

秋口镇港头村方家 64 · 一九五一年 · 货物税完税照 · 方克修

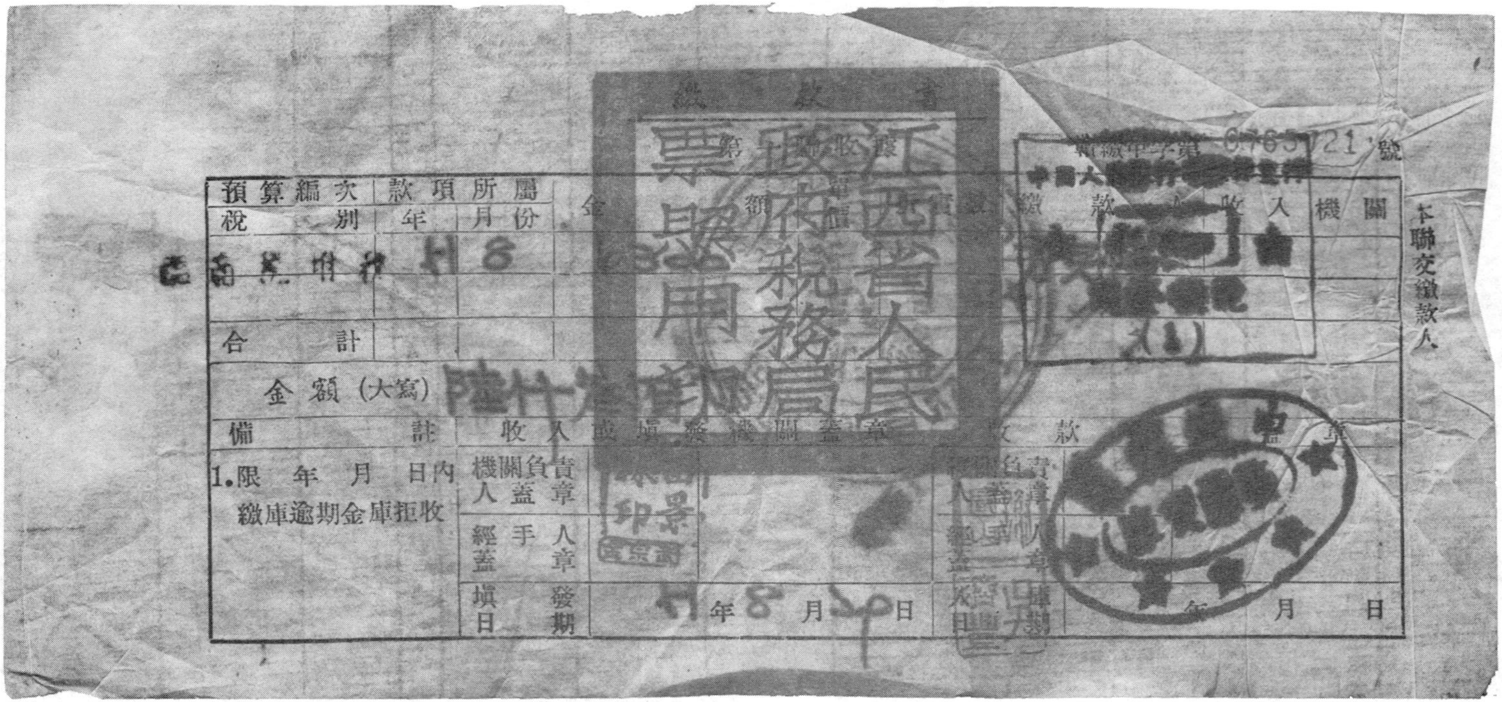

秋口镇港头村方家 65 · 一九五一年 · 交款书 · 方克修

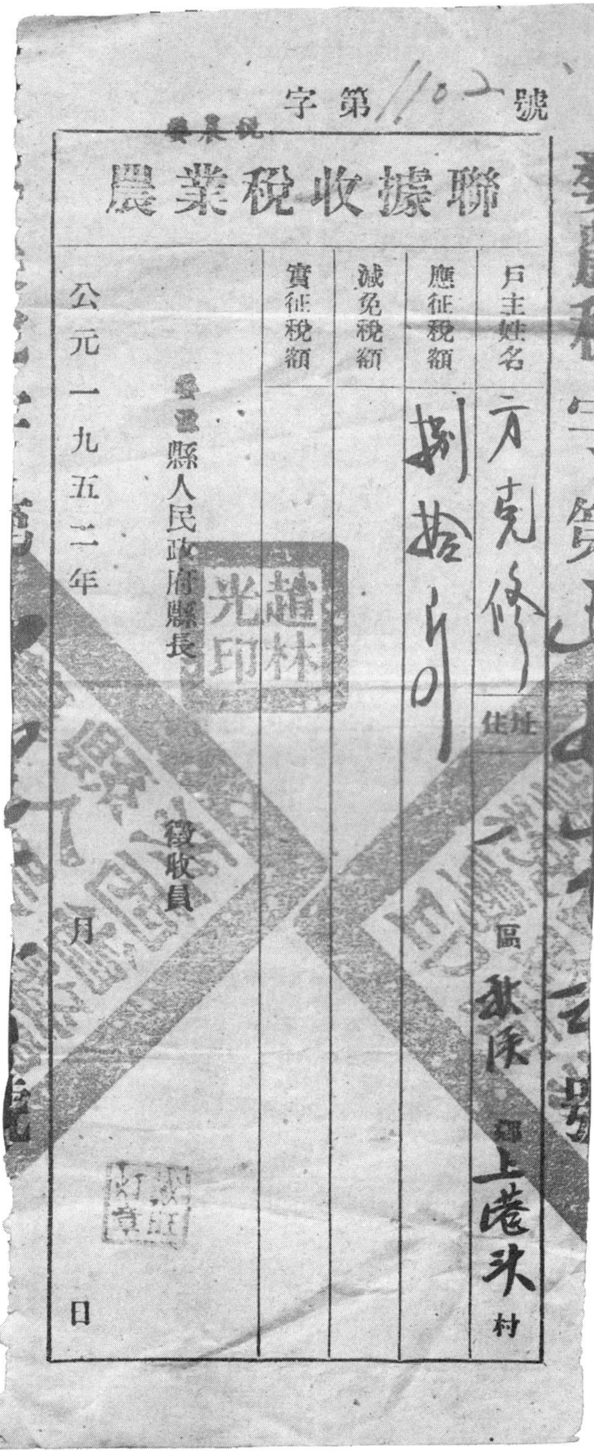

字第 1102 號

農業稅收據聯

戶主姓名	應征稅額	減免稅額	實征稅額
方克修	捌拾斤		

住址　區　鄉　上港头　村

縣人民政府縣長　趙林光印

徵收員

公元一九五二年　月　日

秋口镇港头村方家 44 · 一九五二年 · 农业税收据联 · 方克修

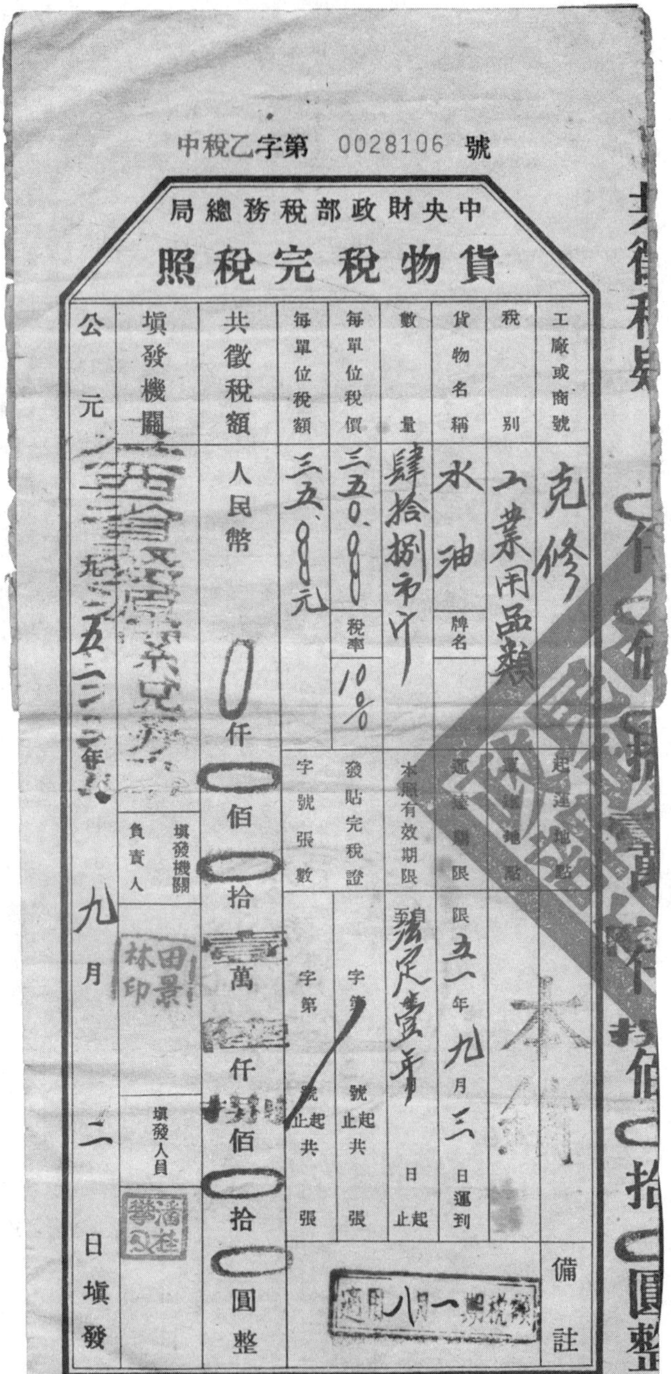
中稅乙字第 0028106 號

中央財政部稅務總局

貨物稅完稅照

工廠或商號	克修
稅別	工業用品類
貨物名稱	水油
牌名	
數量	肆拾捌市斤
每單位稅價	三五〇、〇〇
稅率	10%
每單位稅額	三五、〇〇元
共徵稅額	人民幣 〇 仟 〇 佰 〇 拾 壹 萬 陸 仟 捌 佰 〇 拾 〇 圓整
起運地點	
運達地點	
運達期限	限五一年九月三日運到
本照有效期限	限定壹天 日起 日止
發貼完稅證	字第 號起 號止共 張
字號張數	字第 號起 號止共 張
備註	
填發機關	
填發機關負責人	田景林印
填發人員	

公元一九五三年九月二日填發

此聯給運商憑運

秋口镇港头村方家 23 · 一九五三年 · 货物税完税照 · 方克修

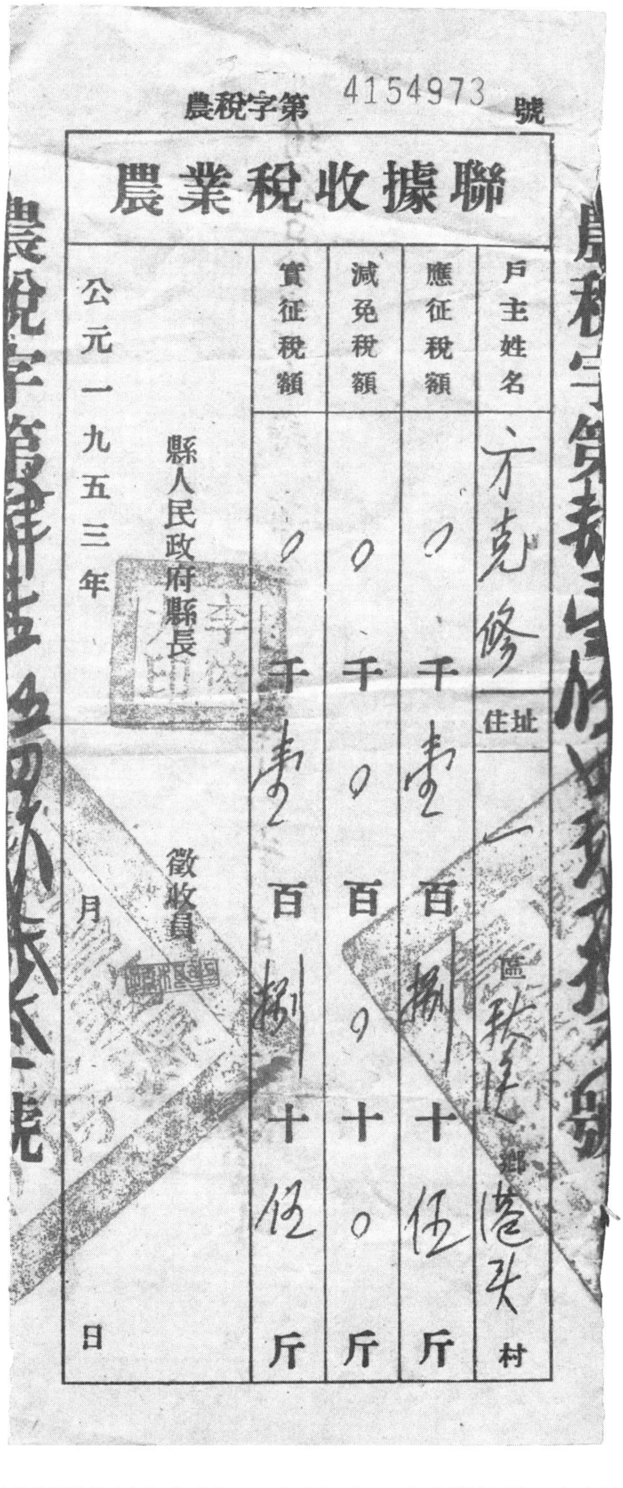

農稅字第 4154973 號

農業稅收據聯

戶主姓名	住址	應征稅額	減免稅額	實征稅額
方克修	一區秋口鄉港头村	○千壹百捌十伍斤	○千○百○十○斤	○千壹百捌十伍斤

縣人民政府縣長

徵收員

公元一九五三年 月 日

秋口镇港头村方家 26 · 一九五三年 · 农业税收据 · 方克修

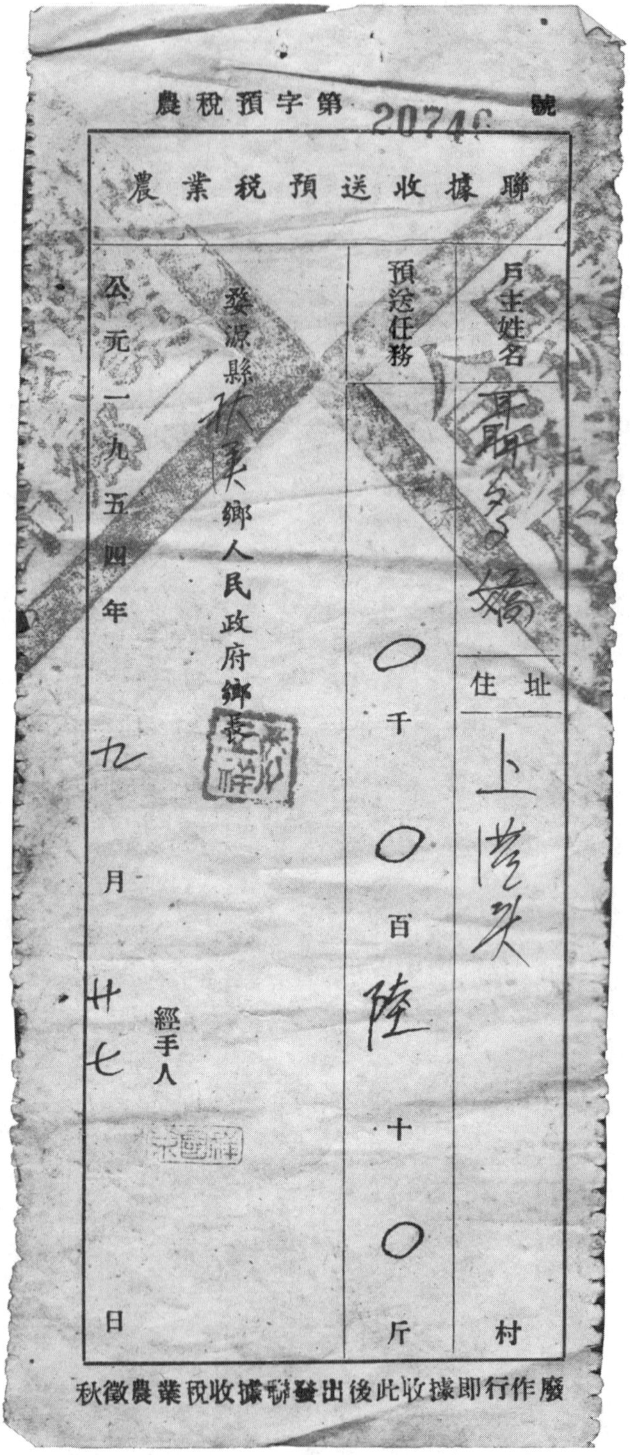

農稅預字第 20746 號

農業稅預送收據聯

戶主姓名	葉多嬌
住址	上港头 村
預送任務	○千○百陸十○斤

婺源縣秋溪鄉人民政府鄉長

公元一九五四年九月廿七日

經手人

秋徵農業稅收據發出後此收據即行作廢

秋口镇港头村方家 61 · 一九五四年 · 农业税预送收据联 · 叶多娇

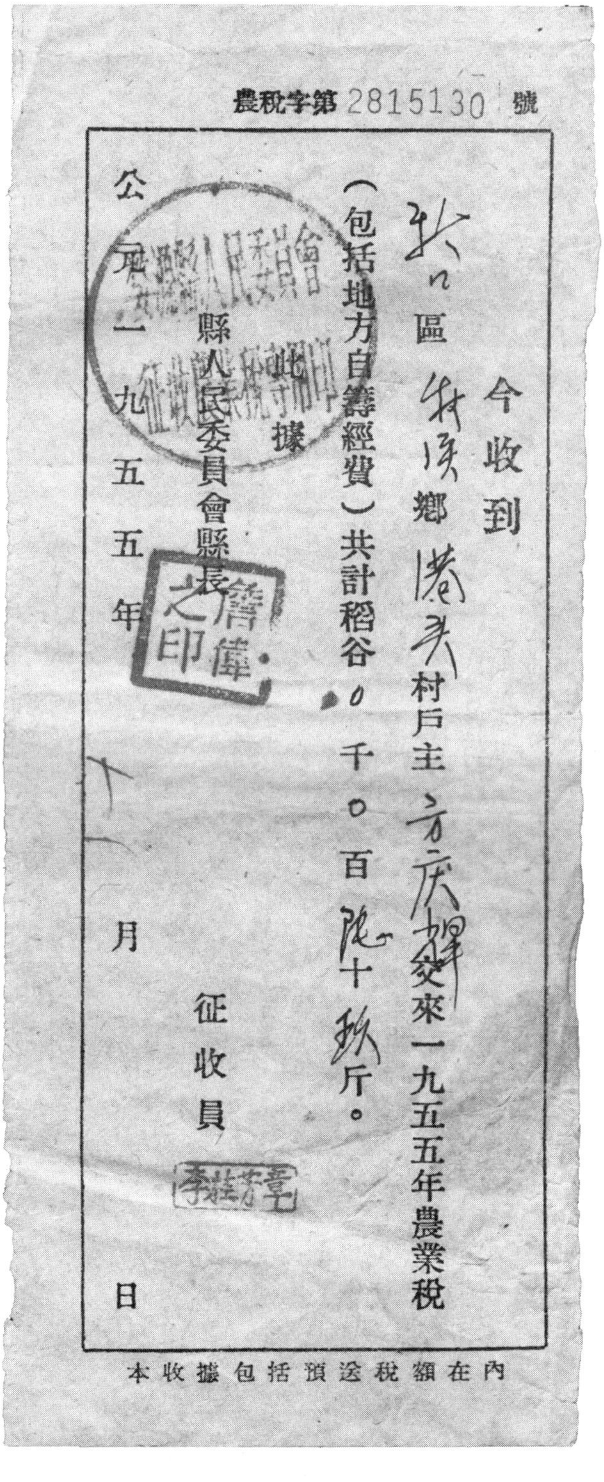

農稅字第 2815130 號

今收到

秋口區 [illegible]鄉 港头村戶主 方庆辉 交來一九五五年農業稅

（包括地方自籌經費）共計稻谷 0 千 〇 百 陆 十 玖 斤。

此據

縣人民委員會縣長 詹偉之印

征收員

公元一九五五年 十 月 日

本收據包括預送稅額在內

秋口镇港头村方家 42 · 一九五五年 · 收条 · 方庆辉

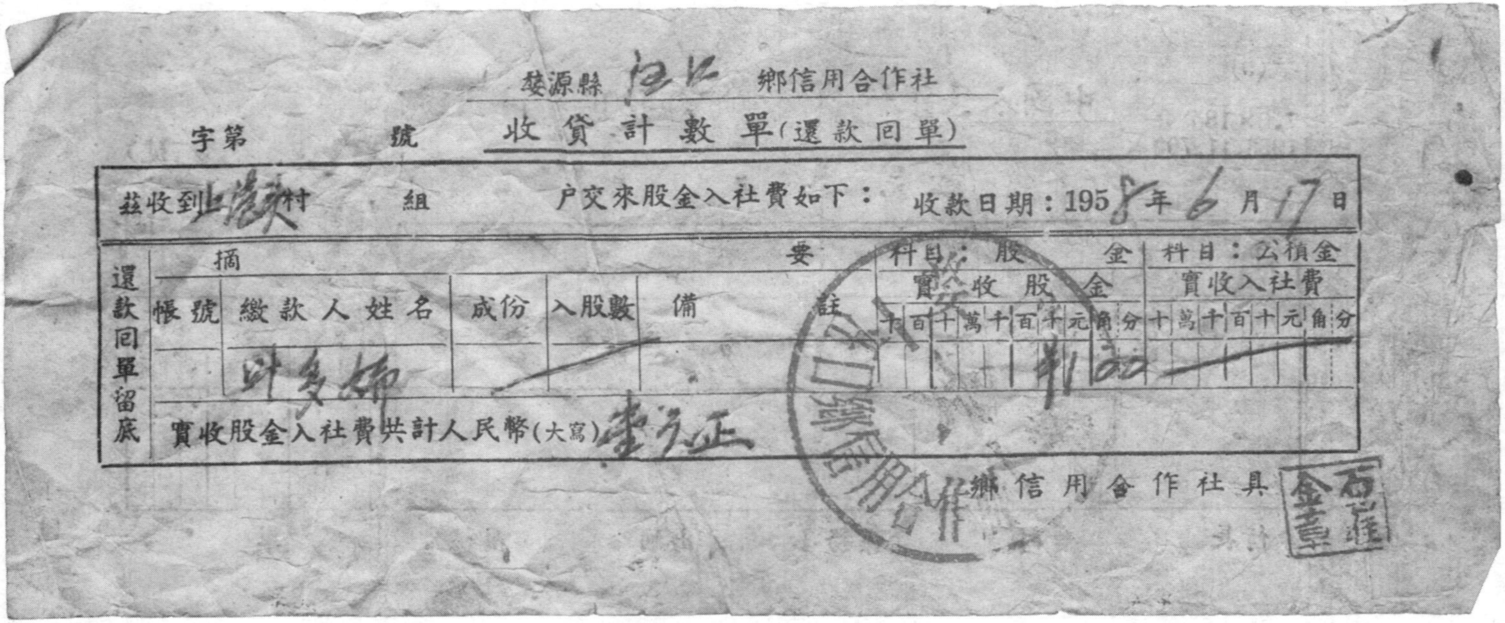

婺源縣 白山 鄉信用合作社

字第　　號　收貸計數單（還款回單）

茲收到上港头村　組　户交來股金入社費如下：　收款日期：1958年6月17日

還款回單留底	摘				要	科目：股金	科目：公積金
	帳號	繳款人姓名	成份	入股數	備註	實收股金	實收入社費
		叶多娇					

實收股金入社費共計人民幣（大寫）

鄉信用合作社具

秋口镇港头村方家 25 · 一九五八年 · 收贷计数单 · 叶多娇

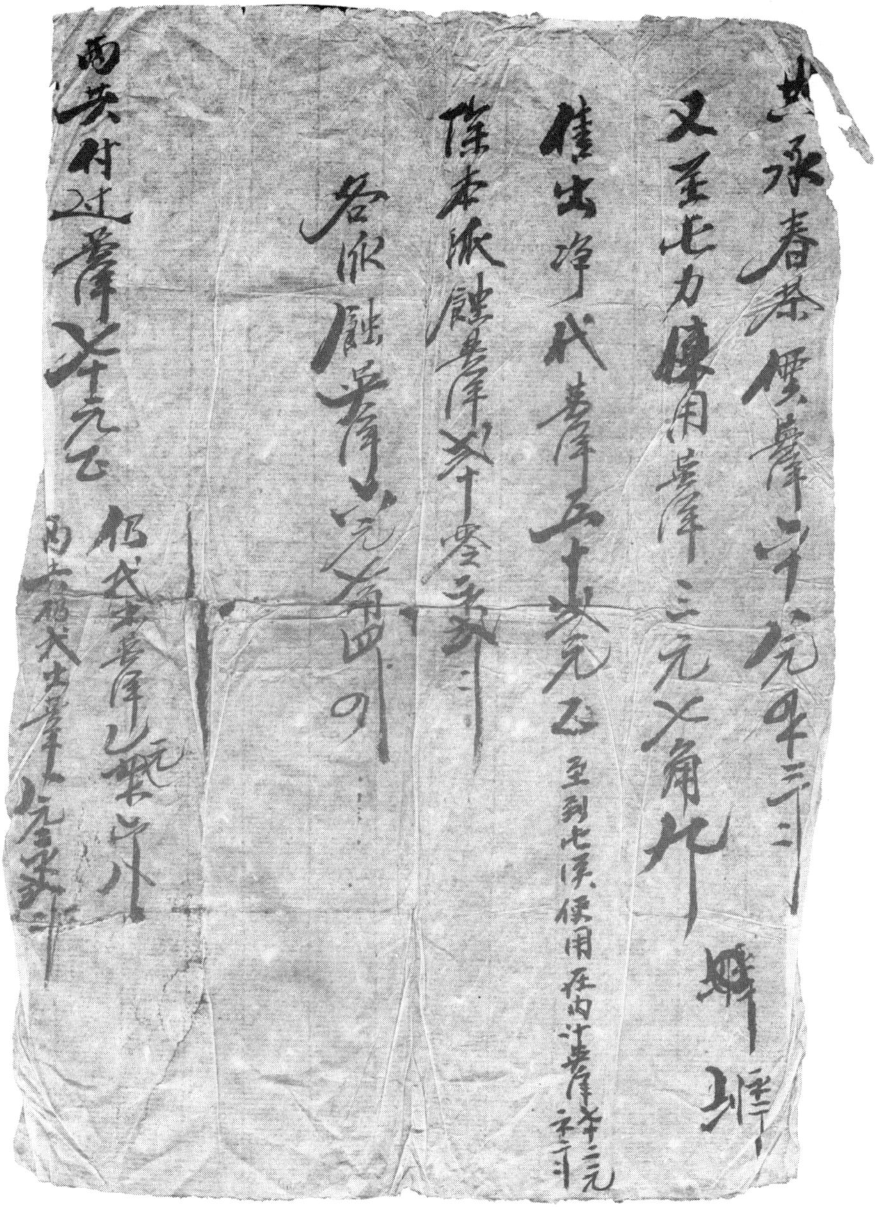

秋口镇港头村方家 8 · 账单

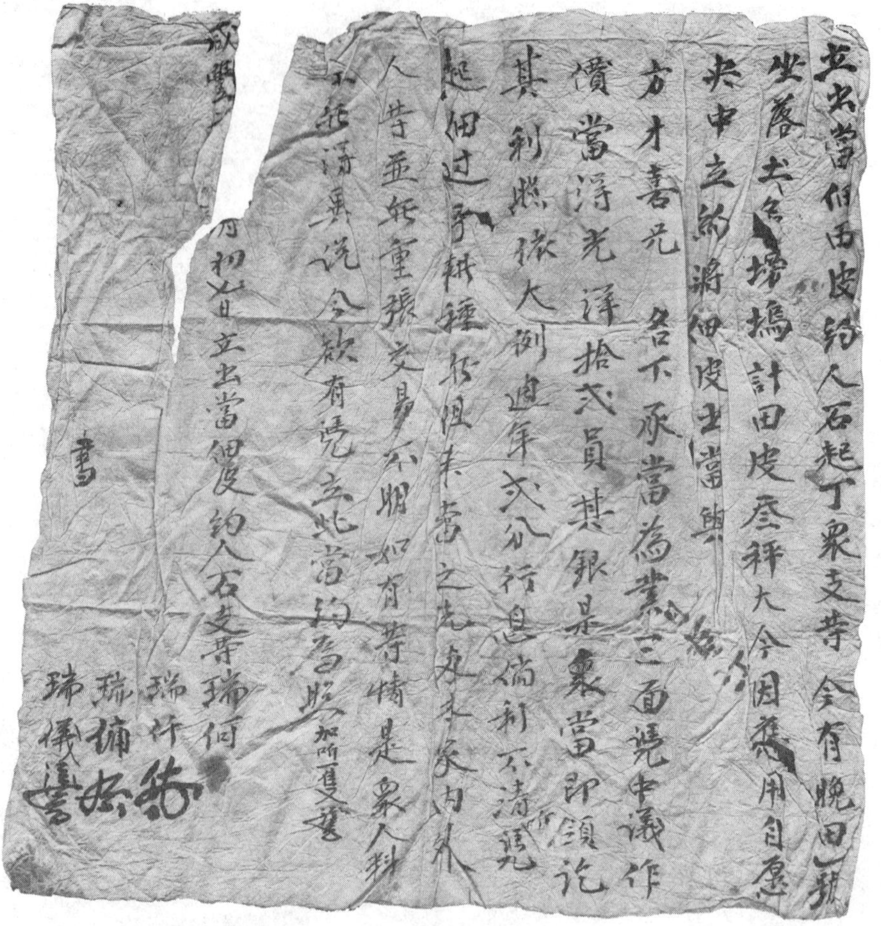

秋口镇港头村方家 14 · 出当佃皮契 · 石起丁当与方才喜

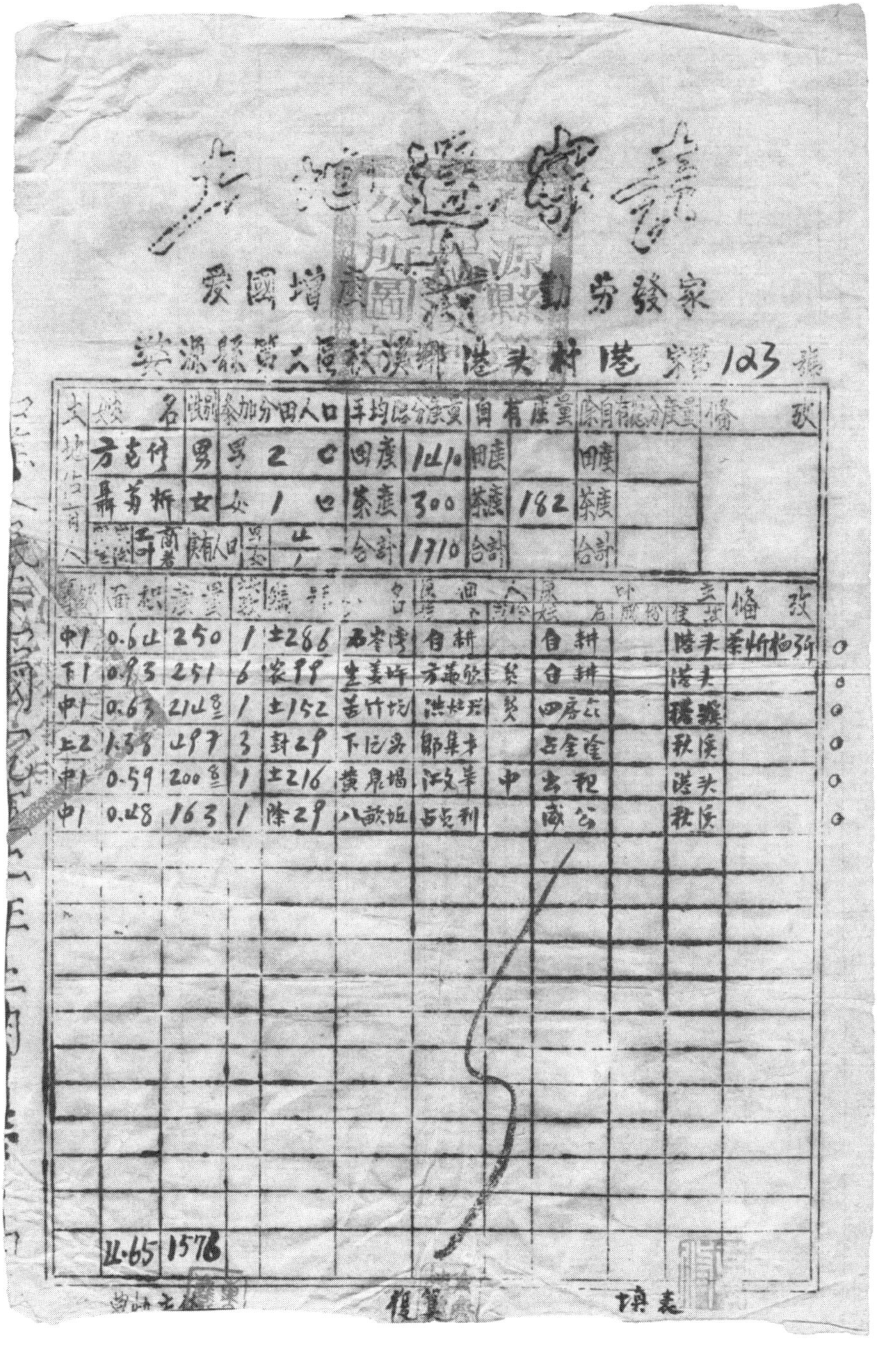

土地遵守證

愛國增產 勤勞發家

婺源縣第三區秋溪鄉港头村港字第123號

戶主	姓名	性別	參加分田人口			平均應分產量		自有產量		除自有應分產量		備考
	方克修	男	男	2	口	田產	1410	田產		田產		
	聶菊忻	女	女	1	口	茶產	300	茶產	182	茶產		
	工商業者	應有人口	男/女	4 / 1		合計	1710	合計		合計		

等級	面積	產量	坵數	編號	土名	原佃人 姓名	成份	原業主 姓名	成份	住址	備考
中1	0.64	250	1	土286	西舍湾	自耕		自耕		港头	[illegible]
下1	0.93	251	6	家78	生姜坪	方蒲欣	贫	自耕		港头	
中1	0.63	214	1	土152	苦竹坑	洪灶兴	贫	四房众		[illegible]	
上2	1.38	497	3	封29	下汜源	郎集才		占金达		秋溪	
中1	0.59	200	1	土216	黄泉塌	江文华	中	出租		港头	
中1	0.48	163	1	除29	八亩坵	占克利		祠公		秋溪	
	4.65	1576									

[illegible] 主任　　複算　　填表

秋口镇港头村方家 15 · 土地遵守表 · 方克修

土地所有人 姓名 方克修 性别 男 女 人口 平均应分产量 田产 茶产 合计 原有产量 田产 茶产 182 合计 除自有应分产量 田产 茶产 合计 备考

成份 劳动人口

实分得产量

等级 亩数 产量 坵数 土名 四至 原耕人 备考

4.65 1.536

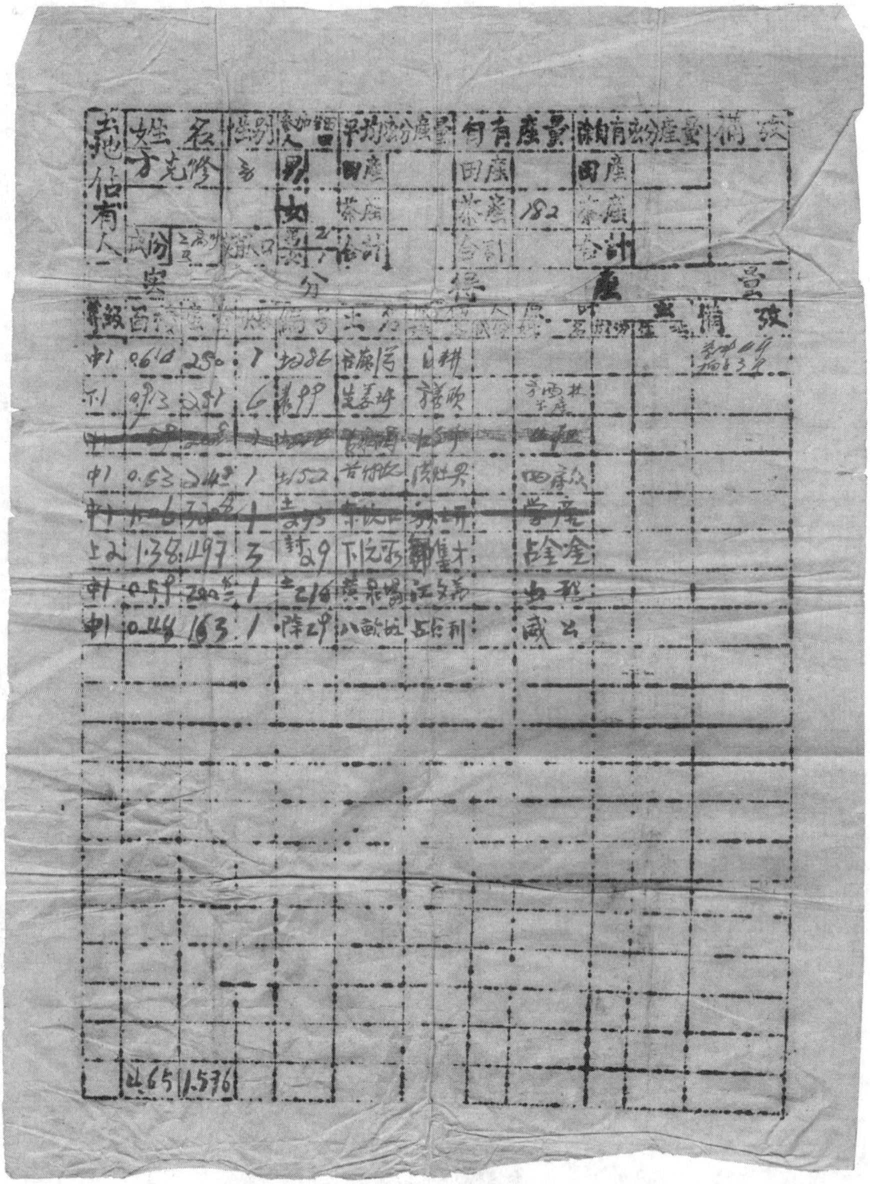

秋口镇港头村方家 16 · 房田登记表 · 方克修

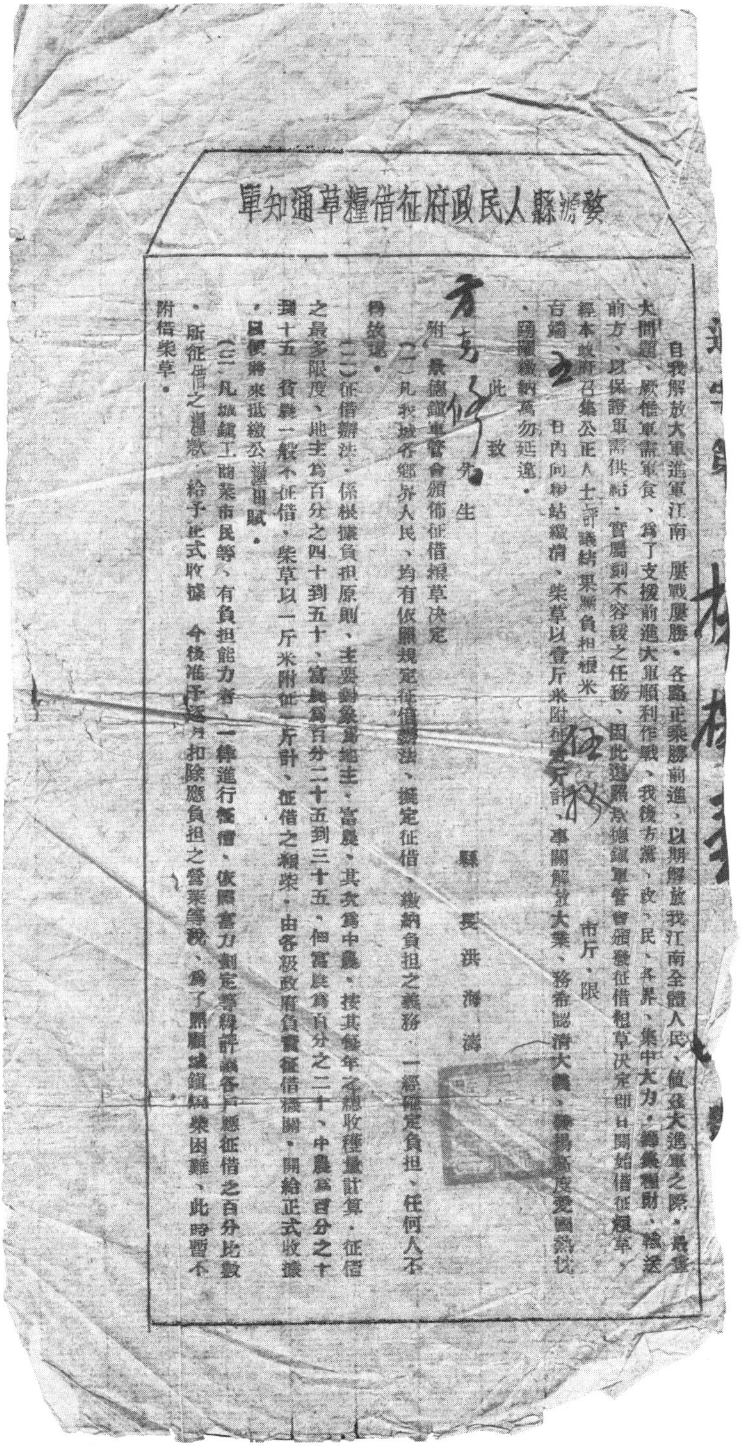

婺源縣人民政府征借糧草通知單

自我解放大軍進軍江南，屢戰屢勝，各路正乘勝前進，以期解放我江南全體人民，値茲大進軍之際，最重大問題、厥惟軍需軍食，爲了支援前進大軍順利作戰，我後方黨、政、民、各界，集中大力，籌集糧財，輸送前方，以保證軍需供給，實屬刻不容緩之任務，因此遵照皖浙贛軍管會頒發征借糧草決定，即日開始借征糧草，經本鎮府召集公正人士評議結果應負担糧米　市斤，限古曆　日內向糧站繳清，柴草以壹斤米附征　斤計，事關解放大業，務希認清大義，發揚高度愛國熱忱、踴躍繳納爲勿延遲。

此 致

方克修 先生

縣長 洪 海 濤

附、皖浙贛軍管會頒佈征借糧草決定

（一）凡我城各鄉界人民，均有依照規定征借辦法，擬定征借，繳納負担之義務，一經確定負担，任何人不得拖延。

（二）征借辦法，係根據負担原則，主要對象爲地主、富農，其次爲中農，按其每年之總收穫量計算，征借之最多限度，地主爲百分之四十到五十，富農爲百分之二十五到三十五，佃富農爲百分之二十，中農爲百分之十到十五，貧農一般不征借，柴草以一斤米附征一斤計，征借之糧柴，由各級政府負責征借機關，開給正式收據，以便將來抵繳公糧田賦。

（三）凡城鎮工商業市民等，有負担能力者，一律進行征借，依照富力劃定等級計算各戶應征借之百分比數，所征借之糧款，給予正式收據，今後准予逐月扣除應負担之營業等稅，爲了照顧城鎮糧柴困難，此時暫不附借柴草。

秋口镇港头村方家 37 · 征借粮草通知单 · 方克修

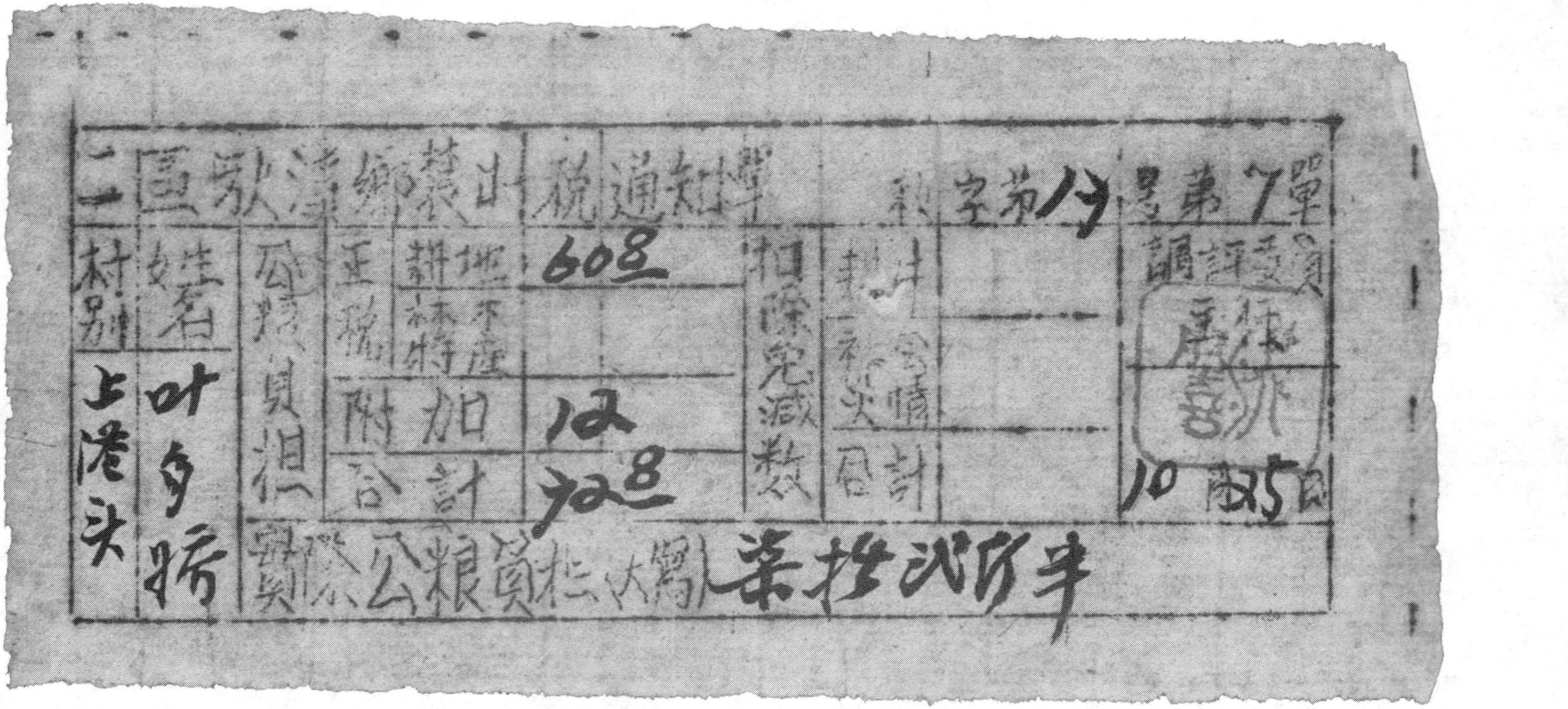

秋口镇港头村方家 40 · 农业税通知单 · 叶多娇

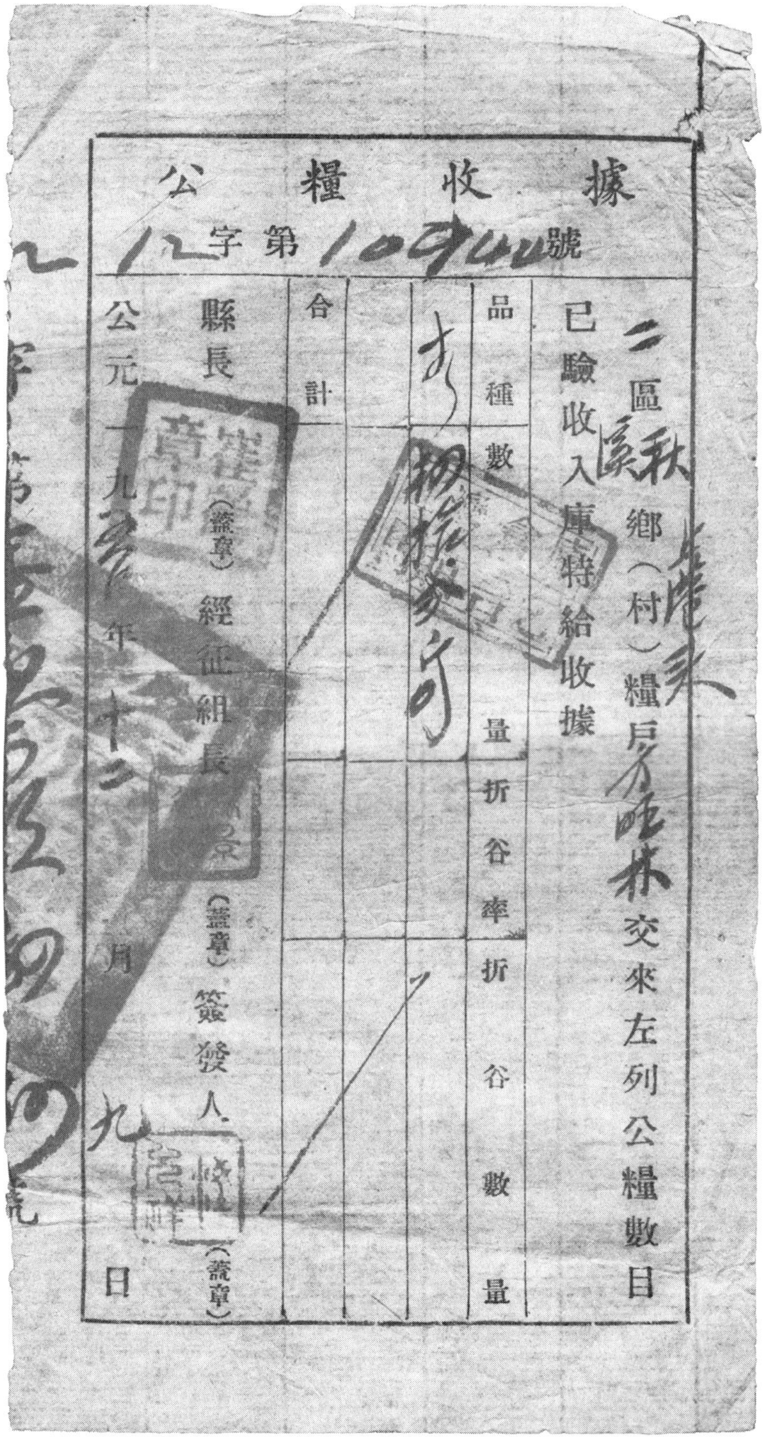

公糧收據

亿字第10944號

二區秋溪鄉（村）糧戶方旺林交來左列公糧數目

已驗收入庫特給收據

品種數量	折谷率	折谷數量
捌拾伍斤		
合計		

縣長（蓋章）經征組長（蓋章）簽發人（蓋章）

公元一九五〇年十二月九日

秋口镇港头村方家 41 · 公粮收据 · 方旺林

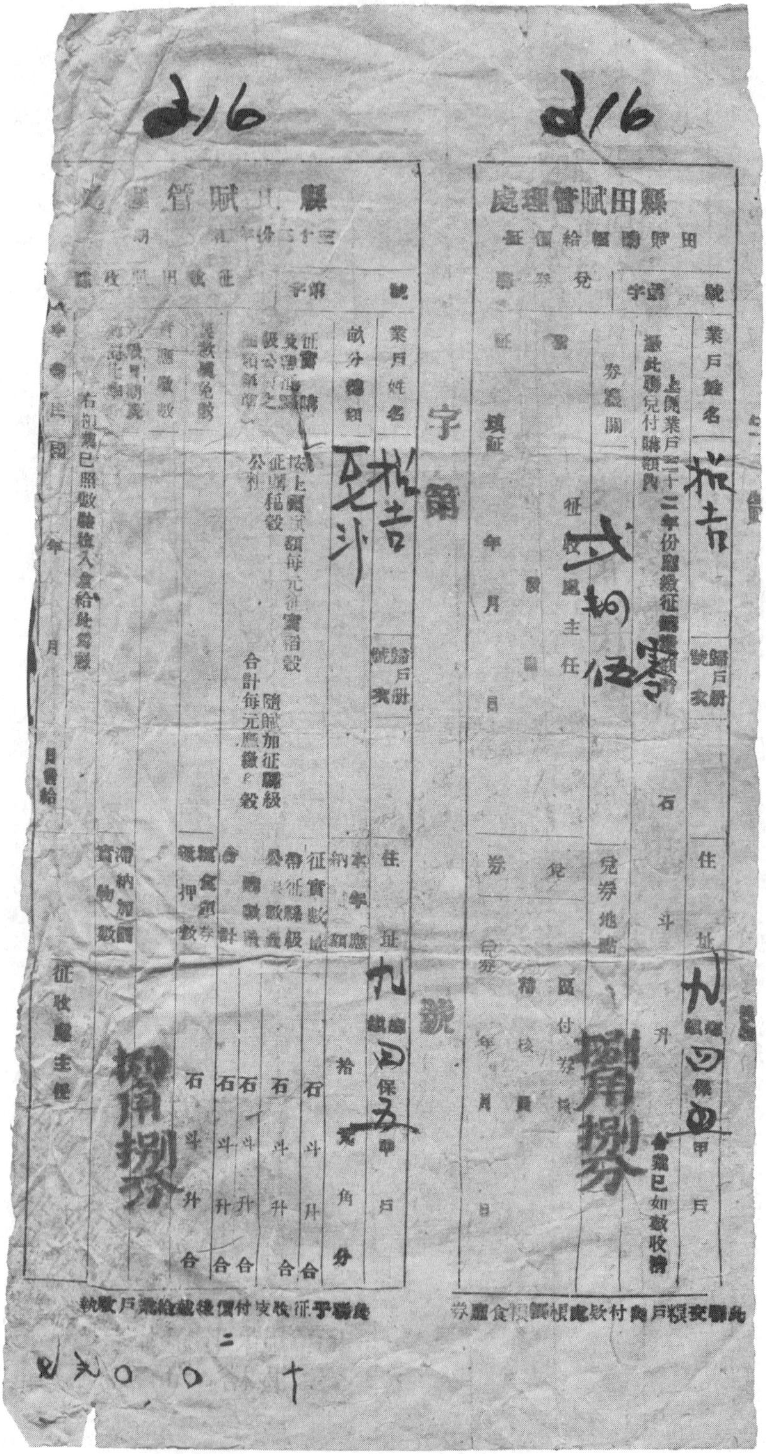
216 216
縣田賦管理處
招吉 招吉

秋口镇港头村方家 58 · 田赋征收给价证 · 招吉